# LES GRANDS LIVRES DU ZODIAQUE

*Collection dirigée par Joanne Esner*

## *LE GRAND LIVRE DU TAUREAU*

© S.E. Tchou, éditeur, 1982

**JEAN-PIERRE NICOLA**
*né sous le signe du Taureau*

# Le Grand Livre du Taureau

*avec la participation technique de*
ROBERT MALZAC

**TCHOU**
6, rue du Mail, Paris 2ᵉ

> *Cet ouvrage comporte des tableaux vous permettant
> de saisir immédiatement :*
>
> - *De quel côté penche votre personnalité Taureau*............... p. 14
> - *Comment déceler vos points d'accord avec autrui*............. p. 67
> - *Comment trouver votre Ascendant sans aucun calcul*.......... p. 91
> - *Où se trouvent toutes les autres planètes dans votre thème*....... p. 149
> - *Les aspects saillants de votre « Moi » profond*................ p. 203
> - *Comment prévoir vos chances et en tirer parti*................ p. 247
> - *Les dominantes fondamentales de votre comportement, en tiré à part.*

---

*Dans chaque* Grand Livre du Zodiaque, *les parties « Comment interpréter les Planètes dans les Signes » et « Comment interpréter les Signes dans les Maisons » ont été écrites par les auteurs suivants :*

*Bélier, Arnold Waldstein ; Taureau, Jean-Pierre Nicola ; Gémeaux, Paul Colombet ; Cancer, Sara Sand ; Lion, Jean-Pierre Vezien ; Vierge, Béatrice Guénin ; Balance, Henri Latou ; Scorpion, Marguerite de Bizemont ; Sagittaire, Solange Dessagne et Jacques Halbronn ; Capricorne, Joëlle de Gravelaine ; Verseau, Denise Perret-Lagrange ; Poissons, Annie Lachèroy.*

# SOMMAIRE

PLANISPHÈRE ............................................................. 8
INTRODUCTION ........................................................... 11

### CHAPITRE PREMIER
### SYMBOLIQUE ET MYTHOLOGIE DU SIGNE

- La Symbolique du Signe ................................................ 17
- La Mythologie du Signe ................................................ 25

### CHAPITRE II
### CARACTÉROLOGIE GÉNÉRALE DU SIGNE

- Le Taureau dans la Vie ................................................ 33
- Le Taureau et l'Amour ................................................. 37
- Le Taureau et l'Amitié ................................................ 41
- Le Taureau et son Éducation ........................................... 45
- Le Taureau et son Travail ............................................. 49
- Le Taureau et l'Argent ................................................ 53
- Le Taureau et sa Santé ................................................ 57
- Le Taureau et son Apparence ........................................... 61

### CHAPITRE III
### L'ENTENTE DU TAUREAU AVEC LES AUTRES SIGNES

- Comment vous accordez-vous avec les autres Signes ..................... 67
- Les Astromariages de la Femme Taureau, *par Sara Sand* ................ 71
- Les Astromariages de l'Homme Taureau, *par Sara Sand* ................. 75
- Comment trouver votre Ascendant ....................................... 79
- Combinaison du Signe avec les Ascendants .............................. 117

### CHAPITRE IV
### QUELQUES PERSONNALITÉS NÉES SOUS LE SIGNE DU TAUREAU

- Quelques grands noms .................................................. 131

### CHAPITRE V
### A LA RECHERCHE DE VOTRE « MOI » PROFOND

- Dans quel Signe se trouvaient les Planètes à votre naissance .......... 149
- Comment interpréter Vénus dans les Signes ............................. 199
- Généralités sur les aspects planétaires ............................... 203
- Comment interpréter les aspects de Vénus avec les autres Planètes ..... 209
- Comment interpréter les Planètes dans les Signes ...................... 221
- Comment interpréter les Planètes dans les Maisons ..................... 247
- Comment interpréter les Signes dans les Maisons ....................... 261

### CHAPITRE VI
### D'AUTRES INFLUENCES A DÉCOUVRIR

- Les Images Degrés ..................................................... 289
- Les Étoiles Fixes ..................................................... 295
- La Lune Noire ......................................................... 301

# Comment passer de votre heure solaire de naissance à l'heure universelle de Greenwich

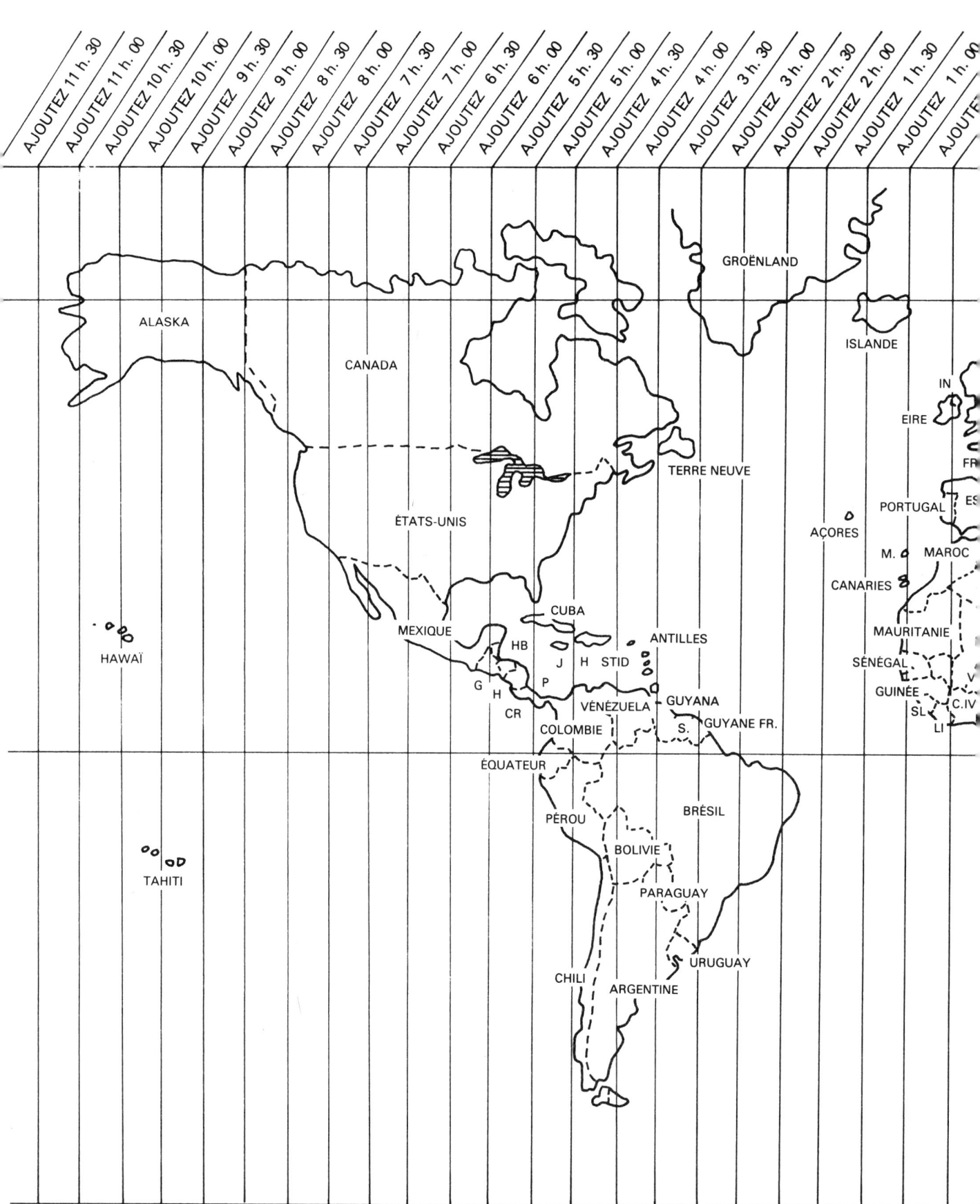

## Comment passer de votre heure solaire de naissance à l'heure universelle de Greenwich

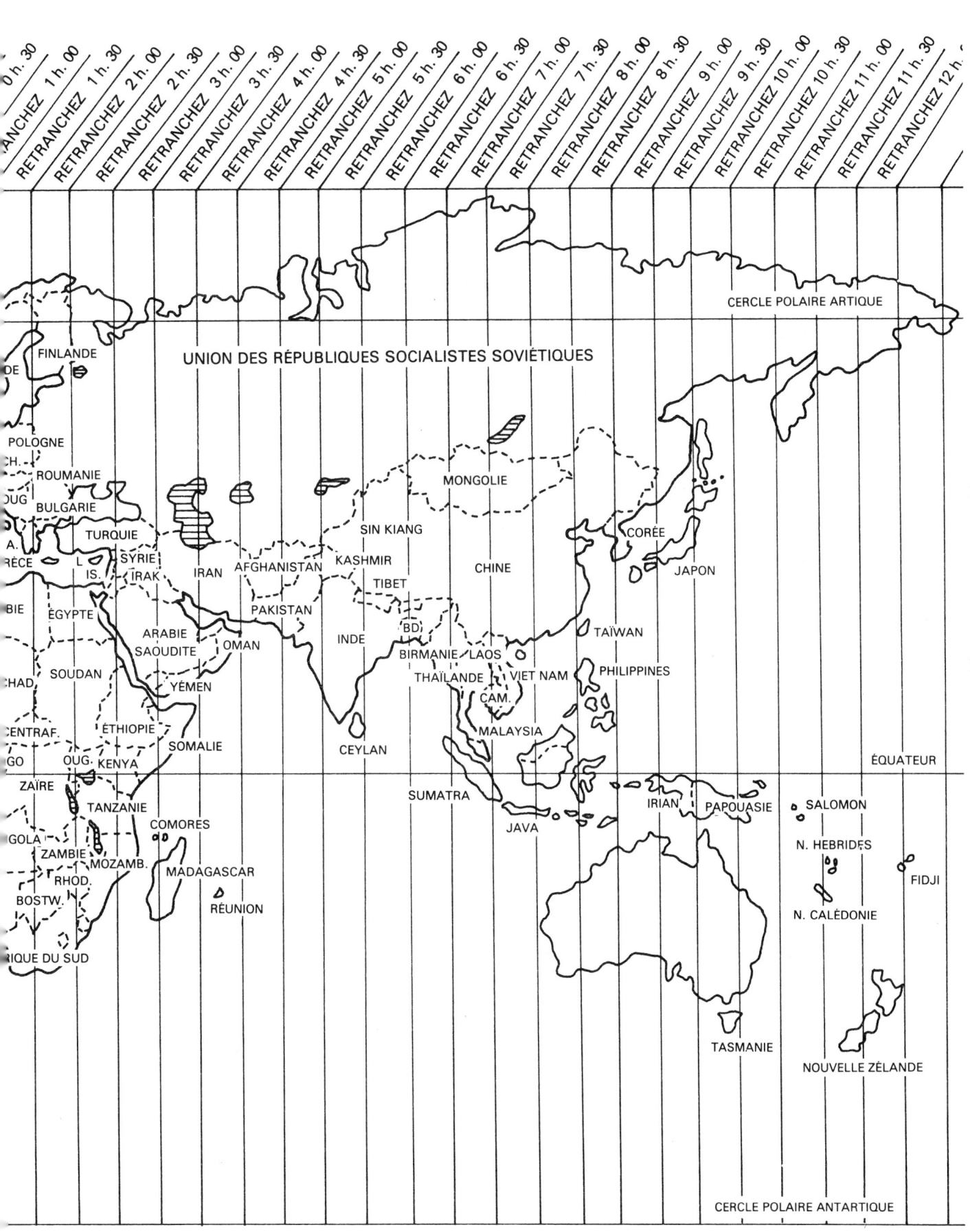

*Gustave Moreau, peignant cette femme qui s'abandonne langoureusement sur un taureau, illustre l'aspect intemporel du mythe de la force mâle et féconde que véhicule cet animal de ferme.*

# *Introduction*

Je n'ai pas, de ma vie, tellement voyagé. Tout juste vu, en six mois, l'essentiel : le désert. De quoi être à jamais rassasié, et je l'ai été. On voyage où l'on est, quand on a vu l'essentiel.

En revanche, en astrologie, j'ai parcouru monts et vallées, pas du tout essentiels. J'en ai vu des casbahs, des souks et des constructions modernes. Entendu toutes sortes de dialectes, ethnologiquement respectables : discours des plaines, discours des montagnes. L'astrologie bavardeuse rend la parole aux muets. Au commencement, dirait l'Évangile, était l'astrologie... C'est pourquoi, lorsqu'un astrologue parle, on se retrouve au commencement de lui-même, d'un Moi identique au monde tel qu'on l'imagine dans le ventre de maman en suçant son pouce. Pour en sortir, on pousse un cri : couic ! à l'heure du praticien pressé qui se moque de vos planètes et vous jette dehors complètement anesthésié, sans bouclier pour vos complexes, nos fées contemporaines. Mais, attention, si vous avez dit « cui-cui » et non « couic-couic », vous êtes un oiseau, ne lisez pas ce livre.

Je ne me souviens pas de mes réincarnations, mais je revois le ventre de ma mère : il était bleu, rempli d'étoiles, et chaud. Je reconnaissais déjà la grande ourse. Ma mère ne m'aimait pas, du moins elle me portait en pensant à un autre, un frère aîné, mort à huit mois. Elle voulait aussi se suicider... je l'ai retenue. Il n'y a pas de temps en astrologie, il y a une logique, ce n'est pas pareil. Ainsi, c'est moi qui ai donné la vie à ma mère... ou alors on a fait un échange. Soyez sans crainte, les psychologues, un jour, expliqueront tout ça. Moi, je profite de cette introduction libre et indépendante pour vous donner une idée de l'importance du commencement, premier conditionnement. Il m'en est resté un côté curaillon ambigu. Et puis, cette logique héritée de l'événement natal : changer le passif en actif, l'actif en passif, inverser l'apparence. A un certain niveau de signification, l'enfant met la mère au monde. Autre conséquence du commencement : je suis hyperadapté à l'hostilité. Quand on a des confrères et que l'on est astrologue à l'heure des sciences, c'est un atout. Je vous dirai en détail pourquoi dans mes Mémoires, si je trouve un éditeur pour ça.

Puisque le commencement est significatif, sachez aussi que je suis né les cheveux dressés sur la tête. La parapsychologie démontrant que le passé et l'avenir sont liés comme les doigts de la main, j'en déduis que je savais déjà ce qui m'attentait : l'horreur, l'étonnement, la stupéfaction. Mes émotions préférées.

Rien de plus étonnant que d'apprendre tout ce qui est officiellement interdit de savoir : les grands astrologues qui ont contribué à l'édification des sciences figurent dans nos dictionnaires sans mention de leur douce folie. L'astrologie est une loupe impitoyable pour les points noirs d'une « culture ». Le bel épiderme de la pensée éclairée n'est qu'une épaisse croûte d'intolérances. Sous le masque l'infection grandit. J'ai soigné la peau de l'astrologie aux herbes naturelles pendant que les abcès de ses Juges gagnent en laideur et silence...

Un autre sujet d'étonnement est l'inclination générale à s'approprier le ciel, parler des planètes comme autant d'anges et de démons bien à soi, rien qu'à soi. Notre premier réflexe est de changer l'horoscope en villa particulière, en faire son avoir au soleil, s'y réchauffer le Moi à bonne distance des intrus. L'horoscope n'est pas ma coquille, le Soleil ne m'appartient pas, l'astrologie ce n'est pas moi : c'est Elle.

A partir de là, pour nous, astrologues inconfortables, le ciel est redevenu le ciel : une condition de naissance comme on dit condition de famille, condition sociale, condition humaine. Signes et planètes constituent l'héritage céleste composé de valises diverses, échéances et tendances dont il faudra, à chacun, trouver le meilleur mariage avec les contenus du bagage terrestre. Celui-là, nous n'en connaissons aussi que les grosses pièces : le milieu familial, l'éducation, les droits civiques, les handicaps ou allégements selon le sexe ou la couleur de la race. Bref, tout ce qui n'est pas dans votre horoscope, sans oublier l'hérédité. Les deux héritages ne sont pas plus dissociés que le ciel et la terre. Mais, pour un Taureau, il importe de respecter la distinction entre le haut et le bas, ça peut servir.

L'astrologie conditionaliste — maintenant, vous savez pourquoi — ne propose rien d'autre que de comprendre les échanges et interactions entre la part du ciel et celle de la terre. Le « destin », votre histoire, la mienne, est le résultat de ces parts qui ne s'ajoutent pas, mais se conjuguent avec plus ou moins de bonheur. Pour être concret, je peux vous préciser que les problèmes, crises, conflits d'une existence, résultent des « arrangements » difficiles entre terre et ciel. Dans une consultation pratique, l'astrologue informe de la part céleste à considérer pour éclairer le reste. Avec un conditionaliste, cela peut se traduire par un dialogue et une recherche commune de solution... s'il y en a une de possible.

La position conditionaliste individualise davantage l'interprétation. A la limite, il n'y a que des cas, et c'est bien ainsi que les Grecs comprenaient le destin, comme un duo-duel entre l'homme et le ciel.

Sur cette lancée de retour à l'ordre réaliste, les conditionalistes peuvent étudier l'astronomie, la biologie, la psychologie, la sociologie, sans faire d'amalgames. Il y a des « signaux » concrets, matériels, qui viennent du ciel (astronomie) ou de la vie (biologie), il y a des symboles (psychologie) qui viennent de l'âme comme un langage spécifiquement humain exprimant, à des niveaux différents, les signes du ciel et de la vie. Ainsi, pour les conditionalistes, l'être est re-créateur : il change ses bagages céleste et terrestre, en destin d'homme d'action, de penseur ou d'artiste. Les plus doués réinventent la terre pour qu'elle retourne au ciel... Comme je vous le disais plus haut, lorsqu'une mère vous met au monde, c'est la moindre des choses de la faire re-naître. Il y a beaucoup d'écologistes chez les conditionalistes. La démarche est parente. Peut-être aussi ont-ils également et poétiquement compris que mère Nature a enfanté l'homme pour avoir droit, un jour, de s'exprimer au plus haut niveau de sa nature. Apparemment, on est loin du but...

A chacun sa tâche. Loin de replonger dans les vieilles lunes des Grandes Mères, le langage conditionaliste a fait renaître l'astrologie aux exigences philosophiques et même politiques de notre temps.

C'est ce langage reformulant les signes, planètes, maisons, aspects, en respectant l'homme autant que le ciel, que je développerai dans un treizième ouvrage dont les éditions Tchou, ne reculant devant aucune témérité, m'ont confié la rédaction. Je vous y renvoie : vous y trouverez l'évolution de l'ancienne à la nouvelle Mère. Elle est jeune, elle compte de grands amis, mais ne la croyez pas ingrate (sauf envers d'incurables ennemis). Ne l'appelez plus « Uranie », déesse du ciel à ce qu'on en dit. Son vrai nom est Thémis, *fille du Ciel et de la Terre*. Et, je cite :

« Thémis, fille du Ciel et de la Terre ou *d'Uranus et de Titaïa...* Elle se distingua par sa prudence et par son amour pour la justice ; c'est elle, dit Diodore, qui a établi la divination, les sacrifices, les lois de la religion, et tout ce qui sert à maintenir l'ordre et la paix parmi les hommes... *Elle s'appliqua aussi à l'astrologie,* et devint très habile dans l'art de prédire l'avenir... La fable dit que Thémis voulait garder sa virginité, mais que Jupiter la força à l'épouser, et lui donna trois filles, l'Équité, la Loi et la Paix. C'est un emblème de la justice, qui produit les lois et la paix, en *rendant à chacun ce qui lui est dû.*

« Hésiode fait encore Thémis mère des Heures et des Parques. Thémis, dit Festus, était celle qui commandait aux hommes de demander aux dieux ce qui était juste et raisonnable...[1] »

La fable est claire : l'astrologie dispose bien de deux héritages. Elle est « connaissance des rapports » et non aveugle fatalisme. Le désordre découle du non-respect ou de l'ignorance des lois

---

1. *Dictionnaire de la fable,* par Fr. Noël, éd. Le Normant, 1803.

d'équilibre et d'échanges entre les hommes, entre les hommes et les dieux, entre la terre et le ciel. La paix se gagne en rendant à chacun ce qui lui est dû.

Je vous souhaite d'apprendre à connaître ce que vous devez au ciel — au Taureau, notre signe — pour que vous sachiez reconnaître ce que vous ne devez qu'à vous-même.

# De quel côté penche votre personnalité Taureau ?

Les deux listes d'adjectifs ci-dessous décrivent les aspects positifs et négatifs de la personnalité Taureau. Vous lisez chaque mot et, le plus honnêtement possible, vous évaluez si ce mot vous concerne ou non. Chaque fois que votre réponse est « Oui, ce mot me concerne », vous cochez la case correspondante dans la colonne 1 (maintenant).

Totalisez maintenant le nombre de croix de la colonne de gauche et inscrivez ce nombre dans la case Total ; faites de même pour la colonne de droite. Si votre total de gauche est supérieur de huit points ou plus à votre total de droite, vous êtes actuellement dominé(e) par les excès et les contradictions de votre signe. Si votre total de droite est supérieur à votre total de gauche de huit points ou plus, vous réalisez pleinement le potentiel du Taureau. Refaites cette exploration dans un an, puis dans deux ans ; chaque fois que vous pourrez honnêtement supprimer une croix dans la colonne de gauche et ajouter une croix dans la colonne de droite, vous avancerez sur la voie de votre heureux accomplissement personnel.

|  | maintenant | dans 1 an | dans 2 ans |  | maintenant | dans 1 an | dans 2 ans |
|---|---|---|---|---|---|---|---|
| ROUTINIER |  |  |  | STABLE |  |  |  |
| INERTE |  |  |  | ENDURANT |  |  |  |
| MATÉRIALISTE |  |  |  | PRATIQUE |  |  |  |
| NAÏF |  |  |  | SIMPLE |  |  |  |
| ENTÊTÉ |  |  |  | VOLONTAIRE |  |  |  |
| FATIGANT |  |  |  | PERSÉVÉRANT |  |  |  |
| CONFORMISTE |  |  |  | PRUDENT |  |  |  |
| AFFECTÉ D'UN GRAND BESOIN DE SÉCURITÉ |  |  |  | PRÉVOYANT |  |  |  |
| RAIDE |  |  |  | CONCRET |  |  |  |
| INTÉRESSÉ |  |  |  | RÉALISTE |  |  |  |
| TROP CONCENTRÉ |  |  |  | TRAVAILLEUR |  |  |  |
| RÉACTIONNAIRE |  |  |  | BON GESTIONNAIRE |  |  |  |
| FORMALISTE |  |  |  | DIGNE DE CONFIANCE |  |  |  |
| POSSESSIF |  |  |  | HABILE EN AFFAIRES |  |  |  |
| INCAPABLE DE SUPPORTER LA CONTRADICTION |  |  |  | SINCÈRE |  |  |  |
| JOUISSEUR |  |  |  | SENSUEL |  |  |  |
| AVIDE |  |  |  | GOURMAND |  |  |  |
| JALOUX |  |  |  | AFFECTUEUX |  |  |  |
| RANCUNIER |  |  |  | GÉNÉREUX |  |  |  |
| PARESSEUX |  |  |  | ARTISTE |  |  |  |
| CRITIQUEUR |  |  |  | DOUÉ D'UNE BELLE VOIX |  |  |  |
| CASANIER |  |  |  | ATTIRÉ PAR LA CAMPAGNE |  |  |  |
| INADAPTABLE |  |  |  | ATTIRÉ PAR LE JARDINAGE |  |  |  |
| RUMINANT |  |  |  | PAISIBLE |  |  |  |
| GROSSIER |  |  |  | VITAL |  |  |  |
| COLÉREUX PAR ACCUMULATION |  |  |  | PRODUCTIF |  |  |  |
| Total |  |  |  | Total |  |  |  |

*Chapitre Premier*

# Symbolique et Mythologie du Signe

*Le croissant de lune qui surmonte cette lampe en bronze, de l'antiquité tardive, pourrait bien signifier que des valeurs lunaires étaient attribuées au Taureau.*

# *La Symbolique du Signe*

### Le symbolisme graphique

L'idéogramme ou graphisme du signe paraît, en astrologie occidentale, définitivement consacré. Sans vaine fioriture, avec la majesté des gestes sobres, le cercle surmonté de sa moitié est adopté pour représenter le Taureau, vu de face. On peut difficilement aller plus loin dans la stylisation. Dans l'avant-dernière étape, l'enseigne l'emportait sur le symbole : on reconnaissait la tête de ce genre de mammifère ruminant de la famille des bovidés.

Les cornes changées en demi-lune et la face en plein Soleil rejoignent l'Égypte qui, en vouant le Taureau à la domination d'Osiris et d'Isis (le Soleil et la Lune), faisait renaître l'année à leur rencontre en ce signe, c'est-à-dire à la nouvelle Lune.

Le symbole étant plus riche que la figure, l'hiéroglyphe, nous dit Marcelle Senard, « évoque la matrice, l'enveloppe de la graine, le tombeau, la coupe attendant et attirant le rayon stimulant de l'impulsion vitale, principe de toute création. C'est aussi l'image du calice de la fleur s'ouvrant aux rayons du Soleil, afin que s'y accomplisse la fécondation ; ou le vase antique, la coupe du Graal, en laquelle descendait le rayon divin pour abreuver et purifier ses chevaliers (en sanscrit, *Graha* veut dire à la fois coupe et grâce). Ou, enfin, c'est le corps humain. Vase d'élection, coupe par excellence où s'accomplit l'œuvre de transmutation majeure par le principe du feu[1] ».

Une imagination réaliste y verrait une bourse garnie aux cordons serrés, ce qui conviendrait aux richesses accordées par le signe à ses meilleurs sujets, épargnants à souhait. Les petits plaisantins penseraient à une montre sans aiguilles ni heure, nantie d'un remontoir en tire-bouchon, à un cerceau que gouvernerait un guidon, à une tête d'escargot un peu niais, mais le rapport avec les significations connues serait plus obscur.

Pour le symboliste pénétrant, ces significations ont travaillé insensiblement la figuration du signe jusqu'à lui donner ce fini dans l'abstrait qui restitue la transparence de l'invisible. La chair sublimée délivre l'archétype. Elle n'était que coquille, ombre du vrai principe : celui de la Substance. « Il fut déjà dit que *Ge*, en sanscrit, veut dire à la fois *terre* et *taureau*. *Ge,* en grec, est une particule enclitique, c'est-à-dire que, s'appuyant sur le mot qui précède, elle semble ne faire

---

1. Marcelle Senard, *le Zodiaque,* F. Roth & Cie, éditeurs, 1948.

qu'un avec lui et le met en relief. N'est-ce pas le propre de l'énergie réceptive qui se prête au principe positif, afin de le formuler dans la substance : *genos,* en grec, veut dire naissance, origine, race. En chinois, terre se dit *ghen*[1]. » Un graphologue insisterait sur la dilatation de l'hiéroglyphe, sur la rondeur, la fermeture compensée par une ouverture vers le haut, en forme de conque prête à recevoir Vénus jaillie des flots. Un portrait s'ensuivrait, mettant la féminité, ses vertus et ses biais, au cœur de sa dissertation, en modulant sur le charme, la résistance passive, la fécondité, le don de recevoir et celui de conserver.

Vénus, maîtresse du signe, se présente sans fard comme un cercle surmontant une croix. Il serait impudent d'y trouver un hasard. Les tenants d'une astrologie sacrée, bâtie sur les combinaisons du cercle, du demi-cercle et de la croix, représentations symboliques de l'Esprit, de l'Ame et du Corps, assurent bien que non. L'idéogramme de Vénus désignerait l'union du corps et de l'esprit, avec une prédominance spirituelle. C'est, du moins, ce qu'en dit le symbole. Sur cette façon de comprendre l'astrologie, un éminent auteur, Adolphe Ferrière, docteur en sociologie, a consacré de savants écrits[2] qu'un Taureau de ma pesanteur ne saurait rapporter sans crainte de les trahir. Le principe est simple, l'application ardue. Elle demande de déduire de la figure composée un grand corps de ballet d'idées universelles. Ainsi, le cercle étant l'unité, la croix la dualité, l'Amour dont Vénus est maîtresse serait géométriquement signifié par la situation de l'un sur l'autre. Le symbole étant acceptable dans les divers sens de ses surdéterminations, le détour analogique veut que les amants soient des officiants de l'équilibre du monde. J'en appelle à la Balance, second signe de Vénus.

Cercle, demi-cercle, croix ou point par l'intersection de ses branches, la triade rappelle le Soleil, la Lune et la Terre, fondements du ciel des astrologues. N'en doutez pas, les origines sont là, et leurs racines.

Du Soleil, fleuve de vie, sphère de Dieu, émerge le cercle investi de la forte sagesse, inaccessible tyran du parfait immobile. Le cercle est éternel, même si la roue tourne. Son mouvement ne fait que remplacer un point par un autre. L'analogisme veut que l'Esprit soit un brasier circulaire, une circonférence de rayon indéfini.

De la Lune émergent l'âme et le demi-cercle, par la mouvance et le changement, leur lot commun. L'humeur nous tombe de la Lune, vaisseau flottant aux voiles blanches prenant le vent de la lumière en des quartiers différents.

Quant à la croix, c'est bien la Terre centrée, le point fixé par la crucifixion de l'Homme dans le décor de ses quatre éléments. Avec le cercle, la croix et le demi-cercle pour dessiner les planètes, l'ésotériste peut se dire qu'elles s'écrivent avec le Soleil, la Terre et la Lune pour dépeindre l'Homme dans son esprit, son corps et son âme.

Ailleurs que dans la dimension des lignes pures et de l'espace structuré, une autre source de symboles nous vient des notions climatologiques d'autrefois.

## Le symbolisme climatologique

Lorsqu'on parle du temps, non de celui qui court mais de celui qu'il fera, le froid, le chaud, le sec et l'humide donnent le ton de la conversation. L'astrologie traditionnelle repose sur une systématisation de ces facteurs d'intempéries. Autrefois, ils s'entendaient dans leur acception physique, selon la physique de l'époque. Aujourd'hui, ils se comprennent comme des « principes » que les puristes se gardent avec sagesse de confondre à la réalité des vents, malgré la tentation d'établir un plan de coïncidence. Certains auteurs font de la météorologie planétaire et zodiacale avec les attributions que nous allons voir.

Sur le chemin apparent du Soleil, ou voie d'écliptique, à partir de l'une de ses intersections avec l'équateur céleste, les douze signes du zodiaque se suivent dans leur ordre inaltérable : Bélier, Taureau, Gémeaux, Cancer, Lion, Vierge, Balance, Scorpion, Sagittaire, Capricorne, Verseau, Poissons.

Pour notre hémisphère et nos latitudes moyennes, le « tour » du Soleil entraîne des caractéristiques saisonnières que Claude Ptolémée commentait ainsi :

« Dans le printemps, l'humidité surabonde, parce que, le froid étant passé, l'humidité commence à se répandre par le moyen de la chaleur. L'été est plus chaud, parce qu'en ce temps le

---

1. Marcelle Senard, *op. cit.*
2. Adolphe Ferrière, *le Mystère cosmique,* Nice, éditions des Cahiers astrologiques, 1948.

*Les cornes, au-dessus de la tête d'Isis, forment un récipient qui contient une sorte de lune. Il y a là tout le symbolisme du signe, sa féminité, sa fertilité, sa puissance animale.*

*Le Grand Livre du Taureau*

*Dans* le Triomphe de Flore *de Carpeaux, apparaît la féminité joueuse du signe, ce mélange de fraîcheur et de plénitude féconde qui caractérise le Taureau.*

Soleil approche plus près de notre point vertical. L'automne est plus sec, parce que les humidités ont été desséchées à l'aide de la chaleur passée. L'hiver est plus froid, parce qu'alors le Soleil s'éloigne davantage du zénith[1]. »

## Symbolisme général du signe

En condensant vos lectures sur la symbolique du Taureau, vous avez des chances d'obtenir quelque chose de ressemblant à ce qui suit :

*Taureau* : au mois d'avril, le 19 ou le 20 avril, le Soleil pénètre dans ce signe, pour en sortir autour du 20 ou du 21 mai.

Le Taureau est le symbole de la fécondité et des forces procréatrices. Son hiéroglyphe est la sixième lettre hébraïque : le Vav qui représente l'œil, tout ce qui se rapporte à la lumière et à l'éclat.

Dans le tarot, selon Papus, le Taureau correspond à la sixième lame, l'Amoureux, symbole de réunion mais aussi de confrontation des antagonismes. Dans la kabbale, l'Amoureux correspond à Tiphereth. Au mieux, ses significations peuvent être la Beauté, l'Amour, la Charité, l'Attraction ou l'Amour universel.

Dans le ciel, le signe du Taureau est septentrional par rapport à l'équateur céleste, oriental dans sa triplicité (Terre), et de printemps. Selon les dispositions élémentaires, il est terrestre, mélancolique, froid et sec, acide, féminin, nocturne et fixe.

---

1. Claude Ptolémée, *la Tétrabible,* Bibliotheca Hermetica, éd. Denoël, 1974.

*La Symbolique du Signe*

*Le printemps que suggère cette fresque a quelque chose de fragile et de triomphant : des personnages tantôt presque nus, tantôt très vêtus, les arbres et les fleurs qui rythment leur danse forment un tableau très typique de l'univers vénusien du Taureau.*

*Entre les plantes,* il gouverne le plantain, le fraisier, le lin, la fumeterre, le lierre, la mauve, la menthe, le mille-feuille, la pâquerette, la pivoine, la reine-des-prés, le sureau, la saponaire, l'ancolie, le pied-d'alouette, la dent-de-lion, la courge, le myrte, le tussilage, le lilas, la mousse, l'épinard.

*Entre les pierres :* les blanches et les opaques, le corail blanc, l'albâtre. Son joyau est l'émeraude, son métal le cuivre, son parfum la violette, son jour le vendredi et son chiffre le 6. Pour la couleur, le bleu ou le vert, et même les deux.

*Les pays, villes et régions* en affinité avec le Taureau sont, en principe, l'Asie Mineure, la Grèce, l'Argentine, le Dauphiné, la Picardie, l'Estonie, la Finlande, l'Irlande, la Lettonie, la Lituanie, la Lorraine, la Perse, la Picardie, la Pologne, l'U.R.S.S. du Sud, Dublin, Leipzig, Mantoue, Nantes, Palerme, l'île de Rhodes et l'île de Chypre.

## Symbolisme général de Vénus

Et de Vénus, affiliée au Taureau, vous devez savoir presque tout après ceci :
*Signes du zodiaque :* Taureau, Balance.
*Élément :* Air.
*Couleur :* Vert végétal.
*Qualités élémentaires :* L'humide doux et tempéré.
*Odeur :* Suave, grisante.
*Saveur :* Sucrée.
*Saison :* Printemps.

*Ce bœuf portugais évoque le poids symbolique qui pèse sur le natif du Taureau et lui confère sa légendaire lenteur.*

*Effets atmosphériques :* Rosée, léger brouillard, brume, pluie fine et rafraîchissante, brise légère, cumulus, temps doux.
*Dans les eaux et les mers :* Montée des eaux fertilisantes, marées abondantes, navigations faciles.
*Sur terre :* Vigueur et abondance pour plantes, fruits et légumes.
Les insectes et animaux utiles prospèrent, les nuisibles et les prédateurs dépérissent.
*Minéraux :* Perle, corail, turquoise, émeraude, cuivre.
*Plantes :* Celles des signes qu'elle gouverne, en ajoutant datte, olivier, pin.
*Animaux :* Colombe, tourterelle, moineau, perdrix, brebis, chèvre, faisan.
*Humeurs :* Semence, sang.
*Tempérament :* Lymphatique, sanguin, ou lympho-sanguin.
*Parties du corps :* Parties génitales, gorge, seins, reins, ventre.

*La Symbolique du Signe*

*Forme du corps :* Taille moyenne, carnation blanche ou rosée, cheveux bruns, noirs, ondulés, yeux rieurs et tendres, sourcils épais, bouche charnue, joues et menton à fossettes, jambes fortes. Type Adonis, Bacchus, Pan.

*Caractère :* Bien affecté, le Vénusien est sociable, charmeur, joyeux, pacifique, pieux, croyant, compatissant. Il est élégant, doué pour la musique, avec des goûts qui passent pour efféminés. Aussi bien chanceux au jeu qu'en amitié, il aime à se prélasser et fuit le travail, les difficultés, les conflits et les tourments. Il peut être sensible à l'excès, susceptible mais sans rancune. Mal affectée, Vénus fait les paresseux, les jaloux, les amoureux infortunés, les dépensiers, amoraux et pervertis par leur passion aveugle.

*Professions :* Bien affecté, chanteurs, musiciens, artistes, bijoutiers, tisserands, hôteliers, restaurateurs. Mal affecté, proxénètes, mendiants.

*Événements :* Vénus harmonieuse apporte les succès de fortune, le bonheur en amour et mariage, des enfants nombreux et plaisants, des dignités agréables dans les actions entreprises. Dissonante, elle marque les revers consécutifs à une vie amoureuse scandaleuse, crée drames et déboires dans les unions et surtout les désunions. Les enfants, les femmes et les plaisirs sont source d'infortune.

*Personnages :* Épouse, sœur, fille, maîtresse, concubine.

*Époque de la vie :* Adolescence (de l'enfance à vingt et un ans).

*Maladies :* Des parties du corps qu'elle gouverne, infectieuses et vénériennes.

*Mort :* Vénus harmonieuse, mort douce et naturelle. Mal affectée, Vénus cause une mort violente ou prématurée due aux excès sexuels et autres, à l'ivresse, aux empoisonnements.

*Lieux :* Les vallées et les vallons, ou les petites collines boisées. Les parcs, jardins, prairies. Les théâtres, les lieux de perdition.

*Instruments :* La guitare et le violon.

*Tons :* Mi, majeur ou mineur.

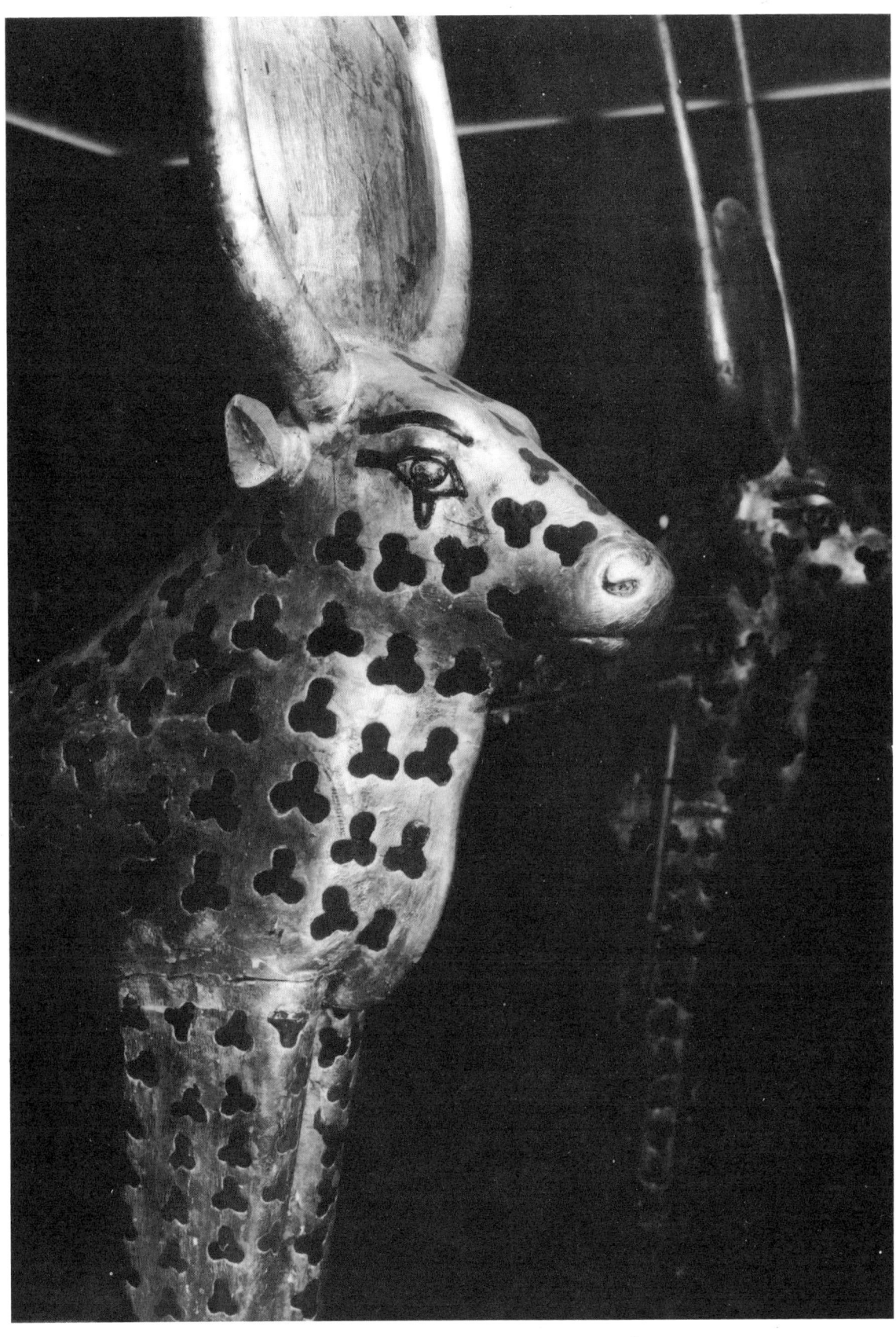

*Photographié au musée du Caire, ce lit-véhicule évoquant la vache primordiale exprime la souveraine puissance que cet animal possédait aux yeux des Égyptiens. Là encore, entre les deux cornes, se trouve une lune, symbolisant la fécondité.*

# *La Mythologie du Signe*

Il ne faut pas confondre veau, vache, bison, buffle, bœuf, taureau. Il y a de la nuance dans le bovidé sacré, et, manifestement, les caractéristiques concrètes, les comportements naturels de ces animaux, leurs rapports avec l'homme décident des différentes symboliques et de leurs transpositions métaphysiques.

La puissance génitrice du taureau terrestre, le phallocentrisme spontané qu'il exerce sur son harem en pâturage, valaient d'être évoqués au ciel par la foudre fécondant en un éclair bruyant ces vaches que sont les nuages.

« Toute force de pénétration physique ou spirituelle qui engendre et féconde a été appelée "taureau" dans les anciennes mythologies[1]. »

« Le symbolisme du taureau est également lié à celui de l'orage, de la pluie et de la Lune.

« Le taureau et la foudre ont été de bonne heure (dès 2400 av. J.-C.) les symboles conjugués des divinités atmosphériques. Le beuglement du taureau a été assimilé, dans les cultures archaïques, à l'ouragan et au tonnerre (le Bull-Roarer chez les Australiens) ; or l'un et l'autre étaient une épiphanie de la force fécondante. [...]

« L'ensemble foudre-orage-pluie a été parfois considéré, par exemple chez les Esquimaux, chez les Boschimans et au Pérou, comme une hiérophanie de la Lune. Menghin établit un rapport entre le croissant de Lune et les figures féminines de l'aurignacien (tenant une corne à la main) ; les idoles de type bovidé, qui se trouvent toujours en rapport avec le culte de la Grande-Mère (Lune), sont fréquentes au néolithique... Les divinités lunaires méditerranéo-orientales étaient représentées sous la forme d'un taureau et investies des attributs taurins. C'est ainsi que le dieu de la Lune d'Ur était qualifié de *puissant, jeune taureau du ciel,* ou *le puissant, le jeune taureau aux cornes robustes.* En Égypte, la divinité de la Lune était le Taureau des Étoiles...[2] »

## Solaire et lunaire

L'association foudre-eau explique l'ambivalence du symbole taurien aussi solaire que le feu, aussi lunaire que l'humide. Le croissant des cornes associe la Lune à une arme efficace. Être Soleil et Lune, Feu et Eau, pénétration et semence, cela méritait d'ouvrir l'alphabet hébreu. Sa première lettre, *Alef,* signifie taureau. Elle serait le symbole de la Lune à sa première semaine.

Des cornes à la Lune, il n'y a qu'un pas. Mais pourquoi fallait-il un taureau à trois cornes aux dieux de la Gaule ? Paul-Marie Duval n'en donne qu'une explication terre à terre. :

« ... Le culte du taureau était fréquent dans diverses parties du monde antique, à haute époque : or, on ne trouve qu'en Gaule ce monstre tricornu. Est-ce donc un dieu spécifiquement celtique ? Une étude récente a montré que la troisième corne peut avoir été inventée par les bronziers qui copiaient des statuettes italiennes ayant un oiseau ou un croissant fixé sur la nuque par une

---

1. Georges Lanoë-Villène, *le Livre des symboles,* éd. Bossard, 1927.
2. *Dictionnaire des symboles.* Article sur le taureau par Le Roux-Guyonvarc'h, éd. R. Laffont, 1969.

*Le Grand Livre du Taureau*

*Dans ce dessin de Géricault, l'homme cherche à terrasser le taureau. Cet animal apparaît dans la mythologie comme un accessoire très précieux du pouvoir de l'homme.*

cheville : influence toute-puissante de la représentation plastique ! Il reste que ce phénomène s'est produit seulement en Gaule [1]... »

Mais nos ancêtres ont peut-être voulu accentuer l'aspect guerrier quitte à brimer le reproducteur. Ainsi pensait l'Irlande où les grandes valeurs militaires étaient identifiées au *taureau de combat*. Toujours en Irlande, le *festin du taureau* commençait, curieuse invite, par le sacrifice de l'animal. Le poète visionnaire en exercice devait manger et boire le bouillon de la victime avant de s'endormir pour voir en songe le candidat-roi à choisir par l'assemblée des nobles. Cette élection au premier tour était suivie du sacrifice du cheval, autre animal guerrier.

M. Le Roux-Guyonvarc'h [2] a donc raison de rapporter que la troisième corne « doit représenter ce qu'en Irlande on appelle le Ion Laith ou Lune du héros, espèce d'*aura sanglante* qui jaillit du sommet du crâne du héros en état d'excitation guerrière ». Et M. d'Arbois de Jubainville laisse justement entendre, dans une de ses études de linguistique, que le mot « taureau » a été synonyme de « chef » en celtique d'Irlande et de Gaule [3].

L'autorité peut être purement spirituelle. *La Légende dorée* « nous apprend encore que les plans de l'abbaye du Mont-Saint-Michel français et de celle du Mont-Saint-Michel italien, à Gargano (aujourd'hui San Angelo, province de Capitanate, anciennement royaume de Naples) furent dessinés sur la terre par les pas d'un taureau — c'est-à-dire d'après les instructions et sur les devis d'un moine savant et sage [3] ».

1. Paul-Marie Duval, *les Dieux de la Gaule,* Petite Bibliothèque Payot, 1976.
2. *Dictionnaire des symboles.*
3. *Le Livre des symboles.*

*La Mythologie du Signe*

L'Enlèvement d'Europe *se fait sur un taureau et, si l'on en juge par le regard triomphant qu'elle lance derrière elle, sa monture confortable bondit aussi vite que l'éclair.*

Disons aussi que la puissante assise du taureau évoque les grandes architectures, matérielles et autres. La symbolique des quatre pieds-sabots sur terre est abondante, elle rejoint celle du bœuf-civilisateur, support de l'ordre et de sa pérennité.

« Le taureau védique, Vrishabha, est aussi le support du monde manifesté, celui qui, du centre immobile, met en mouvement la roue cosmique. En vertu de cette analogie, la légende bouddhique revendiquera pour son héros la place du taureau du Véda. Le taureau, est-il dit, retire un de ses sabots de la terre à la fin de chacun des quatre *âges* : lorsqu'il les aura tous retirés, les assises du monde seront détruites[1]. »

Les Sioux attribuent le même rôle au bison primordial, sa bosse suggérant tout un monde. Dans le temple de Salomon, douze taureaux portent la mer de bronze. Pour de nombreux peuples turco-tatars, le taureau supporte le poids de la Terre, sur son dos ou sur ses cornes.

Pour ne pas s'égarer dans les ambiguïtés, par esprit de méthode l'on pourrait classer les idées en considérant le taureau sous son aspect solaire, puis sous son aspect lunaire, enfin sous les deux réunis. Ce qui compléterait ou recouperait les analogies issues de la stature, du comportement, du mugissement, car le taureau mugit comme la mer...

## Signe de fécondation

En Égypte, avons-nous dit, Isis (Lune) et Osiris (Soleil) commencent l'année sous les auspices de leur réunion dans le signe du Taureau. Dionysos pourrait bien, quant à lui, exprimer les mystères

---

1. *Dictionnaire des symboles.*

*Le Grand Livre du Taureau*

*Somptueux taureau ailé datant de l'époque de Darius I$^{er}$ : sa stature large et robuste contraste avec des pattes fines et d'immenses ailes qui donnent à cet animal de la terre la possibilité de voyager par les airs.*

des ambivalences fécondes tels les couples vie-mort, mâle-femelle, feu-eau, bête-homme, homme-dieu, folie-génie, vin-sang.

« Il [Bacchus, l'équivalent romain du Dionysos grec] est tantôt assis sur un tonneau, tantôt monté sur un char traîné par des tigres ou des panthères, quelquefois par des centaures dont les uns jouent de la lyre, les autres de la double flûte. Sur les monuments les plus anciens, il est représenté avec une tête de taureau[1]... »

Chez les Argiens, Bacchus avait le surnom de Bougène (né du Taureau). Dans la plupart des œuvres composées en Égypte par des artistes grecs, les statues de Bacchus portaient une tête de taureau. Plutarque rapporte que Bacchus était appelé par les Éléens *Pied de bœuf,* et il dit à ce sujet : « Est-il appelé *Pied de bœuf* comme Junon a été nommée *Boôpis* ? Ou bien est-il appelé ainsi, comme il est dit par quelques-uns, *Fils de Taureau* et *Taureau*[2] ? »

Dionysos est né de la cuisse de Jupiter. Dieu de la vigne, son ivresse est aussi celle de la sève et de toute folie, toute possession fertilisant l'homme pour engendrer un créateur ou libérer ses énergies cosmiques subconscientes. Du vin on passe aux liquides générateurs de vie-mort triomphatrice. Dieu des jardins et des bois, dieu de la chlorophylle, il mêle le Soleil et l'Eau. Les Nymphes furent ses premières éducatrices.

Les fécondateurs, quel que soit leur millésime, sont, comme Dionysos, fils du Taureau : dieux ou fleuves. Le fleuve sacré Acheloos était nommé par les Grecs « le fleuve Taureau » et on l'a souvent représenté sous cette forme. Poséidon, présidant aux eaux célestes, était appelé « le Mugissant » ; il était assimilé au Taureau et parfois il en portait le nom. On lui consacrait de grands sacrifices de taureaux.

---

1. Commelin, *Mythologie grecque et romaine,* éd. Garnier, 1960.
2. *Le Livre des symboles.*

Mer, fleuve, sperme, eau, vin, sang... peu importe le flacon pourvu que change l'ivresse. La licence dionysiaque mêle le tout sans perdre le goût du sacré. Le prêtre, transcendant le formalisme, exalte le sens caché de l'ivresse que donne l'incarnation divine dans l'Homme et l'officiant. Il change le vin en sang, la substance en essence. De Taureau il s'est changé en Bœuf, symbole de « celui qui s'est fait eunuque soi-même pour le royaume de dieu [1] ».

## A propos de Vénus

Le mythe des mythes serait de faire de Vénus un symbole de doux équilibre. Ses violences sont notoires et, de toute époque, terres et cieux voient en l'amour une source de troubles, de folies et de désordres contre un bonheur fugace. Sans doute faudrait-il s'accorder sur le langage. Pour le taureau et le bœuf, les choses sont claires. Mais, entre la passion et l'amour, qui distingue à coup sûr la différence ? La saga de Vénus comporte mille passions sadiques pour un seul amour masochiste voué à Adonis, qu'elle a finalement accepté de partager, prenant sa douleur en charge et devenant bœuf à son tour.

Des multiples visages de Vénus le plus constant est le désir. Il rejoint la fougue naturelle du Taureau, il en est l'aiguillon, il porte sa marque anarchique et sa double polarité mâle-femelle, faste-néfaste. Y a-t-il un désir du bœuf ? Rien ne paraît l'indiquer. Ni dans l'animal, ni dans la mythologie.

L'aspect mythologique de Vénus contient manifestement une composante agressive que l'astrologie courante a expurgé pour renforcer le monopole de Mars sur les attributs de la masculinité modèle.

De nos jours, Vénus présiderait à l'amour plus qu'au désir. Pareille évolution de sens suggère que l'amour est au bœuf ce que le désir est au taureau. S'il n'en est pas la castration, d'un certain point de vue, l'amour est une métamorphose du désir, et l'on pourrait associer son succès à la trop grande vigueur de ses racines. Il n'est guère prudent de bâtir ses églises sur les volcans.

Bœuf, vache ou taureau... amour, désir, ou amour-désir, les thèmes majeurs du signe et de l'astre se rejoignent. Ils tissent, au regard du symbolisme, nombre de destins et caractères fidèles, dit-on, au ciel dont ils ont pris les rêves constellés.

---

1. *Le Livre des symboles.*

*Nijinski dans* L'Après-Midi d'un faune, *dessin de Burlier. Ce danseur, qui va chercher avec volupté des grappes de raisins dans la coupe de fruits, illustre à merveille l'hédonisme du Taureau.*

*Chapitre II*

# Caractérologie générale du Signe

*Après des débuts d'enfant prodige du violon, Yehudi Menuhin a poursuivi une carrière de virtuose international. Considéré comme l'un des grands violonistes du siècle, il illustre la destinée du Taureau qui est de s'imposer par la persévérance.*

# *Le Taureau dans la Vie*

Les points de repère donnés par la Tradition pour chaque signe permettent d'imaginer ces portraits théoriques que l'on trouve en abondance dans l'ensemble des publications astrologiques. En réalité, il n'y a pas de portrait type : chaque signe dispose de *toute une famille* de personnalités caractéristiques. Le portrait qui suit n'est donc qu'un modèle parmi d'autres. Vous n'y retrouverez pas exactement tous les Taureau de votre connaissance. En revanche, si vous rencontrez quelqu'un qui ressemble à ce modèle, il y a de fortes chances pour qu'il soit du Taureau par le Soleil, l'Ascendant, ou une concentration de planètes dans ce signe.

## Un travailleur insatisfait

Puisqu'il est travailleur et ambitieux, il se couche tard, se lève tôt mais sans se presser, le lit le retient toujours un peu, en pensée. Le petit matin lui va bien pour traîner, réfléchir à sa journée, revoir ce qu'il a fait la veille, revenir à ce qu'il aurait dû dire à son chef de service si tout s'était bien passé. Bref, sitôt levé, il commence à ruminer en faisant son café ou celui de la maisonnée. Un café très fort pour le réveiller tout à fait, mais qu'il ne prendra pas, si la dose est trop forte. Ce Taureau costaud réclame du consistant au saut du lit. Le petit déjeuner copieux fait partie du réveil rituel, mais pas beaucoup de gymnastique. Le sport à domicile l'ennuie... C'est pourquoi on le décrit en rondouillard adipeux lorsqu'il a pris de l'âge. Cependant, le muscle reste ferme sous la graisse. Il sait qu'avec une cure d'activité physique et un régime sans défaillance, il a des chances de retrouver sa ligne, parfois sculpturale, rarement svelte. Il a renoncé à devenir longiligne : c'est un trapu, un courtaud, ou une belle armoire, style rugbyman. Si le Ciel l'a rendu trop petit à son goût, il souffrira en silence en choisissant des partenaires, amis ou conjoint, exagérément grands qu'il ridiculise en les dominant. Madame Taureau, sur le plan physique, est de beauté suave et capiteuse, généreuse dans les formes comme dans le fond. Elle est capable d'avoir longtemps la taille fine avant de finir par un triple menton, se punissant ainsi d'avoir abusé des sucreries, faute d'une vie sexuelle à la hauteur de son appétit. Pour la table, comme pour le lit, le Taureau a toujours la sensation d'un manque à satisfaire. N'oublions pas son « oralité » : il lui faut du « rab de rab »...

## Un terre à terre élégant

On le dit coquet, pour le moins soigneux. S'il a l'âge de séduire, il ne craint pas de jouer au dandy. Sinon, il s'habille avec goût ou avec le souci de porter exclusivement ce qui ne lui va pas si mal. Vous remarquerez peut-être son horreur de porter des vêtements étroits. Il déteste se serrer le ventre et le cou, son point faible. Parfois, il exagère dans les foulards aux couleurs vives. Une touche de féminité pointe dans sa tenue vestimentaire, et il se parfume volontiers. Il a ses jours de guenilles où il s'habille en clochard propre, en hobereau, histoire, dit-on, d'user jusqu'à la corde les vestes, pulls, pantalons, qu'il tient en affection. Bien entendu, Madame Taureau dispose d'une belle garde-robe, avec des ensembles exotiques. Elle sait marier normalement le folklore et l'élégance.

## Une compétence à toute épreuve

Avant de partir au travail, le Taureau lit son journal. Pour les nouvelles essentielles, pour voir aussi s'il n'y a pas une grève qui l'immobiliserait chez lui au moment où précisément il a tellement de choses à faire. Consciencieux, mais pas fou, il place ses intérêts personnels bien au-dessus de ceux de l'entreprise qui l'emploie, même si son zèle laisse préjuger le contraire. A l'atelier ou au bureau, il termine la lecture de son journal en lisant ostensiblement les petites annonces s'il n'est pas satisfait de son poste ou pour inquiéter tant soit peu ses supérieurs immédiats. Il n'est pas de ceux qui attaquent brutalement leur ouvrage. Il s'échauffe lentement. Sa mise en train prend du temps, surtout s'il ne trouve pas son crayon préféré, son matériel habituel, ou si l'ambiance a changé autour de lui. Une fois sur les rails, il produit sans fatigue apparente, sûr de son rythme et de ses compétences, qu'il sait généralement rendre précieuses à ses employeurs avisés. Le plus souvent, c'est un collègue estimé, recherché pour son jugement, sa bonne humeur dans les meilleurs cas, et sa bonne volonté. On le respecte pour ce qu'il vaut autant que pour ce qu'il est, c'est-à-dire qu'on supporte ses colères et ses récriminations, parce qu'elles font partie de son art de vivre. Il déteste les conflits internes, sauf ceux qu'il provoque, à l'occasion, lorsqu'il se heurte à d'injustes résistances. Ses vindictes sont redoutables. Habituellement loyal envers ses adversaires, il perd toute mesure dans la férocité lorsqu'on le dupe sans vergogne. Quelles que soient ses responsabilités et le volume de ses affaires, il trouve le temps de courtiser l'élément féminin de son entourage. Madame Taureau n'est pas forcément entreprenante, mais sa présence donne des idées stimulantes, en toute innocence.

C'est un plaisir d'être à table avec lui. Le bon vin est sacré et, si la compagnie s'y prête, il devient loquace, bruyant, hilare, heureux d'être en joie et de communiquer son rire.

Il rentre dans le soir de la vie comme dans celui d'un jour, sans se presser, pensant à ce qu'il a laissé et à ce qu'il va rejoindre. La philosophie le grise, tel un petit air frais sorti du bois bourgeonnant. Il mesure, il arpente le terrain des plaisirs et des raisons de vivre : des revenus assurés, des enfants bien élevés, des amis éternels, la table est bien mise, la terre donne son grain, l'herbe est grasse, mais il reste des factures à payer, des comptes à régler, tant et tant de choses à faire demain et encore demain... La nuit tombe, il est temps de mourir dans les bras de l'aimée.

*Anouk Aimée a vécu une des autres facettes du signe taurien : la séduction. Sa carrière de grande comédienne, fondée sur son magnétisme profond (très opposé au charme enjoué de la Balance, autre signe vénusien), a marqué par son style toute une génération.*

*Sylvana Mangano : cette actrice italienne aux apparences luxueuses (typiques d'une native du Taureau) poursuit une prestigieuse carrière, empreinte de rigueur dans ses choix et d'assiduité endurante.*

# Le Taureau et l'Amour

## Tout pour la stabilité

Pour construire sa vie le Taureau a besoin d'aimer et, comme il construit lentement, il commence très tôt à chercher la pierre de touche de son édifice : un(e) partenaire bien sous tous les rapports, aux épaules solides, aux charmes sans excès de manière à ne tenter personne et que son désir soit mobilisable sans être constamment avivé.

Sa vision du foyer stable, du couple indissolublement lié par chaque tâche et chaque plaisir de sa prospérité, l'engage à éliminer les sources de diversion. Elles sont multiples. Notre Taureau peut être heureux en amour si tout va selon sa prévoyance et son appréciation du juste milieu entre le plaisir et le devoir, les obstacles stimulants et les facilités dangereuses.

Le cas échéant, mais toujours par prévoyance, il commence par céder à toutes les tentations, faire l'apprentissage de l'abandon et de la résistance pour armer sa fidélité future, lui donner les souvenirs qui épargnent les rechutes, l'expérience contre les démons fallacieux.

Sa conduite d'immunisation contre l'instabilité, en usant préventivement de liberté sexuelle, comporte des risques d'aventures. Il les contrôle par ses défiances, sa garde constante à ne pas se piéger dans une incartade, une fantaisie qui compromettrait au creux d'un lit trop doux son projet de couple immuable. Conscience lucide, clairvoyance au sommet du désir, d'autant plus intense que la capitulation menace. Son ange gardien, incorruptible, note les concessions et les défaillances. Le bilan se tient jour après jour, ou bien au crépuscule ou au petit matin d'une séance soudainement hâtée. Lorsque le verdict tombe, après un faux silence, la rupture de la relation suit... ou c'est le mariage, avec option sur du définitif.

Ce n'est pas parce qu'il a connu l'aspiration à une éternité partagée que la vie lui fera de belles manières. Cette aspiration lui servira plutôt à combattre et à limiter les agressions contre son îlot conjugal. L'erreur commise — s'il en commet une —, il en fera longtemps sa vérité, s'obstinant dans sa mésalliance pour ne rien avoir à recommencer.

Les fondements du couple doivent être objectifs. Toujours pour prévenir les orages, avoir du répondant devant les coups de boutoir des démons de l'instabilité, il fortifie les liens en usant de toutes les ficelles : les biens, les goûts, les intérêts, les enfants. Le couple réussi pousse dans le roc.

Les rapports de domination qui font d'un partenaire l'esclave, la propriété de l'autre, sont un moyen instinctif, primaire et primordial d'assurer la cohésion du duo et de sa descendance. Les partenaires en sont rarement dupes. Cohésion dans la quête commune du plaisir, l'établissement de rites et de traditions. Le roman de cet amour se résume à s'aliéner ensemble, se posséder mutuellement, se souder à tout jamais.

Pour ce Taureau, le divorce, le veuvage, la dépossession de l'objet aimé remettent en cause son identité. Il en meurt ou il se remarie dans l'instant...

Il peut tout faire pour éviter ces extrêmes. C'est cette volonté massive qui menace, en négatif, de le conduire à diverses formes de tyrannie ou de servitude.

## Au négatif : le tyran jaloux

En réponse à l'incitation cosmique du Taureau, les solutions négatives sont plus fréquentes que les positives. Probablement parce que celles-ci réclament des dons d'équilibre et de synthèse qui s'acquièrent au prix d'une longue expérience. Les comportements négatifs sont, de ce fait, souvent à considérer comme des phases d'apprentissage, et des égarements inévitables durant les périodes formatrices de la personnalité.

En amour, le prototype tyrannique du Taureau incarne l'échec, par conduite d'excès, de la volonté de cohérence. Le tyran exige l'unité qu'il n'a pas obtenue par consentement, à l'autre de s'accommoder de son programme : foin des résistances, la pariade est brève, l'amour courtois est un luxe. Il n'a pas de meilleure preuve d'attachement que son désir, et celle ou celui qui le fait naître a le devoir de l'apaiser.

Ce n'est pas un tyran qui met de la psychologie dans sa domination. L'esclave peut s'offrir la fantaisie de rêver et de le tromper en pensée avec d'autres despotes. C'est le lien qui est d'asservissement, et sa vitalité ne s'inquiète pas de la noirceur ou de l'innocence intérieure des personnages qu'il conjugue. Il existe en tant que lien contribuant à l'ordre extérieur des choses, comme le ciel domine la terre, si tout va bien.

On indispose ce Taureau à contester ou à résister. Que les fâcheux s'en aillent. Mais, au vrai, son cœur sait choisir la brebis ou le mouton ravis d'être tondus. Le tyran mâle est l'amant jaloux, ne supportant rien de sa compagne qu'il n'ait lui-même voulu, conçu, prévu, organisé. Puisqu'elle fait corps avec lui dans le plaisir, elle est son corps dans la douleur, et non son double. Elle doit se vêtir, se nourrir comme il ferait lui-même en féminin. Et il n'a pas d'esprit à saisir autrement l'identification charnelle.

Le tyran féminin, pour être tactiquement plus fin, obtient le même résultat : l'autre devient sa chose. Puisque, dans ce signe vénusien, la nature du rapport prime sur celle des personnages, les tyrans font aussi les esclaves.

Soumission sur mesure, sans référence au masochisme. Là, encore, il s'agit d'une attitude trop répandue dans la nature pour y trouver une perversité. Celle-ci viendra en son temps, sous le signe du Scorpion, plus imprégné d'influences psychosociales. Les règles du Taureau sont animales, cela dit non pour les rabaisser mais pour les situer. Ainsi, ce soumis n'a que les requêtes du chien, une caresse à ronger par-ci, par-là, l'attente du bon vouloir en frétillant d'anxiété. S'il se culpabilise, c'est de penser aux supplices d'une autre maîtresse. Sinon, il rogne, il gémit, sans trahir sa servitude. Sauf si, d'aventure, l'inhibition naturelle se renforce. Alors, la chaîne se brise, l'esclave floué est affranchi sans être forcément libéré du goût du revenez-y. Les conduites tauriennes, en positif comme en négatif, se renouvellent difficilement.

## La solution du moyen terme

Entre le style Adolf et celui de Juliette, on peut choisir le genre Casanova. La vitesse d'excitation du signe jointe à la sensorialité suffit au Taureau, concupiscent débridé, à poursuivre des amours orgasmiques et organiques ne nécessitant point de gros épanchements sentimentaux. Ce n'est pas forcément un chasseur, un jouisseur égoïste. Simplement un « hédoniste », philosophe du plaisir. Ses échanges, au lieu d'être verbaux, sont charnels, concrets, d'une exploration sauvage, plus large que celle de la génitalité.

La Maison II étant selon la symbolique traditionnelle celle de l'argent, en l'associant au signe on a pu dire que certaines et certains étaient capables autant que coupables d'amours vénales. De nos jours, cela ne veut plus rien dire.

Les inadaptés du signe risquent plutôt de tenter de vivre l'amour sans le bréviaire des positions ou le code de la galanterie moderne. Ils s'aiment comme des bêtes, autrement que dans le zoo de la civilisation. C'est plus humain qu'on ne pense.

## Du positif au négatif

*Les positifs :* Bourgeois, stables, exemplaires, fidèles mais ennuyeux, soucieux de vieillir avec une épouse compréhensive, style gouvernante, agréable au souvenir sous la ride, toujours ingambe pour la bagatelle, avec des enfants, des rentes et une maîtresse de secours, facile à congédier, que l'on aide paternellement.

*Le Taureau et l'Amour*

*Les négatifs :* Tyrans ou esclaves répugnant au sadomasochisme, plutôt dans la ligne des animaux dominants ou dominés, ou sains comme des seigneurs et des serfs. Les despotiques meurent d'apoplexie, d'hypertension, de méfiance, d'obstination. Les soumis meurent à la niche, de consomption, de chagrin, de résignation. Il en est qui changent de camp, passent de maître à esclave, ou vice versa. D'autres évoluent et restent nostalgiques.

Enfin, il y a les voluptueux, les lascifs, les dionysiaques, noblesse ou piétaille du principe de plaisir.

*Gary Cooper : autre représentant typique du signe. Il est apparu au grand public comme un cowboy aux grandes foulées sportives, nourri d'air pur et de courage, illustrant la force tranquille du Taureau des champs.*

# *Le Taureau et l'Amitié*

En amitié, les natifs du Taureau peuvent être très différents les uns des autres, selon la force d'inhibition ou d'excitation qu'ils ont en eux.

## Toujours sur ses gardes

En bon gros méfiant, s'il a des sympathies spontanées, il ne les écoutera qu'à demi, attentif qu'il est à contrôler de sa raison ce que le cœur lui souffle. L'examen de passage en amitié peut prendre des années. Avec un Taureau inhibé, on est en examen permanent. N'oublions pas que ce signe compense les excès de ses voisins et acolytes, le Bélier et les Gémeaux, excès auxquels il se sent trop porté. Résultat : pas de démonstrations et de tendresse superflues. On risque de payer l'intérêt que l'on suscite par une plus grande sévérité.

Si ce Taureau vous fait l'honneur d'être un ami possible, il vous testera sournoisement jusqu'à ce qu'il connaisse vos réactions dans les moindres détails. Un jour, sans que vous n'en sachiez rien, il vous aura peut-être accepté, définitivement ou presque. A partir de ce jour-là, vous aurez carte blanche pour le trahir. Vos faiblesses seront siennes. N'aimant pas l'improviste, du pire il aura pris son parti.

## Disponible et juvénile

Il aime recevoir, festoyer, avoir table ouverte, offrir des cadeaux utiles dans l'ordre de son budget. Mâle, il est assez enclin à peloter ses amies en pensant aux occasions perdues, surtout si la tentation a la fesse ronde. Mais il peut aussi se contenter de bisous affectueux. Ses lèvres déchiffrent les tensions qui courent sous la peau. Il lit le présent dans le baiser.

S'il vous offre un arbrisseau, faites-en une forêt. D'un noyau un arbre entier et d'une abeille une ruche. Lorsque son cœur est attaché, il offre des symboles.

Bien accordé à l'inhibition, l'aspect excitable du Taureau convient à ses élans de naïveté, ses moments d'abandon et de fraîcheur juvénile.

Sa défiance chronique se désengorge par les jours où il se sent l'amant de la terre et de ses peuples entiers. Le prodige persiste rarement, surtout si ses habitudes et son coin de tranquillité en sont aussitôt perturbés. Bien vite, il retourne à ses amis sereins. Ses poussées aventurières vers les contacts faciles se terminent par un plus grand souci d'éliminer les gêneurs, et toute engeance de la désinvolture.

## De l'irritabilité à l'indifférence

Les tensions peuvent faire du Taureau un irritable difficile à côtoyer. Maniaque, explosif et ronchon, il exige alors des amis aux nerfs solides. Agacé et agressé par ses propres ruminations, il liquide vertement les impudents qui l'égratignent de leurs futilités.

Ce mode de neurasthénie donne les râleurs et les bilieux de la définition populaire. Au vrai, il s'agit d'une fatigue et d'un excès de défense conduisant à l'asociabilité, au rejet de tout effort d'adaptation. Ramassé sur lui-même, ce n'est plus un Taureau mais un porc-épic écorché, se blessant à ses épines. Dans cet état, une virgule déplacée l'exaspère. Il ne connaît plus aucun savoir-vivre, et les amis, les relations qu'il assumait avec une étonnante patience sont éjectés, rendus à leur inanité.

Il existe un Taureau en faiblesse d'excitation dont le flegme, l'indifférence, la désaffection interdisent des dépenses d'amitié mais peuvent permettre de bonnes relations de convenance, des coexistences d'égoïsmes polis.

*Fernandel, taurien magnifique dans ses rôles d'homme de la nature, voué aux rites villageois, aux prés, aux bois, au printemps.*

*Barbara Streisand. La force du Taureau se situant dans la région du cou et de la gorge, les représentants du signe sont souvent très doués pour le chant. Ainsi cette grande comédienne qui réussit brillamment dans le show-business.*

# *Le Taureau et son Éducation*

Le bébé Taureau, futur adapté, est censé acquérir très vite de bonnes joues roses s'il a la chance de naître, non seulement sous le signe du Taureau, mais aussi sous celui d'une mère au sein généreux dans un pays autre que de famine.

Disons que, dans des conditions normales, la nourriture saine lui profite. Il passe pour gourmand, exigeant sur le chapitre tétée et biberon soigné.

## Demande d'affection

Il faut le laisser tripoter et le combler de chatouillis intimes. L'adulte n'en sera que plus avenant.

Encore une fois, l'horoscope forme un tout, mais si l'enfant n'était que Taureau son éducation poserait peu de problèmes. Il ne demande qu'à vivre et à recevoir de ses parents autant de plaisirs et de joies qu'il peut en retourner. On imagine sans peine que tout cela rejoint sa nature vénusienne se réjouissant dans les attachements.

Il risque, précisément, de ralentir sa croissance pour rester le plus longtemps possible dans une confortable dépendance. Les acquisitions d'âge en âge, vers la maturité, doivent être ponctuées par ses éducateurs de baisers sonores et d'applaudissements chaleureux.

L'inhibition et la faiblesse d'excitation en font un bambin lambin. Retard à parler, retard à marcher : il traîne le pot aux fesses et la bouche pleine.

La curiosité sexuelle, en revanche, est précoce et c'est pour elle ou lui un excellent stimulant que de se trouver très tôt en jardin et école mixtes. L'ennui est qu'il n'est pas partageur et qu'il aime avoir son copain ou sa copine constamment sous la main.

Sa marge d'autonomie se construit très vite. Elle lui permet de passer des heures à ne rien faire ou à s'occuper seul avec des jeux de construction. Un penchant à contrôler si l'on ne veut pas avoir affaire plus tard à un logicien ou à un architecte buté dans ses raisonnements et son béton armé.

De l'autonomie relative, il passe à la résistance passive. Si le milieu affectif est insatisfaisant, ses défenses s'organisent. Il sait offrir extérieurement l'aspect du gentil débonnaire, tandis qu'intérieurement il a décroché. Il peut s'adapter aux pires injustices, sa secondarité instinctive travaille sous roche. Et tandis que pleuvent les taloches, son cœur lui dit que tout n'a qu'un temps. Les mauvais parents s'exaspèrent de cette sournoise prévoyance.

Bien avant Freud, on a pu constater que le masculin est attiré par le féminin et le féminin par le masculin. Cette règle de grammaire biologique s'applique — avec ses exceptions — aux membres d'une même famille. Elle y trouve même du ressort sous le signe du Taureau. Pour la petite fille comme pour le petit garçon, ne nous étonnons pas d'un Œdipe vigoureux. Une chanson de corps de garde sur la vie de Napoléon rappelle que ce grand homme, dès son berceau, b...oudait déjà comme un taureau. Ce qui fit dire à son père que le cher enfant voulait bercer sa mère.

## Curiosité et jardin secret

Évidemment, on ne saurait donner toute licence aux instincts du Taureau, mais l'information vaut mieux que la répression. Ne pas le décevoir par des silences ou des contes à dormir debout à l'âge questionneur. Une fois trompé, on ne l'y reprend plus et c'est lui qui mènera ensuite ses parents en manège s'ils n'ont pas fait confiance à sa curiosité.

A l'école, il est plutôt travailleur, surtout si ses résultats sont sanctionnés par un régime de récompenses à base de petits sous et de gourmandises. Comme tous les enfants, il se bloque, il piétine, en cas de rapports difficiles avec ses maîtres ou maîtresses. Avec ce tempérament, le blocage prend l'ampleur d'une résistance radicale dont il avouera difficilement les raisons si l'expérience lui a montré le peu de foi qu'il faut avoir en la parole d'un « adulte ». On négociera son déblocage en flattant sa logique et les intérêts naissants de son ambition.

Que ce soit dans sa famille ou dans son groupe, il reste adaptable en se réservant une part de quant-à-soi, de retrait prudent, qu'il faut respecter avec des précautions infinies. Lorsque l'on viole la zone interdite d'un Taureau, petit ou grand, on est pratiquement sûr de déclencher un irrépressible processus de rancune dont on pâtira tôt ou tard.

Ce n'est pas forcément un meneur. En un premier temps, il préfère observer comment font les autres en enregistrant leurs erreurs. Le rôle de second, de tampon entre les « chefs » et la troupe lui convient mieux. Il a des épaules assez solides pour encaisser les disgrâces et les récriminations. Si le chef de son groupe déchoit, il assure l'intérim ou la succession en instaurant un règne apparemment plus souple, intraitable quant à la cohésion interne du groupe et l'unité de front qu'il doit présenter à ses adversaires. Il préfère les aléas de la bande à part aux incohérences d'un groupe disloqué.

Ce tempérament ressent en profondeur la crise pubertaire. Il peut continuer à se montrer affectueux, feindre obéissance et docilité, mais il attend que ses parents et éducateurs intelligents lui donnent feu vert pour laisser ses forces nouvelles prendre du large. Là encore, tractations et négociations sur l'argent de poche et les sorties sont de rigueur. Il apprécie les responsabilités et peut se montrer digne de confiance. La répression ou des exigences anachroniques sur ses horaires, ses lectures, ses fréquentations, transformeraient sa bonne volonté en hostilité masquée, impitoyable pour la respectabilité des parents le jour où elle pourra s'afficher sans vergogne.

## L'adolescence

Les sports de force plutôt que d'adresse sont indiqués pour sublimer peu ou prou de sa sexualité vibrante : marche, lutte, alpinisme, haltérophilie, athlétisme, danses modernes et acrobatiques.

En principe, il n'est guère exposé à des états mystiques, la soif d'absolu de l'adolescence s'exprimant de préférence dans la pensée philosophique, l'économie politique, l'archéologie, les sciences naturelles. L'adapté abrège la phase métaphysique pour s'enquérir plutôt de son métier et de ses succès aux examens s'il poursuit des études secondaires et universitaires.

Bien que bûcheur (dans les conditions précédemment signalées), il n'a pas le goût de l'héroïsme et l'objectif à atteindre doit être bien défini si l'on veut qu'il y consacre ses forces sans relâche.

Ses dangers sont dans la tentation d'adopter trop vite sécurité et stabilité dans une vie de couple ou de famille entraînant l'abandon des écoles peu clémentes à l'égard des libidos juvéniles. D'aucuns lâchent prise pour suivre, au contraire, une carrière agitée dans la chansonnette, le théâtre, la littérature ou le cinéma.

Quoi qu'il en soit, lorsque le Taureau adolescent manifeste une vocation, il vaut mieux tout faire pour l'aider : rien ne le découragera, surtout pas les pleurs de sa mère. Le Taureau positif n'a pas forcément le sens de l'obstacle — il peut s'attaquer à l'impossible —, mais il a certainement conscience de l'invincible puissance de sa détermination, une fois celle-ci arrêtée.

## Du côté des problèmes

Lenteur, paresse, lourdeur, entêtement, sont les quatre mamelles du Taureau négatif, tel qu'on l'imagine en influence prédominante dissonante.

Les malheureux parents auront du mal à intéresser un rejeton toujours en sommeil, mou et ronchon en dehors des repas où il manifeste incontinent une vitalité d'ogre. C'est le bébé qui, par ses résistances incongrues, parvient à culpabiliser les mères les plus indignes. Il est sale, goulu, il

*Le Taureau et son Éducation*

pisse au lit à la moindre semonce et se confectionne d'immondes tartines avec ses excréments. Cela dans le cas où les pulsions du Ça trouvent dans la sensorialité du signe un résonateur de choix pour des débordements rabelaisiens.

Sinon, il y a le genre anorexique par dégoût prématuré de vivre, faiblesse d'instinct, traumatisme affectif déclenchant une peur organique pathologique. N'oublions pas l'affinité de Vénus avec le Taureau. Elle souligne la sensibilisation aux caresses. Si la nourriture ne s'accompagne pas d'amour, elle devient indigeste.

Tous les spécialistes vous le diront : boulimie ou anorexie dépendent des autres éléments du ciel de naissance. La réduction à un seul signe concerne tantôt un portrait-robot, tantôt la spéculation théorique.

Pour simplifier les choses, nous ramenons les difficultés de l'éducation de ce Taureau aux excès et déviations de sa sensorialité.

On en déduit d'importants appétits d'absorption avec une faible énergie de conquête et des fixations rebelles à l'apprentissage. Comme ces termes, portés à l'extrême, ne pourraient concerner qu'un indécrottable débile, on adopte l'hypothèse moyenne de l'enfant difficile récupérable par d'infinies attentions.

Prévoir, par conséquent, des ruses de Sioux pour l'acquisition de la propreté. Les éducateurs devront trouver un savant dosage de fermeté, de patience, de duplicité. Il faut éviter à chaque phase l'incrustation d'une habitude pernicieuse mais ne pas déclencher, non plus, la réaction de défense-refus massive qui entraîne l'enfant dans des régressions démoralisantes pour les éducateurs. Prendre son parti des périodes d'opposition butée et profiter des autres, telle est la rude école des parents déjà bien éprouvés par leur propre enfance.

En âge scolaire, si le petit Taureau ne figure pas parmi les cancres, il peut au moins se distinguer par son assiduité. Pour ses siestes, il appréciera le ronron des cours, la chaude ambiance des classes, les mixtures d'odeurs de fuel, de crasse, de sueur.

Sa passivité l'expose à être une tête de Turc ou le suiveur docile d'un camarade dominateur. Il a suffisamment de ressources, cependant, pour désarmer les agressions et les manipulations par une souveraine apathie.

L'inadaptation taurienne peut être riche. Ce réfractaire cultive alors en son for intérieur un monde poétique qui portera plus tard des fleurs étranges.

La puberté peut être le temps de l'éveil et de l'exaspération des tendances schizoïdes. Au mieux, elles produiront un individualiste impénitent, fomentant des doctrines contrariantes pour tout ce qui constitue le présent, l'engouement, la ferveur des autres.

Il hérisse les poils de sa subjectivité en palissade imprenable, sophiste retors, n'acceptant l'enseignement et les conseils des adultes que pour les retourner contre eux, en montrer la stupidité devant l'intuition qu'il se sera forgée de sa vérité infuse.

Que faire de ce mur de Chine ? Ne pas engager le dialogue d'égal à égal. Subir religieusement. L'opposition le renforce, la soumission donne à ses doutes des chances d'apparaître.

Cela dit, prudence, vous êtes peut-être réellement en présence d'un nouveau Karl Marx. Ne lui demandez donc pas de descendre de son génie pour de bas efforts de mondanité ou de vie pratique. Donnez-lui seulement un stylo, un pinceau, une caméra, un morceau de bois, un micro. Quelque matière qui stimulera sa création... il faut faire le premier pas à sa place.

*Prodigieux exemple de surpassement de sa condition solaire, Fred Astaire sut, malgré la lourdeur attribué au Taureau, se fabriquer des ailes... grâce à un travail acharné, bien sûr.*

# Le Taureau et son Travail

Le portrait type du Taureau le fait passer pour un bourreau de travail. Autre forme de tyrannie appliquée à soi-même et aux autres, mais, surtout, comme l'amour, le travail fait du corps une fournaise. On y forge l'œuvre et l'argent.

Côté œuvre : il bâtit, il construit pièce après pièce, assemblant, juxtaposant, superposant, semant et moissonnant. Les activités agrestes et concrètes le séduisent si elles rapportent bien. Avant le bénéfice, il cherche sa vocation qui peut être, d'ailleurs, de faire des bénéfices... Lentement, il ajuste ses aptitudes au terrain, découvre son ambition au fur et à mesure qu'elle se réalise, en allant chaque jour à peine un peu plus loin que la veille, à moins que le fruit de sa patience soit bien mûr, auquel cas il n'hésite plus à lâcher toute sa fougue sur l'objectif qu'il contournait. Il est bien rare qu'il ne soit pas à sa place, là où son obstination l'a porté.

## Aller jusqu'au bout

Il ne trace pas de plan d'avancement, mais il va jusqu'au bout de ses forces, de ses talents et de ses erreurs, malheureuses ou fécondes, en grossissant ses outils, armes et atouts, d'un capital d'expériences accumulées aux intérêts galopants. Redoutable, s'il est compétent, parce que parti de la base, sorti du rang, il connaît tous les trucs. Catastrophique, s'il n'est pas à la hauteur : ses décisions et initiatives, en engageant le fond, ont souvent de lourdes conséquences.

Le Taureau est-il réellement travailleur ? C'est douteux. Son abattage est la fuite en avant du « forçat du vouloir ». En vérité, il lutte désespérément contre son travail. C'est pourquoi il peut remporter de grandes victoires ou mourir à la tâche. Succès, oui, à la condition de se mettre en situation de sportif préparant les Jeux Olympiques.

Son travail, l'adversaire, il faut qu'il en parle, qu'il le démoralise, qu'il se chauffe les muscles, s'alimente abondamment et provoque en lui-même par diverses manies et incantations l'« affect du travailleur ».

Le Taureau en affect ne doit pas être dérangé, perturbé, sollicité. Une fois sur les rails, gare à la locomotive ! Ne lui proposez pas d'aller au théâtre ou de changer de travail. Il ne peut pas s'interrompre, passer d'un sujet à l'autre. Il ne jongle pas, il fonce. Dans cet état-là, il se laisse parfois abuser par le moindre matador-patron qui lui offre trois sous. Lui, en piste, il n'a pas le temps de compter les espèces et ce champion sans imprésario signe n'importe quoi pour retourner vite à son sillon, sa guitare ou son banjo.

Comme en amour, l'esclave se fait tyran : matador, imprésario ou patron, c'est un rude qui hait les dimanches de ses employés, pas pour les mêmes raisons que Juliette Gréco.

Les dimanches, les congés payés, les femmes, la trop bonne nourriture nuisent au travail et à l'affect du travailleur. On coupe la cadence : les bras tombent, la nature voluptueuse et migratrice reprend le dessus, la fin du match est compromise.

Puisqu'il y a de si mauvais patrons dans ce signe (en supposant qu'il y en ait de bons), on pourrait s'étonner d'y trouver Karl Marx dénonçant l'exploitation de l'homme par l'homme. D'abord, Marx était aussi Verseau, et puis, relisez les pages précédentes : le Taureau et Vénus concernent les liens existentiels. L'amour, l'exploitation sont des forces de liaison, composition ou combinaison, primaires.

« Mon invincible travail... », disait Balzac. Effectivement, le travail a eu sa peau.

## Endurance et ascension sociale

Plutôt que le dynamisme continu du forçat du vouloir, beaucoup préfèrent la routine et ses automatismes. La force d'inhibition peut permettre alors d'acquérir une grande endurance, de supporter de longues années la répétition des mêmes gestes et des mêmes mots. C'est un facteur de résistance propice à une ascension sociale régulière.

La symbolique oriente le Taureau vers les métiers en rapport avec la terre, l'argent, les arts, les plaisirs et les nécessités premières de la vie (manger, boire, dormir, se chauffer, se vêtir). Si l'on ajoute à cela que le Taureau peut faire aussi bien un bon éleveur qu'un bon administrateur, on peut se demander s'il reste, en définitive, un métier qui ne soit pas concerné.

## Un manque de renouvellement

La plupart des causes d'insuccès du Taureau relèvent de son manque d'excitation recréatrice. C'est-à-dire de l'aspect inadapté, se manifestant d'une manière privilégiée par une impuissance totale ou relative à se renouveler, se reconvertir, faire en sorte qu'une habitude pernicieuse, une pratique devenue inopportune, puisse revenir à la motivation originelle pour être recyclée.

C.-G. Jung dirait que le Taureau négatif, n'étant pas maître des investissements de sa libido, ne saurait les convertir à son gré. Son affectivité ne décolle pas des objets, méthodes et supports qui l'ont mobilisée ou fourvoyée. S'il vend du muguet une fois l'an, il attendra le Premier Mai en geignant sur la précarité de son métier, mais ne lui demandez pas de vendre des chrysanthèmes pour couper son inactivité. Sa spécialité, c'est le muguet.

Quoique forte, cette image donne la clé des écueils de ce signe et de ce qu'il s'expose à endurer dans des carrières exigeant un renouveau perpétuel, trop d'ingéniosité, d'habileté à se métamorphoser, des métiers où l'on vit de vérités successives, l'une chassant l'autre.

La non-recréation, c'est encore le Taureau aux scrupules suicidaires, rivé dans l'artisanat d'un rôle de second parce qu'il a toujours été second, incapable de doubler un confrère, quitter ses exploiteurs et maîtres parce qu'il ne peut pas imaginer autre chose, un autre rapport, une autre situation que celle qui est et qu'il connaît. Il déconditionne peu ou mal, tant pis si la première lancée doit le conduire aux galères. De nombreux proverbes procèdent de cette mentalité : « On est comme on est », « On ne se refait pas », « Un tiens vaut mieux que deux tu l'auras », et « Je meurs où je m'attache ».

Pour dauber un Taureau de ce genre, il suffit de lui faire des bonnes manières au départ. Il mettra longtemps à comprendre qu'elles n'engageaient pas les suivantes.

Bien entendu, il n'y a pas de signes plus moraux ou immoraux que d'autres. Il y a des formes de moralité et d'immoralité. Le Taureau peut trahir sa belle image de fidélité. Il le fera lorsque la coupe sera vraiment pleine, à propos d'une goutte que l'on trouvera bien mesquine par rapport au tonneau précédemment rempli. Il le fera par un coup bas, d'autant plus raide qu'il se garantira contre toute tentation de retour en arrière par une supervacherie. Le Taureau, c'est le barrage ou les ponts coupés. Un radicalisme qui peut lui coûter au moment où il l'applique. Mais il ne peut progresser autrement : par des à-coups implacables.

Sinon, c'est le chien-chien. Ou le buffle dont la puissance inemployée, réfractaire à toute sublimation, compromission, déviation, devient le poids qui s'enlise dans la cogitation intemporelle.

Même les grands du signe peuvent manquer, à un moment donné, d'excitation recréatrice. Montherlant (fin Bélier, début Taureau) n'a pas pu imaginer ce qu'il pourrait faire d'un Montherlant vieux et aveugle. Pétain, de son côté, en changeant Verdun en Vichy, a montré que lorsqu'un Taureau change, c'est du tout au tout.

Potentialités négatives donc, dans l'impossibilité de changer ou dans l'inopportunité, le radicalisme du changement. A partir de quoi, on peut meubler avec les variantes. L'essentiel est dit : les incidences négatives de la destinée socioprofessionnelle résultent de la persistance pathologique d'un état d'esprit qui fait barrière aux autres et à soi pour s'incruster dans l'anachronisme.

*Romain Gary, alias Émile Ajar : cet écrivain étonnamment fécond, qui ne publiait pas moins de deux ouvrages par an sous des noms divers, était hanté par la productivité, l'une des chères vieilles obsessions du signe.*

*Quels sont les rêves les plus fous d'un homme du Taureau, sinon d'affronter l'animal qu'il représente ? El Cordobès, l'un des toreros les plus doués du monde, réalisa glorieusement le destin des natifs de ce signe : un corps à corps permanent avec la force animale du Taureau.*

# Le Taureau et l'Argent

La symbolique fait du Taureau le signe de l'argent, des biens, des banques, caisses, administrations, gestions consacrés au dieu monnaie et à ses saints.

L'origine de cette symbolique est probablement liée au fait que la richesse, dans les temps et lieux des civilisations agricoles, se mesurait en lots et troupeaux de têtes de veaux, génisses, bœufs, taureaux, et bêtes à cornes. Aujourd'hui, nos billets ne se prêtent pas au même élevage. Ils portent d'autres têtes que d'animaux et les plus gros fécondent les petits par de bons placements, mieux que la saillie.

Toujours selon la symbolique, rien de tel qu'un Taureau pour faire fructifier un capital et passer, suivant la légende, d'une épingle à cheveu à une fabrique de pinces à linge.

Défions-nous des schémas : tous les Taureau ne sont pas cossus et P.-D.G. à force d'âpreté commerciale. C'est une fort mauvaise habitude en astrologie que d'appliquer des clichés, tel celui du Taureau près de ses sous, obsédé par le négoce et prompt à tout rentabiliser.

La notion d'intérêt est plus large que celle d'avidité financière. Le Taureau n'est pas spécialement avide d'écus et de revenus. En revanche, il aime posséder et tripoter une belle matière. Ces dispositions peuvent l'inciter à amasser des cailloux, des pipes d'argile, des vieilles boîtes de camembert. Il est certes plus malin d'amasser de l'argent, ce qu'un Taureau collectionneur finit par constater. Mais, pour le psychologue, il importe de soigneusement différencier les objets d'une tendance de cette tendance même.

## Signe d'accumulation

Pour faire fortune, ce Taureau-là doit orienter son goût de l'accumulation dans les voies financières. Une fois emporté par sa dynamique du continu, il saura faire prospérer ses biens, entretenir ses avoirs et élargir ses domaines dans les limites permises par le régime économique de son pays. La possession contribue à son équilibre parce qu'elle lui permet de disposer comme il l'entend de son environnement. En un premier temps, la propriété supprime ou réduit les guerres de conquête et les discussions à perte de vue. Pour construire durablement, le Taureau doit être assuré de le faire sur un sol qui ne changera pas de mains. L'inhibition naturelle est, à cet égard, colonisatrice.

On peut aussi supprimer la propriété. Formule radicale qu'un Taureau peut paradoxalement souhaiter, prouvant par là que son besoin d'installer l'ordre par des règles d'échanges prime sur l'instinct de propriété.

Dans l'ensemble, le Taureau amasse dans la perspective d'un plus grand projet, pour donner un socle à son ambition de longue durée ; créer le climat, le cadre, l'enceinte du libre exercice de sa libido. Il n'y a de maître que chez soi.

Cela dit, il est vrai que sous l'angle de la psychologie ordinaire, l'inhibition naturelle et la fonction sensation peuvent lui donner les inclinations d'un bon gagneur de pactole.

Selon la Tradition, il doit finir ses jours dans l'aisance, avec un confortable magot sous l'oreiller. Mais l'argent reste associé à sa lutte dans le travail. Pas question de compter sur la manne céleste. A ce qu'il paraît, l'argent ne vient qu'avec la suée.

## Entre la fortune et les dettes

Le Taureau, disent les subtils, n'est pas spécialement doué pour la fortune. Il est uniquement sensibilisé par les questions d'argent. C'est pourquoi, s'il ne nage pas dans l'opulence, il plie sous les dettes, les factures et redevances, une meute de créanciers l'honorant de leur style sans litote : « Mise en demeure », « Premier avertissement » et « Derniers avis », jamais langue ne fut aussi claire.

Sensibilisation négative... en harmonie avec l'inconscient du « forçat du vouloir » qui provoque les contraintes stimulatrices d'activité.

Et puis nous avons vu que le Taureau doit se mettre en « affect du travailleur » pour produire. Si la dose en principe stimulante est trop forte, l'affect ne vient pas et les dettes se multiplient. Le passif s'aggrave et le Taureau est, en principe, d'un naturel trop anxieux pour supporter l'instabilité matérielle. L'inquiétude risque de le ronger jusqu'à l'ulcère, l'hypertension, l'angoisse viscérale. Ou bien, il réalise que la situation, en étant insoluble, a toute chance de présenter la durée, la continuité qui le sécurisent. Il lui reste à organiser son aisance dans le crédit à perpétuité en vivant courageusement à découvert.

La symbolique assure que les défauts classiques du Taureau : lenteur, paresse, sensualité, ivresses et orgies fomentent sa ruine morale, matérielle, physique. Il paraît difficile de dresser des statistiques pour contrôler si oui ou non la paresse est beaucoup plus ruineuse pour le Taureau que pour un autre signe. Le meilleur contrôle serait celui qui testerait les diverses motivations de la paresse. Normalement, sous le signe du Taureau, elle relève de la politique des bras ballants, de la fixation à une première attitude naturelle portée à l'économie de répétition. Les divers stades de la paresse naturelle sont peut-être à l'origine de la variété des espèces ? En ce cas, l'homme au sommet de la création serait bien un forçat du vouloir, animal dénaturé par excès de travail.

Parmi les potentialités négatives et anecdotiques, il y a lieu de ranger les traits qui font de certains Taureau des ladres et des pingres incommensurables. Ils accumulent à mauvais escient : des cartons, des inutilités, des poussières, des châteaux délabrés, des factures jaunies et impayées. De deux costumes, ils en font quatre et portent des chaussures dépareillées. Ils, ou elles, ont du riz, du sucre, de l'huile et des cornichons dans de petits greniers dissimulés, et ils (elles) se battent avec des souris qui, elles aussi natives du Taureau, font des stocks en pensant à la guerre...

*Bing Crosby : un grand comédien au charme et à l'élégance typiques d'un natif du Taureau.*

*Al Pacino : cet acteur au jeu intimiste qui choisit ses rôles avec beaucoup de discernement mène une carrière discrète quoique remarquée. Ses personnages, silencieux, pleins d'autorité et de violence intérieure se trouvent en harmonie parfaite avec la personnalité des natifs du Taureau.*

# Le Taureau et sa Santé

Depuis que l'on a associé étroitement les mystères de l'organisme à ceux de la psyché, les problèmes de santé, qui n'étaient déjà pas si simples, sont devenus inextricables. On peut tailler dedans, il en sort toujours quelque chose de vrai, de pas tout à fait faux, et, finalement, puisque, selon une certaine médecine, il n'y a que des malades et non pas de maladies, les livres et discours sur la santé s'adressent à tous et à personne. Les applications de l'astrologie en sont au même point : une fois posées les règles générales, l'infinité des combinaisons renvoie aux cas particuliers.

Pour le Taureau, ces règles et formules vous les connaissez, moulues et rabâchées. Vous en déduirez sans peine qu'inhibition et sensation font du Taureau adapté un être de bon teint. Sa défiance le protège des médecins. Il n'aime pas confier son corps à des connaissances abstraites, et encore moins à des remèdes dont les noms impossibles à dire trahissent le manque de naturel.

## Santé et longévité

Sa symbolique et sa fonction l'incitent à se fier un peu à la médecine naturelle. En principe, c'est le client idéal pour guérir par les plantes et la diététique si le médecin traitant sait conserver les agréments gastronomiques. Il cherche souvent remède en lui-même, dans le sommeil, le repos, la régularité.

Est-ce sa vitalité qui lui donne horreur de la mort, ou bien cette horreur psychologique qui maintient son organisme en état de santé et, dit-on, de longévité ? Toujours est-il qu'il soutient au maximum sa résistance physique par les adjuvants de ses résistances morales. Le corps prend le pli de l'esprit, se fortifiant de son principe d'obstruction à la médecine comme à la pollution.

Un Taureau qui écoute un conseil sait qu'il commence à s'affaiblir et risque d'avoir ouvert, par l'oreille, la porte à toutes les maladies.

Positivement accordé à l'inhibition, l'aspect excitable du Taureau lui offre des secrets de santé par les voies de la migration amoureuse et des rebondissements de la libido sexuelle.

La clé de l'équilibre est, précisément, dans le juste dosage de travail et de plaisir, de devoir et d'amour.

En bonne logique, cet équilibre doit mettre positivement en valeur les régions et organes que le signe gouverne : le nez, la gorge, les oreilles, le cervelet, la glande thyroïde.

Un Taureau de bonne voix, sans double menton, de fine oreille et la thyroïde qui tire bien, se porte comme un charme. Voyez Tino Rossi.

## Les points faibles

Pour cet être compact, la moindre fissure dans le corps fait trembler tout l'édifice. Il ne croit plus en sa résistance et d'un moral effrité il s'attend à tous les maléfices. Un fruit touché est à jeter. Puisque la porte est ouverte, quels maux hésiteront à y entrer ? Maintenant qu'il est tombé, sa cuirasse l'empêche de se relever. Aussi tenace dans la santé que dans la maladie, sa traversée du désert se peuple d'ordonnances médicales, de soumissions contristantes à des diagnostics qu'il prenait pour des conversations de salon.

Par quelles inconduites est-il ainsi réduit à gravir son calvaire de pharmacie en pharmacie ?

Il y a d'abord la régulation de l'excitabilité qui n'est pas une petite affaire. Un Taureau qui ne peut pas se livrer à une œuvre ou à une passion unique se déboussole vite. S'il doit varier, faire des pirouettes, passer sans accoutumance d'une question à l'autre, s'il est frustré de ses lignes droites et de sa part de monotonie, ses nerfs craquent. Lorsque le contrôle coûte trop cher en tension et effort d'adaptation, la fatigue psychique s'insinue, l'effort devient lourd et inefficace, c'est le début de la déprime et de ses somatisations.

Quoi de plus affligeant que cet animal meurtri et haletant, lui dont chaque souffle rendait la vie à la vie ? De ses sabots il creuse sa tombe pour échapper, dans le noir, à l'agression des fruits qu'il ne peut plus saisir. Il fait le vide autour de lui et quelquefois il explose comme un soleil hoquetant. Il réserve sa longue plainte, cantique pour mourir, à l'intime qui reste, généralement un peu sourd.

Neurasthénie. On incrimine le surmenage, les responsabilités qu'il a trop cherchées, le fardeau qu'il n'a jamais laissé à d'autres le soin de porter, un train de vie extravagant. Il y a aussi la tristesse rentrée, comme une boule à l'épigastre ; elle témoigne de l'amour absent, disparu, avorté, inconsolé. Ces tendances conviennent à l'extraverti dont l'organisme finit, en se refusant, par mettre un frein à l'excès de relations avec le monde objectif.

Une perversion de la fonction sensorielle peut conduire certains natifs et natives à se complaire dans un corps malade, aux borborygmes surprenants, couvert comme autant de médailles de cicatrices chirurgicales.

Le Taureau en faiblesse d'excitation bloque son énergie dans les graisses ou se traîne, efflanqué, en prônant la désespérance métaphysique. C'est un aspect du Taureau que l'on a négligé et qui pourtant coule de source. Cet amant de la vie peut être un amant trompé. Il maudit sa maîtresse, en montre l'infamie au nom d'une sombre philosophie qui ressuscite l'hiver et sa nuit.

Y a-t-il désespoir plus terrible que celui de vivre l'hiver au printemps ? Ici, le Taureau, inverse du Verseau, signe de l'espérance, devient le signe du néant. Demandez à Sören Kierkegaard.

Pour remédier à ces troubles, Omar V. Garrisson[1] préconise le sulfate de soude, sous forme d'épinards, de concombres, de choux-fleurs, d'oignons, de radis et de citrouilles. De son côté, l'iode garantira contre le goitre en excitant opportunément la thyroïde. Les herbes associées au Taureau sont, d'après cet auteur : la sauge, l'achillée, l'épine-vinette, la chélidoine, le tussilage et l'oseille. Enfin, après quarante-cinq ans, il faut ajouter à ces ingrédients des vitamines A et E, et faire beaucoup d'exercices respiratoires.

---

1. Omar V. Garrisson, *l'Astrologie médicale,* Paris, Éditions de la pensée moderne, 1974.

*La douceur, la grâce hyper-féminine de Marina Vlady, son amour pour la nature et les enfants en font une des valeurs les plus représentatives du signe du Taureau.*

*L'apparence du Taureau, quels que soient son éducation, son environnement, ses options socioculturelles, présente toujours quelque chose de raffiné, de précieux, de confortable. Françoise Fabian, admirable comédienne, native du Taureau, en témoigne.*

# Le Taureau et son Apparence

L'apparence, l'aspect physique, la présentation d'un individu étant souvent imputables à son Ascendant, je préfère décrire les deux signatures zodiacales plutôt que le seul signe du Taureau : j'ai plus de chance, ainsi, de ne pas me tromper.

## Taureau Ascendant Bélier

Taille petite ou moyenne. Sec, bilieux, ou rond sthénique, type boulet de canon gros calibre. Nez fort, pointu. Il n'a pas le front du penseur, mais la mâchoire forte.

Poignée de main chaude et énergique. Allure théâtrale, fauve ou faunesque. Il sonne du talon et s'habillerait volontiers en mousquetaire ou en hussard. Le costume lui va mal, sauf s'il paraît le porter pour une mission spéciale. Aime le cuir et le fer.

## Taureau Ascendant Taureau

Petit, râblé, ou maigre et musclé, d'aspect légèrement voûté pour avoir l'air d'un buffle. Il y a l'hirsute ou le gominé. Le premier, Taureau sauvage, est le sensoriel aux naseaux fumants, avec de grosses mains carrées et velues, des souliers crottés, l'œil pointu sur les pubères (on ne dit plus pucelles). L'autre, Taureau des villes, a le cheveu plat, l'élégance du dandy, avec du passéisme dans la moustache ou les rouflaquettes.

Ces dames du Taureau sont souvent belles, sculpturales, la poitrine redondante. Elles se plaignent de leurs jambes, pas assez ligne de biche. Elles ont le port ferme et langoureux, un bassin dont le trapèze harmonieux rappelle irrésistiblement le nombre d'or.

## Taureau Ascendant Gémeaux

Mixture d'épaisseur éléphantesque et de souplesse féline. A la fois pesant et aérien : type du taureau qui grimpe aux arbres comme un chat-singe. Sphinx grimacier. Impressionne par le contraste entre son inertie et sa détente fulgurante. Homme d'affaires-pitre, penseur-clown, pathétique et cabotin. Se déguise plus souvent qu'il ne s'habille.

Ces dames ont les lèvres moins sensuelles, l'oreille petite, la cuisse plus longue. Elles dansent beaucoup, portent des lunettes bizarres qui ne cachent en rien l'extrême mobilité de leurs yeux coquins.

## Taureau Ascendant Cancer

Le prototype bourgeois de cette combinaison relève du digestif rond du ventre et du menton. Courbures et volumes fermes s'il est actif, administrateur paternaliste, patron d'une usine ou d'un estaminet. Volumes flasques s'il a suivi les excès de réceptivité paresseuse de sa signature Cancer. En ce cas, le débraillé domine.

Attention au type aristocrate en exil. Il porte des costumes onéreux, arbore d'antiques médailles, et sent le château entouré de nénuphars. C'est un séducteur romanesque aux souliers recherchés, insolent et timide.

Ces dames sont replettes, franchement trop courtes ou compactes comme des féculents, mais elles sentent bon la soupe et la paille fraîche. Les émancipées sont osseuses, susceptibles, farouches et entreprenantes, avec des mains vagues, des gestes de flamants.

## Taureau Ascendant Lion

Forte corpulence. Constitution athlétique graisseuse. Type du catcheur. Les plus petits ne sont pas les moins à craindre. Ils ont le sourcil broussailleux, le front tourmenté, la lèvre épaisse, généreuse et méprisante. Ils peuvent être élégants s'ils s'habillent sur mesure. Les vêtements amples aux couleurs voyantes sont indiqués.

Ces dames sont robustes avec des cheveux courts. Femelles et garçonnes, champêtres et mondaines. Elles ont du thorax et de la poitrine, du muscle noueux et de la chair moelleuse. Énergie et douceur se lisent sur ces visages lumineux.

## Taureau Ascendant Vierge

Il est bourrelé de frémissements internes qui s'affichent pourtant sur son front vaste où passent des nuages changeants. Mâchoire ferme et dents serrées... On devine les crispations de l'être social tenant son fauve en laisse. Côté intime, dans son décor et habitudes, il est moins policé. Il a d'adorables faiblesses, des manœuvres de tentateur. Il s'habille sport de grand couturier ou avec des costumes de contrebande.

Ces dames sont fuselées. Leur visage s'inscrit dans un ovale gracile. Elles ont une grande bouche avec des lèvres fines et de petites dents. Un regard perçant sous le velours. Leur dominante est la simplicité, avec des coquetteries sous-jacentes que l'on devine au cotillon.

## Taureau Ascendant Balance

Taille moyenne ou grande. Cette variété de Taureau perd beaucoup de sa rusticité. Moins trapu, le cou plus distingué. Moins mou ou moins athlète, ou alors un rien d'effiminé dans la carrure.

S'il a du talent, il met du charme, une élégance précaire dans un habillement composé de parties disparates, à la limite de l'accoutrement supportable. Sérieux comme un ministre que les sourires enlaidissent en dévoilant des canines de vampire, il peut osciller des bourrasques coléreuses à l'humeur du zéphyr soupirant.

Ces dames sont d'une séduction dangereuse. Graciles ou joufflues, toujours vénusiennes, elles sont aussi redoutables que leur maîtresse planète. Leur allure aérienne masque des gouffres d'avidité possessive. La brebis avisée n'en sera pas dupe. Elle en pressentira les serres cruelles en maudissant ces chairs lustrées et ces hanches d'amphore.

Elles portent culotte sous le manteau, savent dominer leurs gens avec une compassion pleine d'infinitude. Celles au profil droit, narines fermées, ne ratent pas leur proie conjugale. Les rondes sont dolentes, égarées et naufragées au moindre accroc dans leur vie amoureuse.

## Taureau Ascendant Scorpion

Il offre un visage tourmenté, de creux et de bosses. Regard fixe, un rien pervers et indiscret, avec une bouche aux commissures sardoniques. Ces Taureau s'habillent en ours mal léché ou ont l'élégance d'un inusable habit de soirée. Leur régal peut être le bal masqué pour s'y déguiser en Belphégor.

Ces dames n'ont rien de mijaurées. Il ne faut pas se fier à leurs moments d'abandon lascif. Le cheveu noir, l'œil d'acier sous la paupière lourde en dit long sur leur volontarisme. Elles portent, de préférence, des vêtements serrés qui donnent à leur silhouette une ligne de murène en mission secrète. Elles laissent derrière elles une odeur de précipice.

*L'allure de gazelle de Mireille Darc ne correspond guère aux volumes courbes et pleins que l'on attribue aux femmes du Taureau. Mais elle fait preuve de l'équilibre serein des natifs du signe, de leur puissance et de leur ténacité tranquille.*

## Taureau Ascendant Sagittaire

Autre variété de dynamique dont le visage doit pouvoir être schématiquement inscrit dans un rectangle ou un carré. Profil d'aventurier, de curé conquérant, de bâtisseur et grand ordonnateur. Le nez fort ne serait pas sans rapport avec une inclinaison à la mégalomanie, surtout s'il est osseux, large à la racine. Il y a aussi le genre bon géant, philosophe, prophète à ses heures, soutenant avec bon sens des songes incroyables. Il s'habille en personnage exceptionnel, de passage sur Terre, aime les couleurs vives, les dorures, les gilets amples, les tuniques, les houppelandes, les vêtements d'apparat, mais aussi les chemises sport.

Ces dames ont de la plénitude. Leurs charmes vénusiens prennent la majesté de ceux de Junon. Les plus belles font des effigies républicaines ou des chanteuses à voix. Leur stature en impose. Elles gagneraient à rester immobiles et solennelles sous les feux des projecteurs, mais elles préfèrent courir sur terre, air, mer, soigner des indigènes, réussir en affaires, garder la cuisse ferme et jouir d'un esprit clairvoyant.

## Taureau Ascendant Capricorne

Le plus calme des sanguins, ou le plus passionné froid des flegmatiques. Physiquement, le premier est court, musclé, terrien, large, mal équarri. Il rappelle les pieux taillés dans du bois dur et sa poignée de main est sans complaisance. Le second doit être grand, charpenté, d'allure noble, mais cependant légèrement voûté par l'étude.

L'habillement de ces Tauriens perd de sa fantaisie et côtoie le sinistrement simple. Ils ont de discrètes coquetteries, bien qu'on les soupçonne de porter des couleurs sombres pour limiter les frais de lessive.

Ces dames ont les cheveux tirés. Elles portent, en principe ou par principe, des chapeaux démodés qui troublent néanmoins les esprits excités par la sensualité que dégage une souriante austérité. Elles mettent de la classe et de la sophistication dans le port des gants et des chaussures fines. Les moins mondaines sentent le linge frais, la cuisine propre, les meubles bien cirés sous des plafonds hauts.

## Taureau Ascendant Verseau

Ils sont morphologiquement tourmentés de contrastes parfois discordants tels l'éclat séraphique du regard et la bouche goulue ou la mâchoire en casse-noix et le front olympien. Ils mêlent dans leurs traits la fragilité et la transparence du cristal aux rugosités de la pierre brute. On notera quelque ressemblance avec les personnages du savant distrait, du vieux loup de mer, du shérif énergique. Ils s'habillent sans mesure, en artistes bohèmes ou en princes de pays disparus.

Les dames représentatives de cette signature zodiacale sont à la fois fortes et élancées, à la manière de la tour Eiffel, de base large et buste effilé. Elles ont parfois une tête d'oiseau exotique, genre penseur, avec des expressions de passion et de curiosité intenses. Novatrices mais pratiques, elles annoncent l'avenir sans rien perdre du confort acquis. Elles inventent ou suivent des modes cosmopolites en privilégiant celles qui mettent leur cou et leurs jambes en valeur.

## Taureau Ascendant Poissons

C'est un souple aux gestes mouvants, à la démarche glissante, avec des à-coups d'algue prise dans un remous. C'est aussi un sentimental rêveur que les turbulences sensuelles sortent de ses nostalgies. L'étage moyen du visage doit être dominant, en long ou en large. Ne sous-estimons pas les vestibules sensoriels : les lèvres sont pleines, pulpeuses même, et les oreilles ont de grandes ouvertures musiciennes. Ils aiment s'habiller en faux clochard, en trappeur, ou se couvrir de vêtements de nabab. Leurs costumes et lingerie doivent être psychédéliques, cocktails de formes et de couleurs euphorisantes, aphrodisiaques, parfois d'un goût discutable.

Ces dames ont le galbe du dauphin. Elles sont soyeuses, élastiques, facilement grassouillettes sous une minceur de convenance. Elles aiment les robes longues avec des traînes et des sillages. Un érotisme immanent leur permet de tricoter des chaussettes, écharpes et bonnets de nuit particulièrement désirables. Beaucoup sont tyranniques sous des airs confits, avides de tout sous des airs momentanément absents.

*Chapitre III*

# L'entente du Taureau avec les autres Signes

*Georges Braque : une des grandes figures du cubisme français a mêlé à ses toiles des éléments tels que sable, cartes à jouer, papier journal, papier peint, témoignant d'un goût très taurien pour le matériau brut, adapté au mode d'expression pictural qui était le sien.*

# Comment vous accordez-vous avec les autres Signes

Il est possible d'explorer vos affinités et vos incompatibilités d'humeur avec les autres en partant des caractéristiques de votre signe solaire.

Ce signe exerce en effet une action particulièrement puissante sur vos goûts et sur vos buts dans la vie.

Dans le tableau qui suit, vous découvrirez sous la forme de plusieurs mots clés la manière dont chaque signe zodiacal perçoit les onze autres signes, en termes d'accord, de conflit ou d'indifférence.

Votre personnalité est certes plus vaste que votre seul signe solaire, c'est pourquoi, pour en explorer un autre aspect, vous pouvez utiliser le même tableau mais en partant cette fois de votre signe ascendant.

Votre Ascendant influence en effet directement votre comportement social spontané.

Si cette seconde exploration recoupe la première, vous possédez une personnalité dont les affinités et les antipathies sont nettement tranchées ; si, en revanche, les deux résultats sont différents, votre capacité de contacts constructifs est très large.

| Votre signe solaire | BÉLIER | TAUREAU | GÉMEAUX | CANCER | LION | VIERGE |
|---|---|---|---|---|---|---|
| **BELIER** | | Routinier<br>Possessif<br>Lent | Vif, rapide<br>Intelligent<br>Stimulant | Trop sensible<br>Susceptible<br>Nostalgique<br>Rêveur | Organisateur<br>Puissant<br>Juste<br>Créatif | Critique<br>Pointilleuse<br>Timorée<br>Inquiète |
| **TAUREAU** | Impulsif<br>Brusque<br>Égoïste<br>Imprudent | | Inconstant<br>Dilettante<br>Bavard<br>Trompeur | Maternel<br>Économe<br>Aimant le foyer | Autoritaire<br>Théâtral<br>Dépensier<br>Dogmatique | Pratique<br>Méthodique<br>Serviable<br>Perspicace |
| **GÉMEAUX** | Audacieux<br>Entraînant<br>Libre<br>Décidé | Lourd<br>Entêté<br>Avide<br>Rigide | | Craintif<br>Paresseux<br>Peu ambitieux<br>Désordonné | Chaleureux<br>Large d'esprit<br>Solide<br>Plein d'autorité | Anxieuse<br>Maniaque<br>Trop attaché<br>aux détails |
| **CANCER** | Agressif<br>Indiscret<br>Précipité<br>Avide de nouveau | Fidèle<br>Aimant<br>Patient<br>Solide | Nerveux<br>Trop cérébral<br>Insouciant<br>Sceptique | | Tumultueux<br>Arriviste<br>Snob<br>Écrasant | Efficiente<br>Réservée<br>Concrète<br>Honnête |
| **LION** | Enthousiaste<br>Entreprenant<br>Efficace<br>Rapide | Fruste<br>Obstiné<br>Matérialiste<br>Jaloux | Adaptable<br>Talentueux<br>Charmeur<br>Habile | Capricieux<br>Rancunier<br>Faible<br>Plaintif | | Petite<br>Étroite<br>Craintive<br>Critique |
| **VIERGE** | Aventureux<br>Imprévoyant<br>Irréfléchi | Doué pour<br>gagner de l'argent<br>Concret<br>Travailleur | Joueur<br>Insouciant<br>Comédien<br>Théoricien | Aimant<br>l'intimité<br>Délicat<br>Prudent | Mégalomane<br>Surmené<br>Prétentieux<br>Dépensier | |
| **BALANCE** | Ardent<br>Actif<br>Novateur<br>Remuant | Grossier<br>Instinctif<br>Utilitaire<br>Exclusif | Cultivé<br>Brillant<br>Diplomate<br>Sociable | Replié sur soi<br>Casanier<br>Timide<br>Paresseux | Rayonnant<br>Esthète<br>Courtois<br>Loyal | Trop réservé<br>Critique<br>Timide<br>Égoïste |
| **SCORPION** | Imprudent<br>Versatile<br>Précipité<br>Hâbleur | Pratique<br>Stable<br>Affectueux<br>Digne de confiance | Superficiel<br>Dispersé<br>Bavard<br>Comédien | Fécond<br>Compréhensif<br>Tenace<br>Profond | Despotique<br>Orgueilleux<br>Théâtral<br>Conformiste | Précise<br>Perspicace<br>Ponctuelle<br>Pratique |
| **SAGITTAIRE** | Énergique<br>Disponible<br>Dynamique<br>Animateur | Limité<br>Terre à terre<br>Enraciné<br>Intéressé | Juvénile<br>Curieux<br>Communicatif<br>Mobile | Fantasque<br>Casanier<br>Désordonné<br>Morose | Optimiste<br>Organisateur<br>Ambitieux<br>Loyal | Manquant<br>d'envergure<br>Anxieuse<br>Refroidissante |
| **CAPRICORNE** | Impulsif<br>Fiévreux<br>Révolutionnaire<br>Changeant | Réalisateur<br>Persévérant<br>Gai, fidèle<br>Sincère | Léger<br>Distrait<br>Bavard<br>Superficiel | Pratique<br>Aisé dans ses<br>contacts<br>Maternel<br>Prudent | Théâtral<br>Dépensier<br>Fixé dans ses idées<br>Autoritaire | Disciplinée<br>Méthodique<br>Rationnelle<br>Pratique |
| **VERSEAU** | Inventif<br>Progressiste<br>Persuasif<br>Militant | Matérialiste<br>Rétrograde<br>Épais<br>Fatigant | Tolérant<br>Intelligent<br>Curieux de nouveauté<br>Sociable | Passéiste<br>Vulnérable<br>Replié sur soi<br>Infantile | Rayonnant<br>Large d'esprit<br>Maître de soi<br>Efficace | Restrictive<br>Froide<br>Matérialiste<br>Limitée |
| **POISSONS** | Agressif<br>Violent<br>Précipité<br>Égoïste | Sécurisant<br>Sensuel<br>Calme<br>Affectueux | Agité<br>Verbeux<br>Trompeur | Compréhensif<br>Profond<br>Idéaliste<br>Maternel | Hautain<br>Agressif<br>Tumultueux<br>Égoïste | Précise<br>Serviable<br>Pratique<br>Consciencieuse |

| | SCORPION | SAGITTAIRE | CAPRICORNE | VERSEAU | POISSONS | Votre signe Ascendant |
|---|---|---|---|---|---|---|
| ...brée ...ée ...liante ...sante | Secret Vindicatif Obstiné Destructeur | Jovial, sincère Large d'esprit Philosophe Sportif | Décourageant Froid Mesquin Rigide | Indécis Ouvert, amical Progressive Sincère | Impressionnable Fuyant Sentimental | **BÉLIER** |
| ...ste ...e ...ante ...nte | Fascinant Fécond Instinctif Persévérant | Trop optimiste Risque-tout Joueur Tendu | Solide Ambitieux Patient Doué d'humour | Utopiste Excentrique Révolté Brusque | Hospitalier Généreux Compatissant Intuitif | **TAUREAU** |
| ...de charme ...able ...aine ...ueuse | Critique Tortueux Jaloux Brutal | Optimiste Large d'esprit Sportif Explorateur | Pessimiste Mesquin Rigoriste Rancunier | Fraternel Libre Intensif Humain | Romanesque Vague, secret Indécis Abandonné | **GÉMEAUX** |
| ...geante ...e ...ficielle ...ouverte | Profond Mystique Perspicace Tenace | Aventureux Exagéré Imprudent Peu délicat | Intériorisé Responsable Maître de soi Intègre | Imprévisible Inconstant Intellectuel Trop vaste | Bon, sensible Détaché Mystique Inspiré | **CANCER** |
| ...ée ...ole ...nte ...orée | Envieux Arrogant Extrêmiste Violent | Large, vital Entreprenant Compétent Clairvoyant | Isolé, froid Trop ambitieux Rigide Concentré | Humanitaire Complaisant Loyal Idéaliste Inventif | Impressionnable Dissimulé Morbide Faible | **LION** |
| ...e ...ste ...sée ...se | Énergique Bénéfique Scrupuleux Passionné | Trop extériorisé Aventureux Joueur Trop habile | Économe Persévérant Voyant loin | Idéaliste Révolté Tendu | Ayant le sens du sacrifice Intuitif Bénéfique | **VIERGE** |
| | Tyrannique Brutal Instinctif Entier | Riche Talentueux Organisé Large d'esprit Enthousiaste | Décourageant Solitaire Calculateur Froid | Altruiste Fidèle Amical Intelligent | Replié sur soi Timide Secret, mou Négligent | **BALANCE** |
| ...élicate ...te ...risée ...ue | | Extériorisé Changeant Trop optimiste Diffus | Ambitieux Résolu Solide Perspicace | Excentrique Irréaliste Théorique Trop confiant | Mystique Inspiré Compréhensif Persuasif | **SCORPION** |
| ...le ...sentative ...du ...ent | Destructeur Révolté Secret Dangereux | | Casanier Routinier Pessimiste Rancunier | Humain Libre, inventif Disponible Sincère | Empêtré dans son émotivité Confus, passif Fuyant | **SAGITTAIRE** |
| ...ersévérance ...use ...mentale ...ficielle | Tenace Volontaire Fidèle Perspicace | Superficiel Aventureux Joueur Peu rigoureux | | Rebelle Trop tendu Utopiste Imprévisible | Compatissant Hospitalier Intuitif Bon | **CAPRICORNE** |
| ...le ...vivante ...te ...nate | Caustique Antisocial Jaloux Méfiant | Ouvert, sincère Mondialiste Explorateur Indépendant | Trop centré sur soi, froid Calculateur Pessimiste | | Trop émotif Désordonné Fluctuant Flou | **VERSEAU** |
| ...risée ...aine ... ...aine | Mystique Passionné Profond Énergique | Trop extériorisé Excessif Turbulent | Solide, calme Prévoyant Concret Supérieur | Excentrique Brusque Révolté Prométhéen | | **POISSONS** |

*Mel Ferrer et Audrey Hepburn, Taureau : l'un des couples les plus célèbres du cinéma américain. Il a tenu treize ans. Curieusement, les femmes du signe ne font pas preuve d'une grande stabilité conjugale, malgré leur tempérament possessif et sentimental.*

# Les Astromariages de la Femme Taureau

### Femme Taureau et homme Bélier

Là, les complémentarités sont grandes. Elle est vénusienne, c'est-à-dire conciliante, douce, harmonieuse et sensuelle. Lui, martien, fait dans l'impulsion irréfléchie, les sports violents et la compétition tous azimuts. Il a vraiment besoin pour le conforter, l'entourer et l'assagir, d'une bienveillante muse et conseillère comme elle, d'autant plus que leur érotisme (surtout si Vénus dans les thèmes sont conjointes ou proches) vibre au même diapason. Des problèmes peuvent se poser à long terme, s'il ne calme pas sa nature conquérante, car la dame Taureau est extrêmement possessive, exclusive et jalouse. A bon entendeur...

### Femme Taureau et homme Taureau

Comme toutes les unions entre signes semblables, celle-ci comporte des avantages et des inconvénients : goût du foyer, des plaisirs terrestres, du confort, amour de la terre, de la nature, des enfants, pour les qualités communes. Entêtement, mauvais caractère et peut-être manque de souplesse, pour les inconvénients. Mais lorsqu'on est prêt à faire des concessions, et lorsqu'on a besoin d'une âme sœur comme le Taureau en a besoin, quelle union échouerait ?

### Femme Taureau et homme Gémeaux

Ici, c'est la femme qui est possessive, sensuelle, terrienne et l'homme qui est fuyant comme du mercure. Elle a besoin d'assurance, d'équilibre, et d'un mari dont elle soit l'unique propriétaire malgré ses apparences de grande séductrice. Or, l'inconstance et l'instabilité de Monsieur Gémeaux n'est plus à prouver. Il adore batifoler, comme un éternel adolescent, plaire au plus grand nombre d'êtres humains, et plus particulièrement aux dames, sans se soucier beaucoup du confort matériel de sa compagne ni accorder grande importance à ses scènes de jalousie. Autant le savoir, ce couple est fragile s'il prévilégie l'intimité du foyer ; en revanche, s'il développe une vie sociale et culturelle, il se donne de bonnes conditions d'épanouissement.

### Femme Taureau et homme Cancer

Comment le Cancer ne serait-il pas séduit par la féminité accueillante de la femme Taureau ? Il se cherchait une mère : la voilà !

Sentimentaux et tendres, rêveurs, artistes, aimant leur foyer, leur maison et leurs enfants, ils sont tous les deux sous la maîtrise de la Lune et pourraient faire un couple heureux et calme.

Pourtant le Cancer, avec ses airs tout doux, peut être, sans en avoir l'air, assez tyrannique et autoritaire. Il risque de trouver que sa Taureau manque de souplesse. Quant à elle, il se peut qu'elle se lasse un jour de la passivité de son crabe. Elle souhaiterait quelqu'un de plus dynamique, un Sagittaire, par exemple.

### Femme Taureau et homme Lion

A déconseiller absolument. Le lion croit naïvement que toutes les femmes s'achètent : qu'il suffit d'y mettre le prix...

Peut-être, s'il est très riche, se laissera-t-elle intéresser. Mais cette grande sentimentale a un cœur... que le Lion n'a pas les moyens de conquérir. Toujours un peu phallocrate, il pense qu'en la couvrant de bijoux et de fourrures elle sera contente et l'aimera...

Or, la femme Taureau, signe de Terre, ne confond pas le cœur et les visons blancs : elle est contente, certes, qu'on déroule à ses pieds un tapis d'orchidées... Mais elle aimerait qu'on soit tendre, qu'on lui consacre du temps, qu'on lui parle, qu'on la caresse longuement, bref, qu'on la traite comme un être humain plutôt que comme un objet de luxe. Lente à s'émouvoir, comme les signes de Terre, profondément sensible et romantique, le Feu du Lion la déçoit : trop sec, trop cérébral, pas assez sensuel, il brûle l'humidité de la Terre. Vraiment non, n'insistez pas !

### Femme Taureau et homme Vierge

Elle est calme, la femme Taureau, stable dans ses attachements, séduisante et les pieds sur terre. Notre homme Vierge, plutôt méfiant, est tout de suite ému, sans se l'avouer, par son charme et sa réserve, sa présence bien terrienne, son apparence luxueuse et soignée. Elle donnera un peu de lyrisme à ses dépenses : leur maison sera remplie de beaux meubles en bois massif, de beaux objets, en cuivre ou en pierre, bien lourds. Si elle consent à ne pas trop aguicher les autres hommes — ce qu'elle aime faire, cette belle vénusienne —, il sera très heureux avec elle.

### Femme Taureau et homme Balance

L'alliance de Vénus avec Vénus est toujours agréable. Lui, très raffiné, papillon aux couleurs chamarrées, séduisant tout le monde, rendra jalouse la Dame Taureau, si possessive, entière et... fidèle, pour le fond. Il inquiète un peu son désir de stabilité et elle lui crée un environnement dont il a besoin, rempli de belles choses aux couleurs douces.

### Femme Taureau et homme Scorpion

Aïe ! Je ne comprends vraiment pas pourquoi ils se marient, ces deux-là, puisque ça ne marche jamais ! Ou si la pauvre Taureau tient le coup, c'est au prix d'une vie affective complètement sacrifiée. Qu'ils s'attirent, c'est dans l'ordre des choses : le Scorpion, signe de mort s'accroche de toutes ses pinces au Taureau, signe de vie... Mais, le plus souvent, ne réussit qu'à le détruire.

Sous la pression agressive du Scorpion, la femme Taureau retourne ses cornes contre elle-même, et risque la dépression nerveuse. Même si le Scorpion ne réussit pas à percer sa ligne de défense, la pauvre Taureau vit perpétuellement en état de siège. Rien de plus frustrant que ce qui-vive quotidien. Vénusienne, artiste, sentimentale, elle est trop vulnérable devant le Scorpion : le sérieux passionné qu'elle met en toutes choses l'emprisonne entre les redoutables pinces de la Bête, où elle se meurt lentement d'empoisonnement. Ses dispositions masochistes aiguisent le sadisme du Scorpion, lequel s'ennuie à périr avec elle : il n'y a rien à faire !

### Femme Taureau et homme Sagittaire

Lui qui aime tant partir à la conquête du monde — et des femmes —, il risque d'avoir de gros problèmes avec la possessive Taurienne, souvent sédentaire, attachée à ses meubles, sa terre, ses objets, son foyer. Elle ne supporte guère ses frasques d'aventurier, son indépendance, son dynamisme autoritaire. Entente difficile.

### Femme Taureau et homme Capricorne

Voilà deux signes de Terre, qui ont en commun le goût des murs solides, d'un territoire bien à eux ; ils sont tous deux possessifs et jaloux. La différence réside dans *la façon* de goûter aux choses : le Capricorne a besoin de posséder pour être rassuré, pour ne pas risquer que tout lui soit enlevé, alors que le Taureau possède les êtres et les choses pour en jouir pleinement. Et peut-on jouir pleinement de quelque chose qui ne vous appartient pas ?

### Femme Taureau et homme Verseau

Voilà un monsieur fantaisiste et aventurier face à une dame charmeuse mais enracinée : dans la terre ferme, au milieu de ses objets, parmi les siens. S'il parvient à la dégager de son univers un peu matérialiste, s'il la délivre de sa possessivité jalouse, ils s'entendront bien et très durablement car elle est calme, facile à vivre, enjouée. Elle peut admirablement administrer une affaire qu'il aura créée ou le seconder dans son travail pour les contingences ennuyeuses et matérielles. Autrement, conseillons-lui de chercher une âme sœur chez les aériennes (Gémeaux, Balance, Verseau) ou chez les femmes de Feu (Bélier, Lion, Sagittaire).

### Femme Taureau et homme Poissons

L'alliage parfait est ici plus difficile : l'homme des Poissons vit dans le flou, le non-dit, la femme du Taureau est plus matérialiste. Elle a besoin de savoir de quoi seront faits ses lendemains. Ferme, décidée, tenace, voire têtue, elle pourra aider le Poissons à se fixer et à se stabiliser, mais il lui faudra beaucoup de diplomatie car leurs caractères sont vraiment très différents ; et c'est probablement elle qui prendra en mains les rênes du foyer... L'homme Poissons appréciera l'univers sécurisant qu'elle sait créer autour d'elle. L'attirance physique sera très forte entre eux.

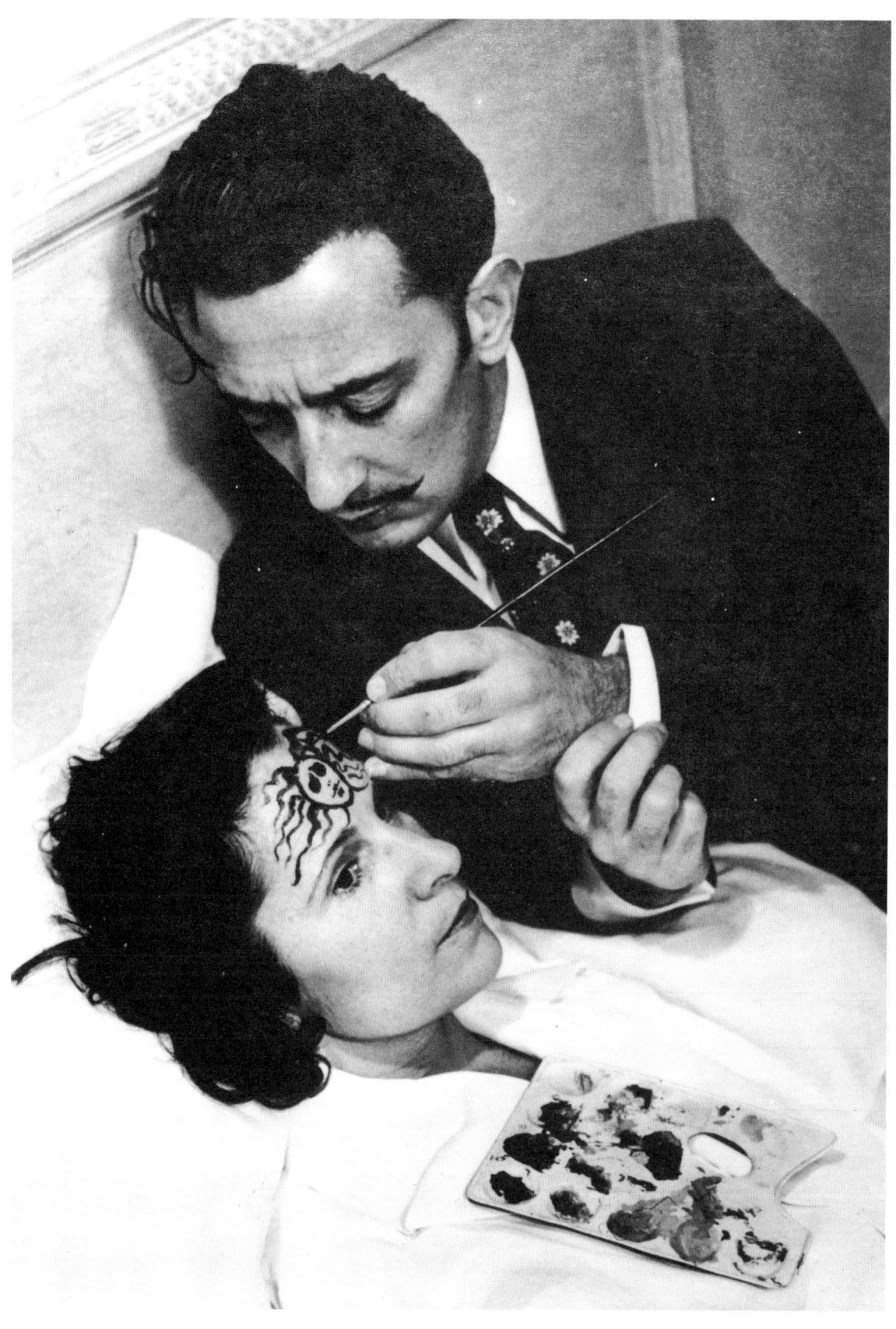

*Le peintre Salvador Dali, Taureau, et sa femme Gala. Cet amoureux éperdu des joies terriennes et terrestres a trouvé une manière bien à lui d'utiliser le corps de sa femme pour son art.*

# Les Astromariages de l'Homme Taureau

### Homme Taureau et femme Bélier

Mars et Vénus s'unissent. Formule un peu moins bonne que l'inverse (femme Taureau et homme Bélier) parce que le Vénusien du Taureau est obsédé par la propriété, les acquisitions, l'argent, et qu'il se démène pour obtenir un train de vie élevé pour assurer un haut « standing » à sa femme et qu'elle, Bélier, se moque un peu de tout cela. Elle préfère les risques, les voyages et l'aventure à cet univers plein de sécurité. En outre, le côté casanier, très terrien du Taureau l'irrite sans l'émouvoir. Elle a du mal à se priver d'une course en moto ou d'une escalade en haute montagne pour s'occuper de son mari et de ses enfants à la maison. Comme il est très possessif... il y a des tensions dans l'air.

### Homme Taureau et femme Taureau

Voir les « Astromariages de la Femme Taureau et de l'homme Taureau », page 71.

### Homme Taureau et femme Gémeaux

C'est la Terre, pleine de sensualité, de désir de posséder, alliée à l'Air désinvolte des Gémeaux : elle est peut-être trop cérébrale, pour lui, trop légère, ne prenant rien au sérieux, ni les attachements du Taurien, ni son goût de la propriété. De plus, ils n'ont pas les mêmes désirs : lui, recherche la jouissance matérielle, elle, veut jouer et toute sa fantaisie est au service de ses instincts ludiques. Que faire ? Se rejoindre à travers d'autres intérêts, les enfants, un métier commun ou simplement des loisirs bien orchestrés.

### Homme Taureau et femme Cancer

En principe, c'est bon : Lune + Lune + Vénus + Jupiter, c'est positif. Ils feront un couple heureux et pacifique.

L'homme Taureau, toujours intéressé par les questions de travail, encouragera sa femme Cancer à poursuivre une carrière professionnelle, où elle pourra employer à fond son énergie et son goût de l'autorité. Elle rentrera toute douce à la maison, avec un salaire intéressant qui contribuera à leur faire une vie agréable.

Les écueils de cette combinaison ? L'insatiable fringale sexuelle du Taureau à laquelle, surtout dans la jeunesse, Dame Cancer ne répond qu'à moitié, car elle est souvent plus sentimentale que sensuelle.

L'entêtement de chacun : le Taureau obstiné, voire buté, ne renonce jamais. La Cancer, forte en pinces, non plus. Que se passe-t-il lorsqu'un boulet irrésistible heurte un mur infranchissable ? Je

*Le Grand Livre du Taureau*

leur souhaite de ne pas en arriver là. Que notre Cancer, plus souple, contourne en finesse son bovidé massif...

On peut aussi se poser des questions sur les motivations matrimoniales du Taureau : il aime l'argent. A-t-il épousé cette Cancer pour ses charmes aquatiques ? Ou pour sa fortune familiale ? Et dans ce cas, avait-il quelque attachement inoubliable qu'il a poursuivi après son mariage ? Le talon d'Achille des Taureau, c'est l'argent, et c'est aussi leur incapacité d'oublier.

## Homme Taureau et femme Lion

C'est un couple que l'on rencontre rarement sur le marché : ils n'ont pas grand-chose à se dire ! Le Taureau, brave bête, amoureux de sa prairie normande, cède rarement au vertige de l'exotisme africain. Si, d'aventure, les savanes brûlées du Lion lui tournent les cornes, il comprendra bien vite qu'il s'y est égaré. Le safari, très peu pour lui...

La Lionne essaie de le faire marcher, sport qu'elle pratique avec brio depuis sa plus tendre enfance. Malheureusement pour elle, le Taureau, signe fixe, les quatre pattes sur l'élément Terre, n'est pas facile à remuer. Les artifices de la Lionne n'éblouissent guère cet animal épris d'authenticité. Elle aime le faste, et lui, au contraire, déteste qu'on jette l'argent par les fenêtres pour épater le voisin...

Et puis, elle ne répond que rarement aux ardeurs amoureuses du Taureau : elle est trop cérébrale pour cette bonne bête chaude ! L'incompréhension réciproque entre deux signes fixes rendra leur union malheureuse : aucun des deux n'a la souplesse nécessaire pour s'adapter à l'autre. Laissez tomber !

## Homme Taureau et femme Vierge

Très bonne combinaison. Terre, Terre. Lui, dominé par Vénus, risque d'être l'élément charmeur et gracieux du couple. Tandis qu'elle, mercurienne, compensera par son intelligence et sa cérébralité sans faille ce qui lui manque en souplesse dans ses contacts humains, en extériorisation affective. Ils ont, en commun, le goût de la stabilité, du calme conjugal, des plaisirs frugaux et bien terriens.

## Homme Taureau et femme Balance

Vénus avec Vénus. Le charme, la séduction, la bonté, la grâce s'unissent.

La femme Balance est plus esthète et artiste, plus aérienne et raffinée que l'homme Taureau qui, lui, cherche la jouissance matérielle : c'est un propriétaire exclusif et jaloux, terrien solide, hédoniste amoureux des choses bonnes et voluptueuses. Beaucoup d'harmonie et de confort entre ces deux vénusiens.

## Homme Taureau et femme Scorpion

Alors que la formule inverse est un vrai désastre, celle-là peut être excellente : les pulsions de mort sont beaucoup moins violentes chez la femme Scorpion que chez l'homme du même signe. Aussi l'homme Taureau peut-il très bien s'accommoder d'une Scorpionne, qui le stimule par son incessant besoin de progrès. Il peut lui offrir toute la tendresse qu'elle désire. Il la rassure avec sa bonne odeur de bête chaude, solide et fidèle. Il sent bon le foin fraîchement coupé et la marguerite. Là, cette éternelle angoissée trouve enfin son port d'attache ! Le Taureau, vénusien et artiste, sensible et pacifique, ne joue pas les machos, ce qui est bien agréable...

## Homme Taureau et femme Sagittaire

Une locomotive pour tirer des dizaines de wagons... bien sûr, ça marche et ça traverse les campagnes, mais quel dommage !... L'homme Taureau, d'ailleurs, se lasse vite d'être tous les wagons à la traîne : il la laissera voyager seule, et s'occupera à la maison des chiens que la dame Sagittaire affectionne, du jardin potager et de sa bonne chère...

### Homme Taureau et femme Capricorne

Là, c'est du solide, du tangible, du palpable. La femme Capricorne organise et contrôle le confort de son homme Taureau. Elle gère et administre la maison qu'il décore et aménage à son goût (Vénus), elle range et classe les disques qu'il écoute avec délices, elle sait lui choisir les livres qu'il use et corne avec jouissance, elle lui prépare les mets dont il se régale et auxquels elle ne touche pas. Il y a de bonnes bases dans ces deux signes de Terre, malgré la restriction générale que s'impose notre dame Capricorne.

### Homme Taureau et femme Verseau

L'Air et la Terre. La fantaisie et la solidité. L'imprévu et la discipline. Elle fascine par son allure, son aisance, son intelligence inventive notre terrien jouisseur et possessif. Mais fera-t-elle une bonne compagne pour lui ? Elle est tellement imprévisible, séductrice, indépendante, aussi. Le voilà désarmé : lui qui prévoit tout, lui qui ne peut pas faire un pas sans sa « conjointe », lui qui charme pour charmer et non comme elle pour capter, va-t-il accepter qu'elle lui échappe ? Rien n'est moins sûr.

### Homme Taureau et femme Poissons

C'est un couple très harmonieux car ils sont liés tous les deux par Vénus, planète de la chair. L'attirance physique est en général très grande entre eux. Par ailleurs, la vision du Taureau étant une vision matérialiste tandis que la vision du Poissons est une vision floue et trouble, ils s'appuient donc forcément l'un sur l'autre ; leur couple peut être une réussite totale. C'est le cas pour une femme Poissons qui rencontre un homme Taureau. Il la décharge de tout le côté pratique et prosaïque de la vie qui ne lui plaît guère. Son mari est alors un compagnon fidèle et rassurant dont elle ne saurait plus se passer. Tel est le cas du couple de Michèle Morgan, femme Poissons, et de Gérard Oury marqué par le signe du Taureau. C'est une union solide, ferme, qui repose sur des valeurs sûres et a de fortes chances de résister aux tempêtes de la vie.

*Le pape Jean-Paul II n'a pas choisi pour naître le signe le plus mystique du zodiaque, mais il présente un aspect physique très taurien : le cou fort, la mâchoire carrée, une physionomie générale exprimant l'équilibre, l'endurance, l'attachement à la terre.*

# *Comment trouver votre Ascendant*

Je vous suppose assez averti des notions de base de l'astrologie pour ne pas confondre votre Ascendant horoscopique avec vos ascendants juridiques : l'Ascendant qui nous intérese, vous le savez, n'a rien à voir avec vos chers parents, grands-parents et arrière-grands-parents. Il n'est cependant pas mauvais de rappeler brièvement quelques définitions avant d'entrer dans le vif du sujet.

Vous qui avez acheté ce livre parce qu'il vous concernait, votre anniversaire se situe forcément entre le 19 avril et le 21 mai, période annuelle durant laquelle le Soleil occupe le secteur zodiacal appelé Taureau. Vous savez donc que vous êtes natif du Taureau ou encore que le Taureau est votre signe solaire. Le jour où vous êtes né, quand le Soleil s'est levé, le signe du Taureau qu'il occupait se levait donc en même temps. Puis, ce Soleil en Taureau est monté dans le ciel printanier, et, un peu plus tard dans la matinée, le signe des Gémeaux s'est levé à son tour. Ce furent ensuite, au cours de la journée, les levers successifs du Cancer, du Lion, de la Vierge et *tutti quanti*. C'est ainsi qu'en une période de vingt-quatre heures, du fait de la rotation de la Terre, les douze signes du Zodiaque se lèvent tour à tour. Moyennant la connaissance de votre heure et de votre lieu de naissance, il est possible de déterminer lequel des douze se levait à l'instant précis de votre venue au monde : vous connaîtrez alors votre signe Ascendant. Les pages techniques de ce livre vous fourniront tous les moyens de trouver vous-même si vous êtes Taureau Ascendant Lion, Taureau Ascendant Verseau ou Taureau — autre chose encore.

## Pour trouver tout de suite votre Ascendant, vous avez besoin de connaître votre heure de naissance

Pour connaître votre heure de naissance, vous interrogez vos parents, ou bien, dans de nombreux pays, vous pouvez également l'obtenir auprès de votre mairie, en demandant un extrait d'acte de naissance.

Toutefois, l'heure que vos parents ou la mairie vous indiquent est une heure officielle qui ne coïncide pas forcément avec l'heure solaire.

Souvenez-vous qu'à la campagne certaines personnes ne désirent pas vivre à l'heure officielle et préfèrent suivre l'heure du Soleil.

De même, un enfant né à 14 heures officiellement serait, en fait, né à midi solaire.

Pour que vous puissiez facilement transformer votre heure officielle de naissance en heure solaire, nous avons établi un tableau par pays.

Vous recherchez, dans les pages suivantes, le tableau concernant votre pays de naissance et vous lisez ce que vous avez à faire.

Si le tableau vous demande « Retranchez 1 heure », cela veut dire que vous devez retrancher une heure de votre heure de naissance officielle pour trouver l'heure solaire.

Si le tableau vous demande « Ajoutez 0 h 30 », c'est l'inverse.

Si enfin le tableau indique « Aucun changement », c'est que l'heure officielle est la même que l'heure solaire.

Pourquoi est-il nécessaire que vous trouviez l'heure solaire de votre naissance ?

Tout simplement parce que, si vous utilisez directement votre heure officielle de naissance, vous trouveriez un Ascendant inexact chaque fois que cette heure aurait une avance ou un retard notable sur l'heure du Soleil.

Si vous avez bien noté votre heure de naissance, vous pouvez passer maintenant à la page 87 où vous lirez comment trouver votre Ascendant sans aucun calcul.

TRANSFORMATION DE VOTRE HEURE DE NAISSANCE EN HEURE SOLAIRE DE NAISSANCE

# EUROPE

## ALBANIE
De 1910 à 1914 aucun changement
De 1915 à 1939 ajoutez 0 h 20
De 1940 à 1943 retranchez 0 h 40
De 1944 à 1971 ajoutez 0 h 20
Depuis 1972 retranchez 0 h 40

## ALLEMAGNE DE L'EST (RDA)
De 1910 au 30 avril 1916 retranchez 0 h 10
Du 1er mai 1916 à 1918 retranchez 1 h 10
De 1919 à 1939 retranchez 0 h 10
De 1940 au 10 mai 1947 retranchez 1 h 10
Du 11 au 21 mai 1947 retranchez 2 h 10
En 1948 et 1949 retranchez 1 h 10
Depuis 1950 retranchez 0 h 10

## ALLEMAGNE DE L'OUEST (RFA)
De 1910 au 30 avril 1916 retranchez 0 h 20
Du 1er mai 1916 à 1918 retranchez 1 h 20
De 1919 à 1929 retranchez 0 h 20
De 1940 au 10 mai 1947 retranchez 1 h 20
Du 11 au 21 mai 1947 retranchez 2 h 20
En 1948 et 1949 retranchez 1 h 20
Depuis 1950 retranchez 0 h 20

## ANGLETERRE
(sauf Cornouailles)
De 1910 à 1916 aucun changement
De 1917 à 1922 retranchez 1 h
Le 21 avril 1923 aucun changement
Du 22 avril au 22 mai 1923 retranchez 1 h
De 1924 à 1927 retranchez 1 h
Les 20 et 21 avril 1928 aucun changement
Du 22 au 21 avril 1928 retranchez 1 h
Du 20 au 24 avril 1929 aucun changement
Du 25 avril au 21 mai 1929 retranchez 1 h
De 1930 à 1933 retranchez 1 h
Les 20 et 21 avril 1934 aucun changement
Du 22 avril au 21 mai 1934 retranchez 1 h
De 1935 à 1940 retranchez 1 h
Du 20 avril au 3 mai 1941 retranchez 1 h
Du 4 au 21 mai 1941 retranchez 2 h
De 1942 à 1945 retranchez 2 h
En 1946 retranchez 1 h
En 1947 retranchez 2 h
De 1948 à 1955 retranchez 1 h
Les 20 et 21 avril 1956 aucun changement
Du 22 avril au 21 mai 1956 retranchez 1 h
De 1957 à 1968 retranchez 1 h
De 1969 à 1971 aucun changement
Depuis 1972 retranchez 1 h

## Cornouailles — Écosse — Galles
De 1910 à 1916 retranchez 0 h 15
De 1917 à 1922 retranchez 1 h 15 (1)
Le 21 avril 1923 retranchez 0 h 15
Du 22 avril au 22 mai 1923 retranchez 1 h 15
De 1924 à 1927 retranchez 1 h 15
Les 20 et 21 avril 1928 retranchez 0 h 15
Du 22 avril au 21 mai 1928 retranchez 1 h 15
Du 20 au 24 avril 1929 retranchez 0 h 15
Du 25 avril au 21 mai 1929 retranchez 1 h 15

(1) Sauf Galles 0 h 15 de 1917 à 1921 inclus

De 1930 à 1933 retranchez 1 h 15
Les 20 et 21 avril 1934 retranchez 0 h 15
Du 22 avril au 21 mai 1934 retranchez 1 h 15
De 1935 à 1940 retranchez 1 h 15
Du 20 avril au 3 mai 1941 retranchez 1 h 15
Du 4 mai au 21 mai 1941 retranchez 2 h 15
De 1942 à 1945 retranchez 2 h 15
En 1946 retranchez 1 h 15
En 1947 retranchez 2 h 15
De 1948 à 1955 retranchez 1 h 15
Les 20 et 21 avril 1956 retranchez 0 h 15
Du 22 avril au 21 mai 1956 retranchez 1 h 15
De 1957 à 1968 retranchez 1 h 15
De 1969 à 1971 retranchez 0 h 15
Depuis 1972 retranchez 1 h 15

## AUTRICHE
De 1910 à 1916 aucun changement
En 1917 et 1918 retranchez 1 h
De 1919 à 1939 aucun changement
De 1940 au 22 avril 1945 retranchez 1 h
Du 23 avril au 21 mai 1945 aucun changement
De 1946 à 1948 retranchez 1 h
Depuis 1949 aucun changement

## BELGIQUE
De 1910 à 1914 ajoutez 0 h 20
En 1915 retranchez 0 h 40
Du 20 au 30 avril 1916 retranchez 0 h 40
Du 1er mai 1916 à 1919 retranchez 1 h 40
De 1920 au 18 mai 1940 retranchez 0 h 40
Du 19 mai 1940 à 1945 retranchez 1 h 40
Du 20 avril au 18 mai 1946 retranchez 0 h 40
Du 19 au 21 mai 1946 retranchez 1 h 40
De 1947 à 1976 retranchez 0 h 40
En 1977 et 1978 retranchez 1 h 40

## BULGARIE
De 1910 à ce jour retranchez 0 h 20

## CHYPRE
De 1910 à 1921 aucun changement
De 1922 à 1974 ajoutez 0 h 15
Depuis 1978 retranchez 0 h 45

## DANEMARK
De 1910 au 14 mai 1916 retranchez 0 h 15
Du 15 au 21 mai 1916 retranchez 1 h 15
De 1917 au 4 mai 1940 retranchez 0 h 15
Du 5 mai 1940 à 1945 retranchez 1 h 15
Du 20 au 30 avril 1946 retranchez 0 h 15
Du 1 au 21 mai 1946 retranchez 1 h 15
Du 20 avril au 3 mai 1947 retranchez 0 h 15
Du 4 au 21 mai 1947 retranchez 1 h 15
Du 20 avril au 8 mai 1948 retranchez 0 h 15
Du 9 au 21 mai 1948 retranchez 1 h 15
De 1949 à 1951 retranchez 1 h 15
Depuis 1952 retranchez 0 h 15

## ESPAGNE
### Aragon, Baléares, Murcie, Catalogne, Navarre, Valence
(R) = Républicains
(F) = Franquistes
De 1910 au 5 mai 1917 aucun changement
Du 6 mai 1917 à 1919 retranchez 1 h
De 1920 à 1923 aucun changement

De 1924 à 1929 retranchez 1 h
De 1930 à 1937 aucun changement
Du 20 au 30 avril 1938 (R) retranchez 1 h
Du 1 au 21 mai 1938 (R) retranchez 2 h
En 1938 (F) retranchez 1 h
De 1939 à 1942 retranchez 1 h
De 1943 à 1946 retranchez 2 h
De 1947 à 1973 retranchez 1 h
Depuis 1974 retranchez 2 h

### Andalousie, Basque, Léon, Castilles, Galice, Estremadure
(R) = Républicains
(F) = Franquistes
De 1910 au 5 mai 1917 retranchez 0 h 20
Du 6 mai 1917 à 1919 retranchez 1 h 20
De 1920 à 1923 retranchez 0 h 20
De 1924 à 1929 retranchez 1 h 20
De 1930 à 1937 retranchez 0 h 20
Du 20 au 30 avril 1938 (R) retranchez 1 h 20
Du 1er au 21 mai 1938 (R) retranchez 2 h 20
En 1938 (F) retranchez 1 h 20
De 1939 à 1942 retranchez 1 h 20
De 1943 à 1946 retranchez 2 h 20
De 1947 à 1973 retranchez 1 h 20
Depuis 1974 retranchez 2 h 20

## ESTONIE
De 1910 à 1917 aucun changement
En 1918 et 1919 retranchez 0 h 20
En 1920 aucun changement
Du 20 au 30 avril 1921 aucun chgt
Du 1er au 21 mai 1921 retranchez 0 h 20
De 1921 à 1963 retranchez 0 h 20
Depuis 1964 retranchez 1 h 20

## FINLANDE
De 1910 à 1920 aucun changement
Du 20 au 30 avril 1921 aucun changement
Du 1er au 21 mai 1921 retranchez 0 h 20
Depuis 1922 retranchez 0 h 20

## FRANCE
### Aquitaine, Bretagne, Centre, Ile-de-France, Midi-Pyrénées, Nord, Normandie, Limousin, Pays-de-Loire, Poitou-Charente, Picardie
ZNO = zone non occupée
ZO = zone occupée
En 1910 retranchez 0 h 10
De 1911 à 1916 aucun changement
De 1917 à 1940 retranchez 1 h
Du 20 avril au 4 mai 1941 (ZNO) retranchez 1 h
Du 5 au 21 mai 1941 (ZNO) retranchez 2 h
En 1941 (ZO) retranchez 2 h
De 1942 à 1945 retranchez 2 h
De 1946 à 1975 retranchez 1 h
De 1976 à ce jour retranchez 2 h

### Alsace, Auvergne, Bourgogne, Champagne-Ardennes, Franche-Comté, Languedoc-Roussillon, Lorraine, Rhône-Alpes, Provence, Côte-d'Azur, Corse, Monaco.
ZNO = zone non occupée
ZO = zone occupée
En 1910, ajoutez 0 h 10
De 1911 à 1916 ajoutez 0 h 20

# TRANSFORMATION DE VOTRE HEURE DE NAISSANCE EN HEURE SOLAIRE DE NAISSANCE

De 1917 à 1940 retranchez 0 h 40
Du 20 avril au 4 mai 1941 (ZNO) ret. 0 h 40
Du 5 au 21 mai 1941 (ZNO) ret. 1 h 40
En 1941 (ZO) retranchez 1 h 40
De 1942 à 1945 retranchez 1 h 40
De 1946 à 1975 retranchez 0 h 40
Depuis 1976 retranchez 1 h 40

## GRÈCE
De 1910 à 1916 aucun changement
De 1917 à 1940 retranchez 0 h 30
Du 20 au 29 avril 1941 retranchez 1 h 30
Du 30 avril 1941 au 21 mai 1942 retranchez 0 h 30
De 1943 à 1974 retranchez 0 h 30
De 1975 à ce jour retranchez 1 h 30

## GROENLAND
Depuis 1910 aucun changement

## HOLLANDE
De 1910 à 1915 aucun changement
De 1916 à 1922 retranchez 1 h
En 1923 aucun changement
En 1924 retranchez 1 h
En 1925 aucun changement
De 1926 à 1931
Du 20 avril au 14 mai aucun changement
Du 15 au 22 mai retranchez 1 h
En 1932 aucun changement
De 1933 à 1936
Du 20 avril au 14 mai aucun changement
Du 15 au 22 mai retranchez 1 h
En 1937 aucun changement
En 1938 et 1939
Du 20 avril au 14 mai aucun chgt
Du 15 au 22 mai retranchez 1 h
Du 20 avril au 15 mai 1940 aucun chgt
Du 16 au 21 mai 1940 retranchez 1 h 40
De 1942 à 1945 retranchez 1 h 40
De 1946 à 1976 retranchez 0 h 40
Depuis 1977 retranchez 1 h 40

## HONGRIE
De 1910 au 30 avril 1916 ajoutez 0 h 15
Du 1er mai 1916 au 21 mai 1917 retranchez 0 h 45
De 1918 à 1940 ajoutez 0 h 15
De 1941 à 1944 retranchez 0 h 45
Du 20 avril au 1er mai 1945 ajoutez 0 h 15
Du 2 au 21 mai 1945 retranchez 0 h 45
Depuis 1946 ajoutez 0 h 15

## IRLANDE (EIRE)
De 1910 à 1916 aucun changement
De 1917 à 1978 retranchez 1 h 30

## IRLANDE DU NORD
De 1910 à 1916 aucun changement
De 1917 à 1920 retranchez 0 h 25
De 1921 à 1940 retranchez 1 h 25
Du 20 avril au 3 mai 1941 retranchez 1 h 25
Du 4 au 21 mai 1941 retranchez 2 h 25
De 1942 à 1945 retranchez 2 h 25
En 1946 retranchez 1 h 25
En 1947 retranchez 2 h 25
De 1948 à 1955 retranchez 1 h 25
Les 20 et 21 avril 1956 retranchez 0 h 25
Du 22 avril au 21 mai 1956 retranchez 1 h 25
De 1957 à 1968 retranchez 1 h 25
De 1969 à 1971 retranchez 0 h 25
Depuis 1972 retranchez 1 h 25

## ISLANDE
De 1910 à 1916 retranchez 0 h 25
De 1917 à 1919 retranchez 1 h 25
En 1920 retranchez 0 h 25
En 1921 retranchez 1 h 25
De 1922 à 1940 retranchez 0 h 25
Depuis 1941 retranchez 1 h 25

## ITALIE
### Émilie, Ligurie, Lombardie, Piémont, Toscane, Sardaigne
De 1910 à 1916 retranchez 0 h 20
De 1917 à 1920 retranchez 1 h 20
De 1921 à 1940 retranchez 0 h 20
De 1941 à 1948 retranchez 1 h 20
De 1949 à ce jour retranchez 0 h 20

### Abruzzes, Calabre, Campanie, Latium, Marches, St-Marin, Ombrie, Pouilles, Sicile, Vénétie
De 1910 à 1916 aucun changement
De 1917 à 1920 retranchez 1 h
De 1921 à 1940 aucun changement
De 1941 à 1948 retranchez 1 h
Depuis 1949 aucun changement

## LETTONIE
De 1910 à 1917 retranchez 0 h 25
En 1918 et 1919 retranchez 1 h
De 1920 à 1926 aucun chgt
De 1927 à 1963 retranchez 0 h 25
Depuis 1964 retranchez 1 h 25

## LITUANIE
De 1910 à 1919 aucun changement
De 1920 à 1940 ajoutez 0 h 30
De 1941 à 1963 retranchez 0 h 30
Depuis 1964 retranchez 1 h 30

## LUXEMBOURG
De 1910 à 1915 retranchez 0 h 35
Du 20 avril au 14 mai 1916 retranchez 0 h 35
Du 15 au 21 avril 1916 retranchez 1 h 35
Du 20 au 28 avril 1917 retranchez 0 h 35
Du 29 avril 1917 au 1918 retranchez 1 h 35
De 1919 à 1939 retranchez 0 h 35
Du 20 avril au 13 mai 1940 retranchez 0 h 35
Du 14 au 21 mai 1940 retranchez 1 h 35
De 1941 à 1945 retranchez 1 h 35
Du 20 avril au 18 mai 1946 retranchez 0 h 35
Du 19 au 21 mai 1946 retranchez 1 h 35
De 1947 à 1976 retranchez 0 h 35
Depuis 1977 retranchez 1 h 35

## MALTE
De 1910 à 1973 voir Sicile
Depuis 1974 retranchez 1 h

## NORVÈGE
De 1910 à 1940 retranchez 0 h 20
De 1941 à 1945 retranchez 1 h 20
De 1946 à 1958 retranchez 0 h 20
De 1959 à 1964 retranchez 1 h 20
Du 20 au 24 avril 1965 retranchez 0 h 20
Du 25 avril au 21 mai 1965 retranchez 1 h 20
Depuis 1966 retranchez 0 h 20

## POLOGNE
De 1910 à 1919
pour les territoires sous contrôle allemand voir RDA
pour les territoires sous contrôle autrichien voir AUTRICHE
pour les territoires sous contrôle russe aucun changement
De 1920 à 1922 retranchez 0 h 45
De 1923 à 1939 ajoutez 0 h 15
De 1940 à 1945 retranchez 0 h 45
De 1946 à ce jour ajoutez 0 h 15

## PORTUGAL
En 1910 et 1911 aucun changement
De 1912 à 1916 retranchez 0 h 30
De 1917 à 1921 retranchez 1 h 30
En 1922 et 1923 retranchez 0 h 30
De 1924 à 1934 retranchez 1 h 30
Du 20 au 30 avril 1935 retranchez 0 h 30
Du 1er au 21 mai 1935 retranchez 1 h 30
De 1936 au 25 avril 1942 retranchez 1 h 30
Du 26 avril au 21 mai 1942 retranchez 2 h 30
En 1943 retranchez 2 h 30
Du 20 au 22 avril 1944 retranchez 1 h 30
Du 23 au 21 mai 1944 retranchez 2 h 30
Les 20 et 21 avril 1945 retranchez 1 h 30
Du 22 avril au 21 mai 1945 retranchez 2 h 30
Depuis 1946 retranchez 1 h 30

## ROUMANIE
De 1910 à 1931 aucun changement
En 1932 retranchez 0 h 15
De 1933 à 1940 retranchez 1 h 15
De 1941 à 1945 retranchez 0 h 15
Pas d'informations sur les heures d'été depuis 1946

## SUÈDE
De 1910 au 14 mai 1916 ajoutez 0 h 10
Du 15 au 21 mai 1916 retranchez 0 h 50
Depuis 1917 ajoutez 0 h 10

## SUISSE
De 1910 à 1940 retranchez 0 h 25
Du 20 avril au 4 mai 1941 retranchez 0 h 25
Du 5 au 21 mai 1941 retranchez 1 h 25
Du 20 avril au 3 mai 1942 retranchez 0 h 25
Du 4 au 21 mai 1942 retranchez 1 h 25
Depuis 1943 retranchez 0 h 25

## TCHÉCOSLOVAQUIE
De 1910 au 30 avril 1916 ajoutez 0 h 10
Du 1er au 21 mai 1916 retranchez 0 h 50
En 1917 et 1918 retranchez 0 h 50
De 1919 à 1939 ajoutez 0 h 10
De 1940 à 1945 retranchez 0 h 50
Depuis 1945 ajoutez 0 h 10

## TURQUIE
### Occidentale
De 1910 à 1919 aucun changement
De 1920 à 1922 retranchez 1 h
De 1923 à 1969 aucun changement
De 1970 à ce jour retranchez 1 h
(sauf du 20 au 30 avril 1974 aucun changement)

*81*

# TRANSFORMATION DE VOTRE HEURE DE NAISSANCE EN HEURE SOLAIRE DE NAISSANCE

**Orientale**
De 1910 à 1919 ajoutez 0 h 40
De 1920 à 1922 retranchez 0 h 20
De 1923 à 1969 ajoutez 0 h 40
De 1970 à ce jour retranchez 0 h 20
(sauf du 20 au 30 avril 1974 ajoutez 0 h 40)

## URSS

**Biélorussie, Carélie, Crimée, Moldavie, Ukraine, Régions de Leningrad, Moscou, Orel**
De 1910 à 1916 aucun changement
En 1917 retranchez 1 h
De 1918 à 1963 aucun changement
Depuis 1964 retranchez 1 h

**Arménie, Azerbaïdjan, Géorgie, Régions du Caucase, de la Volga centrale et méridionale et de Kirov**
De 1910 à 1916 ajoutez 1 h (1)
De 1917 à 1963 aucun changement
Depuis 1964 retranchez 1 h

**Versants occidental et oriental de l'Oural, Kajakstan occidental, Turkmenistan, Ouzbekistan**
De 1910 à 1916 ajoutez 2 h
En 1917 ajoutez 1 h
De 1918 à 1930 ajoutez 2 h
De 1931 à 1963 aucun changement
Depuis 1964 retranchez 1 h

## YOUGOSLAVIE
De 1910 à 1940 ajoutez 0 h 15
De 1941 à 1944 retranchez 0 h 45
Du 20 avril au 7 mai 1945 ajoutez 0 h 15
Du 8 au 21 mai 1945 retranchez 0 h 45
Depuis 1946 ajoutez 0 h 15

# AFRIQUE

## AFFARS ET ISSAS (Djibouti)
Depuis 1910 aucun changement

## AFRIQUE DU SUD

**Ouest**
Province du Cap occidentale et sud-ouest africain
Depuis 1910 retranchez 0 h 45

**Est**
Orange, Transvaal, Natal, Province du Cap orientale
Depuis 1910 aucun changement

## ALGÉRIE
En 1910 aucun changement
De 1911 à 1916 ajouter 0 h 10
De 1917 à 1921 retranchez 0 h 50
De 1922 à 1939 ajoutez 0 h 10
De 1940 à 1943 retranchez 0 h 50
En 1944 et 1945 retranchez 1 h 50
En 1946 retranchez 0 h 50
De 1947 à 1955 ajoutez 0 h 10
De 1956 à 1962 retranchez 0 h 50
De 1963 au 25 avril 1971 ajoutez 0 h 10

(1) Sauf Géorgie : aucun changement.

Du 26 avril au 21 mai 1971 retranchez 0 h 50
De 1972 à 1976 ajoutez 0 h 10
Du 20 avril au 5 mai 1977 ajoutez 0 h 10
Du 6 au 21 mai 1977 retranchez 0 h 50
En 1978 retranchez 0 h 50

## ANGOLA

**Occidental**
Depuis 1910 aucun changement

**Oriental**
Depuis 1910 ajoutez 0 h 20

## BENIN (Dahomey)
De 1910 à 1933 aucun changement
Depuis 1933 retranchez 0 h 50

## BOTSWANA
Depuis 1910 retranchez 0 h 20

## BURUNDI
Depuis 1910 aucun changement

## CAMEROUN
En 1910 et 1911 aucun changement
Depuis 1912 retranchez 0 h 10

## CENTRAFRIQUE (rép.)
En 1910 et 1911 aucun changement
Depuis 1912 ajoutez 0 h 20

## COMORES (Îles)
Depuis 1910 aucun changement

## CONGO
Depuis 1910 aucun changement

## CÔTE D'IVOIRE
En 1910 et 1911 aucun changement
Depuis 1912 retranchez 0 h 20

## ÉGYPTE (2)
Depuis 1910 aucun changement

## ÉTHIOPIE (sauf Érythrée)
De 1910 à 1935 aucun changement
Depuis 1936 retranchez 0 h 25

## ÉRYTHRÉE
De 1910 à 1930 aucun changement
Depuis 1931 retranchez 0 h 20

## GABON
En 1910 et 1912 aucun changement
Depuis 1912 retranchez 0 h 15

## GAMBIE
De 1910 à 1963 aucun changement
Depuis 1964 retranchez 1 h

## GHANA
Depuis 1910 aucun changement

## GUINÉE
En 1910 et 1911 aucun changement

(2) Heure d'été possible depuis 1940 à appliquer selon vos informations personnelles.

De 1912 à 1933 retranchez 0 h 45
De 1934 à 1959 ajoutez 0 h 15
Depuis 1960 retranchez 0 h 45

## GUINÉE BISSAU
Depuis 1910 aucun changement

## GUINÉE ÉQUATORIALE
En 1910 et 1911 aucun changement
De 1912 à 1962 ajoutez 0 h 40
Depuis 1964 retranchez 0 h 20

## HAUTE-VOLTA
Depuis 1910 aucun changement

## KENYA
De 1910 à 1928 aucun changement
En 1929 retranchez 0 h 30
De 1930 à 1939 aucun changement
De 1940 à 1959 retranchez 0 h 15
Depuis 1960 retranchez 0 h 30

## LESOTHO
Depuis 1910 aucun changement

## LIBERIA
Depuis 1910 aucun changement

## LIBYE

**Cyrénaïque**
De 1910 à 1919 aucun changement
De 1920 à 1963 ajoutez 0 h 30
Depuis 1964 retranchez 0 h 30

**Tripolitaine, Syrte**
De 1900 à 1963 aucun changement
Depuis 1964 retranchez 1 h

## MAGADASCAR
Depuis 1910 aucun changement

## MALAWI
Depuis 1910 ajoutez 0 h 15

## MALI

**Oriental** (Tombouctou, Gao)
En 1910 et 1911 aucun changement
De 1912 à 1933 retranchez 0 h 10
De 1934 à 1960 ajoutez 0 h 50
Depuis 1961 retranchez 0 h 10

**Occidental** (Bamako)
En 1910 et 1911 aucun changement
De 1912 à 1933 retranchez 0 h 30
De 1934 à 1960 ajoutez 0 h 30
Depuis 1961 retranchez 0 h 30

## MAROC
De 1910 à 1913 aucun changement
De 1914 à 1939 retranchez 0 h 30
En 1940 retranchez 1 h 30
De 1941 à 1976 retranchez 0 h 30
Du 20 au 30 avril 1977 retranchez 0 h 30
Du 1er au 21 mai 1977 retranchez 1 h 30

## MAURICE (Île)
Depuis 1910 aucun changement

## MAURITANIE
En 1910 et 1911 aucun changement

*82*

# TRANSFORMATION DE VOTRE HEURE DE NAISSANCE EN HEURE SOLAIRE DE NAISSANCE

De 1912 à 1933 retranchez 0 h 55
De 1934 à 1959 aucun changement
Depuis 1960 retranchez 0 h 55

## MOZAMBIQUE
Depuis 1910 retranchez 0 h 25

## NIGER

### Occidental (Niamey)
En 1910 et 1911 aucun changement
De 1912 à 1933 ajoutez 1 h 10
De 1934 à 1959 ajoutez 0 h 10
Depuis 1960 retranchez 0 h 50

### Central (Tahoua Ingau, Maradi, N'Koni)
En 1910 et 1911 aucun changement
De 1912 à 1959 ajoutez 0 h 25
Depuis 1960 retranchez 0 h 35

### Oriental (Agadez, Bilina, Zinder, Nguimi)
En 1910 et 1911 aucun changement
Depuis 1912 retranchez 0 h 20

## NIGERIA
De 1910 à 1919 aucun changement
Depuis 1920 retranchez 0 h 30 (sauf région du lac Tchad aucun changement)

## OUGANDA
De 1910 à 1919 aucun changement
De 1920 à 1928 retranchez 0 h 20
En 1929 retranchez 0 h 50
De 1930 à 1947 retranchez 0 h 20
De 1948 à 1963 retranchez 0 h 35
Depuis 1964 retranchez 0 h 50

## RÉUNION (Île de la)
En 1910 et 1911 aucun changement
Depuis 1912 retranchez 0 h 20

## RHODÉSIE
Depuis 1910 aucun changement

## RWANDA
Depuis 1910 aucun changement

## SÉNÉGAL
De 1910 à 1941 aucun changement
Depuis 1942 retranchez 1 h

## SIERRA LEONE
De 1910 à 1913 aucun changement
De 1914 à 1963 ajoutez 0 h 15
Depuis 1964 retranchez 0 h 45

## SOMALIE

### Ex-française et ex-italienne
Depuis 1910 aucun changement

### Ex-anglaise
De 1910 à 1965 ajoutez 0 h 30
Depuis 1966 aucun changement

## SOUDAN
Depuis 1910 aucun changement

## SWAZILAND
Depuis 1910 aucun changement

## TANZANIE

### Tanganyika
De 1910 à 1930 aucun changement
De 1931 à 1947 retranchez 0 h 30
De 1948 à 1960 retranchez 0 h 15
Depuis 1961 retranchez 0 h 30

### Zanzibar
De 1910 à 1930 aucun changement
De 1931 à 1939 ajoutez 0 h 10
Depuis 1940 retranchez 0 h 20

## TCHAD
En 1910 et 1911 aucun changement
Depuis 1912 ajoutez 0 h 10

## TOGO
Depuis 1910 aucun changement

## TUNISIE
En 1910 ajoutez 0 h 30
De 1911 à 1938 retranchez 0 h 20
De 1939 à 1945 retranchez 1 h 20
Depuis 1946 retranchez 0 h 20

## ZAÏRE

### Province de Kinshasa, Léopoldville et Mbaudaka, Coquillatville
De 1910 à 1919 aucun changement
De 1920 à 1935 retranchez 1 h
Depuis 1936 aucun changement

### Provinces orientales Kasaï et Katanga
De 1910 à 1919 ajoutez 0 h 45 (1)
Depuis 1920 retranchez 0 h 15

## ZAMBIE
Depuis 1910 aucun changement

# AMÉRIQUE DU NORD

## ALASKA *

### Région de Wrangel
Depuis 1910 retranchez 1 h

### Région de Juneau
Depuis 1910 retranchez 0 h 15

### Régions Centrale et Occidentale
Depuis 1910 aucun changement

## CANADA
Alberta retranchez 0 h 40
Colombie aucun changement
Manitoba retranchez 0 h 30
N. Brunswick retranchez 0 h 30
N.F. Labrador retranchez 0 h 40
N. Écosse aucun changement
Ontario Est retranchez 0 h 20
Ontario Ouest retranchez 1 h
Québec : Ouest de Port Cartier ajoutez 0 h 15
Québec : Port Cartier et Est retranchez 0 h 20
Saskatchewan aucun changement

## ÉTATS-UNIS *
Alabama ajoutez 0 h 15
Arizona retranchez 0 h 25
Arkansas retranchez 0 h 10
Californie aucun changement
Caroline du Nord retranchez 0 h 20
Caroline du Sud retranchez 0 h 25
Colorado aucun changement
Connecticut ajoutez 0 h 10
Dakota Nord (Est) retranchez 0 h 40
Dakota Nord (Ouest) aucun changement
Dakota Sud (Est) retranchez 0 h 35
Dakota Sud (Ouest) ajoutez 0 h 10
Delaware aucun changement
District Fédéral aucun changement
Floride retranchez 0 h 20
(sauf Panama, Pensacola ajoutez 0 h 20)
Georgie retranchez 0 h 35
Idaho (Est) retranchez 0 h 30
Idaho (Ouest) ajoutez 0 h 15
Illinois aucun changement
Indiana ajoutez 0 h 15
Iowa retranchez 0 h 15
Kansas retranchez 0 h 30
(sauf Dodge City et Ouest ajoutez 0 h 20)
Kentucky Centre et Est retranchez 0 h 40
Kentucky Ouest retranchez 0 h 10
Louisiane aucun changement
Maine ajoutez 0 h 20
Maryland retranchez 0 h 10
Massachusetts ajoutez 0 h 15
Michigan retranchez 0 h 45
Minnesota retranchez 0 h 15
Mississippi aucun changement
Missouri retranchez 0 h 10
Montana retranchez 0 h 20
Nebraska Est retranchez 0 h 30
Nebraska Ouest retranchez 0 h 10
Nevada ajoutez 0 h 15
N. Hampshire ajoutez 0 h 15
N. Jersey aucun changement
N. York aucun changement
N. Mexique aucun changement
Ohio retranchez 0 h 30
Oklahoma retranchez 0 h 30
Oregon aucun changement
Pennsylvanie retranchez 0 h 15
Rhode Island aucun changement
Tennessee Est retranchez 0 h 35
Tennessee Ouest et Centre ajoutez 0 h 10
Texas Est retranchez 0 h 25
Texas Ouest retranchez 0 h 45
Utah Est retranchez 0 h 20
Utah Ouest ajoutez 0 h 30
Vermont aucun changement
Virginie retranchez 0 h 15
Virginie Occid. retranchez 0 h 25
Washington (DC) aucun changement
Washington (État) aucun changement
Wisconsin aucun changement
Wyoming retranchez 0 h 10
Hawaï retranchez 0 h 20

## TERRE-NEUVE (île de)
retranchez 0 h 15

---

* Pour les pays suivis du * voir le tableau spécial de l'heure d'été page 00 et l'appliquer en fonction de vos informations personnelles.

(1) Ainsi que pour le Kasaï de 1920 à 1935.

# TRANSFORMATION DE VOTRE HEURE DE NAISSANCE EN HEURE SOLAIRE DE NAISSANCE

## AMÉRIQUE CENTRALE

### BAHAMAS *
Depuis 1910 aucun changement

### COSTA RICA
De 1910 à 1920 aucun changement
Depuis 1921 ajoutez 0 h 25

### CUBA
De 1900 à 1925 ajoutez 0 h 15
Depuis 1926 retranchez 0 h 15

### RÉP. DOMINICAINE *
De 1900 à 1933 aucun changement
Depuis 1934 ajoutez 0 h 20

### GUADELOUPE
Depuis 1910 aucun changement

### GUATEMALA
Depuis 1910 aucun changement

### HAÏTI
Depuis 1910 aucun changement

### HONDURAS
Depuis 1900 aucun changement

### HONDURAS BRITANNIQUE *
Depuis 1910 aucun changement

### JAMAÏQUE *
Depuis 1910 aucun changement

### MARTINIQUE *
Depuis 1910 aucun changement

### MEXIQUE
**Oriental**
Provinces de Yucatan, Campeche, Chiapas, Oaxaca, Tabasco, Tamaulipas, Vera-Cruz
De 1910 à 1911 aucun changement
De 1912 à 1921 ajouter 0 h 15
De 1922 à 1931 ajoutez 0 h 50
Depuis 1932 retranchez 0 h 10

**Occidental**
Provinces de Californie Nord et Sud
De 1910 à 1911 aucun changement
De 1912 à 1921 retranchez 1 h 05
De 1922 à 1931 retranchez 0 h 30
Depuis 1932 : Californie Nord ajoutez 0 h 20
Californie Sud : retranchez 0 h 30

**Central**
Toutes les autres provinces
De 1910 à 1911 aucun changement
De 1912 à 1921 ajoutez 0 h 25
De 1922 à 1931 ajoutez 0 h 10
Depuis 1932 retranchez 0 h 50

### NICARAGUA
De 1900 à 1934 aucun changement
Depuis 1935 ajoutez 0 h 20

### PANAMA
Depuis 1910 retranchez 0 h 20

### PETITES ANTILLES (Iles des) *
Depuis 1910 aucun changement

### PORTO RICO
Depuis 1910 retranchez 0 h 25

### SAN SALVADOR
Depuis 1910 aucun changement

## AMÉRIQUE DU SUD

### ARGENTINE *
**Est**
Régions de Santa Fé, Cordoba, Buenos-Aires, Bahia Blanca
De 1910 au 30 avril 1920 ajoutez 0 h 10
Depuis le 1er mai 1920 aucun changement

**Ouest**
Régions de Tucuman, Mendoza et Patagonie
De 1910 au 30 avril 1920 retranchez 0 h 20
Depuis le 1er mai 1920 retranchez 0 h 20

### BOLIVIE
De 1910 à 1931 ajoutez 0 h 10
Depuis 1932 retranchez 0 h 25

### BRÉSIL * (sauf Accre)
Depuis 1910 aucun changement
**Accre**
De 1910 à 1913 aucun changement
Depuis 1914 ajoutez 0 h 20

### CHILI *
De 1910 à 1932 ajoutez 0 h 15
Depuis 1933 retranchez 0 h 45

### COLOMBIE
Depuis 1910 aucun changement

### ÉQUATEUR
Depuis 1910 aucun changement

### GUYANA
Depuis 1910 aucun changement

### GUYANE FRANÇAISE
De 1910 à 1911 aucun changement
Depuis 1912 ajoutez 0 h 30

### PARAGUAY
De 1910 à 1931 retranchez 0 h 15
Depuis 1932 ajoutez 0 h 10

### PÉROU
Depuis 1910 aucun changement

### SURINAM
Depuis 1910 aucun changement

### URUGUAY *
De 1910 au 30 avril 1920 ajoutez 0 h 10
Depuis le 1er mai 1920 retranchez 0 h 15

### VENEZUELA
De 1910 à 1911 ajoutez 0 h 20
Depuis 1912 retranchez 0 h 15

## MOYEN ORIENT

### ARABIE SAOUDITE (1)
**Ouest**
Retranchez 0 h 20
**Est**
(dont Er Riad) retranchez 0 h 50

### EMIRATS ARABES (1)
Retranchez 0 h 20

### IRAK
Aucun changement

### ISRAËL
Ajoutez 0 h 20

### JORDANIE
Ajoutez 0 h 25

### KOWEÏT
Aucun changement

### LIBAN (1)
Ajoutez 0 h 20

### SYRIE
Ajoutez 0 h 30

### YEMEN Nord et Sud
Aucun changement

## ASIE

### AFGHANISTAN
Aucun changement

### BIRMANIE
Aucun changement

### CEYLAN
Aucun changement

### CHINE
**Pour Pékin et toute la côte Est**
Aucun changement
**Pour le reste de la Chine**
Se reporter à l'heure locale sans aucun changement

### CORÉE (1)
retranchez 0 h 30

---

(1) Ces informations concernent la période récente, se renseigner sur l'heure officielle avant 1960.
* Pour les pays suivis du * voir le tableau spécial de l'heure d'été page 00 et l'appliquer en fonction de vos informations personnelles.

TRANSFORMATION DE VOTRE HEURE DE NAISSANCE EN HEURE SOLAIRE DE NAISSANCE

**CAMBODGE**
Aucun changement

**INDE**
**Assam**
Ajoutez 0 h 40
**Côte et partie orientale**
Aucun changement
**Côte et partie occidentale**
Retranchez 0 h 30

**INDONÉSIE**
**Sumatra**
Retranchez 0 h 15
**Java, Bali**
Ajoutez 0 h 20
**Bornéo**
Retranchez 0 h 25
**Célèbes, Timor, Flores**
Aucun changement
**Irian (N. Guinée)**
Aucun changement
**Moluques**
Retranchez 0 h 25

**JAPON**
**Kiou Siou**
Retranchez 0 h 10
**Sikok, Hondo Ouest de Tokyo**
Aucun changement
**Hondo Nord de Tokyo et Yeso**
Ajoutez 0 h 30

**LAOS**
Aucun changement

**MALAYSIA (Fed.)**
**Péninsule malaise**
Retranchez 0 h 15

**Sabah Sarawak** (1)
Aucun changement

**MANDCHOURIE**
De 1910 à 1927 retranchez 0 h 30
De 1928 à 1932 aucun changement
Depuis 1932 se renseigner

**PAKISTAN**
**Oriental**
Aucun changement
**Occidental** (1)
Retranchez 0 h 30

**PHILIPPINES (Îles)**
Aucun changement

**THAÏLANDE**
De 1910 à 1920 aucun changement
Depuis 1921 retranchez 0 h 15

**VIETNAM**
Aucun changement
**Sauf Vietnam du Sud**
De 1956 à 1975 retranchez 0 h 50

**TAÏWAN (Formose)**
Aucun changement

**U.R.S.S.**
**Sibérie**
**Kazakhstan oriental**
**Kirghizistan, Tajdikistan**
**Région de Omsk**
De 1910 à 1930 retranchez 2 h
De 1931 à 1963 aucun changement
Depuis 1964 retranchez 1 h

**Altaï, régions de Tomsk, Novossibirsk, Krasnoïarsk**
De 1910 à 1930 retranchez 1 h
De 1931 à 1963 aucun changement
Depuis 1964 retranchez 1 h

**Régions Lac Baïkal, Irkoutsk**
De 1910 à 1963 aucun changement
Depuis 1964 retranchez 1 h

**Région de Tchita-Mogotcha**
De 1910 à 1930 ajoutez 1 h
De 1931 à 1963 aucun changement

Depuis 1964 retranchez 1 h

**Régions de Vladivostok Komsomolsk, Okhotsk**
De 1910 à 1963 aucun changement
Depuis 1964 retranchez 1 h

**Région de Magadan, Kamtchatka**
De 1910 à 1930 ajoutez 1 h
De 1931 à 1963 aucun changement
Depuis 1964 retranchez 1 h

## OCÉANIE

**AUSTRALIE**
**Provinces de Canberra, Victoria, N. Galles du Sud, Papouasie (N. Guinée), Queensland, Tasmanie**
Aucun changement
**Territoires du Nord et Australie méridionale**
Retranchez 0 h 30
**Australie occidentale**
Aucun changement

**NOUVELLE ZÉLANDE**
Aucun changement

**TOUTES ÎLES DE L'OCÉANIE**
Pratiquement aucun changement

---

(1) Ces informations concernent la période récente, se renseigner sur l'heure officielle avant 1960.
\* Pour les pays suivis du \* voir le tableau spécial de l'heure d'été page 00 et l'appliquer en fonction de vos informations personnelles.

## Tableau spécial de l'heure d'été pour certains pays

Pour les pays marqués d'un *, nous savons qu'ils pratiquent l'heure d'été, mais les dates précises de début et de fin de période ne nous sont pas connues, ainsi que les années.

Le tableau suivant vous indique comment passer directement d'une heure officielle d'été à l'heure solaire de naissance correspondante.

Vous devez utiliser ce tableau spécial si vous êtes certain(e) que votre naissance a eu lieu pendant la période officielle d'application de l'heure d'été *pour l'année de votre naissance*.

Par exemple, pour les États-Unis, cette période va du dernier dimanche d'avril à 2 heures du matin jusqu'au dernier dimanche d'octobre à 2 heures du matin.

### AMERIQUE DU NORD

**ALASKA**
Région de Wrangel retranchez 2 h.
Région de Juneau retranchez 1 h. 15
Alaska central retranchez 1 h.
Alaska occid. retranchez 1 h.

**CANADA** sauf Alberta, Nouv.-Brunswick, Nouvelle-Écosse
Colombie retranchez 1 h.
Manitoba retranchez 1 h. 30
NF.Labrador retranchez 1 h. 40
Ontario Est retranchez 1 h. 20
Ontario Ouest retranchez 2 h
Québec Est retranchez 1 h. 20
Québec Ouest retranchez 0 h 45
Saskatchewan retranchez 1 h.

**ETATS—UNIS**
Alabama retranchez 0 h. 45
Arizona pas d'heure d'été
Arkansas retranchez 1 h. 10
Californie retranchez 1 h.
Caroline Nord retranchez 1 h. 20
Caroline Sud retranchez 1 h. 25
Colorado retranchez 1 h.
Connecticut retranchez 0 h. 50
Dakota Nord (Est) retranchez 1 h. 40
Dakota Nord (Ouest) retranchez 1 h.
Dakota Sud (Est) retranchez 1 h. 35
Dakota Sud (Ouest) retranchez 0 h. 50
Delaware retranchez 1 h.
District Fédéral retranchez 1 h.
Floride retranchez 1 h. 30
S.F. Panama Pensacola retranchez 0 h. 40
Géorgie retranchez 1 h. 35
Idaho Est retranchez 1 h. 30
Idaho Ouest retranchez 0 h. 45
Illinois retranchez 1 h.
Indiana retranchez 0 h. 45
Iowa retranchez 0 h. 45
Kansas retranchez 1 h. 30
S.F. Dodge city et Ouest retranchez 0 h. 40
Kentucky Centre et Est retranchez 1 h. 40
Kentucky Ouest retranchez 0 h. 50
Louisiane retranchez 1 h.
Maine retranchez 0 h. 40
Maryland retranchez 1 h. 10
Massachussets retranchez 0 h.45
Michigan retranchez 1 h. 45
Minnesota retranchez 1 h. 15
Mississipi retranchez 1 h.
Missouri retranchez 1 h. 10
Montana retranchez 1 h. 20
Nebraska Est retranchez 1 h. 30
Nebraska Ouest retranchez 0 h. 50
Nevada retranchez 0 h. 45
N. Hampshire retranchez 0 h. 45
N. Jersey retranchez 1 h.
New York retranchez 1 h.
N. Mexique retranchez 1 h.
Ohio retranchez 1 h. 30
Oklahoma retranchez 1 h. 30
Oregon retranchez 1 h.
Pennsylvanie retranchez 1 h. 15
Rhode Island retranchez 1 h.
Tennessee Est retranchez 1 h. 35
Tennessee Ouest retranchez 0 h. 50
Texas Est retranchez 1 h. 25
Texas Ouest retranchez 1 h. 45
Utah Est retranchez 1 h. 20
Utah Ouest retranchez 0 h. 30
Vermont retranchez 1 h.
Virginie Occidentale retranchez 1 h. 25
Washington (D.C.) retranchez 1 h.
Washington (état) retranchez 1 h.
Wisconsin retranchez 1 h.
Wyoming retranchez 1 h. 10
Hawaï pas d'heure d'été.

### AMERIQUE CENTRALE

BAHAMAS (Iles) retranchez 1 h.
REP. DOMINICAINE retranchez 0 h. 40

### AMERIQUE DU SUD

ARGENTINE (après 1920)
Est retranchez 1 h.
Ouest retranchez 1 h. 40
BRESIL
Sauf Accre retranchez 1 h.
Accre retranchez 0 h. 40

URUGUAY (après 1920) retranchez 1 h. 15

### MOYEN ORIENT

LIBAN retranchez 0 h. 40
SYRIE retranchez 0 h. 30

# Comment découvrir votre Ascendant sans aucun calcul

Votre Ascendant est le signe zodiacal qui se levait à l'horizon Est au moment de votre naissance.

Il dépend étroitement de votre heure et de votre lieu de naissance, éléments dont nous avons déjà tenu compte dans la transformation de votre heure officielle en heure solaire de naissance.

Sans effectuer de calcul, vous pouvez dès maintenant découvrir votre signe Ascendant dans la Table des Ascendants qui vous concerne.

Pour savoir quelle Table consulter, il vous suffit de regarder à la page suivante le numéro de la Table correspondant à votre pays de naissance.

Vous consultez alors votre Table, en recherchant la colonne de votre jour de naissance, puis la ligne de votre heure solaire de naissance qui vous donne votre signe Ascendant.

Si ce signe est le dernier d'une série, vous pouvez considérer que vous êtes également influencé(e) par le signe d'après.

Exemple :

|  |  |  |
|---|---|---|
|  | **Scorpion** |  |
|  | **Scorpion** |  |
|  | **Scorpion** |  |
| Ligne de votre heure ............ | **Scorpion** | ... vous êtes **Scorpion** mais |
|  | **Sagittaire** | vous êtes également **Sagittaire** |
|  | **Sagittaire** |  |

En effet, en raison de la rotation de la Terre sur elle-même en 24 heures, chaque signe zodiacal se lève à son tour à l'horizon Est d'un lieu terrestre déterminé.

Ainsi dans l'ordre des signes, lorsque le **Scorpion** a fini de se lever, c'est au tour du **Sagittaire** d'apparaître, si bien que le début du **Sagittaire** se lève quelques minutes après la fin du **Scorpion** : voilà qui explique l'influence de ces deux signes Ascendants sur une personne.

Le signe Ascendant exerce une influence prépondérante sur votre tempérament, sur votre morphologie et votre comportement.

Étant l'élément le plus individualisé de votre configuration astrologique natale, votre Ascendant caractérise votre mode d'adaptation au monde extérieur aussi bien sur les plans biologique, social que professionnel.

L'analyse concernant votre signe Ascendant s'applique donc essentiellement à votre façon d'être avec les autres et, par conséquent, à la manière dont les autres vous perçoivent.

Si vous ne connaissez votre heure de naissance que de façon approximative, par exemple, « dans la matinée », « en fin d'après-midi », vous pouvez vous reporter aux descriptions et juger, à la lecture de leur analyse, du signe qui correspond le mieux à votre comportement spontané.

Vous pouvez contrôler le résultat avec un de vos proches.

# Numéro de la Table des Ascendants à consulter pour chaque pays

| PAYS | 1 | 2 | 3 | 4 | 5 | 6 |
|---|---|---|---|---|---|---|
| **AFRIQUE** | | | | | | |
| AFFARS ET ISSAS | 1 | | | | | |
| AFRIQUE DU SUD | | 2 | | | | |
| ALGÉRIE | | | 3 | | | |
| SAHARA ALGÉRIEN | | 2 | | | | |
| ANGOLA | 1 | | | | | |
| BENIN (DAHOMEY) | 1 | | | | | |
| BOTSWANA | | 2 | | | | |
| CAMEROUN | 1 | | | | | |
| CAP VERT (ÎLES) | 1 | | | | | |
| CENTRAFRIQUE Rép. | 1 | | | | | |
| COMORES (ÎLES) | 1 | | | | | |
| CONGO | 1 | | | | | |
| CÔTE D'IVOIRE | 1 | | | | | |
| ÉGYPTE | | 2 | | | | |
| ÉTHIOPIE | 1 | | | | | |
| GABON | 1 | | | | | |
| GAMBIE | 1 | | | | | |
| GHANA | 1 | | | | | |
| GUINÉE | 1 | | | | | |
| GUINÉE BISSAU | 1 | | | | | |
| GUINÉE ÉQUAT. | 1 | | | | | |
| HAUTE VOLTA | 1 | | | | | |
| KENYA | 1 | | | | | |
| LESOTHO | | 2 | | | | |
| LIBÉRIA | 1 | | | | | |
| LIBYE | | 2 | | | | |
| MADAGASCAR | | 2 | | | | |
| MALAWI | 1 | | | | | |
| MAROC NORD | | | 3 | | | |
| MAURICE (ÎLE) | | 2 | | | | |
| MAURITANIE | | 2 | | | | |
| MOZAMBIQUE NORD | 1 | | | | | |
| MOZAMBIQUE SUD | | 2 | | | | |
| NIGER | 1 | | | | | |
| NIGÉRIA | 1 | | | | | |
| OUGANDA | 1 | | | | | |
| RÉUNION (ÎLE) | | 2 | | | | |
| RHODÉSIE | | 2 | | | | |
| RWANDA | 1 | | | | | |
| SAOTOME (ÎLE) | 1 | | | | | |
| SÉNÉGAL | 1 | | | | | |
| SEYCHELLES (ÎLES) | 1 | | | | | |
| SIERRA LÉONE | 1 | | | | | |
| SOMALIE | 1 | | | | | |
| SOUDAN | 1 | | | | | |
| SUD-OUEST AFRICAIN | | 2 | | | | |
| SWAZILAND | | 2 | | | | |
| TANGER | | | 3 | | | |
| TANZANIE | 1 | | | | | |
| TCHAD | 1 | | | | | |
| TOGO | 1 | | | | | |
| TUNISIE NORD | | | 3 | | | |
| TUNISIE SUD | | 2 | | | | |
| ZAÏRE | 1 | | | | | |
| ZAMBIE | 1 | | | | | |
| **AMÉRIQUE DU NORD** | | | | | | |
| CANADA | | | | | | |
| ALBERTA SUD | | | | | 5 | |
| ALBERTA NORD | | | | | | 6 |
| BRITISH COLUMBIA SUD | | | | | 5 | |
| BRITISH COLUMBIA NORD | | | | | | 6 |
| MANITOBA SUD | | | | | 5 | |
| MANITOBA NORD | | | | | | 6 |
| NEW BRUNSWICK | | | | 4 | | |
| NEW F. LABRADOR | | | | | | 6 |
| NOUVELLE ÉCOSSE | | | | 4 | | |
| ONTARIO SUD | | | | 4 | | |
| ONTARIO NORD | | | | | 5 | |
| QUÉBEC SUD | | | | 4 | | |
| QUÉBEC NORD | | | | | 5 | |
| SASKATCHEWAN SUD | | | | | 5 | |
| SASKATCHEWAN NORD | | | | | | 6 |
| TERRIT. NORD-OUEST | | | | | | 6 |
| St PIERRE ET MIQUELON | | | | 4 | | |
| **ETATS-UNIS** | | | | | | |
| ALABAMA | | | 3 | | | |
| ALASKA | | | | | | 6 |
| ARIZONA | | | 3 | | | |
| ARKANSAS | | | 3 | | | |
| CALIFORNIE | | | 3 | | | |
| CAROLINE NORD | | | 3 | | | |
| CAROLINE SUD | | | 3 | | | |
| COLORADO | | | 3 | | | |
| CONNECTICUT | | | | 4 | | |
| DAKOTA NORD | | | | 4 | | |
| DAKOTA SUD | | | | 4 | | |
| DELAWARE | | | 3 | | | |
| FLORIDE | | 2 | | | | |
| GÉORGIE | | | 3 | | | |
| IDAHO | | | | 4 | | |
| ILLINOIS | | | 3 | | | |
| INDIANA | | | 3 | | | |
| IOWA | | | 3 | | | |
| KANSAS | | | 3 | | | |
| KENTUCKY | | | 3 | | | |
| LOUISIANE | | 2 | | | | |
| MAINE | | | | 4 | | |
| MARYLAND | | | 3 | | | |
| MASSACHUSETTS | | | | 4 | | |
| MICHIGAN | | | | 4 | | |
| MINNESOTA | | | | 4 | | |
| MISSISSIPI | | | 3 | | | |
| MISSOURI | | | 3 | | | |
| MONTANA | | | | 4 | | |
| NEBRASKA | | | 3 | | | |
| NEVADA | | | 3 | | | |
| NEW HAMPSHIRE | | | | 4 | | |
| NEW JERSEY | | | 3 | | | |
| NEW YORK | | | | 4 | | |
| NOUVEAU MEXIQUE | | | 3 | | | |
| OHIO | | | 3 | | | |
| OKLAHOMA | | | 3 | | | |
| ORÉGON | | | | 4 | | |
| PENNSYLVANIE | | | 3 | | | |
| RHODE -ISLAND | | | 3 | | | |
| TENNESSEE | | | 3 | | | |
| TEXAS | | 2 | | | | |
| UTAH | | | 3 | | | |
| VERMONT | | | | 4 | | |
| VIRGINIE | | | 3 | | | |
| VIRGINIE OCCID. | | | 3 | | | |
| WASHINGTON | | | 3 | | | |
| WASHINGTON ÉTAT | | | | 4 | | |
| WISCONSIN | | | | 4 | | |
| WYOMING | | | | 4 | | |
| HAWAÏ | | 2 | | | | |
| BERMUDES DES (ÎLE) | | | 3 | | | |
| TERRE NEUVE (ÎLE) | | | | 4 | | |
| **AMERIQUE CENTRALE** | | | | | | |
| BAHAMAS (ÎLES) | | 2 | | | | |
| BARBADE (ÎLES) | 1 | | | | | |
| COSTA-RICA | 1 | | | | | |
| CUBA | | 2 | | | | |
| CURAÇAO | 1 | | | | | |
| DOMINICAINE Rép. | | 2 | | | | |
| GUADELOUPE | | 2 | | | | |
| GUATÉMALA | 1 | | | | | |
| HAÏTI | | 2 | | | | |
| HONDURAS | 1 | | | | | |
| HONDURAS BOIT. | | 2 | | | | |
| JAMAÏQUE | | 2 | | | | |
| MARTINIQUE | 1 | | | | | |
| MEXIQUE | | 2 | | | | |
| NICARAGUA | 1 | | | | | |
| PANAMA | 1 | | | | | |
| PETITES ANTILLES (ÎLES) | 1 | | | | | |
| PORTO-RICO | | 2 | | | | |
| SAN SALVADOR | 1 | | | | | |
| **AMÉRIQUE DU SUD** | | | | | | |
| ARGENTINE NORD | | 2 | | | | |
| ARGENTINE CENTRE | | | 3 | | | |
| ARGENTINE SUD | | | | 4 | | |
| BOLIVIE NORD | 1 | | | | | |
| BOLIVIE SUD | | 2 | | | | |
| BRÉSIL NORD | 1 | | | | | |
| BRÉSIL SUD soit : | | | | | | |
| MINAS GERAIS | | 2 | | | | |
| SAO PAULO-RIO | | 2 | | | | |
| CHILI NORD | | 2 | | | | |
| CHILI CENTRE | | | 3 | | | |
| CHILI SUD | | | | 4 | | |
| COLOMBIE | 1 | | | | | |
| ÉQUATEUR | 1 | | | | | |
| GUYANA | 1 | | | | | |
| GUYANE FRANÇAISE | 1 | | | | | |
| PARAGUAY | | 2 | | | | |
| PÉROU | 1 | | | | | |
| SURINAM | 1 | | | | | |
| URUGUAY | | | 3 | | | |
| VÉNÉZUELA | 1 | | | | | |
| **ASIE** | | | | | | |
| AFGHANISTAN | | | 3 | | | |
| BIRMANIE | | 2 | | | | |
| BHOUTAN | | 2 | | | | |
| CACHEMIRE | | | 3 | | | |
| CAMBODGE | 1 | | | | | |
| CEYLAN (SRILANKA) | 1 | | | | | |
| CHINE DU NORD | | | 3 | | | |
| (SINKIANG, LIAO MING, | | | | | | |
| HOPEH, CHANSI, CHENSI | | | | | | |
| MANDCHOURIE, KANSOU | | | | | | |
| KIANG-SOU, NAN CHAN) | | | | | | |
| CHINE CENTRALE | | 2 | | | | |
| (YANG TSE KIANG) | | | | | | |
| CHINE DU SUD | | 2 | | | | |
| CORÉE DU NORD | | | 3 | | | |
| CORÉE DU SUD | | | 3 | | | |
| INDE SUD | 1 | | | | | |
| INDE CENTRE | | 2 | | | | |
| INDE NORD | | 2 | | | | |
| INDONÉSIE | 1 | | | | | |
| JAPON | | | 3 | | | |
| JAPON (YESO) | | | | 4 | | |
| LAOS | | 2 | | | | |
| MALAYSIA (FÉD.) | 1 | | | | | |
| MONGOLIE EXT. | | | | 4 | | |
| NÉPAL | | 2 | | | | |

| PAYS | TABLE N° |
|---|---|
| | 1 2 3 4 5 6 |
| PAKISTAN OR. OCC. | 2 |
| PHILIPPINES (ÎLES) | 1 |
| THAÏLANDE | 1 |
| U.R.S.S. | |
| KAZAKHSTAN | 4 |
| KIRGHIZISTAN | 3 |
| OUZBEKISTAN | 3 |
| SIBÉRIE SUD | 5 |
| (OMSK, NOVOSSIBIRSK | |
| IRKOUTSK) | |
| RESTE SIBÉRIE | 6 |
| TADJIKISTAN | 3 |
| TURKMENISTAN | 3 |
| VLADIVOSTOK (PROV.) | 4 |
| VIETNAM (NORD) | 2 |
| VIETNAM (SUD) | 1 |

### EUROPE

| PAYS | TABLE N° |
|---|---|
| | 1 2 3 4 5 6 |
| ALBANIE | 3 |
| NORD ÉCOSSE | 6 |
| ALLEMAGNE DE L'EST | 5 |
| ALLEMAGNE OUEST | |
| NORD-CENTRE | 5 |
| BAVIÈRE-BADE | 4 |
| ANGLETERRE | 5 |
| AUTRICHE | 4 |
| BELGIQUE | 5 |
| BULGARIE | 4 |
| CHYPRE (ÎLE) | 3 |
| DANEMARK | 6 |
| ESPAGNE NORD | 4 |
| ESPAGNE CENTRE | 3 |
| ESPAGNE SUD | 3 |
| BALÉARES (ÎLES) | 3 |
| ESTONIE | 6 |
| FINLANDE | 6 |
| FRANCE | 4 |
| GRÈCE | 3 |
| GROËNLAND | 6 |
| HOLLALNDE | 5 |
| HONGRIE | 4 |
| IRLANDE (EIRE) | 5 |

| PAYS | TABLE N° |
|---|---|
| | 1 2 3 4 5 6 |
| IRLANDE DU NORD | 5 |
| ISLANDE | 6 |
| ITALIE NORD CENTRE | 4 |
| ITALIE SUD | 3 |
| SARDAIGNE-SICILE | 3 |
| LETTONIE | 6 |
| LITHUANIE | 6 |
| LUXEMBOURG | 5 |
| MALTE | 3 |
| NORVÈGE | 6 |
| POLOGNE | 5 |
| PORTUGAL | 3 |
| ROUMANIE | 4 |
| SUÈDE | 6 |
| SUISSE | 4 |
| TCHÉCOSLOVAQUIE | 5 |
| TURQUIE | 3 |
| U.R.S.S. | |
| AZERBAÏDJAN | 4 |
| ARMÉNIE | 4 |
| BIELORUSSIE | 5 |
| GÉORGIE | 4 |
| UKRAINE | 4 |
| U.R.S.S. NORD LIGNE | |
| SMOLENSK-MOSCOU- | |
| KAZAN | 6 |
| U.R.S.S.-SUD | 5 |
| YOUGOSLAVIE | 4 |

### MOYEN ORIENT

| PAYS | TABLE N° |
|---|---|
| | 1 2 3 4 5 6 |
| ARABIE SAOUDITE | 2 |
| ÉMIRATS ARABES | 2 |
| IRAK | 3 |
| IRAN NORD | 3 |
| IRAN SUD | 2 |
| ISRAËL | 2 |
| JORDANIE | 2 |
| KOWEIT | 2 |
| LIBAN | 3 |
| SAMOA | 2 |
| SYRIE | 3 |

| PAYS | TABLE N° |
|---|---|
| | 1 2 3 4 5 6 |
| YEMEN NORD | 1 |
| YEMEN SUD | 1 |

### OCÉANIE

| | |
|---|---|
| AUSTRALIE | |
| AUSTRALIE MÉRIDIONALE | 3 |
| AUSTRALIE OCCIDENTALE | 2 |
| NOUVELLES—GALLES DU SUD | 3 |
| QUEEN'S LAND | 2 |
| SAUF PÉNINSULE D'YORK | 1 |
| TERRIT. DU NORD (NORD) | 1 |
| TERRIT. DU NORD (SUD) | 2 |
| VICTORIA | 3 |
| TASMANIE | 4 |
| | |
| NOUVELLE—CALÉDONIE | 2 |
| NOUVELLE—GUINÉE | 1 |
| NOUVELLE—ZÉLANDE | |
| NORD ÎLE FUMANTE | 3 |
| SUD ÎLE DE JADE | 4 |

### AUTRES ÎLES

| | |
|---|---|
| CAROLINES | 1 |
| CHATHAM | 4 |
| CHESTERFIELD | 2 |
| ELLICE | 1 |
| FIDJI | 1 |
| GILBERT | 1 |
| HÉBRIDES | 1 |
| KERMADEC | 3 |
| LOYAUTÉ | 2 |
| MARIANNES | 1 |
| MARQUISES | 1 |
| MARSHALL | 1 |
| MIDWAY | 2 |
| SALOMON | 1 |
| SAOA | 1 |
| SOCIÉTÉ | 1 |
| TONGA | 2 |
| TOUAMOTOU | 1 |
| TUBUAÏ | 2 |

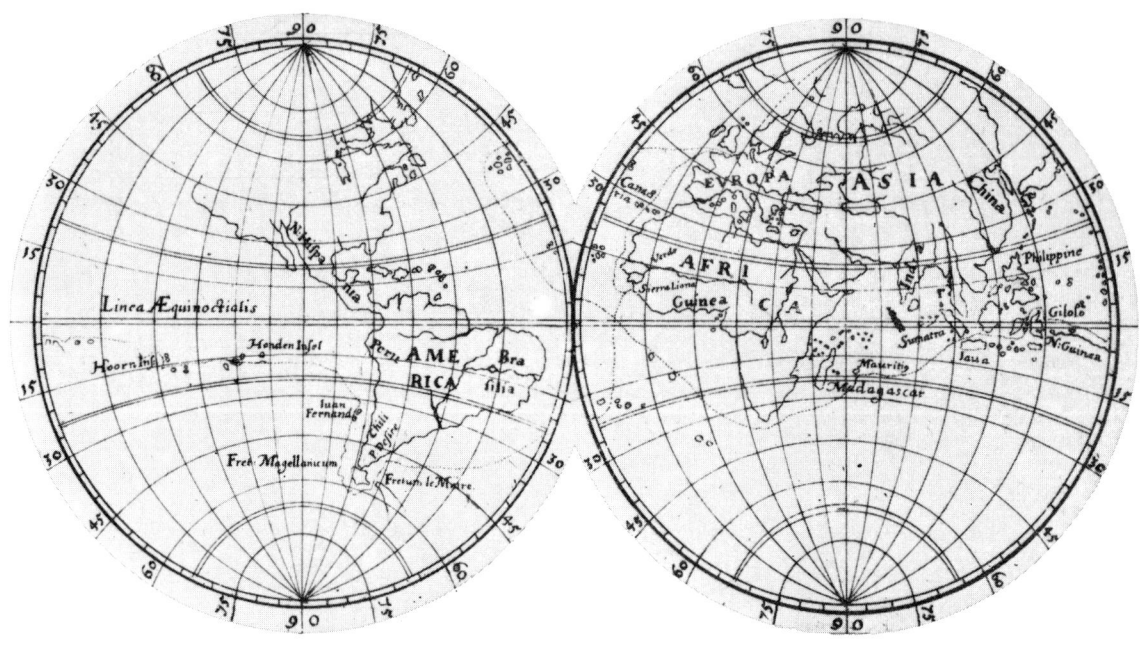

## Comment découvrir votre Ascendant si vous êtes né(e) dans l'hémisphère Sud

Par rapport au Zodiaque, l'horizon Est dans l'hémisphère Sud n'est pas le même que dans l'hémisphère Nord.

Pour tenir compte de ce fait, vous ajoutez simplement 12 heures à votre heure solaire de naissance.

Si le total est supérieur à 24 heures, vous retranchez 24 heures : par exemple 20 h 30 + 12 h = 32 h 30 — 24 h = 8 h 30.

En prenant la nouvelle heure obtenue, 8 h 30 dans notre exemple, vous recherchez votre signe Ascendant exactement comme pour une naissance dans l'hémisphère Nord.

Vous obtenez le nom d'un signe zodiacal.

Celui-ci n'est pas encore votre Ascendant.

En effet, vous savez que les saisons australes sont inversées par rapport aux saisons boréales ; l'été en Australie correspond à l'hiver en Europe.

De même, le signe du Bélier de l'hémisphère Nord, c'est-à-dire le début du printemps, correspond au signe de la Balance qui marque le début du printemps dans l'hémisphère Sud.

C'est donc le signe zodiacal opposé au signe que vous avez trouvé précédemment qui est votre signe Ascendant final, et le tableau ci-dessous vous permet de trouver immédiatement ce signe.

| Votre signe Ascendant lu dans la Table ▼ | Votre signe Ascendant final ▼ |
|---|---|
| **Bélier** | **Balance** |
| **Taureau** | **Scorpion** |
| **Gémeaux** | **Sagittaire** |
| **Cancer** | **Capricorne** |
| **Lion** | **Verseau** |
| **Vierge** | **Poissons** |
| **Balance** | **Bélier** |
| **Scorpion** | **Taureau** |
| **Sagittaire** | **Gémeaux** |
| **Capricorne** | **Cancer** |
| **Verseau** | **Lion** |
| **Poissons** | **Vierge** |

# DÉCOUVREZ VOTRE ASCENDANT SANS AUCUN CALCUL : TABLE N° 1

| VOTRE HEURE DE NAISSANCE | 20 AVRIL | 21 AVRIL | 22 AVRIL | 23 AVRIL | 24 AVRIL | 25 AVRIL | 26 AVRIL | 27 AVRIL |
|---|---|---|---|---|---|---|---|---|
| 0 h 00 | CAPRICORNE | CAPRICORNE | CAPRICORNE | CAPRICORNE | CAPRICORNE | CAPRICORNE | VERSEAU | VERSEAU |
| 0 h 30 | VERSEAU | VERSEAU | VERSEAU | VERSEAU | VERSEAU | VERSEAU | VERSEAU | VERSEAU |
| 1 h 00 | VERSEAU | VERSEAU | VERSEAU | VERSEAU | VERSEAU | VERSEAU | VERSEAU | VERSEAU |
| 1 h 30 | VERSEAU | VERSEAU | VERSEAU | VERSEAU | VERSEAU | VERSEAU | VERSEAU | VERSEAU |
| 2 h 00 | VERSEAU | VERSEAU | VERSEAU | VERSEAU | VERSEAU | POISSONS | POISSONS | POISSONS |
| 2 h 30 | POISSONS | POISSONS | POISSONS | POISSONS | POISSONS | POISSONS | POISSONS | POISSONS |
| 3 h 00 | POISSONS | POISSONS | POISSONS | POISSONS | POISSONS | POISSONS | POISSONS | POISSONS |
| 3 h 30 | POISSONS | POISSONS | POISSONS | POISSONS | POISSONS | POISSONS | POISSONS | POISSONS |
| 4 h 00 | POISSONS | POISSONS | BÉLIER | BÉLIER | BÉLIER | BÉLIER | BÉLIER | BÉLIER |
| 4 h 30 | BÉLIER | BÉLIER | BÉLIER | BÉLIER | BÉLIER | BÉLIER | BÉLIER | BÉLIER |
| 5 h 00 | BÉLIER | BÉLIER | BÉLIER | BÉLIER | BÉLIER | BÉLIER | BÉLIER | BÉLIER |
| 5 h 30 | BÉLIER | BÉLIER | BÉLIER | BÉLIER | BÉLIER | TAUREAU | TAUREAU | TAUREAU |
| 6 h 00 | TAUREAU | TAUREAU | TAUREAU | TAUREAU | TAUREAU | TAUREAU | TAUREAU | TAUREAU |
| 6 h 30 | TAUREAU | TAUREAU | TAUREAU | TAUREAU | TAUREAU | TAUREAU | TAUREAU | TAUREAU |
| 7 h 00 | TAUREAU | TAUREAU | TAUREAU | TAUREAU | TAUREAU | TAUREAU | TAUREAU | TAUREAU |
| 7 h 30 | TAUREAU | TAUREAU | TAUREAU | TAUREAU | GÉMEAUX | GÉMEAUX | GÉMEAUX | GÉMEAUX |
| 8 h 00 | GÉMEAUX | GÉMEAUX | GÉMEAUX | GÉMEAUX | GÉMEAUX | GÉMEAUX | GÉMEAUX | GÉMEAUX |
| 8 h 30 | GÉMEAUX | GÉMEAUX | GÉMEAUX | GÉMEAUX | GÉMEAUX | GÉMEAUX | GÉMEAUX | GÉMEAUX |
| 9 h 00 | GÉMEAUX | GÉMEAUX | GÉMEAUX | GÉMEAUX | GÉMEAUX | GÉMEAUX | GÉMEAUX | GÉMEAUX |
| 9 h 30 | GÉMEAUX | GÉMEAUX | GÉMEAUX | GÉMEAUX | GÉMEAUX | CANCER | CANCER | CANCER |
| 10 h 00 | CANCER | CANCER | CANCER | CANCER | CANCER | CANCER | CANCER | CANCER |
| 10 h 30 | CANCER | CANCER | CANCER | CANCER | CANCER | CANCER | CANCER | CANCER |
| 11 h 00 | CANCER | CANCER | CANCER | CANCER | CANCER | CANCER | CANCER | CANCER |
| 11 h 30 | CANCER | CANCER | CANCER | CANCER | CANCER | CANCER | CANCER | CANCER |
| MIDI | CANCER | LION | LION | LION | LION | LION | LION | LION |
| 12 h 30 | LION | LION | LION | LION | LION | LION | LION | LION |
| 13 h 00 | LION | LION | LION | LION | LION | LION | LION | LION |
| 13 h 30 | LION | LION | LION | LION | LION | LION | LION | LION |
| 14 h 00 | LION | LION | VIERGE | VIERGE | VIERGE | VIERGE | VIERGE | VIERGE |
| 14 h 30 | VIERGE | VIERGE | VIERGE | VIERGE | VIERGE | VIERGE | VIERGE | VIERGE |
| 15 h 00 | VIERGE | VIERGE | VIERGE | VIERGE | VIERGE | VIERGE | VIERGE | VIERGE |
| 15 h 30 | VIERGE | VIERGE | VIERGE | VIERGE | VIERGE | VIERGE | VIERGE | VIERGE |
| 16 h 00 | VIERGE | VIERGE | BALANCE | BALANCE | BALANCE | BALANCE | BALANCE | BALANCE |
| 16 h 30 | BALANCE | BALANCE | BALANCE | BALANCE | BALANCE | BALANCE | BALANCE | BALANCE |
| 17 h 00 | BALANCE | BALANCE | BALANCE | BALANCE | BALANCE | BALANCE | BALANCE | BALANCE |
| 17 h 30 | BALANCE | BALANCE | BALANCE | BALANCE | BALANCE | BALANCE | BALANCE | BALANCE |
| 18 h 00 | BALANCE | BALANCE | BALANCE | BALANCE | BALANCE | BALANCE | BALANCE | BALANCE |
| 18 h 30 | BALANCE | SCORPION | SCORPION | SCORPION | SCORPION | SCORPION | SCORPION | SCORPION |
| 19 h 00 | SCORPION | SCORPION | SCORPION | SCORPION | SCORPION | SCORPION | SCORPION | SCORPION |
| 19 h 30 | SCORPION | SCORPION | SCORPION | SCORPION | SCORPION | SCORPION | SCORPION | SCORPION |
| 20 h 00 | SCORPION | SCORPION | SAGITTAIRE | SAGITTAIRE | SAGITTAIRE | SAGITTAIRE | SAGITTAIRE | SAGITTAIRE |
| 20 h 30 | SAGITTAIRE | SAGITTAIRE | SAGITTAIRE | SAGITTAIRE | SAGITTAIRE | SAGITTAIRE | SAGITTAIRE | SAGITTAIRE |
| 21 h 00 | SAGITTAIRE | SAGITTAIRE | SAGITTAIRE | SAGITTAIRE | SAGITTAIRE | SAGITTAIRE | SAGITTAIRE | SAGITTAIRE |
| 21 h 30 | SAGITTAIRE | SAGITTAIRE | SAGITTAIRE | SAGITTAIRE | SAGITTAIRE | SAGITTAIRE | SAGITTAIRE | SAGITTAIRE |
| 22 h 00 | SAGITTAIRE | SAGITTAIRE | SAGITTAIRE | SAGITTAIRE | SAGITTAIRE | CAPRICORNE | CAPRICORNE | CAPRICORNE |
| 22 h 30 | CAPRICORNE | CAPRICORNE | CAPRICORNE | CAPRICORNE | CAPRICORNE | CAPRICORNE | CAPRICORNE | CAPRICORNE |
| 23 h 00 | CAPRICORNE | CAPRICORNE | CAPRICORNE | CAPRICORNE | CAPRICORNE | CAPRICORNE | CAPRICORNE | CAPRICORNE |
| 23 h 30 | CAPRICORNE | CAPRICORNE | CAPRICORNE | CAPRICORNE | CAPRICORNE | CAPRICORNE | CAPRICORNE | CAPRICORNE |

# DÉCOUVREZ VOTRE ASCENDANT SANS AUCUN CALCUL : TABLE N° 1

| VOTRE HEURE DE NAISSANCE | 28 AVRIL | 29 AVRIL | 30 AVRIL | 1 MAI | 2 MAI | 3 MAI | 4 MAI | 5 MAI |
|---|---|---|---|---|---|---|---|---|
| 0 h 00 | VERSEAU | VERSEAU | VERSEAU | VERSEAU | VERSEAU | VERSEAU | VERSEAU | VERSEAU |
| 0 h 30 | VERSEAU | VERSEAU | VERSEAU | VERSEAU | VERSEAU | VERSEAU | VERSEAU | VERSEAU |
| 1 h 00 | VERSEAU | VERSEAU | VERSEAU | VERSEAU | VERSEAU | VERSEAU | VERSEAU | VERSEAU |
| 1 h 30 | VERSEAU | VERSEAU | VERSEAU | VERSEAU | POISSONS | POISSONS | POISSONS | POISSONS |
| 2 h 00 | POISSONS | POISSONS | POISSONS | POISSONS | POISSONS | POISSONS | POISSONS | POISSONS |
| 2 h 30 | POISSONS | POISSONS | POISSONS | POISSONS | POISSONS | POISSONS | POISSONS | POISSONS |
| 3 h 00 | POISSONS | POISSONS | POISSONS | POISSONS | POISSONS | POISSONS | POISSONS | POISSONS |
| 3 h 30 | POISSONS | POISSONS | BÉLIER | BÉLIER | BÉLIER | BÉLIER | BÉLIER | BÉLIER |
| 4 h 00 | BÉLIER | BÉLIER | BÉLIER | BÉLIER | BÉLIER | BÉLIER | BÉLIER | BÉLIER |
| 4 h 30 | BÉLIER | BÉLIER | BÉLIER | BÉLIER | BÉLIER | BÉLIER | BÉLIER | BÉLIER |
| 5 h 00 | BÉLIER | BÉLIER | BÉLIER | BÉLIER | BÉLIER | TAUREAU | TAUREAU | TAUREAU |
| 5 h 30 | TAUREAU | TAUREAU | TAUREAU | TAUREAU | TAUREAU | TAUREAU | TAUREAU | TAUREAU |
| 6 h 00 | TAUREAU | TAUREAU | TAUREAU | TAUREAU | TAUREAU | TAUREAU | TAUREAU | TAUREAU |
| 6 h 30 | TAUREAU | TAUREAU | TAUREAU | TAUREAU | TAUREAU | TAUREAU | TAUREAU | TAUREAU |
| 7 h 00 | TAUREAU | TAUREAU | TAUREAU | TAUREAU | GÉMEAUX | GÉMEAUX | GÉMEAUX | GÉMEAUX |
| 7 h 30 | GÉMEAUX | GÉMEAUX | GÉMEAUX | GÉMEAUX | GÉMEAUX | GÉMEAUX | GÉMEAUX | GÉMEAUX |
| 8 h 00 | GÉMEAUX | GÉMEAUX | GÉMEAUX | GÉMEAUX | GÉMEAUX | GÉMEAUX | GÉMEAUX | GÉMEAUX |
| 8 h 30 | GÉMEAUX | GÉMEAUX | GÉMEAUX | GÉMEAUX | GÉMEAUX | GÉMEAUX | GÉMEAUX | GÉMEAUX |
| 9 h 00 | GÉMEAUX | GÉMEAUX | GÉMEAUX | GÉMEAUX | GÉMEAUX | CANCER | CANCER | CANCER |
| 9 h 30 | CANCER | CANCER | CANCER | CANCER | CANCER | CANCER | CANCER | CANCER |
| 10 h 00 | CANCER | CANCER | CANCER | CANCER | CANCER | CANCER | CANCER | CANCER |
| 10 h 30 | CANCER | CANCER | CANCER | CANCER | CANCER | CANCER | CANCER | CANCER |
| 11 h 00 | CANCER | CANCER | CANCER | CANCER | CANCER | CANCER | CANCER | CANCER |
| 11 h 30 | LION | LION | LION | LION | LION | LION | LION | LION |
| MIDI | LION | LION | LION | LION | LION | LION | LION | LION |
| 12 h 30 | LION | LION | LION | LION | LION | LION | LION | LION |
| 13 h 00 | LION | LION | LION | LION | LION | LION | LION | LION |
| 13 h 30 | LION | LION | VIERGE | VIERGE | VIERGE | VIERGE | VIERGE | VIERGE |
| 14 h 00 | VIERGE | VIERGE | VIERGE | VIERGE | VIERGE | VIERGE | VIERGE | VIERGE |
| 14 h 30 | VIERGE | VIERGE | VIERGE | VIERGE | VIERGE | VIERGE | VIERGE | VIERGE |
| 15 h 00 | VIERGE | VIERGE | VIERGE | VIERGE | VIERGE | VIERGE | VIERGE | VIERGE |
| 15 h 30 | VIERGE | VIERGE | BALANCE | BALANCE | BALANCE | BALANCE | BALANCE | BALANCE |
| 16 h 00 | BALANCE | BALANCE | BALANCE | BALANCE | BALANCE | BALANCE | BALANCE | BALANCE |
| 16 h 30 | BALANCE | BALANCE | BALANCE | BALANCE | BALANCE | BALANCE | BALANCE | BALANCE |
| 17 h 00 | BALANCE | BALANCE | BALANCE | BALANCE | BALANCE | BALANCE | BALANCE | BALANCE |
| 17 h 30 | BALANCE | SCORPION | SCORPION | SCORPION | SCORPION | SCORPION | SCORPION | SCORPION |
| 18 h 00 | SCORPION | SCORPION | SCORPION | SCORPION | SCORPION | SCORPION | SCORPION | SCORPION |
| 18 h 30 | SCORPION | SCORPION | SCORPION | SCORPION | SCORPION | SCORPION | SCORPION | SCORPION |
| 19 h 00 | SCORPION | SCORPION | SCORPION | SCORPION | SCORPION | SCORPION | SCORPION | SCORPION |
| 19 h 30 | SCORPION | SCORPION | SAGITTAIRE | SAGITTAIRE | SAGITTAIRE | SAGITTAIRE | SAGITTAIRE | SAGITTAIRE |
| 20 h 00 | SAGITTAIRE | SAGITTAIRE | SAGITTAIRE | SAGITTAIRE | SAGITTAIRE | SAGITTAIRE | SAGITTAIRE | SAGITTAIRE |
| 20 h 30 | SAGITTAIRE | SAGITTAIRE | SAGITTAIRE | SAGITTAIRE | SAGITTAIRE | SAGITTAIRE | SAGITTAIRE | SAGITTAIRE |
| 21 h 00 | SAGITTAIRE | SAGITTAIRE | SAGITTAIRE | SAGITTAIRE | SAGITTAIRE | SAGITTAIRE | SAGITTAIRE | SAGITTAIRE |
| 21 h 30 | SAGITTAIRE | SAGITTAIRE | SAGITTAIRE | SAGITTAIRE | CAPRICORNE | CAPRICORNE | CAPRICORNE | CAPRICORNE |
| 22 h 00 | CAPRICORNE | CAPRICORNE | CAPRICORNE | CAPRICORNE | CAPRICORNE | CAPRICORNE | CAPRICORNE | CAPRICORNE |
| 22 h 30 | CAPRICORNE | CAPRICORNE | CAPRICORNE | CAPRICORNE | CAPRICORNE | CAPRICORNE | CAPRICORNE | CAPRICORNE |
| 23 h 00 | CAPRICORNE | CAPRICORNE | CAPRICORNE | CAPRICORNE | CAPRICORNE | CAPRICORNE | CAPRICORNE | CAPRICORNE |
| 23 h 30 | CAPRICORNE | CAPRICORNE | CAPRICORNE | CAPRICORNE | CAPRICORNE | CAPRICORNE | VERSEAU | VERSEAU |

# DÉCOUVREZ VOTRE ASCENDANT SANS AUCUN CALCUL : TABLE N° 1

| VOTRE HEURE DE NAISSANCE | 6 MAI | 7 MAI | 8 MAI | 9 MAI | 10 MAI | 11 MAI | 12 MAI | 13 MAI |
|---|---|---|---|---|---|---|---|---|
| 0 h 00 | VERSEAU | VERSEAU | VERSEAU | VERSEAU | VERSEAU | VERSEAU | VERSEAU | VERSEAU |
| 0 h 30 | VERSEAU | VERSEAU | VERSEAU | VERSEAU | VERSEAU | VERSEAU | VERSEAU | VERSEAU |
| 1 h 00 | VERSEAU | VERSEAU | VERSEAU | VERSEAU | POISSONS | POISSONS | POISSONS | POISSONS |
| 1 h 30 | POISSONS | POISSONS | POISSONS | POISSONS | POISSONS | POISSONS | POISSONS | POISSONS |
| 2 h 00 | POISSONS | POISSONS | POISSONS | POISSONS | POISSONS | POISSONS | POISSONS | POISSONS |
| 2 h 30 | POISSONS | POISSONS | POISSONS | POISSONS | POISSONS | POISSONS | POISSONS | POISSONS |
| 3 h 00 | POISSONS | BÉLIER | BÉLIER | BÉLIER | BÉLIER | BÉLIER | BÉLIER | BÉLIER |
| 3 h 30 | BÉLIER | BÉLIER | BÉLIER | BÉLIER | BÉLIER | BÉLIER | BÉLIER | BÉLIER |
| 4 h 00 | BÉLIER | BÉLIER | BÉLIER | BÉLIER | BÉLIER | BÉLIER | BÉLIER | BÉLIER |
| 4 h 30 | BÉLIER | BÉLIER | BÉLIER | BÉLIER | TAUREAU | TAUREAU | TAUREAU | TAUREAU |
| 5 h 00 | TAUREAU | TAUREAU | TAUREAU | TAUREAU | TAUREAU | TAUREAU | TAUREAU | TAUREAU |
| 5 h 30 | TAUREAU | TAUREAU | TAUREAU | TAUREAU | TAUREAU | TAUREAU | TAUREAU | TAUREAU |
| 6 h 00 | TAUREAU | TAUREAU | TAUREAU | TAUREAU | TAUREAU | TAUREAU | TAUREAU | TAUREAU |
| 6 h 30 | TAUREAU | TAUREAU | TAUREAU | TAUREAU | GÉMEAUX | GÉMEAUX | GÉMEAUX | GÉMEAUX |
| 7 h 00 | GÉMEAUX | GÉMEAUX | GÉMEAUX | GÉMEAUX | GÉMEAUX | GÉMEAUX | GÉMEAUX | GÉMEAUX |
| 7 h 30 | GÉMEAUX | GÉMEAUX | GÉMEAUX | GÉMEAUX | GÉMEAUX | GÉMEAUX | GÉMEAUX | GÉMEAUX |
| 8 h 00 | GÉMEAUX | GÉMEAUX | GÉMEAUX | GÉMEAUX | GÉMEAUX | GÉMEAUX | GÉMEAUX | GÉMEAUX |
| 8 h 30 | GÉMEAUX | GÉMEAUX | GÉMEAUX | GÉMEAUX | GÉMEAUX | CANCER | CANCER | CANCER |
| 9 h 00 | CANCER | CANCER | CANCER | CANCER | CANCER | CANCER | CANCER | CANCER |
| 9 h 30 | CANCER | CANCER | CANCER | CANCER | CANCER | CANCER | CANCER | CANCER |
| 10 h 00 | CANCER | CANCER | CANCER | CANCER | CANCER | CANCER | CANCER | CANCER |
| 10 h 30 | CANCER | CANCER | CANCER | CANCER | CANCER | CANCER | CANCER | CANCER |
| 11 h 00 | LION | LION | LION | LION | LION | LION | LION | LION |
| 11 h 30 | LION | LION | LION | LION | LION | LION | LION | LION |
| MIDI | LION | LION | LION | LION | LION | LION | LION | LION |
| 12 h 30 | LION | LION | LION | LION | LION | LION | LION | LION |
| 13 h 00 | LION | VIERGE | VIERGE | VIERGE | VIERGE | VIERGE | VIERGE | VIERGE |
| 13 h 30 | VIERGE | VIERGE | VIERGE | VIERGE | VIERGE | VIERGE | VIERGE | VIERGE |
| 14 h 00 | VIERGE | VIERGE | VIERGE | VIERGE | VIERGE | VIERGE | VIERGE | VIERGE |
| 14 h 30 | VIERGE | VIERGE | VIERGE | VIERGE | VIERGE | VIERGE | VIERGE | VIERGE |
| 15 h 00 | VIERGE | BALANCE | BALANCE | BALANCE | BALANCE | BALANCE | BALANCE | BALANCE |
| 15 h 30 | BALANCE | BALANCE | BALANCE | BALANCE | BALANCE | BALANCE | BALANCE | BALANCE |
| 16 h 00 | BALANCE | BALANCE | BALANCE | BALANCE | BALANCE | BALANCE | BALANCE | BALANCE |
| 16 h 30 | BALANCE | BALANCE | BALANCE | BALANCE | BALANCE | BALANCE | BALANCE | BALANCE |
| 17 h 00 | SCORPION | SCORPION | SCORPION | SCORPION | SCORPION | SCORPION | SCORPION | SCORPION |
| 17 h 30 | SCORPION | SCORPION | SCORPION | SCORPION | SCORPION | SCORPION | SCORPION | SCORPION |
| 18 h 00 | SCORPION | SCORPION | SCORPION | SCORPION | SCORPION | SCORPION | SCORPION | SCORPION |
| 18 h 30 | SCORPION | SCORPION | SCORPION | SCORPION | SCORPION | SCORPION | SCORPION | SCORPION |
| 19 h 00 | SCORPION | SAGITTAIRE | SAGITTAIRE | SAGITTAIRE | SAGITTAIRE | SAGITTAIRE | SAGITTAIRE | SAGITTAIRE |
| 19 h 30 | SAGITTAIRE | SAGITTAIRE | SAGITTAIRE | SAGITTAIRE | SAGITTAIRE | SAGITTAIRE | SAGITTAIRE | SAGITTAIRE |
| 20 h 00 | SAGITTAIRE | SAGITTAIRE | SAGITTAIRE | SAGITTAIRE | SAGITTAIRE | SAGITTAIRE | SAGITTAIRE | SAGITTAIRE |
| 20 h 30 | SAGITTAIRE | SAGITTAIRE | SAGITTAIRE | SAGITTAIRE | SAGITTAIRE | SAGITTAIRE | SAGITTAIRE | SAGITTAIRE |
| 21 h 00 | SAGITTAIRE | SAGITTAIRE | SAGITTAIRE | SAGITTAIRE | CAPRICORNE | CAPRICORNE | CAPRICORNE | CAPRICORNE |
| 21 h 30 | CAPRICORNE | CAPRICORNE | CAPRICORNE | CAPRICORNE | CAPRICORNE | CAPRICORNE | CAPRICORNE | CAPRICORNE |
| 22 h 00 | CAPRICORNE | CAPRICORNE | CAPRICORNE | CAPRICORNE | CAPRICORNE | CAPRICORNE | CAPRICORNE | CAPRICORNE |
| 22 h 30 | CAPRICORNE | CAPRICORNE | CAPRICORNE | CAPRICORNE | CAPRICORNE | CAPRICORNE | CAPRICORNE | CAPRICORNE |
| 23 h 00 | CAPRICORNE | CAPRICORNE | CAPRICORNE | CAPRICORNE | CAPRICORNE | VERSEAU | VERSEAU | VERSEAU |
| 23 h 30 | VERSEAU | VERSEAU | VERSEAU | VERSEAU | VERSEAU | VERSEAU | VERSEAU | VERSEAU |

## DÉCOUVREZ VOTRE ASCENDANT SANS AUCUN CALCUL : TABLE N° 1

| VOTRE HEURE DE NAISSANCE | 14 MAI | 15 MAI | 16 MAI | 17 MAI | 18 MAI | 19 MAI | 20 MAI | 21 MAI |
|---|---|---|---|---|---|---|---|---|
| 0 h 00 | VERSEAU | VERSEAU | VERSEAU | VERSEAU | VERSEAU | VERSEAU | VERSEAU | VERSEAU |
| 0 h 30 | VERSEAU | VERSEAU | VERSEAU | VERSEAU | POISSONS | POISSONS | POISSONS | POISSONS |
| 1 h 00 | POISSONS | POISSONS | POISSONS | POISSONS | POISSONS | POISSONS | POISSONS | POISSONS |
| 1 h 30 | POISSONS | POISSONS | POISSONS | POISSONS | POISSONS | POISSONS | POISSONS | POISSONS |
| 2 h 00 | POISSONS | POISSONS | POISSONS | POISSONS | POISSONS | POISSONS | POISSONS | POISSONS |
| 2 h 30 | POISSONS | BÉLIER | BÉLIER | BÉLIER | BÉLIER | BÉLIER | BÉLIER | BÉLIER |
| 3 h 00 | BÉLIER | BÉLIER | BÉLIER | BÉLIER | BÉLIER | BÉLIER | BÉLIER | BÉLIER |
| 3 h 30 | BÉLIER | BÉLIER | BÉLIER | BÉLIER | BÉLIER | BÉLIER | BÉLIER | BÉLIER |
| 4 h 00 | BÉLIER | BÉLIER | BÉLIER | BÉLIER | TAUREAU | TAUREAU | TAUREAU | TAUREAU |
| 4 h 30 | TAUREAU | TAUREAU | TAUREAU | TAUREAU | TAUREAU | TAUREAU | TAUREAU | TAUREAU |
| 5 h 00 | TAUREAU | TAUREAU | TAUREAU | TAUREAU | TAUREAU | TAUREAU | TAUREAU | TAUREAU |
| 5 h 30 | TAUREAU | TAUREAU | TAUREAU | TAUREAU | TAUREAU | TAUREAU | TAUREAU | TAUREAU |
| 6 h 00 | TAUREAU | TAUREAU | TAUREAU | GÉMEAUX | GÉMEAUX | GÉMEAUX | GÉMEAUX | GÉMEAUX |
| 6 h 30 | GÉMEAUX | GÉMEAUX | GÉMEAUX | GÉMEAUX | GÉMEAUX | GÉMEAUX | GÉMEAUX | GÉMEAUX |
| 7 h 00 | GÉMEAUX | GÉMEAUX | GÉMEAUX | GÉMEAUX | GÉMEAUX | GÉMEAUX | GÉMEAUX | GÉMEAUX |
| 7 h 30 | GÉMEAUX | GÉMEAUX | GÉMEAUX | GÉMEAUX | GÉMEAUX | GÉMEAUX | GÉMEAUX | GÉMEAUX |
| 8 h 00 | GÉMEAUX | GÉMEAUX | GÉMEAUX | GÉMEAUX | CANCER | CANCER | CANCER | CANCER |
| 8 h 30 | CANCER | CANCER | CANCER | CANCER | CANCER | CANCER | CANCER | CANCER |
| 9 h 00 | CANCER | CANCER | CAN | CANCER | CANCER | CANCER | CANCER | CANCER |
| 9 h 30 | CANCER | CANCER | CAN | CANCER | CANCER | CANCER | CANCER | CANCER |
| 10 h 00 | CANCER | CANCER | CAN | CANCER | CANCER | CANCER | CANCER | LION |
| 10 h 30 | LION | LION | LI | LION | LION | LION | LION | LION |
| 11 h 00 | LION | LION | LI | LION | LION | LION | LION | LION |
| 11 h 30 | LION | LION | LI | LION | LION | LION | LION | LION |
| MIDI | LION | LION | LI | LION | LION | LION | LION | LION |
| 12 h 30 | LION | VIERGE | VIE | VIERGE | VIERGE | VIERGE | VIERGE | VIERGE |
| 13 h 00 | VIERGE | VIERGE | VIE | VIERGE | VIERGE | VIERGE | VIERGE | VIERGE |
| 13 h 30 | VIERGE | VIERGE | VIE | VIERGE | VIERGE | VIERGE | VIERGE | VIERGE |
| 14 h 00 | VIERGE | VIERGE | VIE | VIERGE | VIERGE | VIERGE | VIERGE | VIERGE |
| 14 h 30 | VIERGE | BALANCE | BAL | BALANCE | BALANCE | BALANCE | BALANCE | BALANCE |
| 15 h 00 | BALANCE | BALANCE | BALANCE | BALANCE | BALANCE | BALANCE | BALANCE | BALANCE |
| 15 h 30 | BALANCE | BALANCE | BALANCE | BALANCE | BALANCE | BALANCE | BALANCE | BALANCE |
| 16 h 00 | BALANCE | BALANCE | BALANCE | BALANCE | BALANCE | BALANCE | BALANCE | BALANCE |
| 16 h 30 | SCORPION | SCORPION | SCORPION | SCORPION | SCORPION | SCORPION | SCORPION | SCORPION |
| 17 h 00 | SCORPION | SCORPION | SCORPION | SCORPION | SCORPION | SCORPION | SCORPION | SCORPION |
| 17 h 30 | SCORPION | SCORPION | SCORPION | SCORPION | SCORPION | SCORPION | SCORPION | SCORPION |
| 18 h 00 | SCORPION | SCORPION | SCORPION | SCORPION | SCORPION | SCORPION | SCORPION | SCORPION |
| 18 h 30 | SCORPION | SAGITTAIRE | SAGITTAIRE | SAGITTAIRE | SAGITTAIRE | SAGITTAIRE | SAGITTAIRE | SAGITTAIRE |
| 19 h 00 | SAGITTAIRE | SAGITTAIRE | SAGITTAIRE | SAGITTAIRE | SAGITTAIRE | SAGITTAIRE | SAGITTAIRE | SAGITTAIRE |
| 19 h 30 | SAGITTAIRE | SAGITTAIRE | SAGITTAIRE | SAGITTAIRE | SAGITTAIRE | SAGITTAIRE | SAGITTAIRE | SAGITTAIRE |
| 20 h 00 | SAGITTAIRE | SAGITTAIRE | SAGITTAIRE | SAGITTAIRE | SAGITTAIRE | SAGITTAIRE | SAGITTAIRE | SAGITTAIRE |
| 20 h 30 | SAGITTAIRE | SAGITTAIRE | SAGITTAIRE | CAPRICORNE | CAPRICORNE | CAPRICORNE | CAPRICORNE | CAPRICORNE |
| 21 h 00 | CAPRICORNE | CAPRICORNE | CAPRICORNE | CAPRICORNE | CAPRICORNE | CAPRICORNE | CAPRICORNE | CAPRICORNE |
| 21 h 30 | CAPRICORNE | CAPRICORNE | CAPRICORNE | CAPRICORNE | CAPRICORNE | CAPRICORNE | CAPRICORNE | CAPRICORNE |
| 22 h 00 | CAPRICORNE | CAPRICORNE | CAPRICORNE | CAPRICORNE | CAPRICORNE | CAPRICORNE | CAPRICORNE | CAPRICORNE |
| 22 h 30 | CAPRICORNE | CAPRICORNE | CAPRICORNE | CAPRICORNE | CAPRICORNE | VERSEAU | VERSEAU | VERSEAU |
| 23 h 00 | VERSEAU | VERSEAU | VERSEAU | VERSEAU | VERSEAU | VERSEAU | VERSEAU | VERSEAU |
| 23 h 30 | VERSEAU | VERSEAU | VERSEAU | VERSEAU | VERSEAU | VERSEAU | VERSEAU | VERSEAU |

# DÉCOUVREZ VOTRE ASCENDANT SANS AUCUN CALCUL : TABLE N° 2

| VOTRE HEURE DE NAISSANCE | 20 AVRIL | 21 AVRIL | 22 AVRIL | 23 AVRIL | 24 AVRIL | 25 AVRIL | 26 AVRIL | 27 AVRIL |
|---|---|---|---|---|---|---|---|---|
| 0 h 00 | CAPRICORNE | CAPRICORNE | CAPRICORNE | CAPRICORNE | CAPRICORNE | CAPRICORNE | CAPRICORNE | CAPRICORNE |
| 0 h 30 | CAPRICORNE | CAPRICORNE | CAPRICORNE | CAPRICORNE | CAPRICORNE | CAPRICORNE | CAPRICORNE | CAPRICORNE |
| 1 h 00 | CAPRICORNE | VERSEAU | VERSEAU | VERSEAU | VERSEAU | VERSEAU | VERSEAU | VERSEAU |
| 1 h 30 | VERSEAU | VERSEAU | VERSEAU | VERSEAU | VERSEAU | VERSEAU | VERSEAU | VERSEAU |
| 2 h 00 | VERSEAU | VERSEAU | VERSEAU | VERSEAU | VERSEAU | VERSEAU | VERSEAU | VERSEAU |
| 2 h 30 | VERSEAU | VERSEAU | VERSEAU | POISSONS | POISSONS | POISSONS | POISSONS | POISSONS |
| 3 h 00 | POISSONS | POISSONS | POISSONS | POISSONS | POISSONS | POISSONS | POISSONS | POISSONS |
| 3 h 30 | POISSONS | POISSONS | POISSONS | POISSONS | POISSONS | POISSONS | POISSONS | POISSONS |
| 4 h 00 | POISSONS | POISSONS | BÉLIER | BÉLIER | BÉLIER | BÉLIER | BÉLIER | BÉLIER |
| 4 h 30 | BÉLIER | BÉLIER | BÉLIER | BÉLIER | BÉLIER | BÉLIER | BÉLIER | BÉLIER |
| 5 h 00 | BÉLIER | BÉLIER | BÉLIER | BÉLIER | BÉLIER | BÉLIER | BÉLIER | BÉLIER |
| 5 h 30 | BÉLIER | TAUREAU | TAUREAU | TAUREAU | TAUREAU | TAUREAU | TAUREAU | TAUREAU |
| 6 h 00 | TAUREAU | TAUREAU | TAUREAU | TAUREAU | TAUREAU | TAUREAU | TAUREAU | TAUREAU |
| 6 h 30 | TAUREAU | TAUREAU | TAUREAU | TAUREAU | TAUREAU | TAUREAU | TAUREAU | TAUREAU |
| 7 h 00 | TAUREAU | TAUREAU | TAUREAU | GÉMEAUX | GÉMEAUX | GÉMEAUX | GÉMEAUX | GÉMEAUX |
| 7 h 30 | GÉMEAUX | GÉMEAUX | GÉMEAUX | GÉMEAUX | GÉMEAUX | GÉMEAUX | GÉMEAUX | GÉMEAUX |
| 8 h 00 | GÉMEAUX | GÉMEAUX | GÉMEAUX | GÉMEAUX | GÉMEAUX | GÉMEAUX | GÉMEAUX | GÉMEAUX |
| 8 h 30 | GÉMEAUX | GÉMEAUX | GÉMEAUX | GÉMEAUX | GÉMEAUX | GÉMEAUX | GÉMEAUX | GÉMEAUX |
| 9 h 00 | GÉMEAUX | GÉMEAUX | GÉMEAUX | CANCER | CANCER | CANCER | CANCER | CANCER |
| 9 h 30 | CANCER | CANCER | CANCER | CANCER | CANCER | CANCER | CANCER | CANCER |
| 10 h 00 | CANCER | CANCER | CANCER | CANCER | CANCER | CANCER | CANCER | CANCER |
| 10 h 30 | CANCER | CANCER | CANCER | CANCER | CANCER | CANCER | CANCER | CANCER |
| 11 h 00 | CANCER | CANCER | CANCER | CANCER | CANCER | CANCER | CANCER | LION |
| 11 h 30 | LION | LION | LION | LION | LION | LION | LION | LION |
| MIDI | LION | LION | LION | LION | LION | LION | LION | LION |
| 12 h 30 | LION | LION | LION | LION | LION | LION | LION | LION |
| 13 h 00 | LION | LION | LION | LION | LION | LION | LION | LION |
| 13 h 30 | LION | LION | LION | LION | LION | VIERGE | VIERGE | VIERGE |
| 14 h 00 | VIERGE | VIERGE | VIERGE | VIERGE | VIERGE | VIERGE | VIERGE | VIERGE |
| 14 h 30 | VIERGE | VIERGE | VIERGE | VIERGE | VIERGE | VIERGE | VIERGE | VIERGE |
| 15 h 00 | VIERGE | VIERGE | VIERGE | VIERGE | VIERGE | VIERGE | VIERGE | VIERGE |
| 15 h 30 | VIERGE | VIERGE | VIERGE | VIERGE | VIERGE | VIERGE | VIERGE | VIERGE |
| 16 h 00 | VIERGE | VIERGE | VIERGE | BALANCE | BALANCE | BALANCE | BALANCE | BALANCE |
| 16 h 30 | BALANCE | BALANCE | BALANCE | BALANCE | BALANCE | BALANCE | BALANCE | BALANCE |
| 17 h 00 | BALANCE | BALANCE | BALANCE | BALANCE | BALANCE | BALANCE | BALANCE | BALANCE |
| 17 h 30 | BALANCE | BALANCE | BALANCE | BALANCE | BALANCE | BALANCE | BALANCE | BALANCE |
| 18 h 00 | BALANCE | BALANCE | BALANCE | BALANCE | BALANCE | SCORPION | SCORPION | SCORPION |
| 18 h 30 | SCORPION | SCORPION | SCORPION | SCORPION | SCORPION | SCORPION | SCORPION | SCORPION |
| 19 h 00 | SCORPION | SCORPION | SCORPION | SCORPION | SCORPION | SCORPION | SCORPION | SCORPION |
| 19 h 30 | SCORPION | SCORPION | SCORPION | SCORPION | SCORPION | SCORPION | SCORPION | SCORPION |
| 20 h 00 | SCORPION | SCORPION | SCORPION | SCORPION | SCORPION | SCORPION | SCORPION | SCORPION |
| 20 h 30 | SCORPION | SCORPION | SCORPION | SAGITTAIRE | SAGITTAIRE | SAGITTAIRE | SAGITTAIRE | SAGITTAIRE |
| 21 h 00 | SAGITTAIRE | SAGITTAIRE | SAGITTAIRE | SAGITTAIRE | SAGITTAIRE | SAGITTAIRE | SAGITTAIRE | SAGITTAIRE |
| 21 h 30 | SAGITTAIRE | SAGITTAIRE | SAGITTAIRE | SAGITTAIRE | SAGITTAIRE | SAGITTAIRE | SAGITTAIRE | SAGITTAIRE |
| 22 h 00 | SAGITTAIRE | SAGITTAIRE | SAGITTAIRE | SAGITTAIRE | SAGITTAIRE | SAGITTAIRE | SAGITTAIRE | SAGITTAIRE |
| 22 h 30 | SAGITTAIRE | SAGITTAIRE | SAGITTAIRE | SAGITTAIRE | SAGITTAIRE | SAGITTAIRE | SAGITTAIRE | SAGITTAIRE |
| 23 h 00 | CAPRICORNE | CAPRICORNE | CAPRICORNE | CAPRICORNE | CAPRICORNE | CAPRICORNE | CAPRICORNE | CAPRICORNE |
| 23 h 30 | CAPRICORNE | CAPRICORNE | CAPRICORNE | CAPRICORNE | CAPRICORNE | CAPRICORNE | CAPRICORNE | CAPRICORNE |

# DÉCOUVREZ VOTRE ASCENDANT SANS AUCUN CALCUL : TABLE N° 2

| VOTRE HEURE DE NAISSANCE | 28 AVRIL | 29 AVRIL | 30 AVRIL | 1 MAI | 2 MAI | 3 MAI | 4 MAI | 5 MAI |
|---|---|---|---|---|---|---|---|---|
| 0 h 00 | CAPRICORNE | CAPRICORNE | CAPRICORNE | CAPRICORNE | CAPRICORNE | CAPRICORNE | CAPRICORNE | VERSEAU |
| 0 h 30 | VERSEAU | VERSEAU | VERSEAU | VERSEAU | VERSEAU | VERSEAU | VERSEAU | VERSEAU |
| 1 h 00 | VERSEAU | VERSEAU | VERSEAU | VERSEAU | VERSEAU | VERSEAU | VERSEAU | VERSEAU |
| 1 h 30 | VERSEAU | VERSEAU | VERSEAU | VERSEAU | VERSEAU | VERSEAU | VERSEAU | VERSEAU |
| 2 h 00 | VERSEAU | VERSEAU | POISSONS | POISSONS | POISSONS | POISSONS | POISSONS | POISSONS |
| 2 h 30 | POISSONS | POISSONS | POISSONS | POISSONS | POISSONS | POISSONS | POISSONS | POISSONS |
| 3 h 00 | POISSONS | POISSONS | POISSONS | POISSONS | POISSONS | POISSONS | POISSONS | POISSONS |
| 3 h 30 | POISSONS | POISSONS | POISSONS | BÉLIER | BÉLIER | BÉLIER | BÉLIER | BÉLIER |
| 4 h 00 | BÉLIER | BÉLIER | BÉLIER | BÉLIER | BÉLIER | BÉLIER | BÉLIER | BÉLIER |
| 4 h 30 | BÉLIER | BÉLIER | BÉLIER | BÉLIER | BÉLIER | BÉLIER | BÉLIER | BÉLIER |
| 5 h 00 | TAUREAU | TAUREAU | TAUREAU | TAUREAU | TAUREAU | TAUREAU | TAUREAU | TAUREAU |
| 5 h 30 | TAUREAU | TAUREAU | TAUREAU | TAUREAU | TAUREAU | TAUREAU | TAUREAU | TAUREAU |
| 6 h 00 | TAUREAU | TAUREAU | TAUREAU | TAUREAU | TAUREAU | TAUREAU | TAUREAU | TAUREAU |
| 6 h 30 | TAUREAU | TAUREAU | GÉMEAUX | GÉMEAUX | GÉMEAUX | GÉMEAUX | GÉMEAUX | GÉMEAUX |
| 7 h 00 | GÉMEAUX | GÉMEAUX | GÉMEAUX | GÉMEAUX | GÉMEAUX | GÉMEAUX | GÉMEAUX | GÉMEAUX |
| 7 h 30 | GÉMEAUX | GÉMEAUX | GÉMEAUX | GÉMEAUX | GÉMEAUX | GÉMEAUX | GÉMEAUX | GÉMEAUX |
| 8 h 00 | GÉMEAUX | GÉMEAUX | GÉMEAUX | GÉMEAUX | GÉMEAUX | GÉMEAUX | GÉMEAUX | GÉMEAUX |
| 8 h 30 | GÉMEAUX | GÉMEAUX | CANCER | CANCER | CANCER | CANCER | CANCER | CANCER |
| 9 h 00 | CANCER | CANCER | CANCER | CANCER | CANCER | CANCER | CANCER | CANCER |
| 9 h 30 | CANCER | CANCER | CANCER | CANCER | CANCER | CANCER | CANCER | CANCER |
| 10 h 00 | CANCER | CANCER | CANCER | CANCER | CANCER | CANCER | CANCER | CANCER |
| 10 h 30 | CANCER | CANCER | CANCER | CANCER | CANCER | CANCER | CANCER | LION |
| 11 h 00 | LION | LION | LION | LION | LION | LION | LION | LION |
| 11 h 30 | LION | LION | LION | LION | LION | LION | LION | LION |
| MIDI | LION | LION | LION | LION | LION | LION | LION | LION |
| 12 h 30 | LION | LION | LION | LION | LION | LION | LION | LION |
| 13 h 00 | LION | LION | LION | LION | VIERGE | VIERGE | VIERGE | VIERGE |
| 13 h 30 | VIERGE | VIERGE | VIERGE | VIERGE | VIERGE | VIERGE | VIERGE | VIERGE |
| 14 h 00 | VIERGE | VIERGE | VIERGE | VIERGE | VIERGE | VIERGE | VIERGE | VIERGE |
| 14 h 30 | VIERGE | VIERGE | VIERGE | VIERGE | VIERGE | VIERGE | VIERGE | VIERGE |
| 15 h 00 | VIERGE | VIERGE | VIERGE | VIERGE | VIERGE | VIERGE | VIERGE | VIERGE |
| 15 h 30 | VIERGE | VIERGE | BALANCE | BALANCE | BALANCE | BALANCE | BALANCE | BALANCE |
| 16 h 00 | BALANCE | BALANCE | BALANCE | BALANCE | BALANCE | BALANCE | BALANCE | BALANCE |
| 16 h 30 | BALANCE | BALANCE | BALANCE | BALANCE | BALANCE | BALANCE | BALANCE | BALANCE |
| 17 h 00 | BALANCE | BALANCE | BALANCE | BALANCE | BALANCE | BALANCE | BALANCE | BALANCE |
| 17 h 30 | BALANCE | BALANCE | BALANCE | BALANCE | BALANCE | SCORPION | SCORPION | SCORPION |
| 18 h 00 | SCORPION | SCORPION | SCORPION | SCORPION | SCORPION | SCORPION | SCORPION | SCORPION |
| 18 h 30 | SCORPION | SCORPION | SCORPION | SCORPION | SCORPION | SCORPION | SCORPION | SCORPION |
| 19 h 00 | SCORPION | SCORPION | SCORPION | SCORPION | SCORPION | SCORPION | SCORPION | SCORPION |
| 19 h 30 | SCORPION | SCORPION | SCORPION | SCORPION | SCORPION | SCORPION | SCORPION | SCORPION |
| 20 h 00 | SCORPION | SCORPION | SAGITTAIRE | SAGITTAIRE | SAGITTAIRE | SAGITTAIRE | SAGITTAIRE | SAGITTAIRE |
| 20 h 30 | SAGITTAIRE | SAGITTAIRE | SAGITTAIRE | SAGITTAIRE | SAGITTAIRE | SAGITTAIRE | SAGITTAIRE | SAGITTAIRE |
| 21 h 00 | SAGITTAIRE | SAGITTAIRE | SAGITTAIRE | SAGITTAIRE | SAGITTAIRE | SAGITTAIRE | SAGITTAIRE | SAGITTAIRE |
| 21 h 30 | SAGITTAIRE | SAGITTAIRE | SAGITTAIRE | SAGITTAIRE | SAGITTAIRE | SAGITTAIRE | SAGITTAIRE | SAGITTAIRE |
| 22 h 00 | SAGITTAIRE | SAGITTAIRE | SAGITTAIRE | SAGITTAIRE | SAGITTAIRE | SAGITTAIRE | SAGITTAIRE | CAPRICORNE |
| 22 h 30 | CAPRICORNE | CAPRICORNE | CAPRICORNE | CAPRICORNE | CAPRICORNE | CAPRICORNE | CAPRICORNE | CAPRICORNE |
| 23 h 00 | CAPRICORNE | CAPRICORNE | CAPRICORNE | CAPRICORNE | CAPRICORNE | CAPRICORNE | CAPRICORNE | CAPRICORNE |
| 23 h 30 | CAPRICORNE | CAPRICORNE | CAPRICORNE | CAPRICORNE | CAPRICORNE | CAPRICORNE | CAPRICORNE | CAPRICORNE |

# DÉCOUVREZ VOTRE ASCENDANT SANS AUCUN CALCUL : TABLE N° 2

| VOTRE HEURE DE NAISSANCE | 6 MAI | 7 MAI | 8 MAI | 9 MAI | 10 MAI | 11 MAI | 12 MAI | 13 MAI |
|---|---|---|---|---|---|---|---|---|
| 0 h 00 | VERSEAU | VERSEAU | VERSEAU | VERSEAU | VERSEAU | VERSEAU | VERSEAU | VERSEAU |
| 0 h 30 | VERSEAU | VERSEAU | VERSEAU | VERSEAU | VERSEAU | VERSEAU | VERSEAU | VERSEAU |
| 1 h 00 | VERSEAU | VERSEAU | VERSEAU | VERSEAU | VERSEAU | VERSEAU | VERSEAU | VERSEAU |
| 1 h 30 | VERSEAU | VERSEAU | POISSONS | POISSONS | POISSONS | POISSONS | POISSONS | POISSONS |
| 2 h 00 | POISSONS | POISSONS | POISSONS | POISSONS | POISSONS | POISSONS | POISSONS | POISSONS |
| 2 h 30 | POISSONS | POISSONS | POISSONS | POISSONS | POISSONS | POISSONS | POISSONS | POISSONS |
| 3 h 00 | POISSONS | BÉLIER | BÉLIER | BÉLIER | BÉLIER | BÉLIER | BÉLIER | BÉLIER |
| 3 h 30 | BÉLIER | BÉLIER | BÉLIER | BÉLIER | BÉLIER | BÉLIER | BÉLIER | BÉLIER |
| 4 h 00 | BÉLIER | BÉLIER | BÉLIER | BÉLIER | BÉLIER | BÉLIER | BÉLIER | BÉLIER |
| 4 h 30 | TAUREAU | TAUREAU | TAUREAU | TAUREAU | TAUREAU | TAUREAU | TAUREAU | TAUREAU |
| 5 h 00 | TAUREAU | TAUREAU | TAUREAU | TAUREAU | TAUREAU | TAUREAU | TAUREAU | TAUREAU |
| 5 h 30 | TAUREAU | TAUREAU | TAUREAU | TAUREAU | TAUREAU | TAUREAU | TAUREAU | TAUREAU |
| 6 h 00 | TAUREAU | TAUREAU | GÉMEAUX | GÉMEAUX | GÉMEAUX | GÉMEAUX | GÉMEAUX | GÉMEAUX |
| 6 h 30 | GÉMEAUX | GÉMEAUX | GÉMEAUX | GÉMEAUX | GÉMEAUX | GÉMEAUX | GÉMEAUX | GÉMEAUX |
| 7 h 00 | GÉMEAUX | GÉMEAUX | GÉMEAUX | GÉMEAUX | GÉMEAUX | GÉMEAUX | GÉMEAUX | GÉMEAUX |
| 7 h 30 | GÉMEAUX | GÉMEAUX | GÉMEAUX | GÉMEAUX | GÉMEAUX | GÉMEAUX | GÉMEAUX | GÉMEAUX |
| 8 h 00 | GÉMEAUX | GÉMEAUX | CANCER | CANCER | CANCER | CANCER | CANCER | CANCER |
| 8 h 30 | CANCER | CANCER | CANCER | CANCER | CANCER | CANCER | CANCER | CANCER |
| 9 h 00 | CANCER | CANCER | CANCER | CANCER | CANCER | CANCER | CANCER | CANCER |
| 9 h 30 | CANCER | CANCER | CANCER | CANCER | CANCER | CANCER | CANCER | CANCER |
| 10 h 00 | CANCER | CANCER | CANCER | CANCER | CANCER | CANCER | CANCER | LION |
| 10 h 30 | LION | LION | LION | LION | LION | LION | LION | LION |
| 11 h 00 | LION | LION | LION | LION | LION | LION | LION | LION |
| 11 h 30 | LION | LION | LION | LION | LION | LION | LION | LION |
| MIDI | LION | LION | LION | LION | LION | LION | LION | LION |
| 12 h 30 | LION | LION | LION | LION | VIERGE | VIERGE | VIERGE | VIERGE |
| 13 h 00 | VIERGE | VIERGE | VIERGE | VIERGE | VIERGE | VIERGE | VIERGE | VIERGE |
| 13 h 30 | VIERGE | VIERGE | VIERGE | VIERGE | VIERGE | VIERGE | VIERGE | VIERGE |
| 14 h 00 | VIERGE | VIERGE | VIERGE | VIERGE | VIERGE | VIERGE | VIERGE | VIERGE |
| 14 h 30 | VIERGE | VIERGE | VIERGE | VIERGE | VIERGE | VIERGE | VIERGE | VIERGE |
| 15 h 00 | VIERGE | BALANCE | BALANCE | BALANCE | BALANCE | BALANCE | BALANCE | BALANCE |
| 15 h 30 | BALANCE | BALANCE | BALANCE | BALANCE | BALANCE | BALANCE | BALANCE | BALANCE |
| 16 h 00 | BALANCE | BALANCE | BALANCE | BALANCE | BALANCE | BALANCE | BALANCE | BALANCE |
| 16 h 30 | BALANCE | BALANCE | BALANCE | BALANCE | BALANCE | BALANCE | BALANCE | BALANCE |
| 17 h 00 | BALANCE | BALANCE | BALANCE | BALANCE | BALANCE | SCORPION | SCORPION | SCORPION |
| 17 h 30 | SCORPION | SCORPION | SCORPION | SCORPION | SCORPION | SCORPION | SCORPION | SCORPION |
| 18 h 00 | SCORPION | SCORPION | SCORPION | SCORPION | SCORPION | SCORPION | SCORPION | SCORPION |
| 18 h 30 | SCORPION | SCORPION | SCORPION | SCORPION | SCORPION | SCORPION | SCORPION | SCORPION |
| 19 h 00 | SCORPION | SCORPION | SCORPION | SCORPION | SCORPION | SCORPION | SCORPION | SCORPION |
| 19 h 30 | SCORPION | SCORPION | SAGITTAIRE | SAGITTAIRE | SAGITTAIRE | SAGITTAIRE | SAGITTAIRE | SAGITTAIRE |
| 20 h 00 | SAGITTAIRE | SAGITTAIRE | SAGITTAIRE | SAGITTAIRE | SAGITTAIRE | SAGITTAIRE | SAGITTAIRE | SAGITTAIRE |
| 20 h 30 | SAGITTAIRE | SAGITTAIRE | SAGITTAIRE | SAGITTAIRE | SAGITTAIRE | SAGITTAIRE | SAGITTAIRE | SAGITTAIRE |
| 21 h 00 | SAGITTAIRE | SAGITTAIRE | SAGITTAIRE | SAGITTAIRE | SAGITTAIRE | SAGITTAIRE | SAGITTAIRE | SAGITTAIRE |
| 21 h 30 | SAGITTAIRE | SAGITTAIRE | SAGITTAIRE | SAGITTAIRE | SAGITTAIRE | SAGITTAIRE | SAGITTAIRE | CAPRICORNE |
| 22 h 00 | CAPRICORNE | CAPRICORNE | CAPRICORNE | CAPRICORNE | CAPRICORNE | CAPRICORNE | CAPRICORNE | CAPRICORNE |
| 22 h 30 | CAPRICORNE | CAPRICORNE | CAPRICORNE | CAPRICORNE | CAPRICORNE | CAPRICORNE | CAPRICORNE | CAPRICORNE |
| 23 h 00 | CAPRICORNE | CAPRICORNE | CAPRICORNE | CAPRICORNE | CAPRICORNE | CAPRICORNE | CAPRICORNE | CAPRICORNE |
| 23 h 30 | CAPRICORNE | CAPRICORNE | CAPRICORNE | CAPRICORNE | CAPRICORNE | CAPRICORNE | CAPRICORNE | VERSEAU |

## DÉCOUVREZ VOTRE ASCENDANT SANS AUCUN CALCUL : TABLE N° 2

| VOTRE HEURE DE NAISSANCE | 14 MAI | 15 MAI | 16 MAI | 17 MAI | 18 MAI | 19 MAI | 20 MAI | 21 MAI |
|---|---|---|---|---|---|---|---|---|
| 0 h 00 | VERSEAU | VERSEAU | VERSEAU | VERSEAU | VERSEAU | VERSEAU | VERSEAU | VERSEAU |
| 0 h 30 | VERSEAU | VERSEAU | VERSEAU | VERSEAU | VERSEAU | VERSEAU | VERSEAU | VERSEAU |
| 1 h 00 | VERSEAU | POISSONS | POISSONS | POISSONS | POISSONS | POISSONS | POISSONS | POISSONS |
| 1 h 30 | POISSONS | POISSONS | POISSONS | POISSONS | POISSONS | POISSONS | POISSONS | POISSONS |
| 2 h 00 | POISSONS | POISSONS | POISSONS | POISSONS | POISSONS | POISSONS | POISSONS | POISSONS |
| 2 h 30 | POISSONS | BÉLIER | BÉLIER | BÉLIER | BÉLIER | BÉLIER | BÉLIER | BÉLIER |
| 3 h 00 | BÉLIER | BÉLIER | BÉLIER | BÉLIER | BÉLIER | BÉLIER | BÉLIER | BÉLIER |
| 3 h 30 | BÉLIER | BÉLIER | BÉLIER | BÉLIER | BÉLIER | BÉLIER | BÉLIER | BÉLIER |
| 4 h 00 | TAUREAU | TAUREAU | TAUREAU | TAUREAU | TAUREAU | TAUREAU | TAUREAU | TAUREAU |
| 4 h 30 | TAUREAU | TAUREAU | TAUREAU | TAUREAU | TAUREAU | TAUREAU | TAUREAU | TAUREAU |
| 5 h 00 | TAUREAU | TAUREAU | TAUREAU | TAUREAU | TAUREAU | TAUREAU | TAUREAU | TAUREAU |
| 5 h 30 | TAUREAU | GÉMEAUX | GÉMEAUX | GÉMEAUX | GÉMEAUX | GÉMEAUX | GÉMEAUX | GÉMEAUX |
| 6 h 00 | GÉMEAUX | GÉMEAUX | GÉMEAUX | GÉMEAUX | GÉMEAUX | GÉMEAUX | GÉMEAUX | GÉMEAUX |
| 6 h 30 | GÉMEAUX | GÉMEAUX | GÉMEAUX | GÉMEAUX | GÉMEAUX | GÉMEAUX | GÉMEAUX | GÉMEAUX |
| 7 h 00 | GÉMEAUX | GÉMEAUX | GÉMEAUX | GÉMEAUX | GÉMEAUX | GÉMEAUX | GÉMEAUX | GÉMEAUX |
| 7 h 30 | GÉMEAUX | CANCER | CANCER | CANCER | CANCER | CANCER | CANCER | CANCER |
| 8 h 00 | CANCER | CANCER | CANCER | CANCER | CANCER | CANCER | CANCER | CANCER |
| 8 h 30 | CANCER | CANCER | CANCER | CANCER | CANCER | CANCER | CANCER | CANCER |
| 9 h 00 | CANCER | CANCER | CANCER | CANCER | CANCER | CANCER | CANCER | CANCER |
| 9 h 30 | CANCER | CANCER | CANCER | CANCER | CANCER | CANCER | LION | LION |
| 10 h 00 | LION | LION | LION | LION | LION | LION | LION | LION |
| 10 h 30 | LION | LION | LION | LION | LION | LION | LION | LION |
| 11 h 00 | LION | LION | LION | LION | LION | LION | LION | LION |
| 11 h 30 | LION | LION | LION | LION | LION | LION | LION | LION |
| MIDI | LION | LION | LION | VIERGE | VIERGE | VIERGE | VIERGE | VIERGE |
| 12 h 30 | VIERGE | VIERGE | VIERGE | VIERGE | VIERGE | VIERGE | VIERGE | VIERGE |
| 13 h 00 | VIERGE | VIERGE | VIERGE | VIERGE | VIERGE | VIERGE | VIERGE | VIERGE |
| 13 h 30 | VIERGE | VIERGE | VIERGE | VIERGE | VIERGE | VIERGE | VIERGE | VIERGE |
| 14 h 00 | VIERGE | VIERGE | VIERGE | VIERGE | VIERGE | VIERGE | VIERGE | VIERGE |
| 14 h 30 | VIERGE | BALANCE | BALANCE | BALANCE | BALANCE | BALANCE | BALANCE | BALANCE |
| 15 h 00 | BALANCE | BALANCE | BALANCE | BALANCE | BALANCE | BALANCE | BALANCE | BALANCE |
| 15 h 30 | BALANCE | BALANCE | BALANCE | BALANCE | BALANCE | BALANCE | BALANCE | BALANCE |
| 16 h 00 | BALANCE | BALANCE | BALANCE | BALANCE | BALANCE | BALANCE | BALANCE | BALANCE |
| 16 h 30 | BALANCE | BALANCE | BALANCE | BALANCE | SCORPION | SCORPION | SCORPION | SCORPION |
| 17 h 00 | SCORPION | SCORPION | SCORPION | SCORPION | SCORPION | SCORPION | SCORPION | SCORPION |
| 17 h 30 | SCORPION | SCORPION | SCORPION | SCORPION | SCORPION | SCORPION | SCORPION | SCORPION |
| 18 h 00 | SCORPION | SCORPION | SCORPION | SCORPION | SCORPION | SCORPION | SCORPION | SCORPION |
| 18 h 30 | SCORPION | SCORPION | SCORPION | SCORPION | SCORPION | SCORPION | SCORPION | SCORPION |
| 19 h 00 | SCORPION | SCORPION | SAGITTAIRE | SAGITTAIRE | SAGITTAIRE | SAGITTAIRE | SAGITTAIRE | SAGITTAIRE |
| 19 h 30 | SAGITTAIRE | SAGITTAIRE | SAGITTAIRE | SAGITTAIRE | SAGITTAIRE | SAGITTAIRE | SAGITTAIRE | SAGITTAIRE |
| 20 h 00 | SAGITTAIRE | SAGITTAIRE | SAGITTAIRE | SAGITTAIRE | SAGITTAIRE | SAGITTAIRE | SAGITTAIRE | SAGITTAIRE |
| 20 h 30 | SAGITTAIRE | SAGITTAIRE | SAGITTAIRE | SAGITTAIRE | SAGITTAIRE | SAGITTAIRE | SAGITTAIRE | SAGITTAIRE |
| 21 h 00 | SAGITTAIRE | SAGITTAIRE | SAGITTAIRE | SAGITTAIRE | SAGITTAIRE | CAPRICORNE | CAPRICORNE | CAPRICORNE |
| 21 h 30 | CAPRICORNE | CAPRICORNE | CAPRICORNE | CAPRICORNE | CAPRICORNE | CAPRICORNE | CAPRICORNE | CAPRICORNE |
| 22 h 00 | CAPRICORNE | CAPRICORNE | CAPRICORNE | CAPRICORNE | CAPRICORNE | CAPRICORNE | CAPRICORNE | CAPRICORNE |
| 22 h 30 | CAPRICORNE | CAPRICORNE | CAPRICORNE | CAPRICORNE | CAPRICORNE | CAPRICORNE | CAPRICORNE | CAPRICORNE |
| 23 h 00 | CAPRICORNE | CAPRICORNE | CAPRICORNE | CAPRICORNE | CAPRICORNE | VERSEAU | VERSEAU | VERSEAU |
| 23 h 30 | VERSEAU | VERSEAU | VERSEAU | VERSEAU | VERSEAU | VERSEAU | VERSEAU | VERSEAU |

# DÉCOUVREZ VOTRE ASCENDANT SANS AUCUN CALCUL : TABLE N° 3

| VOTRE HEURE DE NAISSANCE | 20 AVRIL | 21 AVRIL | 22 AVRIL | 23 AVRIL | 24 AVRIL | 25 AVRIL | 26 AVRIL | 27 AVRIL |
|---|---|---|---|---|---|---|---|---|
| 0 h 00 | CAPRICORNE | CAPRICORNE | CAPRICORNE | CAPRICORNE | CAPRICORNE | CAPRICORNE | CAPRICORNE | CAPRICORNE |
| 0 h 30 | CAPRICORNE | CAPRICORNE | CAPRICORNE | CAPRICORNE | CAPRICORNE | CAPRICORNE | CAPRICORNE | CAPRICORNE |
| 1 h 00 | CAPRICORNE | CAPRICORNE | CAPRICORNE | CAPRICORNE | CAPRICORNE | VERSEAU | VERSEAU | VERSEAU |
| 1 h 30 | VERSEAU | VERSEAU | VERSEAU | VERSEAU | VERSEAU | VERSEAU | VERSEAU | VERSEAU |
| 2 h 00 | VERSEAU | VERSEAU | VERSEAU | VERSEAU | VERSEAU | VERSEAU | VERSEAU | VERSEAU |
| 2 h 30 | VERSEAU | VERSEAU | VERSEAU | VERSEAU | VERSEAU | POISSONS | POISSONS | POISSONS |
| 3 h 00 | POISSONS | POISSONS | POISSONS | POISSONS | POISSONS | POISSONS | POISSONS | POISSONS |
| 3 h 30 | POISSONS | POISSONS | POISSONS | POISSONS | POISSONS | POISSONS | POISSONS | POISSONS |
| 4 h 00 | POISSONS | POISSONS | BÉLIER | BÉLIER | BÉLIER | BÉLIER | BÉLIER | BÉLIER |
| 4 h 30 | BÉLIER | BÉLIER | BÉLIER | BÉLIER | BÉLIER | BÉLIER | BÉLIER | BÉLIER |
| 5 h 00 | BÉLIER | BÉLIER | BÉLIER | BÉLIER | BÉLIER | TAUREAU | TAUREAU | TAUREAU |
| 5 h 30 | TAUREAU | TAUREAU | TAUREAU | TAUREAU | TAUREAU | TAUREAU | TAUREAU | TAUREAU |
| 6 h 00 | TAUREAU | TAUREAU | TAUREAU | TAUREAU | TAUREAU | TAUREAU | TAUREAU | TAUREAU |
| 6 h 30 | TAUREAU | TAUREAU | TAUREAU | TAUREAU | TAUREAU | GÉMEAUX | GÉMEAUX | GÉMEAUX |
| 7 h 00 | GÉMEAUX | GÉMEAUX | GÉMEAUX | GÉMEAUX | GÉMEAUX | GÉMEAUX | GÉMEAUX | GÉMEAUX |
| 7 h 30 | GÉMEAUX | GÉMEAUX | GÉMEAUX | GÉMEAUX | GÉMEAUX | GÉMEAUX | GÉMEAUX | GÉMEAUX |
| 8 h 00 | GÉMEAUX | GÉMEAUX | GÉMEAUX | GÉMEAUX | GÉMEAUX | GÉMEAUX | GÉMEAUX | GÉMEAUX |
| 8 h 30 | GÉMEAUX | GÉMEAUX | GÉMEAUX | GÉMEAUX | CANCER | CANCER | CANCER | CANCER |
| 9 h 00 | CANCER | CANCER | CANCER | CANCER | CANCER | CANCER | CANCER | CANCER |
| 9 h 30 | CANCER | CANCER | CANCER | CANCER | CANCER | CANCER | CANCER | CANCER |
| 10 h 00 | CANCER | CANCER | CANCER | CANCER | CANCER | CANCER | CANCER | CANCER |
| 10 h 30 | CANCER | CANCER | CANCER | CANCER | CANCER | CANCER | CANCER | CANCER |
| 11 h 00 | CANCER | CANCER | LION | LION | LION | LION | LION | LION |
| 11 h 30 | LION | LION | LION | LION | LION | LION | LION | LION |
| MIDI | LION | LION | LION | LION | LION | LION | LION | LION |
| 12 h 30 | LION | LION | LION | LION | LION | LION | LION | LION |
| 13 h 00 | LION | LION | LION | LION | LION | LION | LION | LION |
| 13 h 30 | LION | LION | VIERGE | VIERGE | VIERGE | VIERGE | VIERGE | VIERGE |
| 14 h 00 | VIERGE | VIERGE | VIERGE | VIERGE | VIERGE | VIERGE | VIERGE | VIERGE |
| 14 h 30 | VIERGE | VIERGE | VIERGE | VIERGE | VIERGE | VIERGE | VIERGE | VIERGE |
| 15 h 00 | VIERGE | VIERGE | VIERGE | VIERGE | VIERGE | VIERGE | VIERGE | VIERGE |
| 15 h 30 | VIERGE | VIERGE | VIERGE | VIERGE | VIERGE | VIERGE | VIERGE | VIERGE |
| 16 h 00 | VIERGE | VIERGE | BALANCE | BALANCE | BALANCE | BALANCE | BALANCE | BALANCE |
| 16 h 30 | BALANCE | BALANCE | BALANCE | BALANCE | BALANCE | BALANCE | BALANCE | BALANCE |
| 17 h 00 | BALANCE | BALANCE | BALANCE | BALANCE | BALANCE | BALANCE | BALANCE | BALANCE |
| 17 h 30 | BALANCE | BALANCE | BALANCE | BALANCE | BALANCE | BALANCE | BALANCE | BALANCE |
| 18 h 00 | BALANCE | BALANCE | BALANCE | BALANCE | BALANCE | BALANCE | BALANCE | BALANCE |
| 18 h 30 | BALANCE | SCORPION | SCORPION | SCORPION | SCORPION | SCORPION | SCORPION | SCORPION |
| 19 h 00 | SCORPION | SCORPION | SCORPION | SCORPION | SCORPION | SCORPION | SCORPION | SCORPION |
| 19 h 30 | SCORPION | SCORPION | SCORPION | SCORPION | SCORPION | SCORPION | SCORPION | SCORPION |
| 20 h 00 | SCORPION | SCORPION | SCORPION | SCORPION | SCORPION | SCORPION | SCORPION | SCORPION |
| 20 h 30 | SCORPION | SCORPION | SCORPION | SCORPION | SCORPION | SCORPION | SCORPION | SCORPION |
| 21 h 00 | SCORPION | SAGITTAIRE | SAGITTAIRE | SAGITTAIRE | SAGITTAIRE | SAGITTAIRE | SAGITTAIRE | SAGITTAIRE |
| 21 h 30 | SAGITTAIRE | SAGITTAIRE | SAGITTAIRE | SAGITTAIRE | SAGITTAIRE | SAGITTAIRE | SAGITTAIRE | SAGITTAIRE |
| 22 h 00 | SAGITTAIRE | SAGITTAIRE | SAGITTAIRE | SAGITTAIRE | SAGITTAIRE | SAGITTAIRE | SAGITTAIRE | SAGITTAIRE |
| 22 h 30 | SAGITTAIRE | SAGITTAIRE | SAGITTAIRE | SAGITTAIRE | SAGITTAIRE | SAGITTAIRE | SAGITTAIRE | SAGITTAIRE |
| 23 h 00 | SAGITTAIRE | SAGITTAIRE | SAGITTAIRE | SAGITTAIRE | SAGITTAIRE | SAGITTAIRE | CAPRICORNE | CAPRICORNE |
| 23 h 30 | CAPRICORNE | CAPRICORNE | CAPRICORNE | CAPRICORNE | CAPRICORNE | CAPRICORNE | CAPRICORNE | CAPRICORNE |

# DÉCOUVREZ VOTRE ASCENDANT SANS AUCUN CALCUL : TABLE N° 3

| VOTRE HEURE DE NAISSANCE | 28 AVRIL | 29 AVRIL | 30 AVRIL | 1 MAI | 2 MAI | 3 MAI | 4 MAI | 5 MAI |
|---|---|---|---|---|---|---|---|---|
| 0 h 00 | CAPRICORNE | CAPRICORNE | CAPRICORNE | CAPRICORNE | CAPRICORNE | CAPRICORNE | CAPRICORNE | CAPRICORNE |
| 0 h 30 | CAPRICORNE | CAPRICORNE | CAPRICORNE | CAPRICORNE | VERSEAU | VERSEAU | VERSEAU | VERSEAU |
| 1 h 00 | VERSEAU | VERSEAU | VERSEAU | VERSEAU | VERSEAU | VERSEAU | VERSEAU | VERSEAU |
| 1 h 30 | VERSEAU | VERSEAU | VERSEAU | VERSEAU | VERSEAU | VERSEAU | VERSEAU | VERSEAU |
| 2 h 00 | VERSEAU | VERSEAU | VERSEAU | VERSEAU | POISSONS | POISSONS | POISSONS | POISSONS |
| 2 h 30 | POISSONS | POISSONS | POISSONS | POISSONS | POISSONS | POISSONS | POISSONS | POISSONS |
| 3 h 00 | POISSONS | POISSONS | POISSONS | POISSONS | POISSONS | POISSONS | POISSONS | POISSONS |
| 3 h 30 | POISSONS | POISSONS | BÉLIER | BÉLIER | BÉLIER | BÉLIER | BÉLIER | BÉLIER |
| 4 h 00 | BÉLIER | BÉLIER | BÉLIER | BÉLIER | BÉLIER | BÉLIER | BÉLIER | BÉLIER |
| 4 h 30 | BÉLIER | BÉLIER | BÉLIER | BÉLIER | BÉLIER | TAUREAU | TAUREAU | TAUREAU |
| 5 h 00 | TAUREAU | TAUREAU | TAUREAU | TAUREAU | TAUREAU | TAUREAU | TAUREAU | TAUREAU |
| 5 h 30 | TAUREAU | TAUREAU | TAUREAU | TAUREAU | TAUREAU | TAUREAU | TAUREAU | TAUREAU |
| 6 h 00 | TAUREAU | TAUREAU | TAUREAU | TAUREAU | TAUREAU | GÉMEAUX | GÉMEAUX | GÉMEAUX |
| 6 h 30 | GÉMEAUX | GÉMEAUX | GÉMEAUX | GÉMEAUX | GÉMEAUX | GÉMEAUX | GÉMEAUX | GÉMEAUX |
| 7 h 00 | GÉMEAUX | GÉMEAUX | GÉMEAUX | GÉMEAUX | GÉMEAUX | GÉMEAUX | GÉMEAUX | GÉMEAUX |
| 7 h 30 | GÉMEAUX | GÉMEAUX | GÉMEAUX | GÉMEAUX | GÉMEAUX | GÉMEAUX | GÉMEAUX | GÉMEAUX |
| 8 h 00 | GÉMEAUX | GÉMEAUX | GÉMEAUX | GÉMEAUX | CANCER | CANCER | CANCER | CANCER |
| 8 h 30 | CANCER | CANCER | CANCER | CANCER | CANCER | CANCER | CANCER | CANCER |
| 9 h 00 | CANCER | CANCER | CANCER | CANCER | CANCER | CANCER | CANCER | CANCER |
| 9 h 30 | CANCER | CANCER | CANCER | CANCER | CANCER | CANCER | CANCER | CANCER |
| 10 h 00 | CANCER | CANCER | CANCER | CANCER | CANCER | CANCER | CANCER | CANCER |
| 10 h 30 | CANCER | CANCER | LION | LION | LION | LION | LION | LION |
| 11 h 00 | LION | LION | LION | LION | LION | LION | LION | LION |
| 11 h 30 | LION | LION | LION | LION | LION | LION | LION | LION |
| MIDI | LION | LION | LION | LION | LION | LION | LION | LION |
| 12 h 30 | LION | LION | LION | LION | LION | LION | LION | LION |
| 13 h 00 | LION | LION | VIERGE | VIERGE | VIERGE | VIERGE | VIERGE | VIERGE |
| 13 h 30 | VIERGE | VIERGE | VIERGE | VIERGE | VIERGE | VIERGE | VIERGE | VIERGE |
| 14 h 00 | VIERGE | VIERGE | VIERGE | VIERGE | VIERGE | VIERGE | VIERGE | VIERGE |
| 14 h 30 | VIERGE | VIERGE | VIERGE | VIERGE | VIERGE | VIERGE | VIERGE | VIERGE |
| 15 h 00 | VIERGE | VIERGE | VIERGE | VIERGE | VIERGE | VIERGE | VIERGE | VIERGE |
| 15 h 30 | VIERGE | VIERGE | BALANCE | BALANCE | BALANCE | BALANCE | BALANCE | BALANCE |
| 16 h 00 | BALANCE | BALANCE | BALANCE | BALANCE | BALANCE | BALANCE | BALANCE | BALANCE |
| 16 h 30 | BALANCE | BALANCE | BALANCE | BALANCE | BALANCE | BALANCE | BALANCE | BALANCE |
| 17 h 00 | BALANCE | BALANCE | BALANCE | BALANCE | BALANCE | BALANCE | BALANCE | BALANCE |
| 17 h 30 | BALANCE | BALANCE | BALANCE | BALANCE | BALANCE | BALANCE | BALANCE | BALANCE |
| 18 h 00 | SCORPION | SCORPION | SCORPION | SCORPION | SCORPION | SCORPION | SCORPION | SCORPION |
| 18 h 30 | SCORPION | SCORPION | SCORPION | SCORPION | SCORPION | SCORPION | SCORPION | SCORPION |
| 19 h 00 | SCORPION | SCORPION | SCORPION | SCORPION | SCORPION | SCORPION | SCORPION | SCORPION |
| 19 h 30 | SCORPION | SCORPION | SCORPION | SCORPION | SCORPION | SCORPION | SCORPION | SCORPION |
| 20 h 00 | SCORPION | SCORPION | SCORPION | SCORPION | SCORPION | SCORPION | SCORPION | SCORPION |
| 20 h 30 | SAGITTAIRE | SAGITTAIRE | SAGITTAIRE | SAGITTAIRE | SAGITTAIRE | SAGITTAIRE | SAGITTAIRE | SAGITTAIRE |
| 21 h 00 | SAGITTAIRE | SAGITTAIRE | SAGITTAIRE | SAGITTAIRE | SAGITTAIRE | SAGITTAIRE | SAGITTAIRE | SAGITTAIRE |
| 21 h 30 | SAGITTAIRE | SAGITTAIRE | SAGITTAIRE | SAGITTAIRE | SAGITTAIRE | SAGITTAIRE | SAGITTAIRE | SAGITTAIRE |
| 22 h 00 | SAGITTAIRE | SAGITTAIRE | SAGITTAIRE | SAGITTAIRE | SAGITTAIRE | SAGITTAIRE | SAGITTAIRE | SAGITTAIRE |
| 22 h 30 | SAGITTAIRE | SAGITTAIRE | SAGITTAIRE | SAGITTAIRE | SAGITTAIRE | SAGITTAIRE | CAPRICORNE | CAPRICORNE |
| 23 h 00 | CAPRICORNE | CAPRICORNE | CAPRICORNE | CAPRICORNE | CAPRICORNE | CAPRICORNE | CAPRICORNE | CAPRICORNE |
| 23 h 30 | CAPRICORNE | CAPRICORNE | CAPRICORNE | CAPRICORNE | CAPRICORNE | CAPRICORNE | CAPRICORNE | CAPRICORNE |

# DÉCOUVREZ VOTRE ASCENDANT SANS AUCUN CALCUL : TABLE N° 3

| VOTRE HEURE DE NAISSANCE | 6 MAI | 7 MAI | 8 MAI | 9 MAI | 10 MAI | 11 MAI | 12 MAI | 13 MAI |
|---|---|---|---|---|---|---|---|---|
| 0 h 00 | CAPRICORNE | CAPRICORNE | CAPRICORNE | CAPRICORNE | VERSEAU | VERSEAU | VERSEAU | VERSEAU |
| 0 h 30 | VERSEAU | VERSEAU | VERSEAU | VERSEAU | VERSEAU | VERSEAU | VERSEAU | VERSEAU |
| 1 h 00 | VERSEAU | VERSEAU | VERSEAU | VERSEAU | VERSEAU | VERSEAU | VERSEAU | VERSEAU |
| 1 h 30 | VERSEAU | VERSEAU | VERSEAU | VERSEAU | POISSONS | POISSONS | POISSONS | POISSONS |
| 2 h 00 | POISSONS | POISSONS | POISSONS | POISSONS | POISSONS | POISSONS | POISSONS | POISSONS |
| 2 h 30 | POISSONS | POISSONS | POISSONS | POISSONS | POISSONS | POISSONS | POISSONS | POISSONS |
| 3 h 00 | POISSONS | BÉLIER | BÉLIER | BÉLIER | BÉLIER | BÉLIER | BÉLIER | BÉLIER |
| 3 h 30 | BÉLIER | BÉLIER | BÉLIER | BÉLIER | BÉLIER | BÉLIER | BÉLIER | BÉLIER |
| 4 h 00 | BÉLIER | BÉLIER | BÉLIER | BÉLIER | TAUREAU | TAUREAU | TAUREAU | TAUREAU |
| 4 h 30 | TAUREAU | TAUREAU | TAUREAU | TAUREAU | TAUREAU | TAUREAU | TAUREAU | TAUREAU |
| 5 h 00 | TAUREAU | TAUREAU | TAUREAU | TAUREAU | TAUREAU | TAUREAU | TAUREAU | TAUREAU |
| 5 h 30 | TAUREAU | TAUREAU | TAUREAU | TAUREAU | TAUREAU | GÉMEAUX | GÉMEAUX | GÉMEAUX |
| 6 h 00 | GÉMEAUX | GÉMEAUX | GÉMEAUX | GÉMEAUX | GÉMEAUX | GÉMEAUX | GÉMEAUX | GÉMEAUX |
| 6 h 30 | GÉMEAUX | GÉMEAUX | GÉMEAUX | GÉMEAUX | GÉMEAUX | GÉMEAUX | GÉMEAUX | GÉMEAUX |
| 7 h 00 | GÉMEAUX | GÉMEAUX | GÉMEAUX | GÉMEAUX | GÉMEAUX | GÉMEAUX | GÉMEAUX | GÉMEAUX |
| 7 h 30 | GÉMEAUX | GÉMEAUX | GÉMEAUX | GÉMEAUX | CANCER | CANCER | CANCER | CANCER |
| 8 h 00 | CANCER | CANCER | CANCER | CANCER | CANCER | CANCER | CANCER | CANCER |
| 8 h 30 | CANCER | CANCER | CANCER | CANCER | CANCER | CANCER | CANCER | CANCER |
| 9 h 00 | CANCER | CANCER | CANCER | CANCER | CANCER | CANCER | CANCER | CANCER |
| 9 h 30 | CANCER | CANCER | CANCER | CANCER | CANCER | CANCER | CANCER | CANCER |
| 10 h 00 | CANCER | LION | LION | LION | LION | LION | LION | LION |
| 10 h 30 | LION | LION | LION | LION | LION | LION | LION | LION |
| 11 h 00 | LION | LION | LION | LION | LION | LION | LION | LION |
| 11 h 30 | LION | LION | LION | LION | LION | LION | LION | LION |
| MIDI | LION | LION | LION | LION | LION | LION | LION | LION |
| 12 h 30 | LION | VIERGE | VIERGE | VIERGE | VIERGE | VIERGE | VIERGE | VIERGE |
| 13 h 00 | VIERGE | VIERGE | VIERGE | VIERGE | VIERGE | VIERGE | VIERGE | VIERGE |
| 13 h 30 | VIERGE | VIERGE | VIERGE | VIERGE | VIERGE | VIERGE | VIERGE | VIERGE |
| 14 h 00 | VIERGE | VIERGE | VIERGE | VIERGE | VIERGE | VIERGE | VIERGE | VIERGE |
| 14 h 30 | VIERGE | VIERGE | VIERGE | VIERGE | VIERGE | VIERGE | VIERGE | VIERGE |
| 15 h 00 | VIERGE | BALANCE | BALANCE | BALANCE | BALANCE | BALANCE | BALANCE | BALANCE |
| 15 h 30 | BALANCE | BALANCE | BALANCE | BALANCE | BALANCE | BALANCE | BALANCE | BALANCE |
| 16 h 00 | BALANCE | BALANCE | BALANCE | BALANCE | BALANCE | BALANCE | BALANCE | BALANCE |
| 16 h 30 | BALANCE | BALANCE | BALANCE | BALANCE | BALANCE | BALANCE | BALANCE | BALANCE |
| 17 h 00 | BALANCE | BALANCE | BALANCE | BALANCE | BALANCE | BALANCE | BALANCE | BALANCE |
| 17 h 30 | SCORPION | SCORPION | SCORPION | SCORPION | SCORPION | SCORPION | SCORPION | SCORPION |
| 18 h 00 | SCORPION | SCORPION | SCORPION | SCORPION | SCORPION | SCORPION | SCORPION | SCORPION |
| 18 h 30 | SCORPION | SCORPION | SCORPION | SCORPION | SCORPION | SCORPION | SCORPION | SCORPION |
| 19 h 00 | SCORPION | SCORPION | SCORPION | SCORPION | SCORPION | SCORPION | SCORPION | SCORPION |
| 19 h 30 | SCORPION | SCORPION | SCORPION | SCORPION | SCORPION | SCORPION | SCORPION | SCORPION |
| 20 h 00 | SAGITTAIRE | SAGITTAIRE | SAGITTAIRE | SAGITTAIRE | SAGITTAIRE | SAGITTAIRE | SAGITTAIRE | SAGITTAIRE |
| 20 h 30 | SAGITTAIRE | SAGITTAIRE | SAGITTAIRE | SAGITTAIRE | SAGITTAIRE | SAGITTAIRE | SAGITTAIRE | SAGITTAIRE |
| 21 h 00 | SAGITTAIRE | SAGITTAIRE | SAGITTAIRE | SAGITTAIRE | SAGITTAIRE | SAGITTAIRE | SAGITTAIRE | SAGITTAIRE |
| 21 h 30 | SAGITTAIRE | SAGITTAIRE | SAGITTAIRE | SAGITTAIRE | SAGITTAIRE | SAGITTAIRE | SAGITTAIRE | SAGITTAIRE |
| 22 h 00 | SAGITTAIRE | SAGITTAIRE | SAGITTAIRE | SAGITTAIRE | SAGITTAIRE | SAGITTAIRE | CAPRICORNE | CAPRICORNE |
| 22 h 30 | CAPRICORNE | CAPRICORNE | CAPRICORNE | CAPRICORNE | CAPRICORNE | CAPRICORNE | CAPRICORNE | CAPRICORNE |
| 23 h 00 | CAPRICORNE | CAPRICORNE | CAPRICORNE | CAPRICORNE | CAPRICORNE | CAPRICORNE | CAPRICORNE | CAPRICORNE |
| 23 h 30 | CAPRICORNE | CAPRICORNE | CAPRICORNE | CAPRICORNE | CAPRICORNE | CAPRICORNE | CAPRICORNE | CAPRICORNE |

# DÉCOUVREZ VOTRE ASCENDANT SANS AUCUN CALCUL : TABLE N° 3

| VOTRE HEURE DE NAISSANCE | 14 MAI | 15 MAI | 16 MAI | 17 MAI | 18 MAI | 19 MAI | 20 MAI | 21 MAI |
|---|---|---|---|---|---|---|---|---|
| 0 h 00 | VERSEAU | VERSEAU | VERSEAU | VERSEAU | VERSEAU | VERSEAU | VERSEAU | VERSEAU |
| 0 h 30 | VERSEAU | VERSEAU | VERSEAU | VERSEAU | VERSEAU | VERSEAU | VERSEAU | VERSEAU |
| 1 h 00 | VERSEAU | VERSEAU | VERSEAU | POISSONS | POISSONS | POISSONS | POISSONS | POISSONS |
| 1 h 30 | POISSONS | POISSONS | POISSONS | POISSONS | POISSONS | POISSONS | POISSONS | POISSONS |
| 2 h 00 | POISSONS | POISSONS | POISSONS | POISSONS | POISSONS | POISSONS | POISSONS | POISSONS |
| 2 h 30 | POISSONS | BÉLIER | BÉLIER | BÉLIER | BÉLIER | BÉLIER | BÉLIER | BÉLIER |
| 3 h 00 | BÉLIER | BÉLIER | BÉLIER | BÉLIER | BÉLIER | BÉLIER | BÉLIER | BÉLIER |
| 3 h 30 | BÉLIER | BÉLIER | BÉLIER | BÉLIER | TAUREAU | TAUREAU | TAUREAU | TAUREAU |
| 4 h 00 | TAUREAU | TAUREAU | TAUREAU | TAUREAU | TAUREAU | TAUREAU | TAUREAU | TAUREAU |
| 4 h 30 | TAUREAU | TAUREAU | TAUREAU | TAUREAU | TAUREAU | TAUREAU | TAUREAU | TAUREAU |
| 5 h 00 | TAUREAU | TAUREAU | TAUREAU | TAUREAU | GÉMEAUX | GÉMEAUX | GÉMEAUX | GÉMEAUX |
| 5 h 30 | GÉMEAUX | GÉMEAUX | GÉMEAUX | GÉMEAUX | GÉMEAUX | GÉMEAUX | GÉMEAUX | GÉMEAUX |
| 6 h 00 | GÉMEAUX | GÉMEAUX | GÉMEAUX | GÉMEAUX | GÉMEAUX | GÉMEAUX | GÉMEAUX | GÉMEAUX |
| 6 h 30 | GÉMEAUX | GÉMEAUX | GÉMEAUX | GÉMEAUX | GÉMEAUX | GÉMEAUX | GÉMEAUX | GÉMEAUX |
| 7 h 00 | GÉMEAUX | GÉMEAUX | GÉMEAUX | CANCER | CANCER | CANCER | CANCER | CANCER |
| 7 h 30 | CANCER | CANCER | CANCER | CANCER | CANCER | CANCER | CANCER | CANCER |
| 8 h 00 | CANCER | CANCER | CANCER | CANCER | CANCER | CANCER | CANCER | CANCER |
| 8 h 30 | CANCER | CANCER | CANCER | CANCER | CANCER | CANCER | CANCER | CANCER |
| 9 h 00 | CANCER | CANCER | CANCER | CANCER | CANCER | CANCER | CANCER | CANCER |
| 9 h 30 | CANCER | LION | LION | LION | LION | LION | LION | LION |
| 10 h 00 | LION | LION | LION | LION | LION | LION | LION | LION |
| 10 h 30 | LION | LION | LION | LION | LION | LION | LION | LION |
| 11 h 00 | LION | LION | LION | LION | LION | LION | LION | LION |
| 11 h 30 | LION | LION | LION | LION | LION | LION | LION | LION |
| MIDI | LION | VIERGE | VIERGE | VIERGE | VIERGE | VIERGE | VIERGE | VIERGE |
| 12 h 30 | VIERGE | VIERGE | VIERGE | VIERGE | VIERGE | VIERGE | VIERGE | VIERGE |
| 13 h 00 | VIERGE | VIERGE | VIERGE | VIERGE | VIERGE | VIERGE | VIERGE | VIERGE |
| 13 h 30 | VIERGE | VIERGE | VIERGE | VIERGE | VIERGE | VIERGE | VIERGE | VIERGE |
| 14 h 00 | VIERGE | VIERGE | VIERGE | VIERGE | VIERGE | VIERGE | VIERGE | VIERGE |
| 14 h 30 | VIERGE | BALANCE | BALANCE | BALANCE | BALANCE | BALANCE | BALANCE | BALANCE |
| 15 h 00 | BALANCE | BALANCE | BALANCE | BALANCE | BALANCE | BALANCE | BALANCE | BALANCE |
| 15 h 30 | BALANCE | BALANCE | BALANCE | BALANCE | BALANCE | BALANCE | BALANCE | BALANCE |
| 16 h 00 | BALANCE | BALANCE | BALANCE | BALANCE | BALANCE | BALANCE | BALANCE | BALANCE |
| 16 h 30 | BALANCE | BALANCE | BALANCE | BALANCE | BALANCE | BALANCE | BALANCE | BALANCE |
| 17 h 00 | SCORPION | SCORPION | SCORPION | SCORPION | SCORPION | SCORPION | SCORPION | SCORPION |
| 17 h 30 | SCORPION | SCORPION | SCORPION | SCORPION | SCORPION | SCORPION | SCORPION | SCORPION |
| 18 h 00 | SCORPION | SCORPION | SCORPION | SCORPION | SCORPION | SCORPION | SCORPION | SCORPION |
| 18 h 30 | SCORPION | SCORPION | SCORPION | SCORPION | SCORPION | SCORPION | SCORPION | SCORPION |
| 19 h 00 | SCORPION | SCORPION | SCORPION | SCORPION | SCORPION | SCORPION | SCORPION | SAGITTAIRE |
| 19 h 30 | SAGITTAIRE | SAGITTAIRE | SAGITTAIRE | SAGITTAIRE | SAGITTAIRE | SAGITTAIRE | SAGITTAIRE | SAGITTAIRE |
| 20 h 00 | SAGITTAIRE | SAGITTAIRE | SAGITTAIRE | SAGITTAIRE | SAGITTAIRE | SAGITTAIRE | SAGITTAIRE | SAGITTAIRE |
| 20 h 30 | SAGITTAIRE | SAGITTAIRE | SAGITTAIRE | SAGITTAIRE | SAGITTAIRE | SAGITTAIRE | SAGITTAIRE | SAGITTAIRE |
| 21 h 00 | SAGITTAIRE | SAGITTAIRE | SAGITTAIRE | SAGITTAIRE | SAGITTAIRE | SAGITTAIRE | SAGITTAIRE | SAGITTAIRE |
| 21 h 30 | SAGITTAIRE | SAGITTAIRE | SAGITTAIRE | SAGITTAIRE | CAPRICORNE | CAPRICORNE | CAPRICORNE | CAPRICORNE |
| 22 h 00 | CAPRICORNE | CAPRICORNE | CAPRICORNE | CAPRICORNE | CAPRICORNE | CAPRICORNE | CAPRICORNE | CAPRICORNE |
| 22 h 30 | CAPRICORNE | CAPRICORNE | CAPRICORNE | CAPRICORNE | CAPRICORNE | CAPRICORNE | CAPRICORNE | CAPRICORNE |
| 23 h 00 | CAPRICORNE | CAPRICORNE | CAPRICORNE | CAPRICORNE | CAPRICORNE | CAPRICORNE | CAPRICORNE | CAPRICORNE |
| 23 h 30 | CAPRICORNE | CAPRICORNE | CAPRICORNE | VERSEAU | VERSEAU | VERSEAU | VERSEAU | VERSEAU |

# DÉCOUVREZ VOTRE ASCENDANT SANS AUCUN CALCUL : TABLE N° 4

| VOTRE HEURE DE NAISSANCE | 20 AVRIL | 21 AVRIL | 22 AVRIL | 23 AVRIL | 24 AVRIL | 25 AVRIL | 26 AVRIL | 27 AVRIL |
|---|---|---|---|---|---|---|---|---|
| 0 h 00 | CAPRICORNE | CAPRICORNE | CAPRICORNE | CAPRICORNE | CAPRICORNE | CAPRICORNE | CAPRICORNE | CAPRICORNE |
| 0 h 30 | CAPRICORNE | CAPRICORNE | CAPRICORNE | CAPRICORNE | CAPRICORNE | CAPRICORNE | CAPRICORNE | CAPRICORNE |
| 1 h 00 | CAPRICORNE | CAPRICORNE | CAPRICORNE | CAPRICORNE | CAPRICORNE | CAPRICORNE | CAPRICORNE | CAPRICORNE |
| 1 h 30 | CAPRICORNE | CAPRICORNE | CAPRICORNE | CAPRICORNE | VERSEAU | VERSEAU | VERSEAU | VERSEAU |
| 2 h 00 | VERSEAU | VERSEAU | VERSEAU | VERSEAU | VERSEAU | VERSEAU | VERSEAU | VERSEAU |
| 2 h 30 | VERSEAU | VERSEAU | VERSEAU | VERSEAU | VERSEAU | VERSEAU | VERSEAU | VERSEAU |
| 3 h 00 | VERSEAU | POISSONS | POISSONS | POISSONS | POISSONS | POISSONS | POISSONS | POISSONS |
| 3 h 30 | POISSONS | POISSONS | POISSONS | POISSONS | POISSONS | POISSONS | POISSONS | POISSONS |
| 4 h 00 | POISSONS | POISSONS | BÉLIER | BÉLIER | BÉLIER | BÉLIER | BÉLIER | BÉLIER |
| 4 h 30 | BÉLIER | BÉLIER | BÉLIER | BÉLIER | BÉLIER | BÉLIER | BÉLIER | BÉLIER |
| 5 h 00 | BÉLIER | BÉLIER | BÉLIER | TAUREAU | TAUREAU | TAUREAU | TAUREAU | TAUREAU |
| 5 h 30 | TAUREAU | TAUREAU | TAUREAU | TAUREAU | TAUREAU | TAUREAU | TAUREAU | TAUREAU |
| 6 h 00 | TAUREAU | TAUREAU | TAUREAU | TAUREAU | TAUREAU | TAUREAU | TAUREAU | TAUREAU |
| 6 h 30 | TAUREAU | GÉMEAUX | GÉMEAUX | GÉMEAUX | GÉMEAUX | GÉMEAUX | GÉMEAUX | GÉMEAUX |
| 7 h 00 | GÉMEAUX | GÉMEAUX | GÉMEAUX | GÉMEAUX | GÉMEAUX | GÉMEAUX | GÉMEAUX | GÉMEAUX |
| 7 h 30 | GÉMEAUX | GÉMEAUX | GÉMEAUX | GÉMEAUX | GÉMEAUX | GÉMEAUX | GÉMEAUX | GÉMEAUX |
| 8 h 00 | GÉMEAUX | GÉMEAUX | GÉMEAUX | GÉMEAUX | GÉMEAUX | CANCER | CANCER | CANCER |
| 8 h 30 | CANCER | CANCER | CANCER | CANCER | CANCER | CANCER | CANCER | CANCER |
| 9 h 00 | CANCER | CANCER | CANCER | CANCER | CANCER | CANCER | CANCER | CANCER |
| 9 h 30 | CANCER | CANCER | CANCER | CANCER | CANCER | CANCER | CANCER | CANCER |
| 10 h 00 | CANCER | CANCER | CANCER | CANCER | CANCER | CANCER | CANCER | CANCER |
| 10 h 30 | CANCER | CANCER | CANCER | CANCER | LION | LION | LION | LION |
| 11 h 00 | LION | LION | LION | LION | LION | LION | LION | LION |
| 11 h 30 | LION | LION | LION | LION | LION | LION | LION | LION |
| MIDI | LION | LION | LION | LION | LION | LION | LION | LION |
| 12 h 30 | LION | LION | LION | LION | LION | LION | LION | LION |
| 13 h 00 | LION | LION | LION | LION | LION | LION | VIERGE | VIERGE |
| 13 h 30 | VIERGE | VIERGE | VIERGE | VIERGE | VIERGE | VIERGE | VIERGE | VIERGE |
| 14 h 00 | VIERGE | VIERGE | VIERGE | VIERGE | VIERGE | VIERGE | VIERGE | VIERGE |
| 14 h 30 | VIERGE | VIERGE | VIERGE | VIERGE | VIERGE | VIERGE | VIERGE | VIERGE |
| 15 h 00 | VIERGE | VIERGE | VIERGE | VIERGE | VIERGE | VIERGE | VIERGE | VIERGE |
| 15 h 30 | VIERGE | VIERGE | VIERGE | VIERGE | VIERGE | VIERGE | VIERGE | VIERGE |
| 16 h 00 | VIERGE | VIERGE | BALANCE | BALANCE | BALANCE | BALANCE | BALANCE | BALANCE |
| 16 h 30 | BALANCE | BALANCE | BALANCE | BALANCE | BALANCE | BALANCE | BALANCE | BALANCE |
| 17 h 00 | BALANCE | BALANCE | BALANCE | BALANCE | BALANCE | BALANCE | BALANCE | BALANCE |
| 17 h 30 | BALANCE | BALANCE | BALANCE | BALANCE | BALANCE | BALANCE | BALANCE | BALANCE |
| 18 h 00 | BALANCE | BALANCE | BALANCE | BALANCE | BALANCE | BALANCE | BALANCE | BALANCE |
| 18 h 30 | BALANCE | BALANCE | BALANCE | BALANCE | SCORPION | SCORPION | SCORPION | SCORPION |
| 19 h 00 | SCORPION | SCORPION | SCORPION | SCORPION | SCORPION | SCORPION | SCORPION | SCORPION |
| 19 h 30 | SCORPION | SCORPION | SCORPION | SCORPION | SCORPION | SCORPION | SCORPION | SCORPION |
| 20 h 00 | SCORPION | SCORPION | SCORPION | SCORPION | SCORPION | SCORPION | SCORPION | SCORPION |
| 20 h 30 | SCORPION | SCORPION | SCORPION | SCORPION | SCORPION | SCORPION | SCORPION | SCORPION |
| 21 h 00 | SCORPION | SCORPION | SCORPION | SCORPION | SCORPION | SAGITTAIRE | SAGITTAIRE | SAGITTAIRE |
| 21 h 30 | SAGITTAIRE | SAGITTAIRE | SAGITTAIRE | SAGITTAIRE | SAGITTAIRE | SAGITTAIRE | SAGITTAIRE | SAGITTAIRE |
| 22 h 00 | SAGITTAIRE | SAGITTAIRE | SAGITTAIRE | SAGITTAIRE | SAGITTAIRE | SAGITTAIRE | SAGITTAIRE | SAGITTAIRE |
| 22 h 30 | SAGITTAIRE | SAGITTAIRE | SAGITTAIRE | SAGITTAIRE | SAGITTAIRE | SAGITTAIRE | SAGITTAIRE | SAGITTAIRE |
| 23 h 00 | SAGITTAIRE | SAGITTAIRE | SAGITTAIRE | SAGITTAIRE | SAGITTAIRE | SAGITTAIRE | SAGITTAIRE | SAGITTAIRE |
| 23 h 30 | SAGITTAIRE | SAGITTAIRE | SAGITTAIRE | SAGITTAIRE | SAGITTAIRE | CAPRICORNE | CAPRICORNE | CAPRICORNE |

# DÉCOUVREZ VOTRE ASCENDANT SANS AUCUN CALCUL : TABLE N° 4

| VOTRE HEURE DE NAISSANCE | 28 AVRIL | 29 AVRIL | 30 AVRIL | 1 MAI | 2 MAI | 3 MAI | 4 MAI | 5 MAI |
|---|---|---|---|---|---|---|---|---|
| 0 h 00 | CAPRICORNE | CAPRICORNE | CAPRICORNE | CAPRICORNE | CAPRICORNE | CAPRICORNE | CAPRICORNE | CAPRICORNE |
| 0 h 30 | CAPRICORNE | CAPRICORNE | CAPRICORNE | CAPRICORNE | CAPRICORNE | CAPRICORNE | CAPRICORNE | CAPRICORNE |
| 1 h 00 | CAPRICORNE | CAPRICORNE | CAPRICORNE | VERSEAU | VERSEAU | VERSEAU | VERSEAU | VERSEAU |
| 1 h 30 | VERSEAU | VERSEAU | VERSEAU | VERSEAU | VERSEAU | VERSEAU | VERSEAU | VERSEAU |
| 2 h 00 | VERSEAU | VERSEAU | VERSEAU | VERSEAU | VERSEAU | VERSEAU | VERSEAU | VERSEAU |
| 2 h 30 | POISSONS | POISSONS | POISSONS | POISSONS | POISSONS | POISSONS | POISSONS | POISSONS |
| 3 h 00 | POISSONS | POISSONS | POISSONS | POISSONS | POISSONS | POISSONS | POISSONS | POISSONS |
| 3 h 30 | POISSONS | POISSONS | BÉLIER | BÉLIER | BÉLIER | BÉLIER | BÉLIER | BÉLIER |
| 4 h 00 | BÉLIER | BÉLIER | BÉLIER | BÉLIER | BÉLIER | BÉLIER | BÉLIER | BÉLIER |
| 4 h 30 | BÉLIER | BÉLIER | TAUREAU | TAUREAU | TAUREAU | TAUREAU | TAUREAU | TAUREAU |
| 5 h 00 | TAUREAU | TAUREAU | TAUREAU | TAUREAU | TAUREAU | TAUREAU | TAUREAU | TAUREAU |
| 5 h 30 | TAUREAU | TAUREAU | TAUREAU | TAUREAU | TAUREAU | TAUREAU | TAUREAU | TAUREAU |
| 6 h 00 | GÉMEAUX | GÉMEAUX | GÉMEAUX | GÉMEAUX | GÉMEAUX | GÉMEAUX | GÉMEAUX | GÉMEAUX |
| 6 h 30 | GÉMEAUX | GÉMEAUX | GÉMEAUX | GÉMEAUX | GÉMEAUX | GÉMEAUX | GÉMEAUX | GÉMEAUX |
| 7 h 00 | GÉMEAUX | GÉMEAUX | GÉMEAUX | GÉMEAUX | GÉMEAUX | GÉMEAUX | GÉMEAUX | GÉMEAUX |
| 7 h 30 | GÉMEAUX | GÉMEAUX | GÉMEAUX | GÉMEAUX | GÉMEAUX | CANCER | CANCER | CANCER |
| 8 h 00 | CANCER | CANCER | CANCER | CANCER | CANCER | CANCER | CANCER | CANCER |
| 8 h 30 | CANCER | CANCER | CANCER | CANCER | CANCER | CANCER | CANCER | CANCER |
| 9 h 00 | CANCER | CANCER | CANCER | CANCER | CANCER | CANCER | CANCER | CANCER |
| 9 h 30 | CANCER | CANCER | CANCER | CANCER | CANCER | CANCER | CANCER | CANCER |
| 10 h 00 | CANCER | CANCER | CANCER | CANCER | LION | LION | LION | LION |
| 10 h 30 | LION | LION | LION | LION | LION | LION | LION | LION |
| 11 h 00 | LION | LION | LION | LION | LION | LION | LION | LION |
| 11 h 30 | LION | LION | LION | LION | LION | LION | LION | LION |
| MIDI | LION | LION | LION | LION | LION | LION | LION | LION |
| 12 h 30 | LION | LION | LION | LION | LION | LION | VIERGE | VIERGE |
| 13 h 00 | VIERGE | VIERGE | VIERGE | VIERGE | VIERGE | VIERGE | VIERGE | VIERGE |
| 13 h 30 | VIERGE | VIERGE | VIERGE | VIERGE | VIERGE | VIERGE | VIERGE | VIERGE |
| 14 h 00 | VIERGE | VIERGE | VIERGE | VIERGE | VIERGE | VIERGE | VIERGE | VIERGE |
| 14 h 30 | VIERGE | VIERGE | VIERGE | VIERGE | VIERGE | VIERGE | VIERGE | VIERGE |
| 15 h 00 | VIERGE | VIERGE | VIERGE | VIERGE | VIERGE | VIERGE | VIERGE | VIERGE |
| 15 h 30 | VIERGE | VIERGE | BALANCE | BALANCE | BALANCE | BALANCE | BALANCE | BALANCE |
| 16 h 00 | BALANCE | BALANCE | BALANCE | BALANCE | BALANCE | BALANCE | BALANCE | BALANCE |
| 16 h 30 | BALANCE | BALANCE | BALANCE | BALANCE | BALANCE | BALANCE | BALANCE | BALANCE |
| 17 h 00 | BALANCE | BALANCE | BALANCE | BALANCE | BALANCE | BALANCE | BALANCE | BALANCE |
| 17 h 30 | BALANCE | BALANCE | BALANCE | BALANCE | BALANCE | BALANCE | BALANCE | BALANCE |
| 18 h 00 | BALANCE | BALANCE | BALANCE | BALANCE | SCORPION | SCORPION | SCORPION | SCORPION |
| 18 h 30 | SCORPION | SCORPION | SCORPION | SCORPION | SCORPION | SCORPION | SCORPION | SCORPION |
| 19 h 00 | SCORPION | SCORPION | SCORPION | SCORPION | SCORPION | SCORPION | SCORPION | SCORPION |
| 19 h 30 | SCORPION | SCORPION | SCORPION | SCORPION | SCORPION | SCORPION | SCORPION | SCORPION |
| 20 h 00 | SCORPION | SCORPION | SCORPION | SCORPION | SCORPION | SCORPION | SCORPION | SCORPION |
| 20 h 30 | SCORPION | SCORPION | SCORPION | SCORPION | SCORPION | SAGITTAIRE | SAGITTAIRE | SAGITTAIRE |
| 21 h 00 | SAGITTAIRE | SAGITTAIRE | SAGITTAIRE | SAGITTAIRE | SAGITTAIRE | SAGITTAIRE | SAGITTAIRE | SAGITTAIRE |
| 21 h 30 | SAGITTAIRE | SAGITTAIRE | SAGITTAIRE | SAGITTAIRE | SAGITTAIRE | SAGITTAIRE | SAGITTAIRE | SAGITTAIRE |
| 22 h 00 | SAGITTAIRE | SAGITTAIRE | SAGITTAIRE | SAGITTAIRE | SAGITTAIRE | SAGITTAIRE | SAGITTAIRE | SAGITTAIRE |
| 22 h 30 | SAGITTAIRE | SAGITTAIRE | SAGITTAIRE | SAGITTAIRE | SAGITTAIRE | SAGITTAIRE | SAGITTAIRE | SAGITTAIRE |
| 23 h 00 | SAGITTAIRE | SAGITTAIRE | SAGITTAIRE | SAGITTAIRE | SAGITTAIRE | CAPRICORNE | CAPRICORNE | CAPRICORNE |
| 23 h 30 | CAPRICORNE | CAPRICORNE | CAPRICORNE | CAPRICORNE | CAPRICORNE | CAPRICORNE | CAPRICORNE | CAPRICORNE |

## DÉCOUVREZ VOTRE ASCENDANT SANS AUCUN CALCUL : TABLE N° 4

| VOTRE HEURE DE NAISSANCE | 6 MAI | 7 MAI | 8 MAI | 9 MAI | 10 MAI | 11 MAI | 12 MAI | 13 MAI |
|---|---|---|---|---|---|---|---|---|
| 0 h 00 | CAPRICORNE | CAPRICORNE | CAPRICORNE | CAPRICORNE | CAPRICORNE | CAPRICORNE | CAPRICORNE | CAPRICORNE |
| 0 h 30 | CAPRICORNE | CAPRICORNE | CAPRICORNE | VERSEAU | VERSEAU | VERSEAU | VERSEAU | VERSEAU |
| 1 h 00 | VERSEAU | VERSEAU | VERSEAU | VERSEAU | VERSEAU | VERSEAU | VERSEAU | VERSEAU |
| 1 h 30 | VERSEAU | VERSEAU | VERSEAU | VERSEAU | VERSEAU | VERSEAU | VERSEAU | VERSEAU |
| 2 h 00 | POISSONS | POISSONS | POISSONS | POISSONS | POISSONS | POISSONS | POISSONS | POISSONS |
| 2 h 30 | POISSONS | POISSONS | POISSONS | POISSONS | POISSONS | POISSONS | POISSONS | POISSONS |
| 3 h 00 | POISSONS | BÉLIER | BÉLIER | BÉLIER | BÉLIER | BÉLIER | BÉLIER | BÉLIER |
| 3 h 30 | BÉLIER | BÉLIER | BÉLIER | BÉLIER | BÉLIER | BÉLIER | BÉLIER | BÉLIER |
| 4 h 00 | BÉLIER | BÉLIER | TAUREAU | TAUREAU | TAUREAU | TAUREAU | TAUREAU | TAUREAU |
| 4 h 30 | TAUREAU | TAUREAU | TAUREAU | TAUREAU | TAUREAU | TAUREAU | TAUREAU | TAUREAU |
| 5 h 00 | TAUREAU | TAUREAU | TAUREAU | TAUREAU | TAUREAU | TAUREAU | TAUREAU | TAUREAU |
| 5 h 30 | GÉMEAUX | GÉMEAUX | GÉMEAUX | GÉMEAUX | GÉMEAUX | GÉMEAUX | GÉMEAUX | GÉMEAUX |
| 6 h 00 | GÉMEAUX | GÉMEAUX | GÉMEAUX | GÉMEAUX | GÉMEAUX | GÉMEAUX | GÉMEAUX | GÉMEAUX |
| 6 h 30 | GÉMEAUX | GÉMEAUX | GÉMEAUX | GÉMEAUX | GÉMEAUX | GÉMEAUX | GÉMEAUX | GÉMEAUX |
| 7 h 00 | GÉMEAUX | GÉMEAUX | GÉMEAUX | GÉMEAUX | CANCER | CANCER | CANCER | CANCER |
| 7 h 30 | CANCER | CANCER | CANCER | CANCER | CANCER | CANCER | CANCER | CANCER |
| 8 h 00 | CANCER | CANCER | CANCER | CANCER | CANCER | CANCER | CANCER | CANCER |
| 8 h 30 | CANCER | CANCER | CANCER | CANCER | CANCER | CANCER | CANCER | CANCER |
| 9 h 00 | CANCER | CANCER | CANCER | CANCER | CANCER | CANCER | CANCER | CANCER |
| 9 h 30 | CANCER | CANCER | CANCER | CANCER | LION | LION | LION | LION |
| 10 h 00 | LION | LION | LION | LION | LION | LION | LION | LION |
| 10 h 30 | LION | LION | LION | LION | LION | LION | LION | LION |
| 11 h 00 | LION | LION | LION | LION | LION | LION | LION | LION |
| 11 h 30 | LION | LION | LION | LION | LION | LION | LION | LION |
| MIDI | LION | LION | LION | LION | LION | LION | VIERGE | VIERGE |
| 12 h 30 | VIERGE | VIERGE | VIERGE | VIERGE | VIERGE | VIERGE | VIERGE | VIERGE |
| 13 h 00 | VIERGE | VIERGE | VIERGE | VIERGE | VIERGE | VIERGE | VIERGE | VIERGE |
| 13 h 30 | VIERGE | VIERGE | VIERGE | VIERGE | VIERGE | VIERGE | VIERGE | VIERGE |
| 14 h 00 | VIERGE | VIERGE | VIERGE | VIERGE | VIERGE | VIERGE | VIERGE | VIERGE |
| 14 h 30 | VIERGE | VIERGE | VIERGE | VIERGE | VIERGE | VIERGE | VIERGE | VIERGE |
| 15 h 00 | VIERGE | BALANCE | BALANCE | BALANCE | BALANCE | BALANCE | BALANCE | BALANCE |
| 15 h 30 | BALANCE | BALANCE | BALANCE | BALANCE | BALANCE | BALANCE | BALANCE | BALANCE |
| 16 h 00 | BALANCE | BALANCE | BALANCE | BALANCE | BALANCE | BALANCE | BALANCE | BALANCE |
| 16 h 30 | BALANCE | BALANCE | BALANCE | BALANCE | BALANCE | BALANCE | BALANCE | BALANCE |
| 17 h 00 | BALANCE | BALANCE | BALANCE | BALANCE | BALANCE | BALANCE | BALANCE | BALANCE |
| 17 h 30 | BALANCE | BALANCE | BALANCE | SCORPION | SCORPION | SCORPION | SCORPION | SCORPION |
| 18 h 00 | SCORPION | SCORPION | SCORPION | SCORPION | SCORPION | SCORPION | SCORPION | SCORPION |
| 18 h 30 | SCORPION | SCORPION | SCORPION | SCORPION | SCORPION | SCORPION | SCORPION | SCORPION |
| 19 h 00 | SCORPION | SCORPION | SCORPION | SCORPION | SCORPION | SCORPION | SCORPION | SCORPION |
| 19 h 30 | SCORPION | SCORPION | SCORPION | SCORPION | SCORPION | SCORPION | SCORPION | SCORPION |
| 20 h 00 | SCORPION | SCORPION | SCORPION | SCORPION | SCORPION | SAGITTAIRE | SAGITTAIRE | SAGITTAIRE |
| 20 h 30 | SAGITTAIRE | SAGITTAIRE | SAGITTAIRE | SAGITTAIRE | SAGITTAIRE | SAGITTAIRE | SAGITTAIRE | SAGITTAIRE |
| 21 h 00 | SAGITTAIRE | SAGITTAIRE | SAGITTAIRE | SAGITTAIRE | SAGITTAIRE | SAGITTAIRE | SAGITTAIRE | SAGITTAIRE |
| 21 h 30 | SAGITTAIRE | SAGITTAIRE | SAGITTAIRE | SAGITTAIRE | SAGITTAIRE | SAGITTAIRE | SAGITTAIRE | SAGITTAIRE |
| 22 h 00 | SAGITTAIRE | SAGITTAIRE | SAGITTAIRE | SAGITTAIRE | SAGITTAIRE | SAGITTAIRE | SAGITTAIRE | SAGITTAIRE |
| 22 h 30 | SAGITTAIRE | SAGITTAIRE | SAGITTAIRE | SAGITTAIRE | SAGITTAIRE | CAPRICORNE | CAPRICORNE | CAPRICORNE |
| 23 h 00 | CAPRICORNE | CAPRICORNE | CAPRICORNE | CAPRICORNE | CAPRICORNE | CAPRICORNE | CAPRICORNE | CAPRICORNE |
| 23 h 30 | CAPRICORNE | CAPRICORNE | CAPRICORNE | CAPRICORNE | CAPRICORNE | CAPRICORNE | CAPRICORNE | CAPRICORNE |

# DÉCOUVREZ VOTRE ASCENDANT SANS AUCUN CALCUL : TABLE N° 4

| VOTRE HEURE DE NAISSANCE | 14 MAI | 15 MAI | 16 MAI | 17 MAI | 18 MAI | 19 MAI | 20 MAI | 21 MAI |
|---|---|---|---|---|---|---|---|---|
| 0 h 00 | CAPRICORNE | CAPRICORNE | VERSEAU | VERSEAU | VERSEAU | VERSEAU | VERSEAU | VERSEAU |
| 0 h 30 | VERSEAU | VERSEAU | VERSEAU | VERSEAU | VERSEAU | VERSEAU | VERSEAU | VERSEAU |
| 1 h 00 | VERSEAU | VERSEAU | VERSEAU | VERSEAU | VERSEAU | VERSEAU | VERSEAU | POISSONS |
| 1 h 30 | POISSONS | POISSONS | POISSONS | POISSONS | POISSONS | POISSONS | POISSONS | POISSONS |
| 2 h 00 | POISSONS | POISSONS | POISSONS | POISSONS | POISSONS | POISSONS | POISSONS | POISSONS |
| 2 h 30 | POISSONS | BÉLIER | BÉLIER | BÉLIER | BÉLIER | BÉLIER | BÉLIER | POISSONS |
| 3 h 00 | BÉLIER | BÉLIER | BÉLIER | BÉLIER | BÉLIER | BÉLIER | BÉLIER | BÉLIER |
| 3 h 30 | BÉLIER | TAUREAU | TAUREAU | TAUREAU | TAUREAU | TAUREAU | TAUREAU | TAUREAU |
| 4 h 00 | TAUREAU | TAUREAU | TAUREAU | TAUREAU | TAUREAU | TAUREAU | TAUREAU | TAUREAU |
| 4 h 30 | TAUREAU | TAUREAU | TAUREAU | TAUREAU | TAUREAU | TAUREAU | TAUREAU | TAUREAU |
| 5 h 00 | GÉMEAUX | GÉMEAUX | GÉMEAUX | GÉMEAUX | GÉMEAUX | GÉMEAUX | GÉMEAUX | GÉMEAUX |
| 5 h 30 | GÉMEAUX | GÉMEAUX | GÉMEAUX | GÉMEAUX | GÉMEAUX | GÉMEAUX | GÉMEAUX | GÉMEAUX |
| 6 h 00 | GÉMEAUX | GÉMEAUX | GÉMEAUX | GÉMEAUX | GÉMEAUX | GÉMEAUX | GÉMEAUX | GÉMEAUX |
| 6 h 30 | GÉMEAUX | GÉMEAUX | GÉMEAUX | GÉMEAUX | CANCER | CANCER | CANCER | CANCER |
| 7 h 00 | CANCER | CANCER | CANCER | CANCER | CANCER | CANCER | CANCER | CANCER |
| 7 h 30 | CANCER | CANCER | CANCER | CANCER | CANCER | CANCER | CANCER | CANCER |
| 8 h 00 | CANCER | CANCER | CANCER | CANCER | CANCER | CANCER | CANCER | CANCER |
| 8 h 30 | CANCER | CANCER | CANCER | CANCER | CANCER | CANCER | CANCER | CANCER |
| 9 h 00 | CANCER | CANCER | CANCER | LION | LION | LION | LION | LION |
| 9 h 30 | LION | LION | LION | LION | LION | LION | LION | LION |
| 10 h 00 | LION | LION | LION | LION | LION | LION | LION | LION |
| 10 h 30 | LION | LION | LION | LION | LION | LION | LION | LION |
| 11 h 00 | LION | LION | LION | LION | LION | LION | LION | LION |
| 11 h 30 | LION | LION | LION | LION | LION | VIERGE | VIERGE | VIERGE |
| MIDI | VIERGE | VIERGE | VIERGE | VIERGE | VIERGE | VIERGE | VIERGE | VIERGE |
| 12 h 30 | VIERGE | VIERGE | VIERGE | VIERGE | VIERGE | VIERGE | VIERGE | VIERGE |
| 13 h 00 | VIERGE | VIERGE | VIERGE | VIERGE | VIERGE | VIERGE | VIERGE | VIERGE |
| 13 h 30 | VIERGE | VIERGE | VIERGE | VIERGE | VIERGE | VIERGE | VIERGE | VIERGE |
| 14 h 00 | VIERGE | VIERGE | VIERGE | VIERGE | VIERGE | VIERGE | VIERGE | VIERGE |
| 14 h 30 | VIERGE | BALANCE | BALANCE | BALANCE | BALANCE | BALANCE | BALANCE | BALANCE |
| 15 h 00 | BALANCE | BALANCE | BALANCE | BALANCE | BALANCE | BALANCE | BALANCE | BALANCE |
| 15 h 30 | BALANCE | BALANCE | BALANCE | BALANCE | BALANCE | BALANCE | BALANCE | BALANCE |
| 16 h 00 | BALANCE | BALANCE | BALANCE | BALANCE | BALANCE | BALANCE | BALANCE | BALANCE |
| 16 h 30 | BALANCE | BALANCE | BALANCE | BALANCE | BALANCE | BALANCE | BALANCE | BALANCE |
| 17 h 00 | BALANCE | BALANCE | BALANCE | SCORPION | SCORPION | SCORPION | SCORPION | SCORPION |
| 17 h 30 | SCORPION | SCORPION | SCORPION | SCORPION | SCORPION | SCORPION | SCORPION | SCORPION |
| 18 h 00 | SCORPION | SCORPION | SCORPION | SCORPION | SCORPION | SCORPION | SCORPION | SCORPION |
| 18 h 30 | SCORPION | SCORPION | SCORPION | SCORPION | SCORPION | SCORPION | SCORPION | SCORPION |
| 19 h 00 | SCORPION | SCORPION | SCORPION | SCORPION | SCORPION | SCORPION | SCORPION | SCORPION |
| 19 h 30 | SCORPION | SCORPION | SCORPION | SCORPION | SAGITTAIRE | SAGITTAIRE | SAGITTAIRE | SAGITTAIRE |
| 20 h 00 | SAGITTAIRE | SAGITTAIRE | SAGITTAIRE | SAGITTAIRE | SAGITTAIRE | SAGITTAIRE | SAGITTAIRE | SAGITTAIRE |
| 20 h 30 | SAGITTAIRE | SAGITTAIRE | SAGITTAIRE | SAGITTAIRE | SAGITTAIRE | SAGITTAIRE | SAGITTAIRE | SAGITTAIRE |
| 21 h 00 | SAGITTAIRE | SAGITTAIRE | SAGITTAIRE | SAGITTAIRE | SAGITTAIRE | SAGITTAIRE | SAGITTAIRE | SAGITTAIRE |
| 21 h 30 | SAGITTAIRE | SAGITTAIRE | SAGITTAIRE | SAGITTAIRE | SAGITTAIRE | SAGITTAIRE | SAGITTAIRE | SAGITTAIRE |
| 22 h 00 | SAGITTAIRE | SAGITTAIRE | SAGITTAIRE | SAGITTAIRE | CAPRICORNE | CAPRICORNE | CAPRICORNE | CAPRICORNE |
| 22 h 30 | CAPRICORNE | CAPRICORNE | CAPRICORNE | CAPRICORNE | CAPRICORNE | CAPRICORNE | CAPRICORNE | CAPRICORNE |
| 23 h 00 | CAPRICORNE | CAPRICORNE | CAPRICORNE | CAPRICORNE | CAPRICORNE | CAPRICORNE | CAPRICORNE | CAPRICORNE |
| 23 h 30 | CAPRICORNE | CAPRICORNE | CAPRICORNE | CAPRICORNE | CAPRICORNE | CAPRICORNE | CAPRICORNE | CAPRICORNE |

# DÉCOUVREZ VOTRE ASCENDANT SANS AUCUN CALCUL : TABLE N° 5

| VOTRE HEURE DE NAISSANCE | 20 AVRIL | 21 AVRIL | 22 AVRIL | 23 AVRIL | 24 AVRIL | 25 AVRIL | 26 AVRIL | 27 AVRIL |
|---|---|---|---|---|---|---|---|---|
| 0 h 00 | SAGITTAIRE | SAGITTAIRE | SAGITTAIRE | SAGITTAIRE | SAGITTAIRE | CAPRICORNE | CAPRICORNE | CAPRICORNE |
| 0 h 30 | CAPRICORNE | CAPRICORNE | CAPRICORNE | CAPRICORNE | CAPRICORNE | CAPRICORNE | CAPRICORNE | CAPRICORNE |
| 1 h 00 | CAPRICORNE | CAPRICORNE | CAPRICORNE | CAPRICORNE | CAPRICORNE | CAPRICORNE | CAPRICORNE | CAPRICORNE |
| 1 h 30 | CAPRICORNE | CAPRICORNE | CAPRICORNE | CAPRICORNE | CAPRICORNE | CAPRICORNE | CAPRICORNE | CAPRICORNE |
| 2 h 00 | CAPRICORNE | CAPRICORNE | CAPRICORNE | VERSEAU | VERSEAU | VERSEAU | VERSEAU | VERSEAU |
| 2 h 30 | VERSEAU | VERSEAU | VERSEAU | VERSEAU | VERSEAU | VERSEAU | VERSEAU | VERSEAU |
| 3 h 00 | VERSEAU | VERSEAU | VERSEAU | VERSEAU | POISSONS | POISSONS | POISSONS | POISSONS |
| 3 h 30 | POISSONS | POISSONS | POISSONS | POISSONS | POISSONS | POISSONS | POISSONS | POISSONS |
| 4 h 00 | POISSONS | POISSONS | BÉLIER | BÉLIER | BÉLIER | BÉLIER | BÉLIER | BÉLIER |
| 4 h 30 | BÉLIER | BÉLIER | BÉLIER | BÉLIER | BÉLIER | BÉLIER | BÉLIER | BÉLIER |
| 5 h 00 | TAUREAU | TAUREAU | TAUREAU | TAUREAU | TAUREAU | TAUREAU | TAUREAU | TAUREAU |
| 5 h 30 | TAUREAU | TAUREAU | TAUREAU | TAUREAU | TAUREAU | TAUREAU | TAUREAU | TAUREAU |
| 6 h 00 | TAUREAU | TAUREAU | GÉMEAUX | GÉMEAUX | GÉMEAUX | GÉMEAUX | GÉMEAUX | GÉMEAUX |
| 6 h 30 | GÉMEAUX | GÉMEAUX | GÉMEAUX | GÉMEAUX | GÉMEAUX | GÉMEAUX | GÉMEAUX | GÉMEAUX |
| 7 h 00 | GÉMEAUX | GÉMEAUX | GÉMEAUX | GÉMEAUX | GÉMEAUX | GÉMEAUX | GÉMEAUX | GÉMEAUX |
| 7 h 30 | GÉMEAUX | GÉMEAUX | GÉMEAUX | GÉMEAUX | GÉMEAUX | CANCER | CANCER | CANCER |
| 8 h 00 | CANCER | CANCER | CANCER | CANCER | CANCER | CANCER | CANCER | CANCER |
| 8 h 30 | CANCER | CANCER | CANCER | CANCER | CANCER | CANCER | CANCER | CANCER |
| 9 h 00 | CANCER | CANCER | CANCER | CANCER | CANCER | CANCER | CANCER | CANCER |
| 9 h 30 | CANCER | CANCER | CANCER | CANCER | CANCER | CANCER | CANCER | CANCER |
| 10 h 00 | CANCER | CANCER | CANCER | CANCER | CANCER | CANCER | LION | LION |
| 10 h 30 | LION | LION | LION | LION | LION | LION | LION | LION |
| 11 h 00 | LION | LION | LION | LION | LION | LION | LION | LION |
| 11 h 30 | LION | LION | LION | LION | LION | LION | LION | LION |
| MIDI | LION | LION | LION | LION | LION | LION | LION | LION |
| 12 h 30 | LION | LION | LION | LION | LION | LION | LION | LION |
| 13 h 00 | LION | LION | LION | LION | VIERGE | VIERGE | VIERGE | VIERGE |
| 13 h 30 | VIERGE | VIERGE | VIERGE | VIERGE | VIERGE | VIERGE | VIERGE | VIERGE |
| 14 h 00 | VIERGE | VIERGE | VIERGE | VIERGE | VIERGE | VIERGE | VIERGE | VIERGE |
| 14 h 30 | VIERGE | VIERGE | VIERGE | VIERGE | VIERGE | VIERGE | VIERGE | VIERGE |
| 15 h 00 | VIERGE | VIERGE | VIERGE | VIERGE | VIERGE | VIERGE | VIERGE | VIERGE |
| 15 h 30 | VIERGE | VIERGE | VIERGE | VIERGE | VIERGE | VIERGE | VIERGE | VIERGE |
| 16 h 00 | VIERGE | VIERGE | BALANCE | BALANCE | BALANCE | BALANCE | BALANCE | BALANCE |
| 16 h 30 | BALANCE | BALANCE | BALANCE | BALANCE | BALANCE | BALANCE | BALANCE | BALANCE |
| 17 h 00 | BALANCE | BALANCE | BALANCE | BALANCE | BALANCE | BALANCE | BALANCE | BALANCE |
| 17 h 30 | BALANCE | BALANCE | BALANCE | BALANCE | BALANCE | BALANCE | BALANCE | BALANCE |
| 18 h 00 | BALANCE | BALANCE | BALANCE | BALANCE | BALANCE | BALANCE | BALANCE | BALANCE |
| 18 h 30 | BALANCE | BALANCE | BALANCE | BALANCE | BALANCE | BALANCE | BALANCE | SCORPION |
| 19 h 00 | SCORPION | SCORPION | SCORPION | SCORPION | SCORPION | SCORPION | SCORPION | SCORPION |
| 19 h 30 | SCORPION | SCORPION | SCORPION | SCORPION | SCORPION | SCORPION | SCORPION | SCORPION |
| 20 h 00 | SCORPION | SCORPION | SCORPION | SCORPION | SCORPION | SCORPION | SCORPION | SCORPION |
| 20 h 30 | SCORPION | SCORPION | SCORPION | SCORPION | SCORPION | SCORPION | SCORPION | SCORPION |
| 21 h 00 | SCORPION | SCORPION | SCORPION | SCORPION | SCORPION | SCORPION | SCORPION | SCORPION |
| 21 h 30 | SCORPION | SCORPION | SCORPION | SCORPION | SCORPION | SAGITTAIRE | SAGITTAIRE | SAGITTAIRE |
| 22 h 00 | SAGITTAIRE | SAGITTAIRE | SAGITTAIRE | SAGITTAIRE | SAGITTAIRE | SAGITTAIRE | SAGITTAIRE | SAGITTAIRE |
| 22 h 30 | SAGITTAIRE | SAGITTAIRE | SAGITTAIRE | SAGITTAIRE | SAGITTAIRE | SAGITTAIRE | SAGITTAIRE | SAGITTAIRE |
| 23 h 00 | SAGITTAIRE | SAGITTAIRE | SAGITTAIRE | SAGITTAIRE | SAGITTAIRE | SAGITTAIRE | SAGITTAIRE | SAGITTAIRE |
| 23 h 30 | SAGITTAIRE | SAGITTAIRE | SAGITTAIRE | SAGITTAIRE | SAGITTAIRE | SAGITTAIRE | SAGITTAIRE | SAGITTAIRE |

# DÉCOUVREZ VOTRE ASCENDANT SANS AUCUN CALCUL : TABLE N° 5

| VOTRE HEURE DE NAISSANCE | 28 AVRIL | 29 AVRIL | 30 AVRIL | 1 MAI | 2 MAI | 3 MAI | 4 MAI | 5 MAI |
|---|---|---|---|---|---|---|---|---|
| 0 h 00 | CAPRICORNE | CAPRICORNE | CAPRICORNE | CAPRICORNE | CAPRICORNE | CAPRICORNE | CAPRICORNE | CAPRICORNE |
| 0 h 30 | CAPRICORNE | CAPRICORNE | CAPRICORNE | CAPRICORNE | CAPRICORNE | CAPRICORNE | CAPRICORNE | CAPRICORNE |
| 1 h 00 | CAPRICORNE | CAPRICORNE | CAPRICORNE | CAPRICORNE | CAPRICORNE | CAPRICORNE | CAPRICORNE | CAPRICORNE |
| 1 h 30 | CAPRICORNE | CAPRICORNE | VERSEAU | VERSEAU | VERSEAU | VERSEAU | VERSEAU | VERSEAU |
| 2 h 00 | VERSEAU | VERSEAU | VERSEAU | VERSEAU | VERSEAU | VERSEAU | VERSEAU | VERSEAU |
| 2 h 30 | VERSEAU | VERSEAU | VERSEAU | VERSEAU | POISSONS | POISSONS | POISSONS | POISSONS |
| 3 h 00 | POISSONS | POISSONS | POISSONS | POISSONS | POISSONS | POISSONS | POISSONS | POISSONS |
| 3 h 30 | POISSONS | POISSONS | BÉLIER | BÉLIER | BÉLIER | BÉLIER | BÉLIER | BÉLIER |
| 4 h 00 | BÉLIER | BÉLIER | BÉLIER | BÉLIER | BÉLIER | BÉLIER | BÉLIER | TAUREAU |
| 4 h 30 | TAUREAU | TAUREAU | TAUREAU | TAUREAU | TAUREAU | TAUREAU | TAUREAU | TAUREAU |
| 5 h 00 | TAUREAU | TAUREAU | TAUREAU | TAUREAU | TAUREAU | TAUREAU | TAUREAU | TAUREAU |
| 5 h 30 | TAUREAU | TAUREAU | GÉMEAUX | GÉMEAUX | GÉMEAUX | GÉMEAUX | GÉMEAUX | GÉMEAUX |
| 6 h 00 | GÉMEAUX | GÉMEAUX | GÉMEAUX | GÉMEAUX | GÉMEAUX | GÉMEAUX | GÉMEAUX | GÉMEAUX |
| 6 h 30 | GÉMEAUX | GÉMEAUX | GÉMEAUX | GÉMEAUX | GÉMEAUX | GÉMEAUX | GÉMEAUX | GÉMEAUX |
| 7 h 00 | GÉMEAUX | GÉMEAUX | GÉMEAUX | GÉMEAUX | GÉMEAUX | CANCER | CANCER | CANCER |
| 7 h 30 | CANCER | CANCER | CANCER | CANCER | CANCER | CANCER | CANCER | CANCER |
| 8 h 00 | CANCER | CANCER | CANCER | CANCER | CANCER | CANCER | CANCER | CANCER |
| 8 h 30 | CANCER | CANCER | CANCER | CANCER | CANCER | CANCER | CANCER | CANCER |
| 9 h 00 | CANCER | CANCER | CANCER | CANCER | CANCER | CANCER | CANCER | CANCER |
| 9 h 30 | CANCER | CANCER | CANCER | CANCER | CANCER | CANCER | LION | LION |
| 10 h 00 | LION | LION | LION | LION | LION | LION | LION | LION |
| 10 h 30 | LION | LION | LION | LION | LION | LION | LION | LION |
| 11 h 00 | LION | LION | LION | LION | LION | LION | LION | LION |
| 11 h 30 | LION | LION | LION | LION | LION | LION | LION | LION |
| MIDI | LION | LION | LION | LION | LION | LION | LION | LION |
| 12 h 30 | LION | LION | LION | VIERGE | VIERGE | VIERGE | VIERGE | VIERGE |
| 13 h 00 | VIERGE | VIERGE | VIERGE | VIERGE | VIERGE | VIERGE | VIERGE | VIERGE |
| 13 h 30 | VIERGE | VIERGE | VIERGE | VIERGE | VIERGE | VIERGE | VIERGE | VIERGE |
| 14 h 00 | VIERGE | VIERGE | VIERGE | VIERGE | VIERGE | VIERGE | VIERGE | VIERGE |
| 14 h 30 | VIERGE | VIERGE | VIERGE | VIERGE | VIERGE | VIERGE | VIERGE | VIERGE |
| 15 h 00 | VIERGE | VIERGE | VIERGE | VIERGE | VIERGE | VIERGE | VIERGE | VIERGE |
| 15 h 30 | VIERGE | VIERGE | BALANCE | BALANCE | BALANCE | BALANCE | BALANCE | BALANCE |
| 16 h 00 | BALANCE | BALANCE | BALANCE | BALANCE | BALANCE | BALANCE | BALANCE | BALANCE |
| 16 h 30 | BALANCE | BALANCE | BALANCE | BALANCE | BALANCE | BALANCE | BALANCE | BALANCE |
| 17 h 00 | BALANCE | BALANCE | BALANCE | BALANCE | BALANCE | BALANCE | BALANCE | BALANCE |
| 17 h 30 | BALANCE | BALANCE | BALANCE | BALANCE | BALANCE | BALANCE | BALANCE | BALANCE |
| 18 h 00 | BALANCE | BALANCE | BALANCE | BALANCE | BALANCE | BALANCE | BALANCE | SCORPION |
| 18 h 30 | SCORPION | SCORPION | SCORPION | SCORPION | SCORPION | SCORPION | SCORPION | SCORPION |
| 19 h 00 | SCORPION | SCORPION | SCORPION | SCORPION | SCORPION | SCORPION | SCORPION | SCORPION |
| 19 h 30 | SCORPION | SCORPION | SCORPION | SCORPION | SCORPION | SCORPION | SCORPION | SCORPION |
| 20 h 00 | SCORPION | SCORPION | SCORPION | SCORPION | SCORPION | SCORPION | SCORPION | SCORPION |
| 20 h 30 | SCORPION | SCORPION | SCORPION | SCORPION | SCORPION | SCORPION | SCORPION | SCORPION |
| 21 h 00 | SCORPION | SCORPION | SCORPION | SCORPION | SCORPION | SAGITTAIRE | SAGITTAIRE | SAGITTAIRE |
| 21 h 30 | SAGITTAIRE | SAGITTAIRE | SAGITTAIRE | SAGITTAIRE | SAGITTAIRE | SAGITTAIRE | SAGITTAIRE | SAGITTAIRE |
| 22 h 00 | SAGITTAIRE | SAGITTAIRE | SAGITTAIRE | SAGITTAIRE | SAGITTAIRE | SAGITTAIRE | SAGITTAIRE | SAGITTAIRE |
| 22 h 30 | SAGITTAIRE | SAGITTAIRE | SAGITTAIRE | SAGITTAIRE | SAGITTAIRE | SAGITTAIRE | SAGITTAIRE | SAGITTAIRE |
| 23 h 00 | SAGITTAIRE | SAGITTAIRE | SAGITTAIRE | SAGITTAIRE | SAGITTAIRE | SAGITTAIRE | SAGITTAIRE | SAGITTAIRE |
| 23 h 30 | SAGITTAIRE | SAGITTAIRE | SAGITTAIRE | SAGITTAIRE | SAGITTAIRE | CAPRICORNE | CAPRICORNE | CAPRICORNE |

# DÉCOUVREZ VOTRE ASCENDANT SANS AUCUN CALCUL : TABLE N° 5

| VOTRE HEURE DE NAISSANCE | 6 MAI | 7 MAI | 8 MAI | 9 MAI | 10 MAI | 11 MAI | 12 MAI | 13 MAI |
|---|---|---|---|---|---|---|---|---|
| 0 h 00 | CAPRICORNE | CAPRICORNE | CAPRICORNE | CAPRICORNE | CAPRICORNE | CAPRICORNE | CAPRICORNE | CAPRICORNE |
| 0 h 30 | CAPRICORNE | CAPRICORNE | CAPRICORNE | CAPRICORNE | CAPRICORNE | CAPRICORNE | CAPRICORNE | CAPRICORNE |
| 1 h 00 | CAPRICORNE | CAPRICORNE | VERSEAU | VERSEAU | VERSEAU | VERSEAU | VERSEAU | VERSEAU |
| 1 h 30 | VERSEAU | VERSEAU | VERSEAU | VERSEAU | VERSEAU | VERSEAU | VERSEAU | VERSEAU |
| 2 h 00 | VERSEAU | VERSEAU | VERSEAU | VERSEAU | POISSONS | POISSONS | POISSONS | POISSONS |
| 2 h 30 | POISSONS | POISSONS | POISSONS | POISSONS | POISSONS | POISSONS | POISSONS | POISSONS |
| 3 h 00 | POISSONS | BÉLIER | BÉLIER | BÉLIER | BÉLIER | BÉLIER | BÉLIER | BÉLIER |
| 3 h 30 | BÉLIER | BÉLIER | BÉLIER | BÉLIER | BÉLIER | BÉLIER | TAUREAU | TAUREAU |
| 4 h 00 | TAUREAU | TAUREAU | TAUREAU | TAUREAU | TAUREAU | TAUREAU | TAUREAU | TAUREAU |
| 4 h 30 | TAUREAU | TAUREAU | TAUREAU | TAUREAU | TAUREAU | TAUREAU | TAUREAU | TAUREAU |
| 5 h 00 | TAUREAU | GÉMEAUX | GÉMEAUX | GÉMEAUX | GÉMEAUX | GÉMEAUX | GÉMEAUX | GÉMEAUX |
| 5 h 30 | GÉMEAUX | GÉMEAUX | GÉMEAUX | GÉMEAUX | GÉMEAUX | GÉMEAUX | GÉMEAUX | GÉMEAUX |
| 6 h 00 | GÉMEAUX | GÉMEAUX | GÉMEAUX | GÉMEAUX | GÉMEAUX | GÉMEAUX | GÉMEAUX | GÉMEAUX |
| 6 h 30 | GÉMEAUX | GÉMEAUX | GÉMEAUX | GÉMEAUX | GÉMEAUX | CANCER | CANCER | CANCER |
| 7 h 00 | CANCER | CANCER | CANCER | CANCER | CANCER | CANCER | CANCER | CANCER |
| 7 h 30 | CANCER | CANCER | CANCER | CANCER | CANCER | CANCER | CANCER | CANCER |
| 8 h 00 | CANCER | CANCER | CANCER | CANCER | CANCER | CANCER | CANCER | CANCER |
| 8 h 30 | CANCER | CANCER | CANCER | CANCER | CANCER | CANCER | CANCER | CANCER |
| 9 h 00 | CANCER | CANCER | CANCER | CANCER | CANCER | CANCER | LION | LION |
| 9 h 30 | LION | LION | LION | LION | LION | LION | LION | LION |
| 10 h 00 | LION | LION | LION | LION | LION | LION | LION | LION |
| 10 h 30 | LION | LION | LION | LION | LION | LION | LION | LION |
| 11 h 00 | LION | LION | LION | LION | LION | LION | LION | LION |
| 11 h 30 | LION | LION | LION | LION | LION | LION | LION | LION |
| MIDI | LION | LION | LION | VIERGE | VIERGE | VIERGE | VIERGE | VIERGE |
| 12 h 30 | VIERGE | VIERGE | VIERGE | VIERGE | VIERGE | VIERGE | VIERGE | VIERGE |
| 13 h 00 | VIERGE | VIERGE | VIERGE | VIERGE | VIERGE | VIERGE | VIERGE | VIERGE |
| 13 h 30 | VIERGE | VIERGE | VIERGE | VIERGE | VIERGE | VIERGE | VIERGE | VIERGE |
| 14 h 00 | VIERGE | VIERGE | VIERGE | VIERGE | VIERGE | VIERGE | VIERGE | VIERGE |
| 14 h 30 | VIERGE | VIERGE | VIERGE | VIERGE | VIERGE | VIERGE | VIERGE | VIERGE |
| 15 h 00 | VIERGE | BALANCE | BALANCE | BALANCE | BALANCE | BALANCE | BALANCE | BALANCE |
| 15 h 30 | BALANCE | BALANCE | BALANCE | BALANCE | BALANCE | BALANCE | BALANCE | BALANCE |
| 16 h 00 | BALANCE | BALANCE | BALANCE | BALANCE | BALANCE | BALANCE | BALANCE | BALANCE |
| 16 h 30 | BALANCE | BALANCE | BALANCE | BALANCE | BALANCE | BALANCE | BALANCE | BALANCE |
| 17 h 00 | BALANCE | BALANCE | BALANCE | BALANCE | BALANCE | BALANCE | BALANCE | BALANCE |
| 17 h 30 | BALANCE | BALANCE | BALANCE | BALANCE | BALANCE | BALANCE | SCORPION | SCORPION |
| 18 h 00 | SCORPION | SCORPION | SCORPION | SCORPION | SCORPION | SCORPION | SCORPION | SCORPION |
| 18 h 30 | SCORPION | SCORPION | SCORPION | SCORPION | SCORPION | SCORPION | SCORPION | SCORPION |
| 19 h 00 | SCORPION | SCORPION | SCORPION | SCORPION | SCORPION | SCORPION | SCORPION | SCORPION |
| 19 h 30 | SCORPION | SCORPION | SCORPION | SCORPION | SCORPION | SCORPION | SCORPION | SCORPION |
| 20 h 00 | SCORPION | SCORPION | SCORPION | SCORPION | SCORPION | SCORPION | SCORPION | SCORPION |
| 20 h 30 | SCORPION | SCORPION | SCORPION | SCORPION | SCORPION | SAGITTAIRE | SAGITTAIRE | SAGITTAIRE |
| 21 h 00 | SAGITTAIRE | SAGITTAIRE | SAGITTAIRE | SAGITTAIRE | SAGITTAIRE | SAGITTAIRE | SAGITTAIRE | SAGITTAIRE |
| 21 h 30 | SAGITTAIRE | SAGITTAIRE | SAGITTAIRE | SAGITTAIRE | SAGITTAIRE | SAGITTAIRE | SAGITTAIRE | SAGITTAIRE |
| 22 h 00 | SAGITTAIRE | SAGITTAIRE | SAGITTAIRE | SAGITTAIRE | SAGITTAIRE | SAGITTAIRE | SAGITTAIRE | SAGITTAIRE |
| 22 h 30 | SAGITTAIRE | SAGITTAIRE | SAGITTAIRE | SAGITTAIRE | SAGITTAIRE | SAGITTAIRE | SAGITTAIRE | SAGITTAIRE |
| 23 h 00 | SAGITTAIRE | SAGITTAIRE | SAGITTAIRE | SAGITTAIRE | SAGITTAIRE | CAPRICORNE | CAPRICORNE | CAPRICORNE |
| 23 h 30 | CAPRICORNE | CAPRICORNE | CAPRICORNE | CAPRICORNE | CAPRICORNE | CAPRICORNE | CAPRICORNE | CAPRICORNE |

## DÉCOUVREZ VOTRE ASCENDANT SANS AUCUN CALCUL : TABLE N° 5

| VOTRE HEURE DE NAISSANCE | 14 MAI | 15 MAI | 16 MAI | 17 MAI | 18 MAI | 19 MAI | 20 MAI | 21 MAI |
|---|---|---|---|---|---|---|---|---|
| 0 h 00 | CAPRICORNE | CAPRICORNE | CAPRICORNE | CAPRICORNE | CAPRICORNE | CAPRICORNE | CAPRICORNE | CAPRICORNE |
| 0 h 30 | CAPRICORNE | VERSEAU | VERSEAU | VERSEAU | VERSEAU | VERSEAU | VERSEAU | VERSEAU |
| 1 h 00 | VERSEAU | VERSEAU | VERSEAU | VERSEAU | VERSEAU | VERSEAU | VERSEAU | VERSEAU |
| 1 h 30 | VERSEAU | VERSEAU | VERSEAU | POISSONS | POISSONS | POISSONS | POISSONS | POISSONS |
| 2 h 00 | POISSONS | POISSONS | POISSONS | POISSONS | POISSONS | POISSONS | POISSONS | POISSONS |
| 2 h 30 | POISSONS | BÉLIER | BÉLIER | BÉLIER | BÉLIER | BÉLIER | BÉLIER | BÉLIER |
| 3 h 00 | BÉLIER | BÉLIER | BÉLIER | BÉLIER | BÉLIER | BÉLIER | TAUREAU | TAUREAU |
| 3 h 30 | TAUREAU | TAUREAU | TAUREAU | TAUREAU | TAUREAU | TAUREAU | TAUREAU | TAUREAU |
| 4 h 00 | TAUREAU | TAUREAU | TAUREAU | TAUREAU | TAUREAU | TAUREAU | TAUREAU | TAUREAU |
| 4 h 30 | TAUREAU | GÉMEAUX | GÉMEAUX | GÉMEAUX | GÉMEAUX | GÉMEAUX | GÉMEAUX | GÉMEAUX |
| 5 h 00 | GÉMEAUX | GÉMEAUX | GÉMEAUX | GÉMEAUX | GÉMEAUX | GÉMEAUX | GÉMEAUX | GÉMEAUX |
| 5 h 30 | GÉMEAUX | GÉMEAUX | GÉMEAUX | GÉMEAUX | GÉMEAUX | GÉMEAUX | GÉMEAUX | GÉMEAUX |
| 6 h 00 | GÉMEAUX | GÉMEAUX | GÉMEAUX | GÉMEAUX | CANCER | CANCER | CANCER | CANCER |
| 6 h 30 | CANCER | CANCER | CANCER | CANCER | CANCER | CANCER | CANCER | CANCER |
| 7 h 00 | CANCER | CANCER | CANCER | CANCER | CANCER | CANCER | CANCER | CANCER |
| 7 h 30 | CANCER | CANCER | CANCER | CANCER | NCER | CANCER | CANCER | CANCER |
| 8 h 00 | CANCER | CANCER | CANCER | CANCER | NCER | CANCER | CANCER | CANCER |
| 8 h 30 | CANCER | CANCER | CANCER | CANCER | NCER | LION | LION | LION |
| 9 h 00 | LION | LION | LION | LION | ON | LION | LION | LION |
| 9 h 30 | LION | LION | LION | LION | ON | LION | LION | LION |
| 10 h 00 | LION | LION | LION | LION | ON | LION | LION | LION |
| 10 h 30 | LION | LION | LION | LION | ON | LION | LION | LION |
| 11 h 00 | LION | LION | LION | LION | ON | LION | LION | LION |
| 11 h 30 | LION | LION | VIERGE | VIERGE |RGE | VIERGE | VIERGE | VIERGE |
| MIDI | VIERGE | VIERGE | VIERGE | VIERGE | RGE | VIERGE | VIERGE | VIERGE |
| 12 h 30 | VIERGE | VIERGE | VIERGE | VIERGE | RGE | VIERGE | VIERGE | VIERGE |
| 13 h 00 | VIERGE | VIERGE | VIERGE | VIERGE | RGE | VIERGE | VIERGE | VIERGE |
| 13 h 30 | VIERGE | VIERGE | VIERGE | VIERGE | RGE | VIERGE | VIERGE | VIERGE |
| 14 h 00 | VIERGE | VIERGE | VIERGE | VIERGE | RGE | VIERGE | VIERGE | VIERGE |
| 14 h 30 | VIERGE | BALANCE | BALANCE | BALANCE | NCE | BALANCE | BALANCE | BALANCE |
| 15 h 00 | BALANCE | BALANCE | BALANCE | BALANCE | NCE | BALANCE | BALANCE | BALANCE |
| 15 h 30 | BALANCE | BALANCE | BALANCE | BALANCE | BALANCE | BALANCE | BALANCE | BALANCE |
| 16 h 00 | BALANCE | BALANCE | BALANCE | BALANCE | BALANCE | BALANCE | BALANCE | BALANCE |
| 16 h 30 | BALANCE | BALANCE | BALANCE | BALANCE | BALANCE | BALANCE | BALANCE | BALANCE |
| 17 h 00 | BALANCE | BALANCE | BALANCE | BALANCE | BALANCE | BALANCE | SCORPION | SCORPION |
| 17 h 30 | SCORPION | SCORPION | SCORPION | SCORPION | SCORPION | SCORPION | SCORPION | SCORPION |
| 18 h 00 | SCORPION | SCORPION | SCORPION | SCORPION | SCORPION | SCORPION | SCORPION | SCORPION |
| 18 h 30 | SCORPION | SCORPION | SCORPION | SCORPION | SCORPION | SCORPION | SCORPION | SCORPION |
| 19 h 00 | SCORPION | SCORPION | SCORPION | SCORPION | SCORPION | SCORPION | SCORPION | SCORPION |
| 19 h 30 | SCORPION | SCORPION | SCORPION | SCORPION | SCORPION | SCORPION | SCORPION | SCORPION |
| 20 h 00 | SCORPION | SCORPION | SCORPION | SCORPION | SAGITTAIRE | SAGITTAIRE | SAGITTAIRE | SAGITTAIRE |
| 20 h 30 | SAGITTAIRE | SAGITTAIRE | SAGITTAIRE | SAGITTAIRE | SAGITTAIRE | SAGITTAIRE | SAGITTAIRE | SAGITTAIRE |
| 21 h 00 | SAGITTAIRE | SAGITTAIRE | SAGITTAIRE | SAGITTAIRE | SAGITTAIRE | SAGITTAIRE | SAGITTAIRE | SAGITTAIRE |
| 21 h 30 | SAGITTAIRE | SAGITTAIRE | SAGITTAIRE | SAGITTAIRE | SAGITTAIRE | SAGITTAIRE | SAGITTAIRE | SAGITTAIRE |
| 22 h 00 | SAGITTAIRE | SAGITTAIRE | SAGITTAIRE | SAGITTAIRE | SAGITTAIRE | SAGITTAIRE | SAGITTAIRE | SAGITTAIRE |
| 22 h 30 | SAGITTAIRE | SAGITTAIRE | SAGITTAIRE | SAGITTAIRE | SAGITTAIRE | CAPRICORNE | CAPRICORNE | CAPRICORNE |
| 23 h 00 | CAPRICORNE | CAPRICORNE | CAPRICORNE | CAPRICORNE | CAPRICORNE | CAPRICORNE | CAPRICORNE | CAPRICORNE |
| 23 h 30 | CAPRICORNE | CAPRICORNE | CAPRICORNE | CAPRICORNE | CAPRICORNE | CAPRICORNE | CAPRICORNE | CAPRICORNE |

# DÉCOUVREZ VOTRE ASCENDANT SANS AUCUN CALCUL : TABLE N° 6

| VOTRE HEURE DE NAISSANCE | 20 AVRIL | 21 AVRIL | 22 AVRIL | 23 AVRIL | 24 AVRIL | 25 AVRIL | 26 AVRIL | 27 AVRIL |
|---|---|---|---|---|---|---|---|---|
| 0 h 00 | SAGITTAIRE | SAGITTAIRE | SAGITTAIRE | SAGITTAIRE | SAGITTAIRE | SAGITTAIRE | SAGITTAIRE | SAGITTAIRE |
| 0 h 30 | SAGITTAIRE | SAGITTAIRE | SAGITTAIRE | SAGITTAIRE | SAGITTAIRE | SAGITTAIRE | SAGITTAIRE | SAGITTAIRE |
| 1 h 00 | SAGITTAIRE | SAGITTAIRE | CAPRICORNE | CAPRICORNE | CAPRICORNE | CAPRICORNE | CAPRICORNE | CAPRICORNE |
| 1 h 30 | CAPRICORNE | CAPRICORNE | CAPRICORNE | CAPRICORNE | CAPRICORNE | CAPRICORNE | CAPRICORNE | CAPRICORNE |
| 2 h 00 | CAPRICORNE | CAPRICORNE | CAPRICORNE | CAPRICORNE | CAPRICORNE | CAPRICORNE | CAPRICORNE | CAPRICORNE |
| 2 h 30 | CAPRICORNE | CAPRICORNE | CAPRICORNE | CAPRICORNE | VERSEAU | VERSEAU | VERSEAU | VERSEAU |
| 3 h 00 | VERSEAU | VERSEAU | VERSEAU | VERSEAU | VERSEAU | VERSEAU | VERSEAU | VERSEAU |
| 3 h 30 | VERSEAU | POISSONS | POISSONS | POISSONS | POISSONS | POISSONS | POISSONS | POISSONS |
| 4 h 00 | POISSONS | POISSONS | BÉLIER | BÉLIER | BÉLIER | BÉLIER | BÉLIER | BÉLIER |
| 4 h 30 | BÉLIER | BÉLIER | BÉLIER | TAUREAU | TAUREAU | TAUREAU | TAUREAU | TAUREAU |
| 5 h 00 | TAUREAU | TAUREAU | TAUREAU | TAUREAU | TAUREAU | TAUREAU | TAUREAU | GÉMEAUX |
| 5 h 30 | GÉMEAUX | GÉMEAUX | GÉMEAUX | GÉMEAUX | GÉMEAUX | GÉMEAUX | GÉMEAUX | GÉMEAUX |
| 6 h 00 | GÉMEAUX | GÉMEAUX | GÉMEAUX | GÉMEAUX | GÉMEAUX | GÉMEAUX | GÉMEAUX | GÉMEAUX |
| 6 h 30 | GÉMEAUX | GÉMEAUX | GÉMEAUX | GÉMEAUX | GÉMEAUX | GÉMEAUX | GÉMEAUX | CANCER |
| 7 h 00 | CANCER | CANCER | CANCER | CANCER | CANCER | CANCER | CANCER | CANCER |
| 7 h 30 | CANCER | CANCER | CANCER | CANCER | CANCER | CANCER | CANCER | CANCER |
| 8 h 00 | CANCER | CANCER | CANCER | CANCER | CANCER | CANCER | CANCER | CANCER |
| 8 h 30 | CANCER | CANCER | CANCER | CANCER | CANCER | CANCER | CANCER | CANCER |
| 9 h 00 | CANCER | CANCER | CANCER | CANCER | CANCER | CANCER | CANCER | CANCER |
| 9 h 30 | CANCER | CANCER | CANCER | CANCER | LION | LION | LION | LION |
| 10 h 00 | LION | LION | LION | LION | LION | LION | LION | LION |
| 10 h 30 | LION | LION | LION | LION | LION | LION | LION | LION |
| 11 h 00 | LION | LION | LION | LION | LION | LION | LION | LION |
| 11 h 30 | LION | LION | LION | LION | LION | LION | LION | LION |
| MIDI | LION | LION | LION | LION | LION | LION | LION | LION |
| 12 h 30 | LION | LION | LION | LION | LION | LION | VIERGE | VIERGE |
| 13 h 00 | VIERGE | VIERGE | VIERGE | VIERGE | VIERGE | VIERGE | VIERGE | VIERGE |
| 13 h 30 | VIERGE | VIERGE | VIERGE | VIERGE | VIERGE | VIERGE | VIERGE | VIERGE |
| 14 h 00 | VIERGE | VIERGE | VIERGE | VIERGE | VIERGE | VIERGE | VIERGE | VIERGE |
| 14 h 30 | VIERGE | VIERGE | VIERGE | VIERGE | VIERGE | VIERGE | VIERGE | VIERGE |
| 15 h 00 | VIERGE | VIERGE | VIERGE | VIERGE | VIERGE | VIERGE | VIERGE | VIERGE |
| 15 h 30 | VIERGE | VIERGE | VIERGE | VIERGE | VIERGE | VIERGE | VIERGE | VIERGE |
| 16 h 00 | VIERGE | VIERGE | BALANCE | BALANCE | BALANCE | BALANCE | BALANCE | BALANCE |
| 16 h 30 | BALANCE | BALANCE | BALANCE | BALANCE | BALANCE | BALANCE | BALANCE | BALANCE |
| 17 h 00 | BALANCE | BALANCE | BALANCE | BALANCE | BALANCE | BALANCE | BALANCE | BALANCE |
| 17 h 30 | BALANCE | BALANCE | BALANCE | BALANCE | BALANCE | BALANCE | BALANCE | BALANCE |
| 18 h 00 | BALANCE | BALANCE | BALANCE | BALANCE | BALANCE | BALANCE | BALANCE | BALANCE |
| 18 h 30 | BALANCE | BALANCE | BALANCE | BALANCE | BALANCE | BALANCE | BALANCE | BALANCE |
| 19 h 00 | BALANCE | BALANCE | BALANCE | BALANCE | SCORPION | SCORPION | SCORPION | SCORPION |
| 19 h 30 | SCORPION | SCORPION | SCORPION | SCORPION | SCORPION | SCORPION | SCORPION | SCORPION |
| 20 h 00 | SCORPION | SCORPION | SCORPION | SCORPION | SCORPION | SCORPION | SCORPION | SCORPION |
| 20 h 30 | SCORPION | SCORPION | SCORPION | SCORPION | SCORPION | SCORPION | SCORPION | SCORPION |
| 21 h 00 | SCORPION | SCORPION | SCORPION | SCORPION | SCORPION | SCORPION | SCORPION | SCORPION |
| 21 h 30 | SCORPION | SCORPION | SCORPION | SCORPION | SCORPION | SCORPION | SCORPION | SCORPION |
| 22 h 00 | SCORPION | SCORPION | SCORPION | SCORPION | SCORPION | SCORPION | SCORPION | SAGITTAIRE |
| 22 h 30 | SAGITTAIRE | SAGITTAIRE | SAGITTAIRE | SAGITTAIRE | SAGITTAIRE | SAGITTAIRE | SAGITTAIRE | SAGITTAIRE |
| 23 h 00 | SAGITTAIRE | SAGITTAIRE | SAGITTAIRE | SAGITTAIRE | SAGITTAIRE | SAGITTAIRE | SAGITTAIRE | SAGITTAIRE |
| 23 h 30 | SAGITTAIRE | SAGITTAIRE | SAGITTAIRE | SAGITTAIRE | SAGITTAIRE | SAGITTAIRE | SAGITTAIRE | SAGITTAIRE |

# DÉCOUVREZ VOTRE ASCENDANT SANS AUCUN CALCUL : TABLE N° 6

| VOTRE HEURE DE NAISSANCE | 28 AVRIL | 29 AVRIL | 30 AVRIL | 1 MAI | 2 MAI | 3 MAI | 4 MAI | 5 MAI |
|---|---|---|---|---|---|---|---|---|
| 0 h 00 | SAGITTAIRE | SAGITTAIRE | SAGITTAIRE | SAGITTAIRE | SAGITTAIRE | SAGITTAIRE | SAGITTAIRE | SAGITTAIRE |
| 0 h 30 | SAGITTAIRE | SAGITTAIRE | CAPRICORNE | CAPRICORNE | CAPRICORNE | CAPRICORNE | CAPRICORNE | CAPRICORNE |
| 1 h 00 | CAPRICORNE | CAPRICORNE | CAPRICORNE | CAPRICORNE | CAPRICORNE | CAPRICORNE | CAPRICORNE | CAPRICORNE |
| 1 h 30 | CAPRICORNE | CAPRICORNE | CAPRICORNE | CAPRICORNE | CAPRICORNE | CAPRICORNE | CAPRICORNE | CAPRICORNE |
| 2 h 00 | CAPRICORNE | CAPRICORNE | CAPRICORNE | CAPRICORNE | VERSEAU | VERSEAU | VERSEAU | VERSEAU |
| 2 h 30 | VERSEAU | VERSEAU | VERSEAU | VERSEAU | VERSEAU | VERSEAU | VERSEAU | VERSEAU |
| 3 h 00 | POISSONS | POISSONS | POISSONS | POISSONS | POISSONS | POISSONS | POISSONS | POISSONS |
| 3 h 30 | POISSONS | POISSONS | BÉLIER | BÉLIER | BÉLIER | BÉLIER | BÉLIER | BÉLIER |
| 4 h 00 | BÉLIER | BÉLIER | TAUREAU | TAUREAU | TAUREAU | TAUREAU | TAUREAU | TAUREAU |
| 4 h 30 | TAUREAU | TAUREAU | TAUREAU | TAUREAU | TAUREAU | TAUREAU | TAUREAU | GÉMEAUX |
| 5 h 00 | GÉMEAUX | GÉMEAUX | GÉMEAUX | GÉMEAUX | GÉMEAUX | GÉMEAUX | GÉMEAUX | GÉMEAUX |
| 5 h 30 | GÉMEAUX | GÉMEAUX | GÉMEAUX | GÉMEAUX | GÉMEAUX | GÉMEAUX | GÉMEAUX | GÉMEAUX |
| 6 h 00 | GÉMEAUX | GÉMEAUX | GÉMEAUX | GÉMEAUX | GÉMEAUX | GÉMEAUX | GÉMEAUX | CANCER |
| 6 h 30 | CANCER | CANCER | CANCER | CANCER | CANCER | CANCER | CANCER | CANCER |
| 7 h 00 | CANCER | CANCER | CANCER | CANCER | CANCER | CANCER | CANCER | CANCER |
| 7 h 30 | CANCER | CANCER | CANCER | CANCER | CANCER | CANCER | CANCER | CANCER |
| 8 h 00 | CANCER | CANCER | CANCER | CANCER | CANCER | CANCER | CANCER | CANCER |
| 8 h 30 | CANCER | CANCER | CANCER | CANCER | CANCER | CANCER | CANCER | CANCER |
| 9 h 00 | CANCER | CANCER | CANCER | LION | LION | LION | LION | LION |
| 9 h 30 | LION | LION | LION | LION | LION | LION | LION | LION |
| 10 h 00 | LION | LION | LION | LION | LION | LION | LION | LION |
| 10 h 30 | LION | LION | LION | LION | LION | LION | LION | LION |
| 11 h 00 | LION | LION | LION | LION | LION | LION | LION | LION |
| 11 h 30 | LION | LION | LION | LION | LION | LION | LION | LION |
| MIDI | LION | LION | LION | LION | LION | LION | VIERGE | VIERGE |
| 12 h 30 | VIERGE | VIERGE | VIERGE | VIERGE | VIERGE | VIERGE | VIERGE | VIERGE |
| 13 h 00 | VIERGE | VIERGE | VIERGE | VIERGE | VIERGE | VIERGE | VIERGE | VIERGE |
| 13 h 30 | VIERGE | VIERGE | VIERGE | VIERGE | VIERGE | VIERGE | VIERGE | VIERGE |
| 14 h 00 | VIERGE | VIERGE | VIERGE | VIERGE | VIERGE | VIERGE | VIERGE | VIERGE |
| 14 h 30 | VIERGE | VIERGE | VIERGE | VIERGE | VIERGE | VIERGE | VIERGE | VIERGE |
| 15 h 00 | VIERGE | VIERGE | VIERGE | VIERGE | VIERGE | VIERGE | VIERGE | VIERGE |
| 15 h 30 | VIERGE | VIERGE | BALANCE | BALANCE | BALANCE | BALANCE | BALANCE | BALANCE |
| 16 h 00 | BALANCE | BALANCE | BALANCE | BALANCE | BALANCE | BALANCE | BALANCE | BALANCE |
| 16 h 30 | BALANCE | BALANCE | BALANCE | BALANCE | BALANCE | BALANCE | BALANCE | BALANCE |
| 17 h 00 | BALANCE | BALANCE | BALANCE | BALANCE | BALANCE | BALANCE | BALANCE | BALANCE |
| 17 h 30 | BALANCE | BALANCE | BALANCE | BALANCE | BALANCE | BALANCE | BALANCE | BALANCE |
| 18 h 00 | BALANCE | BALANCE | BALANCE | BALANCE | BALANCE | BALANCE | BALANCE | BALANCE |
| 18 h 30 | BALANCE | BALANCE | BALANCE | SCORPION | SCORPION | SCORPION | SCORPION | SCORPION |
| 19 h 00 | SCORPION | SCORPION | SCORPION | SCORPION | SCORPION | SCORPION | SCORPION | SCORPION |
| 19 h 30 | SCORPION | SCORPION | SCORPION | SCORPION | SCORPION | SCORPION | SCORPION | SCORPION |
| 20 h 00 | SCORPION | SCORPION | SCORPION | SCORPION | SCORPION | SCORPION | SCORPION | SCORPION |
| 20 h 30 | SCORPION | SCORPION | SCORPION | SCORPION | SCORPION | SCORPION | SCORPION | SCORPION |
| 21 h 00 | SCORPION | SCORPION | SCORPION | SCORPION | SCORPION | SCORPION | SCORPION | SCORPION |
| 21 h 30 | SCORPION | SCORPION | SCORPION | SCORPION | SCORPION | SCORPION | SCORPION | SAGITTAIRE |
| 22 h 00 | SAGITTAIRE | SAGITTAIRE | SAGITTAIRE | SAGITTAIRE | SAGITTAIRE | SAGITTAIRE | SAGITTAIRE | SAGITTAIRE |
| 22 h 30 | SAGITTAIRE | SAGITTAIRE | SAGITTAIRE | SAGITTAIRE | SAGITTAIRE | SAGITTAIRE | SAGITTAIRE | SAGITTAIRE |
| 23 h 00 | SAGITTAIRE | SAGITTAIRE | SAGITTAIRE | SAGITTAIRE | SAGITTAIRE | SAGITTAIRE | SAGITTAIRE | SAGITTAIRE |
| 23 h 30 | SAGITTAIRE | SAGITTAIRE | SAGITTAIRE | SAGITTAIRE | SAGITTAIRE | SAGITTAIRE | SAGITTAIRE | SAGITTAIRE |

# DÉCOUVREZ VOTRE ASCENDANT SANS AUCUN CALCUL : TABLE N° 6

| VOTRE HEURE DE NAISSANCE | 6 MAI | 7 MAI | 8 MAI | 9 MAI | 10 MAI | 11 MAI | 12 MAI | 13 MAI |
|---|---|---|---|---|---|---|---|---|
| 0 h 00 | SAGITTAIRE | CAPRICORNE | CAPRICORNE | CAPRICORNE | CAPRICORNE | CAPRICORNE | CAPRICORNE | CAPRICORNE |
| 0 h 30 | CAPRICORNE | CAPRICORNE | CAPRICORNE | CAPRICORNE | CAPRICORNE | CAPRICORNE | CAPRICORNE | CAPRICORNE |
| 1 h 00 | CAPRICORNE | CAPRICORNE | CAPRICORNE | CAPRICORNE | CAPRICORNE | CAPRICORNE | CAPRICORNE | CAPRICORNE |
| 1 h 30 | CAPRICORNE | CAPRICORNE | CAPRICORNE | CAPRICORNE | VERSEAU | VERSEAU | VERSEAU | VERSEAU |
| 2 h 00 | VERSEAU | VERSEAU | VERSEAU | VERSEAU | VERSEAU | VERSEAU | VERSEAU | VERSEAU |
| 2 h 30 | POISSONS | POISSONS | POISSONS | POISSONS | POISSONS | POISSONS | POISSONS | POISSONS |
| 3 h 00 | POISSONS | BÉLIER | BÉLIER | BÉLIER | BÉLIER | BÉLIER | BÉLIER | BÉLIER |
| 3 h 30 | BÉLIER | BÉLIER | TAUREAU | TAUREAU | TAUREAU | TAUREAU | TAUREAU | TAUREAU |
| 4 h 00 | TAUREAU | TAUREAU | TAUREAU | TAUREAU | TAUREAU | TAUREAU | GÉMEAUX | GÉMEAUX |
| 4 h 30 | GÉMEAUX | GÉMEAUX | GÉMEAUX | GÉMEAUX | GÉMEAUX | GÉMEAUX | GÉMEAUX | GÉMEAUX |
| 5 h 00 | GÉMEAUX | GÉMEAUX | GÉMEAUX | GÉMEAUX | GÉMEAUX | GÉMEAUX | GÉMEAUX | GÉMEAUX |
| 5 h 30 | GÉMEAUX | GÉMEAUX | GÉMEAUX | GÉMEAUX | GÉMEAUX | GÉMEAUX | CANCER | CANCER |
| 6 h 00 | CANCER | CANCER | CANCER | CANCER | CANCER | CANCER | CANCER | CANCER |
| 6 h 30 | CANCER | CANCER | CANCER | CANCER | CANCER | CANCER | CANCER | CANCER |
| 7 h 00 | CANCER | CANCER | CANCER | CANCER | CANCER | CANCER | CANCER | CANCER |
| 7 h 30 | CANCER | CANCER | CANCER | CANCER | CANCER | CANCER | CANCER | CANCER |
| 8 h 00 | CANCER | CANCER | CANCER | CANCER | CANCER | CANCER | CANCER | CANCER |
| 8 h 30 | CANCER | CANCER | CANCER | LION | LION | LION | LION | LION |
| 9 h 00 | LION | LION | LION | LION | LION | LION | LION | LION |
| 9 h 30 | LION | LION | LION | LION | LION | LION | LION | LION |
| 10 h 00 | LION | LION | LION | LION | LION | LION | LION | LION |
| 10 h 30 | LION | LION | LION | LION | LION | LION | LION | LION |
| 11 h 00 | LION | LION | LION | LION | LION | LION | LION | LION |
| 11 h 30 | LION | LION | LION | LION | LION | LION | VIERGE | VIERGE |
| MIDI | VIERGE | VIERGE | VIERGE | VIERGE | VIERGE | VIERGE | VIERGE | VIERGE |
| 12 h 30 | VIERGE | VIERGE | VIERGE | VIERGE | VIERGE | VIERGE | VIERGE | VIERGE |
| 13 h 00 | VIERGE | VIERGE | VIERGE | VIERGE | VIERGE | VIERGE | VIERGE | VIERGE |
| 13 h 30 | VIERGE | VIERGE | VIERGE | VIERGE | VIERGE | VIERGE | VIERGE | VIERGE |
| 14 h 00 | VIERGE | VIERGE | VIERGE | VIERGE | VIERGE | VIERGE | VIERGE | VIERGE |
| 14 h 30 | VIERGE | VIERGE | VIERGE | VIERGE | VIERGE | VIERGE | VIERGE | VIERGE |
| 15 h 00 | VIERGE | BALANCE | BALANCE | BALANCE | BALANCE | BALANCE | BALANCE | BALANCE |
| 15 h 30 | BALANCE | BALANCE | BALANCE | BALANCE | BALANCE | BALANCE | BALANCE | BALANCE |
| 16 h 00 | BALANCE | BALANCE | BALANCE | BALANCE | BALANCE | BALANCE | BALANCE | BALANCE |
| 16 h 30 | BALANCE | BALANCE | BALANCE | BALANCE | BALANCE | BALANCE | BALANCE | BALANCE |
| 17 h 00 | BALANCE | BALANCE | BALANCE | BALANCE | BALANCE | BALANCE | BALANCE | BALANCE |
| 17 h 30 | BALANCE | BALANCE | BALANCE | BALANCE | BALANCE | BALANCE | BALANCE | BALANCE |
| 18 h 00 | BALANCE | BALANCE | BALANCE | SCORPION | SCORPION | SCORPION | SCORPION | SCORPION |
| 18 h 30 | SCORPION | SCORPION | SCORPION | SCORPION | SCORPION | SCORPION | SCORPION | SCORPION |
| 19 h 00 | SCORPION | SCORPION | SCORPION | SCORPION | SCORPION | SCORPION | SCORPION | SCORPION |
| 19 h 30 | SCORPION | SCORPION | SCORPION | SCORPION | SCORPION | SCORPION | SCORPION | SCORPION |
| 20 h 00 | SCORPION | SCORPION | SCORPION | SCORPION | SCORPION | SCORPION | SCORPION | SCORPION |
| 20 h 30 | SCORPION | SCORPION | SCORPION | SCORPION | SCORPION | SCORPION | SCORPION | SCORPION |
| 21 h 00 | SCORPION | SCORPION | SCORPION | SCORPION | SCORPION | SCORPION | SAGITTAIRE | SAGITTAIRE |
| 21 h 30 | SAGITTAIRE | SAGITTAIRE | SAGITTAIRE | SAGITTAIRE | SAGITTAIRE | SAGITTAIRE | SAGITTAIRE | SAGITTAIRE |
| 22 h 00 | SAGITTAIRE | SAGITTAIRE | SAGITTAIRE | SAGITTAIRE | SAGITTAIRE | SAGITTAIRE | SAGITTAIRE | SAGITTAIRE |
| 22 h 30 | SAGITTAIRE | SAGITTAIRE | SAGITTAIRE | SAGITTAIRE | SAGITTAIRE | SAGITTAIRE | SAGITTAIRE | SAGITTAIRE |
| 23 h 00 | SAGITTAIRE | SAGITTAIRE | SAGITTAIRE | SAGITTAIRE | SAGITTAIRE | SAGITTAIRE | SAGITTAIRE | SAGITTAIRE |
| 23 h 30 | SAGITTAIRE | SAGITTAIRE | SAGITTAIRE | SAGITTAIRE | SAGITTAIRE | SAGITTAIRE | SAGITTAIRE | SAGITTAIRE |

# DÉCOUVREZ VOTRE ASCENDANT SANS AUCUN CALCUL : TABLE N° 6

| VOTRE HEURE DE NAISSANCE | 14 MAI | 15 MAI | 16 MAI | 17 MAI | 18 MAI | 19 MAI | 20 MAI | 21 MAI |
|---|---|---|---|---|---|---|---|---|
| 0 h 00 | CAPRICORNE | CAPRICORNE | CAPRICORNE | CAPRICORNE | CAPRICORNE | CAPRICORNE | CAPRICORNE | CAPRICORNE |
| 0 h 30 | CAPRICORNE | CAPRICORNE | CAPRICORNE | CAPRICORNE | CAPRICORNE | CAPRICORNE | CAPRICORNE | CAPRICORNE |
| 1 h 00 | CAPRICORNE | CAPRICORNE | CAPRICORNE | VERSEAU | VERSEAU | VERSEAU | VERSEAU | VERSEAU |
| 1 h 30 | VERSEAU | VERSEAU | VERSEAU | VERSEAU | VERSEAU | VERSEAU | VERSEAU | POISSONS |
| 2 h 00 | POISSONS | POISSONS | POISSONS | POISSONS | POISSONS | POISSONS | POISSONS | POISSONS |
| 2 h 30 | POISSONS | BÉLIER | BÉLIER | BÉLIER | BÉLIER | BÉLIER | BÉLIER | BÉLIER |
| 3 h 00 | BÉLIER | TAUREAU | TAUREAU | TAUREAU | TAUREAU | TAUREAU | TAUREAU | TAUREAU |
| 3 h 30 | TAUREAU | TAUREAU | TAUREAU | TAUREAU | TAUREAU | TAUREAU | GÉMEAUX | GÉMEAUX |
| 4 h 00 | GÉMEAUX | GÉMEAUX | GÉMEAUX | GÉMEAUX | GÉMEAUX | GÉMEAUX | GÉMEAUX | GÉMEAUX |
| 4 h 30 | GÉMEAUX | GÉMEAUX | GÉMEAUX | GÉMEAUX | GÉMEAUX | GÉMEAUX | GÉMEAUX | GÉMEAUX |
| 5 h 00 | GÉMEAUX | GÉMEAUX | GÉMEAUX | GÉMEAUX | GÉMEAUX | GÉMEAUX | CANCER | CANCER |
| 5 h 30 | CANCER | CANCER | CANCER | CANCER | CANCER | CANCER | CANCER | CANCER |
| 6 h 00 | CANCER | CANCER | CANCER | CANCER | CANCER | CANCER | CANCER | CANCER |
| 6 h 30 | CANCER | CANCER | CANCER | CANCER | CANCER | CANCER | CANCER | CANCER |
| 7 h 00 | CANCER | CANCER | CANCER | CANCER | CANCER | CANCER | CANCER | CANCER |
| 7 h 30 | CANCER | CANCER | CANCER | CANCER | CANCER | CANCER | CANCER | CANCER |
| 8 h 00 | CANCER | CANCER | LION | LION | LION | LION | LION | LION |
| 8 h 30 | LION | LION | LION | LION | LION | LION | LION | LION |
| 9 h 00 | LION | LION | LION | LION | LION | LION | LION | LION |
| 9 h 30 | LION | LION | LION | LION | LION | LION | LION | LION |
| 10 h 00 | LION | LION | LION | LION | LION | LION | LION | LION |
| 10 h 30 | LION | LION | LION | LION | LION | LION | LION | LION |
| 11 h 00 | LION | LION | LION | LION | LION | VIERGE | VIERGE | VIERGE |
| 11 h 30 | VIERGE | VIERGE | VIERGE | VIERGE | VIERGE | VIERGE | VIERGE | VIERGE |
| MIDI | VIERGE | VIERGE | VIERGE | VIERGE | VIERGE | VIERGE | VIERGE | VIERGE |
| 12 h 30 | VIERGE | VIERGE | VIERGE | VIERGE | VIERGE | VIERGE | VIERGE | VIERGE |
| 13 h 00 | VIERGE | VIERGE | VIERGE | VIERGE | VIERGE | VIERGE | VIERGE | VIERGE |
| 13 h 30 | VIERGE | VIERGE | VIERGE | VIERGE | VIERGE | VIERGE | VIERGE | VIERGE |
| 14 h 00 | VIERGE | VIERGE | VIERGE | VIERGE | VIERGE | VIERGE | VIERGE | VIERGE |
| 14 h 30 | VIERGE | BALANCE | BALANCE | BALANCE | BALANCE | BALANCE | BALANCE | BALANCE |
| 15 h 00 | BALANCE | BALANCE | BALANCE | BALANCE | BALANCE | BALANCE | BALANCE | BALANCE |
| 15 h 30 | BALANCE | BALANCE | BALANCE | BALANCE | BALANCE | BALANCE | BALANCE | BALANCE |
| 16 h 00 | BALANCE | BALANCE | BALANCE | BALANCE | BALANCE | BALANCE | BALANCE | BALANCE |
| 16 h 30 | BALANCE | BALANCE | BALANCE | BALANCE | BALANCE | BALANCE | BALANCE | BALANCE |
| 17 h 00 | BALANCE | BALANCE | BALANCE | BALANCE | BALANCE | BALANCE | BALANCE | BALANCE |
| 17 h 30 | BALANCE | BALANCE | BALANCE | SCORPION | SCORPION | SCORPION | SCORPION | SCORPION |
| 18 h 00 | SCORPION | SCORPION | SCORPION | SCORPION | SCORPION | SCORPION | SCORPION | SCORPION |
| 18 h 30 | SCORPION | SCORPION | SCORPION | SCORPION | SCORPION | SCORPION | SCORPION | SCORPION |
| 19 h 00 | SCORPION | SCORPION | SCORPION | SCORPION | SCORPION | SCORPION | SCORPION | SCORPION |
| 19 h 30 | SCORPION | SCORPION | SCORPION | SCORPION | SCORPION | SCORPION | SCORPION | SCORPION |
| 20 h 00 | SCORPION | SCORPION | SCORPION | SCORPION | SCORPION | SCORPION | SCORPION | SCORPION |
| 20 h 30 | SCORPION | SCORPION | SCORPION | SCORPION | SCORPION | SCORPION | SAGITTAIRE | SAGITTAIRE |
| 21 h 00 | SAGITTAIRE | SAGITTAIRE | SAGITTAIRE | SAGITTAIRE | SAGITTAIRE | SAGITTAIRE | SAGITTAIRE | SAGITTAIRE |
| 21 h 30 | SAGITTAIRE | SAGITTAIRE | SAGITTAIRE | SAGITTAIRE | SAGITTAIRE | SAGITTAIRE | SAGITTAIRE | SAGITTAIRE |
| 22 h 00 | SAGITTAIRE | SAGITTAIRE | SAGITTAIRE | SAGITTAIRE | SAGITTAIRE | SAGITTAIRE | SAGITTAIRE | SAGITTAIRE |
| 22 h 30 | SAGITTAIRE | SAGITTAIRE | SAGITTAIRE | SAGITTAIRE | SAGITTAIRE | SAGITTAIRE | SAGITTAIRE | SAGITTAIRE |
| 23 h 00 | SAGITTAIRE | SAGITTAIRE | SAGITTAIRE | SAGITTAIRE | SAGITTAIRE | SAGITTAIRE | SAGITTAIRE | SAGITTAIRE |
| 23 h 30 | SAGITTAIRE | CAPRICORNE | CAPRICORNE | CAPRICORNE | CAPRICORNE | CAPRICORNE | CAPRICORNE | CAPRICORNE |

*Eva Peron, l'épouse du président argentin Juan Peron : vénérée par le peuple, elle a beaucoup inspiré les mesures sociales que son mari a adoptées, dès son arrivée au pouvoir. Cette couronne de fleurs correspond bien, symboliquement, au décor préféré de la femme Taureau.*

*Arthur Koestler : cet écrivain hongrois, dont l'œuvre s'inspire tantôt d'un certain scientisme philosophique, tantôt d'un goût pour la parapsychologie, n'est pas parvenu à les réconcilier. Sans doute, les valeurs Taureau l'emporteront-elles.*

# Combinaison du Signe avec les Ascendants

L'écliptique, voie du cheminement apparent et annuel du Soleil sur la toile de fond des étoiles proches et lointaines, est conventionnellement divisée en douze signes de 30 degrés chacun, un cercle de 360 degrés ne pouvant supporter un quelconque supplément. Le mois de naissance, à un ou deux jours près, désigne le signe « solaire », c'est-à-dire le signe occupé par le Soleil.

L'Ascendant, quant à lui, désigne un autre signe de la suite des douze : celui qui, astronomiquement et trigonométriquement, passe à l'horizon est, au levant du lieu de naissance.

*Ce signe ne correspond pas à la constellation à laquelle il a donné son nom.* Lorsque les premiers astrologues imaginèrent le zodiaque des signes, les étoiles et constellations qu'ils contenaient bénéficièrent de ce baptême cosmique. On s'aperçut ensuite — mais trop tard pour changer de noms — que les mouvements de l'axe terrestre (mouvements consécutifs aux forces d'attraction du Soleil et de la Lune) entraînaient le lent déplacement des positions stellaires apparentes. Les constellations quittaient leur berceau ! Le zodiaque des signes, le plus naturel utilisé par les astrologues, n'en reste pas moins immuable par ces deux cercles (équateur céleste et écliptique) dont l'une des intersections marque le point « gamma » ou 0 degré Bélier.

Le signe ascendant peut contenir une, plusieurs ou toutes les planètes : aucune importance en ce qui concerne sa définition.

La vulgarisation de l'astrologie a laissé accroître l'idée que le signe ascendant rivalisait avec le signe solaire et que les amateurs futés se devaient de mettre leur Ascendant en bannière. En réalité, seule la construction du ciel de naissance apporte à l'astrologue compétent un moyen objectif de juger quel signe prévaut, s'il en est un troisième pour l'emporter sur les deux premiers ou s'il faut en combiner trois. Lorsqu'on traite du grand nombre, il est impossible d'envisager l'infinité des combinaisons zodiacales et planétaires. L'auteur est forcément limité au signe solaire et au signe ascendant. Sinon, il n'écrit pas ou il le fait par des manuels qui seront toujours composés d'éléments dont on ne peut matériellement pas transcrire tous les assemblages et synthèses possibles.

Les deux signes dont nous devons nous contenter ne se couplent pas n'importe comment. Les douze signes ne sont pas à l'image d'un jeu de cartes que l'on bat pour tirer au hasard deux d'entre elles.

Ces combinaisons ont un ordre logique de succession. Si l'on commence par le Soleil en Bélier, pour le temps de son parcours d'un peu moins de 1 degré d'écliptique en vingt-quatre heures, les douze signes se seront successivement présentés à leur lever. Bien que pour chaque tranche de 30 degrés, valeur d'un signe, les temps d'ascension à l'horizon soient différents, en prenant le signe pour unité, l'ordre des combinaisons coule de source :

Soleil Bélier-Ascendant Bélier ;
Soleil Bélier-Ascendant Taureau ;
Soleil Bélier-Ascendant Gémeaux, etc.

Tino Rossi : son destin est typique d'un natif du Taureau, voué à la chanson. Le tour de chant, le film et l'opérette ont popularisé son répertoire qui comporte de très nombreuses chansons à succès.

Ce qui, après extinction des combinaisons possibles pour le Bélier, conduit à l'ordre naturel des combinaisons pour le Taureau :

Soleil Taureau-Ascendant Bélier ;
Soleil Taureau-Ascendant Taureau ;
Soleil Taureau-Ascendant Gémeaux, etc., jusqu'à :
Soleil Taureau-Ascendant Poissons.

Cela permet de comprendre la fonction de l'Ascendant : il différencie le signe solaire.

Or, dans la logique des âges et de la maturation psychologique normale, la différenciation engendre la conscience. Vieillir, c'est mûrir un peu... C'est aussi acquérir la notion aigre, douloureuse, révoltée ou résignée, de ce par quoi l'on se distingue du monde, avec le fer rouge de la pensée dans un cœur saignant d'utopie et d'amour universel frelaté, gâché par sa panique devant la conscience.

Bref, le langage des correspondances structurales conduit à dire que le signe ascendant désigne les états de conscience les plus fréquents que l'on tire de la pratique de son signe solaire. C'est le bilan après l'exercice de l'entreprise. Techniquement, l'Ascendant étant l'élément le plus rapide de l'horoscope, il hérite d'une fonction différenciatrice qui devrait amener le praticien à ne rien interpréter du ciel qui lui est soumis sans composer avec ce sommet, cette perspective polaire de toute personnalité en quête de conscience.

## Taureau Ascendant Bélier

La signature « printanière » qui ressort de cette formule formée des deux premiers signes du zodiaque peut convenir à des conduites expressives, débordantes, conquérantes et à des tempéraments agités d'instincts puissants, prompts à satisfaire leurs appétits turbulents, leur besoin de sensations vivifiantes. Le printemps, ce n'est pas seulement les pâquerettes. Il désigne

Gino Cervi : ce grand comédien fut l'interprète du maire communiste Peppone dans la série des *Don Camillo*. Taureau, il devait affronter un autre Taureau, Fernandel.

aussi les sanguins excitables et soupe au lait, les gaffeurs par irréflexion qui séduisent pourtant par leur courage, leur fraîcheur et leurs incorrigibles étourderies.

L'Ascendant Bélier devrait compenser ce que le signe solaire risque d'avoir acquis en maturité défiante et conservatrice. Même si l'expérience prouve et démontre les avantages de la stabilité, de l'action raisonnée, des entreprises longues et patientes, en dernier recours l'accélération l'emporte sur la retenue. Un coup de tête achève ce qui a été commencé dans la méthode, la logique et le calcul.

Ainsi les réflexes d'immodération chassent ce que de sages résolutions avaient mis en place. L'impatient gronde sous le faux débonnaire. Extasiez-vous de ses politesses avant que la mollesse de vos remerciements ne l'incite à la querelle. Si ses concessions et rapprochements pacifistes restent sans effet, gare au guerrier qui prend le relais. Désormais, il peut se croire en droit d'accuser, d'exterminer, de venger sa douceur déconfite.

Généralement, il n'attend pas d'être déçu. De son propre chef, il décide de passer de l'obéissance à la rébellion. Il se déchaîne au déclic d'un soupçon et, de diplomate, il devient sabreur aux colères rougeâtres.

En moins coloré, c'est un être qui ne peut pas rester longtemps sous contrainte, la soumission ayant pour effet concluant de le déterminer à des initiatives intempestives, comme si sous le couvert de l'attachement et de la dépendance, il se forgeait une personnalité incisive, agissant par coups de boutoir.

## Taureau Ascendant Taureau

Tempérament posé, réfléchi, mais s'échauffant vite si on lui résiste et capable de passer des rondeurs de la souplesse à l'affirmation claire et sommaire de sa volonté brutale.

Il se défie de son fond suggestible et adopte, à l'occasion, des attitudes d'opposition, de refus

Henry Fonda : comme Gary Cooper, son personnage s'est un peu confondu à ses rôles de cow-boy aux prises avec la nature. Du Taureau, il a le regard charmeur, l'allure élégante (vénusienne) et la longue carrière cinématographique.

systématique, pour ne pas avoir à considérer la part d'un doute perturbateur quant à ses goûts, ses idées et croyances. Il aspire à la durée, au définitif, et cela explique ses lenteurs, ses prudences, ses habitudes routinières et les rites dont il s'entoure pour conjuger les appétits d'aventure qui bouillonnent parfois en lui.

Sensoriel autant que sensuel, il sait apprécier le poids et le contact des choses, humer, palper, pétrir la vie sans se perdre en longs discours sur ses sensations, celles-ci étant à ses yeux des informations précises, qui se suffisent à elles-mêmes et se passent de commentaires littéraires.

Sous son écorce débonnaire, il peut y avoir de la gravité, des inquiétudes, des griefs, de sourdes colères, des pensées et des sentiments qui fermentent en suivant des chemins parallèles à ses préoccupations moins secrètes.

Bien que sujet à de fréquentes variations d'humeur, il s'efforce d'en limiter les manifestations. Sa cyclothymie peut être triste ou gaie. Celle du taciturne protégeant jalousement ses avoirs, affectifs et matériels, ou celle du bon vivant, loquace, collant, foncièrement rebelle à la solitude.

Il se donne à fond à ce qu'il aime. Une tâche, une vocation, une passion exclusive l'aident à réaliser succès et équilibre en éloignant les diversions corruptrices.

Narcissique, il n'apprécie que l'enclos de sa conscience et l'expérience, la pratique des êtres et des choses le confirment dans l'idée que tout ce qu'il fait est bien fait, qu'étant comme il est, il ne pouvait échapper ni à sa logique, ni à ses erreurs. Il peut ainsi organiser sa pensée pour demeurer, quoi qu'il advienne, fidèle à ses principes, fidèle à lui-même.

## Taureau Ascendant Gémeaux

Cette formule, en dehors du fait qu'elle conserve une unité printanière, passe pour composer des reliefs saisissants. L'alliage des tendances peut être difficile à réussir, si l'on songe que le Taureau s'équilibre et s'affirme par concentration d'énergie tandis que le Gémeaux exprime la fonction

Rudolf Valentino : cet acteur américain d'origine italienne est devenu la première étoile masculine du cinéma international. Ses débuts très caractéristiques du Taureau, comme danseur de cabaret, avaient fait connaître son charme langoureux.

contraire de déconcentration : il déboulonne et dépassionne. Le caractère sera tissé de contradictions déchirantes s'il ne trouve pas de ponts mobiles pour relier les aspects sédentaire, possessif, monocorde du Taureau aux aspects versatile, libertaire, polyvalent du Gémeaux.

Nous pouvons voir apparaître ici de forts appétits matériels et un parfait détachement à l'égard des questions d'argent, les aptitudes à la multiplication des gains évoluant en inaptitude à les faire fructifier pour son propre compte.

La sensualité, le sens des fruits de la terre forment de vifs contrastes avec le goût des abstractions et des jeux de l'esprit. L'être de chair étonne la pensée qui l'habite. Mais s'il y a de l'envergure pour réunir le tout, les forces instinctives vivifieront l'intellect qui plaidera pour elles en donnant des moyens d'expression et de représentation aux réalités premières que d'aucuns vouaient au silence par mépris, ignorance, dévalorisation de leurs bases animales.

## Taureau Ascendant Cancer

Cette formule zodiacale présente d'importants points de convergence, et, au niveau des apparences, le bénéficiaire pourrait se tailler la réputation d'un être exempt de contradictions, agissant conformément à ses idées, à ses sentiments bons ou mauvais, peu tributaire d'un environnement extérieur contre lequel il s'est solidement protégé.

Si cette signature permet de se constituer un État dans l'État, de se bâtir un univers clos étranger aux tribulations ambiantes, elle excite, en revanche, la cuisine intérieure d'une âme aux mille paradoxes.

Ainsi, tandis que derrière les meurtrières d'une citadelle personnelle rustique le monde extérieur paraît uniformément plat, le regard vers l'en-soi dévoile un florilège d'émois, une cour bigarrée de sentiments complexes.

Sans vouloir forcément tromper les gens, ce tempérament les égare par un contact, abrupt ou

Véronique Samson a su imposer son talent et sa voix en étant à la fois la créatrice de ses chansons et la productrice de ses disques. Belle carrière d'artiste et de femme d'affaires.

simple, sans rapport avec les facettes, pirouettes et chausse-trappes qu'il réserve aux intimes. C'est dire qu'il peut y avoir hiatus entre l'être de surface, guindé, construit, muré, et l'être conscient, effervescent, réajustant constamment ses défenses perturbées par sa susceptibilité.

Classiquement, on en fait un bourgeois, un pépère aimant sa campagne, sa compagne, ses enfants, sa télé, ses pantoufles et son député. C'est dire surtout que la formule se prête à une robuste organisation de la vie privée ou de la subjectivité. Cela pour la plus grande satisfaction des besoins de l'inhibition naturelle (santé, prospérité), heureusement relayée par l'inhibition protectrice.

N'oublions pas que cet Ascendant établit un pont entre sensation et sentiment. Liaison sélective : les perceptions concrètes provoquent des jugements, des réactions de défense, des dégoûts manifestes. Ou bien elles sont digérées, assimilées, transformées en éléments fortifiant les choix du cœur, les raisons et déraisons de la sensibilité. Le réel s'est changé en reflets pour un imaginaire plus vrai que nature.

## Taureau Ascendant Lion

Les deux symboles animaux constituant cette formule suffisent à illustrer une psychologie marquée théoriquement par la puissance des instincts et l'énergie du vouloir. L'autorité d'un tel tempérament risque d'être écrasante. Il n'est pas enclin à mettre de la finesse dans l'aveu de son besoin de suprématie. Sa conscience léonienne peut l'inciter à étaler sans morbide pudeur ses tumultes animaux. Il ennoblit ses appétits sensuels, pense-t-il, en leur donnant du lustre, en les assumant en place publique.

L'égocentrisme et le narcissisme se construisent, s'élaborent, se raffinent, à partir des luttes vécues, des résistances victorieuses aux conflits, ou à partir des lourdes tâches et labeurs de la carrière taurienne.

Claudine Auger : ce professeur de mathématiques devenu Miss France prouve combien les natifs du Taureau savent assurer leurs vieux jours. Même quand ils font carrière dans le cinéma.

Le penchant dominateur ne doit pas exclure une éventuelle aptitude à reconnaître des mérites aux concurrents, mais si le succès d'un dessein majeur est en cause, ce genre de concession à l'adversaire se fait rare, même chez un Lion de réputation magnanime.

L'heureuse coopération Taureau-Lion peut aboutir à une exceptionnelle puissance de travail. Une fois engagé dans une entreprise, ce tempérament ne détèle plus.

Si les tendances s'opposent au lieu de se rejoindre dans des réalisations d'envergure exigeant autant d'endurance que d'audace, de fond que de bluff, la formule laisse craindre de cruels tiraillements entre une violente opposition aux suggestions extérieures et un désir impulsif, non moins violent, d'agir contre elles en passant de l'attitude réfractaire à l'offensive ouverte.

Dans ces dilemmes s'affrontent les avantages d'une action lente, toute de profondeur et de patience sournoise, et les avantages des opérations brillantes, efficaces par l'ampleur de leur culot. Celles et ceux qui ne choisissent pas ou ne savent alterner brillent surtout par un immobilisme orgueilleux et crispé.

## Taureau Ascendant Vierge

Les signes composant cette formule concernent des tendances convergentes. En principe, il doit être facile pour ce tempérament de trouver une saine économie entre les pulsions possessives du Taureau, sa volonté massive, ses capacités défensives, et les aptitudes sélectives de la Vierge, son sens critique et discursif, son goût des constructions logiques. L'ensemble convient à une personnalité disposant d'un bon fonds d'endurance et de constance pour des tâches méticuleuses conjuguant l'expérimentation concrète et la formulation théorique précise.

Les dispositions naturelles du Taureau se raffinent dans les tamis virginiens. Ce n'est plus le règne de la sensualité sauvage. Les sens sont sélectifs. S'ils puisent aux mêmes sources, c'est pour effectuer des tris et des interdits. Classiquement, l'organisation harmonieuse des aspects « naturel

Danielle Darrieux, avec ce regard angélique et sensuel à la fois, ne pouvait être née que sous un signe vénusien ! La carrière de cette grande comédienne, sans heurts et sans erreurs, l'apparente également au parcours taurien, par sa longévité.

et autoprotectif » de l'inhibition justifie les portraits autour des mots clés d'ordre, de rigueur, opiniâtreté, prévoyance, économie. Ce que le Taurien produit, arrache à la terre, à ses patrons ou à ses dons, le Virginien l'entretient, l'épargne ou le place à des taux avantageux.

L'esprit d'analyse dispose aussi d'une riche matière pour broder sa philosophie, extirper du vécu des règles, préceptes, conseils et recettes réfléchies. La conscience sélective permet d'éviter ou de limiter les égarements des pulsions libidineuses. Ce Taureau n'a plus l'effervescence aussi facile, mais il a le secret de stimulants recherchés. Il a peut-être retenu de ses frasques turbulentes une connaissance bien établie des doses qui lui sont, ou non, profitables. Ses instincts sont devenus savants, ses démons experts en théologie. Il a le jugement qui retient par prévenances. Son danger est de corseter et de finir par étouffer l'animal à force de l'éduquer, de le civiliser et de le moraliser.

## Taureau Ascendant Balance

Singulière équation que celle du Taureau, centre des énergies primordiales, en phase de séduction sociale. On est tenté d'en saisir la solution dans Vénus, planète régissant traditionnellement les deux signes. L'amour serait alors le moteur exclusif de ce tandem qui aime en force et finesse. Le Taureau pour la possession, l'emprise par la fascination de toutes les promesses de fécondité, prospérité, stabilité. La Balance pour les perspectives d'un dialogue amoureux d'égal à égal, se complaisant en arabesques et méandres délicats, l'égalité signifiant, de fait, des alternatives de guerre et de paix.

En dehors de Vénus, nous avons la possibilité d'envisager la transformation des comportements réfractaires en conduites élaborées. La sourde volonté de cohésion, d'ordre, d'économie fermée, s'appuie sur une conscience avisée dans l'art de l'alliance, du compromis aléatoire et du bon usage des mœurs, conditions formelles des rapports de force. C'est un Taureau qui tend à réformer la tauromachie au nom du droit des bêtes.

Marie-France Pisier, comme Claudine Auger, avait un solide bagage universitaire avant de se lancer dans le cinéma. Elle s'y fait une place choisie, en jouant des rôles singuliers et attachants, parfois un peu marginaux, qui conviennent à sa personnalité.

S'il a du souffle, celui de l'homme-buffle, migrateur et constructeur, il passera par les canaux des codes et institutions. A moins qu'il ne réforme ceux-ci pour y mettre ses aises.

L'essentiel est dans le mouvement, le déplacement des valeurs dites naturelles aux valeurs socioculturelles, politiques ou civiques. La dimension taurienne de hobereau, seigneur plébéien, se faufile ou s'impose dans les ambassades et les salons, éventuellement pour y rappeler les vertus des forces telluriques.

Ou bien la volonté massive se change en hydre. Elle doit combiner le compact et le tentaculaire, le sens des cohérences et celui des alliances dialectiques.

## Taureau Ascendant Scorpion

Il y a lieu de souligner, dans cette formule, la puissance de concentration qui risque, faute d'application à un objet réel, de se pervertir en idée fixe, source de fantasmes et de perversions. Le sexe figure au premier plan de ces intérêts dont l'abus aliène le sens critique tout en approfondissant la faculté d'investigation.

Si les dispositions sont intellectuelles, ce caractère aura la patience, l'opiniâtreté, la bonne portion de faculté déductive qui conduisent au déchiffrement des vérités que la nature dissimule dans ses atomes, cellules et planètes.

L'évolution peut le conduire de la constatation d'une vérité première, aussi évidente que la faim, la soif et la marche à pied, à la conceptualisation d'un système complexe aux applications infinies, grâce auxquelles son créateur et propagandiste se constituera une spécialité de grand renom.

Le charme taurien peut devenir prenant, vampirisant et si l'on songe à sa puissance de frein-barrière, celle-ci promet de se prolonger en conspirations, activités culturelles de subversion ou d'intoxication.

Double politique du « Non »... L'une permet théoriquement de ramasser ses atouts, l'autre de les distiller en un sublimé corrosif pour corrompre, dissoudre, désintégrer les conformismes ambiants, nettoyer les oppositions aux impératifs de santé, vitalité, jouissance et domination.

Les aspirations tauriennes, sensuelles, épicuriennes ou intellectuelles vont alimenter et justifier les fonctions scorpionnesques de liquidateur.

La convergence peut donner des comportements singulièrement polarisés, habiles en manœuvres souterraines, facilement obsessionnels.

Mais la réduction à une voie unique risque de se faire au prix de paradoxes, d'artificieuse logique, ou d'un dualisme contrarié qui, tôt ou tard, reposera le problème des forces mal appariées.

Les classiques assurent que cette signature donne un tempérament déchiré par Eros et Thanatos, principe de vie et principe de mort.

## Taureau Ascendant Sagittaire

Pour les adaptés, formule de puissance qui réunit deux signes aux tendances complémentaires. Par exemple, les instincts conservateurs du Taureau sont corrigés par les libéralités du Sagittaire. La sédentarité relative de l'un est compensée par l'humeur voyageuse de l'autre, ce qui peut inciter le Taureau à de plus fréquentes migrations.

L'ouverture sagittairienne aux modes et courants connaît des compensations qui lui épargneront les écueils du snobisme. La conduite peut, dans les meilleurs cas, rester fidèle aux motivations et principes de fond tout en usant des opportunités, alliances, facilités et séductions du moment.

S'il a de l'envergure, ce tempérament ranime par la vigueur de son idéalisme les causes en perdition, fourvoyées dans les excès d'intellectualisme. Il peut mettre plus de cohésion, de volonté animale, à défendre ou répandre ses convictions. On lui prête du talent à légitimer et porter à son plus haut niveau d'expression sociale les vocations tauriennes en rapport avec la vraie vie, les plaisirs, les besoins, les lyrismes de l'homme de chair.

On imagine encore un être sujet à de multiples agitations d'humeur, tour à tour irritable et craintif, fougueux et frissonnant, tant ses énergies sont convertibles, aptes à varier des galops primaires de l'émotivité aux évitements maniérés de la sensibilité.

Le danger vient, chez l'adapté, des poussées de compromissions qui risquent de lui faire oublier sa puissance réfractaire.

## Taureau Ascendant Capricorne

Dans cette formule, les tendances du signe ascendant renforcent celles du signe solaire, la conscience hérite de l'expérience sans secousse de conversion. C'est dire que les choses s'arrangent plutôt bien dans cet univers. Le tempérament s'accommode sans problème de l'écoulement du temps, acceptant les restrictions des ans après en avoir épuisé les abondances. Au mieux, il forge sa supériorité sur la prospective, en dégageant les voies du futur de ses méditations sur le passé.

La sensualité, pour être contenue, n'en est pas moins pressante. Chez les êtres équilibrés, elle prévient heureusement contre les dangers de la raison et abstractions sans flamme. Il faut espérer que le raisonnable, ici, trouve ses racines et fondements dans les besoins primordiaux de l'homme. En ce cas, la pensée, morale, physique, politique et économique, a des chances de prospérer, forte de sa sève.

Selon ce schéma, on attribue au signe ainsi marié de grandes qualités de constance, d'ordre, d'opiniâtreté, de méthode. C'est un « secondaire ». Il a le sens du temps, mais il faut distinguer celui qui traîne de l'arrière, avec les traditions, regrets, souvenirs et greniers du passé, et celui qui pousse par devant avec son regard ambitieux et calculateur sur l'avenir, ses dons de prévisionniste sagace.

L'excitabilité convertie en inhibition peut donner de meilleurs moyens de réussir et stabiliser ses inductions. C'est-à-dire les engagements sur voie unique, les œuvres et constructions qui doivent tout à une passion ou idée dominante et à laquelle êtres, choses, habitudes se soumettent comme autant de rivières à leur fleuve.

## Taureau Ascendant Verseau

Si l'on ne se préoccupe pas d'un lien d'évolution entre les deux signes, il suffit de les faire coexister, de les juxtaposer, pour concevoir une personnalité à double face : réaliste, possessive, charnelle, instinctive dans un domaine de sa vie ; idéaliste, désintéressée, intellectualiste sur un autre plan d'activité.

Considérant que la formule adaptée du Verseau est l'inverse de celle du Taureau, on suppose une transformation difficile des tendances en leur contraire. Les échecs ou réussites trop partielles abondent.

La médisance se repaît de ces caractères qui à vouloir faire l'ange font la bête. Personnalités conflictuelles dont la conscience libérale, progressiste, aux lendemains qui chantent, ne parvient à tenir ses promesses que par des voies tyranniques. Ses visées humanitaires audacieuses, ses aspirations sublimes où l'homme sort blanchi de sa fange finissent par être le prétexte d'artificielles dominations, pires que les naturelles.

D'aucuns, plus heureux dans l'art de marier les contraires, sauront trouver dans l'expérience des rapports instinctifs et de l'aliénation aux besoins primordiaux les modèles contre lesquels il faut réagir pour atteindre détachement, sagesse et bonté d'âme. Une façon supérieure, de grand niveau, de réunir les deux signes serait de montrer tout ce qu'il y a d'essence méconnue, d'ordre spirituel ignoré et de divinité cachée dans la substance du monde.

Communément, le choc des inductions menace de produire des équilibres incertains, des êtres aux paradoxes contrariants, mettant du doute dans toute certitude et de la certitude dans le doute, s'égarant dans les sous-entendus en demi-teinte, perturbés dans un entendement et une volonté aux affirmations comme aux dénégations chancelantes.

## Taureau Ascendant Poissons

Les convergences de cette combinaison ou ses polarisations accentuent la réceptivité et la recherche d'autodéfense contre l'excès de sensibilité. Celle-ci, au niveau Taureau, va de pair avec une sensualité chaleureuse adaptée aux supplices et délices des rythmes quotidiens. Au niveau Poissons, elle entre plus souvent en résonance avec l'intuition percevant l'irrationnel qui court entre les êtres bousculant leurs émois et humeurs.

Les aspects tendres et vulnérables de la personnalité devraient assouplir les pulsions impatientes. L'excitabilité mobile se résout en masque de défense qui se voudrait serein et souverain. La crainte, la défiance ou l'adoption de principes d'impassibilité désinvolte contrôlent théoriquement les impulsivités coléreuses. Mais, à la vérité, cette sagesse dort sur un volcan, et des conduites brutales, explosives, peuvent succéder aux résignations et soumissions apparentes.

Les expériences passionnelles, tumultueuses ou simplement intenses, ouvrent éventuellement à une notion large et mal définie de la vie. L'exaspération du besoin de posséder, tenir, dominer, réduire bien à soi, peut, sous le choc des déboires ou par prise de conscience d'une autre dimension, se changer en généreuse abdication de tous privilèges. En se ressaisissant, rompant les amarres des rapports objectifs, l'âme s'exalte dans la seule aventure de sa puissance d'évasion.

*Erik Satie, personnage secret et déconcertant, reste pour ceux qui l'ont connu un humoriste attirant et un compositeur de génie. C'est sans doute à son signe qu'il a emprunté son dégoût de la ville, puisqu'il vécut toute sa vie dans la banlieue de Paris.*

# Chapitre IV

# Quelques personnalités nées sous le Signe du Taureau

*Balzac, Bakounine, Brahms et Robespierre : un révolutionnaire anarchiste, un écrivain, un homme politique et un compositeur ; tous, à leur manière, ont marqué leur temps en faisant preuve de cette obstination, de cette puissance de travail et d'action qui caractérisent leur signe.*

# Quelques grands noms

## José Artur

*Né le 20 mai 1927, à 4 heures, à Saint-Germain-en-Laye (Yvelines).*

S'il existe des portraits assez bêtes pour vous faire croire que le Taureau n'est qu'un jaloux, dominateur, sectaire et sans humour, José Artur prouve le contraire 24 heures sur 24... au moins pour l'humour. Pour le reste, on ne sait pas, mais l'humour excuse tout. Superbe occasion de dire qu'il n'est pas dans le ciel et que les astrologues, tout comme les philosophes aux longs discours, n'ont pas trouvé d'explication à ce

*José Artur, animateur de radio plein d'ironie.*

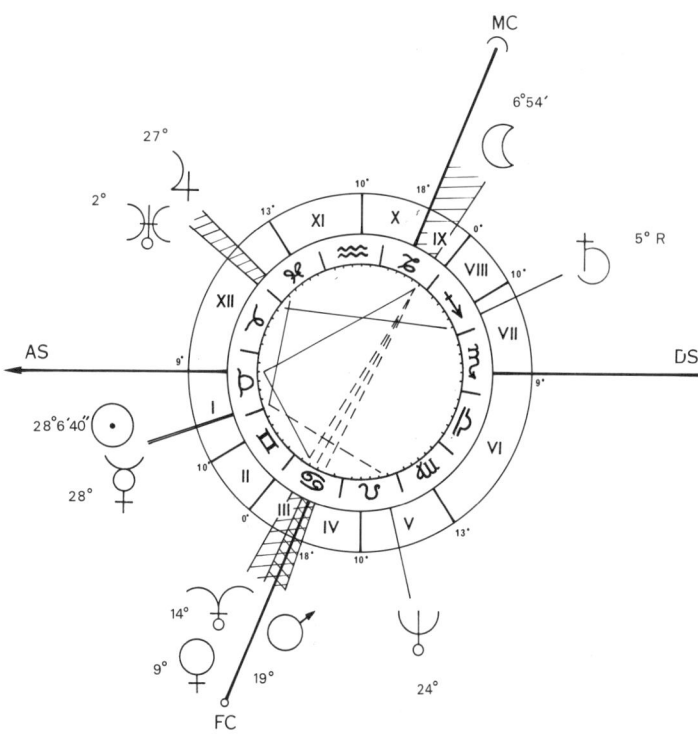

phénomène, qu'on l'appelle José ou autre Artur irrésistible. On pressent des choses, des liens, des parentés, un territoire, et puis tout ce que l'on en dit n'est jamais l'humour. Il ne se comprend intellectuellement que par son manque. C'est pourquoi ses définitions, surtout celles qui passent pour savantes, sont d'une tristesse à mourir. Exemple : « Le rire est le propre de l'homme. » Essayez de rire après ça, si vous êtes un homme !

De José Artur, né au petit matin, au printemps et avec la Lune au plus haut de sa course, on aurait pu dire qu'il était poète. Il l'est avec humour, ce qui change la poésie. Une Lune qui lui va comme un gant de noctambule et un micro de nuit ouvert sur l'intimité des étoiles. L'analogisme donne à plein : pop-populaire, rencontres, voyages, vagabondages, le pied marin dans l'éphémère. Heureusement, le Taureau fixe veille au grain : il y a de la continuité dans le décousu, de la constance dans la variété. Faut-il voir dans l'obstination et l'endurance du Taureau deux traits de ses chances de réussite dans les carrières difficiles ? Pour José Artur ces chances ont joué en arrière-plan de son talent fantasque.

De José Artur, né dans les heures fortes de Mars-Pluton (Vénus-Pluton-Mars en Cancer et Fond-du-Ciel), on aurait pu dire qu'il serait « anar » dans les coins. Il l'est à pas feutrés et avec humour, ce qui change tout.

Mais la clé, la bonne, est dans l'étroite conjonction Soleil-Mercure en Maison I (Ascendant) sous un aspect dissonant (opposition) de Saturne. Pensez aux formules de ces planètes... L'image de marque existe : le Moi-José a plus de trente et un jours d'autosatisfaction. Va pour le Soleil, mais côté Mercure-Saturne, il y a dépression et inhibition de l'autovalorisation.

Une solution possible à ce choc des tendances eût été de fignoler une conception du monde envenimée de scepticisme, cynisme et ressentiment. José Artur s'en tire à la verticale en démolissant les masques de cire. Les puissants, les grands, les forts, les maîtres, sont gentiment ou fermement déboulonnés. Sur les ondes, ils paraissent plus vivants, moins rares aussi.

Finalement, le modèle José, sous ses bons aspects — et je passe sur l'humus d'inquiétude métaphysique — est un modèle de santé morale et spirituelle. Une cure de canulars, de bons mots, de finesses drolatiques, pour résister à un monde fou de snobs, de héros et de blasés. Se faire une raison (souriante) de ce que l'on est en dépit de tout ce qu'il faudrait être ou que l'on aurait pu être. Mieux : si l'on n'a pas inventé la bombe, pollué la Lune, épousé le roi de la poupée gonflable, se dire qu'il faut un génie exceptionnel pour ne rien faire « pendant que tout s'agite autour de vous ». José Artur ne me l'a pas soufflé : on peut être un phare sans être une lumière.

Finalement, ce Taureau est aussi un grand résistant.

## Jacques Dutronc

*Jacques Dutronc qui allie un humour un peu sarcastique à un grand talent de comédien nouvelle vague.*

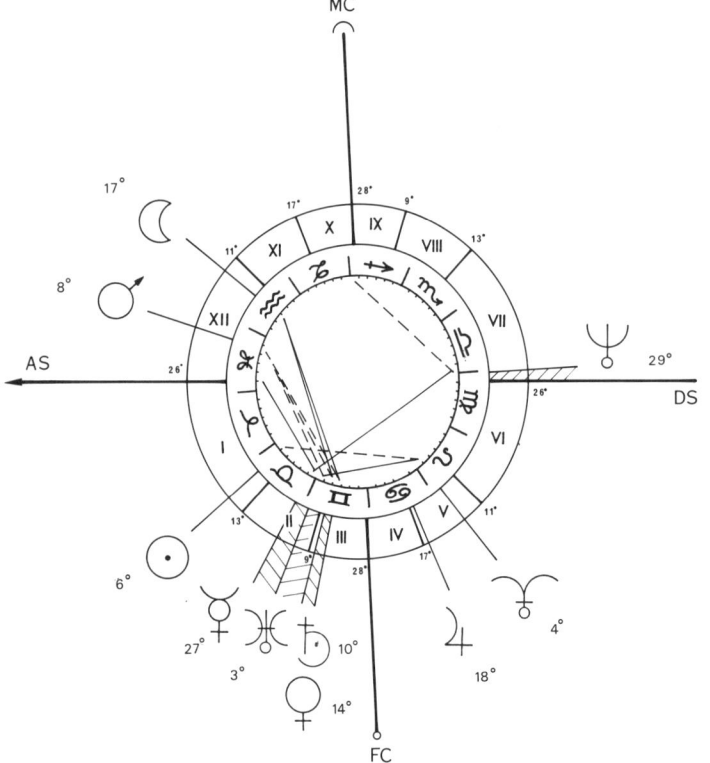

*Né le 28 avril 1943, à 5 heures, à Paris.*

Un Soleil Taureau, un Ascendant Poissons et un Neptune dominant. Pour la technique, le reste vient en nuances : Mercure, d'abord, par le lien majeur qu'il forme avec Neptune, un amas Uranus-Saturne-Vénus en Gémeaux, en bons termes avec la Lune, en mauvais avec Mars ; un Soleil, enfin, dissonant à Pluton, harmonique à Mars. Voilà, vous savez tout de Dutronc, ou presque. Il suffit de traduire.
Dans ces cas-là, on commence toujours par le premier plan, la dominante. Ici, un Taureau Mercure-Neptune donne pas mal de fil à retordre à l'entendement. Insaisissable et fidèle à lui-même, un réfractaire qui possède d'excellents réflexes d'évitement. Déjà, les philosophes en se penchant sur l'eau d'une rivière disaient à la fois c'est elle et ce n'est plus elle, la même rivière et jamais la même eau.
Dutronc chanteur play-boy, narquois, la mèche et tout ça, on connaît le cliché. En un premier temps, il le fabrique, en un second, il le démonte. Possible, aussi, qu'il s'arrête à mi-temps (c'est très neptunien et Poissons) ; au moment où l'on est fin prêt de croire que cette fois la pêche est bonne, Dutronc est dans le filet. Dans la chanson, dit-il : « On se retrouve vite tout seul, obligé de rester une vedette ou de se casser la gueule. » Rien ne l'y contraint, il lâche le tour de chant, les *Cactus, Et moi, et moi...*, parce qu'il se trouve moins original qu'au début. On ne sait pas jusqu'où il aurait pu aller, mais on le saura peut-être un jour. Suffit que ça lui reprenne...
Sa filmographie le classe parmi les surdoués : *Antoine et Sébastien, Sale Rêveur, O.K. ! patron, L'important c'est d'aimer, le Bon et les Méchants, Mado, Violette et François, l'État sauvage*, un tout récent mais non le dernier. On le compare à Gabin, on applaudit à son sens du silence qu'il peut « prolonger jusqu'à la limite de l'insoutenable », déclare son ami et premier metteur en scène Jean-Marie Périer. On s'étonne avec ravissement de ses métamorphoses : cheveux longs, cheveux courts, drame, comédie. Mais il joue toujours du même art de l'échappatoire naturelle et en toute rigueur. Le flair, l'intuition, la saisie du moment qui passe, excluent le discours — qu'il déteste — et l'étiquette.
« Je le sens... je le sens pas », il n'obéit qu'à ce critère du cœur. Inutile de prendre les mensurations typologiques. Intériorisé, tendre, sentimental, nerveux, certes... Il est plus intéressant d'observer le fonctionnement de sa dissonance Soleil-Pluton par laquelle il refuse le portrait définitif, la gravure dans le marbre public, pour préserver la multiplicité de ses ressources avec une pointe de défi, qui se changerait vite en provocation s'il n'était tendre, solidement ancré dans la joie de vivre et les grands attachements... avec les pudeurs d'un cactus.

## Sigmund Freud

*Né le 6 mai 1856 à 18 h 30, à Freiberg (Moravie).*

De même que Karl Marx a bouleversé les notions classiques de l'économie en les liant plus étroitement au politique, un autre Taureau, Sigmund Freud, fondateur de la psychanalyse, marque un tournant radical dans l'histoire de la médecine et des sciences humaines.
La Tradition ne semble pas avoir prévu de telles ardeurs révolutionnaires pour ce signe, mais, dans le cadre des conceptions modernes de l'astrologie, nous avons vu que cette puissance tenait surtout à la concentration de l'énergie dans une orientation exclusive.
Que ce soit Marx ou Freud, toute la passion est investie dans une raison unique qui, en canalisant l'affectivité, élève son pouvoir de réalisation. De ce fait, on ne sait s'il faut vraiment applaudir ces natures travailleuses ou les envier d'avoir reçu le don de croire, jusqu'au bout, à une seule chose. Deux au maximum...
Freud, Taureau par le Soleil et Scorpion par l'heure de naissance (Ascendant), pouvait posséder plus que d'autres l'aptitude à concentrer ses forces et ses idées sur un sujet dominant, à l'exclusion du reste. On n'a pas manqué d'y voir les travers d'un obsédé. Il en avait les travers, par ses jalousies, vindictes et œillères, mais ce sont les endroits qui restent dans l'histoire de la connaissance.
Le Taureau dispose d'une écorce réfractaire qui lui permet de jouer l'obstacle, le mur, le contre-courant ou la réaction salutaire. Le Scorpion, autre réfractaire, différencie, sépare et finalement oppose tout ce que dans son cadre d'évolution des esprits moins exigeants assemblent à la légère.

Nanti de cette formule, le génie de Freud allait s'exprimer comme un lourd pavé dans la mare des prudes, tartufes et autres pudibonds. En son temps, la psychologie, tout en se prétendant aussi scientifique qu'aujourd'hui — et cela ne variera guère —, baignait dans le conditionnement moral que l'on dit aussi judéo-chrétien. Pas question d'expliquer quoi que ce soit par le sexe. La science officielle n'a jamais aimé discuter avec le Diable, entendez par là l'inconnu.

Fallait-il la résistance et la santé psychique d'un Taureau-Scorpion pour sortir le Diable de son ghetto sexuel ? La conjonction Soleil-Uranus en Taureau ne convient pas seulement à un pouvoir conquis par le savoir, elle résume en son succinct langage tout ce qu'il faut d'obstination, de courage, d'insistance systématique pour briser les résistances à des vérités indésirables. D'autres auraient renoncé. Pour un Taureau, une fois la locomotive lancée, les rails font le reste à moindres frais.

En un demi-siècle, Freud a construit son œuvre de médecin, de sexologue, de créateur d'une méthode nouvelle d'investigation de l'âme. Pour la symbolique, l'importance de Pluton dans son ciel se rattache à l'univers scabreux qu'il a mis à vif : pulsions destructrices asociales, ombres sordides de nos beaux princi-

*Le Grand Livre du Taureau*

pes et grands sentiments. Il serait plus simple de dire que Pluton le sensibilisait à la perception de la multiplicité des forces inconnues de l'homme, ce qui, chez un psychologue, désigne l'inconscient et ses accointances animales. La conjonction Uranus-Soleil l'a incité à traduire ses découvertes en système communicable (et contestable), déboutant par son envergure (dimension uranienne) les modèles de son temps, mais pour se poser, à son tour, en modèle souverain d'une autorité parfois ombrageuse.

Bien des concepts clés de la psychanalyse freudienne révèlent leur parenté avec les structures Taureau : la notion de résistance par exemple, celle de transfert (migration de l'attachement), de principe de plaisir antagoniste au principe de réalité. N'oublions pas que Freud a élaboré certaines pièces de sa théorie par l'auto-analyse, en approfondissant ses rêves et souvenirs.

Le grand apport de l'empreinte taurienne est probablement d'avoir montré la cohérence, la logique interne de l'affectivité dans ses manifestations apparentes et non apparentes, dans son économie immédiate comme dans les phases de son développement. Un apport moindre ou d'un autre niveau est dans le fait qu'il paraît difficile d'exclure de la vision freudienne une bonne dose de projections personnelles, une sûre revanche prise sur la société bourgeoise qui, de toute façon, méritait bien de se retrouver le nez dans sa moutarde.

Un œdipe socialement réalisé dans la ligne de la conjonction Uranus-Soleil transformant le modèle reçu (Soleil) en modèle acquis (Uranus).

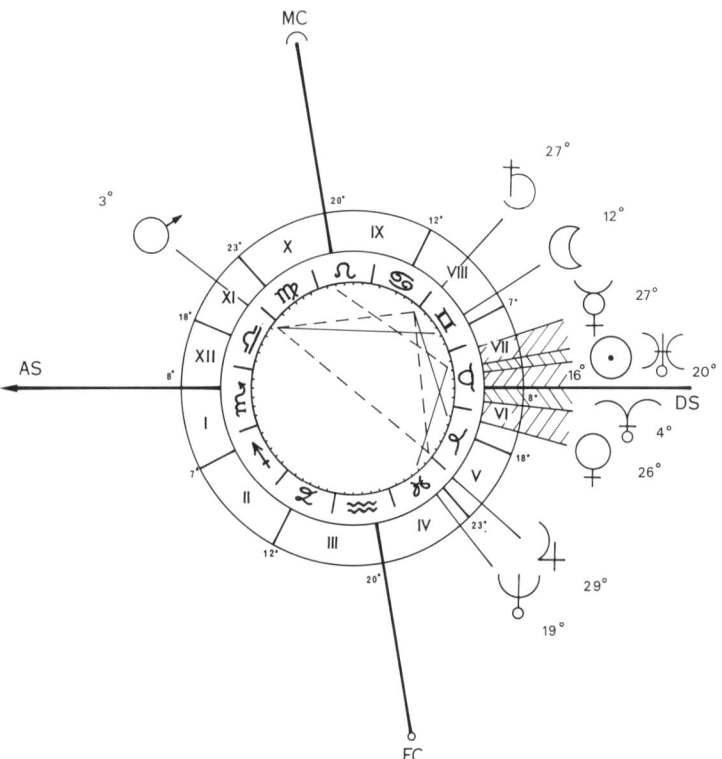 

*Le Docteur Freud, fondateur de la psychanalyse, s'est servi de « la parole » du Taureau pour soigner son prochain.*

## Jean Gabin

*Né le 17 mai 1904, à 2 heures, à Paris.*

Un amas de planètes en Taureau (Vénus-Mercure, Soleil, Mars) et un Ascendant Poissons pourraient bien donner à Gabin plus de dualité que son personnage ne le laisse supposer. Comme il existe mille façons de se contredire, résumons celle de Gabin par un couple du genre irrésolution-résolution, dépersonnalisation-surpersonnalisation.

Son Ascendant pris entre Jupiter et Saturne, les deux astres étant également puissants, Uranus au Milieu-du-Ciel mal accommodé au trio Lune-Pluton-Neptune du Fond-du-Ciel, confirment le jugement de disjonction entre le plan de manifestation sociale et celui de la vie pour soi.

Ses biographes insistent sur l'aspect apparemment accidentel de sa vocation et sur le décousu des premiers pas dans la carrière. N'a-t-il pas, lui-même, déclaré : « Je suis monté sur les planches à contrecœur. J'ai tourné mes premiers films sans enthousiasme. »

L'ascension commence dans les « longs apprentissages indécis », Folies Bergères comme figurant, tours de chant, opérettes, quelques pièces. Mais, puisqu'on en est aux débuts, où Gabin s'offre un beau paradoxe c'est dans sa relation avec son père. D'ordinaire, on devient un grand comédien parce qu'on a contrarié son petit papa qui fait de la conserve ou de la haute politique. Pour Moncorgé — son vrai nom —, rien de tout ça. Lui, il voulait faire du sport, de la boxe, et c'est pour faire plaisir à son père, comédien, qu'il est monté sur les planches. Il faut reconnaître que cela ne va pas tellement dans la ligne astro-psychanalytique d'une conjonction Soleil-Mars dissonante à Saturne, en principe créatrice de révolte fumante. En revanche, on retrouve un modèle de Taureau indécis, lambinant, lent au démarrage pour ensuite ne plus décrocher (induction) lorsque la masse est lancée. Au vrai, bien avant d'avoir tourné quatre-vingt-quinze films en monstre sacré, demi ou entier, Gabin en avait largement soupé du cinéma. Sans compassion pour sa filmographie, en dehors d'une dizaine de réussites aux côtés des plus grands metteurs en scène, il ne voyait dans le reste que « du beefsteack pour nous faire

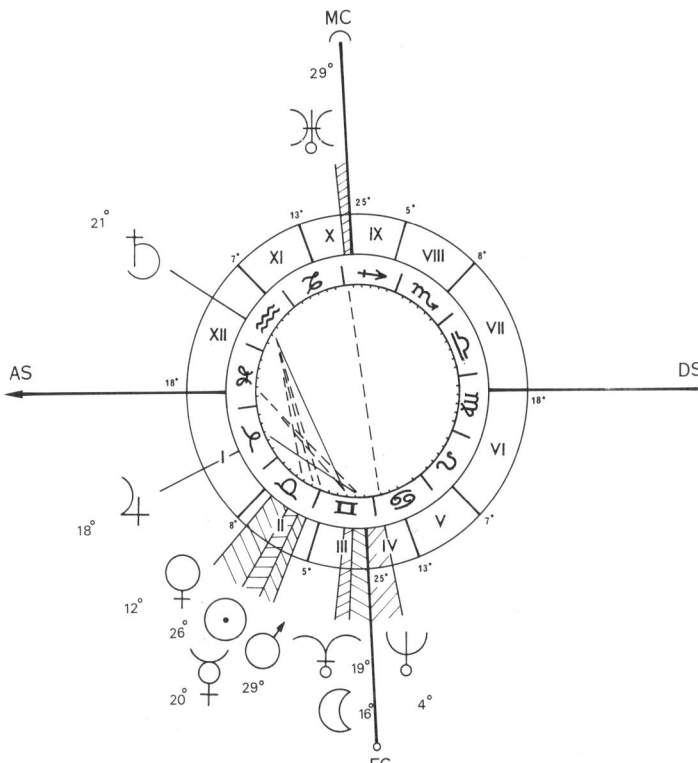

*Jean Gabin, grand acteur amoureux de la nature et de la terre.*

vivre, ma famille et moi... ». Un beefsteack qui s'est changé aussi en grands morceaux de bonne terre normande...

Car ce Taureau fait le bonheur des classiques : ronchon, bonhomme, le plus insociable dans sa profession, patron et riche propriétaire, il disait encore : « Je rêve de la terre... j'aime tous les bestiaux... ayant horreur du bruit, de l'artifice... je fuis le monde... je n'aime pas me lier... »

Avec l'âge, le métier, la réussite, on ne distinguait plus le Taureau de l'écran du Taureau des champs. Inaltérablement lui-même, Gabin, en gangster, en banquier, en juge, sous d'autres casquettes et dans d'autres décors. D'aucuns s'en plaignirent : on ne peut pas contenter son père et tout le monde.

En dehors des anecdotes, des effets lyriques que l'on pourrait tirer de cette masse printanière, il vaut mieux voir l'essentiel : le personnage a souvent illustré des variations d'affrontement entre un pouvoir formel (social, en titre) et un contre-pouvoir informel (marginal, viscéral).

C'était bien l'une des façons de vivre l'opposition d'Uranus à l'amas Lune-Pluton-Neptune.

Et ce dernier trio, réduit au silence la vie durant, frustré par le succès uranien, n'est sans doute pas étranger à la sépulture voulue par Gabin : on a jeté ses cendres à la mer. Hommage au multiple, à l'anonymat qu'il avait dû sacrifier à la réussite.

# Krishnamurti

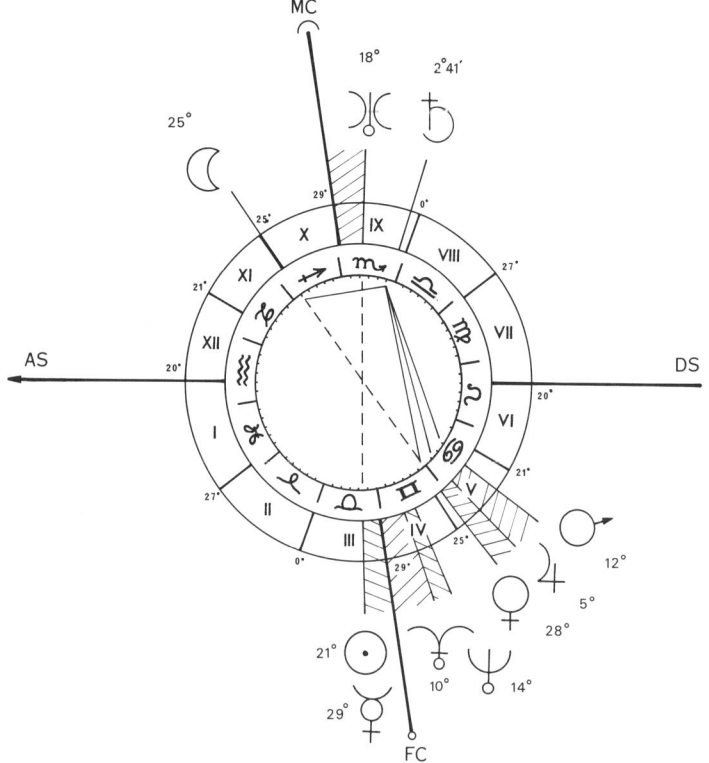 

*Krishnamurti, philosophe indien, a créé une nouvelle religion syncrétique à laquelle il s'est entièrement consacré.*

*Né le 11 mai 1895.*

Remarqué dans sa onzième année par un responsable de la Société théosophique, Krishnamurti n'a pas tout à fait déçu l'attente d'Annie Besant et Charles Leadbeater qui pressentaient en lui un grand instructeur spirituel, mais il est bien loin d'avoir rempli tous leurs projets ! La mort de son frère — Krishnamurti avait alors trente ans —, très douloureusement ressentie, constitue le point crucial de sa destinée, déterminant le rejet de tous les dogmes et de tous les maîtres, au profit d'une spiritualité terrestre et présente, à vivre sur-le-champ.

Robert Linssen, biographe et spécialiste de la pensée de Krishnamurti [1], le désigne comme « psychologue de l'ère nouvelle » ou, ce qui lui va encore mieux, comme un « libre penseur spirituel ». En fait, il est bien difficile d'enfermer ce paradoxe vivant dans une formule, et, plus que d'autres, son exemple montre à quel point les solutions supérieures d'un être ne sont pas dans son ciel mais dans ses ressources d'adaptation par réponse positive ou négative aux conditionnements cosmiques. Quelques-unes de ces réponses essentielles permettront de mieux comprendre les problèmes qu'elles mettent en cause.

L'enseignement de Krishnamurti, sous forme de dialogues directs, pourrait être celui d'un pur anarchiste, s'il n'y avait au cœur de son procès à tous les conditionnements aliénants un thème d'amour, de connaissance de soi, d'extase, lié à l'accord de l'être avec une Réalité immanente. L'amateur de contestation et démolition en tous genres peut d'ailleurs regretter l'orientation spiritualiste et la trouver bien fade par rapport au criticisme vigoureux du libre penseur.

Le Moi et sa dérisoire volonté de permanence figurent parmi les cibles prioritaires. Le Moi n'est qu'un « paquet de mémoires, nous dit Krishnamurti, il est statique, fixe, inerte, inadéquat [1] ». Et ce Moi gorgé d'illusions, crispé devant la nouveauté des faits et du changement, aspire morbidement à se perpétuer. Il se repaît de modèles et d'idées, de mots, d'images et de symboles, au lieu de s'ouvrir au Réel. Ainsi chacun se stérilise par une pensée mécanique, répétitive et rabâcheuse, prisonnière d'une démarche stérile « qui va du connu au connu ». Ou, aussi clairement dit : de cliché en cliché, l'enseignement, les modes, les mœurs, les livres et les mots forment à l'unisson une vaste entreprise de bourrage de crâne et de mystification.

Mais Krishnamurti se surpasse lorsqu'il dévisse les autorités spirituelles et religieuses, faiseuses de rites, de dogmes et d'exercices louches visant la « sérénité » ou la connaissance de ses réincarnations. Les épiciers du sacré, marchands de méditations, postures,

1. Robert Linssen, *Krishnamurti, psychologue de l'ère nouvelle*, éd. Le Courrier du livre.

1. Robert Linssen, *op. cit.*

*Quelques grands noms*

gymnastiques et autres salades du bonheur, sont renvoyés à leur rang de boutiquiers.

Il est impossible de cerner en quelques phrases un enseignement aussi révolutionnaire. Sa finalité suggérée est celle d'une explosion intérieure, d'une liberté provoquée par un déconditionnement total de la pensée.

Techniquement et astrologiquement : le Soleil en Taureau est conjoint à Mercure et en opposition à Uranus. C'est évidemment ce Soleil expressif de la régulation du niveau des idées reçues, des mots et du Moi impliqué dans le groupe socioculturel, qui est mis à mal par Mercure qui déclenche le niveau de la transcendance. Uranus pouvait inciter Krishnamurti à substituer un modèle révolutionnaire à un modèle classique (Soleil), un Moi profond à un Moi superficiel, mais cette substitution est sans cesse rejetée par Mercure dont la fonction est l'inverse d'Uranus. Ce cycle serait sans issue, s'il n'y avait une dominante Pluton-Neptune pour assurer la prévalence de la transcendance, que Krishnamurti désigne par l'« Inconnu ».

Sous l'angle des signes : l'Ascendant en Verseau (excitation de recréation) inverse la formule du Taureau adapté, toutes les notions d'avoir, de possession, de fixation, sont pulvérisées, supplantées par un leitmotiv de libération. Il reste que le Taureau se manifeste quand même dans cette personnalité par une extraordinaire énergie réfractaire — une inhibition naturelle supérieure — au déluge de doctrines, recettes, idéologies, sciences et prophétismes, invariablement dominatrices sous l'enseigne lucrative et mensongère d'émancipation.

## Karl Marx

*Né le 5 mai 1818, à 2 heures, à Trèves (Allemagne).*

A propos de Karl Marx Taureau, on peut se demander si, oui ou non, ce signe a une prédilection pour le communisme et si oui, comment diantre cela pourrait-il se justifier, dialectiquement parlant !

La cueillette ne manque pas de poids : Marx, Lénine, Thorez, Frachon, Leroy, tous sont des Soleil en Taureau. D'aucuns n'hésiteraient pas à ajouter Marchais. Son Ascendant se trouve en ce signe.

Heureusement pour le libre arbitre, le contrepoids ne manque pas non plus d'éloquence : Hitler à lui seul comble la mesure. Il y a aussi, sans comparaison aucune, Massu, Lagaillarde, Médecin, Poniatowski, Machiavel.

S'agit-il d'une dualité « autour d'un collectivisme » et fort sensible au Taureau ? En ce cas, si l'humour du hasard n'est pas en cause, les astrologues s'esbaudiront de savoir que ce sont deux acteurs du Taureau, Gino Cervi et Fernandel, qui ont tenu à l'écran les

*Karl Marx, philosophe, économiste et homme politique allemand.*

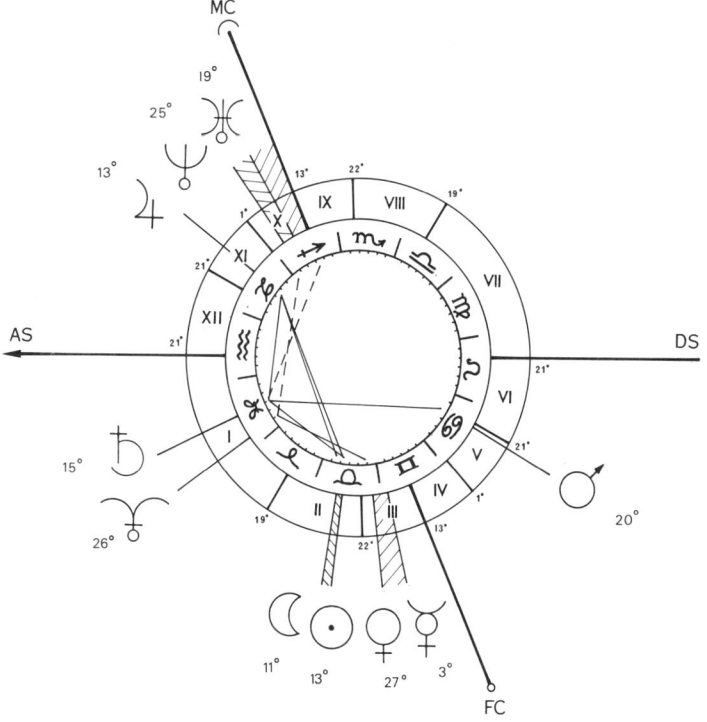

rôles de Peppone et Don Camillo pour illustrer dans le comique les querelles entre Marx et Jésus à un niveau villageois.

Manifestement, on pourrait flairer une tendance. Mais avec un petit coup de statistique plus rien n'apparaîtra. Pour s'y reconnaître, il ne faut jamais oublier que le ciel pose des problèmes-questions que l'intéressé tâche de résoudre avec les moyens du bord, ceux de son hérédité, de sa culture, de son époque et parfois de son génie. Ainsi, il n'y a pas une seule réponse, il y en a plusieurs. Malgré toutes les combinaisons du ciel, la richesse d'invention reste le propre de l'homme. C'est lui qui synthétise.

Karl Marx n'est pas seulement Taureau par la présence de la Lune, du Soleil et de Vénus dans ce signe. Son Ascendant en Verseau avec Saturne-Pluton en Poissons et Maison I entrent en ligne de compte. On n'oubliera surtout pas la grande conjonction Uranus-Neptune culminante en Sagittaire. En dépit des milliers de naissances portant cette configuration, il appartenait à Marx d'en traduire le prophétisme révolutionnaire par une vision à la fois systématique (Uranus) et large (Neptune). Les « pro » diront savante et généreuse. Nous avons vu qu'Uranus stimulait généralement une fonction de conquête du pouvoir et une autre, parallèle, de réduction à des formules maîtresses, concepts clés clarificateurs et mobilisateurs. Ce pouvoir réducteur (Uranus, passage du multiple à l'unique, de l'information floue à l'information claire) s'associe à Neptune, réducteur relatif (passage du multiple au duo-duel). Le marxisme dispose effectivement de plusieurs claviers ambigus coiffés par un ton fondamental sans équivoque possible. Toute la difficulté est de savoir s'il s'agit d'une plasticité rigide ou d'une rigueur souple...

Au nom d'une théorie clé (Uranus), le matérialisme dialectique apporte ses méthodes et réponses à tout ce que l'univers montre à nos sens (Neptune) : psychologie, sociologie, pédagogie, économie, philosophie, sciences physiques et sciences humaines, mais peut-être pas la sexologie ? A la limite, l'on peut se demander si Dieu le Père n'est pas marxiste tant son œuvre s'explique par cette philosophie qui est aussi une méthodologie. Mais Dieu le Père n'existe pas ; ou alors ce n'est qu'un petit-bourgeois déviationniste.

L'ambiguïté, ou la subtilité, neptunienne n'a pas toujour rendu service au marxisme. La liberté d'application du guide pour l'action permet en effet des interprétations contradictoires. Résultat, aux yeux de certains impatients, les circonstances historiques favorables à la révolution se font un peu tirer l'oreille : l'événement est toujours pour demain. Et l'on a pu reprocher aux communistes de vivre d'espérances illusoires en disposant d'un système autojustificatif imparable. Les astrologues conditionalistes constateront une carence de Jupiter (passage du duo-duel à l'unique). Jupiter tient lieu effectivement de bête noire si l'on réduit sa fonction à ses effets les moins sublimes : bon sens étroit, mentalité de privilégié et de nanti, arrivisme. La maladie interne du communisme réside dans le refoulement de cette fonction jupitérienne qui prend sa revanche en créant des privilégiés de pire espèce que la précédente : commissaires, doctrinaires, baudruches gonflées de mots et de formules.

La part du Taureau dans le ciel de Karl Marx se révèle à sa puissance réfractaire, à l'analyse réaliste et cohérente des rapports de force, à sa préoccupation d'unité, sa sensibilisation aux situations de maître et d'esclave qu'il proposait d'abolir (Verseau) en s'armant de vraies valeurs terrestres et en se fiant au cours naturel de l'histoire.

Il bénéficie encore d'une structure taurienne lorsqu'il montre comment et pourquoi les rapports de force, les facteurs économiques, créent des idées qui ne sont gratuites que de nom, et des idéologies pratiquement à la solde du pouvoir sous un fatras de discours chimériques.

Ce n'est pas, j'espère, manquer de respect à la mémoire et la pensée de cet homme que de parler d'un message « spirituel ». Il l'est dans son procès à l'argent et au profit, source d'aliénation de l'homme, obstacle à toute liberté et toute authenticité. Il suffit chaque jour d'ouvrir son courrier pour savoir ce que cela signifie...

Astrologiquement et techniquement, le thème de Marx illustre une façon géniale de vivre un signe (Taureau) et son inverse (Verseau).

# Georges Moustaki

*Né le 3 mai 1934, à 6 heures, à Alexandrie (Égypte).*

Migrateur-constructeur du Taureau, il n'a pas vingt ans lorsqu'il quitte Alexandrie sa ville natale, pour renaître à Paris, dans les années crépusculaires de l'existentialisme.

Trois planètes en Taureau (Mercure, Mars, Soleil) et l'Ascendant. C'est un lent. Jamais pressé d'arriver, de toute façon tout arrive.

Il construit sa carrière négligemment, en jouant, pour faire plaisir et se faire plaisir. Un Taureau sensuel-sensoriel que Mercure incite souvent à la curiosité du touche-à-tout et à un vague nomadisme. Sa morale est le naturel, « se trouver soi », se libérer soi. Et, comme pour le reste, il prend son temps.

De sa paresse il sort volontiers pour l'amour et l'amitié. Moins sûrement pour le travail, s'il n'y a pas l'urgence d'une nécessité matérielle. Sinon, paroles ou musiques, les fruits tombent d'eux-mêmes lorsqu'ils ont bien mûri sur l'arbre de l'éternité. La chanson, c'est sa fidélité. Un port d'attache où il se sent encore brimé. Autrement, il voudrait être libre et disponible, changeant comme l'amour.

Du dehors, aristo-chat, style abyssin, il fait patte de

*Georges Moustaki, baladin du Taureau.*

velours en effleurant les choses, en restant sur le perron. Du dedans, il est vissé à son centre de gravité, difficile de l'en faire sortir. Résultat, on se demande si son Mars en Taureau ne lui sert qu'à faire de la moto. On pouvait en espérer plus d'action, plus d'engagement. Il y pense. L'action vient avec la passion, et sa passion c'est le temps de vivre.

Si ce n'est pas un Mars combatif, agressif, il mêle bien son réalisme aux plaisirs du Taureau. D'un *mi* à l'autre de sa guitare il est souvent question d'aimer et de prendre la vie par la taille, sans laisser passer l'occasion d'un pied de nez à la nostalgie, la fidélité, le remords, la culpabilité. Il y pense pourtant, avec ses salutations distinguées.

Soleil Taureau et Ascendant : son modèle c'est lui-même et il communique avec, il suffit de s'y projeter puis de s'y reconnaître. Il a passé la rampe du jour où il s'est chanté en annonçant la couleur : « Avec ma gueule de métèque, de juif errant, de pâtre grec... » Pluton en Fond-du-Ciel n'est pas étranger à tout ça. Mais pour ne pas s'égarer dans ses masques et ses pudeurs, on peut se contenter des trésors de sa simplicité.

## Serge Reggiani

*Né le 2 mai 1922, à 4 h 45, à Reggio di Calabria (Italie).*

Techniquement, le ciel de Reggiani se résume à une dominante zodiacale Taureau-Cancer (Ascendant, Soleil, Mercure, en Taureau et Lune, Pluton, en Cancer). On est tenté d'ajouter une part non négligeable de Bélier par une légère rectification d'heure natale. Dix minutes plus tôt, l'Ascendant fin Bélier avec un Soleil Taureau témoignerait mieux par le contraste des signes des reliefs morphologiques et psychologiques de cette personnalité.

Pour les planètes, la dominante est sans bavure : une conjonction Soleil-Mercure soutenue d'un côté par Lune-Pluton et de l'autre par Uranus. Belle structure malheureusement perturbée par la dissonance de Neptune en Lion. Impossible, enfin, de ne pas signaler l'angle majeur dissonant, opposition, formé par Mars-Pluton ; la vie de Reggiani en est pénétrée et c'est la source principale de ses personnages violents, marginaux, dévoyés, sinistres, romanesques et ricanants.

Le spécialiste parle de thème étoffé et pourrait flairer une difficulté majeure à pouvoir se consacrer corps et âme à sa passion pour en tirer un bénéfice légitime, un sommet bien gagné. On devine quelque rocher lourd à monter jusqu'au faîte et qui retombe sans cesse.

Reggiani s'est précisément trempé, forgé dans ses luttes contre une adversité chronique même si celle-ci ne

*Le Grand Livre du Taureau*

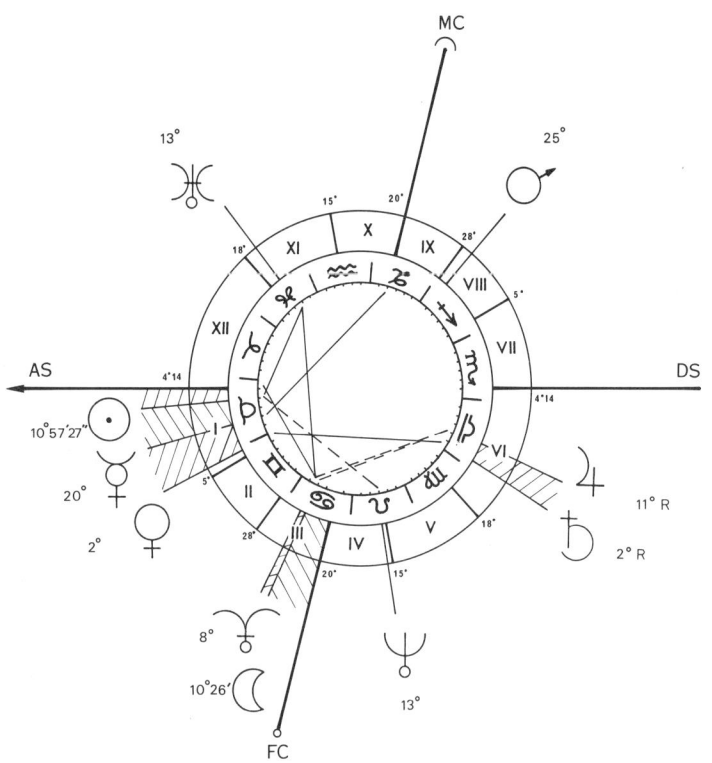

*Serge Reggiani mène avec autant de talent une carrière de chanteur et une carrière de comédien, deux métiers où s'épanouissent souvent les Taureau.*

se manifeste pas par des malheurs spectaculaires, parce qu'elle est intérieure dans l'impression morale de l'obstacle, dans la présence en soi d'une grande incertitude et d'une invincible retenue.

Le personnage héros reggianien est fort, de marque Soleil-Uranus, mais il attire un destin calamiteux d'une implacable logique, déchaînant violences sur violences. L'homme ne peut pas vaincre ce destin aussi logique, décidé et entier que lui-même. Ils se battent le plus longtemps possible et meurent en même temps, dos à dos et ex æquo. Avec la mort du héros l'événement perd de son sel, la vie retourne à la routine.

Conjointement à ses dons où figurent la danse, l'acrobatie, l'arboriculture, la comédie, la poésie, la chanson de classe, Reggiani a le pouvoir de dramatiser ce qui mérite de l'être. On comprend sa rigueur pointilleuse, son souci de choisir des personnages qui vaillent d'être tragiques, qui ont authentiquement cette qualité conquise « à la loyale » face à son destin. Et tout cela va bien à un Pluton introduisant sa part de profondeur cachée, sa morale sans nom, dans l'aventure de l'homme d'exception.

Puissent ces schémas d'exigence ne pas priver le cinéma français d'un trop grand talent ! Avec la chanson, Reggiani détend (Mercure-Vénus) son Soleil. Espérons qu'il y reviendra pour lui redonner sa place, dans le grand Art.

## Pierre Teilhard de Chardin

*Né le 1er mai 1881, à 7 heures, à Orcines (Puy-de-Dôme).*

Écrivain abondant, Révérend Père jésuite, explorateur, mystique, licencié ès sciences naturelles, géologue, paléontologue, créateur du teilhardisme (de Chardin), ce n'est pas un Taureau de petite taille — il était grand et sec —, et son œuvre a secoué l'Église comme un Mai 68 sous la cendre et le boisseau.

Pour le comprendre, il est indispensable de connaître son thème : six planètes (Saturne, Jupiter, Soleil, Neptune, Vénus, Pluton) s'accumulent en un seul signe (Taureau) et cet amas planétaire se place sous un angle harmonique (aspect) d'Uranus qui, dans cette situation soutenue par une angularité (présence au Fond-du-Ciel) conquiert le titre de super-dominante. La Lune à son lever en Gémeaux Ascendant peut figurer aussi dans la signature, mais assez loin derrière le leader uranien. Un ciel idéal pour débutants, réductible à deux signes (Taureau-Gémeaux) et deux planètes (Uranus-Lune).

Le penseur bâtisseur, d'inspiration logico-scientifique,

*Quelques grands noms*

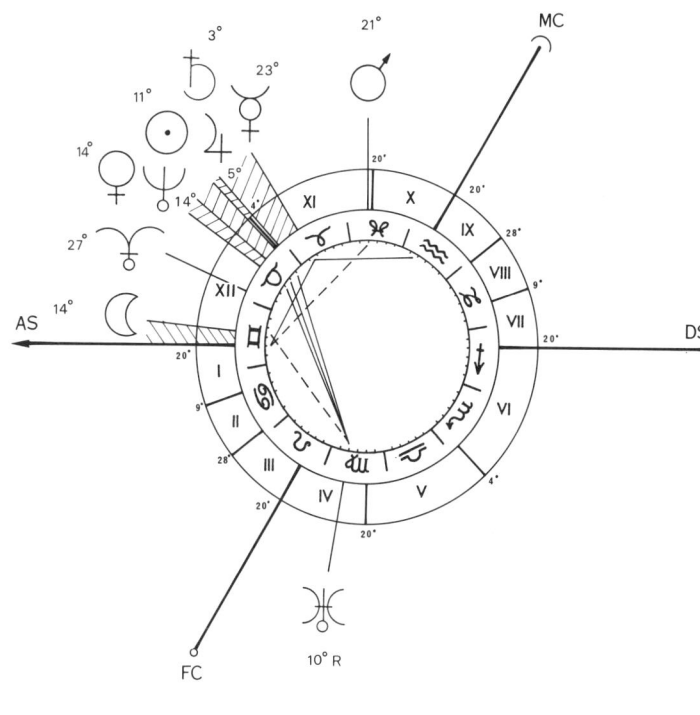

*Teilhard de Chardin, philosophe et théologien : ses recherches l'amenèrent à adopter des positions presque panthéistes.*

relève du Taureau-Uranus. Formule de premier choix pour un système articulant sans bavure apparente l'Alpha et l'Oméga. Les préoccupations majeures du Taureau axées sur l'unité, la cohérence, vont embrasser le dedans et le dehors, la matière et l'esprit, microcosme et macrocosme dans une vaste perspective évolutive. Les Gémeaux ont contribué à cette généralisation, mais, avant de donner le champ de l'infini à sa synthèse, il fallait réconcilier Terre et Ciel, raison et mystique. Travail taurien, on s'en doute.

Des Gémeaux, il tient le goût et l'aptitude à se donner les mots qu'il faut pour coiffer les autres systèmes. L'œuvre éclate en néologismes parfois surprenants, telle la « Parousie » définie comme « la fin du monde phénoménal où le point oméga, centre naturel de convergence humaine et le Christ Oméga, moteur surnaturel du monde et le Verbe éternel, coïncideront et se révéleront comme ne faisant qu'un[1] ». Le dandysme philosophique n'a pas manqué de reprendre un style d'écriture qui rappelle parfois la pataphysique du Docteur Faustrol de Jarry. Mais à l'inverse de celle-ci, on peut se sentir tout réjuvéné dans son phylum et rejeter sans aucun remords ontologique toute sympathie semi-pélagienne qui ne dérive pas vers la Parousie. Pour comprendre, il suffit d'apprendre le vocabulaire teilhardien. En gros, cela veut dire : « Hors de mon Oméga, point de salut. »

Si l'on a insisté sur la synthèse de Teilhard de Chardin, facilitant le dialogue entre matérialistes et spiritualistes, élargissant les moyens de communication sinon de compréhension, on aurait tort d'oublier les aspects réfractaires du Taureau. Sa synthèse met à la porte les

[1]. *Teilhard de Chardin,* par Claude Cuénot, coll. « Écrivains de toujours », Le Seuil.

« gentils » de tout acabit : païens, libertins, marxistes, kantiens, platoniciens. Les Quatre Évangiles paraissent même en prendre un coup en dépit d'un Christ qui se multiplie comme ses petits pains : Christ cosmique, Christ évoluteur, Christ humanisateur, Christ Oméga, Christ universel.

L'hégémonie uranienne (fonction d'unification du complexe) est proprement stupéfiante dans le concept de complexité-conscience. Teilhard en fait une Loi : « Toute énergie spirituelle, tout progrès d'ordre psychique sont corrélatifs à un arrangement vrai de la matière, c'est-à-dire à une centration de celle-ci. » Autrement dit, la complexité s'accroît avec l'évolution et elle permet l'émergence de l'intériorisation.

Comme prévu, cette évolution converge vers un point unique, un « super-ego » : le Centre des centres que constitue Dieu. Bien difficile après ça de ne pas désigner Uranus par « représentation de transcendance », ou réduction du multiple à l'unique...

Teilhard de Chardin a donné au christianisme une dimension nouvelle qui ne passera peut-être pas la rampe, à moins de faire de ce nouveau messianisme l'incarnation du Saint-Esprit. On peut se demander s'il a servi l'Église ou s'il s'est servi d'elle pour résoudre ses contradictions, satisfaire son intense besoin d'homogénéité (Lune ascendante) dans un monde écartelé par ses distorsions. Malgré le postulat d'amour, sa pensée est une véritable dictature de l'unité. L'équilibre du monde ne passe pas par une seule fonction. S'il y a une complexité qui se change en unité (Uranus), il y a aussi la complexité qui défend son état (Pluton). C'est contre cette fonction bien inquiétante que Teilhard s'est battu, au nom de l'amour, de la foi, de la vie et de la survie, et, d'une manière moins avouée, au nom de « Moi-le-Père ».

*Le Grand Livre du Taureau*

## Maurice Thorez

*Né le 28 avril 1900, à 3 heures, dans le Pas-de-Calais.*

De mon point de vue de scélérat-astrologue-bourgeois, ex-secrétaire de cellule d'un vieux quartier populaire, le P.C.F., en dépit des ouvertures de Georges Marchais (Soleil en Gémeaux *mais* Ascendant Taureau), conserve le culte discrètement nostalgique de Maurice Thorez.

On a du mal à tuer son squelette. Il traîne dans l'inconscient du parti comme un inoubliable air d'accordéon. Avec une triple conjonction Pluton-Vénus-Neptune au Fond-du-Ciel sous l'opposition d'Uranus-Jupiter conjoints au Milieu-du-Ciel, et un Soleil en Taureau en trigone (120 degrés d'écart) de Saturne, c'était quelqu'un, Thorez.

Entre les contradictions du capitalisme et celles de sa conscience, on peut tenter de résoudre les plus accessibles d'abord. Aujourd'hui, malgré l'asservissement de l'astrologie à la société de consommation, je ne connais pas le ridicule de ces marxistes qui, tout en réduisant l'astrologie à des préludes fascistes, apportent de l'eau à son moulin par le portrait qu'ils font d'un Taureau. C'est du matérialisme dialectique qui manque d'empiriocriticisme.

A lire G. Cogniot et V. Joannès[1], on pourrait croire que les communistes de France et de Navarre connaissent l'astropsychologie sur le bout des doigts. Je cite :

1. G. Cogniot et V. Joannès, *Maurice Thorez,* éd. Notre Temps.

« Optimisme sain et tenace... cordialité naturelle... Maurice Thorez était, en effet, à la fois cordial et énergique, affable et robuste [...]. Ce qui le caractérisait, c'était le calme, le sang-froid, la tranquillité qui se dégageait de toute sa personne et dont Gabriel Péri a dit qu'elle inspirait un sentiment de sécurité à tous ceux qui étaient en contact avec lui... Il attachait de l'importance avant tout à la connaissance des faits. »

On retrouve même les traits anecdotiques :

« Il appréciait les longues parties de cartes. Il aimait chanter en patois du Nord. Il goûtait les chansons populaires, des chansons mélancoliques, mais aussi des chansons de gai luron. » Enfin, on croit rêver :

« Il s'intéressait tout particulièrement aux sciences de la terre. »

Avec l'amour du travail et de la nature, la fixité des idées et sentiments, la solidité morale en tant qu'image de marque, l'organisation, la politique de la main de fer dans un gant de velours, il paraît bien difficile de ne pas reconnaître un Taureau d'adaptation forte. Je passe sur l'aspect physique qui, à lui seul, vaut tous les discours, en tant que bonne figure !

Pour les fonctions fondamentales du signe, celles de cohérence et d'unité justifient à la fois la carrière et la personnalité. « La passion de l'unité, en vue du triomphe de la cause ouvrière, ce fut bien, en effet, la ligne directrice de M. Thorez[1]. » Une passion qui a fortement contribué à la mise en place de « l'appareil du

1. G. Cogniot et V. Joannès, *op. cit.*

*Maurice Thorez, le 1ᵉʳ mai 1946. Un an plus tard, en mai 1947, il quittait le gouvernement avec tous les ministres communistes, exclus par Ramadier.*

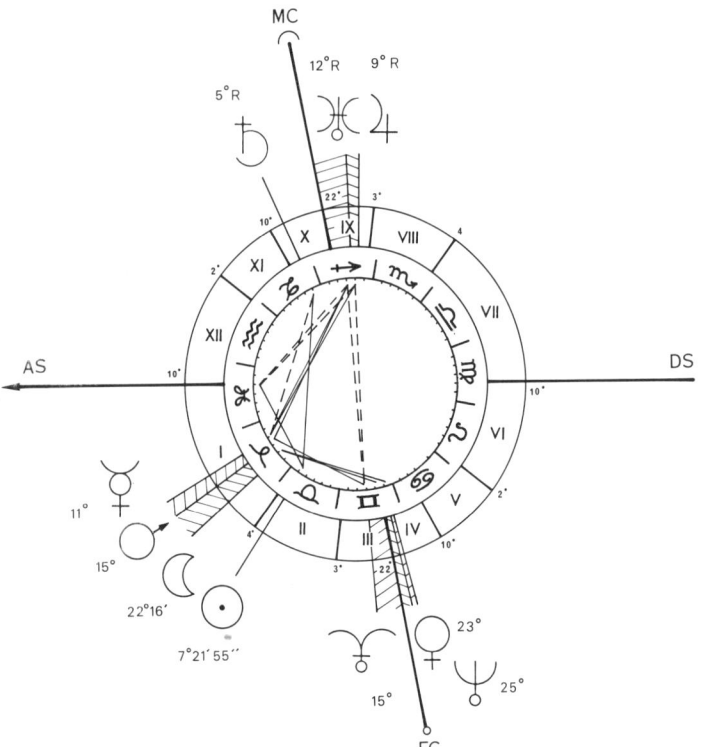

*Quelques grands noms*

parti », mais aussi, dans l'optique de l'adversaire, racine première de son isolement politique et de son monolithisme.

L'unité, en Taureau, ne se réalise qu'en dosant l'alliage des contraires. Ce fut l'un des problèmes permanents de Maurice Thorez que de trouver le bon alliage des forces diverses sans y laisser sa cohérence et sa dominance. Il y a les réussites : Front populaire, main tendue aux catholiques, participation des communistes à un gouvernement. Mais la vocation réfractaire du Taureau jointe au sens de l'histoire a repris chaque fois le dessus pour sauver l'intégrité du rouge dans un spectre qui se décalait trop vers le multicolore. Astrologiquement, le ciel de Thorez illustre la continuité du zodiaque. Par un amas en Bélier (Mercure-Mars-Lune), il se campe en militant, en polémiste, en homme de combat. Son Soleil en Taureau exploite l'héritage du militant et le cristallise en un réseau qui grippe aussi l'action impulsive. Enfin, de l'Ascendant Poissons, on retiendra des tendances universalistes qui, toujours au dire des détracteurs, faisaient parfois oublier les engagements tauriens dans la défense des intérêts ouvriers.

## Alexandre Vialatte

*Né le 22 avril 1901, à 15 heures, à Maymac-Laval (Haute-Vienne).*

Écrivain, romancier et chroniqueur, Vialatte posthume n'est déjà plus le grand méconnu qu'il fut de son vivant.

Les *Dernières Nouvelles de l'homme*[1], inestimable recueil de chroniques publiées dans *le Spectacle du monde* le rendront sain et sauf à la postérité qu'il mérite. Et tout cela, pour l'astrologie traditionnelle, conviendra parfaitement à un Soleil natal dans le secteur consacré à la mort et ses au-delà. Gloire posthume donc. Ses amis s'en réjouiront fanatiquement. Mort ou vivant, on ne peut pas découvrir Vialatte sans devenir fanatique.

Primo : On lui doit Kafka, ses premières traductions du *Château* et de *la Métamorphose*, publiées en 1927-1928 par la Nouvelle Revue Française.

Secundo : On lui doit quelques romans : *Battling le Ténébreux* (Gallimard, 1928), *le Fidèle Berger* (Gallimard, 1942), *les Fruits du Congo* (Gallimard, 1951), *le Roman des douze* (Gallimard, 1957).

Tertio : Tout le monde ne peut pas écrire : « Ce qui fait l'intérêt de l'Auvergne, c'est qu'elle est remplie d'Auvergnats » ; « l'idée de s'appeler Napoléon ne

1. Alexandre Vialatte, *Dernières Nouvelles de l'homme*, Julliard, 1978.

*Alexandre Vialatte, ou quand le Taureau se met au service de l'humour.*

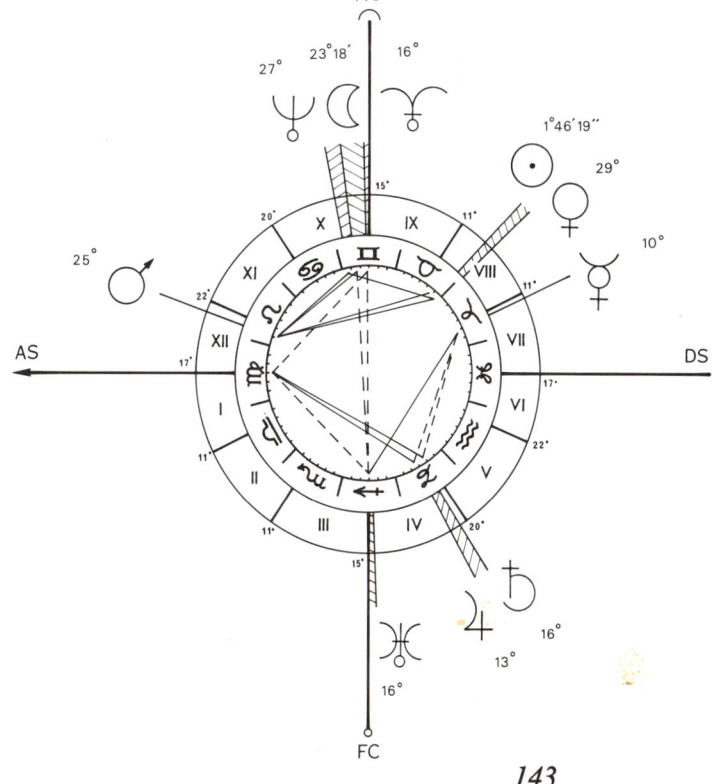

*Le Grand Livre du Taureau*

pouvait venir qu'à un homme d'exception » ; et encore : « la femme remonte, comme je l'ai déjà dit, à la plus haute Antiquité ».

Tous les Taureau n'aiment pas tous les Taureau. Mais celui-là, je le lirais dans les églises, au Sénat, à la Chambre, l'Élysée, aux cinq Académies, dans les postes périphériques, partout où il faut dire et redire la dignité de l'humour, sa grandeur et sa simplicité.

Je ne suis pas jaloux de Ferny Besson qui l'admire et en parle mieux que moi : « Chez lui, tout se tient. L'homme et l'écrivain ne font qu'un : penseur aux allures de clown, incroyablement modeste quoique très conscient de sa vraie valeur. Malicieux, compatissant. Gilles et Charlot et pascalien. Un pur soldat du Christ, de la grammaire, de la France. De Dieu. »

Quelques-uns de ses secrets sont dans son ciel : angularité d'un amas de trois planètes (Pluton, Lune, Neptune) sous un aspect d'Uranus. Trois planètes qui campent un poète de l'« hyper réel » et de l'irrationnel. Trois planètes d'intuitif introverti donnant à ses visions le ton uranien de la parole révélée et la densité taurienne du réel. Avec Vialatte, le rêve est plus vrai que nature, on le touche des doigts, il embaume, il écorche ou il fait du bruit en tombant.

Sa force ? L'extrême sensorialisation des mots et des idées (Soleil-Vénus trigone Mars) qui deviennent des objets concrets permettant des effets que l'on croyait réservés à l'univers des choses pratiques ou inutiles : des pinces, des roues, des caisses, des greniers, des chapeaux, des îles et des nids.

Taurien, il l'était aussi par sa foi dans le bon sens « qui fait les trois quarts du génie », disait-il. Autant que par l'humeur réfractaire qui, sous la drôlerie, n'en fustigeait pas moins l'incohérence, le désordre, l'invincible sottise. Que l'on peut oublier par la poésie :

« Il faut la demander aux saisons. Achevez les labours d'hiver, coupez les joncs, ensilez la betterave, brossez l'aspidistra avec une brosse à dents. Le pinson des Ardennes se tait, les freux croassent, les canards volent en fer de lance. Les premiers loups, encore timides, sortent des bois. Le pauvre laboureur chante sa chansonnette. Autant en emporte le vent. »

Par respect à sa mémoire, faut-il préciser qu'il était « nationaliste, conservateur, Algérie française, féru du drapeau tricolore et de la messe en latin » ? Si la droite française passe pour la plus bête du monde, grâce à lui ce n'est plus tout à fait vrai.

## Orson Welles

*Né le 6 mai 1915, à 7 heures, à Kenosha, Wisconsin (États-Unis).*

Lorsqu'une signature zodiacale couple un signe à son symétrique, la personnalité tend à se construire par contrastes et, si l'aptitude à cimenter les contradictions est médiocre, l'envergure entrevue échoue dans l'ambivalence et la dissociation.

Comme chez Karl Marx et Khrisnamurti, le Taureau d'Orson Welles domine avec le Verseau son inverse, mis en valeur par une conjonction Lune-Uranus culminante. Sachant que chacun de ces signes est enclin aux paradoxes et alliages ou combinaisons de pôles extrêmes, on imagine ce que donne la rencontre des deux. André Bazin a parlé d'un « ogre dévoré par l'enfant », soit d'un double contraste : dans les personnages et dans les rôles.

Quels que soient les apports des éléments extra-horoscopiques, la chance de Welles se rapporte, dans son ciel, à l'Ascendant Gémeaux favorisant un pouvoir de synthèse qui lui a permis de vivre sa mosaïque changeante, son univers d'ombres et de lumières qui se substituent sans fin entre elles.

Résumons l'apport des signes : dans un contexte d'excitabilité rapide et labile, traditionnellement « printanière », une dominante paradoxale (Taureau-Verseau) est coiffée par un Gémeaux qui peut aller plus loin que le paradoxe dans l'inversion des fonctions, mais assumer aussi de brillantes solutions d'équilibre. Bien que technique, ce langage réduit à des structures précises les métaphores de Jean Cocteau sur *le Troisième Homme,* ex-*Citizen Kane, Othello, Macbeth, Arkadin* : « Orson Welles est une manière de géant au regard enfantin, un arbre bourré d'oiseaux et d'ombre, un chien qui a cassé sa chaîne et se couche dans les plates-bandes, un paresseux actif, un fou sage, une solitude entourée de monde, un étudiant qui dort en classe, un stratège qui fait semblant d'être ivre quand il veut qu'on lui foute la paix. » Sur la même longueur d'onde paradoxale, un critique du *New York Times* a plus simplement dit : « Orson Welles est un génie sans talent. »

Ce « génie sans talent » a joué, tous azimuts, les plus grands personnages, historiques, psychologiques, mythiques par démesure (Lune-Uranus) mais, à l'en croire, sans affinité avec sa vraie nature : « Tous les personnages que j'ai joués, et dont nous parlons, sont des formes variées de Faust, et je suis contre tous les Faust... J'ai interprété toute une lignée d'égotistes, et je déteste l'égotisme, celui de la Renaissance, celui de Faust, tous les égotismes... » Contrepartie inévitable du miroir compensateur : « Je ne les condamne pas nécessairement au cinéma, je les condamne seulement dans la vie... Quand je joue le rôle de quelqu'un que je déteste, je tiens à être chevaleresque dans mon interprétation... Devenant ces personnages, je les transfigure en leur donnant ce que j'ai de mieux, mais ce qu'ils sont, je le déteste... » Bref, les ambiguïtés sont maîtrisées, ordonnées, intégrées au profit d'une grande subtilité de pensée et de comportements.

Dans une approche classique de son ciel on ne saurait oublier la conjonction Uranus-Lune en Verseau. D'aucuns s'en suffiraient pour l'originalité, l'intuition, l'excentricité, le cinéma, la révolution, l'insigne aptitude à provoquer une panique générale aux États-Unis à partir d'une émission radiophonique préparée à la hâte : *la Guerre des mondes* (1938). Ainsi, le Taureau nous passerait sous le nez, sauf pour les traits de

## Quelques grands noms

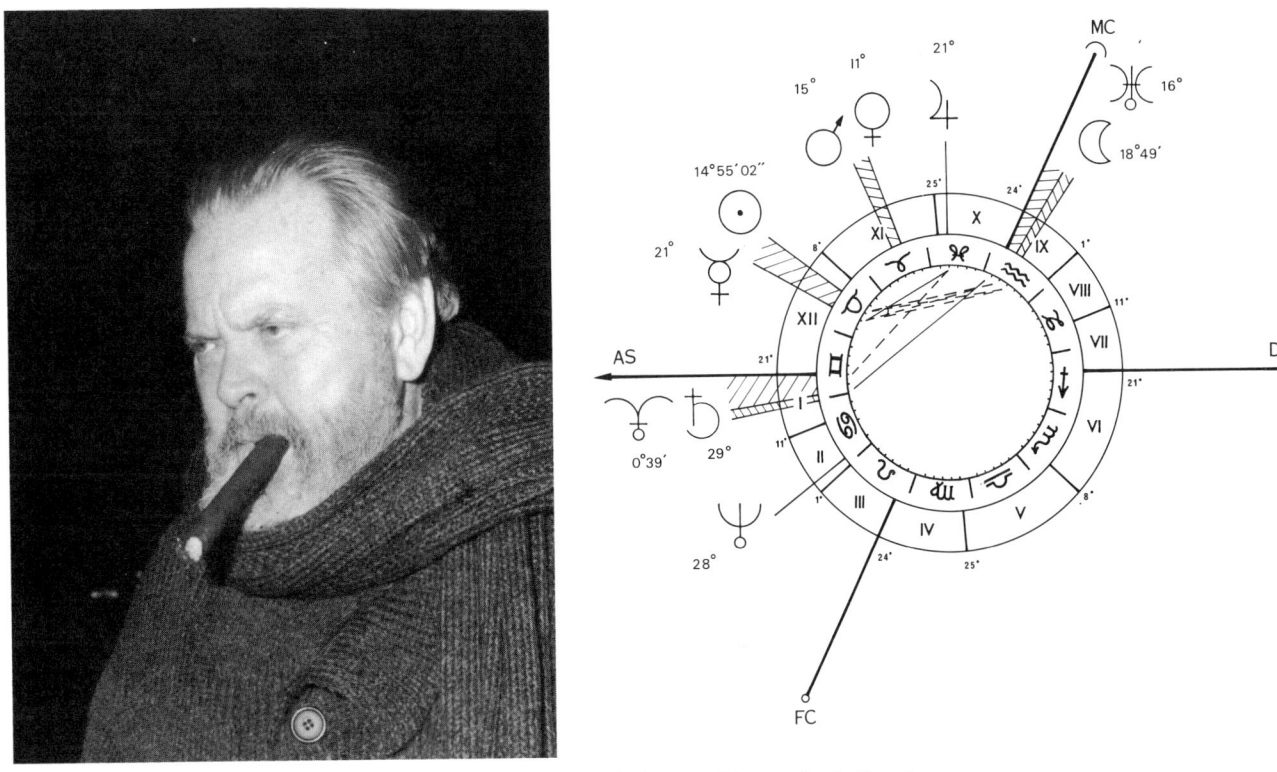

*Orson Welles, grand cinéaste. Du Taureau, il a le goût de la bonne chère et des belles choses.*

puissance, l'aspect shakespearien d'autant plus remarquable que Shakespeare serait natif du Taureau selon une pertinente hypothèse.

En pénétrant plus avant dans l'intimité taurienne, on retrouve le réfractaire : à son œuvre, son personnage, ses légendes, à cette époque « livrée aux faustiens, aventuriers, égotistes... ». Il se reconnaît, de préférence, en homme du Moyen Age, pas du tout Renaissance, encore moins ère du Verseau, comme on peut en juger !

Au plus secret, il est finalement marqué par la conjonction Saturne-Pluton ascendant qu'il serait superficiel de limiter à ses airs inquiétants. C'est sous cet aiguillon planétaire qu'il questionne, ouvre procès sur procès, multiplie les facettes : « Un film de Welles, c'est un héros qui a perdu son identité. Il faut patiemment s'efforcer de la reconstituer... »

Saturne conduit à Pluton anti-modèle simple, anti-héros, générateur d'un autre Soleil. Et Welles a perçu parfaitement son Janus chevauchant le crépuscule d'un monde et l'aurore d'un autre : « Quel que soit le jugement que vous portiez sur ma morale, vous devrez essayer d'en découvrir l'aspect essentiellement anarchiste ou aristocratique. »

*Laurence Olivier, merveilleux acteur du Taureau, sut imposer cette douceur un peu ambiguë, cette élégance raffinée des vénusiens du signe.*

*Chapitre V*

# A la recherche de votre « Moi » profond

*Le Taureau naît en plein printemps au moment où la nature éclate de toutes parts. D'où la joie de vivre, la gaieté, l'enthousiasme qu'on lui attribue généralement.*

# *Dans quel Signe se trouvaient les Planètes à votre naissance*

## Comment utiliser les Tables des positions planétaires

Les planètes, le Soleil et la Lune sont des points d'émission énergétiques qui correspondent chacun à une certaine expression de votre personnalité.

Mais ces corps célestes n'agissent pas directement sur nous.

Entre eux et la Terre, le Zodiaque avec ses douze signes différents constitue une sorte de bande abstraite à travers laquelle va s'exercer l'action des astres sur la Terre.

Ainsi la planète Jupiter n'agit-elle pas directement sur vous mais à travers le signe zodiacal dans lequel, vue de la Terre, elle se trouvait au moment de votre naissance.

C'est pourquoi, pour connaître le mode d'action complet de Jupiter sur vous, vous devez rechercher ce signe.

Les *Tables de positions planétaires* de 1910 à 1989 vous permettront de trouver d'un seul coup d'œil pour l'année et le jour de votre naissance le signe zodiacal dans lequel se trouvait chacune des huit planètes de Mercure à Pluton.

Vous pouvez reporter ces positions sur la page 3 de votre *Guide psycho-astrologique personnel* (en tiré à part).

Pour la Lune, vous procédez différemment, car cet astre se déplace beaucoup plus rapidement que les planètes, si bien qu'il vous faut tenir compte de votre heure de naissance pour connaître son signe zodiacal.

Dans les *Tables des positions planétaires* vous trouvez la position de la Lune à midi, temps universel de Greenwich, près de Londres.

Comme la Lune parcourt en moyenne 12 degrés zodiacaux par jour, elle reste environ deux jours et demi dans un signe puisque chaque signe compte 30 degrés zodiacaux.

Toutes les deux heures, la Lune parcourt 1 degré zodiacal et c'est en fonction de cela que nous trouverons sa position finale.

Pratiquement, voici comment vous allez opérer :

1) Si les *Tables des positions planétaires* vous indiquent une position de la Lune comprise entre 6 et 23 degrés de n'importe quel signe zodiacal, la Lune est restée toute la journée dans ce signe que vous inscrivez sur votre *Guide psycho-astrologique personnel* ;

2) Si les *Tables* vous indiquent une position 0, 1, 2, 3, 4, 5 ou 24, 25, 26, 27, 28, 29 degrés d'un signe zodiacal, vous devez tenir compte de vos heure et lieu de naissance pour trouver la position réelle de la Lune à ce moment-là. Vous procédez alors comme indiqué à la page 190.

## DÉCOUVREZ DANS QUEL SIGNE SE TROUVAIENT LES PLANÈTES À VOTRE NAISSANCE

| 1910 | MERCURE | VÉNUS | MARS | JUPITER | SATURNE | URANUS | NEPTUNE | PLUTON | LUNE* |
|---|---|---|---|---|---|---|---|---|---|
| 20 AVRIL | TAUREAU | POISSONS | GÉMEAUX | BALANCE | BÉLIER | CAPRICORNE | CANCER | GÉMEAUX | 15 VIERGE |
| 21 AVRIL | TAUREAU | POISSONS | GÉMEAUX | BALANCE | BÉLIER | CAPRICORNE | CANCER | GÉMEAUX | 27 VIERGE |
| 22 AVRIL | TAUREAU | POISSONS | GÉMEAUX | BALANCE | BÉLIER | CAPRICORNE | CANCER | GÉMEAUX | 9 BALANCE |
| 23 AVRIL | TAUREAU | POISSONS | GÉMEAUX | BALANCE | BÉLIER | CAPRICORNE | CANCER | GÉMEAUX | 21 BALANCE |
| 24 AVRIL | TAUREAU | POISSONS | GÉMEAUX | BALANCE | BÉLIER | CAPRICORNE | CANCER | GÉMEAUX | 2 SCORPION |
| 25 AVRIL | TAUREAU | POISSONS | GÉMEAUX | BALANCE | BÉLIER | CAPRICORNE | CANCER | GÉMEAUX | 14 SCORPION |
| 26 AVRIL | TAUREAU | POISSONS | GÉMEAUX | BALANCE | BÉLIER | CAPRICORNE | CANCER | GÉMEAUX | 26 SCORPION |
| 27 AVRIL | TAUREAU | POISSONS | GÉMEAUX | BALANCE | BÉLIER | CAPRICORNE | CANCER | GÉMEAUX | 8 SAGITTAIRE |
| 28 AVRIL | TAUREAU | POISSONS | GÉMEAUX | BALANCE | BÉLIER | CAPRICORNE | CANCER | GÉMEAUX | 20 SAGITTAIRE |
| 29 AVRIL | TAUREAU | POISSONS | GÉMEAUX | BALANCE | BÉLIER | CAPRICORNE | CANCER | GÉMEAUX | 2 CAPRICORNE |
| 30 AVRIL | TAUREAU | POISSONS | GÉMEAUX | BALANCE | BÉLIER | CAPRICORNE | CANCER | GÉMEAUX | 14 CAPRICORNE |
| 1 MAI | GÉMEAUX | POISSONS | GÉMEAUX | BALANCE | BÉLIER | CAPRICORNE | CANCER | GÉMEAUX | 27 CAPRICORNE |
| 2 MAI | GÉMEAUX | POISSONS | CANCER | BALANCE | BÉLIER | CAPRICORNE | CANCER | GÉMEAUX | 10 VERSEAU |
| 3 MAI | GÉMEAUX | POISSONS | CANCER | BALANCE | BÉLIER | CAPRICORNE | CANCER | GÉMEAUX | 23 VERSEAU |
| 4 MAI | GÉMEAUX | POISSONS | CANCER | BALANCE | BÉLIER | CAPRICORNE | CANCER | GÉMEAUX | 7 POISSONS |
| 5 MAI | GÉMEAUX | POISSONS | CANCER | BALANCE | BÉLIER | CAPRICORNE | CANCER | GÉMEAUX | 22 POISSONS |
| 6 MAI | GÉMEAUX | POISSONS | CANCER | BALANCE | BÉLIER | CAPRICORNE | CANCER | GÉMEAUX | 6 BÉLIER |
| 7 MAI | GÉMEAUX | BÉLIER | CANCER | BALANCE | BÉLIER | CAPRICORNE | CANCER | GÉMEAUX | 21 BÉLIER |
| 8 MAI | GÉMEAUX | BÉLIER | CANCER | BALANCE | BÉLIER | CAPRICORNE | CANCER | GÉMEAUX | 6 TAUREAU |
| 9 MAI | GÉMEAUX | BÉLIER | CANCER | BALANCE | BÉLIER | CAPRICORNE | CANCER | GÉMEAUX | 21 TAUREAU |
| 10 MAI | GÉMEAUX | BÉLIER | CANCER | BALANCE | BÉLIER | CAPRICORNE | CANCER | GÉMEAUX | 7 GÉMEAUX |
| 11 MAI | GÉMEAUX | BÉLIER | CANCER | BALANCE | BÉLIER | CAPRICORNE | CANCER | GÉMEAUX | 21 GÉMEAUX |
| 12 MAI | GÉMEAUX | BÉLIER | CANCER | BALANCE | BÉLIER | CAPRICORNE | CANCER | GÉMEAUX | 6 CANCER |
| 13 MAI | GÉMEAUX | BÉLIER | CANCER | BALANCE | BÉLIER | CAPRICORNE | CANCER | GÉMEAUX | 20 CANCER |
| 14 MAI | GÉMEAUX | BÉLIER | CANCER | BALANCE | BÉLIER | CAPRICORNE | CANCER | GÉMEAUX | 3 LION |
| 15 MAI | GÉMEAUX | BÉLIER | CANCER | BALANCE | BÉLIER | CAPRICORNE | CANCER | GÉMEAUX | 16 LION |
| 16 MAI | GÉMEAUX | BÉLIER | CANCER | BALANCE | BÉLIER | CAPRICORNE | CANCER | GÉMEAUX | 29 LION |
| 17 MAI | GÉMEAUX | BÉLIER | CANCER | BALANCE | TAUREAU | CAPRICORNE | CANCER | GÉMEAUX | 12 VIERGE |
| 18 MAI | GÉMEAUX | BÉLIER | CANCER | BALANCE | TAUREAU | CAPRICORNE | CANCER | GÉMEAUX | 24 VIERGE |
| 19 MAI | GÉMEAUX | BÉLIER | CANCER | BALANCE | TAUREAU | CAPRICORNE | CANCER | GÉMEAUX | 6 BALANCE |
| 20 MAI | GÉMEAUX | BÉLIER | CANCER | BALANCE | TAUREAU | CAPRICORNE | CANCER | GÉMEAUX | 18 BALANCE |
| 21 MAI | GÉMEAUX | BÉLIER | CANCER | BALANCE | TAUREAU | CAPRICORNE | CANCER | GÉMEAUX | 29 BALANCE |

LE SOLEIL ENTRE DANS LE SIGNE TAUREAU LE 20 AVRIL 1910 A 23 h 40
QUITTE LE SIGNE DU LE 21 MAI A 23 h 20
* LES CHIFFRES INDIQUENT LES DEGRÉS

| 1911 | MERCURE | VÉNUS | MARS | JUPITER | SATURNE | URANUS | NEPTUNE | PLUTON | LUNE* |
|---|---|---|---|---|---|---|---|---|---|
| 21 AVRIL | TAUREAU | GÉMEAUX | VERSEAU | SCORPION | TAUREAU | CAPRICORNE | CANCER | GÉMEAUX | 27 CAPRICORNE |
| 22 AVRIL | TAUREAU | GÉMEAUX | VERSEAU | SCORPION | TAUREAU | CAPRICORNE | CANCER | GÉMEAUX | 9 VERSEAU |
| 23 AVRIL | TAUREAU | GÉMEAUX | POISSONS | SCORPION | TAUREAU | CAPRICORNE | CANCER | GÉMEAUX | 22 VERSEAU |
| 24 AVRIL | TAUREAU | GÉMEAUX | POISSONS | SCORPION | TAUREAU | CAPRICORNE | CANCER | GÉMEAUX | 5 POISSONS |
| 25 AVRIL | TAUREAU | GÉMEAUX | POISSONS | SCORPION | TAUREAU | CAPRICORNE | CANCER | GÉMEAUX | 18 POISSONS |
| 26 AVRIL | TAUREAU | GÉMEAUX | POISSONS | SCORPION | TAUREAU | CAPRICORNE | CANCER | GÉMEAUX | 2 BÉLIER |
| 27 AVRIL | TAUREAU | GÉMEAUX | POISSONS | SCORPION | TAUREAU | CAPRICORNE | CANCER | GÉMEAUX | 16 BÉLIER |
| 28 AVRIL | TAUREAU | GÉMEAUX | POISSONS | SCORPION | TAUREAU | CAPRICORNE | CANCER | GÉMEAUX | 1 TAUREAU |
| 29 AVRIL | TAUREAU | GÉMEAUX | POISSONS | SCORPION | TAUREAU | CAPRICORNE | CANCER | GÉMEAUX | 16 TAUREAU |
| 30 AVRIL | TAUREAU | GÉMEAUX | POISSONS | SCORPION | TAUREAU | CAPRICORNE | CANCER | GÉMEAUX | 1 GÉMEAUX |
| 1 MAI | TAUREAU | GÉMEAUX | POISSONS | SCORPION | TAUREAU | CAPRICORNE | CANCER | GÉMEAUX | 15 POISSONS |
| 2 MAI | TAUREAU | GÉMEAUX | POISSONS | SCORPION | TAUREAU | CAPRICORNE | CANCER | GÉMEAUX | 0 CANCER |
| 3 MAI | TAUREAU | GÉMEAUX | POISSONS | SCORPION | TAUREAU | CAPRICORNE | CANCER | GÉMEAUX | 15 CANCER |
| 4 MAI | TAUREAU | GÉMEAUX | POISSONS | SCORPION | TAUREAU | CAPRICORNE | CANCER | GÉMEAUX | 29 CANCER |
| 5 MAI | TAUREAU | GÉMEAUX | POISSONS | SCORPION | TAUREAU | CAPRICORNE | CANCER | GÉMEAUX | 13 LION |
| 6 MAI | TAUREAU | GÉMEAUX | POISSONS | SCORPION | TAUREAU | CAPRICORNE | CANCER | GÉMEAUX | 26 LION |
| 7 MAI | TAUREAU | GÉMEAUX | POISSONS | SCORPION | TAUREAU | CAPRICORNE | CANCER | GÉMEAUX | 10 VIERGE |
| 8 MAI | TAUREAU | GÉMEAUX | POISSONS | SCORPION | TAUREAU | CAPRICORNE | CANCER | GÉMEAUX | 23 VIERGE |
| 9 MAI | TAUREAU | GÉMEAUX | POISSONS | SCORPION | TAUREAU | CAPRICORNE | CANCER | GÉMEAUX | 5 BALANCE |
| 10 MAI | TAUREAU | GÉMEAUX | POISSONS | SCORPION | TAUREAU | CAPRICORNE | CANCER | GÉMEAUX | 18 BALANCE |
| 11 MAI | TAUREAU | GÉMEAUX | POISSONS | SCORPION | TAUREAU | CAPRICORNE | CANCER | GÉMEAUX | 0 SCORPION |
| 12 MAI | TAUREAU | GÉMEAUX | POISSONS | SCORPION | TAUREAU | CAPRICORNE | CANCER | GÉMEAUX | 12 SCORPION |
| 13 MAI | TAUREAU | CANCER | POISSONS | SCORPION | TAUREAU | CAPRICORNE | CANCER | GÉMEAUX | 24 SCORPION |
| 14 MAI | TAUREAU | CANCER | POISSONS | SCORPION | TAUREAU | CAPRICORNE | CANCER | GÉMEAUX | 6 SAGITTAIRE |
| 15 MAI | TAUREAU | CANCER | POISSONS | SCORPION | TAUREAU | CAPRICORNE | CANCER | GÉMEAUX | 18 SAGITTAIRE |
| 16 MAI | TAUREAU | CANCER | POISSONS | SCORPION | TAUREAU | CAPRICORNE | CANCER | GÉMEAUX | 0 CAPRICORNE |
| 17 MAI | TAUREAU | CANCER | POISSONS | SCORPION | TAUREAU | CAPRICORNE | CANCER | GÉMEAUX | 11 CAPRICORNE |
| 18 MAI | TAUREAU | CANCER | POISSONS | SCORPION | TAUREAU | CAPRICORNE | CANCER | GÉMEAUX | 23 CAPRICORNE |
| 19 MAI | TAUREAU | CANCER | POISSONS | SCORPION | TAUREAU | CAPRICORNE | CANCER | GÉMEAUX | 5 VERSEAU |
| 20 MAI | TAUREAU | CANCER | POISSONS | SCORPION | TAUREAU | CAPRICORNE | CANCER | GÉMEAUX | 18 VERSEAU |
| 21 MAI | TAUREAU | CANCER | POISSONS | SCORPION | TAUREAU | CAPRICORNE | CANCER | GÉMEAUX | 0 POISSONS |
| 22 MAI | TAUREAU | CANCER | POISSONS | SCORPION | TAUREAU | CAPRICORNE | CANCER | GÉMEAUX | 13 POISSONS |

LE SOLEIL ENTRE DANS LE SIGNE DU TAUREAU LE 21 AVRIL 1911 A 5 h 40
QUITTE LE SIGNE DU LE 22 MAI A 5 h 20
* LES CHIFFRES INDIQUENT LES DEGRÉS

# DÉCOUVREZ DANS QUEL SIGNE SE TROUVAIENT LES PLANÈTES À VOTRE NAISSANCE

| 1912 | MERCURE | VÉNUS | MARS | JUPITER | SATURNE | URANUS | NEPTUNE | PLUTON | LUNE* |
|---|---|---|---|---|---|---|---|---|---|
| 20 AVRIL | BÉLIER | BÉLIER | CANCER | SAGITTAIRE | TAUREAU | VERSEAU | CANCER | GÉMEAUX | 8 GÉMEAUX |
| 21 AVRIL | BÉLIER | BÉLIER | CANCER | SAGITTAIRE | TAUREAU | VERSEAU | CANCER | GÉMEAUX | 23 GÉMEAUX |
| 22 AVRIL | BÉLIER | BÉLIER | CANCER | SAGITTAIRE | TAUREAU | VERSEAU | CANCER | GÉMEAUX | 7 CANCER |
| 23 AVRIL | BÉLIER | BÉLIER | CANCER | SAGITTAIRE | TAUREAU | VERSEAU | CANCER | GÉMEAUX | 21 CANCER |
| 24 AVRIL | BÉLIER | BÉLIER | CANCER | SAGITTAIRE | TAUREAU | VERSEAU | CANCER | GÉMEAUX | 5 LION |
| 25 AVRIL | BÉLIER | BÉLIER | CANCER | SAGITTAIRE | TAUREAU | VERSEAU | CANCER | GÉMEAUX | 20 LION |
| 26 AVRIL | BÉLIER | BÉLIER | CANCER | SAGITTAIRE | TAUREAU | VERSEAU | CANCER | GÉMEAUX | 4 VIERGE |
| 27 AVRIL | BÉLIER | BÉLIER | CANCER | SAGITTAIRE | TAUREAU | VERSEAU | CANCER | GÉMEAUX | 18 VIERGE |
| 28 AVRIL | BÉLIER | BÉLIER | CANCER | SAGITTAIRE | TAUREAU | VERSEAU | CANCER | GÉMEAUX | 1 BALANCE |
| 29 AVRIL | BÉLIER | BÉLIER | CANCER | SAGITTAIRE | TAUREAU | VERSEAU | CANCER | GÉMEAUX | 15 BALANCE |
| 30 AVRIL | BÉLIER | BÉLIER | CANCER | SAGITTAIRE | TAUREAU | VERSEAU | CANCER | GÉMEAUX | 28 BALANCE |
| 1 MAI | BÉLIER | BÉLIER | CANCER | SAGITTAIRE | TAUREAU | VERSEAU | CANCER | GÉMEAUX | 11 SCORPION |
| 2 MAI | BÉLIER | BÉLIER | CANCER | SAGITTAIRE | TAUREAU | VERSEAU | CANCER | GÉMEAUX | 24 SCORPION |
| 3 MAI | BÉLIER | BÉLIER | CANCER | SAGITTAIRE | TAUREAU | VERSEAU | CANCER | GÉMEAUX | 7 SAGITTAIRE |
| 4 MAI | BÉLIER | BÉLIER | CANCER | SAGITTAIRE | TAUREAU | VERSEAU | CANCER | GÉMEAUX | 19 SAGITTAIRE |
| 5 MAI | BÉLIER | BÉLIER | CANCER | SAGITTAIRE | TAUREAU | VERSEAU | CANCER | GÉMEAUX | 1 CAPRICORNE |
| 6 MAI | BÉLIER | BÉLIER | CANCER | SAGITTAIRE | TAUREAU | VERSEAU | CANCER | GÉMEAUX | 13 CAPRICORNE |
| 7 MAI | BÉLIER | TAUREAU | CANCER | SAGITTAIRE | TAUREAU | VERSEAU | CANCER | GÉMEAUX | 25 CAPRICORNE |
| 8 MAI | BÉLIER | TAUREAU | CANCER | SAGITTAIRE | TAUREAU | VERSEAU | CANCER | GÉMEAUX | 7 VERSEAU |
| 9 MAI | BÉLIER | TAUREAU | CANCER | SAGITTAIRE | TAUREAU | VERSEAU | CANCER | GÉMEAUX | 19 VERSEAU |
| 10 MAI | BÉLIER | TAUREAU | CANCER | SAGITTAIRE | TAUREAU | VERSEAU | CANCER | GÉMEAUX | 1 POISSONS |
| 11 MAI | BÉLIER | TAUREAU | CANCER | SAGITTAIRE | TAUREAU | VERSEAU | CANCER | GÉMEAUX | 13 POISSONS |
| 12 MAI | BÉLIER | TAUREAU | CANCER | SAGITTAIRE | TAUREAU | VERSEAU | CANCER | GÉMEAUX | 26 POISSONS |
| 13 MAI | BÉLIER | TAUREAU | CANCER | SAGITTAIRE | TAUREAU | VERSEAU | CANCER | GÉMEAUX | 9 BÉLIER |
| 14 MAI | BÉLIER | TAUREAU | CANCER | SAGITTAIRE | TAUREAU | VERSEAU | CANCER | GÉMEAUX | 22 BÉLIER |
| 15 MAI | BÉLIER | TAUREAU | CANCER | SAGITTAIRE | TAUREAU | VERSEAU | CANCER | GÉMEAUX | 5 TAUREAU |
| 16 MAI | BÉLIER | TAUREAU | CANCER | SAGITTAIRE | TAUREAU | VERSEAU | CANCER | GÉMEAUX | 19 TAUREAU |
| 17 MAI | TAUREAU | TAUREAU | CANCER | SAGITTAIRE | TAUREAU | VERSEAU | CANCER | GÉMEAUX | 4 GÉMEAUX |
| 18 MAI | TAUREAU | TAUREAU | CANCER | SAGITTAIRE | TAUREAU | VERSEAU | CANCER | GÉMEAUX | 18 GÉMEAUX |
| 19 MAI | TAUREAU | TAUREAU | CANCER | SAGITTAIRE | TAUREAU | VERSEAU | CANCER | GÉMEAUX | 3 CANCER |
| 20 MAI | TAUREAU | TAUREAU | CANCER | SAGITTAIRE | TAUREAU | VERSEAU | CANCER | GÉMEAUX | 17 CANCER |
| 21 MAI | TAUREAU | TAUREAU | CANCER | SAGITTAIRE | TAUREAU | VERSEAU | CANCER | GÉMEAUX | 2 LION |

LE SOLEIL ENTRE DANS LE SIGNE DU TAUREAU LE 20 AVRIL 1912 A 11 h 10
LE SOLEIL QUITTE LE SIGNE DU TAUREAU LE 21 MAI A 11 h 00

* LES CHIFFRES INDIQUENT LES DEGRÉS

| 1913 | MERCURE | VÉNUS | MARS | JUPITER | SATURNE | URANUS | NEPTUNE | PLUTON | LUNE* |
|---|---|---|---|---|---|---|---|---|---|
| 20 AVRIL | BÉLIER | TAUREAU | POISSONS | CAPRICORNE | GÉMEAUX | VERSEAU | CANCER | GÉMEAUX | 24 BALANCE |
| 21 AVRIL | BÉLIER | TAUREAU | POISSONS | CAPRICORNE | GÉMEAUX | VERSEAU | CANCER | GÉMEAUX | 9 SCORPION |
| 22 AVRIL | BÉLIER | TAUREAU | POISSONS | CAPRICORNE | GÉMEAUX | VERSEAU | CANCER | GÉMEAUX | 23 SCORPION |
| 23 AVRIL | BÉLIER | TAUREAU | POISSONS | CAPRICORNE | GÉMEAUX | VERSEAU | CANCER | GÉMEAUX | 7 SAGITTAIRE |
| 24 AVRIL | BÉLIER | TAUREAU | POISSONS | CAPRICORNE | GÉMEAUX | VERSEAU | CANCER | GÉMEAUX | 20 SAGITTAIRE |
| 25 AVRIL | BÉLIER | TAUREAU | POISSONS | CAPRICORNE | GÉMEAUX | VERSEAU | CANCER | GÉMEAUX | 3 CAPRICORNE |
| 26 AVRIL | BÉLIER | TAUREAU | POISSONS | CAPRICORNE | GÉMEAUX | VERSEAU | CANCER | GÉMEAUX | 16 CAPRICORNE |
| 27 AVRIL | BÉLIER | TAUREAU | POISSONS | CAPRICORNE | GÉMEAUX | VERSEAU | CANCER | GÉMEAUX | 28 CAPRICORNE |
| 28 AVRIL | BÉLIER | TAUREAU | POISSONS | CAPRICORNE | GÉMEAUX | VERSEAU | CANCER | GÉMEAUX | 10 VERSEAU |
| 29 AVRIL | BÉLIER | TAUREAU | POISSONS | CAPRICORNE | GÉMEAUX | VERSEAU | CANCER | GÉMEAUX | 22 VERSEAU |
| 30 AVRIL | BÉLIER | TAUREAU | POISSONS | CAPRICORNE | GÉMEAUX | VERSEAU | CANCER | GÉMEAUX | 4 POISSONS |
| 1 MAI | BÉLIER | TAUREAU | POISSONS | CAPRICORNE | GÉMEAUX | VERSEAU | CANCER | GÉMEAUX | 15 POISSONS |
| 2 MAI | BÉLIER | BÉLIER | POISSONS | CAPRICORNE | GÉMEAUX | VERSEAU | CANCER | GÉMEAUX | 27 POISSONS |
| 3 MAI | BÉLIER | BÉLIER | POISSONS | CAPRICORNE | GÉMEAUX | VERSEAU | CANCER | GÉMEAUX | 9 BÉLIER |
| 4 MAI | BÉLIER | BÉLIER | POISSONS | CAPRICORNE | GÉMEAUX | VERSEAU | CANCER | GÉMEAUX | 21 BÉLIER |
| 5 MAI | BÉLIER | BÉLIER | POISSONS | CAPRICORNE | GÉMEAUX | VERSEAU | CANCER | GÉMEAUX | 4 TAUREAU |
| 6 MAI | BÉLIER | BÉLIER | POISSONS | CAPRICORNE | GÉMEAUX | VERSEAU | CANCER | GÉMEAUX | 17 TAUREAU |
| 7 MAI | BÉLIER | BÉLIER | POISSONS | CAPRICORNE | GÉMEAUX | VERSEAU | CANCER | GÉMEAUX | 0 GÉMEAUX |
| 8 MAI | BÉLIER | BÉLIER | BÉLIER | CAPRICORNE | GÉMEAUX | VERSEAU | CANCER | GÉMEAUX | 13 GÉMEAUX |
| 9 MAI | BÉLIER | BÉLIER | BÉLIER | CAPRICORNE | GÉMEAUX | VERSEAU | CANCER | GÉMEAUX | 26 GÉMEAUX |
| 10 MAI | BÉLIER | BÉLIER | BÉLIER | CAPRICORNE | GÉMEAUX | VERSEAU | CANCER | GÉMEAUX | 10 CANCER |
| 11 MAI | BÉLIER | BÉLIER | BÉLIER | CAPRICORNE | GÉMEAUX | VERSEAU | CANCER | GÉMEAUX | 24 CANCER |
| 12 MAI | TAUREAU | BÉLIER | BÉLIER | CAPRICORNE | GÉMEAUX | VERSEAU | CANCER | GÉMEAUX | 8 LION |
| 13 MAI | TAUREAU | BÉLIER | BÉLIER | CAPRICORNE | GÉMEAUX | VERSEAU | CANCER | GÉMEAUX | 22 LION |
| 14 MAI | TAUREAU | BÉLIER | BÉLIER | CAPRICORNE | GÉMEAUX | VERSEAU | CANCER | GÉMEAUX | 6 VIERGE |
| 15 MAI | TAUREAU | BÉLIER | BÉLIER | CAPRICORNE | GÉMEAUX | VERSEAU | CANCER | GÉMEAUX | 20 VIERGE |
| 16 MAI | TAUREAU | BÉLIER | BÉLIER | CAPRICORNE | GÉMEAUX | VERSEAU | CANCER | GÉMEAUX | 5 BALANCE |
| 17 MAI | TAUREAU | BÉLIER | BÉLIER | CAPRICORNE | GÉMEAUX | VERSEAU | CANCER | GÉMEAUX | 19 BALANCE |
| 18 MAI | TAUREAU | BÉLIER | BÉLIER | CAPRICORNE | GÉMEAUX | VERSEAU | CANCER | GÉMEAUX | 3 SCORPION |
| 19 MAI | TAUREAU | BÉLIER | BÉLIER | CAPRICORNE | GÉMEAUX | VERSEAU | CANCER | GÉMEAUX | 17 SCORPION |
| 20 MAI | TAUREAU | BÉLIER | BÉLIER | CAPRICORNE | GÉMEAUX | VERSEAU | CANCER | GÉMEAUX | 1 SAGITTAIRE |
| 21 MAI | TAUREAU | BÉLIER | BÉLIER | CAPRICORNE | GÉMEAUX | VERSEAU | CANCER | GÉMEAUX | 15 SAGITTAIRE |

LE SOLEIL ENTRE DANS LE SIGNE DU TAUREAU LE 20 AVRIL 1913 A 17 h 00
LE SOLEIL QUITTE LE SIGNE DU TAUREAU LE 21 MAI A 17 h 00

* LES CHIFFRES INDIQUENT LES DEGRÉS

## DÉCOUVREZ DANS QUEL SIGNE SE TROUVAIENT LES PLANÈTES À VOTRE NAISSANCE

| 1914 | MERCURE | VÉNUS | MARS | JUPITER | SATURNE | URANUS | NEPTUNE | PLUTON | LUNE* |
|---|---|---|---|---|---|---|---|---|---|
| 20 AVRIL | BÉLIER | TAUREAU | CANCER | VERSEAU | GÉMEAUX | VERSEAU | CANCER | GÉMEAUX | 5 POISSONS |
| 21 AVRIL | BÉLIER | TAUREAU | CANCER | VERSEAU | GÉMEAUX | VERSEAU | CANCER | GÉMEAUX | 17 POISSONS |
| 22 AVRIL | BÉLIER | TAUREAU | CANCER | VERSEAU | GÉMEAUX | VERSEAU | CANCER | GÉMEAUX | 29 POISSONS |
| 23 AVRIL | BÉLIER | TAUREAU | CANCER | VERSEAU | GÉMEAUX | VERSEAU | CANCER | GÉMEAUX | 11 BÉLIER |
| 24 AVRIL | BÉLIER | TAUREAU | CANCER | VERSEAU | GÉMEAUX | VERSEAU | CANCER | GÉMEAUX | 23 BÉLIER |
| 25 AVRIL | BÉLIER | TAUREAU | CANCER | VERSEAU | GÉMEAUX | VERSEAU | CANCER | GÉMEAUX | 4 TAUREAU |
| 26 AVRIL | BÉLIER | TAUREAU | CANCER | VERSEAU | GÉMEAUX | VERSEAU | CANCER | GÉMEAUX | 16 TAUREAU |
| 27 AVRIL | BÉLIER | TAUREAU | CANCER | VERSEAU | GÉMEAUX | VERSEAU | CANCER | GÉMEAUX | 28 TAUREAU |
| 28 AVRIL | BÉLIER | TAUREAU | CANCER | VERSEAU | GÉMEAUX | VERSEAU | CANCER | GÉMEAUX | 11 GÉMEAUX |
| 29 AVRIL | BÉLIER | TAUREAU | CANCER | VERSEAU | GÉMEAUX | VERSEAU | CANCER | GÉMEAUX | 23 GÉMEAUX |
| 30 AVRIL | BÉLIER | TAUREAU | CANCER | VERSEAU | GÉMEAUX | VERSEAU | CANCER | GÉMEAUX | 6 CANCER |
| 1 MAI | BÉLIER | TAUREAU | CANCER | VERSEAU | GÉMEAUX | VERSEAU | CANCER | GÉMEAUX | 18 CANCER |
| 2 MAI | BÉLIER | GÉMEAUX | LION | VERSEAU | GÉMEAUX | VERSEAU | CANCER | GÉMEAUX | 1 LION |
| 3 MAI | BÉLIER | GÉMEAUX | LION | VERSEAU | GÉMEAUX | VERSEAU | CANCER | GÉMEAUX | 15 LION |
| 4 MAI | BÉLIER | GÉMEAUX | LION | VERSEAU | GÉMEAUX | VERSEAU | CANCER | GÉMEAUX | 29 LION |
| 5 MAI | TAUREAU | GÉMEAUX | LION | VERSEAU | GÉMEAUX | VERSEAU | CANCER | GÉMEAUX | 13 VIERGE |
| 6 MAI | TAUREAU | GÉMEAUX | LION | VERSEAU | GÉMEAUX | VERSEAU | CANCER | GÉMEAUX | 27 VIERGE |
| 7 MAI | TAUREAU | GÉMEAUX | LION | VERSEAU | GÉMEAUX | VERSEAU | CANCER | GÉMEAUX | 12 BALANCE |
| 8 MAI | TAUREAU | GÉMEAUX | LION | VERSEAU | GÉMEAUX | VERSEAU | CANCER | GÉMEAUX | 27 BALANCE |
| 9 MAI | TAUREAU | GÉMEAUX | LION | VERSEAU | GÉMEAUX | VERSEAU | CANCER | GÉMEAUX | 12 SCORPION |
| 10 MAI | TAUREAU | GÉMEAUX | LION | VERSEAU | GÉMEAUX | VERSEAU | CANCER | GÉMEAUX | 27 SCORPION |
| 11 MAI | TAUREAU | GÉMEAUX | LION | VERSEAU | GÉMEAUX | VERSEAU | CANCER | GÉMEAUX | 12 SAGITTAIRE |
| 12 MAI | TAUREAU | GÉMEAUX | LION | VERSEAU | GÉMEAUX | VERSEAU | CANCER | GÉMEAUX | 26 SAGITTAIRE |
| 13 MAI | TAUREAU | GÉMEAUX | LION | VERSEAU | GÉMEAUX | VERSEAU | CANCER | GÉMEAUX | 10 CAPRICORNE |
| 14 MAI | TAUREAU | GÉMEAUX | LION | VERSEAU | GÉMEAUX | VERSEAU | CANCER | GÉMEAUX | 24 CAPRICORNE |
| 15 MAI | TAUREAU | GÉMEAUX | LION | VERSEAU | GÉMEAUX | VERSEAU | CANCER | GÉMEAUX | 7 VERSEAU |
| 16 MAI | TAUREAU | GÉMEAUX | LION | VERSEAU | GÉMEAUX | VERSEAU | CANCER | GÉMEAUX | 20 VERSEAU |
| 17 MAI | TAUREAU | GÉMEAUX | LION | VERSEAU | GÉMEAUX | VERSEAU | CANCER | GÉMEAUX | 2 POISSONS |
| 18 MAI | TAUREAU | GÉMEAUX | LION | VERSEAU | GÉMEAUX | VERSEAU | CANCER | GÉMEAUX | 14 POISSONS |
| 19 MAI | GÉMEAUX | GÉMEAUX | LION | VERSEAU | GÉMEAUX | VERSEAU | CANCER | GÉMEAUX | 26 POISSONS |
| 20 MAI | GÉMEAUX | GÉMEAUX | LION | VERSEAU | GÉMEAUX | VERSEAU | CANCER | GÉMEAUX | 8 BÉLIER |
| 21 MAI | GÉMEAUX | GÉMEAUX | LION | VERSEAU | GÉMEAUX | VERSEAU | CANCER | GÉMEAUX | 19 BÉLIER |

LE SOLEIL ENTRE DANS LE SIGNE DU TAUREAU LE 20 AVRIL 1914 A 23 h 00
QUITTE LE SIGNE DU LE 21 MAI A 22 h 40

* LES CHIFFRES INDIQUENT LES DEGRÉS

| 1915 | MERCURE | VÉNUS | MARS | JUPITER | SATURNE | URANUS | NEPTUNE | PLUTON | LUNE* |
|---|---|---|---|---|---|---|---|---|---|
| 21 AVRIL | BÉLIER | POISSONS | BÉLIER | POISSONS | GÉMEAUX | VERSEAU | CANCER | CANCER | 17 CANCER |
| 22 AVRIL | BÉLIER | POISSONS | BÉLIER | POISSONS | GÉMEAUX | VERSEAU | CANCER | CANCER | 29 CANCER |
| 23 AVRIL | BÉLIER | POISSONS | BÉLIER | POISSONS | GÉMEAUX | VERSEAU | CANCER | CANCER | 12 LION |
| 24 AVRIL | BÉLIER | POISSONS | BÉLIER | POISSONS | GÉMEAUX | VERSEAU | CANCER | CANCER | 25 LION |
| 25 AVRIL | BÉLIER | POISSONS | BÉLIER | POISSONS | GÉMEAUX | VERSEAU | CANCER | CANCER | 8 VIERGE |
| 26 AVRIL | BÉLIER | POISSONS | BÉLIER | POISSONS | GÉMEAUX | VERSEAU | CANCER | CANCER | 22 VIERGE |
| 27 AVRIL | TAUREAU | BÉLIER | BÉLIER | POISSONS | GÉMEAUX | VERSEAU | CANCER | CANCER | 6 BALANCE |
| 28 AVRIL | TAUREAU | BÉLIER | BÉLIER | POISSONS | GÉMEAUX | VERSEAU | CANCER | CANCER | 21 BALANCE |
| 29 AVRIL | TAUREAU | BÉLIER | BÉLIER | POISSONS | GÉMEAUX | VERSEAU | CANCER | CANCER | 6 SCORPION |
| 30 AVRIL | TAUREAU | BÉLIER | BÉLIER | POISSONS | GÉMEAUX | VERSEAU | CANCER | CANCER | 22 SCORPION |
| 1 MAI | TAUREAU | BÉLIER | BÉLIER | POISSONS | GÉMEAUX | VERSEAU | CANCER | CANCER | 7 SAGITTAIRE |
| 2 MAI | TAUREAU | BÉLIER | BÉLIER | POISSONS | GÉMEAUX | VERSEAU | CANCER | CANCER | 22 SAGITTAIRE |
| 3 MAI | TAUREAU | BÉLIER | BÉLIER | POISSONS | GÉMEAUX | VERSEAU | CANCER | CANCER | 7 CAPRICORNE |
| 4 MAI | TAUREAU | BÉLIER | BÉLIER | POISSONS | GÉMEAUX | VERSEAU | CANCER | CANCER | 21 CAPRICORNE |
| 5 MAI | TAUREAU | BÉLIER | BÉLIER | POISSONS | GÉMEAUX | VERSEAU | CANCER | CANCER | 5 VERSEAU |
| 6 MAI | TAUREAU | BÉLIER | BÉLIER | POISSONS | GÉMEAUX | VERSEAU | CANCER | CANCER | 18 VERSEAU |
| 7 MAI | TAUREAU | BÉLIER | BÉLIER | POISSONS | GÉMEAUX | VERSEAU | CANCER | CANCER | 1 POISSONS |
| 8 MAI | TAUREAU | BÉLIER | BÉLIER | POISSONS | GÉMEAUX | VERSEAU | CANCER | CANCER | 14 POISSONS |
| 9 MAI | TAUREAU | BÉLIER | BÉLIER | POISSONS | GÉMEAUX | VERSEAU | CANCER | CANCER | 26 POISSONS |
| 10 MAI | TAUREAU | BÉLIER | BÉLIER | POISSONS | GÉMEAUX | VERSEAU | CANCER | CANCER | 8 BÉLIER |
| 11 MAI | GÉMEAUX | BÉLIER | BÉLIER | POISSONS | GÉMEAUX | VERSEAU | CANCER | CANCER | 20 BÉLIER |
| 12 MAI | GÉMEAUX | BÉLIER | BÉLIER | POISSONS | CANCER | VERSEAU | CANCER | CANCER | 2 TAUREAU |
| 13 MAI | GÉMEAUX | BÉLIER | BÉLIER | POISSONS | CANCER | VERSEAU | CANCER | CANCER | 14 TAUREAU |
| 14 MAI | GÉMEAUX | BÉLIER | BÉLIER | POISSONS | CANCER | VERSEAU | CANCER | CANCER | 26 TAUREAU |
| 15 MAI | GÉMEAUX | BÉLIER | BÉLIER | POISSONS | CANCER | VERSEAU | CANCER | CANCER | 8 GÉMEAUX |
| 16 MAI | GÉMEAUX | BÉLIER | BÉLIER | POISSONS | CANCER | VERSEAU | CANCER | CANCER | 20 GÉMEAUX |
| 17 MAI | GÉMEAUX | BÉLIER | BÉLIER | POISSONS | CANCER | VERSEAU | CANCER | CANCER | 2 CANCER |
| 18 MAI | GÉMEAUX | BÉLIER | BÉLIER | POISSONS | CANCER | VERSEAU | CANCER | CANCER | 14 CANCER |
| 19 MAI | GÉMEAUX | BÉLIER | BÉLIER | POISSONS | CANCER | VERSEAU | CANCER | CANCER | 26 CANCER |
| 20 MAI | GÉMEAUX | BÉLIER | BÉLIER | POISSONS | CANCER | VERSEAU | CANCER | CANCER | 8 LION |
| 21 MAI | GÉMEAUX | BÉLIER | BÉLIER | POISSONS | CANCER | VERSEAU | CANCER | CANCER | 21 LION |
| 22 MAI | GÉMEAUX | TAUREAU | BÉLIER | POISSONS | CANCER | VERSEAU | CANCER | CANCER | 4 VIERGE |

LE SOLEIL ENTRE DANS LE SIGNE DU TAUREAU LE 21 AVRIL 1915 A 4 h 30
QUITTE LE SIGNE DU LE 22 MAI A 4 h 10

* LES CHIFFRES INDIQUENT LES DEGRÉS

# DÉCOUVREZ DANS QUEL SIGNE SE TROUVAIENT LES PLANÈTES À VOTRE NAISSANCE

| 1916 | MERCURE | VÉNUS | MARS | JUPITER | SATURNE | URANUS | NEPTUNE | PLUTON | LUNE* |
|---|---|---|---|---|---|---|---|---|---|
| 20 AVRIL | TAUREAU | GÉMEAUX | LION | BÉLIER | CANCER | VERSEAU | CANCER | CANCER | 0 SAGITTAIRE |
| 21 AVRIL | TAUREAU | GÉMEAUX | LION | BÉLIER | CANCER | VERSEAU | CANCER | CANCER | 15 SAGITTAIRE |
| 22 AVRIL | TAUREAU | GÉMEAUX | LION | BÉLIER | CANCER | VERSEAU | CANCER | CANCER | 29 SAGITTAIRE |
| 23 AVRIL | TAUREAU | GÉMEAUX | LION | BÉLIER | CANCER | VERSEAU | CANCER | CANCER | 14 CAPRICORNE |
| 24 AVRIL | TAUREAU | GÉMEAUX | LION | BÉLIER | CANCER | VERSEAU | CANCER | CANCER | 28 CAPRICORNE |
| 25 AVRIL | TAUREAU | GÉMEAUX | LION | BÉLIER | CANCER | VERSEAU | CANCER | CANCER | 12 VERSEAU |
| 26 AVRIL | TAUREAU | GÉMEAUX | LION | BÉLIER | CANCER | VERSEAU | CANCER | CANCER | 26 VERSEAU |
| 27 AVRIL | TAUREAU | GÉMEAUX | LION | BÉLIER | CANCER | VERSEAU | CANCER | CANCER | 9 POISSONS |
| 28 AVRIL | TAUREAU | GÉMEAUX | LION | BÉLIER | CANCER | VERSEAU | CANCER | CANCER | 23 POISSONS |
| 29 AVRIL | TAUREAU | GÉMEAUX | LION | BÉLIER | CANCER | VERSEAU | CANCER | CANCER | 6 BÉLIER |
| 30 AVRIL | TAUREAU | GÉMEAUX | LION | BÉLIER | CANCER | VERSEAU | CANCER | CANCER | 19 BÉLIER |
| 1 MAI | TAUREAU | GÉMEAUX | LION | BÉLIER | CANCER | VERSEAU | CANCER | CANCER | 2 TAUREAU |
| 2 MAI | TAUREAU | GÉMEAUX | LION | BÉLIER | CANCER | VERSEAU | LION | CANCER | 15 TAUREAU |
| 3 MAI | GÉMEAUX | GÉMEAUX | LION | BÉLIER | CANCER | VERSEAU | LION | CANCER | 27 TAUREAU |
| 4 MAI | GÉMEAUX | GÉMEAUX | LION | BÉLIER | CANCER | VERSEAU | LION | CANCER | 9 GÉMEAUX |
| 5 MAI | GÉMEAUX | GÉMEAUX | LION | BÉLIER | CANCER | VERSEAU | LION | CANCER | 21 GÉMEAUX |
| 6 MAI | GÉMEAUX | CANCER | LION | BÉLIER | CANCER | VERSEAU | LION | CANCER | 3 CANCER |
| 7 MAI | GÉMEAUX | CANCER | LION | BÉLIER | CANCER | VERSEAU | LION | CANCER | 15 CANCER |
| 8 MAI | GÉMEAUX | CANCER | LION | BÉLIER | CANCER | VERSEAU | LION | CANCER | 27 CANCER |
| 9 MAI | GÉMEAUX | CANCER | LION | BÉLIER | CANCER | VERSEAU | LION | CANCER | 9 LION |
| 10 MAI | GÉMEAUX | CANCER | LION | BÉLIER | CANCER | VERSEAU | LION | CANCER | 21 LION |
| 11 MAI | GÉMEAUX | CANCER | LION | BÉLIER | CANCER | VERSEAU | LION | CANCER | 3 VIERGE |
| 12 MAI | GÉMEAUX | CANCER | LION | BÉLIER | CANCER | VERSEAU | LION | CANCER | 15 VIERGE |
| 13 MAI | GÉMEAUX | CANCER | LION | BÉLIER | CANCER | VERSEAU | LION | CANCER | 28 VIERGE |
| 14 MAI | GÉMEAUX | CANCER | LION | BÉLIER | CANCER | VERSEAU | LION | CANCER | 12 BALANCE |
| 15 MAI | GÉMEAUX | CANCER | LION | BÉLIER | CANCER | VERSEAU | LION | CANCER | 26 BALANCE |
| 16 MAI | GÉMEAUX | CANCER | LION | BÉLIER | CANCER | VERSEAU | LION | CANCER | 10 SCORPION |
| 17 MAI | GÉMEAUX | CANCER | LION | BÉLIER | CANCER | VERSEAU | LION | CANCER | 25 SCORPION |
| 18 MAI | GÉMEAUX | CANCER | LION | BÉLIER | CANCER | VERSEAU | LION | CANCER | 9 SAGITTAIRE |
| 19 MAI | GÉMEAUX | CANCER | LION | BÉLIER | CANCER | VERSEAU | LION | CANCER | 24 SAGITTAIRE |
| 20 MAI | GÉMEAUX | CANCER | LION | BÉLIER | CANCER | VERSEAU | LION | CANCER | 9 CAPRICORNE |
| 21 MAI | GÉMEAUX | CANCER | LION | BÉLIER | CANCER | VERSEAU | LION | CANCER | 24 CAPRICORNE |

LE SOLEIL ENTRE DANS LE SIGNE DU TAUREAU LE 20 AVRIL 1916 A 10 h 30
LE SOLEIL QUITTE LE SIGNE DU LE 21 MAI A 10 h 00
* LES CHIFFRES INDIQUENT LES DEGRÉS

| 1917 | MERCURE | VÉNUS | MARS | JUPITER | SATURNE | URANUS | NEPTUNE | PLUTON | LUNE* |
|---|---|---|---|---|---|---|---|---|---|
| 20 AVRIL | TAUREAU | BÉLIER | BÉLIER | TAUREAU | CANCER | VERSEAU | LION | CANCER | 15 BÉLIER |
| 21 AVRIL | TAUREAU | BÉLIER | BÉLIER | TAUREAU | CANCER | VERSEAU | LION | CANCER | 29 BÉLIER |
| 22 AVRIL | TAUREAU | TAUREAU | BÉLIER | TAUREAU | CANCER | VERSEAU | LION | CANCER | 13 TAUREAU |
| 23 AVRIL | TAUREAU | TAUREAU | BÉLIER | TAUREAU | CANCER | VERSEAU | LION | CANCER | 27 TAUREAU |
| 24 AVRIL | TAUREAU | TAUREAU | BÉLIER | TAUREAU | CANCER | VERSEAU | LION | CANCER | 10 GÉMEAUX |
| 25 AVRIL | TAUREAU | TAUREAU | BÉLIER | TAUREAU | CANCER | VERSEAU | LION | CANCER | 23 GÉMEAUX |
| 26 AVRIL | TAUREAU | TAUREAU | BÉLIER | TAUREAU | CANCER | VERSEAU | LION | CANCER | 5 CANCER |
| 27 AVRIL | TAUREAU | TAUREAU | BÉLIER | TAUREAU | CANCER | VERSEAU | LION | CANCER | 17 CANCER |
| 28 AVRIL | TAUREAU | TAUREAU | BÉLIER | TAUREAU | CANCER | VERSEAU | LION | CANCER | 29 CANCER |
| 29 AVRIL | TAUREAU | TAUREAU | BÉLIER | TAUREAU | CANCER | VERSEAU | LION | CANCER | 11 LION |
| 30 AVRIL | TAUREAU | TAUREAU | BÉLIER | TAUREAU | CANCER | VERSEAU | LION | CANCER | 23 LION |
| 1 MAI | TAUREAU | TAUREAU | BÉLIER | TAUREAU | CANCER | VERSEAU | LION | CANCER | 5 VIERGE |
| 2 MAI | TAUREAU | TAUREAU | BÉLIER | TAUREAU | CANCER | VERSEAU | LION | CANCER | 17 VIERGE |
| 3 MAI | TAUREAU | TAUREAU | BÉLIER | TAUREAU | CANCER | VERSEAU | LION | CANCER | 29 VIERGE |
| 4 MAI | TAUREAU | TAUREAU | BÉLIER | TAUREAU | CANCER | VERSEAU | LION | CANCER | 12 BALANCE |
| 5 MAI | TAUREAU | TAUREAU | TAUREAU | TAUREAU | CANCER | VERSEAU | LION | CANCER | 24 BALANCE |
| 6 MAI | TAUREAU | TAUREAU | TAUREAU | TAUREAU | CANCER | VERSEAU | LION | CANCER | 8 SCORPION |
| 7 MAI | TAUREAU | TAUREAU | TAUREAU | TAUREAU | CANCER | VERSEAU | LION | CANCER | 21 SCORPION |
| 8 MAI | TAUREAU | TAUREAU | TAUREAU | TAUREAU | CANCER | VERSEAU | LION | CANCER | 4 SAGITTAIRE |
| 9 MAI | TAUREAU | TAUREAU | TAUREAU | TAUREAU | CANCER | VERSEAU | LION | CANCER | 18 SAGITTAIRE |
| 10 MAI | TAUREAU | TAUREAU | TAUREAU | TAUREAU | CANCER | VERSEAU | LION | CANCER | 2 CAPRICORNE |
| 11 MAI | TAUREAU | TAUREAU | TAUREAU | TAUREAU | CANCER | VERSEAU | LION | CANCER | 16 CAPRICORNE |
| 12 MAI | TAUREAU | TAUREAU | TAUREAU | TAUREAU | CANCER | VERSEAU | LION | CANCER | 0 VERSEAU |
| 13 MAI | TAUREAU | TAUREAU | TAUREAU | TAUREAU | CANCER | VERSEAU | LION | CANCER | 14 VERSEAU |
| 14 MAI | TAUREAU | TAUREAU | TAUREAU | TAUREAU | CANCER | VERSEAU | LION | CANCER | 28 VERSEAU |
| 15 MAI | TAUREAU | TAUREAU | TAUREAU | TAUREAU | CANCER | VERSEAU | LION | CANCER | 13 POISSONS |
| 16 MAI | TAUREAU | GÉMEAUX | TAUREAU | TAUREAU | CANCER | VERSEAU | LION | CANCER | 27 POISSONS |
| 17 MAI | TAUREAU | GÉMEAUX | TAUREAU | TAUREAU | CANCER | VERSEAU | LION | CANCER | 11 BÉLIER |
| 18 MAI | TAUREAU | GÉMEAUX | TAUREAU | TAUREAU | CANCER | VERSEAU | LION | CANCER | 25 BÉLIER |
| 19 MAI | TAUREAU | GÉMEAUX | TAUREAU | TAUREAU | CANCER | VERSEAU | LION | CANCER | 8 TAUREAU |
| 20 MAI | TAUREAU | GÉMEAUX | TAUREAU | TAUREAU | CANCER | VERSEAU | LION | CANCER | 22 TAUREAU |
| 21 MAI | TAUREAU | GÉMEAUX | TAUREAU | TAUREAU | CANCER | VERSEAU | LION | CANCER | 5 GÉMEAUX |

LE SOLEIL ENTRE DANS LE SIGNE DU TAUREAU LE 20 AVRIL 1917 A 16 h 20
LE SOLEIL QUITTE LE SIGNE DU LE 21 MAI A 16 h 00
* LES CHIFFRES INDIQUENT LES DEGRÉS

# DÉCOUVREZ DANS QUEL SIGNE SE TROUVAIENT LES PLANÈTES À VOTRE NAISSANCE

| 1918 | MERCURE | VÉNUS | MARS | JUPITER | SATURNE | URANUS | NEPTUNE | PLUTON | LUNE* |
|---|---|---|---|---|---|---|---|---|---|
| 20 AVRIL | TAUREAU | POISSONS | VIERGE | GÉMEAUX | LION | VERSEAU | LION | CANCER | 25 LION |
| 21 AVRIL | TAUREAU | POISSONS | VIERGE | GÉMEAUX | LION | VERSEAU | LION | CANCER | 7 VIERGE |
| 22 AVRIL | TAUREAU | POISSONS | VIERGE | GÉMEAUX | LION | VERSEAU | LION | CANCER | 19 VIERGE |
| 23 AVRIL | TAUREAU | POISSONS | VIERGE | GÉMEAUX | LION | VERSEAU | LION | CANCER | 1 BALANCE |
| 24 AVRIL | TAUREAU | POISSONS | VIERGE | GÉMEAUX | LION | VERSEAU | LION | CANCER | 13 BALANCE |
| 25 AVRIL | TAUREAU | POISSONS | VIERGE | GÉMEAUX | LION | VERSEAU | LION | CANCER | 25 BALANCE |
| 26 AVRIL | TAUREAU | POISSONS | VIERGE | GÉMEAUX | LION | VERSEAU | LION | CANCER | 7 SCORPION |
| 27 AVRIL | TAUREAU | POISSONS | VIERGE | GÉMEAUX | LION | VERSEAU | LION | CANCER | 19 SCORPION |
| 28 AVRIL | TAUREAU | POISSONS | VIERGE | GÉMEAUX | LION | VERSEAU | LION | CANCER | 1 SAGITTAIRE |
| 29 AVRIL | TAUREAU | POISSONS | VIERGE | GÉMEAUX | LION | VERSEAU | LION | CANCER | 14 SAGITTAIRE |
| 30 AVRIL | TAUREAU | POISSONS | VIERGE | GÉMEAUX | LION | VERSEAU | LION | CANCER | 27 SAGITTAIRE |
| 1 MAI | TAUREAU | POISSONS | VIERGE | GÉMEAUX | LION | VERSEAU | LION | CANCER | 10 CAPRICORNE |
| 2 MAI | TAUREAU | POISSONS | VIERGE | GÉMEAUX | LION | VERSEAU | LION | CANCER | 23 CAPRICORNE |
| 3 MAI | TAUREAU | POISSONS | VIERGE | GÉMEAUX | LION | VERSEAU | LION | CANCER | 6 VERSEAU |
| 4 MAI | TAUREAU | POISSONS | VIERGE | GÉMEAUX | LION | VERSEAU | LION | CANCER | 20 VERSEAU |
| 5 MAI | TAUREAU | POISSONS | VIERGE | GÉMEAUX | LION | VERSEAU | LION | CANCER | 4 POISSONS |
| 6 MAI | TAUREAU | POISSONS | VIERGE | GÉMEAUX | LION | VERSEAU | LION | CANCER | 19 POISSONS |
| 7 MAI | TAUREAU | BÉLIER | VIERGE | GÉMEAUX | LION | VERSEAU | LION | CANCER | 4 BÉLIER |
| 8 MAI | TAUREAU | BÉLIER | VIERGE | GÉMEAUX | LION | VERSEAU | LION | CANCER | 18 BÉLIER |
| 9 MAI | TAUREAU | BÉLIER | VIERGE | GÉMEAUX | LION | VERSEAU | LION | CANCER | 3 TAUREAU |
| 10 MAI | TAUREAU | BÉLIER | VIERGE | GÉMEAUX | LION | VERSEAU | LION | CANCER | 18 TAUREAU |
| 11 MAI | TAUREAU | BÉLIER | VIERGE | GÉMEAUX | LION | VERSEAU | LION | CANCER | 3 GÉMEAUX |
| 12 MAI | TAUREAU | BÉLIER | VIERGE | GÉMEAUX | LION | VERSEAU | LION | CANCER | 17 GÉMEAUX |
| 13 MAI | TAUREAU | BÉLIER | VIERGE | GÉMEAUX | LION | VERSEAU | LION | CANCER | 1 CANCER |
| 14 MAI | TAUREAU | BÉLIER | VIERGE | GÉMEAUX | LION | VERSEAU | LION | CANCER | 14 CANCER |
| 15 MAI | TAUREAU | BÉLIER | VIERGE | GÉMEAUX | LION | VERSEAU | LION | CANCER | 27 CANCER |
| 16 MAI | TAUREAU | BÉLIER | VIERGE | GÉMEAUX | LION | VERSEAU | LION | CANCER | 9 LION |
| 17 MAI | TAUREAU | BÉLIER | VIERGE | GÉMEAUX | LION | VERSEAU | LION | CANCER | 22 LION |
| 18 MAI | TAUREAU | BÉLIER | VIERGE | GÉMEAUX | LION | VERSEAU | LION | CANCER | 4 VIERGE |
| 19 MAI | TAUREAU | BÉLIER | VIERGE | GÉMEAUX | LION | VERSEAU | LION | CANCER | 16 VIERGE |
| 20 MAI | TAUREAU | BÉLIER | VIERGE | GÉMEAUX | LION | VERSEAU | LION | CANCER | 27 VIERGE |
| 21 MAI | TAUREAU | BÉLIER | VIERGE | GÉMEAUX | LION | VERSEAU | LION | CANCER | 9 BALANCE |

LE SOLEIL ENTRE DANS LE SIGNE DU TAUREAU LE 20 AVRIL 1918 A 22 h 00
LE SOLEIL QUITTE LE SIGNE DU LE 21 MAI A 21 h 50
* LES CHIFFRES INDIQUENT LES DEGRÉS

| 1919 | MERCURE | VÉNUS | MARS | JUPITER | SATURNE | URANUS | NEPTUNE | PLUTON | LUNE* |
|---|---|---|---|---|---|---|---|---|---|
| 21 AVRIL | BÉLIER | GÉMEAUX | TAUREAU | CANCER | LION | POISSONS | BÉLIER | CANCER | 7 CAPRICORNE |
| 22 AVRIL | BÉLIER | GÉMEAUX | TAUREAU | CANCER | LION | POISSONS | BÉLIER | CANCER | 20 CAPRICORNE |
| 23 AVRIL | BÉLIER | GÉMEAUX | TAUREAU | CANCER | LION | POISSONS | BÉLIER | CANCER | 2 VERSEAU |
| 24 AVRIL | BÉLIER | GÉMEAUX | TAUREAU | CANCER | LION | POISSONS | BÉLIER | CANCER | 15 VERSEAU |
| 25 AVRIL | BÉLIER | GÉMEAUX | TAUREAU | CANCER | LION | POISSONS | BÉLIER | CANCER | 29 VERSEAU |
| 26 AVRIL | BÉLIER | GÉMEAUX | TAUREAU | CANCER | LION | POISSONS | BÉLIER | CANCER | 13 POISSONS |
| 27 AVRIL | BÉLIER | GÉMEAUX | TAUREAU | CANCER | LION | POISSONS | BÉLIER | CANCER | 27 POISSONS |
| 28 AVRIL | BÉLIER | GÉMEAUX | TAUREAU | CANCER | LION | POISSONS | BÉLIER | CANCER | 12 BÉLIER |
| 29 AVRIL | BÉLIER | GÉMEAUX | TAUREAU | CANCER | LION | POISSONS | BÉLIER | CANCER | 27 BÉLIER |
| 30 AVRIL | BÉLIER | GÉMEAUX | TAUREAU | CANCER | LION | POISSONS | BÉLIER | CANCER | 13 TAUREAU |
| 1 MAI | BÉLIER | GÉMEAUX | TAUREAU | CANCER | LION | POISSONS | LION | CANCER | 28 TAUREAU |
| 2 MAI | BÉLIER | GÉMEAUX | TAUREAU | CANCER | LION | POISSONS | LION | CANCER | 13 GÉMEAUX |
| 3 MAI | BÉLIER | GÉMEAUX | TAUREAU | CANCER | LION | POISSONS | LION | CANCER | 27 GÉMEAUX |
| 4 MAI | BÉLIER | GÉMEAUX | TAUREAU | CANCER | LION | POISSONS | LION | CANCER | 12 CANCER |
| 5 MAI | BÉLIER | GÉMEAUX | TAUREAU | CANCER | LION | POISSONS | LION | CANCER | 25 CANCER |
| 6 MAI | BÉLIER | GÉMEAUX | TAUREAU | CANCER | LION | POISSONS | LION | CANCER | 9 LION |
| 7 MAI | BÉLIER | GÉMEAUX | TAUREAU | CANCER | LION | POISSONS | LION | CANCER | 22 LION |
| 8 MAI | BÉLIER | GÉMEAUX | TAUREAU | CANCER | LION | POISSONS | LION | CANCER | 4 VIERGE |
| 9 MAI | BÉLIER | GÉMEAUX | TAUREAU | CANCER | LION | POISSONS | LION | CANCER | 17 VIERGE |
| 10 MAI | BÉLIER | GÉMEAUX | TAUREAU | CANCER | LION | POISSONS | LION | CANCER | 29 VIERGE |
| 11 MAI | BÉLIER | GÉMEAUX | TAUREAU | CANCER | LION | POISSONS | LION | CANCER | 11 BALANCE |
| 12 MAI | BÉLIER | GÉMEAUX | TAUREAU | CANCER | LION | POISSONS | LION | CANCER | 23 BALANCE |
| 13 MAI | BÉLIER | CANCER | TAUREAU | CANCER | LION | POISSONS | LION | CANCER | 5 SCORPION |
| 14 MAI | BÉLIER | CANCER | TAUREAU | CANCER | LION | POISSONS | LION | CANCER | 16 SCORPION |
| 15 MAI | BÉLIER | CANCER | TAUREAU | CANCER | LION | POISSONS | LION | CANCER | 28 SCORPION |
| 16 MAI | TAUREAU | CANCER | TAUREAU | CANCER | LION | POISSONS | LION | CANCER | 10 SAGITTAIRE |
| 17 MAI | TAUREAU | CANCER | TAUREAU | CANCER | LION | POISSONS | LION | CANCER | 22 SAGITTAIRE |
| 18 MAI | TAUREAU | CANCER | TAUREAU | CANCER | LION | POISSONS | LION | CANCER | 4 CAPRICORNE |
| 19 MAI | TAUREAU | CANCER | TAUREAU | CANCER | LION | POISSONS | LION | CANCER | 16 CAPRICORNE |
| 20 MAI | TAUREAU | CANCER | TAUREAU | CANCER | LION | POISSONS | LION | CANCER | 29 CAPRICORNE |
| 21 MAI | TAUREAU | CANCER | TAUREAU | CANCER | LION | POISSONS | LION | CANCER | 12 VERSEAU |
| 22 MAI | TAUREAU | CANCER | TAUREAU | CANCER | LION | POISSONS | LION | CANCER | 25 VERSEAU |

LE SOLEIL ENTRE DANS LE SIGNE DU TAUREAU LE 21 AVRIL 1919 A 4 h 00
LE SOLEIL QUITTE LE SIGNE DU LE 22 MAI A 3 h 40
* LES CHIFFRES INDIQUENT LES DEGRÉS

# DÉCOUVREZ DANS QUEL SIGNE SE TROUVAIENT LES PLANÈTES À VOTRE NAISSANCE

| 1920 | MERCURE | VÉNUS | MARS | JUPITER | SATURNE | URANUS | NEPTUNE | PLUTON | LUNE* |
|---|---|---|---|---|---|---|---|---|---|
| 20 AVRIL | BÉLIER | BÉLIER | SCORPION | LION | VIERGE | POISSONS | LION | CANCER | 22 TAUREAU |
| 21 AVRIL | BÉLIER | BÉLIER | SCORPION | LION | VIERGE | POISSONS | LION | CANCER | 6 GÉMEAUX |
| 22 AVRIL | BÉLIER | BÉLIER | SCORPION | LION | VIERGE | POISSONS | LION | CANCER | 21 GÉMEAUX |
| 23 AVRIL | BÉLIER | BÉLIER | SCORPION | LION | VIERGE | POISSONS | LION | CANCER | 5 CANCER |
| 24 AVRIL | BÉLIER | BÉLIER | BALANCE | LION | VIERGE | POISSONS | LION | CANCER | 20 CANCER |
| 25 AVRIL | BÉLIER | BÉLIER | BALANCE | LION | VIERGE | POISSONS | LION | CANCER | 4 LION |
| 26 AVRIL | BÉLIER | BÉLIER | BALANCE | LION | VIERGE | POISSONS | LION | CANCER | 18 LION |
| 27 AVRIL | BÉLIER | BÉLIER | BALANCE | LION | VIERGE | POISSONS | LION | CANCER | 1 VIERGE |
| 28 AVRIL | BÉLIER | BÉLIER | BALANCE | LION | VIERGE | POISSONS | LION | CANCER | 14 VIERGE |
| 29 AVRIL | BÉLIER | BÉLIER | BALANCE | LION | VIERGE | POISSONS | LION | CANCER | 27 VIERGE |
| 30 AVRIL | BÉLIER | BÉLIER | BALANCE | LION | VIERGE | POISSONS | LION | CANCER | 10 BALANCE |
| 1 MAI | BÉLIER | BÉLIER | BALANCE | LION | VIERGE | POISSONS | LION | CANCER | 23 BALANCE |
| 2 MAI | BÉLIER | BÉLIER | BALANCE | LION | VIERGE | POISSONS | LION | CANCER | 5 SCORPION |
| 3 MAI | BÉLIER | BÉLIER | BALANCE | LION | VIERGE | POISSONS | LION | CANCER | 17 SCORPION |
| 4 MAI | BÉLIER | BÉLIER | BALANCE | LION | VIERGE | POISSONS | LION | CANCER | 29 SCORPION |
| 5 MAI | BÉLIER | BÉLIER | BALANCE | LION | VIERGE | POISSONS | LION | CANCER | 11 SAGITTAIRE |
| 6 MAI | BÉLIER | BÉLIER | BALANCE | LION | VIERGE | POISSONS | LION | CANCER | 23 SAGITTAIRE |
| 7 MAI | BÉLIER | TAUREAU | BALANCE | LION | VIERGE | POISSONS | LION | CANCER | 5 CAPRICORNE |
| 8 MAI | BÉLIER | TAUREAU | BALANCE | LION | VIERGE | POISSONS | LION | CANCER | 17 CAPRICORNE |
| 9 MAI | TAUREAU | TAUREAU | BALANCE | LION | VIERGE | POISSONS | LION | CANCER | 29 CAPRICORNE |
| 10 MAI | TAUREAU | TAUREAU | BALANCE | LION | VIERGE | POISSONS | LION | CANCER | 11 VERSEAU |
| 11 MAI | TAUREAU | TAUREAU | BALANCE | LION | VIERGE | POISSONS | LION | CANCER | 23 VERSEAU |
| 12 MAI | TAUREAU | TAUREAU | BALANCE | LION | VIERGE | POISSONS | LION | CANCER | 6 POISSONS |
| 13 MAI | TAUREAU | TAUREAU | BALANCE | LION | VIERGE | POISSONS | LION | CANCER | 19 POISSONS |
| 14 MAI | TAUREAU | TAUREAU | BALANCE | LION | VIERGE | POISSONS | LION | CANCER | 2 BÉLIER |
| 15 MAI | TAUREAU | TAUREAU | BALANCE | LION | VIERGE | POISSONS | LION | CANCER | 16 BÉLIER |
| 16 MAI | TAUREAU | TAUREAU | BALANCE | LION | VIERGE | POISSONS | LION | CANCER | 1 TAUREAU |
| 17 MAI | TAUREAU | TAUREAU | BALANCE | LION | VIERGE | POISSONS | LION | CANCER | 15 TAUREAU |
| 18 MAI | TAUREAU | TAUREAU | BALANCE | LION | VIERGE | POISSONS | LION | CANCER | 0 GÉMEAUX |
| 19 MAI | TAUREAU | TAUREAU | BALANCE | LION | VIERGE | POISSONS | LION | CANCER | 15 GÉMEAUX |
| 20 MAI | TAUREAU | TAUREAU | BALANCE | LION | VIERGE | POISSONS | LION | CANCER | 0 CANCER |
| 21 MAI | TAUREAU | TAUREAU | BALANCE | LION | VIERGE | POISSONS | LION | CANCER | 15 CANCER |

LE SOLEIL ENTRE DANS LE SIGNE DU TAUREAU LE 20 AVRIL 1920 A 9 h 40
LE SOLEIL QUITTE LE SIGNE DU TAUREAU LE 21 MAI A 9 h 20
* LES CHIFFRES INDIQUENT LES DEGRÉS

| 1921 | MERCURE | VÉNUS | MARS | JUPITER | SATURNE | URANUS | NEPTUNE | PLUTON | LUNE* |
|---|---|---|---|---|---|---|---|---|---|
| 20 AVRIL | BÉLIER | TAUREAU | TAUREAU | VIERGE | VIERGE | POISSONS | LION | CANCER | 6 BALANCE |
| 21 AVRIL | BÉLIER | TAUREAU | TAUREAU | VIERGE | VIERGE | POISSONS | LION | CANCER | 20 BALANCE |
| 22 AVRIL | BÉLIER | TAUREAU | TAUREAU | VIERGE | VIERGE | POISSONS | LION | CANCER | 4 SCORPION |
| 23 AVRIL | BÉLIER | TAUREAU | TAUREAU | VIERGE | VIERGE | POISSONS | LION | CANCER | 17 SCORPION |
| 24 AVRIL | BÉLIER | TAUREAU | TAUREAU | VIERGE | VIERGE | POISSONS | LION | CANCER | 0 SAGITTAIRE |
| 25 AVRIL | BÉLIER | TAUREAU | TAUREAU | VIERGE | VIERGE | POISSONS | LION | CANCER | 12 SAGITTAIRE |
| 26 AVRIL | BÉLIER | BÉLIER | TAUREAU | VIERGE | VIERGE | POISSONS | LION | CANCER | 25 SAGITTAIRE |
| 27 AVRIL | BÉLIER | BÉLIER | TAUREAU | VIERGE | VIERGE | POISSONS | LION | CANCER | 7 CAPRICORNE |
| 28 AVRIL | BÉLIER | BÉLIER | TAUREAU | VIERGE | VIERGE | POISSONS | LION | CANCER | 19 CAPRICORNE |
| 29 AVRIL | BÉLIER | BÉLIER | TAUREAU | VIERGE | VIERGE | POISSONS | LION | CANCER | 1 VERSEAU |
| 30 AVRIL | BÉLIER | BÉLIER | TAUREAU | VIERGE | VIERGE | POISSONS | LION | CANCER | 13 VERSEAU |
| 1 MAI | TAUREAU | BÉLIER | TAUREAU | VIERGE | VIERGE | POISSONS | LION | CANCER | 25 VERSEAU |
| 2 MAI | TAUREAU | BÉLIER | TAUREAU | VIERGE | VIERGE | POISSONS | LION | CANCER | 7 POISSONS |
| 3 MAI | TAUREAU | BÉLIER | TAUREAU | VIERGE | VIERGE | POISSONS | LION | CANCER | 19 POISSONS |
| 4 MAI | TAUREAU | BÉLIER | TAUREAU | VIERGE | VIERGE | POISSONS | LION | CANCER | 2 BÉLIER |
| 5 MAI | TAUREAU | BÉLIER | TAUREAU | VIERGE | VIERGE | POISSONS | LION | CANCER | 15 BÉLIER |
| 6 MAI | TAUREAU | BÉLIER | GÉMEAUX | VIERGE | VIERGE | POISSONS | LION | CANCER | 28 BÉLIER |
| 7 MAI | TAUREAU | BÉLIER | GÉMEAUX | VIERGE | VIERGE | POISSONS | LION | CANCER | 11 TAUREAU |
| 8 MAI | TAUREAU | BÉLIER | GÉMEAUX | VIERGE | VIERGE | POISSONS | LION | CANCER | 25 TAUREAU |
| 9 MAI | TAUREAU | BÉLIER | GÉMEAUX | VIERGE | VIERGE | POISSONS | LION | CANCER | 9 GÉMEAUX |
| 10 MAI | TAUREAU | BÉLIER | GÉMEAUX | VIERGE | VIERGE | POISSONS | LION | CANCER | 23 GÉMEAUX |
| 11 MAI | TAUREAU | BÉLIER | GÉMEAUX | VIERGE | VIERGE | POISSONS | LION | CANCER | 8 CANCER |
| 12 MAI | TAUREAU | BÉLIER | GÉMEAUX | VIERGE | VIERGE | POISSONS | LION | CANCER | 22 CANCER |
| 13 MAI | TAUREAU | BÉLIER | GÉMEAUX | VIERGE | VIERGE | POISSONS | LION | CANCER | 7 LION |
| 14 MAI | TAUREAU | BÉLIER | GÉMEAUX | VIERGE | VIERGE | POISSONS | LION | CANCER | 21 LION |
| 15 MAI | GÉMEAUX | BÉLIER | GÉMEAUX | VIERGE | VIERGE | POISSONS | LION | CANCER | 5 VIERGE |
| 16 MAI | GÉMEAUX | BÉLIER | GÉMEAUX | VIERGE | VIERGE | POISSONS | LION | CANCER | 19 VIERGE |
| 17 MAI | GÉMEAUX | BÉLIER | GÉMEAUX | VIERGE | VIERGE | POISSONS | LION | CANCER | 3 BALANCE |
| 18 MAI | GÉMEAUX | BÉLIER | GÉMEAUX | VIERGE | VIERGE | POISSONS | LION | CANCER | 16 BALANCE |
| 19 MAI | GÉMEAUX | BÉLIER | GÉMEAUX | VIERGE | VIERGE | POISSONS | LION | CANCER | 29 BALANCE |
| 20 MAI | GÉMEAUX | BÉLIER | GÉMEAUX | VIERGE | VIERGE | POISSONS | LION | CANCER | 13 SCORPION |
| 21 MAI | GÉMEAUX | BÉLIER | GÉMEAUX | VIERGE | VIERGE | POISSONS | LION | CANCER | 25 SCORPION |

LE SOLEIL ENTRE DANS LE SIGNE DU TAUREAU LE 20 AVRIL 1921 A 15 h 30
LE SOLEIL QUITTE LE SIGNE DU TAUREAU LE 21 MAI A 15 h 10
* LES CHIFFRES INDIQUENT LES DEGRÉS

# DÉCOUVREZ DANS QUEL SIGNE SE TROUVAIENT LES PLANÈTES À VOTRE NAISSANCE

| 1922 | MERCURE | VÉNUS | MARS | JUPITER | SATURNE | URANUS | NEPTUNE | PLUTON | LUNE* |
|---|---|---|---|---|---|---|---|---|---|
| 20 AVRIL | BÉLIER | TAUREAU | SAGITTAIRE | BALANCE | BALANCE | POISSONS | LION | CANCER | 15 VERSEAU |
| 21 AVRIL | BÉLIER | TAUREAU | SAGITTAIRE | BALANCE | BALANCE | POISSONS | LION | CANCER | 27 VERSEAU |
| 22 AVRIL | BÉLIER | TAUREAU | SAGITTAIRE | BALANCE | BALANCE | POISSONS | LION | CANCER | 9 POISSONS |
| 23 AVRIL | TAUREAU | TAUREAU | SAGITTAIRE | BALANCE | BALANCE | POISSONS | LION | CANCER | 21 POISSONS |
| 24 AVRIL | TAUREAU | TAUREAU | SAGITTAIRE | BALANCE | BALANCE | POISSONS | LION | CANCER | 3 BÉLIER |
| 25 AVRIL | TAUREAU | TAUREAU | SAGITTAIRE | BALANCE | BALANCE | POISSONS | LION | CANCER | 15 BÉLIER |
| 26 AVRIL | TAUREAU | TAUREAU | SAGITTAIRE | BALANCE | BALANCE | POISSONS | LION | CANCER | 27 BÉLIER |
| 27 AVRIL | TAUREAU | TAUREAU | SAGITTAIRE | BALANCE | BALANCE | POISSONS | LION | CANCER | 9 TAUREAU |
| 28 AVRIL | TAUREAU | TAUREAU | SAGITTAIRE | BALANCE | BALANCE | POISSONS | LION | CANCER | 22 TAUREAU |
| 29 AVRIL | TAUREAU | TAUREAU | SAGITTAIRE | BALANCE | BALANCE | POISSONS | LION | CANCER | 5 GÉMEAUX |
| 30 AVRIL | TAUREAU | TAUREAU | SAGITTAIRE | BALANCE | BALANCE | POISSONS | LION | CANCER | 18 GÉMEAUX |
| 1 MAI | TAUREAU | GÉMEAUX | SAGITTAIRE | BALANCE | BALANCE | POISSONS | LION | CANCER | 1 CANCER |
| 2 MAI | TAUREAU | GÉMEAUX | SAGITTAIRE | BALANCE | BALANCE | POISSONS | LION | CANCER | 15 CANCER |
| 3 MAI | TAUREAU | GÉMEAUX | SAGITTAIRE | BALANCE | BALANCE | POISSONS | LION | CANCER | 28 CANCER |
| 4 MAI | TAUREAU | GÉMEAUX | SAGITTAIRE | BALANCE | BALANCE | POISSONS | LION | CANCER | 12 LION |
| 5 MAI | TAUREAU | GÉMEAUX | SAGITTAIRE | BALANCE | BALANCE | POISSONS | LION | CANCER | 27 LION |
| 6 MAI | TAUREAU | GÉMEAUX | SAGITTAIRE | BALANCE | BALANCE | POISSONS | LION | CANCER | 11 VIERGE |
| 7 MAI | GÉMEAUX | GÉMEAUX | SAGITTAIRE | BALANCE | BALANCE | POISSONS | LION | CANCER | 25 VIERGE |
| 8 MAI | GÉMEAUX | GÉMEAUX | SAGITTAIRE | BALANCE | BALANCE | POISSONS | LION | CANCER | 10 BALANCE |
| 9 MAI | GÉMEAUX | GÉMEAUX | SAGITTAIRE | BALANCE | BALANCE | POISSONS | LION | CANCER | 24 BALANCE |
| 10 MAI | GÉMEAUX | GÉMEAUX | SAGITTAIRE | BALANCE | BALANCE | POISSONS | LION | CANCER | 9 SCORPION |
| 11 MAI | GÉMEAUX | GÉMEAUX | SAGITTAIRE | BALANCE | BALANCE | POISSONS | LION | CANCER | 23 SCORPION |
| 12 MAI | GÉMEAUX | GÉMEAUX | SAGITTAIRE | BALANCE | BALANCE | POISSONS | LION | CANCER | 7 SAGITTAIRE |
| 13 MAI | GÉMEAUX | GÉMEAUX | SAGITTAIRE | BALANCE | BALANCE | POISSONS | LION | CANCER | 21 SAGITTAIRE |
| 14 MAI | GÉMEAUX | GÉMEAUX | SAGITTAIRE | BALANCE | BALANCE | POISSONS | LION | CANCER | 4 CAPRICORNE |
| 15 MAI | GÉMEAUX | GÉMEAUX | SAGITTAIRE | BALANCE | BALANCE | POISSONS | LION | CANCER | 17 CAPRICORNE |
| 16 MAI | GÉMEAUX | GÉMEAUX | SAGITTAIRE | BALANCE | BALANCE | POISSONS | LION | CANCER | 29 CAPRICORNE |
| 17 MAI | GÉMEAUX | GÉMEAUX | SAGITTAIRE | BALANCE | BALANCE | POISSONS | LION | CANCER | 12 VERSEAU |
| 18 MAI | GÉMEAUX | GÉMEAUX | SAGITTAIRE | BALANCE | BALANCE | POISSONS | LION | CANCER | 24 VERSEAU |
| 19 MAI | GÉMEAUX | GÉMEAUX | SAGITTAIRE | BALANCE | BALANCE | POISSONS | LION | CANCER | 5 POISSONS |
| 20 MAI | GÉMEAUX | GÉMEAUX | SAGITTAIRE | BALANCE | BALANCE | POISSONS | LION | CANCER | 17 POISSONS |
| 21 MAI | GÉMEAUX | GÉMEAUX | SAGITTAIRE | BALANCE | BALANCE | POISSONS | LION | CANCER | 29 POISSONS |

LE SOLEIL ENTRE DANS LE SIGNE DU TAUREAU LE 20 AVRIL 1922 A 21 h 30
LE SOLEIL QUITTE LE SIGNE DU TAUREAU LE 21 MAI A 21 h 10
* LES CHIFFRES INDIQUENT LES DEGRÉS

| 1923 | MERCURE | VÉNUS | MARS | JUPITER | SATURNE | URANUS | NEPTUNE | PLUTON | LUNE* |
|---|---|---|---|---|---|---|---|---|---|
| 21 AVRIL | TAUREAU | POISSONS | GÉMEAUX | SCORPION | BALANCE | POISSONS | LION | CANCER | 28 GÉMEAUX |
| 22 AVRIL | TAUREAU | POISSONS | GÉMEAUX | SCORPION | BALANCE | POISSONS | LION | CANCER | 10 CANCER |
| 23 AVRIL | TAUREAU | POISSONS | GÉMEAUX | SCORPION | BALANCE | POISSONS | LION | CANCER | 23 CANCER |
| 24 AVRIL | TAUREAU | POISSONS | GÉMEAUX | SCORPION | BALANCE | POISSONS | LION | CANCER | 6 LION |
| 25 AVRIL | TAUREAU | POISSONS | GÉMEAUX | SCORPION | BALANCE | POISSONS | LION | CANCER | 20 LION |
| 26 AVRIL | TAUREAU | POISSONS | GÉMEAUX | SCORPION | BALANCE | POISSONS | LION | CANCER | 4 VIERGE |
| 27 AVRIL | TAUREAU | BÉLIER | GÉMEAUX | SCORPION | BALANCE | POISSONS | LION | CANCER | 18 VIERGE |
| 28 AVRIL | TAUREAU | BÉLIER | GÉMEAUX | SCORPION | BALANCE | POISSONS | LION | CANCER | 3 BALANCE |
| 29 AVRIL | TAUREAU | BÉLIER | GÉMEAUX | SCORPION | BALANCE | POISSONS | LION | CANCER | 18 BALANCE |
| 30 AVRIL | TAUREAU | BÉLIER | GÉMEAUX | SCORPION | BALANCE | POISSONS | LION | CANCER | 3 SCORPION |
| 1 MAI | GÉMEAUX | BÉLIER | GÉMEAUX | SCORPION | BALANCE | POISSONS | LION | CANCER | 18 SCORPION |
| 2 MAI | GÉMEAUX | BÉLIER | GÉMEAUX | SCORPION | BALANCE | POISSONS | LION | CANCER | 3 SAGITTAIRE |
| 3 MAI | GÉMEAUX | BÉLIER | SAGITTAIRE | SCORPION | BALANCE | POISSONS | LION | CANCER | 18 SAGITTAIRE |
| 4 MAI | GÉMEAUX | BÉLIER | GÉMEAUX | SCORPION | BALANCE | POISSONS | LION | CANCER | 2 CAPRICORNE |
| 5 MAI | GÉMEAUX | BÉLIER | GÉMEAUX | SCORPION | BALANCE | POISSONS | LION | CANCER | 16 CAPRICORNE |
| 6 MAI | GÉMEAUX | BÉLIER | GÉMEAUX | SCORPION | BALANCE | POISSONS | LION | CANCER | 0 VERSEAU |
| 7 MAI | GÉMEAUX | BÉLIER | GÉMEAUX | SCORPION | BALANCE | POISSONS | LION | CANCER | 13 VERSEAU |
| 8 MAI | GÉMEAUX | BÉLIER | GÉMEAUX | SCORPION | BALANCE | POISSONS | LION | CANCER | 25 VERSEAU |
| 9 MAI | GÉMEAUX | BÉLIER | GÉMEAUX | SCORPION | BALANCE | POISSONS | LION | CANCER | 7 POISSONS |
| 10 MAI | GÉMEAUX | BÉLIER | GÉMEAUX | SCORPION | BALANCE | POISSONS | LION | CANCER | 19 POISSONS |
| 11 MAI | GÉMEAUX | BÉLIER | GÉMEAUX | SCORPION | BALANCE | POISSONS | LION | CANCER | 1 BÉLIER |
| 12 MAI | GÉMEAUX | BÉLIER | GÉMEAUX | SCORPION | BALANCE | POISSONS | LION | CANCER | 13 BÉLIER |
| 13 MAI | GÉMEAUX | BÉLIER | GÉMEAUX | SCORPION | BALANCE | POISSONS | LION | CANCER | 25 BÉLIER |
| 14 MAI | GÉMEAUX | BÉLIER | GÉMEAUX | SCORPION | BALANCE | POISSONS | LION | CANCER | 6 TAUREAU |
| 15 MAI | GÉMEAUX | BÉLIER | GÉMEAUX | SCORPION | BALANCE | POISSONS | LION | CANCER | 18 TAUREAU |
| 16 MAI | GÉMEAUX | BÉLIER | GÉMEAUX | SCORPION | BALANCE | POISSONS | LION | CANCER | 0 GÉMEAUX |
| 17 MAI | GÉMEAUX | BÉLIER | GÉMEAUX | SCORPION | BALANCE | POISSONS | LION | CANCER | 13 GÉMEAUX |
| 18 MAI | GÉMEAUX | BÉLIER | GÉMEAUX | SCORPION | BALANCE | POISSONS | LION | CANCER | 25 GÉMEAUX |
| 19 MAI | GÉMEAUX | BÉLIER | GÉMEAUX | SCORPION | BALANCE | POISSONS | LION | CANCER | 7 CANCER |
| 20 MAI | GÉMEAUX | BÉLIER | GÉMEAUX | SCORPION | BALANCE | POISSONS | LION | CANCER | 20 CANCER |
| 21 MAI | GÉMEAUX | BÉLIER | GÉMEAUX | SCORPION | BALANCE | POISSONS | LION | CANCER | 3 LION |
| 22 MAI | GÉMEAUX | TAUREAU | GÉMEAUX | SCORPION | BALANCE | POISSONS | LION | CANCER | 16 LION |

LE SOLEIL ENTRE DANS LE SIGNE DU TAUREAU LE 21 AVRIL 1923 A 3 h 00
LE SOLEIL QUITTE LE SIGNE DU TAUREAU LE 22 MAI A 2 h 40
* LES CHIFFRES INDIQUENT LES DEGRÉS

# DÉCOUVREZ DANS QUEL SIGNE SE TROUVAIENT LES PLANÈTES À VOTRE NAISSANCE

| 1924 | MERCURE | VÉNUS | MARS | JUPITER | SATURNE | URANUS | NEPTUNE | PLUTON | LUNE* |
|---|---|---|---|---|---|---|---|---|---|
| 20 AVRIL | TAUREAU | GÉMEAUX | CAPRICORNE | SAGITTAIRE | BALANCE | POISSONS | LION | CANCER | 13 SCORPION |
| 21 AVRIL | TAUREAU | GÉMEAUX | CAPRICORNE | SAGITTAIRE | BALANCE | POISSONS | LION | CANCER | 28 SCORPION |
| 22 AVRIL | TAUREAU | GÉMEAUX | CAPRICORNE | SAGITTAIRE | BALANCE | POISSONS | LION | CANCER | 13 SAGITTAIRE |
| 23 AVRIL | TAUREAU | GÉMEAUX | CAPRICORNE | SAGITTAIRE | BALANCE | POISSONS | LION | CANCER | 28 SAGITTAIRE |
| 24 AVRIL | TAUREAU | GÉMEAUX | CAPRICORNE | SAGITTAIRE | BALANCE | POISSONS | LION | CANCER | 12 CAPRICORNE |
| 25 AVRIL | TAUREAU | GÉMEAUX | VERSEAU | SAGITTAIRE | BALANCE | POISSONS | LION | CANCER | 26 CAPRICORNE |
| 26 AVRIL | TAUREAU | GÉMEAUX | VERSEAU | SAGITTAIRE | BALANCE | POISSONS | LION | CANCER | 10 VERSEAU |
| 27 AVRIL | TAUREAU | GÉMEAUX | VERSEAU | SAGITTAIRE | BALANCE | POISSONS | LION | CANCER | 23 VERSEAU |
| 28 AVRIL | TAUREAU | GÉMEAUX | VERSEAU | SAGITTAIRE | BALANCE | POISSONS | LION | CANCER | 6 POISSONS |
| 29 AVRIL | TAUREAU | GÉMEAUX | VERSEAU | SAGITTAIRE | BALANCE | POISSONS | LION | CANCER | 18 POISSONS |
| 30 AVRIL | TAUREAU | GÉMEAUX | VERSEAU | SAGITTAIRE | BALANCE | POISSONS | LION | CANCER | 1 BÉLIER |
| 1 MAI | TAUREAU | GÉMEAUX | VERSEAU | SAGITTAIRE | BALANCE | POISSONS | LION | CANCER | 13 BÉLIER |
| 2 MAI | TAUREAU | GÉMEAUX | VERSEAU | SAGITTAIRE | BALANCE | POISSONS | LION | CANCER | 25 BÉLIER |
| 3 MAI | TAUREAU | GÉMEAUX | VERSEAU | SAGITTAIRE | BALANCE | POISSONS | LION | CANCER | 7 TAUREAU |
| 4 MAI | TAUREAU | GÉMEAUX | VERSEAU | SAGITTAIRE | BALANCE | POISSONS | LION | CANCER | 19 TAUREAU |
| 5 MAI | TAUREAU | GÉMEAUX | VERSEAU | SAGITTAIRE | BALANCE | POISSONS | LION | CANCER | 1 GÉMEAUX |
| 6 MAI | TAUREAU | CANCER | VERSEAU | SAGITTAIRE | BALANCE | POISSONS | LION | CANCER | 13 GÉMEAUX |
| 7 MAI | TAUREAU | CANCER | VERSEAU | SAGITTAIRE | BALANCE | POISSONS | LION | CANCER | 25 GÉMEAUX |
| 8 MAI | TAUREAU | CANCER | VERSEAU | SAGITTAIRE | BALANCE | POISSONS | LION | CANCER | 7 CANCER |
| 9 MAI | TAUREAU | CANCER | VERSEAU | SAGITTAIRE | BALANCE | POISSONS | LION | CANCER | 19 CANCER |
| 10 MAI | TAUREAU | CANCER | VERSEAU | SAGITTAIRE | BALANCE | POISSONS | LION | CANCER | 1 LION |
| 11 MAI | TAUREAU | CANCER | VERSEAU | SAGITTAIRE | BALANCE | POISSONS | LION | CANCER | 13 LION |
| 12 MAI | TAUREAU | CANCER | VERSEAU | SAGITTAIRE | BALANCE | POISSONS | LION | CANCER | 26 LION |
| 13 MAI | TAUREAU | CANCER | VERSEAU | SAGITTAIRE | BALANCE | POISSONS | LION | CANCER | 9 VIERGE |
| 14 MAI | TAUREAU | CANCER | VERSEAU | SAGITTAIRE | BALANCE | POISSONS | LION | CANCER | 22 VIERGE |
| 15 MAI | TAUREAU | CANCER | VERSEAU | SAGITTAIRE | BALANCE | POISSONS | LION | CANCER | 6 BALANCE |
| 16 MAI | TAUREAU | CANCER | VERSEAU | SAGITTAIRE | BALANCE | POISSONS | LION | CANCER | 21 BALANCE |
| 17 MAI | TAUREAU | CANCER | VERSEAU | SAGITTAIRE | BALANCE | POISSONS | LION | CANCER | 6 SCORPION |
| 18 MAI | TAUREAU | CANCER | VERSEAU | SAGITTAIRE | BALANCE | POISSONS | LION | CANCER | 21 SCORPION |
| 19 MAI | TAUREAU | CANCER | VERSEAU | SAGITTAIRE | BALANCE | POISSONS | LION | CANCER | 6 SAGITTAIRE |
| 20 MAI | TAUREAU | CANCER | VERSEAU | SAGITTAIRE | BALANCE | POISSONS | LION | CANCER | 22 SAGITTAIRE |
| 21 MAI | TAUREAU | CANCER | VERSEAU | SAGITTAIRE | BALANCE | POISSONS | LION | CANCER | 7 CAPRICORNE |

LE SOLEIL ENTRE DANS LE SIGNE DU TAUREAU LE 20 AVRIL 1924 A 9 h 00
LE SOLEIL QUITTE LE SIGNE DU TAUREAU LE 21 MAI A 8 h 40

* LES CHIFFRES INDIQUENT LES DEGRÉS

| 1925 | MERCURE | VÉNUS | MARS | JUPITER | SATURNE | URANUS | NEPTUNE | PLUTON | LUNE* |
|---|---|---|---|---|---|---|---|---|---|
| 20 AVRIL | BÉLIER | BÉLIER | GÉMEAUX | CAPRICORNE | SCORPION | POISSONS | LION | CANCER | 28 POISSONS |
| 21 AVRIL | BÉLIER | TAUREAU | GÉMEAUX | CAPRICORNE | SCORPION | POISSONS | LION | CANCER | 11 BÉLIER |
| 22 AVRIL | BÉLIER | TAUREAU | GÉMEAUX | CAPRICORNE | SCORPION | POISSONS | LION | CANCER | 24 BÉLIER |
| 23 AVRIL | BÉLIER | TAUREAU | GÉMEAUX | CAPRICORNE | SCORPION | POISSONS | LION | CANCER | 7 TAUREAU |
| 24 AVRIL | BÉLIER | TAUREAU | GÉMEAUX | CAPRICORNE | SCORPION | POISSONS | LION | CANCER | 20 TAUREAU |
| 25 AVRIL | BÉLIER | TAUREAU | GÉMEAUX | CAPRICORNE | SCORPION | POISSONS | LION | CANCER | 2 GÉMEAUX |
| 26 AVRIL | BÉLIER | TAUREAU | GÉMEAUX | CAPRICORNE | SCORPION | POISSONS | LION | CANCER | 15 GÉMEAUX |
| 27 AVRIL | BÉLIER | TAUREAU | GÉMEAUX | CAPRICORNE | SCORPION | POISSONS | LION | CANCER | 27 GÉMEAUX |
| 28 AVRIL | BÉLIER | TAUREAU | GÉMEAUX | CAPRICORNE | SCORPION | POISSONS | LION | CANCER | 9 CANCER |
| 29 AVRIL | BÉLIER | TAUREAU | GÉMEAUX | CAPRICORNE | SCORPION | POISSONS | LION | CANCER | 21 CANCER |
| 30 AVRIL | BÉLIER | TAUREAU | GÉMEAUX | CAPRICORNE | SCORPION | POISSONS | LION | CANCER | 2 LION |
| 1 MAI | BÉLIER | TAUREAU | GÉMEAUX | CAPRICORNE | SCORPION | POISSONS | LION | CANCER | 14 LION |
| 2 MAI | BÉLIER | TAUREAU | GÉMEAUX | CAPRICORNE | SCORPION | POISSONS | LION | CANCER | 26 LION |
| 3 MAI | BÉLIER | TAUREAU | GÉMEAUX | CAPRICORNE | SCORPION | POISSONS | LION | CANCER | 9 VIERGE |
| 4 MAI | BÉLIER | TAUREAU | GÉMEAUX | CAPRICORNE | SCORPION | POISSONS | LION | CANCER | 21 VIERGE |
| 5 MAI | BÉLIER | TAUREAU | GÉMEAUX | CAPRICORNE | SCORPION | POISSONS | LION | CANCER | 4 BALANCE |
| 6 MAI | BÉLIER | TAUREAU | GÉMEAUX | CAPRICORNE | SCORPION | POISSONS | LION | CANCER | 18 BALANCE |
| 7 MAI | BÉLIER | TAUREAU | GÉMEAUX | CAPRICORNE | SCORPION | POISSONS | LION | CANCER | 2 SCORPION |
| 8 MAI | BÉLIER | TAUREAU | GÉMEAUX | CAPRICORNE | SCORPION | POISSONS | LION | CANCER | 16 SCORPION |
| 9 MAI | BÉLIER | TAUREAU | GÉMEAUX | CAPRICORNE | SCORPION | POISSONS | LION | CANCER | 1 SAGITTAIRE |
| 10 MAI | BÉLIER | TAUREAU | CANCER | CAPRICORNE | SCORPION | POISSONS | LION | CANCER | 15 SAGITTAIRE |
| 11 MAI | BÉLIER | TAUREAU | CANCER | CAPRICORNE | SCORPION | POISSONS | LION | CANCER | 0 CAPRICORNE |
| 12 MAI | BÉLIER | TAUREAU | CANCER | CAPRICORNE | SCORPION | POISSONS | LION | CANCER | 15 CAPRICORNE |
| 13 MAI | BÉLIER | TAUREAU | CANCER | CAPRICORNE | SCORPION | POISSONS | LION | CANCER | 29 CAPRICORNE |
| 14 MAI | BÉLIER | TAUREAU | CANCER | CAPRICORNE | SCORPION | POISSONS | LION | CANCER | 13 VERSEAU |
| 15 MAI | BÉLIER | TAUREAU | CANCER | CAPRICORNE | SCORPION | POISSONS | LION | CANCER | 27 VERSEAU |
| 16 MAI | BÉLIER | GÉMEAUX | CANCER | CAPRICORNE | SCORPION | POISSONS | LION | CANCER | 11 POISSONS |
| 17 MAI | TAUREAU | GÉMEAUX | CANCER | CAPRICORNE | SCORPION | POISSONS | LION | CANCER | 24 POISSONS |
| 18 MAI | TAUREAU | GÉMEAUX | CANCER | CAPRICORNE | SCORPION | POISSONS | LION | CANCER | 8 BÉLIER |
| 19 MAI | TAUREAU | GÉMEAUX | CANCER | CAPRICORNE | SCORPION | POISSONS | LION | CANCER | 21 BÉLIER |
| 20 MAI | TAUREAU | GÉMEAUX | CANCER | CAPRICORNE | SCORPION | POISSONS | LION | CANCER | 4 TAUREAU |
| 21 MAI | TAUREAU | GÉMEAUX | CANCER | CAPRICORNE | SCORPION | POISSONS | LION | CANCER | 16 TAUREAU |

LE SOLEIL ENTRE DANS LE SIGNE DU TAUREAU LE 20 AVRIL 1925 A 15 h 00
LE SOLEIL QUITTE LE SIGNE DU TAUREAU LE 21 MAI A 14 h 30

* LES CHIFFRES INDIQUENT LES DEGRÉS

# DÉCOUVREZ DANS QUEL SIGNE SE TROUVAIENT LES PLANÈTES À VOTRE NAISSANCE

| 1926 | MERCURE | VÉNUS | MARS | JUPITER | SATURNE | URANUS | NEPTUNE | PLUTON | LUNE* |
|---|---|---|---|---|---|---|---|---|---|
| 20 AVRIL | BÉLIER | POISSONS | VERSEAU | VERSEAU | SCORPION | POISSONS | LION | CANCER | 5 LION |
| 21 AVRIL | BÉLIER | POISSONS | VERSEAU | VERSEAU | SCORPION | POISSONS | LION | CANCER | 17 LION |
| 22 AVRIL | BÉLIER | POISSONS | VERSEAU | VERSEAU | SCORPION | POISSONS | LION | CANCER | 29 LION |
| 23 AVRIL | BÉLIER | POISSONS | VERSEAU | VERSEAU | SCORPION | POISSONS | LION | CANCER | 11 VIERGE |
| 24 AVRIL | BÉLIER | POISSONS | VERSEAU | VERSEAU | SCORPION | POISSONS | LION | CANCER | 23 VIERGE |
| 25 AVRIL | BÉLIER | POISSONS | VERSEAU | VERSEAU | SCORPION | POISSONS | LION | CANCER | 5 BALANCE |
| 26 AVRIL | BÉLIER | POISSONS | VERSEAU | VERSEAU | SCORPION | POISSONS | LION | CANCER | 17 BALANCE |
| 27 AVRIL | BÉLIER | POISSONS | VERSEAU | VERSEAU | SCORPION | POISSONS | LION | CANCER | 0 SCORPION |
| 28 AVRIL | BÉLIER | POISSONS | VERSEAU | VERSEAU | SCORPION | POISSONS | LION | CANCER | 13 SCORPION |
| 29 AVRIL | BÉLIER | POISSONS | VERSEAU | VERSEAU | SCORPION | POISSONS | LION | CANCER | 26 SCORPION |
| 30 AVRIL | BÉLIER | POISSONS | VERSEAU | VERSEAU | SCORPION | POISSONS | LION | CANCER | 10 SAGITTAIRE |
| 1 MAI | BÉLIER | POISSONS | VERSEAU | VERSEAU | SCORPION | POISSONS | LION | CANCER | 23 SAGITTAIRE |
| 2 MAI | BÉLIER | POISSONS | VERSEAU | VERSEAU | SCORPION | POISSONS | LION | CANCER | 7 CAPRICORNE |
| 3 MAI | BÉLIER | POISSONS | VERSEAU | VERSEAU | SCORPION | POISSONS | LION | CANCER | 21 CAPRICORNE |
| 4 MAI | BÉLIER | POISSONS | POISSONS | VERSEAU | SCORPION | POISSONS | LION | CANCER | 5 VERSEAU |
| 5 MAI | BÉLIER | POISSONS | POISSONS | VERSEAU | SCORPION | POISSONS | LION | CANCER | 19 VERSEAU |
| 6 MAI | BÉLIER | POISSONS | POISSONS | VERSEAU | SCORPION | POISSONS | LION | CANCER | 3 POISSONS |
| 7 MAI | BÉLIER | BÉLIER | POISSONS | VERSEAU | SCORPION | POISSONS | LION | CANCER | 17 POISSONS |
| 8 MAI | BÉLIER | BÉLIER | POISSONS | VERSEAU | SCORPION | POISSONS | LION | CANCER | 2 BÉLIER |
| 9 MAI | BÉLIER | BÉLIER | POISSONS | VERSEAU | SCORPION | POISSONS | LION | CANCER | 16 BÉLIER |
| 10 MAI | BÉLIER | BÉLIER | POISSONS | VERSEAU | SCORPION | POISSONS | LION | CANCER | 0 TAUREAU |
| 11 MAI | BÉLIER | BÉLIER | POISSONS | VERSEAU | SCORPION | POISSONS | LION | CANCER | 14 TAUREAU |
| 12 MAI | BÉLIER | BÉLIER | POISSONS | VERSEAU | SCORPION | POISSONS | LION | CANCER | 28 TAUREAU |
| 13 MAI | TAUREAU | BÉLIER | POISSONS | VERSEAU | SCORPION | POISSONS | LION | CANCER | 11 GÉMEAUX |
| 14 MAI | TAUREAU | BÉLIER | POISSONS | VERSEAU | SCORPION | POISSONS | LION | CANCER | 24 GÉMEAUX |
| 15 MAI | TAUREAU | BÉLIER | POISSONS | VERSEAU | SCORPION | POISSONS | LION | CANCER | 7 CANCER |
| 16 MAI | TAUREAU | BÉLIER | POISSONS | VERSEAU | SCORPION | POISSONS | LION | CANCER | 19 CANCER |
| 17 MAI | TAUREAU | BÉLIER | POISSONS | VERSEAU | SCORPION | POISSONS | LION | CANCER | 1 LION |
| 18 MAI | TAUREAU | BÉLIER | POISSONS | VERSEAU | SCORPION | POISSONS | LION | CANCER | 13 LION |
| 19 MAI | TAUREAU | BÉLIER | POISSONS | VERSEAU | SCORPION | POISSONS | LION | CANCER | 25 LION |
| 20 MAI | TAUREAU | BÉLIER | POISSONS | VERSEAU | SCORPION | POISSONS | LION | CANCER | 7 VIERGE |
| 21 MAI | TAUREAU | BÉLIER | POISSONS | VERSEAU | SCORPION | POISSONS | LION | CANCER | 19 VIERGE |

LE SOLEIL — ENTRE DANS LE SIGNE DU TAUREAU LE 20 AVRIL 1926 A 20 h 30
QUITTE LE SIGNE DU — LE 21 MAI A 20 h 10
* LES CHIFFRES INDIQUENT LES DEGRÉS

| 1927 | MERCURE | VÉNUS | MARS | JUPITER | SATURNE | URANUS | NEPTUNE | PLUTON | LUNE* |
|---|---|---|---|---|---|---|---|---|---|
| 21 AVRIL | BÉLIER | GÉMEAUX | CANCER | POISSONS | SAGITTAIRE | BÉLIER | LION | CANCER | 19 SAGITTAIRE |
| 22 AVRIL | BÉLIER | GÉMEAUX | CANCER | POISSONS | SAGITTAIRE | BÉLIER | LION | CANCER | 1 CAPRICORNE |
| 23 AVRIL | BÉLIER | GÉMEAUX | CANCER | POISSONS | SAGITTAIRE | BÉLIER | LION | CANCER | 14 CAPRICORNE |
| 24 AVRIL | BÉLIER | GÉMEAUX | CANCER | POISSONS | SAGITTAIRE | BÉLIER | LION | CANCER | 28 CAPRICORNE |
| 25 AVRIL | BÉLIER | GÉMEAUX | CANCER | POISSONS | SAGITTAIRE | BÉLIER | LION | CANCER | 11 VERSEAU |
| 26 AVRIL | BÉLIER | GÉMEAUX | CANCER | POISSONS | SAGITTAIRE | BÉLIER | LION | CANCER | 25 VERSEAU |
| 27 AVRIL | BÉLIER | GÉMEAUX | CANCER | POISSONS | SAGITTAIRE | BÉLIER | LION | CANCER | 10 POISSONS |
| 28 AVRIL | BÉLIER | GÉMEAUX | CANCER | POISSONS | SAGITTAIRE | BÉLIER | LION | CANCER | 24 POISSONS |
| 29 AVRIL | BÉLIER | GÉMEAUX | CANCER | POISSONS | SAGITTAIRE | BÉLIER | LION | CANCER | 9 BÉLIER |
| 30 AVRIL | BÉLIER | GÉMEAUX | CANCER | POISSONS | SAGITTAIRE | BÉLIER | LION | CANCER | 24 BÉLIER |
| 1 MAI | BÉLIER | GÉMEAUX | CANCER | POISSONS | SAGITTAIRE | BÉLIER | LION | CANCER | 9 TAUREAU |
| 2 MAI | BÉLIER | GÉMEAUX | CANCER | POISSONS | SAGITTAIRE | BÉLIER | LION | CANCER | 24 TAUREAU |
| 3 MAI | BÉLIER | GÉMEAUX | CANCER | POISSONS | SAGITTAIRE | BÉLIER | LION | CANCER | 9 GÉMEAUX |
| 4 MAI | BÉLIER | GÉMEAUX | CANCER | POISSONS | SAGITTAIRE | BÉLIER | LION | CANCER | 23 GÉMEAUX |
| 5 MAI | BÉLIER | GÉMEAUX | CANCER | POISSONS | SAGITTAIRE | BÉLIER | LION | CANCER | 7 CANCER |
| 6 MAI | TAUREAU | GÉMEAUX | CANCER | POISSONS | SAGITTAIRE | BÉLIER | LION | CANCER | 20 CANCER |
| 7 MAI | TAUREAU | GÉMEAUX | CANCER | POISSONS | SAGITTAIRE | BÉLIER | LION | CANCER | 2 LION |
| 8 MAI | TAUREAU | GÉMEAUX | CANCER | POISSONS | SAGITTAIRE | BÉLIER | LION | CANCER | 15 LION |
| 9 MAI | TAUREAU | GÉMEAUX | CANCER | POISSONS | SAGITTAIRE | BÉLIER | LION | CANCER | 27 LION |
| 10 MAI | TAUREAU | GÉMEAUX | CANCER | POISSONS | SAGITTAIRE | BÉLIER | LION | CANCER | 9 VIERGE |
| 11 MAI | TAUREAU | GÉMEAUX | CANCER | POISSONS | SAGITTAIRE | BÉLIER | LION | CANCER | 21 VIERGE |
| 12 MAI | TAUREAU | CANCER | CANCER | POISSONS | SAGITTAIRE | BÉLIER | LION | CANCER | 3 BALANCE |
| 13 MAI | TAUREAU | CANCER | CANCER | POISSONS | SAGITTAIRE | BÉLIER | LION | CANCER | 15 BALANCE |
| 14 MAI | TAUREAU | CANCER | CANCER | POISSONS | SAGITTAIRE | BÉLIER | LION | CANCER | 27 BALANCE |
| 15 MAI | TAUREAU | CANCER | CANCER | POISSONS | SAGITTAIRE | BÉLIER | LION | CANCER | 9 SCORPION |
| 16 MAI | TAUREAU | CANCER | CANCER | POISSONS | SAGITTAIRE | BÉLIER | LION | CANCER | 21 SCORPION |
| 17 MAI | TAUREAU | CANCER | CANCER | POISSONS | SAGITTAIRE | BÉLIER | LION | CANCER | 3 SAGITTAIRE |
| 18 MAI | TAUREAU | CANCER | CANCER | POISSONS | SAGITTAIRE | BÉLIER | LION | CANCER | 16 SAGITTAIRE |
| 19 MAI | TAUREAU | CANCER | CANCER | POISSONS | SAGITTAIRE | BÉLIER | LION | CANCER | 29 SAGITTAIRE |
| 20 MAI | TAUREAU | CANCER | CANCER | POISSONS | SAGITTAIRE | BÉLIER | LION | CANCER | 11 CAPRICORNE |
| 21 MAI | GÉMEAUX | CANCER | CANCER | POISSONS | SAGITTAIRE | BÉLIER | LION | CANCER | 25 CAPRICORNE |
| 22 MAI | GÉMEAUX | CANCER | CANCER | POISSONS | SAGITTAIRE | BÉLIER | LION | CANCER | 8 VERSEAU |

LE SOLEIL — ENTRE DANS LE SIGNE DU TAUREAU LE 21 AVRIL 1927 A 2 h 30
QUITTE LE SIGNE DU — LE 22 MAI A 2 h 00
* LES CHIFFRES INDIQUENT LES DEGRÉS

# DÉCOUVREZ DANS QUEL SIGNE SE TROUVAIENT LES PLANÈTES À VOTRE NAISSANCE

| 1928 | MERCURE | VÉNUS | MARS | JUPITER | SATURNE | URANUS | NEPTUNE | PLUTON | LUNE* |
|---|---|---|---|---|---|---|---|---|---|
| 20 AVRIL | BÉLIER | BÉLIER | POISSONS | BÉLIER | SAGITTAIRE | BÉLIER | LION | CANCER | 4 TAUREAU |
| 21 AVRIL | BÉLIER | BÉLIER | POISSONS | BÉLIER | SAGITTAIRE | BÉLIER | LION | CANCER | 19 TAUREAU |
| 22 AVRIL | BÉLIER | BÉLIER | POISSONS | BÉLIER | SAGITTAIRE | BÉLIER | LION | CANCER | 4 GÉMEAUX |
| 23 AVRIL | BÉLIER | BÉLIER | POISSONS | BÉLIER | SAGITTAIRE | BÉLIER | LION | CANCER | 19 GÉMEAUX |
| 24 AVRIL | BÉLIER | BÉLIER | POISSONS | BÉLIER | SAGITTAIRE | BÉLIER | LION | CANCER | 3 CANCER |
| 25 AVRIL | BÉLIER | BÉLIER | POISSONS | BÉLIER | SAGITTAIRE | BÉLIER | LION | CANCER | 17 CANCER |
| 26 AVRIL | BÉLIER | BÉLIER | POISSONS | BÉLIER | SAGITTAIRE | BÉLIER | LION | CANCER | 1 LION |
| 27 AVRIL | TAUREAU | BÉLIER | POISSONS | BÉLIER | SAGITTAIRE | BÉLIER | LION | CANCER | 14 LION |
| 28 AVRIL | TAUREAU | BÉLIER | POISSONS | BÉLIER | SAGITTAIRE | BÉLIER | LION | CANCER | 27 LION |
| 29 AVRIL | TAUREAU | BÉLIER | POISSONS | BÉLIER | SAGITTAIRE | BÉLIER | LION | CANCER | 9 VIERGE |
| 30 AVRIL | TAUREAU | BÉLIER | POISSONS | BÉLIER | SAGITTAIRE | BÉLIER | LION | CANCER | 22 VIERGE |
| 1 MAI | TAUREAU | BÉLIER | POISSONS | BÉLIER | SAGITTAIRE | BÉLIER | LION | CANCER | 4 BALANCE |
| 2 MAI | TAUREAU | BÉLIER | POISSONS | BÉLIER | SAGITTAIRE | BÉLIER | LION | CANCER | 16 BALANCE |
| 3 MAI | TAUREAU | BÉLIER | POISSONS | BÉLIER | SAGITTAIRE | BÉLIER | LION | CANCER | 28 BALANCE |
| 4 MAI | TAUREAU | BÉLIER | POISSONS | BÉLIER | SAGITTAIRE | BÉLIER | LION | CANCER | 10 SCORPION |
| 5 MAI | TAUREAU | BÉLIER | POISSONS | BÉLIER | SAGITTAIRE | BÉLIER | LION | CANCER | 22 SCORPION |
| 6 MAI | TAUREAU | TAUREAU | POISSONS | BÉLIER | SAGITTAIRE | BÉLIER | LION | CANCER | 3 SAGITTAIRE |
| 7 MAI | TAUREAU | TAUREAU | POISSONS | BÉLIER | SAGITTAIRE | BÉLIER | LION | CANCER | 15 SAGITTAIRE |
| 8 MAI | TAUREAU | TAUREAU | POISSONS | BÉLIER | SAGITTAIRE | BÉLIER | LION | CANCER | 27 SAGITTAIRE |
| 9 MAI | TAUREAU | TAUREAU | POISSONS | BÉLIER | SAGITTAIRE | BÉLIER | LION | CANCER | 9 CAPRICORNE |
| 10 MAI | TAUREAU | TAUREAU | POISSONS | BÉLIER | SAGITTAIRE | BÉLIER | LION | CANCER | 21 CAPRICORNE |
| 11 MAI | GÉMEAUX | TAUREAU | POISSONS | BÉLIER | SAGITTAIRE | BÉLIER | LION | CANCER | 4 VERSEAU |
| 12 MAI | GÉMEAUX | TAUREAU | POISSONS | BÉLIER | SAGITTAIRE | BÉLIER | LION | CANCER | 17 VERSEAU |
| 13 MAI | GÉMEAUX | TAUREAU | POISSONS | BÉLIER | SAGITTAIRE | BÉLIER | LION | CANCER | 0 POISSONS |
| 14 MAI | GÉMEAUX | TAUREAU | POISSONS | BÉLIER | SAGITTAIRE | BÉLIER | LION | CANCER | 14 POISSONS |
| 15 MAI | GÉMEAUX | TAUREAU | POISSONS | BÉLIER | SAGITTAIRE | BÉLIER | LION | CANCER | 28 POISSONS |
| 16 MAI | GÉMEAUX | TAUREAU | POISSONS | BÉLIER | SAGITTAIRE | BÉLIER | LION | CANCER | 12 BÉLIER |
| 17 MAI | GÉMEAUX | TAUREAU | BÉLIER | BÉLIER | SAGITTAIRE | BÉLIER | LION | CANCER | 27 BÉLIER |
| 18 MAI | GÉMEAUX | TAUREAU | BÉLIER | BÉLIER | SAGITTAIRE | BÉLIER | LION | CANCER | 12 TAUREAU |
| 19 MAI | GÉMEAUX | TAUREAU | BÉLIER | BÉLIER | SAGITTAIRE | BÉLIER | LION | CANCER | 27 TAUREAU |
| 20 MAI | GÉMEAUX | TAUREAU | BÉLIER | BÉLIER | SAGITTAIRE | BÉLIER | LION | CANCER | 12 GÉMEAUX |
| 21 MAI | GÉMEAUX | TAUREAU | BÉLIER | BÉLIER | SAGITTAIRE | BÉLIER | LION | CANCER | 27 GÉMEAUX |

LE SOLEIL ENTRE DANS LE SIGNE DU TAUREAU LE 20 AVRIL 1928 A 8 h 20
LE SOLEIL QUITTE LE SIGNE DU TAUREAU LE 21 MAI A 8 h 00

* LES CHIFFRES INDIQUENT LES DEGRÉS

| 1929 | MERCURE | VÉNUS | MARS | JUPITER | SATURNE | URANUS | NEPTUNE | PLUTON | LUNE* |
|---|---|---|---|---|---|---|---|---|---|
| 20 AVRIL | TAUREAU | BÉLIER | CANCER | TAUREAU | CAPRICORNE | BÉLIER | LION | CANCER | 19 VIERGE |
| 21 AVRIL | TAUREAU | BÉLIER | CANCER | TAUREAU | CAPRICORNE | BÉLIER | LION | CANCER | 2 BALANCE |
| 22 AVRIL | TAUREAU | BÉLIER | CANCER | TAUREAU | CAPRICORNE | BÉLIER | LION | CANCER | 15 BALANCE |
| 23 AVRIL | TAUREAU | BÉLIER | CANCER | TAUREAU | CAPRICORNE | BÉLIER | LION | CANCER | 28 BALANCE |
| 24 AVRIL | TAUREAU | BÉLIER | CANCER | TAUREAU | CAPRICORNE | BÉLIER | LION | CANCER | 10 SCORPION |
| 25 AVRIL | TAUREAU | BÉLIER | CANCER | TAUREAU | CAPRICORNE | BÉLIER | LION | CANCER | 22 SCORPION |
| 26 AVRIL | TAUREAU | BÉLIER | CANCER | TAUREAU | CAPRICORNE | BÉLIER | LION | CANCER | 5 SAGITTAIRE |
| 27 AVRIL | TAUREAU | BÉLIER | CANCER | TAUREAU | CAPRICORNE | BÉLIER | LION | CANCER | 16 SAGITTAIRE |
| 28 AVRIL | TAUREAU | BÉLIER | CANCER | TAUREAU | CAPRICORNE | BÉLIER | LION | CANCER | 28 SAGITTAIRE |
| 29 AVRIL | TAUREAU | BÉLIER | CANCER | TAUREAU | CAPRICORNE | BÉLIER | LION | CANCER | 10 CAPRICORNE |
| 30 AVRIL | TAUREAU | BÉLIER | CANCER | TAUREAU | CAPRICORNE | BÉLIER | LION | CANCER | 22 CAPRICORNE |
| 1 MAI | TAUREAU | BÉLIER | CANCER | TAUREAU | CAPRICORNE | BÉLIER | LION | CANCER | 4 VERSEAU |
| 2 MAI | TAUREAU | BÉLIER | CANCER | TAUREAU | CAPRICORNE | BÉLIER | LION | CANCER | 16 VERSEAU |
| 3 MAI | TAUREAU | BÉLIER | CANCER | TAUREAU | CAPRICORNE | BÉLIER | LION | CANCER | 29 VERSEAU |
| 4 MAI | GÉMEAUX | BÉLIER | CANCER | TAUREAU | CAPRICORNE | BÉLIER | LION | CANCER | 12 POISSONS |
| 5 MAI | GÉMEAUX | BÉLIER | CANCER | TAUREAU | SAGITTAIRE | BÉLIER | LION | CANCER | 25 POISSONS |
| 6 MAI | GÉMEAUX | BÉLIER | CANCER | TAUREAU | SAGITTAIRE | BÉLIER | LION | CANCER | 8 BÉLIER |
| 7 MAI | GÉMEAUX | BÉLIER | CANCER | TAUREAU | SAGITTAIRE | BÉLIER | LION | CANCER | 22 BÉLIER |
| 8 MAI | GÉMEAUX | BÉLIER | CANCER | TAUREAU | SAGITTAIRE | BÉLIER | LION | CANCER | 7 TAUREAU |
| 9 MAI | GÉMEAUX | BÉLIER | CANCER | TAUREAU | SAGITTAIRE | BÉLIER | LION | CANCER | 21 TAUREAU |
| 10 MAI | GÉMEAUX | BÉLIER | CANCER | TAUREAU | SAGITTAIRE | BÉLIER | LION | CANCER | 6 GÉMEAUX |
| 11 MAI | GÉMEAUX | BÉLIER | CANCER | TAUREAU | SAGITTAIRE | BÉLIER | LION | CANCER | 21 GÉMEAUX |
| 12 MAI | GÉMEAUX | BÉLIER | CANCER | TAUREAU | SAGITTAIRE | BÉLIER | LION | CANCER | 6 CANCER |
| 13 MAI | GÉMEAUX | BÉLIER | LION | TAUREAU | SAGITTAIRE | BÉLIER | LION | CANCER | 21 CANCER |
| 14 MAI | GÉMEAUX | BÉLIER | LION | TAUREAU | SAGITTAIRE | BÉLIER | LION | CANCER | 5 LION |
| 15 MAI | GÉMEAUX | BÉLIER | LION | TAUREAU | SAGITTAIRE | BÉLIER | LION | CANCER | 19 LION |
| 16 MAI | GÉMEAUX | BÉLIER | LION | TAUREAU | SAGITTAIRE | BÉLIER | LION | CANCER | 3 VIERGE |
| 17 MAI | GÉMEAUX | BÉLIER | LION | TAUREAU | SAGITTAIRE | BÉLIER | LION | CANCER | 16 VIERGE |
| 18 MAI | GÉMEAUX | BÉLIER | LION | TAUREAU | SAGITTAIRE | BÉLIER | LION | CANCER | 29 VIERGE |
| 19 MAI | GÉMEAUX | BÉLIER | LION | TAUREAU | SAGITTAIRE | BÉLIER | LION | CANCER | 12 BALANCE |
| 20 MAI | GÉMEAUX | BÉLIER | LION | TAUREAU | SAGITTAIRE | BÉLIER | LION | CANCER | 25 BALANCE |
| 21 MAI | GÉMEAUX | BÉLIER | LION | TAUREAU | SAGITTAIRE | BÉLIER | LION | CANCER | 7 SCORPION |

LE SOLEIL ENTRE DANS LE SIGNE DU TAUREAU LE 20 AVRIL 1929 A 14 h 10
LE SOLEIL QUITTE LE SIGNE DU TAUREAU LE 21 MAI A 13 h 50

* LES CHIFFRES INDIQUENT LES DEGRÉS

# DÉCOUVREZ DANS QUEL SIGNE SE TROUVAIENT LES PLANÈTES À VOTRE NAISSANCE

| 1930 | MERCURE | VÉNUS | MARS | JUPITER | SATURNE | URANUS | NEPTUNE | PLUTON | LUNE* |
|---|---|---|---|---|---|---|---|---|---|
| 20 AVRIL | TAUREAU | TAUREAU | POISSONS | GÉMEAUX | CAPRICORNE | BÉLIER | VIERGE | CANCER | 25 CAPRICORNE |
| 21 AVRIL | TAUREAU | TAUREAU | POISSONS | GÉMEAUX | CAPRICORNE | BÉLIER | VIERGE | CANCER | 7 VERSEAU |
| 22 AVRIL | TAUREAU | TAUREAU | POISSONS | GÉMEAUX | CAPRICORNE | BÉLIER | VIERGE | CANCER | 19 VERSEAU |
| 23 AVRIL | TAUREAU | TAUREAU | POISSONS | GÉMEAUX | CAPRICORNE | BÉLIER | VIERGE | CANCER | 0 POISSONS |
| 24 AVRIL | TAUREAU | TAUREAU | POISSONS | GÉMEAUX | CAPRICORNE | BÉLIER | VIERGE | CANCER | 13 POISSONS |
| 25 AVRIL | TAUREAU | TAUREAU | BÉLIER | GÉMEAUX | CAPRICORNE | BÉLIER | VIERGE | CANCER | 25 POISSONS |
| 26 AVRIL | TAUREAU | TAUREAU | BÉLIER | GÉMEAUX | CAPRICORNE | BÉLIER | VIERGE | CANCER | 7 BÉLIER |
| 27 AVRIL | TAUREAU | TAUREAU | BÉLIER | GÉMEAUX | CAPRICORNE | BÉLIER | VIERGE | CANCER | 20 BÉLIER |
| 28 AVRIL | TAUREAU | TAUREAU | BÉLIER | GÉMEAUX | CAPRICORNE | BÉLIER | VIERGE | CANCER | 3 TAUREAU |
| 29 AVRIL | TAUREAU | TAUREAU | BÉLIER | GÉMEAUX | CAPRICORNE | BÉLIER | VIERGE | CANCER | 17 TAUREAU |
| 30 AVRIL | TAUREAU | TAUREAU | BÉLIER | GÉMEAUX | CAPRICORNE | BÉLIER | VIERGE | CANCER | 1 GÉMEAUX |
| 1 MAI | GÉMEAUX | GÉMEAUX | BÉLIER | GÉMEAUX | CAPRICORNE | BÉLIER | VIERGE | CANCER | 14 GÉMEAUX |
| 2 MAI | GÉMEAUX | GÉMEAUX | BÉLIER | GÉMEAUX | CAPRICORNE | BÉLIER | VIERGE | CANCER | 29 GÉMEAUX |
| 3 MAI | GÉMEAUX | GÉMEAUX | BÉLIER | GÉMEAUX | CAPRICORNE | BÉLIER | VIERGE | CANCER | 13 CANCER |
| 4 MAI | GÉMEAUX | GÉMEAUX | BÉLIER | GÉMEAUX | CAPRICORNE | BÉLIER | VIERGE | CANCER | 27 CANCER |
| 5 MAI | GÉMEAUX | GÉMEAUX | BÉLIER | GÉMEAUX | CAPRICORNE | BÉLIER | VIERGE | CANCER | 11 LION |
| 6 MAI | GÉMEAUX | GÉMEAUX | BÉLIER | GÉMEAUX | CAPRICORNE | BÉLIER | VIERGE | CANCER | 25 LION |
| 7 MAI | GÉMEAUX | GÉMEAUX | BÉLIER | GÉMEAUX | CAPRICORNE | BÉLIER | VIERGE | CANCER | 10 VIERGE |
| 8 MAI | GÉMEAUX | GÉMEAUX | BÉLIER | GÉMEAUX | CAPRICORNE | BÉLIER | VIERGE | CANCER | 24 VIERGE |
| 9 MAI | GÉMEAUX | GÉMEAUX | BÉLIER | GÉMEAUX | CAPRICORNE | BÉLIER | VIERGE | CANCER | 7 BALANCE |
| 10 MAI | GÉMEAUX | GÉMEAUX | BÉLIER | GÉMEAUX | CAPRICORNE | BÉLIER | VIERGE | CANCER | 21 BALANCE |
| 11 MAI | GÉMEAUX | GÉMEAUX | BÉLIER | GÉMEAUX | CAPRICORNE | BÉLIER | VIERGE | CANCER | 5 SCORPION |
| 12 MAI | GÉMEAUX | GÉMEAUX | BÉLIER | GÉMEAUX | CAPRICORNE | BÉLIER | VIERGE | CANCER | 18 SCORPION |
| 13 MAI | GÉMEAUX | GÉMEAUX | BÉLIER | GÉMEAUX | CAPRICORNE | BÉLIER | VIERGE | CANCER | 1 SAGITTAIRE |
| 14 MAI | GÉMEAUX | GÉMEAUX | BÉLIER | GÉMEAUX | CAPRICORNE | BÉLIER | VIERGE | CANCER | 14 SAGITTAIRE |
| 15 MAI | GÉMEAUX | GÉMEAUX | BÉLIER | GÉMEAUX | CAPRICORNE | BÉLIER | VIERGE | CANCER | 26 SAGITTAIRE |
| 16 MAI | GÉMEAUX | GÉMEAUX | BÉLIER | GÉMEAUX | CAPRICORNE | BÉLIER | VIERGE | CANCER | 9 CAPRICORNE |
| 17 MAI | TAUREAU | GÉMEAUX | BÉLIER | GÉMEAUX | CAPRICORNE | BÉLIER | VIERGE | CANCER | 21 CAPRICORNE |
| 18 MAI | TAUREAU | GÉMEAUX | BÉLIER | GÉMEAUX | CAPRICORNE | BÉLIER | VIERGE | CANCER | 3 VERSEAU |
| 19 MAI | TAUREAU | GÉMEAUX | BÉLIER | GÉMEAUX | CAPRICORNE | BÉLIER | VIERGE | CANCER | 15 VERSEAU |
| 20 MAI | TAUREAU | GÉMEAUX | BÉLIER | GÉMEAUX | CAPRICORNE | BÉLIER | VIERGE | CANCER | 26 VERSEAU |
| 21 MAI | TAUREAU | GÉMEAUX | BÉLIER | GÉMEAUX | CAPRICORNE | BÉLIER | VIERGE | CANCER | 8 POISSONS |

LE SOLEIL ENTRE DANS LE SIGNE DU TAUREAU LE 20 AVRIL 1930 A 20 h 00
LE SOLEIL QUITTE LE SIGNE DU TAUREAU LE 21 MAI 1930 A 19 h 40
* LES CHIFFRES INDIQUENT LES DEGRÉS

| 1931 | MERCURE | VÉNUS | MARS | JUPITER | SATURNE | URANUS | NEPTUNE | PLUTON | LUNE* |
|---|---|---|---|---|---|---|---|---|---|
| 21 AVRIL | TAUREAU | POISSONS | LION | CANCER | CAPRICORNE | BÉLIER | VIERGE | CANCER | 10 GÉMEAUX |
| 22 AVRIL | TAUREAU | POISSONS | LION | CANCER | CAPRICORNE | BÉLIER | VIERGE | CANCER | 23 GÉMEAUX |
| 23 AVRIL | TAUREAU | POISSONS | LION | CANCER | CAPRICORNE | BÉLIER | VIERGE | CANCER | 6 CANCER |
| 24 AVRIL | TAUREAU | POISSONS | LION | CANCER | CAPRICORNE | BÉLIER | VIERGE | CANCER | 19 CANCER |
| 25 AVRIL | TAUREAU | POISSONS | LION | CANCER | CAPRICORNE | BÉLIER | VIERGE | CANCER | 3 LION |
| 26 AVRIL | TAUREAU | BÉLIER | LION | CANCER | CAPRICORNE | BÉLIER | VIERGE | CANCER | 17 LION |
| 27 AVRIL | TAUREAU | BÉLIER | LION | CANCER | CAPRICORNE | BÉLIER | VIERGE | CANCER | 1 VIERGE |
| 28 AVRIL | TAUREAU | BÉLIER | LION | CANCER | CAPRICORNE | BÉLIER | VIERGE | CANCER | 16 VIERGE |
| 29 AVRIL | TAUREAU | BÉLIER | LION | CANCER | CAPRICORNE | BÉLIER | VIERGE | CANCER | 1 BALANCE |
| 30 AVRIL | TAUREAU | BÉLIER | LION | CANCER | CAPRICORNE | BÉLIER | VIERGE | CANCER | 15 BALANCE |
| 1 MAI | TAUREAU | BÉLIER | LION | CANCER | CAPRICORNE | BÉLIER | VIERGE | CANCER | 0 SCORPION |
| 2 MAI | TAUREAU | BÉLIER | LION | CANCER | CAPRICORNE | BÉLIER | VIERGE | CANCER | 15 SCORPION |
| 3 MAI | TAUREAU | BÉLIER | LION | CANCER | CAPRICORNE | BÉLIER | VIERGE | CANCER | 29 SCORPION |
| 4 MAI | TAUREAU | BÉLIER | LION | CANCER | CAPRICORNE | BÉLIER | VIERGE | CANCER | 13 SAGITTAIRE |
| 5 MAI | TAUREAU | BÉLIER | LION | CANCER | CAPRICORNE | BÉLIER | VIERGE | CANCER | 27 SAGITTAIRE |
| 6 MAI | TAUREAU | BÉLIER | LION | CANCER | CAPRICORNE | BÉLIER | VIERGE | CANCER | 10 CAPRICORNE |
| 7 MAI | TAUREAU | BÉLIER | LION | CANCER | CAPRICORNE | BÉLIER | VIERGE | CANCER | 23 CAPRICORNE |
| 8 MAI | TAUREAU | BÉLIER | LION | CANCER | CAPRICORNE | BÉLIER | VIERGE | CANCER | 5 VERSEAU |
| 9 MAI | TAUREAU | BÉLIER | LION | CANCER | CAPRICORNE | BÉLIER | VIERGE | CANCER | 17 VERSEAU |
| 10 MAI | TAUREAU | BÉLIER | LION | CANCER | CAPRICORNE | BÉLIER | VIERGE | CANCER | 29 VERSEAU |
| 11 MAI | TAUREAU | BÉLIER | LION | CANCER | CAPRICORNE | BÉLIER | VIERGE | CANCER | 11 POISSONS |
| 12 MAI | TAUREAU | BÉLIER | LION | CANCER | CAPRICORNE | BÉLIER | VIERGE | CANCER | 23 POISSONS |
| 13 MAI | TAUREAU | BÉLIER | LION | CANCER | CAPRICORNE | BÉLIER | VIERGE | CANCER | 5 BÉLIER |
| 14 MAI | TAUREAU | BÉLIER | LION | CANCER | CAPRICORNE | BÉLIER | VIERGE | CANCER | 17 BÉLIER |
| 15 MAI | TAUREAU | BÉLIER | LION | CANCER | CAPRICORNE | BÉLIER | VIERGE | CANCER | 29 BÉLIER |
| 16 MAI | TAUREAU | BÉLIER | LION | CANCER | CAPRICORNE | BÉLIER | VIERGE | CANCER | 11 TAUREAU |
| 17 MAI | TAUREAU | BÉLIER | LION | CANCER | CAPRICORNE | BÉLIER | VIERGE | CANCER | 24 TAUREAU |
| 18 MAI | TAUREAU | BÉLIER | LION | CANCER | CAPRICORNE | BÉLIER | VIERGE | CANCER | 6 GÉMEAUX |
| 19 MAI | TAUREAU | BÉLIER | LION | CANCER | CAPRICORNE | BÉLIER | VIERGE | CANCER | 19 GÉMEAUX |
| 20 MAI | TAUREAU | BÉLIER | LION | CANCER | CAPRICORNE | BÉLIER | VIERGE | CANCER | 3 CANCER |
| 21 MAI | TAUREAU | TAUREAU | LION | CANCER | CAPRICORNE | BÉLIER | VIERGE | CANCER | 16 CANCER |
| 22 MAI | TAUREAU | TAUREAU | LION | CANCER | CAPRICORNE | BÉLIER | VIERGE | CANCER | 0 LION |

LE SOLEIL ENTRE DANS LE SIGNE DU TAUREAU LE 21 AVRIL 1931 A 1 h 40
LE SOLEIL QUITTE LE SIGNE DU TAUREAU LE 22 MAI 1931 A 1 h 10
* LES CHIFFRES INDIQUENT LES DEGRÉS

# DÉCOUVREZ DANS QUEL SIGNE SE TROUVAIENT LES PLANÈTES À VOTRE NAISSANCE

| 1932 | MERCURE | VÉNUS | MARS | JUPITER | SATURNE | URANUS | NEPTUNE | PLUTON | LUNE* |
|---|---|---|---|---|---|---|---|---|---|
| 20 AVRIL | BÉLIER | GÉMEAUX | BÉLIER | LION | VERSEAU | BÉLIER | VIERGE | CANCER | 24 BALANCE |
| 21 AVRIL | BÉLIER | GÉMEAUX | BÉLIER | LION | VERSEAU | BÉLIER | VIERGE | CANCER | 9 SCORPION |
| 22 AVRIL | BÉLIER | GÉMEAUX | BÉLIER | LION | VERSEAU | BÉLIER | VIERGE | CANCER | 25 SCORPION |
| 23 AVRIL | BÉLIER | GÉMEAUX | BÉLIER | LION | VERSEAU | BÉLIER | VIERGE | CANCER | 10 SAGITTAIRE |
| 24 AVRIL | BÉLIER | GÉMEAUX | BÉLIER | LION | VERSEAU | BÉLIER | VIERGE | CANCER | 24 SAGITTAIRE |
| 25 AVRIL | BÉLIER | GÉMEAUX | BÉLIER | LION | VERSEAU | BÉLIER | VIERGE | CANCER | 8 CAPRICORNE |
| 26 AVRIL | BÉLIER | GÉMEAUX | BÉLIER | LION | VERSEAU | BÉLIER | VIERGE | CANCER | 22 CAPRICORNE |
| 27 AVRIL | BÉLIER | GÉMEAUX | BÉLIER | LION | VERSEAU | BÉLIER | VIERGE | CANCER | 5 VERSEAU |
| 28 AVRIL | BÉLIER | GÉMEAUX | BÉLIER | LION | VERSEAU | BÉLIER | VIERGE | CANCER | 18 VERSEAU |
| 29 AVRIL | BÉLIER | GÉMEAUX | BÉLIER | LION | VERSEAU | BÉLIER | VIERGE | CANCER | 0 POISSONS |
| 30 AVRIL | BÉLIER | GÉMEAUX | BÉLIER | LION | VERSEAU | BÉLIER | VIERGE | CANCER | 12 POISSONS |
| 1 MAI | BÉLIER | GÉMEAUX | BÉLIER | LION | VERSEAU | BÉLIER | VIERGE | CANCER | 24 POISSONS |
| 2 MAI | BÉLIER | GÉMEAUX | BÉLIER | LION | VERSEAU | BÉLIER | VIERGE | CANCER | 6 BÉLIER |
| 3 MAI | BÉLIER | GÉMEAUX | BÉLIER | LION | VERSEAU | BÉLIER | VIERGE | CANCER | 18 BÉLIER |
| 4 MAI | BÉLIER | GÉMEAUX | BÉLIER | LION | VERSEAU | BÉLIER | VIERGE | CANCER | 0 TAUREAU |
| 5 MAI | BÉLIER | GÉMEAUX | BÉLIER | LION | VERSEAU | BÉLIER | VIERGE | CANCER | 12 TAUREAU |
| 6 MAI | BÉLIER | CANCER | BÉLIER | LION | VERSEAU | BÉLIER | VIERGE | CANCER | 24 TAUREAU |
| 7 MAI | BÉLIER | CANCER | BÉLIER | LION | VERSEAU | BÉLIER | VIERGE | CANCER | 6 GÉMEAUX |
| 8 MAI | BÉLIER | CANCER | BÉLIER | LION | VERSEAU | BÉLIER | VIERGE | CANCER | 18 GÉMEAUX |
| 9 MAI | BÉLIER | CANCER | BÉLIER | LION | VERSEAU | BÉLIER | VIERGE | CANCER | 0 CANCER |
| 10 MAI | BÉLIER | CANCER | BÉLIER | LION | VERSEAU | BÉLIER | VIERGE | CANCER | 12 CANCER |
| 11 MAI | BÉLIER | CANCER | BÉLIER | LION | VERSEAU | BÉLIER | VIERGE | CANCER | 25 CANCER |
| 12 MAI | BÉLIER | CANCER | TAUREAU | LION | VERSEAU | BÉLIER | VIERGE | CANCER | 8 LION |
| 13 MAI | BÉLIER | CANCER | TAUREAU | LION | VERSEAU | BÉLIER | VIERGE | CANCER | 21 LION |
| 14 MAI | BÉLIER | CANCER | TAUREAU | LION | VERSEAU | BÉLIER | VIERGE | CANCER | 5 VIERGE |
| 15 MAI | BÉLIER | CANCER | TAUREAU | LION | VERSEAU | BÉLIER | VIERGE | CANCER | 19 VIERGE |
| 16 MAI | TAUREAU | CANCER | TAUREAU | LION | VERSEAU | BÉLIER | VIERGE | CANCER | 3 BALANCE |
| 17 MAI | TAUREAU | CANCER | TAUREAU | LION | VERSEAU | BÉLIER | VIERGE | CANCER | 18 BALANCE |
| 18 MAI | TAUREAU | CANCER | TAUREAU | LION | VERSEAU | BÉLIER | VIERGE | CANCER | 3 SCORPION |
| 19 MAI | TAUREAU | CANCER | TAUREAU | LION | VERSEAU | BÉLIER | VIERGE | CANCER | 18 SCORPION |
| 20 MAI | TAUREAU | CANCER | TAUREAU | LION | VERSEAU | BÉLIER | VIERGE | CANCER | 3 SAGITTAIRE |
| 21 MAI | TAUREAU | CANCER | TAUREAU | LION | VERSEAU | BÉLIER | VIERGE | CANCER | 18 SAGITTAIRE |

LE SOLEIL ENTRE DANS LE SIGNE DU TAUREAU LE 20 AVRIL 1932 A 7 h 30
LE SOLEIL QUITTE LE SIGNE DU TAUREAU LE 21 MAI A 7 h 00
* LES CHIFFRES INDIQUENT LES DEGRÉS

| 1933 | MERCURE | VÉNUS | MARS | JUPITER | SATURNE | URANUS | NEPTUNE | PLUTON | LUNE* |
|---|---|---|---|---|---|---|---|---|---|
| 20 AVRIL | BÉLIER | BÉLIER | VIERGE | VIERGE | VERSEAU | BÉLIER | VIERGE | CANCER | 11 POISSONS |
| 21 AVRIL | BÉLIER | TAUREAU | VIERGE | VIERGE | VERSEAU | BÉLIER | VIERGE | CANCER | 23 POISSONS |
| 22 AVRIL | BÉLIER | TAUREAU | VIERGE | VIERGE | VERSEAU | BÉLIER | VIERGE | CANCER | 6 BÉLIER |
| 23 AVRIL | BÉLIER | TAUREAU | VIERGE | VIERGE | VERSEAU | BÉLIER | VIERGE | CANCER | 18 BÉLIER |
| 24 AVRIL | BÉLIER | TAUREAU | VIERGE | VIERGE | VERSEAU | BÉLIER | VIERGE | CANCER | 0 TAUREAU |
| 25 AVRIL | BÉLIER | TAUREAU | VIERGE | VIERGE | VERSEAU | BÉLIER | VIERGE | CANCER | 13 TAUREAU |
| 26 AVRIL | BÉLIER | TAUREAU | VIERGE | VIERGE | VERSEAU | BÉLIER | VIERGE | CANCER | 25 TAUREAU |
| 27 AVRIL | BÉLIER | TAUREAU | VIERGE | VIERGE | VERSEAU | BÉLIER | VIERGE | CANCER | 6 GÉMEAUX |
| 28 AVRIL | BÉLIER | TAUREAU | VIERGE | VIERGE | VERSEAU | BÉLIER | VIERGE | CANCER | 18 GÉMEAUX |
| 29 AVRIL | BÉLIER | TAUREAU | VIERGE | VIERGE | VERSEAU | BÉLIER | VIERGE | CANCER | 0 CANCER |
| 30 AVRIL | BÉLIER | TAUREAU | VIERGE | VIERGE | VERSEAU | BÉLIER | VIERGE | CANCER | 12 CANCER |
| 1 MAI | BÉLIER | TAUREAU | VIERGE | VIERGE | VERSEAU | BÉLIER | VIERGE | CANCER | 24 CANCER |
| 2 MAI | BÉLIER | TAUREAU | VIERGE | VIERGE | VERSEAU | BÉLIER | VIERGE | CANCER | 6 LION |
| 3 MAI | BÉLIER | TAUREAU | VIERGE | VIERGE | VERSEAU | BÉLIER | VIERGE | CANCER | 19 LION |
| 4 MAI | BÉLIER | TAUREAU | VIERGE | VIERGE | VERSEAU | BÉLIER | VIERGE | CANCER | 1 VIERGE |
| 5 MAI | BÉLIER | TAUREAU | VIERGE | VIERGE | VERSEAU | BÉLIER | VIERGE | CANCER | 15 VIERGE |
| 6 MAI | BÉLIER | TAUREAU | VIERGE | VIERGE | VERSEAU | BÉLIER | VIERGE | CANCER | 28 VIERGE |
| 7 MAI | BÉLIER | TAUREAU | VIERGE | VIERGE | VERSEAU | BÉLIER | VIERGE | CANCER | 13 BALANCE |
| 8 MAI | BÉLIER | TAUREAU | VIERGE | VIERGE | VERSEAU | BÉLIER | VIERGE | CANCER | 27 BALANCE |
| 9 MAI | BÉLIER | TAUREAU | VIERGE | VIERGE | VERSEAU | BÉLIER | VIERGE | CANCER | 12 SCORPION |
| 10 MAI | TAUREAU | TAUREAU | VIERGE | VIERGE | VERSEAU | BÉLIER | VIERGE | CANCER | 27 SCORPION |
| 11 MAI | TAUREAU | TAUREAU | VIERGE | VIERGE | VERSEAU | BÉLIER | VIERGE | CANCER | 13 SAGITTAIRE |
| 12 MAI | TAUREAU | TAUREAU | VIERGE | VIERGE | VERSEAU | BÉLIER | VIERGE | CANCER | 28 SAGITTAIRE |
| 13 MAI | TAUREAU | TAUREAU | VIERGE | VIERGE | VERSEAU | BÉLIER | VIERGE | CANCER | 12 CAPRICORNE |
| 14 MAI | TAUREAU | TAUREAU | VIERGE | VIERGE | VERSEAU | BÉLIER | VIERGE | CANCER | 27 CAPRICORNE |
| 15 MAI | TAUREAU | GÉMEAUX | VIERGE | VIERGE | VERSEAU | BÉLIER | VIERGE | CANCER | 11 VERSEAU |
| 16 MAI | TAUREAU | GÉMEAUX | VIERGE | VIERGE | VERSEAU | BÉLIER | VIERGE | CANCER | 24 VERSEAU |
| 17 MAI | TAUREAU | GÉMEAUX | VIERGE | VIERGE | VERSEAU | BÉLIER | VIERGE | CANCER | 8 POISSONS |
| 18 MAI | TAUREAU | GÉMEAUX | VIERGE | VIERGE | VERSEAU | BÉLIER | VIERGE | CANCER | 20 POISSONS |
| 19 MAI | TAUREAU | GÉMEAUX | VIERGE | VIERGE | VERSEAU | BÉLIER | VIERGE | CANCER | 3 BÉLIER |
| 20 MAI | TAUREAU | GÉMEAUX | VIERGE | VIERGE | VERSEAU | BÉLIER | VIERGE | CANCER | 15 BÉLIER |
| 21 MAI | TAUREAU | GÉMEAUX | VIERGE | VIERGE | VERSEAU | BÉLIER | VIERGE | CANCER | 27 BÉLIER |

LE SOLEIL ENTRE DANS LE SIGNE DU TAUREAU LE 20 AVRIL 1933 A 13 h 20
LE SOLEIL QUITTE LE SIGNE DU TAUREAU LE 21 MAI A 13 h 00
* LES CHIFFRES INDIQUENT LES DEGRÉS

# DÉCOUVREZ DANS QUEL SIGNE SE TROUVAIENT LES PLANÈTES À VOTRE NAISSANCE

| 1934 | MERCURE | VÉNUS | MARS | JUPITER | SATURNE | URANUS | NEPTUNE | PLUTON | LUNE* |
|---|---|---|---|---|---|---|---|---|---|
| 20 AVRIL | BÉLIER | POISSONS | BÉLIER | BALANCE | VERSEAU | BÉLIER | VIERGE | CANCER | 14 CANCER |
| 21 AVRIL | BÉLIER | POISSONS | BÉLIER | BALANCE | VERSEAU | BÉLIER | VIERGE | CANCER | 26 CANCER |
| 22 AVRIL | BÉLIER | POISSONS | BÉLIER | BALANCE | VERSEAU | BÉLIER | VIERGE | CANCER | 8 LION |
| 23 AVRIL | BÉLIER | POISSONS | TAUREAU | BALANCE | VERSEAU | BÉLIER | VIERGE | CANCER | 20 LION |
| 24 AVRIL | BÉLIER | POISSONS | TAUREAU | BALANCE | VERSEAU | BÉLIER | VIERGE | CANCER | 2 VIERGE |
| 25 AVRIL | BÉLIER | POISSONS | TAUREAU | BALANCE | VERSEAU | BÉLIER | VIERGE | CANCER | 14 VIERGE |
| 26 AVRIL | BÉLIER | POISSONS | TAUREAU | BALANCE | VERSEAU | BÉLIER | VIERGE | CANCER | 27 VIERGE |
| 27 AVRIL | BÉLIER | POISSONS | TAUREAU | BALANCE | VERSEAU | BÉLIER | VIERGE | CANCER | 10 BALANCE |
| 28 AVRIL | BÉLIER | POISSONS | TAUREAU | BALANCE | VERSEAU | BÉLIER | VIERGE | CANCER | 24 BALANCE |
| 29 AVRIL | BÉLIER | POISSONS | TAUREAU | BALANCE | VERSEAU | BÉLIER | VIERGE | CANCER | 8 SCORPION |
| 30 AVRIL | BÉLIER | POISSONS | TAUREAU | BALANCE | VERSEAU | BÉLIER | VIERGE | CANCER | 22 SCORPION |
| 1 MAI | BÉLIER | POISSONS | TAUREAU | BALANCE | VERSEAU | BÉLIER | VIERGE | CANCER | 6 SAGITTAIRE |
| 2 MAI | BÉLIER | POISSONS | TAUREAU | BALANCE | VERSEAU | BÉLIER | VIERGE | CANCER | 21 SAGITTAIRE |
| 3 MAI | TAUREAU | POISSONS | TAUREAU | BALANCE | VERSEAU | BÉLIER | VIERGE | CANCER | 5 CAPRICORNE |
| 4 MAI | TAUREAU | POISSONS | TAUREAU | BALANCE | VERSEAU | BÉLIER | VIERGE | CANCER | 20 CAPRICORNE |
| 5 MAI | TAUREAU | POISSONS | TAUREAU | BALANCE | VERSEAU | BÉLIER | VIERGE | CANCER | 4 VERSEAU |
| 6 MAI | TAUREAU | BÉLIER | TAUREAU | BALANCE | VERSEAU | BÉLIER | VIERGE | CANCER | 18 VERSEAU |
| 7 MAI | TAUREAU | BÉLIER | TAUREAU | BALANCE | VERSEAU | BÉLIER | VIERGE | CANCER | 2 POISSONS |
| 8 MAI | TAUREAU | BÉLIER | TAUREAU | BALANCE | VERSEAU | BÉLIER | VIERGE | CANCER | 15 POISSONS |
| 9 MAI | TAUREAU | BÉLIER | TAUREAU | BALANCE | VERSEAU | BÉLIER | VIERGE | CANCER | 29 POISSONS |
| 10 MAI | TAUREAU | BÉLIER | TAUREAU | BALANCE | VERSEAU | BÉLIER | VIERGE | CANCER | 12 BÉLIER |
| 11 MAI | TAUREAU | BÉLIER | TAUREAU | BALANCE | VERSEAU | BÉLIER | VIERGE | CANCER | 26 BÉLIER |
| 12 MAI | TAUREAU | BÉLIER | TAUREAU | BALANCE | VERSEAU | BÉLIER | VIERGE | CANCER | 9 TAUREAU |
| 13 MAI | TAUREAU | BÉLIER | TAUREAU | BALANCE | VERSEAU | BÉLIER | VIERGE | CANCER | 21 TAUREAU |
| 14 MAI | TAUREAU | BÉLIER | TAUREAU | BALANCE | VERSEAU | BÉLIER | VIERGE | CANCER | 4 GÉMEAUX |
| 15 MAI | TAUREAU | BÉLIER | TAUREAU | BALANCE | VERSEAU | BÉLIER | VIERGE | CANCER | 16 GÉMEAUX |
| 16 MAI | TAUREAU | BÉLIER | TAUREAU | BALANCE | VERSEAU | BÉLIER | VIERGE | CANCER | 29 GÉMEAUX |
| 17 MAI | GÉMEAUX | BÉLIER | TAUREAU | BALANCE | VERSEAU | BÉLIER | VIERGE | CANCER | 10 CANCER |
| 18 MAI | GÉMEAUX | BÉLIER | TAUREAU | BALANCE | VERSEAU | BÉLIER | VIERGE | CANCER | 22 CANCER |
| 19 MAI | GÉMEAUX | BÉLIER | TAUREAU | BALANCE | VERSEAU | BÉLIER | VIERGE | CANCER | 4 LION |
| 20 MAI | GÉMEAUX | BÉLIER | TAUREAU | BALANCE | VERSEAU | BÉLIER | VIERGE | CANCER | 16 LION |
| 21 MAI | GÉMEAUX | BÉLIER | TAUREAU | BALANCE | VERSEAU | BÉLIER | VIERGE | CANCER | 28 LION |

LE SOLEIL ENTRE DANS LE SIGNE DU TAUREAU LE 20 AVRIL 1934 A 19 h 00
QUITTE LE SIGNE DU LE 21 MAI A 18 h 30
* LES CHIFFRES INDIQUENT LES DEGRÉS

| 1935 | MERCURE | VÉNUS | MARS | JUPITER | SATURNE | URANUS | NEPTUNE | PLUTON | LUNE* |
|---|---|---|---|---|---|---|---|---|---|
| 21 AVRIL | BÉLIER | GÉMEAUX | BALANCE | SCORPION | POISSONS | TAUREAU | VIERGE | CANCER | 1 SAGITTAIRE |
| 22 AVRIL | BÉLIER | GÉMEAUX | BALANCE | SCORPION | POISSONS | TAUREAU | VIERGE | CANCER | 14 SAGITTAIRE |
| 23 AVRIL | BÉLIER | GÉMEAUX | BALANCE | SCORPION | POISSONS | TAUREAU | VIERGE | CANCER | 28 SAGITTAIRE |
| 24 AVRIL | BÉLIER | GÉMEAUX | BALANCE | SCORPION | POISSONS | TAUREAU | VIERGE | CANCER | 11 CAPRICORNE |
| 25 AVRIL | TAUREAU | GÉMEAUX | BALANCE | SCORPION | POISSONS | TAUREAU | VIERGE | CANCER | 25 CAPRICORNE |
| 26 AVRIL | TAUREAU | GÉMEAUX | BALANCE | SCORPION | POISSONS | TAUREAU | VIERGE | CANCER | 9 VERSEAU |
| 27 AVRIL | TAUREAU | GÉMEAUX | BALANCE | SCORPION | POISSONS | TAUREAU | VIERGE | CANCER | 23 VERSEAU |
| 28 AVRIL | TAUREAU | GÉMEAUX | BALANCE | SCORPION | POISSONS | TAUREAU | VIERGE | CANCER | 8 POISSONS |
| 29 AVRIL | TAUREAU | GÉMEAUX | BALANCE | SCORPION | POISSONS | TAUREAU | VIERGE | CANCER | 22 POISSONS |
| 30 AVRIL | TAUREAU | GÉMEAUX | BALANCE | SCORPION | POISSONS | TAUREAU | VIERGE | CANCER | 7 BÉLIER |
| 1 MAI | TAUREAU | GÉMEAUX | BALANCE | SCORPION | POISSONS | TAUREAU | VIERGE | CANCER | 21 BÉLIER |
| 2 MAI | TAUREAU | GÉMEAUX | BALANCE | SCORPION | POISSONS | TAUREAU | VIERGE | CANCER | 6 TAUREAU |
| 3 MAI | TAUREAU | GÉMEAUX | BALANCE | SCORPION | POISSONS | TAUREAU | VIERGE | CANCER | 20 TAUREAU |
| 4 MAI | TAUREAU | GÉMEAUX | BALANCE | SCORPION | POISSONS | TAUREAU | VIERGE | CANCER | 3 GÉMEAUX |
| 5 MAI | TAUREAU | GÉMEAUX | BALANCE | SCORPION | POISSONS | TAUREAU | VIERGE | CANCER | 17 GÉMEAUX |
| 6 MAI | TAUREAU | GÉMEAUX | BALANCE | SCORPION | POISSONS | TAUREAU | VIERGE | CANCER | 0 CANCER |
| 7 MAI | TAUREAU | GÉMEAUX | BALANCE | SCORPION | POISSONS | TAUREAU | VIERGE | CANCER | 12 CANCER |
| 8 MAI | TAUREAU | GÉMEAUX | BALANCE | SCORPION | POISSONS | TAUREAU | VIERGE | CANCER | 25 CANCER |
| 9 MAI | GÉMEAUX | GÉMEAUX | BALANCE | SCORPION | POISSONS | TAUREAU | VIERGE | CANCER | 7 LION |
| 10 MAI | GÉMEAUX | GÉMEAUX | BALANCE | SCORPION | POISSONS | TAUREAU | VIERGE | CANCER | 19 LION |
| 11 MAI | GÉMEAUX | GÉMEAUX | BALANCE | SCORPION | POISSONS | TAUREAU | VIERGE | CANCER | 0 VIERGE |
| 12 MAI | GÉMEAUX | CANCER | BALANCE | SCORPION | POISSONS | TAUREAU | VIERGE | CANCER | 12 VIERGE |
| 13 MAI | GÉMEAUX | CANCER | BALANCE | SCORPION | POISSONS | TAUREAU | VIERGE | CANCER | 24 VIERGE |
| 14 MAI | GÉMEAUX | CANCER | BALANCE | SCORPION | POISSONS | TAUREAU | VIERGE | CANCER | 6 BALANCE |
| 15 MAI | GÉMEAUX | CANCER | BALANCE | SCORPION | POISSONS | TAUREAU | VIERGE | CANCER | 19 BALANCE |
| 16 MAI | GÉMEAUX | CANCER | BALANCE | SCORPION | POISSONS | TAUREAU | VIERGE | CANCER | 1 SCORPION |
| 17 MAI | GÉMEAUX | CANCER | BALANCE | SCORPION | POISSONS | TAUREAU | VIERGE | CANCER | 14 SCORPION |
| 18 MAI | GÉMEAUX | CANCER | BALANCE | SCORPION | POISSONS | TAUREAU | VIERGE | CANCER | 27 SCORPION |
| 19 MAI | GÉMEAUX | CANCER | BALANCE | SCORPION | POISSONS | TAUREAU | VIERGE | CANCER | 11 SAGITTAIRE |
| 20 MAI | GÉMEAUX | CANCER | BALANCE | SCORPION | POISSONS | TAUREAU | VIERGE | CANCER | 24 SAGITTAIRE |
| 21 MAI | GÉMEAUX | CANCER | BALANCE | SCORPION | POISSONS | TAUREAU | VIERGE | CANCER | 8 CAPRICORNE |
| 22 MAI | GÉMEAUX | CANCER | BALANCE | SCORPION | POISSONS | TAUREAU | VIERGE | CANCER | 22 CAPRICORNE |

LE SOLEIL ENTRE DANS LE SIGNE DU TAUREAU LE 21 AVRIL 1935 A 0 h 50
QUITTE LE SIGNE DU LE 22 MAI A 0 h 30
* LES CHIFFRES INDIQUENT LES DEGRÉS

# DÉCOUVREZ DANS QUEL SIGNE SE TROUVAIENT LES PLANÈTES À VOTRE NAISSANCE

| 1936 | MERCURE | VÉNUS | MARS | JUPITER | SATURNE | URANUS | NEPTUNE | PLUTON | LUNE* |
|---|---|---|---|---|---|---|---|---|---|
| 20 AVRIL | TAUREAU | BÉLIER | TAUREAU | SAGITTAIRE | POISSONS | TAUREAU | VIERGE | CANCER | 15 BÉLIER |
| 21 AVRIL | TAUREAU | BÉLIER | TAUREAU | SAGITTAIRE | POISSONS | TAUREAU | VIERGE | CANCER | 1 TAUREAU |
| 22 AVRIL | TAUREAU | BÉLIER | TAUREAU | SAGITTAIRE | POISSONS | TAUREAU | VIERGE | CANCER | 16 TAUREAU |
| 23 AVRIL | TAUREAU | BÉLIER | TAUREAU | SAGITTAIRE | POISSONS | TAUREAU | VIERGE | CANCER | 1 GÉMEAUX |
| 24 AVRIL | TAUREAU | BÉLIER | TAUREAU | SAGITTAIRE | POISSONS | TAUREAU | VIERGE | CANCER | 15 GÉMEAUX |
| 25 AVRIL | TAUREAU | BÉLIER | TAUREAU | SAGITTAIRE | POISSONS | TAUREAU | VIERGE | CANCER | 29 GÉMEAUX |
| 26 AVRIL | TAUREAU | BÉLIER | TAUREAU | SAGITTAIRE | POISSONS | TAUREAU | VIERGE | CANCER | 12 CANCER |
| 27 AVRIL | TAUREAU | BÉLIER | TAUREAU | SAGITTAIRE | POISSONS | TAUREAU | VIERGE | CANCER | 25 CANCER |
| 28 AVRIL | TAUREAU | BÉLIER | TAUREAU | SAGITTAIRE | POISSONS | TAUREAU | VIERGE | CANCER | 8 LION |
| 29 AVRIL | TAUREAU | BÉLIER | TAUREAU | SAGITTAIRE | POISSONS | TAUREAU | VIERGE | CANCER | 20 LION |
| 30 AVRIL | TAUREAU | BÉLIER | TAUREAU | SAGITTAIRE | POISSONS | TAUREAU | VIERGE | CANCER | 2 VIERGE |
| 1 MAI | GÉMEAUX | BÉLIER | TAUREAU | SAGITTAIRE | POISSONS | TAUREAU | VIERGE | CANCER | 14 VIERGE |
| 2 MAI | GÉMEAUX | BÉLIER | TAUREAU | SAGITTAIRE | POISSONS | TAUREAU | VIERGE | CANCER | 26 VIERGE |
| 3 MAI | GÉMEAUX | BÉLIER | TAUREAU | SAGITTAIRE | POISSONS | TAUREAU | VIERGE | CANCER | 8 BALANCE |
| 4 MAI | GÉMEAUX | BÉLIER | TAUREAU | SAGITTAIRE | POISSONS | TAUREAU | VIERGE | CANCER | 20 BALANCE |
| 5 MAI | GÉMEAUX | TAUREAU | TAUREAU | SAGITTAIRE | POISSONS | TAUREAU | VIERGE | CANCER | 2 SCORPION |
| 6 MAI | GÉMEAUX | TAUREAU | TAUREAU | SAGITTAIRE | POISSONS | TAUREAU | VIERGE | CANCER | 14 SCORPION |
| 7 MAI | GÉMEAUX | TAUREAU | TAUREAU | SAGITTAIRE | POISSONS | TAUREAU | VIERGE | CANCER | 26 SCORPION |
| 8 MAI | GÉMEAUX | TAUREAU | TAUREAU | SAGITTAIRE | POISSONS | TAUREAU | VIERGE | CANCER | 8 SAGITTAIRE |
| 9 MAI | GÉMEAUX | TAUREAU | TAUREAU | SAGITTAIRE | POISSONS | TAUREAU | VIERGE | CANCER | 21 SAGITTAIRE |
| 10 MAI | GÉMEAUX | TAUREAU | TAUREAU | SAGITTAIRE | POISSONS | TAUREAU | VIERGE | CANCER | 3 CAPRICORNE |
| 11 MAI | GÉMEAUX | TAUREAU | TAUREAU | SAGITTAIRE | POISSONS | TAUREAU | VIERGE | CANCER | 16 CAPRICORNE |
| 12 MAI | GÉMEAUX | TAUREAU | TAUREAU | SAGITTAIRE | POISSONS | TAUREAU | VIERGE | CANCER | 29 CAPRICORNE |
| 13 MAI | GÉMEAUX | TAUREAU | GÉMEAUX | SAGITTAIRE | POISSONS | TAUREAU | VIERGE | CANCER | 13 VERSEAU |
| 14 MAI | GÉMEAUX | TAUREAU | GÉMEAUX | SAGITTAIRE | POISSONS | TAUREAU | VIERGE | CANCER | 26 VERSEAU |
| 15 MAI | GÉMEAUX | TAUREAU | GÉMEAUX | SAGITTAIRE | POISSONS | TAUREAU | VIERGE | CANCER | 10 POISSONS |
| 16 MAI | GÉMEAUX | TAUREAU | GÉMEAUX | SAGITTAIRE | POISSONS | TAUREAU | VIERGE | CANCER | 25 POISSONS |
| 17 MAI | GÉMEAUX | TAUREAU | GÉMEAUX | SAGITTAIRE | POISSONS | TAUREAU | VIERGE | CANCER | 9 BÉLIER |
| 18 MAI | GÉMEAUX | TAUREAU | GÉMEAUX | SAGITTAIRE | POISSONS | TAUREAU | VIERGE | CANCER | 24 BÉLIER |
| 19 MAI | GÉMEAUX | TAUREAU | GÉMEAUX | SAGITTAIRE | POISSONS | TAUREAU | VIERGE | CANCER | 9 TAUREAU |
| 20 MAI | GÉMEAUX | TAUREAU | GÉMEAUX | SAGITTAIRE | POISSONS | TAUREAU | VIERGE | CANCER | 24 TAUREAU |
| 21 MAI | GÉMEAUX | TAUREAU | GÉMEAUX | SAGITTAIRE | POISSONS | TAUREAU | VIERGE | CANCER | 9 GÉMEAUX |

LE SOLEIL ENTRE DANS LE SIGNE DU TAUREAU LE 20 AVRIL 1936 A 6 h 30
LE SOLEIL QUITTE LE SIGNE DU TAUREAU LE 21 MAI A 6 h 00

* LES CHIFFRES INDIQUENT LES DEGRÉS

| 1937 | MERCURE | VÉNUS | MARS | JUPITER | SATURNE | URANUS | NEPTUNE | PLUTON | LUNE* |
|---|---|---|---|---|---|---|---|---|---|
| 20 AVRIL | TAUREAU | BÉLIER | SAGITTAIRE | CAPRICORNE | POISSONS | TAUREAU | VIERGE | CANCER | 2 VIERGE |
| 21 AVRIL | TAUREAU | BÉLIER | SAGITTAIRE | CAPRICORNE | POISSONS | TAUREAU | VIERGE | CANCER | 14 VIERGE |
| 22 AVRIL | TAUREAU | BÉLIER | SAGITTAIRE | CAPRICORNE | POISSONS | TAUREAU | VIERGE | CANCER | 27 VIERGE |
| 23 AVRIL | TAUREAU | BÉLIER | SAGITTAIRE | CAPRICORNE | POISSONS | TAUREAU | VIERGE | CANCER | 9 BALANCE |
| 24 AVRIL | TAUREAU | BÉLIER | SAGITTAIRE | CAPRICORNE | POISSONS | TAUREAU | VIERGE | CANCER | 21 BALANCE |
| 25 AVRIL | TAUREAU | BÉLIER | SAGITTAIRE | CAPRICORNE | BÉLIER | TAUREAU | VIERGE | CANCER | 3 SCORPION |
| 26 AVRIL | TAUREAU | BÉLIER | SAGITTAIRE | CAPRICORNE | BÉLIER | TAUREAU | VIERGE | CANCER | 15 SCORPION |
| 27 AVRIL | TAUREAU | BÉLIER | SAGITTAIRE | CAPRICORNE | BÉLIER | TAUREAU | VIERGE | CANCER | 27 SCORPION |
| 28 AVRIL | TAUREAU | BÉLIER | SAGITTAIRE | CAPRICORNE | BÉLIER | TAUREAU | VIERGE | CANCER | 8 SAGITTAIRE |
| 29 AVRIL | TAUREAU | BÉLIER | SAGITTAIRE | CAPRICORNE | BÉLIER | TAUREAU | VIERGE | CANCER | 20 SAGITTAIRE |
| 30 AVRIL | TAUREAU | BÉLIER | SAGITTAIRE | CAPRICORNE | BÉLIER | TAUREAU | VIERGE | CANCER | 2 CAPRICORNE |
| 1 MAI | TAUREAU | BÉLIER | SAGITTAIRE | CAPRICORNE | BÉLIER | TAUREAU | VIERGE | CANCER | 14 CAPRICORNE |
| 2 MAI | TAUREAU | BÉLIER | SAGITTAIRE | CAPRICORNE | BÉLIER | TAUREAU | VIERGE | CANCER | 26 CAPRICORNE |
| 3 MAI | TAUREAU | BÉLIER | SAGITTAIRE | CAPRICORNE | BÉLIER | TAUREAU | VIERGE | CANCER | 9 VERSEAU |
| 4 MAI | TAUREAU | BÉLIER | SAGITTAIRE | CAPRICORNE | BÉLIER | TAUREAU | VIERGE | CANCER | 22 VERSEAU |
| 5 MAI | TAUREAU | BÉLIER | SAGITTAIRE | CAPRICORNE | BÉLIER | TAUREAU | VIERGE | CANCER | 5 POISSONS |
| 6 MAI | TAUREAU | BÉLIER | SAGITTAIRE | CAPRICORNE | BÉLIER | TAUREAU | VIERGE | CANCER | 19 POISSONS |
| 7 MAI | TAUREAU | BÉLIER | SAGITTAIRE | CAPRICORNE | BÉLIER | TAUREAU | VIERGE | CANCER | 3 BÉLIER |
| 8 MAI | TAUREAU | BÉLIER | SAGITTAIRE | CAPRICORNE | BÉLIER | TAUREAU | VIERGE | CANCER | 18 BÉLIER |
| 9 MAI | TAUREAU | BÉLIER | SAGITTAIRE | CAPRICORNE | BÉLIER | TAUREAU | VIERGE | CANCER | 3 TAUREAU |
| 10 MAI | TAUREAU | BÉLIER | SAGITTAIRE | CAPRICORNE | BÉLIER | TAUREAU | VIERGE | CANCER | 18 TAUREAU |
| 11 MAI | TAUREAU | BÉLIER | SAGITTAIRE | CAPRICORNE | BÉLIER | TAUREAU | VIERGE | CANCER | 4 GÉMEAUX |
| 12 MAI | TAUREAU | BÉLIER | SAGITTAIRE | CAPRICORNE | BÉLIER | TAUREAU | VIERGE | CANCER | 19 GÉMEAUX |
| 13 MAI | TAUREAU | BÉLIER | SAGITTAIRE | CAPRICORNE | BÉLIER | TAUREAU | VIERGE | CANCER | 3 CANCER |
| 14 MAI | TAUREAU | BÉLIER | SAGITTAIRE | CAPRICORNE | BÉLIER | TAUREAU | VIERGE | CANCER | 18 CANCER |
| 15 MAI | TAUREAU | BÉLIER | SCORPION | CAPRICORNE | BÉLIER | TAUREAU | VIERGE | CANCER | 2 LION |
| 16 MAI | TAUREAU | BÉLIER | SCORPION | CAPRICORNE | BÉLIER | TAUREAU | VIERGE | CANCER | 15 LION |
| 17 MAI | TAUREAU | BÉLIER | SCORPION | CAPRICORNE | BÉLIER | TAUREAU | VIERGE | CANCER | 28 LION |
| 18 MAI | TAUREAU | BÉLIER | SCORPION | CAPRICORNE | BÉLIER | TAUREAU | VIERGE | CANCER | 11 VIERGE |
| 19 MAI | TAUREAU | BÉLIER | SCORPION | CAPRICORNE | BÉLIER | TAUREAU | VIERGE | CANCER | 24 VIERGE |
| 20 MAI | TAUREAU | BÉLIER | SCORPION | CAPRICORNE | BÉLIER | TAUREAU | VIERGE | CANCER | 6 BALANCE |
| 21 MAI | TAUREAU | BÉLIER | SCORPION | CAPRICORNE | BÉLIER | TAUREAU | VIERGE | CANCER | 18 BALANCE |

LE SOLEIL ENTRE DANS LE SIGNE DU TAUREAU LE 20 AVRIL 1937 A 12 h 20
LE SOLEIL QUITTE LE SIGNE DU TAUREAU LE 21 MAI A 12 h 00

* LES CHIFFRES INDIQUENT LES DEGRÉS

# DÉCOUVREZ DANS QUEL SIGNE SE TROUVAIENT LES PLANÈTES À VOTRE NAISSANCE

| 1938 | MERCURE | VÉNUS | MARS | JUPITER | SATURNE | URANUS | NEPTUNE | PLUTON | LUNE* |
|---|---|---|---|---|---|---|---|---|---|
| 20 AVRIL | TAUREAU | TAUREAU | TAUREAU | VERSEAU | BÉLIER | TAUREAU | VIERGE | CANCER | 4 CAPRICORNE |
| 21 AVRIL | TAUREAU | TAUREAU | TAUREAU | VERSEAU | BÉLIER | TAUREAU | VIERGE | CANCER | 16 CAPRICORNE |
| 22 AVRIL | TAUREAU | TAUREAU | TAUREAU | VERSEAU | BÉLIER | TAUREAU | VIERGE | CANCER | 28 CAPRICORNE |
| 23 AVRIL | TAUREAU | TAUREAU | TAUREAU | VERSEAU | BÉLIER | TAUREAU | VIERGE | CANCER | 10 VERSEAU |
| 24 AVRIL | BÉLIER | TAUREAU | GÉMEAUX | VERSEAU | BÉLIER | TAUREAU | VIERGE | CANCER | 22 VERSEAU |
| 25 AVRIL | BÉLIER | TAUREAU | GÉMEAUX | VERSEAU | BÉLIER | TAUREAU | VIERGE | CANCER | 4 POISSONS |
| 26 AVRIL | BÉLIER | TAUREAU | GÉMEAUX | VERSEAU | BÉLIER | TAUREAU | VIERGE | CANCER | 17 POISSONS |
| 27 AVRIL | BÉLIER | TAUREAU | GÉMEAUX | VERSEAU | BÉLIER | TAUREAU | VIERGE | CANCER | 1 BÉLIER |
| 28 AVRIL | BÉLIER | TAUREAU | GÉMEAUX | VERSEAU | BÉLIER | TAUREAU | VIERGE | CANCER | 14 BÉLIER |
| 29 AVRIL | BÉLIER | TAUREAU | GÉMEAUX | VERSEAU | BÉLIER | TAUREAU | VIERGE | CANCER | 26 BÉLIER |
| 30 AVRIL | BÉLIER | GÉMEAUX | GÉMEAUX | VERSEAU | BÉLIER | TAUREAU | VIERGE | CANCER | 13 TAUREAU |
| 1 MAI | BÉLIER | GÉMEAUX | GÉMEAUX | VERSEAU | BÉLIER | TAUREAU | VIERGE | CANCER | 27 TAUREAU |
| 2 MAI | BÉLIER | GÉMEAUX | GÉMEAUX | VERSEAU | BÉLIER | TAUREAU | VIERGE | CANCER | 12 GÉMEAUX |
| 3 MAI | BÉLIER | GÉMEAUX | GÉMEAUX | VERSEAU | BÉLIER | TAUREAU | VIERGE | CANCER | 27 GÉMEAUX |
| 4 MAI | BÉLIER | GÉMEAUX | GÉMEAUX | VERSEAU | BÉLIER | TAUREAU | VIERGE | CANCER | 11 CANCER |
| 5 MAI | BÉLIER | GÉMEAUX | GÉMEAUX | VERSEAU | BÉLIER | TAUREAU | VIERGE | CANCER | 26 CANCER |
| 6 MAI | BÉLIER | GÉMEAUX | GÉMEAUX | VERSEAU | BÉLIER | TAUREAU | VIERGE | CANCER | 10 LION |
| 7 MAI | BÉLIER | GÉMEAUX | GÉMEAUX | VERSEAU | BÉLIER | TAUREAU | VIERGE | CANCER | 24 LION |
| 8 MAI | BÉLIER | GÉMEAUX | GÉMEAUX | VERSEAU | BÉLIER | TAUREAU | VIERGE | CANCER | 7 VIERGE |
| 9 MAI | BÉLIER | GÉMEAUX | GÉMEAUX | VERSEAU | BÉLIER | TAUREAU | VIERGE | CANCER | 21 VIERGE |
| 10 MAI | BÉLIER | GÉMEAUX | GÉMEAUX | VERSEAU | BÉLIER | TAUREAU | VIERGE | CANCER | 4 BALANCE |
| 11 MAI | BÉLIER | GÉMEAUX | GÉMEAUX | VERSEAU | BÉLIER | TAUREAU | VIERGE | CANCER | 17 BALANCE |
| 12 MAI | BÉLIER | GÉMEAUX | GÉMEAUX | VERSEAU | BÉLIER | TAUREAU | VIERGE | CANCER | 0 SCORPION |
| 13 MAI | BÉLIER | GÉMEAUX | GÉMEAUX | VERSEAU | BÉLIER | TAUREAU | VIERGE | CANCER | 12 SCORPION |
| 14 MAI | BÉLIER | GÉMEAUX | GÉMEAUX | POISSONS | BÉLIER | TAUREAU | VIERGE | CANCER | 24 SCORPION |
| 15 MAI | BÉLIER | GÉMEAUX | GÉMEAUX | POISSONS | BÉLIER | TAUREAU | VIERGE | CANCER | 6 SAGITTAIRE |
| 16 MAI | BÉLIER | GÉMEAUX | GÉMEAUX | POISSONS | BÉLIER | TAUREAU | VIERGE | CANCER | 18 SAGITTAIRE |
| 17 MAI | TAUREAU | GÉMEAUX | GÉMEAUX | POISSONS | BÉLIER | TAUREAU | VIERGE | CANCER | 0 CAPRICORNE |
| 18 MAI | TAUREAU | GÉMEAUX | GÉMEAUX | POISSONS | BÉLIER | TAUREAU | VIERGE | CANCER | 12 CAPRICORNE |
| 19 MAI | TAUREAU | GÉMEAUX | GÉMEAUX | POISSONS | BÉLIER | TAUREAU | VIERGE | CANCER | 24 CAPRICORNE |
| 20 MAI | TAUREAU | GÉMEAUX | GÉMEAUX | POISSONS | BÉLIER | TAUREAU | VIERGE | CANCER | 6 VERSEAU |
| 21 MAI | TAUREAU | GÉMEAUX | GÉMEAUX | POISSONS | BÉLIER | TAUREAU | VIERGE | CANCER | 18 VERSEAU |

LE SOLEIL ENTRE DANS LE SIGNE DU TAUREAU LE 20 AVRIL 1938 A 18 h 10
LE SOLEIL QUITTE LE SIGNE DU TAUREAU LE 21 MAI A 18 h 00
* LES CHIFFRES INDIQUENT LES DEGRÉS

| 1939 | MERCURE | VÉNUS | MARS | JUPITER | SATURNE | URANUS | NEPTUNE | PLUTON | LUNE* |
|---|---|---|---|---|---|---|---|---|---|
| 20 AVRIL | BÉLIER | POISSONS | CAPRICORNE | POISSONS | BÉLIER | TAUREAU | VIERGE | CANCER | 9 TAUREAU |
| 21 AVRIL | BÉLIER | POISSONS | CAPRICORNE | POISSONS | BÉLIER | TAUREAU | VIERGE | CANCER | 22 TAUREAU |
| 22 AVRIL | BÉLIER | POISSONS | CAPRICORNE | POISSONS | BÉLIER | TAUREAU | VIERGE | CANCER | 6 GÉMEAUX |
| 23 AVRIL | BÉLIER | POISSONS | CAPRICORNE | POISSONS | BÉLIER | TAUREAU | VIERGE | CANCER | 19 GÉMEAUX |
| 24 AVRIL | BÉLIER | POISSONS | CAPRICORNE | POISSONS | BÉLIER | TAUREAU | VIERGE | CANCER | 3 CANCER |
| 25 AVRIL | BÉLIER | POISSONS | CAPRICORNE | POISSONS | BÉLIER | TAUREAU | VIERGE | CANCER | 17 CANCER |
| 26 AVRIL | BÉLIER | BÉLIER | CAPRICORNE | POISSONS | BÉLIER | TAUREAU | VIERGE | CANCER | 1 LION |
| 27 AVRIL | BÉLIER | BÉLIER | CAPRICORNE | POISSONS | BÉLIER | TAUREAU | VIERGE | CANCER | 16 LION |
| 28 AVRIL | BÉLIER | BÉLIER | CAPRICORNE | POISSONS | BÉLIER | TAUREAU | VIERGE | CANCER | 0 VIERGE |
| 29 AVRIL | BÉLIER | BÉLIER | CAPRICORNE | POISSONS | BÉLIER | TAUREAU | VIERGE | CANCER | 14 VIERGE |
| 30 AVRIL | BÉLIER | BÉLIER | CAPRICORNE | POISSONS | BÉLIER | TAUREAU | VIERGE | CANCER | 28 VIERGE |
| 1 MAI | BÉLIER | BÉLIER | CAPRICORNE | POISSONS | BÉLIER | TAUREAU | VIERGE | CANCER | 13 BALANCE |
| 2 MAI | BÉLIER | BÉLIER | CAPRICORNE | POISSONS | BÉLIER | TAUREAU | VIERGE | CANCER | 26 BALANCE |
| 3 MAI | BÉLIER | BÉLIER | CAPRICORNE | POISSONS | BÉLIER | TAUREAU | VIERGE | CANCER | 10 SCORPION |
| 4 MAI | BÉLIER | BÉLIER | CAPRICORNE | POISSONS | BÉLIER | TAUREAU | VIERGE | CANCER | 24 SCORPION |
| 5 MAI | BÉLIER | BÉLIER | CAPRICORNE | POISSONS | BÉLIER | TAUREAU | VIERGE | CANCER | 7 SAGITTAIRE |
| 6 MAI | BÉLIER | BÉLIER | CAPRICORNE | POISSONS | BÉLIER | TAUREAU | VIERGE | CANCER | 19 SAGITTAIRE |
| 7 MAI | BÉLIER | BÉLIER | CAPRICORNE | POISSONS | BÉLIER | TAUREAU | VIERGE | CANCER | 2 CAPRICORNE |
| 8 MAI | BÉLIER | BÉLIER | CAPRICORNE | POISSONS | BÉLIER | TAUREAU | VIERGE | CANCER | 14 CAPRICORNE |
| 9 MAI | BÉLIER | BÉLIER | CAPRICORNE | POISSONS | BÉLIER | TAUREAU | VIERGE | CANCER | 26 CAPRICORNE |
| 10 MAI | BÉLIER | BÉLIER | CAPRICORNE | POISSONS | BÉLIER | TAUREAU | VIERGE | CANCER | 8 VERSEAU |
| 11 MAI | BÉLIER | BÉLIER | CAPRICORNE | POISSONS | BÉLIER | TAUREAU | VIERGE | CANCER | 20 VERSEAU |
| 12 MAI | BÉLIER | BÉLIER | CAPRICORNE | BÉLIER | BÉLIER | TAUREAU | VIERGE | CANCER | 2 POISSONS |
| 13 MAI | BÉLIER | BÉLIER | CAPRICORNE | BÉLIER | BÉLIER | TAUREAU | VIERGE | CANCER | 14 POISSONS |
| 14 MAI | BÉLIER | BÉLIER | CAPRICORNE | BÉLIER | BÉLIER | TAUREAU | VIERGE | CANCER | 26 POISSONS |
| 15 MAI | TAUREAU | BÉLIER | CAPRICORNE | BÉLIER | BÉLIER | TAUREAU | VIERGE | CANCER | 9 BÉLIER |
| 16 MAI | TAUREAU | BÉLIER | CAPRICORNE | BÉLIER | BÉLIER | TAUREAU | VIERGE | CANCER | 21 BÉLIER |
| 17 MAI | TAUREAU | BÉLIER | CAPRICORNE | BÉLIER | BÉLIER | TAUREAU | VIERGE | CANCER | 4 TAUREAU |
| 18 MAI | TAUREAU | BÉLIER | CAPRICORNE | BÉLIER | BÉLIER | TAUREAU | VIERGE | CANCER | 18 TAUREAU |
| 19 MAI | TAUREAU | BÉLIER | CAPRICORNE | BÉLIER | BÉLIER | TAUREAU | VIERGE | CANCER | 1 GÉMEAUX |
| 20 MAI | TAUREAU | BÉLIER | CAPRICORNE | BÉLIER | BÉLIER | TAUREAU | VIERGE | CANCER | 15 GÉMEAUX |
| 21 MAI | TAUREAU | TAUREAU | CAPRICORNE | BÉLIER | BÉLIER | TAUREAU | VIERGE | CANCER | 29 GÉMEAUX |

LE SOLEIL ENTRE DANS LE SIGNE DU TAUREAU LE 20 AVRIL 1939 A 23 h 50
LE SOLEIL QUITTE LE SIGNE DU TAUREAU LE 21 MAI A 23 h 30
* LES CHIFFRES INDIQUENT LES DEGRÉS

# DÉCOUVREZ DANS QUEL SIGNE SE TROUVAIENT LES PLANÈTES A VOTRE NAISSANCE

| 1940 | MERCURE | VÉNUS | MARS | JUPITER | SATURNE | URANUS | NEPTUNE | PLUTON | LUNE* |
|---|---|---|---|---|---|---|---|---|---|
| 20 AVRIL | BÉLIER | GÉMEAUX | GÉMEAUX | BÉLIER | TAUREAU | TAUREAU | VIERGE | LION | 6 BALANCE |
| 21 AVRIL | BÉLIER | GÉMEAUX | GÉMEAUX | BÉLIER | TAUREAU | TAUREAU | VIERGE | LION | 21 BALANCE |
| 22 AVRIL | BÉLIER | GÉMEAUX | GÉMEAUX | BÉLIER | TAUREAU | TAUREAU | VIERGE | LION | 6 SCORPION |
| 23 AVRIL | BÉLIER | GÉMEAUX | GÉMEAUX | BÉLIER | TAUREAU | TAUREAU | VIERGE | LION | 21 SCORPION |
| 24 AVRIL | BÉLIER | GÉMEAUX | GÉMEAUX | BÉLIER | TAUREAU | TAUREAU | VIERGE | LION | 5 SAGITTAIRE |
| 25 AVRIL | BÉLIER | GÉMEAUX | GÉMEAUX | BÉLIER | TAUREAU | TAUREAU | VIERGE | LION | 19 SAGITTAIRE |
| 26 AVRIL | BÉLIER | GÉMEAUX | GÉMEAUX | BÉLIER | TAUREAU | TAUREAU | VIERGE | LION | 3 CAPRICORNE |
| 27 AVRIL | BÉLIER | GÉMEAUX | GÉMEAUX | BÉLIER | TAUREAU | TAUREAU | VIERGE | LION | 16 CAPRICORNE |
| 28 AVRIL | BÉLIER | GÉMEAUX | GÉMEAUX | BÉLIER | TAUREAU | TAUREAU | VIERGE | LION | 28 CAPRICORNE |
| 29 AVRIL | BÉLIER | GÉMEAUX | GÉMEAUX | BÉLIER | TAUREAU | TAUREAU | VIERGE | LION | 11 VERSEAU |
| 30 AVRIL | BÉLIER | GÉMEAUX | GÉMEAUX | BÉLIER | TAUREAU | TAUREAU | VIERGE | LION | 23 VERSEAU |
| 1 MAI | BÉLIER | GÉMEAUX | GÉMEAUX | BÉLIER | TAUREAU | TAUREAU | VIERGE | LION | 4 POISSONS |
| 2 MAI | BÉLIER | GÉMEAUX | GÉMEAUX | BÉLIER | TAUREAU | TAUREAU | VIERGE | LION | 16 POISSONS |
| 3 MAI | BÉLIER | GÉMEAUX | GÉMEAUX | BÉLIER | TAUREAU | TAUREAU | VIERGE | LION | 28 POISSONS |
| 4 MAI | BÉLIER | GÉMEAUX | GÉMEAUX | BÉLIER | TAUREAU | TAUREAU | VIERGE | LION | 10 BÉLIER |
| 5 MAI | BÉLIER | GÉMEAUX | GÉMEAUX | BÉLIER | TAUREAU | TAUREAU | VIERGE | LION | 22 BÉLIER |
| 6 MAI | BÉLIER | GÉMEAUX | GÉMEAUX | BÉLIER | TAUREAU | TAUREAU | VIERGE | LION | 4 TAUREAU |
| 7 MAI | TAUREAU | CANCER | GÉMEAUX | BÉLIER | TAUREAU | TAUREAU | VIERGE | LION | 16 TAUREAU |
| 8 MAI | TAUREAU | CANCER | GÉMEAUX | BÉLIER | TAUREAU | TAUREAU | VIERGE | LION | 29 TAUREAU |
| 9 MAI | TAUREAU | CANCER | GÉMEAUX | BÉLIER | TAUREAU | TAUREAU | VIERGE | LION | 12 GÉMEAUX |
| 10 MAI | TAUREAU | CANCER | GÉMEAUX | BÉLIER | TAUREAU | TAUREAU | VIERGE | LION | 24 GÉMEAUX |
| 11 MAI | TAUREAU | CANCER | GÉMEAUX | BÉLIER | TAUREAU | TAUREAU | VIERGE | LION | 8 CANCER |
| 12 MAI | TAUREAU | CANCER | GÉMEAUX | BÉLIER | TAUREAU | TAUREAU | VIERGE | LION | 21 CANCER |
| 13 MAI | TAUREAU | CANCER | GÉMEAUX | BÉLIER | TAUREAU | TAUREAU | VIERGE | LION | 5 LION |
| 14 MAI | TAUREAU | CANCER | GÉMEAUX | BÉLIER | TAUREAU | TAUREAU | VIERGE | LION | 18 LION |
| 15 MAI | TAUREAU | CANCER | GÉMEAUX | BÉLIER | TAUREAU | TAUREAU | VIERGE | LION | 2 VIERGE |
| 16 MAI | TAUREAU | CANCER | GÉMEAUX | TAUREAU | TAUREAU | TAUREAU | VIERGE | LION | 17 VIERGE |
| 17 MAI | TAUREAU | CANCER | GÉMEAUX | TAUREAU | TAUREAU | TAUREAU | VIERGE | LION | 1 BALANCE |
| 18 MAI | TAUREAU | CANCER | CANCER | TAUREAU | TAUREAU | TAUREAU | VIERGE | LION | 16 BALANCE |
| 19 MAI | TAUREAU | CANCER | CANCER | TAUREAU | TAUREAU | TAUREAU | VIERGE | LION | 0 SCORPION |
| 20 MAI | TAUREAU | CANCER | CANCER | TAUREAU | TAUREAU | TAUREAU | VIERGE | LION | 15 SCORPION |
| 21 MAI | TAUREAU | CANCER | CANCER | TAUREAU | TAUREAU | TAUREAU | VIERGE | LION | 29 SCORPION |

LE SOLEIL ENTRE DANS LE SIGNE DU TAUREAU LE 20 AVRIL 1940 A 6 h 00
LE SOLEIL QUITTE LE SIGNE DU TAUREAU LE 21 MAI A 5 h 20
* LES CHIFFRES INDIQUENT LES DEGRÉS

| 1941 | MERCURE | VÉNUS | MARS | JUPITER | SATURNE | URANUS | NEPTUNE | PLUTON | LUNE* |
|---|---|---|---|---|---|---|---|---|---|
| 20 AVRIL | BÉLIER | TAUREAU | VERSEAU | TAUREAU | TAUREAU | TAUREAU | VIERGE | LION | 23 VERSEAU |
| 21 AVRIL | BÉLIER | TAUREAU | VERSEAU | TAUREAU | TAUREAU | TAUREAU | VIERGE | LION | 5 POISSONS |
| 22 AVRIL | BÉLIER | TAUREAU | VERSEAU | TAUREAU | TAUREAU | TAUREAU | VIERGE | LION | 17 POISSONS |
| 23 AVRIL | BÉLIER | TAUREAU | VERSEAU | TAUREAU | TAUREAU | TAUREAU | VIERGE | LION | 29 POISSONS |
| 24 AVRIL | BÉLIER | TAUREAU | VERSEAU | TAUREAU | TAUREAU | TAUREAU | VIERGE | LION | 11 BÉLIER |
| 25 AVRIL | BÉLIER | TAUREAU | VERSEAU | TAUREAU | TAUREAU | TAUREAU | VIERGE | LION | 23 BÉLIER |
| 26 AVRIL | BÉLIER | TAUREAU | VERSEAU | TAUREAU | TAUREAU | TAUREAU | VIERGE | LION | 5 TAUREAU |
| 27 AVRIL | BÉLIER | TAUREAU | VERSEAU | TAUREAU | TAUREAU | TAUREAU | VIERGE | LION | 17 TAUREAU |
| 28 AVRIL | BÉLIER | TAUREAU | VERSEAU | TAUREAU | TAUREAU | TAUREAU | VIERGE | LION | 29 TAUREAU |
| 29 AVRIL | TAUREAU | TAUREAU | VERSEAU | TAUREAU | TAUREAU | TAUREAU | VIERGE | PLUTON | 11 GÉMEAUX |
| 30 AVRIL | TAUREAU | TAUREAU | VERSEAU | TAUREAU | TAUREAU | TAUREAU | VIERGE | LION | 23 GÉMEAUX |
| 1 MAI | TAUREAU | TAUREAU | VERSEAU | TAUREAU | TAUREAU | TAUREAU | VIERGE | LION | 5 CANCER |
| 2 MAI | TAUREAU | TAUREAU | VERSEAU | TAUREAU | TAUREAU | TAUREAU | VIERGE | LION | 17 CANCER |
| 3 MAI | TAUREAU | TAUREAU | VERSEAU | TAUREAU | TAUREAU | TAUREAU | VIERGE | LION | 0 LION |
| 4 MAI | TAUREAU | TAUREAU | VERSEAU | TAUREAU | TAUREAU | TAUREAU | VIERGE | LION | 13 LION |
| 5 MAI | TAUREAU | TAUREAU | VERSEAU | TAUREAU | TAUREAU | TAUREAU | VIERGE | LION | 26 LION |
| 6 MAI | TAUREAU | TAUREAU | VERSEAU | TAUREAU | TAUREAU | TAUREAU | VIERGE | LION | 10 VIERGE |
| 7 MAI | TAUREAU | TAUREAU | VERSEAU | TAUREAU | TAUREAU | TAUREAU | VIERGE | LION | 24 VIERGE |
| 8 MAI | TAUREAU | TAUREAU | VERSEAU | TAUREAU | TAUREAU | TAUREAU | VIERGE | LION | 9 BALANCE |
| 9 MAI | TAUREAU | TAUREAU | VERSEAU | TAUREAU | TAUREAU | TAUREAU | VIERGE | LION | 24 BALANCE |
| 10 MAI | TAUREAU | TAUREAU | VERSEAU | TAUREAU | TAUREAU | TAUREAU | VIERGE | LION | 9 SCORPION |
| 11 MAI | TAUREAU | TAUREAU | VERSEAU | TAUREAU | TAUREAU | TAUREAU | VIERGE | LION | 24 SCORPION |
| 12 MAI | TAUREAU | TAUREAU | VERSEAU | TAUREAU | TAUREAU | TAUREAU | VIERGE | LION | 9 SAGITTAIRE |
| 13 MAI | GÉMEAUX | TAUREAU | VERSEAU | TAUREAU | TAUREAU | TAUREAU | VIERGE | LION | 24 SAGITTAIRE |
| 14 MAI | GÉMEAUX | TAUREAU | VERSEAU | TAUREAU | TAUREAU | TAUREAU | VIERGE | LION | 9 CAPRICORNE |
| 15 MAI | GÉMEAUX | GÉMEAUX | VERSEAU | TAUREAU | TAUREAU | TAUREAU | VIERGE | LION | 23 CAPRICORNE |
| 16 MAI | GÉMEAUX | GÉMEAUX | POISSONS | TAUREAU | TAUREAU | TAUREAU | VIERGE | LION | 6 VERSEAU |
| 17 MAI | GÉMEAUX | GÉMEAUX | POISSONS | TAUREAU | TAUREAU | TAUREAU | VIERGE | LION | 19 VERSEAU |
| 18 MAI | GÉMEAUX | GÉMEAUX | POISSONS | TAUREAU | TAUREAU | TAUREAU | VIERGE | LION | 2 POISSONS |
| 19 MAI | GÉMEAUX | GÉMEAUX | POISSONS | TAUREAU | TAUREAU | TAUREAU | VIERGE | LION | 14 POISSONS |
| 20 MAI | GÉMEAUX | GÉMEAUX | POISSONS | TAUREAU | TAUREAU | TAUREAU | VIERGE | LION | 26 POISSONS |
| 21 MAI | GÉMEAUX | GÉMEAUX | POISSONS | TAUREAU | TAUREAU | TAUREAU | VIERGE | LION | 8 BÉLIER |

LE SOLEIL ENTRE DANS LE SIGNE DU TAUREAU LE 20 AVRIL 1941 A 12 h 00
LE SOLEIL QUITTE LE SIGNE DU TAUREAU LE 21 MAI A 11 h 20
* LES CHIFFRES INDIQUENT LES DEGRÉS

# DÉCOUVREZ DANS QUEL SIGNE SE TROUVAIENT LES PLANÈTES À VOTRE NAISSANCE

| 1942 | MERCURE | VÉNUS | MARS | JUPITER | SATURNE | URANUS | NEPTUNE | PLUTON | LUNE* |
|---|---|---|---|---|---|---|---|---|---|
| 20 AVRIL | BÉLIER | POISSONS | GÉMEAUX | GÉMEAUX | TAUREAU | TAUREAU | VIERGE | LION | 24 GÉMEAUX |
| 21 AVRIL | TAUREAU | POISSONS | GÉMEAUX | GÉMEAUX | TAUREAU | TAUREAU | VIERGE | LION | 6 CANCER |
| 22 AVRIL | TAUREAU | POISSONS | GÉMEAUX | GÉMEAUX | TAUREAU | TAUREAU | VIERGE | LION | 17 CANCER |
| 23 AVRIL | TAUREAU | POISSONS | GÉMEAUX | GÉMEAUX | TAUREAU | TAUREAU | VIERGE | LION | 29 CANCER |
| 24 AVRIL | TAUREAU | POISSONS | GÉMEAUX | GÉMEAUX | TAUREAU | TAUREAU | VIERGE | LION | 12 LION |
| 25 AVRIL | TAUREAU | POISSONS | GÉMEAUX | GÉMEAUX | TAUREAU | TAUREAU | VIERGE | LION | 24 LION |
| 26 AVRIL | TAUREAU | POISSONS | CANCER | GÉMEAUX | TAUREAU | TAUREAU | VIERGE | LION | 7 VIERGE |
| 27 AVRIL | TAUREAU | POISSONS | CANCER | GÉMEAUX | TAUREAU | TAUREAU | VIERGE | LION | 21 VIERGE |
| 28 AVRIL | TAUREAU | POISSONS | CANCER | GÉMEAUX | TAUREAU | TAUREAU | VIERGE | LION | 4 BALANCE |
| 29 AVRIL | TAUREAU | POISSONS | CANCER | GÉMEAUX | TAUREAU | TAUREAU | VIERGE | LION | 19 BALANCE |
| 30 AVRIL | TAUREAU | POISSONS | CANCER | GÉMEAUX | TAUREAU | TAUREAU | VIERGE | LION | 3 SCORPION |
| 1 MAI | TAUREAU | POISSONS | CANCER | GÉMEAUX | TAUREAU | TAUREAU | VIERGE | LION | 18 SCORPION |
| 2 MAI | TAUREAU | POISSONS | CANCER | GÉMEAUX | TAUREAU | TAUREAU | VIERGE | LION | 3 SAGITTAIRE |
| 3 MAI | TAUREAU | POISSONS | CANCER | GÉMEAUX | TAUREAU | TAUREAU | VIERGE | LION | 18 SAGITTAIRE |
| 4 MAI | TAUREAU | POISSONS | CANCER | GÉMEAUX | TAUREAU | TAUREAU | VIERGE | LION | 3 CAPRICORNE |
| 5 MAI | GÉMEAUX | POISSONS | CANCER | GÉMEAUX | TAUREAU | TAUREAU | VIERGE | LION | 18 CAPRICORNE |
| 6 MAI | GÉMEAUX | BÉLIER | CANCER | GÉMEAUX | TAUREAU | TAUREAU | VIERGE | LION | 2 VERSEAU |
| 7 MAI | GÉMEAUX | BÉLIER | CANCER | GÉMEAUX | TAUREAU | TAUREAU | VIERGE | LION | 16 VERSEAU |
| 8 MAI | GÉMEAUX | BÉLIER | CANCER | GÉMEAUX | TAUREAU | TAUREAU | VIERGE | LION | 29 VERSEAU |
| 9 MAI | GÉMEAUX | BÉLIER | CANCER | GÉMEAUX | GÉMEAUX | TAUREAU | VIERGE | LION | 12 POISSONS |
| 10 MAI | GÉMEAUX | BÉLIER | CANCER | GÉMEAUX | GÉMEAUX | TAUREAU | VIERGE | LION | 25 POISSONS |
| 11 MAI | GÉMEAUX | BÉLIER | CANCER | GÉMEAUX | GÉMEAUX | TAUREAU | VIERGE | LION | 8 BÉLIER |
| 12 MAI | GÉMEAUX | BÉLIER | CANCER | GÉMEAUX | GÉMEAUX | TAUREAU | VIERGE | LION | 20 BÉLIER |
| 13 MAI | GÉMEAUX | BÉLIER | CANCER | GÉMEAUX | GÉMEAUX | TAUREAU | VIERGE | LION | 2 TAUREAU |
| 14 MAI | GÉMEAUX | BÉLIER | CANCER | GÉMEAUX | GÉMEAUX | TAUREAU | VIERGE | LION | 15 TAUREAU |
| 15 MAI | GÉMEAUX | BÉLIER | CANCER | GÉMEAUX | GÉMEAUX | GÉMEAUX | VIERGE | LION | 29 TAUREAU |
| 16 MAI | GÉMEAUX | BÉLIER | CANCER | GÉMEAUX | GÉMEAUX | GÉMEAUX | VIERGE | LION | 8 GÉMEAUX |
| 17 MAI | GÉMEAUX | BÉLIER | CANCER | GÉMEAUX | GÉMEAUX | GÉMEAUX | VIERGE | LION | 20 GÉMEAUX |
| 18 MAI | GÉMEAUX | BÉLIER | CANCER | GÉMEAUX | GÉMEAUX | GÉMEAUX | VIERGE | LION | 2 CANCER |
| 19 MAI | GÉMEAUX | BÉLIER | CANCER | GÉMEAUX | GÉMEAUX | GÉMEAUX | VIERGE | LION | 14 CANCER |
| 20 MAI | GÉMEAUX | BÉLIER | CANCER | GÉMEAUX | GÉMEAUX | GÉMEAUX | VIERGE | LION | 26 CANCER |
| 21 MAI | GÉMEAUX | BÉLIER | CANCER | GÉMEAUX | GÉMEAUX | GÉMEAUX | VIERGE | LION | 8 LION |

LE SOLEIL ENTRE DANS LE SIGNE DU TAUREAU LE 20 AVRIL 1942 A 17 h 30
QUITTE LE SIGNE DU LE 21 MAI A 17 h 00

* LES CHIFFRES INDIQUENT LES DEGRÉS

| 1943 | MERCURE | VÉNUS | MARS | JUPITER | SATURNE | URANUS | NEPTUNE | PLUTON | LUNE* |
|---|---|---|---|---|---|---|---|---|---|
| 20 AVRIL | TAUREAU | GÉMEAUX | POISSONS | CANCER | GÉMEAUX | GÉMEAUX | VIERGE | LION | 0 SCORPION |
| 21 AVRIL | TAUREAU | GÉMEAUX | POISSONS | CANCER | GÉMEAUX | GÉMEAUX | VIERGE | LION | 13 SCORPION |
| 22 AVRIL | TAUREAU | GÉMEAUX | POISSONS | CANCER | GÉMEAUX | GÉMEAUX | VIERGE | LION | 27 SCORPION |
| 23 AVRIL | TAUREAU | GÉMEAUX | POISSONS | CANCER | GÉMEAUX | GÉMEAUX | VIERGE | LION | 11 SAGITTAIRE |
| 24 AVRIL | TAUREAU | GÉMEAUX | POISSONS | CANCER | GÉMEAUX | GÉMEAUX | VIERGE | LION | 26 SAGITTAIRE |
| 25 AVRIL | TAUREAU | GÉMEAUX | POISSONS | CANCER | GÉMEAUX | GÉMEAUX | VIERGE | LION | 10 CAPRICORNE |
| 26 AVRIL | TAUREAU | GÉMEAUX | POISSONS | CANCER | GÉMEAUX | GÉMEAUX | VIERGE | LION | 24 CAPRICORNE |
| 27 AVRIL | TAUREAU | GÉMEAUX | POISSONS | CANCER | GÉMEAUX | GÉMEAUX | VIERGE | LION | 8 VERSEAU |
| 28 AVRIL | TAUREAU | GÉMEAUX | POISSONS | CANCER | GÉMEAUX | GÉMEAUX | VIERGE | LION | 22 VERSEAU |
| 29 AVRIL | TAUREAU | GÉMEAUX | POISSONS | CANCER | GÉMEAUX | GÉMEAUX | VIERGE | LION | 6 POISSONS |
| 30 AVRIL | TAUREAU | GÉMEAUX | POISSONS | CANCER | GÉMEAUX | GÉMEAUX | VIERGE | LION | 20 POISSONS |
| 1 MAI | GÉMEAUX | GÉMEAUX | POISSONS | CANCER | GÉMEAUX | GÉMEAUX | VIERGE | LION | 4 BÉLIER |
| 2 MAI | GÉMEAUX | GÉMEAUX | POISSONS | CANCER | GÉMEAUX | GÉMEAUX | VIERGE | LION | 17 BÉLIER |
| 3 MAI | GÉMEAUX | GÉMEAUX | POISSONS | CANCER | GÉMEAUX | GÉMEAUX | VIERGE | LION | 1 TAUREAU |
| 4 MAI | GÉMEAUX | GÉMEAUX | POISSONS | CANCER | GÉMEAUX | GÉMEAUX | VIERGE | LION | 14 TAUREAU |
| 5 MAI | GÉMEAUX | GÉMEAUX | POISSONS | CANCER | GÉMEAUX | GÉMEAUX | VIERGE | LION | 27 TAUREAU |
| 6 MAI | GÉMEAUX | GÉMEAUX | POISSONS | CANCER | GÉMEAUX | GÉMEAUX | VIERGE | LION | 10 GÉMEAUX |
| 7 MAI | GÉMEAUX | GÉMEAUX | POISSONS | CANCER | GÉMEAUX | GÉMEAUX | VIERGE | LION | 22 GÉMEAUX |
| 8 MAI | GÉMEAUX | GÉMEAUX | POISSONS | CANCER | GÉMEAUX | GÉMEAUX | VIERGE | LION | 4 CANCER |
| 9 MAI | GÉMEAUX | GÉMEAUX | POISSONS | CANCER | GÉMEAUX | GÉMEAUX | VIERGE | LION | 16 CANCER |
| 10 MAI | GÉMEAUX | GÉMEAUX | POISSONS | CANCER | GÉMEAUX | GÉMEAUX | VIERGE | LION | 28 CANCER |
| 11 MAI | GÉMEAUX | CANCER | POISSONS | CANCER | GÉMEAUX | GÉMEAUX | VIERGE | LION | 10 LION |
| 12 MAI | GÉMEAUX | CANCER | POISSONS | CANCER | GÉMEAUX | GÉMEAUX | VIERGE | LION | 22 LION |
| 13 MAI | GÉMEAUX | CANCER | POISSONS | CANCER | GÉMEAUX | GÉMEAUX | VIERGE | LION | 4 VIERGE |
| 14 MAI | GÉMEAUX | CANCER | POISSONS | CANCER | GÉMEAUX | GÉMEAUX | VIERGE | LION | 16 VIERGE |
| 15 MAI | GÉMEAUX | CANCER | POISSONS | CANCER | GÉMEAUX | GÉMEAUX | VIERGE | LION | 28 VIERGE |
| 16 MAI | GÉMEAUX | CANCER | POISSONS | CANCER | GÉMEAUX | GÉMEAUX | VIERGE | LION | 11 BALANCE |
| 17 MAI | GÉMEAUX | CANCER | POISSONS | CANCER | GÉMEAUX | GÉMEAUX | VIERGE | LION | 24 BALANCE |
| 18 MAI | GÉMEAUX | CANCER | POISSONS | CANCER | GÉMEAUX | GÉMEAUX | VIERGE | LION | 8 SCORPION |
| 19 MAI | GÉMEAUX | CANCER | POISSONS | CANCER | GÉMEAUX | GÉMEAUX | VIERGE | LION | 22 SCORPION |
| 20 MAI | GÉMEAUX | CANCER | POISSONS | CANCER | GÉMEAUX | GÉMEAUX | VIERGE | LION | 7 SAGITTAIRE |
| 21 MAI | GÉMEAUX | CANCER | POISSONS | CANCER | GÉMEAUX | GÉMEAUX | VIERGE | LION | 21 SAGITTAIRE |

LE SOLEIL ENTRE DANS LE SIGNE DU TAUREAU LE 20 AVRIL 1943 A 23 h 30
QUITTE LE SIGNE DU LE 21 MAI A 23 h 00

* LES CHIFFRES INDIQUENT LES DEGRÉS

# DÉCOUVREZ DANS QUEL SIGNE SE TROUVAIENT LES PLANÈTES À VOTRE NAISSANCE

| 1944 | MERCURE | VÉNUS | MARS | JUPITER | SATURNE | URANUS | NEPTUNE | PLUTON | LUNE* |
|---|---|---|---|---|---|---|---|---|---|
| 20 AVRIL | TAUREAU | BÉLIER | CANCER | LION | GÉMEAUX | GÉMEAUX | BALANCE | LION | 27 POISSONS |
| 21 AVRIL | TAUREAU | BÉLIER | CANCER | LION | GÉMEAUX | GÉMEAUX | BALANCE | LION | 12 BÉLIER |
| 22 AVRIL | TAUREAU | BÉLIER | CANCER | LION | GÉMEAUX | GÉMEAUX | BALANCE | LION | 27 BÉLIER |
| 23 AVRIL | TAUREAU | BÉLIER | CANCER | LION | GÉMEAUX | GÉMEAUX | BALANCE | LION | 11 TAUREAU |
| 24 AVRIL | TAUREAU | BÉLIER | CANCER | LION | GÉMEAUX | GÉMEAUX | BALANCE | LION | 26 TAUREAU |
| 25 AVRIL | TAUREAU | BÉLIER | CANCER | LION | GÉMEAUX | GÉMEAUX | BALANCE | LION | 9 GÉMEAUX |
| 26 AVRIL | TAUREAU | BÉLIER | CANCER | LION | GÉMEAUX | GÉMEAUX | BALANCE | LION | 23 GÉMEAUX |
| 27 AVRIL | TAUREAU | BÉLIER | CANCER | LION | GÉMEAUX | GÉMEAUX | BALANCE | LION | 6 CANCER |
| 28 AVRIL | TAUREAU | BÉLIER | CANCER | LION | GÉMEAUX | GÉMEAUX | BALANCE | LION | 18 CANCER |
| 29 AVRIL | TAUREAU | BÉLIER | CANCER | LION | GÉMEAUX | GÉMEAUX | BALANCE | LION | 0 LION |
| 30 AVRIL | TAUREAU | BÉLIER | CANCER | LION | GÉMEAUX | GÉMEAUX | BALANCE | LION | 12 LION |
| 1 MAI | TAUREAU | BÉLIER | CANCER | LION | GÉMEAUX | GÉMEAUX | BALANCE | LION | 24 LION |
| 2 MAI | TAUREAU | BÉLIER | CANCER | LION | GÉMEAUX | GÉMEAUX | BALANCE | LION | 6 VIERGE |
| 3 MAI | TAUREAU | BÉLIER | CANCER | LION | GÉMEAUX | GÉMEAUX | BALANCE | LION | 18 VIERGE |
| 4 MAI | TAUREAU | BÉLIER | CANCER | LION | GÉMEAUX | GÉMEAUX | BALANCE | LION | 0 BALANCE |
| 5 MAI | TAUREAU | TAUREAU | CANCER | LION | GÉMEAUX | GÉMEAUX | BALANCE | LION | 12 BALANCE |
| 6 MAI | TAUREAU | TAUREAU | CANCER | LION | GÉMEAUX | GÉMEAUX | BALANCE | LION | 24 BALANCE |
| 7 MAI | TAUREAU | TAUREAU | CANCER | LION | GÉMEAUX | GÉMEAUX | BALANCE | LION | 7 SCORPION |
| 8 MAI | TAUREAU | TAUREAU | CANCER | LION | GÉMEAUX | GÉMEAUX | BALANCE | LION | 20 SCORPION |
| 9 MAI | TAUREAU | TAUREAU | CANCER | LION | GÉMEAUX | GÉMEAUX | BALANCE | LION | 3 SAGITTAIRE |
| 10 MAI | TAUREAU | TAUREAU | CANCER | LION | GÉMEAUX | GÉMEAUX | BALANCE | LION | 16 SAGITTAIRE |
| 11 MAI | TAUREAU | TAUREAU | CANCER | LION | GÉMEAUX | GÉMEAUX | BALANCE | LION | 29 SAGITTAIRE |
| 12 MAI | TAUREAU | TAUREAU | CANCER | LION | GÉMEAUX | GÉMEAUX | BALANCE | LION | 13 CAPRICORNE |
| 13 MAI | TAUREAU | TAUREAU | CANCER | LION | GÉMEAUX | GÉMEAUX | BALANCE | LION | 27 CAPRICORNE |
| 14 MAI | TAUREAU | TAUREAU | CANCER | LION | GÉMEAUX | GÉMEAUX | BALANCE | LION | 11 VERSEAU |
| 15 MAI | TAUREAU | TAUREAU | CANCER | LION | GÉMEAUX | GÉMEAUX | BALANCE | LION | 25 VERSEAU |
| 16 MAI | TAUREAU | TAUREAU | CANCER | LION | GÉMEAUX | GÉMEAUX | BALANCE | LION | 9 POISSONS |
| 17 MAI | TAUREAU | TAUREAU | CANCER | LION | GÉMEAUX | GÉMEAUX | BALANCE | LION | 23 POISSONS |
| 18 MAI | TAUREAU | TAUREAU | CANCER | LION | GÉMEAUX | GÉMEAUX | BALANCE | LION | 7 BÉLIER |
| 19 MAI | TAUREAU | TAUREAU | CANCER | LION | GÉMEAUX | GÉMEAUX | BALANCE | LION | 22 BÉLIER |
| 20 MAI | TAUREAU | TAUREAU | CANCER | LION | GÉMEAUX | GÉMEAUX | BALANCE | LION | 6 TAUREAU |
| 21 MAI | TAUREAU | TAUREAU | CANCER | LION | GÉMEAUX | GÉMEAUX | BALANCE | LION | 20 TAUREAU |

LE SOLEIL ENTRE DANS LE SIGNE DU TAUREAU LE 20 AVRIL 1944 A 5 h 10
LE SOLEIL QUITTE LE SIGNE DU TAUREAU LE 21 MAI A 4 h 50

* LES CHIFFRES INDIQUENT LES DEGRÉS

| 1945 | MERCURE | VÉNUS | MARS | JUPITER | SATURNE | URANUS | NEPTUNE | PLUTON | LUNE* |
|---|---|---|---|---|---|---|---|---|---|
| 20 AVRIL | BÉLIER | BÉLIER | POISSONS | VIERGE | CANCER | GÉMEAUX | BALANCE | LION | 13 LION |
| 21 AVRIL | BÉLIER | BÉLIER | POISSONS | VIERGE | CANCER | GÉMEAUX | BALANCE | LION | 26 LION |
| 22 AVRIL | BÉLIER | BÉLIER | POISSONS | VIERGE | CANCER | GÉMEAUX | BALANCE | LION | 8 VIERGE |
| 23 AVRIL | BÉLIER | BÉLIER | POISSONS | VIERGE | CANCER | GÉMEAUX | BALANCE | LION | 20 VIERGE |
| 24 AVRIL | BÉLIER | BÉLIER | POISSONS | VIERGE | CANCER | GÉMEAUX | BALANCE | LION | 2 BALANCE |
| 25 AVRIL | BÉLIER | BÉLIER | POISSONS | VIERGE | CANCER | GÉMEAUX | BALANCE | LION | 13 BALANCE |
| 26 AVRIL | BÉLIER | BÉLIER | POISSONS | VIERGE | CANCER | GÉMEAUX | BALANCE | LION | 25 BALANCE |
| 27 AVRIL | BÉLIER | BÉLIER | POISSONS | VIERGE | CANCER | GÉMEAUX | BALANCE | LION | 7 SCORPION |
| 28 AVRIL | BÉLIER | BÉLIER | POISSONS | VIERGE | CANCER | GÉMEAUX | BALANCE | LION | 19 SCORPION |
| 29 AVRIL | BÉLIER | BÉLIER | POISSONS | VIERGE | CANCER | GÉMEAUX | BALANCE | LION | 1 SAGITTAIRE |
| 30 AVRIL | BÉLIER | BÉLIER | POISSONS | VIERGE | CANCER | GÉMEAUX | BALANCE | LION | 13 SAGITTAIRE |
| 1 MAI | BÉLIER | BÉLIER | POISSONS | VIERGE | CANCER | GÉMEAUX | BALANCE | LION | 26 SAGITTAIRE |
| 2 MAI | BÉLIER | BÉLIER | POISSONS | VIERGE | CANCER | GÉMEAUX | BALANCE | LION | 8 CAPRICORNE |
| 3 MAI | BÉLIER | BÉLIER | BÉLIER | VIERGE | CANCER | GÉMEAUX | BALANCE | LION | 21 CAPRICORNE |
| 4 MAI | BÉLIER | BÉLIER | BÉLIER | VIERGE | CANCER | GÉMEAUX | BALANCE | LION | 4 VERSEAU |
| 5 MAI | BÉLIER | BÉLIER | BÉLIER | VIERGE | CANCER | GÉMEAUX | BALANCE | LION | 17 VERSEAU |
| 6 MAI | BÉLIER | BÉLIER | BÉLIER | VIERGE | CANCER | GÉMEAUX | BALANCE | LION | 1 POISSONS |
| 7 MAI | BÉLIER | BÉLIER | BÉLIER | VIERGE | CANCER | GÉMEAUX | BALANCE | LION | 15 POISSONS |
| 8 MAI | BÉLIER | BÉLIER | BÉLIER | VIERGE | CANCER | GÉMEAUX | BALANCE | LION | 0 BÉLIER |
| 9 MAI | BÉLIER | BÉLIER | BÉLIER | VIERGE | CANCER | GÉMEAUX | BALANCE | LION | 15 BÉLIER |
| 10 MAI | BÉLIER | BÉLIER | BÉLIER | VIERGE | CANCER | GÉMEAUX | BALANCE | LION | 0 TAUREAU |
| 11 MAI | BÉLIER | BÉLIER | BÉLIER | VIERGE | CANCER | GÉMEAUX | BALANCE | LION | 15 TAUREAU |
| 12 MAI | BÉLIER | BÉLIER | BÉLIER | VIERGE | CANCER | GÉMEAUX | BALANCE | LION | 0 GÉMEAUX |
| 13 MAI | BÉLIER | BÉLIER | BÉLIER | VIERGE | CANCER | GÉMEAUX | BALANCE | LION | 15 GÉMEAUX |
| 14 MAI | BÉLIER | BÉLIER | BÉLIER | VIERGE | CANCER | GÉMEAUX | BALANCE | LION | 29 GÉMEAUX |
| 15 MAI | BÉLIER | BÉLIER | BÉLIER | VIERGE | CANCER | GÉMEAUX | BALANCE | LION | 13 CANCER |
| 16 MAI | BÉLIER | BÉLIER | BÉLIER | VIERGE | CANCER | GÉMEAUX | BALANCE | LION | 26 CANCER |
| 17 MAI | TAUREAU | BÉLIER | BÉLIER | VIERGE | CANCER | GÉMEAUX | BALANCE | LION | 9 LION |
| 18 MAI | TAUREAU | BÉLIER | BÉLIER | VIERGE | CANCER | GÉMEAUX | BALANCE | LION | 22 LION |
| 19 MAI | TAUREAU | BÉLIER | BÉLIER | VIERGE | CANCER | GÉMEAUX | BALANCE | LION | 4 VIERGE |
| 20 MAI | TAUREAU | BÉLIER | BÉLIER | VIERGE | CANCER | GÉMEAUX | BALANCE | LION | 16 VIERGE |
| 21 MAI | TAUREAU | BÉLIER | BÉLIER | VIERGE | CANCER | GÉMEAUX | BALANCE | LION | 28 VIERGE |

LE SOLEIL ENTRE DANS LE SIGNE DU TAUREAU LE 20 AVRIL 1945 A 11 h 00
LE SOLEIL QUITTE LE SIGNE DU TAUREAU LE 21 MAI A 10 h 40

* LES CHIFFRES INDIQUENT LES DEGRÉS

# DÉCOUVREZ DANS QUEL SIGNE SE TROUVAIENT LES PLANÈTES À VOTRE NAISSANCE

| 1946 | MERCURE | VÉNUS | MARS | JUPITER | SATURNE | URANUS | NEPTUNE | PLUTON | LUNE* |
|---|---|---|---|---|---|---|---|---|---|
| 20 AVRIL | BÉLIER | TAUREAU | CANCER | BALANCE | CANCER | GÉMEAUX | BALANCE | LION | 14 SAGITTAIRE |
| 21 AVRIL | BÉLIER | TAUREAU | CANCER | BALANCE | CANCER | GÉMEAUX | BALANCE | LION | 25 SAGITTAIRE |
| 22 AVRIL | BÉLIER | TAUREAU | CANCER | BALANCE | CANCER | GÉMEAUX | BALANCE | LION | 7 CAPRICORNE |
| 23 AVRIL | BÉLIER | TAUREAU | LION | BALANCE | CANCER | GÉMEAUX | BALANCE | LION | 19 CAPRICORNE |
| 24 AVRIL | BÉLIER | TAUREAU | LION | BALANCE | CANCER | GÉMEAUX | BALANCE | LION | 2 VERSEAU |
| 25 AVRIL | BÉLIER | TAUREAU | LION | BALANCE | CANCER | GÉMEAUX | BALANCE | LION | 14 VERSEAU |
| 26 AVRIL | BÉLIER | TAUREAU | LION | BALANCE | CANCER | GÉMEAUX | BALANCE | LION | 27 VERSEAU |
| 27 AVRIL | BÉLIER | TAUREAU | LION | BALANCE | CANCER | GÉMEAUX | BALANCE | LION | 11 POISSONS |
| 28 AVRIL | BÉLIER | TAUREAU | LION | BALANCE | CANCER | GÉMEAUX | BALANCE | LION | 25 POISSONS |
| 29 AVRIL | BÉLIER | GÉMEAUX | LION | BALANCE | CANCER | GÉMEAUX | BALANCE | LION | 10 BÉLIER |
| 30 AVRIL | BÉLIER | GÉMEAUX | LION | BALANCE | CANCER | GÉMEAUX | BALANCE | LION | 24 BÉLIER |
| 1 MAI | BÉLIER | GÉMEAUX | LION | BALANCE | CANCER | GÉMEAUX | BALANCE | LION | 9 TAUREAU |
| 2 MAI | BÉLIER | GÉMEAUX | LION | BALANCE | CANCER | GÉMEAUX | BALANCE | LION | 25 TAUREAU |
| 3 MAI | BÉLIER | GÉMEAUX | LION | BALANCE | CANCER | GÉMEAUX | BALANCE | LION | 10 GÉMEAUX |
| 4 MAI | BÉLIER | GÉMEAUX | LION | BALANCE | CANCER | GÉMEAUX | BALANCE | LION | 25 GÉMEAUX |
| 5 MAI | BÉLIER | GÉMEAUX | LION | BALANCE | CANCER | GÉMEAUX | BALANCE | LION | 9 CANCER |
| 6 MAI | BÉLIER | GÉMEAUX | LION | BALANCE | CANCER | GÉMEAUX | BALANCE | LION | 23 CANCER |
| 7 MAI | BÉLIER | GÉMEAUX | LION | BALANCE | CANCER | GÉMEAUX | BALANCE | LION | 7 LION |
| 8 MAI | BÉLIER | GÉMEAUX | LION | BALANCE | CANCER | GÉMEAUX | BALANCE | LION | 20 LION |
| 9 MAI | BÉLIER | GÉMEAUX | LION | BALANCE | CANCER | GÉMEAUX | BALANCE | LION | 3 VIERGE |
| 10 MAI | BÉLIER | GÉMEAUX | LION | BALANCE | CANCER | GÉMEAUX | BALANCE | LION | 16 VIERGE |
| 11 MAI | BÉLIER | GÉMEAUX | LION | BALANCE | CANCER | GÉMEAUX | BALANCE | LION | 29 VIERGE |
| 12 MAI | TAUREAU | GÉMEAUX | LION | BALANCE | CANCER | GÉMEAUX | BALANCE | LION | 11 BALANCE |
| 13 MAI | TAUREAU | GÉMEAUX | LION | BALANCE | CANCER | GÉMEAUX | BALANCE | LION | 23 BALANCE |
| 14 MAI | TAUREAU | GÉMEAUX | LION | BALANCE | CANCER | GÉMEAUX | BALANCE | LION | 5 SCORPION |
| 15 MAI | TAUREAU | GÉMEAUX | LION | BALANCE | CANCER | GÉMEAUX | BALANCE | LION | 17 SCORPION |
| 16 MAI | TAUREAU | GÉMEAUX | LION | BALANCE | CANCER | GÉMEAUX | BALANCE | LION | 29 SCORPION |
| 17 MAI | TAUREAU | GÉMEAUX | LION | BALANCE | CANCER | GÉMEAUX | BALANCE | LION | 11 SAGITTAIRE |
| 18 MAI | TAUREAU | GÉMEAUX | LION | BALANCE | CANCER | GÉMEAUX | BALANCE | LION | 22 SAGITTAIRE |
| 19 MAI | TAUREAU | GÉMEAUX | LION | BALANCE | CANCER | GÉMEAUX | BALANCE | LION | 4 CAPRICORNE |
| 20 MAI | TAUREAU | GÉMEAUX | LION | BALANCE | CANCER | GÉMEAUX | BALANCE | LION | 16 CAPRICORNE |
| 21 MAI | TAUREAU | GÉMEAUX | LION | BALANCE | CANCER | GÉMEAUX | BALANCE | LION | 28 CAPRICORNE |

LE SOLEIL ENTRE DANS LE SIGNE DU TAUREAU LE 20 AVRIL 1946 A 17 h 00
QUITTE LE SIGNE DU LE 21 MAI A 16 h 30
* LES CHIFFRES INDIQUENT LES DEGRÉS

| 1947 | MERCURE | VÉNUS | MARS | JUPITER | SATURNE | URANUS | NEPTUNE | PLUTON | LUNE* |
|---|---|---|---|---|---|---|---|---|---|
| 20 AVRIL | BÉLIER | POISSONS | BÉLIER | SCORPION | LION | GÉMEAUX | BALANCE | LION | 20 BÉLIER |
| 21 AVRIL | BÉLIER | POISSONS | BÉLIER | SCORPION | LION | GÉMEAUX | BALANCE | LION | 4 TAUREAU |
| 22 AVRIL | BÉLIER | POISSONS | BÉLIER | SCORPION | LION | GÉMEAUX | BALANCE | LION | 19 TAUREAU |
| 23 AVRIL | BÉLIER | POISSONS | BÉLIER | SCORPION | LION | GÉMEAUX | BALANCE | LION | 3 GÉMEAUX |
| 24 AVRIL | BÉLIER | POISSONS | BÉLIER | SCORPION | LION | GÉMEAUX | BALANCE | LION | 17 GÉMEAUX |
| 25 AVRIL | BÉLIER | BÉLIER | BÉLIER | SCORPION | LION | GÉMEAUX | BALANCE | LION | 2 CANCER |
| 26 AVRIL | BÉLIER | BÉLIER | BÉLIER | SCORPION | LION | GÉMEAUX | BALANCE | LION | 16 CANCER |
| 27 AVRIL | BÉLIER | BÉLIER | BÉLIER | SCORPION | LION | GÉMEAUX | BALANCE | LION | 0 LION |
| 28 AVRIL | BÉLIER | BÉLIER | BÉLIER | SCORPION | LION | GÉMEAUX | BALANCE | LION | 14 LION |
| 29 AVRIL | BÉLIER | BÉLIER | BÉLIER | SCORPION | LION | GÉMEAUX | BALANCE | LION | 28 LION |
| 30 AVRIL | BÉLIER | BÉLIER | BÉLIER | SCORPION | LION | GÉMEAUX | BALANCE | LION | 12 VIERGE |
| 1 MAI | BÉLIER | BÉLIER | BÉLIER | SCORPION | LION | GÉMEAUX | BALANCE | LION | 26 VIERGE |
| 2 MAI | BÉLIER | BÉLIER | BÉLIER | SCORPION | LION | GÉMEAUX | BALANCE | LION | 9 BALANCE |
| 3 MAI | BÉLIER | BÉLIER | BÉLIER | SCORPION | LION | GÉMEAUX | BALANCE | LION | 22 BALANCE |
| 4 MAI | TAUREAU | BÉLIER | BÉLIER | SCORPION | LION | GÉMEAUX | BALANCE | LION | 5 SCORPION |
| 5 MAI | TAUREAU | BÉLIER | BÉLIER | SCORPION | LION | GÉMEAUX | BALANCE | LION | 17 SCORPION |
| 6 MAI | TAUREAU | BÉLIER | BÉLIER | SCORPION | LION | GÉMEAUX | BALANCE | LION | 0 SAGITTAIRE |
| 7 MAI | TAUREAU | BÉLIER | BÉLIER | SCORPION | LION | GÉMEAUX | BALANCE | LION | 12 SAGITTAIRE |
| 8 MAI | TAUREAU | BÉLIER | BÉLIER | SCORPION | LION | GÉMEAUX | BALANCE | LION | 24 SAGITTAIRE |
| 9 MAI | TAUREAU | BÉLIER | BÉLIER | SCORPION | LION | GÉMEAUX | BALANCE | LION | 6 CAPRICORNE |
| 10 MAI | TAUREAU | BÉLIER | BÉLIER | SCORPION | LION | GÉMEAUX | BALANCE | LION | 17 CAPRICORNE |
| 11 MAI | TAUREAU | BÉLIER | BÉLIER | SCORPION | LION | GÉMEAUX | BALANCE | LION | 29 CAPRICORNE |
| 12 MAI | TAUREAU | BÉLIER | BÉLIER | SCORPION | LION | GÉMEAUX | BALANCE | LION | 11 VERSEAU |
| 13 MAI | TAUREAU | BÉLIER | BÉLIER | SCORPION | LION | GÉMEAUX | BALANCE | LION | 23 VERSEAU |
| 14 MAI | TAUREAU | BÉLIER | BÉLIER | SCORPION | LION | GÉMEAUX | BALANCE | LION | 6 POISSONS |
| 15 MAI | TAUREAU | BÉLIER | BÉLIER | SCORPION | LION | GÉMEAUX | BALANCE | LION | 18 POISSONS |
| 16 MAI | TAUREAU | BÉLIER | BÉLIER | SCORPION | LION | GÉMEAUX | BALANCE | LION | 1 BÉLIER |
| 17 MAI | TAUREAU | BÉLIER | BÉLIER | SCORPION | LION | GÉMEAUX | BALANCE | LION | 15 BÉLIER |
| 18 MAI | TAUREAU | BÉLIER | BÉLIER | SCORPION | LION | GÉMEAUX | BALANCE | LION | 29 BÉLIER |
| 19 MAI | GÉMEAUX | BÉLIER | BÉLIER | SCORPION | LION | GÉMEAUX | BALANCE | LION | 13 TAUREAU |
| 20 MAI | GÉMEAUX | TAUREAU | BÉLIER | SCORPION | LION | GÉMEAUX | BALANCE | LION | 27 TAUREAU |
| 21 MAI | GÉMEAUX | TAUREAU | TAUREAU | SCORPION | LION | GÉMEAUX | BALANCE | LION | 12 GÉMEAUX |

LE SOLEIL ENTRE DANS LE SIGNE DU TAUREAU LE 20 AVRIL 1947 A 22 h 40
QUITTE LE SIGNE DU LE 21 MAI A 22 h 00
* LES CHIFFRES INDIQUENT LES DEGRÉS

# DÉCOUVREZ DANS QUEL SIGNE SE TROUVAIENT LES PLANÈTES À VOTRE NAISSANCE

| 1948 | MERCURE | VÉNUS | MARS | JUPITER | SATURNE | URANUS | NEPTUNE | PLUTON | LUNE* |
|---|---|---|---|---|---|---|---|---|---|
| 20 AVRIL | BÉLIER | GÉMEAUX | LION | SAGITTAIRE | LION | GÉMEAUX | BALANCE | LION | 19 VIERGE |
| 21 AVRIL | BÉLIER | GÉMEAUX | LION | SAGITTAIRE | LION | GÉMEAUX | BALANCE | LION | 4 BALANCE |
| 22 AVRIL | BÉLIER | GÉMEAUX | LION | SAGITTAIRE | LION | GÉMEAUX | BALANCE | LION | 18 BALANCE |
| 23 AVRIL | BÉLIER | GÉMEAUX | LION | SAGITTAIRE | LION | GÉMEAUX | BALANCE | LION | 2 SCORPION |
| 24 AVRIL | BÉLIER | GÉMEAUX | LION | SAGITTAIRE | LION | GÉMEAUX | BALANCE | LION | 16 SCORPION |
| 25 AVRIL | TAUREAU | GÉMEAUX | LION | SAGITTAIRE | LION | GÉMEAUX | BALANCE | LION | 29 SCORPION |
| 26 AVRIL | TAUREAU | GÉMEAUX | LION | SAGITTAIRE | LION | GÉMEAUX | BALANCE | LION | 13 SAGITTAIRE |
| 27 AVRIL | TAUREAU | GÉMEAUX | LION | SAGITTAIRE | LION | GÉMEAUX | BALANCE | LION | 25 SAGITTAIRE |
| 28 AVRIL | TAUREAU | GÉMEAUX | LION | SAGITTAIRE | LION | GÉMEAUX | BALANCE | LION | 8 CAPRICORNE |
| 29 AVRIL | TAUREAU | GÉMEAUX | LION | SAGITTAIRE | LION | GÉMEAUX | BALANCE | LION | 20 CAPRICORNE |
| 30 AVRIL | TAUREAU | GÉMEAUX | LION | SAGITTAIRE | LION | GÉMEAUX | BALANCE | LION | 2 VERSEAU |
| 1 MAI | TAUREAU | GÉMEAUX | LION | SAGITTAIRE | LION | GÉMEAUX | BALANCE | LION | 14 VERSEAU |
| 2 MAI | TAUREAU | GÉMEAUX | LION | SAGITTAIRE | LION | GÉMEAUX | BALANCE | LION | 26 VERSEAU |
| 3 MAI | TAUREAU | GÉMEAUX | LION | SAGITTAIRE | LION | GÉMEAUX | BALANCE | LION | 8 POISSONS |
| 4 MAI | TAUREAU | GÉMEAUX | LION | SAGITTAIRE | LION | GÉMEAUX | BALANCE | LION | 20 POISSONS |
| 5 MAI | TAUREAU | GÉMEAUX | LION | SAGITTAIRE | LION | GÉMEAUX | BALANCE | LION | 2 BÉLIER |
| 6 MAI | TAUREAU | GÉMEAUX | LION | SAGITTAIRE | LION | GÉMEAUX | BALANCE | LION | 14 BÉLIER |
| 7 MAI | TAUREAU | CANCER | LION | SAGITTAIRE | LION | GÉMEAUX | BALANCE | LION | 27 BÉLIER |
| 8 MAI | TAUREAU | CANCER | LION | SAGITTAIRE | LION | GÉMEAUX | BALANCE | LION | 10 TAUREAU |
| 9 MAI | GÉMEAUX | CANCER | LION | SAGITTAIRE | LION | GÉMEAUX | BALANCE | LION | 23 TAUREAU |
| 10 MAI | GÉMEAUX | CANCER | LION | SAGITTAIRE | LION | GÉMEAUX | BALANCE | LION | 7 GÉMEAUX |
| 11 MAI | GÉMEAUX | CANCER | LION | SAGITTAIRE | LION | GÉMEAUX | BALANCE | LION | 21 GÉMEAUX |
| 12 MAI | GÉMEAUX | CANCER | LION | SAGITTAIRE | LION | GÉMEAUX | BALANCE | LION | 5 CANCER |
| 13 MAI | GÉMEAUX | CANCER | LION | SAGITTAIRE | LION | GÉMEAUX | BALANCE | LION | 19 CANCER |
| 14 MAI | GÉMEAUX | CANCER | LION | SAGITTAIRE | LION | GÉMEAUX | BALANCE | LION | 3 LION |
| 15 MAI | GÉMEAUX | CANCER | LION | SAGITTAIRE | LION | GÉMEAUX | BALANCE | LION | 17 LION |
| 16 MAI | GÉMEAUX | CANCER | LION | SAGITTAIRE | LION | GÉMEAUX | BALANCE | LION | 1 VIERGE |
| 17 MAI | GÉMEAUX | CANCER | LION | SAGITTAIRE | LION | GÉMEAUX | BALANCE | LION | 15 VIERGE |
| 18 MAI | GÉMEAUX | CANCER | LION | SAGITTAIRE | LION | GÉMEAUX | BALANCE | LION | 0 BALANCE |
| 19 MAI | GÉMEAUX | CANCER | VIERGE | SAGITTAIRE | LION | GÉMEAUX | BALANCE | LION | 14 BALANCE |
| 20 MAI | GÉMEAUX | CANCER | VIERGE | SAGITTAIRE | LION | GÉMEAUX | BALANCE | LION | 27 BALANCE |
| 21 MAI | GÉMEAUX | CANCER | VIERGE | SAGITTAIRE | LION | GÉMEAUX | BALANCE | LION | 11 SCORPION |

LE SOLEIL ENTRE DANS LE SIGNE DU TAUREAU LE 20 AVRIL 1948 A 4 h 30
LE SOLEIL QUITTE LE SIGNE DU LE 21 MAI A 4 h 00
* LES CHIFFRES INDIQUENT LES DEGRÉS

| 1949 | MERCURE | VÉNUS | MARS | JUPITER | SATURNE | URANUS | NEPTUNE | PLUTON | LUNE* |
|---|---|---|---|---|---|---|---|---|---|
| 20 AVRIL | TAUREAU | TAUREAU | BÉLIER | VERSEAU | LION | GÉMEAUX | BALANCE | LION | 4 VERSEAU |
| 21 AVRIL | TAUREAU | TAUREAU | BÉLIER | VERSEAU | LION | GÉMEAUX | BALANCE | LION | 16 VERSEAU |
| 22 AVRIL | TAUREAU | TAUREAU | BÉLIER | VERSEAU | LION | GÉMEAUX | BALANCE | LION | 28 VERSEAU |
| 23 AVRIL | TAUREAU | TAUREAU | BÉLIER | VERSEAU | LION | GÉMEAUX | BALANCE | LION | 10 POISSONS |
| 24 AVRIL | TAUREAU | TAUREAU | BÉLIER | VERSEAU | LION | GÉMEAUX | BALANCE | LION | 22 POISSONS |
| 25 AVRIL | TAUREAU | TAUREAU | BÉLIER | VERSEAU | LION | GÉMEAUX | BALANCE | LION | 4 BÉLIER |
| 26 AVRIL | TAUREAU | TAUREAU | BÉLIER | VERSEAU | LION | GÉMEAUX | BALANCE | LION | 15 BÉLIER |
| 27 AVRIL | TAUREAU | TAUREAU | BÉLIER | VERSEAU | LION | GÉMEAUX | BALANCE | LION | 27 BÉLIER |
| 28 AVRIL | TAUREAU | TAUREAU | BÉLIER | VERSEAU | LION | GÉMEAUX | BALANCE | LION | 9 TAUREAU |
| 29 AVRIL | TAUREAU | TAUREAU | BÉLIER | VERSEAU | LION | GÉMEAUX | BALANCE | PLUTON | 22 TAUREAU |
| 30 AVRIL | TAUREAU | TAUREAU | TAUREAU | VERSEAU | LION | GÉMEAUX | BALANCE | LION | 4 GÉMEAUX |
| 1 MAI | TAUREAU | TAUREAU | TAUREAU | VERSEAU | LION | GÉMEAUX | BALANCE | LION | 16 GÉMEAUX |
| 2 MAI | GÉMEAUX | TAUREAU | TAUREAU | VERSEAU | LION | GÉMEAUX | BALANCE | LION | 29 GÉMEAUX |
| 3 MAI | GÉMEAUX | TAUREAU | TAUREAU | VERSEAU | LION | GÉMEAUX | BALANCE | LION | 12 CANCER |
| 4 MAI | GÉMEAUX | TAUREAU | TAUREAU | VERSEAU | LION | GÉMEAUX | BALANCE | LION | 26 CANCER |
| 5 MAI | GÉMEAUX | TAUREAU | TAUREAU | VERSEAU | LION | GÉMEAUX | BALANCE | LION | 9 LION |
| 6 MAI | GÉMEAUX | TAUREAU | TAUREAU | VERSEAU | LION | GÉMEAUX | BALANCE | LION | 23 LION |
| 7 MAI | GÉMEAUX | TAUREAU | TAUREAU | VERSEAU | LION | GÉMEAUX | BALANCE | LION | 7 VIERGE |
| 8 MAI | GÉMEAUX | TAUREAU | TAUREAU | VERSEAU | LION | GÉMEAUX | BALANCE | LION | 22 VIERGE |
| 9 MAI | GÉMEAUX | TAUREAU | TAUREAU | VERSEAU | LION | GÉMEAUX | BALANCE | LION | 6 BALANCE |
| 10 MAI | GÉMEAUX | TAUREAU | TAUREAU | VERSEAU | LION | GÉMEAUX | BALANCE | LION | 21 BALANCE |
| 11 MAI | GÉMEAUX | TAUREAU | TAUREAU | VERSEAU | LION | GÉMEAUX | BALANCE | LION | 6 SCORPION |
| 12 MAI | GÉMEAUX | TAUREAU | TAUREAU | VERSEAU | LION | GÉMEAUX | BALANCE | LION | 21 SCORPION |
| 13 MAI | GÉMEAUX | TAUREAU | TAUREAU | VERSEAU | LION | GÉMEAUX | BALANCE | LION | 5 SAGITTAIRE |
| 14 MAI | GÉMEAUX | GÉMEAUX | TAUREAU | VERSEAU | LION | GÉMEAUX | BALANCE | LION | 19 SAGITTAIRE |
| 15 MAI | GÉMEAUX | GÉMEAUX | TAUREAU | VERSEAU | LION | GÉMEAUX | BALANCE | LION | 3 CAPRICORNE |
| 16 MAI | GÉMEAUX | GÉMEAUX | TAUREAU | VERSEAU | LION | GÉMEAUX | BALANCE | LION | 17 CAPRICORNE |
| 17 MAI | GÉMEAUX | GÉMEAUX | TAUREAU | VERSEAU | LION | GÉMEAUX | BALANCE | LION | 29 CAPRICORNE |
| 18 MAI | GÉMEAUX | GÉMEAUX | TAUREAU | VERSEAU | LION | GÉMEAUX | BALANCE | LION | 12 VERSEAU |
| 19 MAI | GÉMEAUX | GÉMEAUX | TAUREAU | VERSEAU | LION | GÉMEAUX | BALANCE | LION | 24 VERSEAU |
| 20 MAI | GÉMEAUX | GÉMEAUX | TAUREAU | VERSEAU | LION | GÉMEAUX | BALANCE | LION | 6 POISSONS |
| 21 MAI | GÉMEAUX | GÉMEAUX | TAUREAU | VERSEAU | LION | GÉMEAUX | BALANCE | LION | 18 POISSONS |

LE SOLEIL ENTRE DANS LE SIGNE DU TAUREAU LE 20 AVRIL 1949 A 10 h 20
LE SOLEIL QUITTE LE SIGNE DU LE 21 MAI A 10 h 00
* LES CHIFFRES INDIQUENT LES DEGRÉS

# DÉCOUVREZ DANS QUEL SIGNE SE TROUVAIENT LES PLANÈTES À VOTRE NAISSANCE

| **1950** | MERCURE | VÉNUS | MARS | JUPITER | SATURNE | URANUS | NEPTUNE | PLUTON | LUNE* |
|---|---|---|---|---|---|---|---|---|---|
| 20 AVRIL | TAUREAU | POISSONS | VIERGE | POISSONS | VIERGE | CANCER | BALANCE | LION | 4 GÉMEAUX |
| 21 AVRIL | TAUREAU | POISSONS | VIERGE | POISSONS | VIERGE | CANCER | BALANCE | LION | 16 GÉMEAUX |
| 22 AVRIL | TAUREAU | POISSONS | VIERGE | POISSONS | VIERGE | CANCER | BALANCE | LION | 28 GÉMEAUX |
| 23 AVRIL | TAUREAU | POISSONS | VIERGE | POISSONS | VIERGE | CANCER | BALANCE | LION | 10 CANCER |
| 24 AVRIL | TAUREAU | POISSONS | VIERGE | POISSONS | VIERGE | CANCER | BALANCE | LION | 22 CANCER |
| 25 AVRIL | TAUREAU | POISSONS | VIERGE | POISSONS | VIERGE | CANCER | BALANCE | LION | 5 LION |
| 26 AVRIL | TAUREAU | POISSONS | VIERGE | POISSONS | VIERGE | CANCER | BALANCE | LION | 18 LION |
| 27 AVRIL | TAUREAU | POISSONS | VIERGE | POISSONS | VIERGE | CANCER | BALANCE | LION | 2 VIERGE |
| 28 AVRIL | TAUREAU | POISSONS | VIERGE | POISSONS | VIERGE | CANCER | BALANCE | LION | 16 VIERGE |
| 29 AVRIL | TAUREAU | POISSONS | VIERGE | POISSONS | VIERGE | CANCER | BALANCE | LION | 0 BALANCE |
| 30 AVRIL | TAUREAU | POISSONS | VIERGE | POISSONS | VIERGE | CANCER | BALANCE | LION | 15 BALANCE |
| 1 MAI | TAUREAU | POISSONS | VIERGE | POISSONS | VIERGE | CANCER | BALANCE | LION | 0 SCORPION |
| 2 MAI | TAUREAU | POISSONS | VIERGE | POISSONS | VIERGE | CANCER | BALANCE | LION | 15 SCORPION |
| 3 MAI | TAUREAU | POISSONS | VIERGE | POISSONS | VIERGE | CANCER | BALANCE | LION | 0 SAGITTAIRE |
| 4 MAI | TAUREAU | POISSONS | VIERGE | POISSONS | VIERGE | CANCER | BALANCE | LION | 15 SAGITTAIRE |
| 5 MAI | TAUREAU | POISSONS | VIERGE | POISSONS | VIERGE | CANCER | BALANCE | LION | 0 CAPRICORNE |
| 6 MAI | TAUREAU | BÉLIER | VIERGE | POISSONS | VIERGE | CANCER | BALANCE | LION | 15 CAPRICORNE |
| 7 MAI | TAUREAU | BÉLIER | VIERGE | POISSONS | VIERGE | CANCER | BALANCE | LION | 28 CAPRICORNE |
| 8 MAI | TAUREAU | BÉLIER | VIERGE | POISSONS | VIERGE | CANCER | BALANCE | LION | 12 VERSEAU |
| 9 MAI | TAUREAU | BÉLIER | VIERGE | POISSONS | VIERGE | CANCER | BALANCE | LION | 25 VERSEAU |
| 10 MAI | TAUREAU | BÉLIER | VIERGE | POISSONS | VIERGE | CANCER | BALANCE | LION | 7 POISSONS |
| 11 MAI | TAUREAU | BÉLIER | VIERGE | POISSONS | VIERGE | CANCER | BALANCE | LION | 19 POISSONS |
| 12 MAI | TAUREAU | BÉLIER | VIERGE | POISSONS | VIERGE | CANCER | BALANCE | LION | 2 BÉLIER |
| 13 MAI | TAUREAU | BÉLIER | VIERGE | POISSONS | VIERGE | CANCER | BALANCE | LION | 13 BÉLIER |
| 14 MAI | TAUREAU | BÉLIER | VIERGE | POISSONS | VIERGE | CANCER | BALANCE | LION | 25 BÉLIER |
| 15 MAI | TAUREAU | BÉLIER | VIERGE | POISSONS | VIERGE | CANCER | BALANCE | LION | 7 TAUREAU |
| 16 MAI | TAUREAU | BÉLIER | VIERGE | POISSONS | VIERGE | CANCER | BALANCE | LION | 19 TAUREAU |
| 17 MAI | TAUREAU | BÉLIER | VIERGE | POISSONS | VIERGE | CANCER | BALANCE | LION | 1 GÉMEAUX |
| 18 MAI | TAUREAU | BÉLIER | VIERGE | POISSONS | VIERGE | CANCER | BALANCE | LION | 13 GÉMEAUX |
| 19 MAI | TAUREAU | BÉLIER | VIERGE | POISSONS | VIERGE | CANCER | BALANCE | LION | 25 GÉMEAUX |
| 20 MAI | TAUREAU | BÉLIER | VIERGE | POISSONS | VIERGE | CANCER | BALANCE | LION | 7 CANCER |
| 21 MAI | TAUREAU | BÉLIER | VIERGE | POISSONS | VIERGE | CANCER | BALANCE | LION | 19 CANCER |

LE SOLEIL ENTRE DANS LE SIGNE DU TAUREAU LE 20 AVRIL 1950 A 16 h 00
LE SOLEIL QUITTE LE SIGNE DU TAUREAU LE 21 MAI A 15 h 30
* LES CHIFFRES INDIQUENT LES DEGRÉS

| **1951** | MERCURE | VÉNUS | MARS | JUPITER | SATURNE | URANUS | NEPTUNE | PLUTON | LUNE* |
|---|---|---|---|---|---|---|---|---|---|
| 20 AVRIL | TAUREAU | GÉMEAUX | TAUREAU | POISSONS | VIERGE | CANCER | BALANCE | LION | 11 BALANCE |
| 21 AVRIL | TAUREAU | GÉMEAUX | TAUREAU | POISSONS | VIERGE | CANCER | BALANCE | LION | 25 BALANCE |
| 22 AVRIL | TAUREAU | GÉMEAUX | TAUREAU | BÉLIER | VIERGE | CANCER | BALANCE | LION | 9 SCORPION |
| 23 AVRIL | TAUREAU | GÉMEAUX | TAUREAU | BÉLIER | VIERGE | CANCER | BALANCE | LION | 24 SCORPION |
| 24 AVRIL | TAUREAU | GÉMEAUX | TAUREAU | BÉLIER | VIERGE | CANCER | BALANCE | LION | 9 SAGITTAIRE |
| 25 AVRIL | TAUREAU | GÉMEAUX | TAUREAU | BÉLIER | VIERGE | CANCER | BALANCE | LION | 24 SAGITTAIRE |
| 26 AVRIL | TAUREAU | GÉMEAUX | TAUREAU | BÉLIER | VIERGE | CANCER | BALANCE | LION | 9 CAPRICORNE |
| 27 AVRIL | TAUREAU | GÉMEAUX | TAUREAU | BÉLIER | VIERGE | CANCER | BALANCE | LION | 23 CAPRICORNE |
| 28 AVRIL | TAUREAU | GÉMEAUX | TAUREAU | BÉLIER | VIERGE | CANCER | BALANCE | LION | 7 VERSEAU |
| 29 AVRIL | TAUREAU | GÉMEAUX | TAUREAU | BÉLIER | VIERGE | CANCER | BALANCE | PLUTON | 21 VERSEAU |
| 30 AVRIL | TAUREAU | GÉMEAUX | TAUREAU | BÉLIER | VIERGE | CANCER | BALANCE | LION | 4 POISSONS |
| 1 MAI | TAUREAU | GÉMEAUX | TAUREAU | BÉLIER | VIERGE | CANCER | BALANCE | LION | 17 POISSONS |
| 2 MAI | BÉLIER | GÉMEAUX | TAUREAU | BÉLIER | VIERGE | CANCER | BALANCE | LION | 0 BÉLIER |
| 3 MAI | BÉLIER | GÉMEAUX | TAUREAU | BÉLIER | VIERGE | CANCER | BALANCE | LION | 13 BÉLIER |
| 4 MAI | BÉLIER | GÉMEAUX | TAUREAU | BÉLIER | VIERGE | CANCER | BALANCE | LION | 25 BÉLIER |
| 5 MAI | BÉLIER | GÉMEAUX | TAUREAU | BÉLIER | VIERGE | CANCER | BALANCE | LION | 7 TAUREAU |
| 6 MAI | BÉLIER | GÉMEAUX | TAUREAU | BÉLIER | VIERGE | CANCER | BALANCE | LION | 20 TAUREAU |
| 7 MAI | BÉLIER | GÉMEAUX | TAUREAU | BÉLIER | VIERGE | CANCER | BALANCE | LION | 2 GÉMEAUX |
| 8 MAI | BÉLIER | GÉMEAUX | TAUREAU | BÉLIER | VIERGE | CANCER | BALANCE | LION | 14 GÉMEAUX |
| 9 MAI | BÉLIER | GÉMEAUX | TAUREAU | BÉLIER | VIERGE | CANCER | BALANCE | LION | 26 GÉMEAUX |
| 10 MAI | BÉLIER | GÉMEAUX | TAUREAU | BÉLIER | VIERGE | CANCER | BALANCE | LION | 7 CANCER |
| 11 MAI | BÉLIER | CANCER | TAUREAU | BÉLIER | VIERGE | CANCER | BALANCE | LION | 19 CANCER |
| 12 MAI | BÉLIER | CANCER | TAUREAU | BÉLIER | VIERGE | CANCER | BALANCE | LION | 1 LION |
| 13 MAI | BÉLIER | CANCER | TAUREAU | BÉLIER | VIERGE | CANCER | BALANCE | LION | 13 LION |
| 14 MAI | BÉLIER | CANCER | TAUREAU | BÉLIER | VIERGE | CANCER | BALANCE | LION | 26 LION |
| 15 MAI | TAUREAU | CANCER | TAUREAU | BÉLIER | VIERGE | CANCER | BALANCE | LION | 8 VIERGE |
| 16 MAI | TAUREAU | CANCER | TAUREAU | BÉLIER | VIERGE | CANCER | BALANCE | LION | 21 VIERGE |
| 17 MAI | TAUREAU | CANCER | TAUREAU | BÉLIER | VIERGE | CANCER | BALANCE | LION | 5 BALANCE |
| 18 MAI | TAUREAU | CANCER | TAUREAU | BÉLIER | VIERGE | CANCER | BALANCE | LION | 19 BALANCE |
| 19 MAI | TAUREAU | CANCER | TAUREAU | BÉLIER | VIERGE | CANCER | BALANCE | LION | 3 SCORPION |
| 20 MAI | TAUREAU | CANCER | TAUREAU | BÉLIER | VIERGE | CANCER | BALANCE | LION | 18 SCORPION |
| 21 MAI | TAUREAU | CANCER | TAUREAU | BÉLIER | VIERGE | CANCER | BALANCE | LION | 3 SAGITTAIRE |

LE SOLEIL ENTRE DANS LE SIGNE DU TAUREAU LE 20 AVRIL 1951 A 21 h 50
LE SOLEIL QUITTE LE SIGNE DU TAUREAU LE 21 MAI A 21 h 10
* LES CHIFFRES INDIQUENT LES DEGRÉS

# DÉCOUVREZ DANS QUEL SIGNE SE TROUVAIENT LES PLANÈTES À VOTRE NAISSANCE

| 1952 | MERCURE | VÉNUS | MARS | JUPITER | SATURNE | URANUS | NEPTUNE | PLUTON | LUNE* |
|---|---|---|---|---|---|---|---|---|---|
| 20 AVRIL | BÉLIER | BÉLIER | SCORPION | BÉLIER | BALANCE | CANCER | BALANCE | LION | 11 POISSONS |
| 21 AVRIL | BÉLIER | BÉLIER | SCORPION | BÉLIER | BALANCE | CANCER | BALANCE | LION | 25 POISSONS |
| 22 AVRIL | BÉLIER | BÉLIER | SCORPION | BÉLIER | BALANCE | CANCER | BALANCE | LION | 9 BÉLIER |
| 23 AVRIL | BÉLIER | BÉLIER | SCORPION | BÉLIER | BALANCE | CANCER | BALANCE | LION | 23 BÉLIER |
| 24 AVRIL | BÉLIER | BÉLIER | SCORPION | BÉLIER | BALANCE | CANCER | BALANCE | LION | 6 TAUREAU |
| 25 AVRIL | BÉLIER | BÉLIER | SCORPION | BÉLIER | BALANCE | CANCER | BALANCE | LION | 20 TAUREAU |
| 26 AVRIL | BÉLIER | BÉLIER | SCORPION | BÉLIER | BALANCE | CANCER | BALANCE | LION | 3 GÉMEAUX |
| 27 AVRIL | BÉLIER | BÉLIER | SCORPION | BÉLIER | BALANCE | CANCER | BALANCE | LION | 15 GÉMEAUX |
| 28 AVRIL | BÉLIER | BÉLIER | SCORPION | BÉLIER | BALANCE | CANCER | BALANCE | LION | 28 GÉMEAUX |
| 29 AVRIL | BÉLIER | BÉLIER | SCORPION | TAUREAU | BALANCE | CANCER | BALANCE | LION | 10 CANCER |
| 30 AVRIL | BÉLIER | BÉLIER | SCORPION | TAUREAU | BALANCE | CANCER | BALANCE | LION | 22 CANCER |
| 1 MAI | BÉLIER | BÉLIER | SCORPION | TAUREAU | BALANCE | CANCER | BALANCE | LION | 4 LION |
| 2 MAI | BÉLIER | BÉLIER | SCORPION | TAUREAU | BALANCE | CANCER | BALANCE | LION | 15 BÉLIER |
| 3 MAI | BÉLIER | BÉLIER | SCORPION | TAUREAU | BALANCE | CANCER | BALANCE | LION | 27 LION |
| 4 MAI | BÉLIER | TAUREAU | SCORPION | TAUREAU | BALANCE | CANCER | BALANCE | LION | 9 VIERGE |
| 5 MAI | BÉLIER | TAUREAU | SCORPION | TAUREAU | BALANCE | CANCER | BALANCE | LION | 21 VIERGE |
| 6 MAI | BÉLIER | TAUREAU | SCORPION | TAUREAU | BALANCE | CANCER | BALANCE | LION | 4 BALANCE |
| 7 MAI | BÉLIER | TAUREAU | SCORPION | TAUREAU | BALANCE | CANCER | BALANCE | LION | 17 BALANCE |
| 8 MAI | BÉLIER | TAUREAU | SCORPION | TAUREAU | BALANCE | CANCER | BALANCE | LION | 0 SCORPION |
| 9 MAI | BÉLIER | TAUREAU | SCORPION | TAUREAU | BALANCE | CANCER | BALANCE | LION | 14 SCORPION |
| 10 MAI | BÉLIER | TAUREAU | SCORPION | TAUREAU | BALANCE | CANCER | BALANCE | LION | 28 SCORPION |
| 11 MAI | BÉLIER | TAUREAU | SCORPION | TAUREAU | BALANCE | CANCER | BALANCE | LION | 12 SAGITTAIRE |
| 12 MAI | BÉLIER | TAUREAU | SCORPION | TAUREAU | BALANCE | CANCER | BALANCE | LION | 27 SAGITTAIRE |
| 13 MAI | BÉLIER | TAUREAU | SCORPION | TAUREAU | BALANCE | CANCER | BALANCE | LION | 11 CAPRICORNE |
| 14 MAI | BÉLIER | TAUREAU | SCORPION | TAUREAU | BALANCE | CANCER | BALANCE | LION | 25 CAPRICORNE |
| 15 MAI | TAUREAU | TAUREAU | SCORPION | TAUREAU | BALANCE | CANCER | BALANCE | LION | 10 VERSEAU |
| 16 MAI | TAUREAU | TAUREAU | SCORPION | TAUREAU | BALANCE | CANCER | BALANCE | LION | 24 VERSEAU |
| 17 MAI | TAUREAU | TAUREAU | SCORPION | TAUREAU | BALANCE | CANCER | BALANCE | LION | 8 POISSONS |
| 18 MAI | TAUREAU | TAUREAU | SCORPION | TAUREAU | BALANCE | CANCER | BALANCE | LION | 22 POISSONS |
| 19 MAI | TAUREAU | TAUREAU | SCORPION | TAUREAU | BALANCE | CANCER | BALANCE | LION | 5 BÉLIER |
| 20 MAI | TAUREAU | TAUREAU | SCORPION | TAUREAU | BALANCE | CANCER | BALANCE | LION | 19 BÉLIER |
| 21 MAI | TAUREAU | TAUREAU | SCORPION | TAUREAU | BALANCE | CANCER | BALANCE | LION | 2 TAUREAU |

LE SOLEIL ENTRE DANS LE SIGNE DU TAUREAU LE 20 AVRIL 1952 A 3 h 30
LE SOLEIL QUITTE LE SIGNE DU TAUREAU LE 21 MAI A 3 h 00
* LES CHIFFRES INDIQUENT LES DEGRÉS

| 1953 | MERCURE | VÉNUS | MARS | JUPITER | SATURNE | URANUS | NEPTUNE | PLUTON | LUNE* |
|---|---|---|---|---|---|---|---|---|---|
| 20 AVRIL | BÉLIER | BÉLIER | TAUREAU | TAUREAU | BALANCE | CANCER | BALANCE | LION | 24 CANCER |
| 21 AVRIL | BÉLIER | BÉLIER | TAUREAU | TAUREAU | BALANCE | CANCER | BALANCE | LION | 6 LION |
| 22 AVRIL | BÉLIER | BÉLIER | TAUREAU | TAUREAU | BALANCE | CANCER | BALANCE | LION | 18 LION |
| 23 AVRIL | BÉLIER | BÉLIER | TAUREAU | TAUREAU | BALANCE | CANCER | BALANCE | LION | 0 VIERGE |
| 24 AVRIL | BÉLIER | BÉLIER | TAUREAU | TAUREAU | BALANCE | CANCER | BALANCE | LION | 12 VIERGE |
| 25 AVRIL | BÉLIER | BÉLIER | TAUREAU | TAUREAU | BALANCE | CANCER | BALANCE | LION | 23 VIERGE |
| 26 AVRIL | BÉLIER | BÉLIER | TAUREAU | TAUREAU | BALANCE | CANCER | BALANCE | LION | 5 BALANCE |
| 27 AVRIL | BÉLIER | BÉLIER | TAUREAU | TAUREAU | BALANCE | CANCER | BALANCE | LION | 17 BALANCE |
| 28 AVRIL | BÉLIER | BÉLIER | TAUREAU | TAUREAU | BALANCE | CANCER | BALANCE | LION | 0 SCORPION |
| 29 AVRIL | BÉLIER | BÉLIER | TAUREAU | TAUREAU | BALANCE | CANCER | BALANCE | LION | 12 SCORPION |
| 30 AVRIL | BÉLIER | BÉLIER | TAUREAU | TAUREAU | BALANCE | CANCER | BALANCE | LION | 25 SCORPION |
| 1 MAI | BÉLIER | BÉLIER | GÉMEAUX | TAUREAU | BALANCE | CANCER | BALANCE | LION | 8 SAGITTAIRE |
| 2 MAI | BÉLIER | BÉLIER | GÉMEAUX | TAUREAU | BALANCE | CANCER | BALANCE | LION | 21 SAGITTAIRE |
| 3 MAI | BÉLIER | BÉLIER | GÉMEAUX | TAUREAU | BALANCE | CANCER | BALANCE | LION | 4 CAPRICORNE |
| 4 MAI | BÉLIER | BÉLIER | GÉMEAUX | TAUREAU | BALANCE | CANCER | BALANCE | LION | 18 CAPRICORNE |
| 5 MAI | BÉLIER | BÉLIER | GÉMEAUX | TAUREAU | BALANCE | CANCER | BALANCE | LION | 1 VERSEAU |
| 6 MAI | BÉLIER | BÉLIER | GÉMEAUX | TAUREAU | BALANCE | CANCER | BALANCE | LION | 15 VERSEAU |
| 7 MAI | BÉLIER | BÉLIER | GÉMEAUX | TAUREAU | BALANCE | CANCER | BALANCE | LION | 29 VERSEAU |
| 8 MAI | TAUREAU | BÉLIER | GÉMEAUX | TAUREAU | BALANCE | CANCER | BALANCE | LION | 13 POISSONS |
| 9 MAI | TAUREAU | BÉLIER | GÉMEAUX | TAUREAU | BALANCE | CANCER | BALANCE | LION | 28 POISSONS |
| 10 MAI | TAUREAU | BÉLIER | GÉMEAUX | GÉMEAUX | BALANCE | CANCER | BALANCE | LION | 13 BÉLIER |
| 11 MAI | TAUREAU | BÉLIER | GÉMEAUX | GÉMEAUX | BALANCE | CANCER | BALANCE | LION | 27 BÉLIER |
| 12 MAI | TAUREAU | BÉLIER | GÉMEAUX | GÉMEAUX | BALANCE | CANCER | BALANCE | LION | 12 TAUREAU |
| 13 MAI | TAUREAU | BÉLIER | GÉMEAUX | GÉMEAUX | BALANCE | CANCER | BALANCE | LION | 26 TAUREAU |
| 14 MAI | TAUREAU | BÉLIER | GÉMEAUX | GÉMEAUX | BALANCE | CANCER | BALANCE | LION | 10 GÉMEAUX |
| 15 MAI | TAUREAU | BÉLIER | GÉMEAUX | GÉMEAUX | BALANCE | CANCER | BALANCE | LION | 23 GÉMEAUX |
| 16 MAI | TAUREAU | BÉLIER | GÉMEAUX | GÉMEAUX | BALANCE | CANCER | BALANCE | LION | 7 CANCER |
| 17 MAI | TAUREAU | BÉLIER | GÉMEAUX | GÉMEAUX | BALANCE | CANCER | BALANCE | LION | 19 CANCER |
| 18 MAI | TAUREAU | BÉLIER | GÉMEAUX | GÉMEAUX | BALANCE | CANCER | BALANCE | LION | 2 LION |
| 19 MAI | TAUREAU | BÉLIER | GÉMEAUX | GÉMEAUX | BALANCE | CANCER | BALANCE | LION | 14 LION |
| 20 MAI | TAUREAU | BÉLIER | GÉMEAUX | GÉMEAUX | BALANCE | CANCER | BALANCE | LION | 26 LION |
| 21 MAI | TAUREAU | BÉLIER | GÉMEAUX | GÉMEAUX | BALANCE | CANCER | BALANCE | LION | 8 VIERGE |

LE SOLEIL ENTRE DANS LE SIGNE DU TAUREAU LE 20 AVRIL 1953 A 9 h 30
LE SOLEIL QUITTE LE SIGNE DU TAUREAU LE 21 MAI A 9 h 00
* LES CHIFFRES INDIQUENT LES DEGRÉS

*171*

# DÉCOUVREZ DANS QUEL SIGNE SE TROUVAIENT LES PLANÈTES À VOTRE NAISSANCE

| 1954 | MERCURE | VÉNUS | MARS | JUPITER | SATURNE | URANUS | NEPTUNE | PLUTON | LUNE* |
|---|---|---|---|---|---|---|---|---|---|
| 20 AVRIL | BÉLIER | TAUREAU | CAPRICORNE | GÉMEAUX | SCORPION | CANCER | BALANCE | LION | 24 SCORPION |
| 21 AVRIL | BÉLIER | TAUREAU | CAPRICORNE | GÉMEAUX | SCORPION | CANCER | BALANCE | LION | 6 SAGITTAIRE |
| 22 AVRIL | BÉLIER | TAUREAU | CAPRICORNE | GÉMEAUX | SCORPION | CANCER | BALANCE | LION | 18 SAGITTAIRE |
| 23 AVRIL | BÉLIER | TAUREAU | CAPRICORNE | GÉMEAUX | SCORPION | CANCER | BALANCE | LION | 1 CAPRICORNE |
| 24 AVRIL | BÉLIER | TAUREAU | CAPRICORNE | GÉMEAUX | SCORPION | CANCER | BALANCE | LION | 13 CAPRICORNE |
| 25 AVRIL | BÉLIER | TAUREAU | CAPRICORNE | GÉMEAUX | SCORPION | CANCER | BALANCE | LION | 26 CAPRICORNE |
| 26 AVRIL | BÉLIER | TAUREAU | CAPRICORNE | GÉMEAUX | SCORPION | CANCER | BALANCE | LION | 9 VERSEAU |
| 27 AVRIL | BÉLIER | TAUREAU | CAPRICORNE | GÉMEAUX | SCORPION | CANCER | BALANCE | LION | 27 VERSEAU |
| 28 AVRIL | BÉLIER | TAUREAU | CAPRICORNE | GÉMEAUX | SCORPION | CANCER | BALANCE | LION | 7 POISSONS |
| 29 AVRIL | BÉLIER | GÉMEAUX | CAPRICORNE | GÉMEAUX | SCORPION | CANCER | BALANCE | LION | 21 POISSONS |
| 30 AVRIL | TAUREAU | GÉMEAUX | CAPRICORNE | GÉMEAUX | SCORPION | CANCER | BALANCE | LION | 6 BÉLIER |
| 1 MAI | TAUREAU | GÉMEAUX | CAPRICORNE | GÉMEAUX | SCORPION | CANCER | BALANCE | LION | 21 BÉLIER |
| 2 MAI | TAUREAU | GÉMEAUX | CAPRICORNE | GÉMEAUX | SCORPION | CANCER | BALANCE | LION | 6 TAUREAU |
| 3 MAI | TAUREAU | GÉMEAUX | CAPRICORNE | GÉMEAUX | SCORPION | CANCER | BALANCE | LION | 21 TAUREAU |
| 4 MAI | TAUREAU | GÉMEAUX | CAPRICORNE | GÉMEAUX | SCORPION | CANCER | BALANCE | LION | 6 GÉMEAUX |
| 5 MAI | TAUREAU | GÉMEAUX | CAPRICORNE | GÉMEAUX | SCORPION | CANCER | BALANCE | LION | 21 GÉMEAUX |
| 6 MAI | TAUREAU | GÉMEAUX | CAPRICORNE | GÉMEAUX | SCORPION | CANCER | BALANCE | LION | 5 CANCER |
| 7 MAI | TAUREAU | GÉMEAUX | CAPRICORNE | GÉMEAUX | SCORPION | CANCER | BALANCE | LION | 19 CANCER |
| 8 MAI | TAUREAU | GÉMEAUX | CAPRICORNE | GÉMEAUX | SCORPION | CANCER | BALANCE | LION | 2 LION |
| 9 MAI | TAUREAU | GÉMEAUX | CAPRICORNE | GÉMEAUX | SCORPION | CANCER | BALANCE | LION | 15 LION |
| 10 MAI | TAUREAU | GÉMEAUX | CAPRICORNE | GÉMEAUX | SCORPION | CANCER | BALANCE | LION | 27 LION |
| 11 MAI | TAUREAU | GÉMEAUX | CAPRICORNE | GÉMEAUX | SCORPION | CANCER | BALANCE | LION | 10 VIERGE |
| 12 MAI | TAUREAU | GÉMEAUX | CAPRICORNE | GÉMEAUX | SCORPION | CANCER | BALANCE | LION | 22 VIERGE |
| 13 MAI | TAUREAU | GÉMEAUX | CAPRICORNE | GÉMEAUX | SCORPION | CANCER | BALANCE | LION | 4 BALANCE |
| 14 MAI | TAUREAU | GÉMEAUX | CAPRICORNE | GÉMEAUX | SCORPION | CANCER | BALANCE | LION | 15 BALANCE |
| 15 MAI | GÉMEAUX | GÉMEAUX | CAPRICORNE | GÉMEAUX | SCORPION | CANCER | BALANCE | LION | 27 BALANCE |
| 16 MAI | GÉMEAUX | GÉMEAUX | CAPRICORNE | GÉMEAUX | SCORPION | CANCER | BALANCE | LION | 9 SCORPION |
| 17 MAI | GÉMEAUX | GÉMEAUX | CAPRICORNE | GÉMEAUX | SCORPION | CANCER | BALANCE | LION | 21 SCORPION |
| 18 MAI | GÉMEAUX | GÉMEAUX | CAPRICORNE | GÉMEAUX | SCORPION | CANCER | BALANCE | LION | 3 SAGITTAIRE |
| 19 MAI | GÉMEAUX | GÉMEAUX | CAPRICORNE | GÉMEAUX | SCORPION | CANCER | BALANCE | LION | 15 SAGITTAIRE |
| 20 MAI | GÉMEAUX | GÉMEAUX | CAPRICORNE | GÉMEAUX | SCORPION | CANCER | BALANCE | LION | 28 SAGITTAIRE |
| 21 MAI | GÉMEAUX | GÉMEAUX | CAPRICORNE | GÉMEAUX | SCORPION | CANCER | BALANCE | LION | 10 CAPRICORNE |

LE SOLEIL ENTRE DANS LE SIGNE DU TAUREAU LE 20 AVRIL 1954 A 15 h 20
QUITTE LE SIGNE DU LE 21 MAI A 14 h 50
* LES CHIFFRES INDIQUENT LES DEGRÉS

| 1955 | MERCURE | VÉNUS | MARS | JUPITER | SATURNE | URANUS | NEPTUNE | PLUTON | LUNE* |
|---|---|---|---|---|---|---|---|---|---|
| 20 AVRIL | BÉLIER | POISSONS | GÉMEAUX | CANCER | SCORPION | CANCER | BALANCE | LION | 1 BÉLIER |
| 21 AVRIL | BÉLIER | POISSONS | GÉMEAUX | CANCER | SCORPION | CANCER | BALANCE | LION | 16 BÉLIER |
| 22 AVRIL | TAUREAU | POISSONS | GÉMEAUX | CANCER | SCORPION | CANCER | BALANCE | LION | 1 TAUREAU |
| 23 AVRIL | TAUREAU | POISSONS | GÉMEAUX | CANCER | SCORPION | CANCER | BALANCE | LION | 16 TAUREAU |
| 24 AVRIL | TAUREAU | POISSONS | GÉMEAUX | CANCER | SCORPION | CANCER | BALANCE | LION | 1 GÉMEAUX |
| 25 AVRIL | TAUREAU | BÉLIER | GÉMEAUX | CANCER | SCORPION | CANCER | BALANCE | LION | 16 GÉMEAUX |
| 26 AVRIL | TAUREAU | BÉLIER | GÉMEAUX | CANCER | SCORPION | CANCER | BALANCE | LION | 0 CANCER |
| 27 AVRIL | TAUREAU | BÉLIER | GÉMEAUX | CANCER | SCORPION | CANCER | BALANCE | LION | 14 CANCER |
| 28 AVRIL | TAUREAU | BÉLIER | GÉMEAUX | CANCER | SCORPION | CANCER | BALANCE | LION | 28 CANCER |
| 29 AVRIL | TAUREAU | BÉLIER | GÉMEAUX | CANCER | SCORPION | CANCER | BALANCE | LION | 12 LION |
| 30 AVRIL | TAUREAU | BÉLIER | GÉMEAUX | CANCER | SCORPION | CANCER | BALANCE | LION | 25 LION |
| 1 MAI | TAUREAU | BÉLIER | GÉMEAUX | CANCER | SCORPION | CANCER | BALANCE | LION | 8 VIERGE |
| 2 MAI | TAUREAU | BÉLIER | GÉMEAUX | CANCER | SCORPION | CANCER | BALANCE | LION | 21 VIERGE |
| 3 MAI | TAUREAU | BÉLIER | GÉMEAUX | CANCER | SCORPION | CANCER | BALANCE | LION | 4 BALANCE |
| 4 MAI | TAUREAU | BÉLIER | GÉMEAUX | CANCER | SCORPION | CANCER | BALANCE | LION | 16 BALANCE |
| 5 MAI | TAUREAU | BÉLIER | GÉMEAUX | CANCER | SCORPION | CANCER | BALANCE | LION | 28 BALANCE |
| 6 MAI | TAUREAU | BÉLIER | GÉMEAUX | CANCER | SCORPION | CANCER | BALANCE | LION | 10 SCORPION |
| 7 MAI | GÉMEAUX | BÉLIER | GÉMEAUX | CANCER | SCORPION | CANCER | BALANCE | LION | 22 SCORPION |
| 8 MAI | GÉMEAUX | BÉLIER | GÉMEAUX | CANCER | SCORPION | CANCER | BALANCE | LION | 4 SAGITTAIRE |
| 9 MAI | GÉMEAUX | BÉLIER | GÉMEAUX | CANCER | SCORPION | CANCER | BALANCE | LION | 16 SAGITTAIRE |
| 10 MAI | GÉMEAUX | BÉLIER | GÉMEAUX | CANCER | SCORPION | CANCER | BALANCE | LION | 28 SAGITTAIRE |
| 11 MAI | GÉMEAUX | BÉLIER | GÉMEAUX | CANCER | SCORPION | CANCER | BALANCE | LION | 9 CAPRICORNE |
| 12 MAI | GÉMEAUX | BÉLIER | GÉMEAUX | CANCER | SCORPION | CANCER | BALANCE | LION | 21 CAPRICORNE |
| 13 MAI | GÉMEAUX | BÉLIER | GÉMEAUX | CANCER | SCORPION | CANCER | BALANCE | LION | 3 VERSEAU |
| 14 MAI | GÉMEAUX | BÉLIER | GÉMEAUX | CANCER | SCORPION | CANCER | BALANCE | LION | 16 VERSEAU |
| 15 MAI | GÉMEAUX | BÉLIER | GÉMEAUX | CANCER | SCORPION | CANCER | BALANCE | LION | 29 VERSEAU |
| 16 MAI | GÉMEAUX | BÉLIER | GÉMEAUX | CANCER | SCORPION | CANCER | BALANCE | LION | 12 POISSONS |
| 17 MAI | GÉMEAUX | BÉLIER | GÉMEAUX | CANCER | SCORPION | CANCER | BALANCE | LION | 25 POISSONS |
| 18 MAI | GÉMEAUX | BÉLIER | GÉMEAUX | CANCER | SCORPION | CANCER | BALANCE | LION | 9 BÉLIER |
| 19 MAI | GÉMEAUX | BÉLIER | GÉMEAUX | CANCER | SCORPION | CANCER | BALANCE | LION | 24 BÉLIER |
| 20 MAI | GÉMEAUX | TAUREAU | GÉMEAUX | CANCER | SCORPION | CANCER | BALANCE | LION | 9 TAUREAU |
| 21 MAI | GÉMEAUX | TAUREAU | GÉMEAUX | CANCER | SCORPION | CANCER | BALANCE | LION | 24 TAUREAU |

LE SOLEIL ENTRE DANS LE SIGNE DU TAUREAU LE 20 AVRIL 1955 A 21 h 00
QUITTE LE SIGNE DU LE 21 MAI A 20 h 30
* LES CHIFFRES INDIQUENT LES DEGRÉS

# DÉCOUVREZ DANS QUEL SIGNE SE TROUVAIENT LES PLANÈTES À VOTRE NAISSANCE

| 1956 | MERCURE | VÉNUS | MARS | JUPITER | SATURNE | URANUS | NEPTUNE | PLUTON | LUNE* |
|---|---|---|---|---|---|---|---|---|---|
| 20 AVRIL | TAUREAU | GÉMEAUX | VERSEAU | LION | SAGITTAIRE | CANCER | BALANCE | LION | 3 VIERGE |
| 21 AVRIL | TAUREAU | GÉMEAUX | VERSEAU | LION | SAGITTAIRE | CANCER | BALANCE | LION | 17 VIERGE |
| 22 AVRIL | TAUREAU | GÉMEAUX | VERSEAU | LION | SAGITTAIRE | CANCER | BALANCE | LION | 0 BALANCE |
| 23 AVRIL | TAUREAU | GÉMEAUX | VERSEAU | LION | SAGITTAIRE | CANCER | BALANCE | LION | 14 BALANCE |
| 24 AVRIL | TAUREAU | GÉMEAUX | VERSEAU | LION | SAGITTAIRE | CANCER | BALANCE | LION | 27 BALANCE |
| 25 AVRIL | TAUREAU | GÉMEAUX | VERSEAU | LION | SAGITTAIRE | CANCER | BALANCE | LION | 10 SCORPION |
| 26 AVRIL | TAUREAU | GÉMEAUX | VERSEAU | LION | SAGITTAIRE | CANCER | BALANCE | LION | 23 SCORPION |
| 27 AVRIL | TAUREAU | GÉMEAUX | VERSEAU | LION | SAGITTAIRE | CANCER | BALANCE | LION | 5 SAGITTAIRE |
| 28 AVRIL | TAUREAU | GÉMEAUX | VERSEAU | LION | SAGITTAIRE | CANCER | BALANCE | LION | 17 SAGITTAIRE |
| 29 AVRIL | TAUREAU | GÉMEAUX | VERSEAU | LION | SAGITTAIRE | CANCER | BALANCE | LION | 29 SAGITTAIRE |
| 30 AVRIL | GÉMEAUX | GÉMEAUX | VERSEAU | LION | SAGITTAIRE | CANCER | BALANCE | LION | 11 CAPRICORNE |
| 1 MAI | GÉMEAUX | GÉMEAUX | VERSEAU | LION | SAGITTAIRE | CANCER | BALANCE | LION | 23 CAPRICORNE |
| 2 MAI | GÉMEAUX | GÉMEAUX | VERSEAU | LION | SAGITTAIRE | CANCER | BALANCE | LION | 5 VERSEAU |
| 3 MAI | GÉMEAUX | GÉMEAUX | VERSEAU | LION | SAGITTAIRE | CANCER | BALANCE | LION | 17 VERSEAU |
| 4 MAI | GÉMEAUX | GÉMEAUX | VERSEAU | LION | SAGITTAIRE | CANCER | BALANCE | LION | 29 VERSEAU |
| 5 MAI | GÉMEAUX | GÉMEAUX | VERSEAU | LION | SAGITTAIRE | CANCER | BALANCE | LION | 11 POISSONS |
| 6 MAI | GÉMEAUX | GÉMEAUX | VERSEAU | LION | SAGITTAIRE | CANCER | BALANCE | LION | 24 POISSONS |
| 7 MAI | GÉMEAUX | GÉMEAUX | VERSEAU | LION | SAGITTAIRE | CANCER | BALANCE | LION | 7 BÉLIER |
| 8 MAI | GÉMEAUX | CANCER | VERSEAU | LION | SAGITTAIRE | CANCER | BALANCE | LION | 21 BÉLIER |
| 9 MAI | GÉMEAUX | CANCER | VERSEAU | LION | SAGITTAIRE | CANCER | BALANCE | LION | 5 TAUREAU |
| 10 MAI | GÉMEAUX | CANCER | VERSEAU | LION | SAGITTAIRE | CANCER | BALANCE | LION | 19 TAUREAU |
| 11 MAI | GÉMEAUX | CANCER | VERSEAU | LION | SAGITTAIRE | CANCER | BALANCE | LION | 3 GÉMEAUX |
| 12 MAI | GÉMEAUX | CANCER | VERSEAU | LION | SAGITTAIRE | CANCER | BALANCE | LION | 18 GÉMEAUX |
| 13 MAI | GÉMEAUX | CANCER | VERSEAU | LION | SAGITTAIRE | CANCER | BALANCE | LION | 2 CANCER |
| 14 MAI | GÉMEAUX | CANCER | VERSEAU | LION | SCORPION | CANCER | BALANCE | LION | 17 CANCER |
| 15 MAI | GÉMEAUX | CANCER | VERSEAU | LION | SCORPION | CANCER | BALANCE | LION | 2 LION |
| 16 MAI | GÉMEAUX | CANCER | VERSEAU | LION | SCORPION | CANCER | BALANCE | LION | 16 LION |
| 17 MAI | GÉMEAUX | CANCER | VERSEAU | LION | SCORPION | CANCER | BALANCE | LION | 0 VIERGE |
| 18 MAI | GÉMEAUX | CANCER | VERSEAU | LION | SCORPION | CANCER | BALANCE | LION | 14 VIERGE |
| 19 MAI | GÉMEAUX | CANCER | VERSEAU | LION | SCORPION | CANCER | BALANCE | LION | 27 VIERGE |
| 20 MAI | GÉMEAUX | CANCER | VERSEAU | LION | SCORPION | CANCER | BALANCE | LION | 10 BALANCE |
| 21 MAI | GÉMEAUX | CANCER | VERSEAU | LION | SCORPION | CANCER | BALANCE | LION | 24 BALANCE |

LE SOLEIL ENTRE DANS LE SIGNE DU TAUREAU LE 20 AVRIL 1956 A 2 h 40
LE SOLEIL QUITTE LE SIGNE DU TAUREAU LE 21 MAI A 2 h 10

\* LES CHIFFRES INDIQUENT LES DEGRÉS

| 1957 | MERCURE | VÉNUS | MARS | JUPITER | SATURNE | URANUS | NEPTUNE | PLUTON | LUNE* |
|---|---|---|---|---|---|---|---|---|---|
| 20 AVRIL | TAUREAU | TAUREAU | GÉMEAUX | VIERGE | SAGITTAIRE | LION | SCORPION | LION | 14 CAPRICORNE |
| 21 AVRIL | TAUREAU | TAUREAU | GÉMEAUX | VIERGE | SAGITTAIRE | LION | SCORPION | LION | 26 CAPRICORNE |
| 22 AVRIL | TAUREAU | TAUREAU | GÉMEAUX | VIERGE | SAGITTAIRE | LION | SCORPION | LION | 8 VERSEAU |
| 23 AVRIL | TAUREAU | TAUREAU | GÉMEAUX | VIERGE | SAGITTAIRE | LION | SCORPION | LION | 20 VERSEAU |
| 24 AVRIL | TAUREAU | TAUREAU | GÉMEAUX | VIERGE | SAGITTAIRE | LION | SCORPION | LION | 1 POISSONS |
| 25 AVRIL | TAUREAU | TAUREAU | GÉMEAUX | VIERGE | SAGITTAIRE | LION | SCORPION | LION | 13 POISSONS |
| 26 AVRIL | TAUREAU | TAUREAU | GÉMEAUX | VIERGE | SAGITTAIRE | LION | SCORPION | LION | 25 POISSONS |
| 27 AVRIL | TAUREAU | TAUREAU | GÉMEAUX | VIERGE | SAGITTAIRE | LION | SCORPION | LION | 8 BÉLIER |
| 28 AVRIL | TAUREAU | TAUREAU | GÉMEAUX | VIERGE | SAGITTAIRE | LION | SCORPION | LION | 20 BÉLIER |
| 29 AVRIL | TAUREAU | TAUREAU | GÉMEAUX | VIERGE | SAGITTAIRE | LION | SCORPION | LION | 3 TAUREAU |
| 30 AVRIL | TAUREAU | TAUREAU | GÉMEAUX | VIERGE | SAGITTAIRE | LION | SCORPION | LION | 16 TAUREAU |
| 1 MAI | TAUREAU | TAUREAU | GÉMEAUX | VIERGE | SAGITTAIRE | LION | SCORPION | LION | 29 TAUREAU |
| 2 MAI | TAUREAU | TAUREAU | GÉMEAUX | VIERGE | SAGITTAIRE | LION | SCORPION | LION | 12 GÉMEAUX |
| 3 MAI | TAUREAU | TAUREAU | GÉMEAUX | VIERGE | SAGITTAIRE | LION | SCORPION | LION | 26 GÉMEAUX |
| 4 MAI | TAUREAU | TAUREAU | GÉMEAUX | VIERGE | SAGITTAIRE | LION | SCORPION | LION | 9 CANCER |
| 5 MAI | TAUREAU | TAUREAU | CANCER | VIERGE | SAGITTAIRE | LION | SCORPION | LION | 23 CANCER |
| 6 MAI | TAUREAU | TAUREAU | CANCER | VIERGE | SAGITTAIRE | LION | SCORPION | LION | 7 LION |
| 7 MAI | TAUREAU | TAUREAU | CANCER | VIERGE | SAGITTAIRE | LION | SCORPION | LION | 22 LION |
| 8 MAI | TAUREAU | TAUREAU | CANCER | VIERGE | SAGITTAIRE | LION | SCORPION | LION | 6 VIERGE |
| 9 MAI | TAUREAU | TAUREAU | CANCER | VIERGE | SAGITTAIRE | LION | SCORPION | LION | 20 VIERGE |
| 10 MAI | TAUREAU | TAUREAU | CANCER | VIERGE | SAGITTAIRE | LION | SCORPION | LION | 4 BALANCE |
| 11 MAI | TAUREAU | TAUREAU | CANCER | VIERGE | SAGITTAIRE | LION | SCORPION | LION | 19 BALANCE |
| 12 MAI | TAUREAU | TAUREAU | CANCER | VIERGE | SAGITTAIRE | LION | SCORPION | LION | 3 SCORPION |
| 13 MAI | TAUREAU | GÉMEAUX | CANCER | VIERGE | SAGITTAIRE | LION | SCORPION | LION | 17 SCORPION |
| 14 MAI | TAUREAU | GÉMEAUX | CANCER | VIERGE | SAGITTAIRE | LION | SCORPION | LION | 0 SAGITTAIRE |
| 15 MAI | TAUREAU | GÉMEAUX | CANCER | VIERGE | SAGITTAIRE | LION | SCORPION | LION | 13 SAGITTAIRE |
| 16 MAI | TAUREAU | GÉMEAUX | CANCER | VIERGE | SAGITTAIRE | LION | SCORPION | LION | 26 SAGITTAIRE |
| 17 MAI | TAUREAU | GÉMEAUX | CANCER | VIERGE | SAGITTAIRE | LION | SCORPION | LION | 9 CAPRICORNE |
| 18 MAI | TAUREAU | GÉMEAUX | CANCER | VIERGE | SAGITTAIRE | LION | SCORPION | LION | 21 CAPRICORNE |
| 19 MAI | TAUREAU | GÉMEAUX | CANCER | VIERGE | SAGITTAIRE | LION | SCORPION | LION | 4 VERSEAU |
| 20 MAI | TAUREAU | GÉMEAUX | CANCER | VIERGE | SAGITTAIRE | LION | SCORPION | LION | 16 VERSEAU |
| 21 MAI | TAUREAU | GÉMEAUX | CANCER | VIERGE | SAGITTAIRE | LION | SCORPION | LION | 28 VERSEAU |

LE SOLEIL ENTRE DANS LE SIGNE DU TAUREAU LE 20 AVRIL 1957 A 8 h 40
LE SOLEIL QUITTE LE SIGNE DU TAUREAU LE 21 MAI A 8 h 00

\* LES CHIFFRES INDIQUENT LES DEGRÉS

# DÉCOUVREZ DANS QUEL SIGNE SE TROUVAIENT LES PLANÈTES À VOTRE NAISSANCE

| 1958 | MERCURE | VÉNUS | MARS | JUPITER | SATURNE | URANUS | NEPTUNE | PLUTON | LUNE* |
|---|---|---|---|---|---|---|---|---|---|
| 20 AVRIL | BÉLIER | POISSONS | VERSEAU | BALANCE | SAGITTAIRE | LION | SCORPION | LION | 14 TAUREAU |
| 21 AVRIL | BÉLIER | POISSONS | VERSEAU | BALANCE | SAGITTAIRE | LION | SCORPION | LION | 27 TAUREAU |
| 22 AVRIL | BÉLIER | POISSONS | VERSEAU | BALANCE | SAGITTAIRE | LION | SCORPION | LION | 9 GÉMEAUX |
| 23 AVRIL | BÉLIER | POISSONS | VERSEAU | BALANCE | SAGITTAIRE | LION | SCORPION | LION | 21 GÉMEAUX |
| 24 AVRIL | BÉLIER | POISSONS | VERSEAU | BALANCE | SAGITTAIRE | LION | SCORPION | LION | 4 CANCER |
| 25 AVRIL | BÉLIER | POISSONS | VERSEAU | BALANCE | SAGITTAIRE | LION | SCORPION | LION | 17 CANCER |
| 26 AVRIL | BÉLIER | POISSONS | VERSEAU | BALANCE | SAGITTAIRE | LION | SCORPION | LION | 0 LION |
| 27 AVRIL | BÉLIER | POISSONS | POISSONS | BALANCE | SAGITTAIRE | LION | SCORPION | LION | 14 LION |
| 28 AVRIL | BÉLIER | POISSONS | POISSONS | BALANCE | SAGITTAIRE | LION | SCORPION | LION | 28 LION |
| 29 AVRIL | BÉLIER | POISSONS | POISSONS | BALANCE | SAGITTAIRE | LION | SCORPION | LION | 12 VIERGE |
| 30 AVRIL | BÉLIER | POISSONS | POISSONS | BALANCE | SAGITTAIRE | LION | SCORPION | LION | 27 VIERGE |
| 1 MAI | BÉLIER | POISSONS | POISSONS | BALANCE | SAGITTAIRE | LION | SCORPION | LION | 12 BALANCE |
| 2 MAI | BÉLIER | POISSONS | POISSONS | BALANCE | SAGITTAIRE | LION | SCORPION | LION | 27 BALANCE |
| 3 MAI | BÉLIER | POISSONS | POISSONS | BALANCE | SAGITTAIRE | LION | SCORPION | LION | 12 SCORPION |
| 4 MAI | BÉLIER | POISSONS | POISSONS | BALANCE | SAGITTAIRE | LION | SCORPION | LION | 27 SCORPION |
| 5 MAI | BÉLIER | BÉLIER | POISSONS | BALANCE | SAGITTAIRE | LION | SCORPION | LION | 11 SAGITTAIRE |
| 6 MAI | BÉLIER | BÉLIER | POISSONS | BALANCE | SAGITTAIRE | LION | SCORPION | LION | 25 SAGITTAIRE |
| 7 MAI | BÉLIER | BÉLIER | POISSONS | BALANCE | SAGITTAIRE | LION | SCORPION | LION | 9 CAPRICORNE |
| 8 MAI | BÉLIER | BÉLIER | POISSONS | BALANCE | SAGITTAIRE | LION | SCORPION | LION | 22 CAPRICORNE |
| 9 MAI | BÉLIER | BÉLIER | POISSONS | BALANCE | SAGITTAIRE | LION | SCORPION | LION | 5 VERSEAU |
| 10 MAI | BÉLIER | BÉLIER | POISSONS | BALANCE | SAGITTAIRE | LION | SCORPION | LION | 18 VERSEAU |
| 11 MAI | BÉLIER | BÉLIER | POISSONS | BALANCE | SAGITTAIRE | LION | SCORPION | LION | 0 POISSONS |
| 12 MAI | BÉLIER | BÉLIER | POISSONS | BALANCE | SAGITTAIRE | LION | SCORPION | LION | 12 POISSONS |
| 13 MAI | BÉLIER | BÉLIER | POISSONS | BALANCE | SAGITTAIRE | LION | SCORPION | LION | 24 POISSONS |
| 14 MAI | BÉLIER | BÉLIER | POISSONS | BALANCE | SAGITTAIRE | LION | SCORPION | LION | 6 BÉLIER |
| 15 MAI | BÉLIER | BÉLIER | POISSONS | BALANCE | SAGITTAIRE | LION | SCORPION | LION | 17 BÉLIER |
| 16 MAI | BÉLIER | BÉLIER | POISSONS | BALANCE | SAGITTAIRE | LION | SCORPION | LION | 29 BÉLIER |
| 17 MAI | TAUREAU | BÉLIER | POISSONS | BALANCE | SAGITTAIRE | LION | SCORPION | LION | 11 TAUREAU |
| 18 MAI | TAUREAU | BÉLIER | POISSONS | BALANCE | SAGITTAIRE | LION | SCORPION | LION | 23 TAUREAU |
| 19 MAI | TAUREAU | BÉLIER | POISSONS | BALANCE | SAGITTAIRE | LION | SCORPION | LION | 6 GÉMEAUX |
| 20 MAI | TAUREAU | BÉLIER | POISSONS | BALANCE | SAGITTAIRE | LION | SCORPION | LION | 18 GÉMEAUX |
| 21 MAI | TAUREAU | BÉLIER | POISSONS | BALANCE | SAGITTAIRE | LION | SCORPION | LION | 1 CANCER |

LE SOLEIL ENTRE DANS LE SIGNE DU TAUREAU LE 20 AVRIL 1958 A 14 h 30
QUITTE LE SIGNE DU LE 21 MAI A 14 h 00
* LES CHIFFRES INDIQUENT LES DEGRÉS

| 1959 | MERCURE | VÉNUS | MARS | JUPITER | SATURNE | URANUS | NEPTUNE | PLUTON | LUNE* |
|---|---|---|---|---|---|---|---|---|---|
| 20 AVRIL | BÉLIER | GÉMEAUX | CANCER | SAGITTAIRE | CAPRICORNE | LION | SCORPION | VIERGE | 22 VIERGE |
| 21 AVRIL | BÉLIER | GÉMEAUX | CANCER | SAGITTAIRE | CAPRICORNE | LION | SCORPION | VIERGE | 6 BALANCE |
| 22 AVRIL | BÉLIER | GÉMEAUX | CANCER | SAGITTAIRE | CAPRICORNE | LION | SCORPION | VIERGE | 21 BALANCE |
| 23 AVRIL | BÉLIER | GÉMEAUX | CANCER | SAGITTAIRE | CAPRICORNE | LION | SCORPION | VIERGE | 6 SCORPION |
| 24 AVRIL | BÉLIER | GÉMEAUX | CANCER | SAGITTAIRE | CAPRICORNE | LION | SCORPION | VIERGE | 21 SCORPION |
| 25 AVRIL | BÉLIER | GÉMEAUX | CANCER | SCORPION | CAPRICORNE | LION | SCORPION | VIERGE | 7 SAGITTAIRE |
| 26 AVRIL | BÉLIER | GÉMEAUX | CANCER | SCORPION | CAPRICORNE | LION | SCORPION | VIERGE | 21 SAGITTAIRE |
| 27 AVRIL | BÉLIER | GÉMEAUX | CANCER | SCORPION | CAPRICORNE | LION | SCORPION | VIERGE | 6 CAPRICORNE |
| 28 AVRIL | BÉLIER | GÉMEAUX | CANCER | SCORPION | CAPRICORNE | LION | SCORPION | VIERGE | 20 CAPRICORNE |
| 29 AVRIL | BÉLIER | GÉMEAUX | CANCER | SCORPION | CAPRICORNE | LION | SCORPION | VIERGE | 4 VERSEAU |
| 30 AVRIL | BÉLIER | GÉMEAUX | CANCER | SCORPION | CAPRICORNE | LION | SCORPION | VIERGE | 17 VERSEAU |
| 1 MAI | BÉLIER | GÉMEAUX | CANCER | SCORPION | CAPRICORNE | LION | SCORPION | VIERGE | 0 POISSONS |
| 2 MAI | BÉLIER | GÉMEAUX | CANCER | SCORPION | CAPRICORNE | LION | SCORPION | VIERGE | 12 POISSONS |
| 3 MAI | BÉLIER | GÉMEAUX | CANCER | SCORPION | CAPRICORNE | LION | SCORPION | VIERGE | 24 POISSONS |
| 4 MAI | BÉLIER | GÉMEAUX | CANCER | SCORPION | CAPRICORNE | LION | SCORPION | VIERGE | 7 BÉLIER |
| 5 MAI | BÉLIER | GÉMEAUX | CANCER | SCORPION | CAPRICORNE | LION | SCORPION | VIERGE | 18 BÉLIER |
| 6 MAI | BÉLIER | GÉMEAUX | CANCER | SCORPION | CAPRICORNE | LION | SCORPION | VIERGE | 0 TAUREAU |
| 7 MAI | BÉLIER | GÉMEAUX | CANCER | SCORPION | CAPRICORNE | LION | SCORPION | VIERGE | 12 TAUREAU |
| 8 MAI | BÉLIER | GÉMEAUX | CANCER | SCORPION | CAPRICORNE | LION | SCORPION | VIERGE | 24 TAUREAU |
| 9 MAI | BÉLIER | GÉMEAUX | CANCER | SCORPION | CAPRICORNE | LION | SCORPION | VIERGE | 6 GÉMEAUX |
| 10 MAI | BÉLIER | GÉMEAUX | CANCER | SCORPION | CAPRICORNE | LION | SCORPION | VIERGE | 18 GÉMEAUX |
| 11 MAI | BÉLIER | CANCER | CANCER | SCORPION | CAPRICORNE | LION | SCORPION | VIERGE | 0 CANCER |
| 12 MAI | BÉLIER | CANCER | CANCER | SCORPION | CAPRICORNE | LION | SCORPION | VIERGE | 12 CANCER |
| 13 MAI | TAUREAU | CANCER | CANCER | SCORPION | CAPRICORNE | LION | SCORPION | VIERGE | 24 CANCER |
| 14 MAI | TAUREAU | CANCER | CANCER | SCORPION | CAPRICORNE | LION | SCORPION | VIERGE | 7 LION |
| 15 MAI | TAUREAU | CANCER | CANCER | SCORPION | CAPRICORNE | LION | SCORPION | VIERGE | 19 LION |
| 16 MAI | TAUREAU | CANCER | CANCER | SCORPION | CAPRICORNE | LION | SCORPION | VIERGE | 3 VIERGE |
| 17 MAI | TAUREAU | CANCER | CANCER | SCORPION | CAPRICORNE | LION | SCORPION | VIERGE | 16 VIERGE |
| 18 MAI | TAUREAU | CANCER | CANCER | SCORPION | CAPRICORNE | LION | SCORPION | VIERGE | 0 BALANCE |
| 19 MAI | TAUREAU | CANCER | CANCER | SCORPION | CAPRICORNE | LION | SCORPION | VIERGE | 15 BALANCE |
| 20 MAI | TAUREAU | CANCER | CANCER | SCORPION | CAPRICORNE | LION | SCORPION | VIERGE | 29 BALANCE |
| 21 MAI | TAUREAU | CANCER | CANCER | SCORPION | CAPRICORNE | LION | SCORPION | VIERGE | 15 SCORPION |

LE SOLEIL ENTRE DANS LE SIGNE DU TAUREAU LE 20 AVRIL 1959 A 20 h 10
QUITTE LE SIGNE DU LE 21 MAI A 19 h 30
* LES CHIFFRES INDIQUENT LES DEGRÉS

# DÉCOUVREZ DANS QUEL SIGNE SE TROUVAIENT LES PLANÈTES À VOTRE NAISSANCE

| 1960 | MERCURE | VÉNUS | MARS | JUPITER | SATURNE | URANUS | NEPTUNE | PLUTON | LUNE* |
|---|---|---|---|---|---|---|---|---|---|
| 20 AVRIL | BÉLIER | BÉLIER | POISSONS | CAPRICORNE | CAPRICORNE | LION | SCORPION | VIERGE | 25 VERSEAU |
| 21 AVRIL | BÉLIER | BÉLIER | POISSONS | CAPRICORNE | CAPRICORNE | LION | SCORPION | VIERGE | 9 POISSONS |
| 22 AVRIL | BÉLIER | BÉLIER | POISSONS | CAPRICORNE | CAPRICORNE | LION | SCORPION | VIERGE | 22 POISSONS |
| 23 AVRIL | BÉLIER | BÉLIER | POISSONS | CAPRICORNE | CAPRICORNE | LION | SCORPION | VIERGE | 5 BÉLIER |
| 24 AVRIL | BÉLIER | BÉLIER | POISSONS | CAPRICORNE | CAPRICORNE | LION | SCORPION | VIERGE | 18 BÉLIER |
| 25 AVRIL | BÉLIER | BÉLIER | POISSONS | CAPRICORNE | CAPRICORNE | LION | SCORPION | VIERGE | 0 TAUREAU |
| 26 AVRIL | BÉLIER | BÉLIER | POISSONS | CAPRICORNE | CAPRICORNE | LION | SCORPION | VIERGE | 13 TAUREAU |
| 27 AVRIL | BÉLIER | BÉLIER | POISSONS | CAPRICORNE | CAPRICORNE | LION | SCORPION | VIERGE | 25 TAUREAU |
| 28 AVRIL | BÉLIER | BÉLIER | POISSONS | CAPRICORNE | CAPRICORNE | LION | SCORPION | VIERGE | 7 GÉMEAUX |
| 29 AVRIL | BÉLIER | BÉLIER | POISSONS | CAPRICORNE | CAPRICORNE | LION | SCORPION | VIERGE | 19 GÉMEAUX |
| 30 AVRIL | BÉLIER | BÉLIER | POISSONS | CAPRICORNE | CAPRICORNE | LION | SCORPION | VIERGE | 1 CANCER |
| 1 MAI | BÉLIER | BÉLIER | POISSONS | CAPRICORNE | CAPRICORNE | LION | SCORPION | VIERGE | 13 CANCER |
| 2 MAI | BÉLIER | BÉLIER | POISSONS | CAPRICORNE | CAPRICORNE | LION | SCORPION | VIERGE | 25 CANCER |
| 3 MAI | BÉLIER | BÉLIER | POISSONS | CAPRICORNE | CAPRICORNE | LION | SCORPION | VIERGE | 7 LION |
| 4 MAI | BÉLIER | TAUREAU | POISSONS | CAPRICORNE | CAPRICORNE | LION | SCORPION | VIERGE | 19 LION |
| 5 MAI | TAUREAU | TAUREAU | POISSONS | CAPRICORNE | CAPRICORNE | LION | SCORPION | VIERGE | 1 VIERGE |
| 6 MAI | TAUREAU | TAUREAU | POISSONS | CAPRICORNE | CAPRICORNE | LION | SCORPION | VIERGE | 14 VIERGE |
| 7 MAI | TAUREAU | TAUREAU | POISSONS | CAPRICORNE | CAPRICORNE | LION | SCORPION | VIERGE | 27 VIERGE |
| 8 MAI | TAUREAU | TAUREAU | POISSONS | CAPRICORNE | CAPRICORNE | LION | SCORPION | VIERGE | 11 BALANCE |
| 9 MAI | TAUREAU | TAUREAU | POISSONS | CAPRICORNE | CAPRICORNE | LION | SCORPION | VIERGE | 25 BALANCE |
| 10 MAI | TAUREAU | TAUREAU | POISSONS | CAPRICORNE | CAPRICORNE | LION | SCORPION | VIERGE | 9 SCORPION |
| 11 MAI | TAUREAU | TAUREAU | BÉLIER | CAPRICORNE | CAPRICORNE | LION | SCORPION | VIERGE | 24 SCORPION |
| 12 MAI | TAUREAU | TAUREAU | BÉLIER | CAPRICORNE | CAPRICORNE | LION | SCORPION | VIERGE | 9 SAGITTAIRE |
| 13 MAI | TAUREAU | TAUREAU | BÉLIER | CAPRICORNE | CAPRICORNE | LION | SCORPION | VIERGE | 24 SAGITTAIRE |
| 14 MAI | TAUREAU | TAUREAU | BÉLIER | CAPRICORNE | CAPRICORNE | LION | SCORPION | VIERGE | 9 CAPRICORNE |
| 15 MAI | TAUREAU | TAUREAU | BÉLIER | CAPRICORNE | CAPRICORNE | LION | SCORPION | VIERGE | 24 CAPRICORNE |
| 16 MAI | TAUREAU | TAUREAU | BÉLIER | CAPRICORNE | CAPRICORNE | LION | SCORPION | VIERGE | 8 VERSEAU |
| 17 MAI | TAUREAU | TAUREAU | BÉLIER | CAPRICORNE | CAPRICORNE | LION | SCORPION | VIERGE | 22 VERSEAU |
| 18 MAI | TAUREAU | TAUREAU | BÉLIER | CAPRICORNE | CAPRICORNE | LION | SCORPION | VIERGE | 6 POISSONS |
| 19 MAI | GÉMEAUX | TAUREAU | BÉLIER | CAPRICORNE | CAPRICORNE | LION | SCORPION | VIERGE | 19 POISSONS |
| 20 MAI | GÉMEAUX | TAUREAU | BÉLIER | CAPRICORNE | CAPRICORNE | LION | SCORPION | VIERGE | 2 BÉLIER |
| 21 MAI | GÉMEAUX | TAUREAU | BÉLIER | CAPRICORNE | CAPRICORNE | LION | SCORPION | VIERGE | 15 BÉLIER |

LE SOLEIL ENTRE DANS LE SIGNE DU TAUREAU LE 20 AVRIL 1960 A 2 h 00
QUITTE LE SIGNE DU TAUREAU LE 21 MAI 1960 A 1 h 30
* LES CHIFFRES INDIQUENT LES DEGRÉS

| 1961 | MERCURE | VÉNUS | MARS | JUPITER | SATURNE | URANUS | NEPTUNE | PLUTON | LUNE* |
|---|---|---|---|---|---|---|---|---|---|
| 20 AVRIL | BÉLIER | BÉLIER | CANCER | VERSEAU | CAPRICORNE | LION | SCORPION | VIERGE | 3 CANCER |
| 21 AVRIL | BÉLIER | BÉLIER | CANCER | VERSEAU | CAPRICORNE | LION | SCORPION | VIERGE | 15 CANCER |
| 22 AVRIL | BÉLIER | BÉLIER | CANCER | VERSEAU | CAPRICORNE | LION | SCORPION | VIERGE | 27 CANCER |
| 23 AVRIL | BÉLIER | BÉLIER | CANCER | VERSEAU | CAPRICORNE | LION | SCORPION | VIERGE | 9 LION |
| 24 AVRIL | BÉLIER | BÉLIER | CANCER | VERSEAU | CAPRICORNE | LION | SCORPION | VIERGE | 21 LION |
| 25 AVRIL | BÉLIER | BÉLIER | CANCER | VERSEAU | CAPRICORNE | LION | SCORPION | VIERGE | 3 VIERGE |
| 26 AVRIL | BÉLIER | BÉLIER | CANCER | VERSEAU | CAPRICORNE | LION | SCORPION | VIERGE | 15 VIERGE |
| 27 AVRIL | TAUREAU | BÉLIER | CANCER | VERSEAU | CAPRICORNE | LION | SCORPION | VIERGE | 27 VIERGE |
| 28 AVRIL | TAUREAU | BÉLIER | CANCER | VERSEAU | CAPRICORNE | LION | SCORPION | VIERGE | 10 BALANCE |
| 29 AVRIL | TAUREAU | BÉLIER | CANCER | VERSEAU | CAPRICORNE | LION | SCORPION | VIERGE | 23 BALANCE |
| 30 AVRIL | TAUREAU | BÉLIER | CANCER | VERSEAU | CAPRICORNE | LION | SCORPION | VIERGE | 6 SCORPION |
| 1 MAI | TAUREAU | BÉLIER | CANCER | VERSEAU | CAPRICORNE | LION | SCORPION | VIERGE | 20 SCORPION |
| 2 MAI | TAUREAU | BÉLIER | CANCER | VERSEAU | CAPRICORNE | LION | SCORPION | VIERGE | 3 SAGITTAIRE |
| 3 MAI | TAUREAU | BÉLIER | CANCER | VERSEAU | CAPRICORNE | LION | SCORPION | VIERGE | 17 SAGITTAIRE |
| 4 MAI | TAUREAU | BÉLIER | CANCER | VERSEAU | CAPRICORNE | LION | SCORPION | VIERGE | 2 CAPRICORNE |
| 5 MAI | TAUREAU | BÉLIER | CANCER | VERSEAU | CAPRICORNE | LION | SCORPION | VIERGE | 16 CAPRICORNE |
| 6 MAI | TAUREAU | BÉLIER | LION | VERSEAU | CAPRICORNE | LION | SCORPION | VIERGE | 0 VERSEAU |
| 7 MAI | TAUREAU | BÉLIER | LION | VERSEAU | CAPRICORNE | LION | SCORPION | VIERGE | 14 VERSEAU |
| 8 MAI | TAUREAU | BÉLIER | LION | VERSEAU | CAPRICORNE | LION | SCORPION | VIERGE | 28 VERSEAU |
| 9 MAI | TAUREAU | BÉLIER | LION | VERSEAU | CAPRICORNE | LION | SCORPION | VIERGE | 12 POISSONS |
| 10 MAI | TAUREAU | BÉLIER | LION | VERSEAU | CAPRICORNE | LION | SCORPION | VIERGE | 26 POISSONS |
| 11 MAI | GÉMEAUX | BÉLIER | LION | VERSEAU | CAPRICORNE | LION | SCORPION | VIERGE | 10 BÉLIER |
| 12 MAI | GÉMEAUX | BÉLIER | LION | VERSEAU | CAPRICORNE | LION | SCORPION | VIERGE | 24 BÉLIER |
| 13 MAI | GÉMEAUX | BÉLIER | LION | VERSEAU | CAPRICORNE | LION | SCORPION | VIERGE | 7 TAUREAU |
| 14 MAI | GÉMEAUX | BÉLIER | LION | VERSEAU | CAPRICORNE | LION | SCORPION | VIERGE | 21 TAUREAU |
| 15 MAI | GÉMEAUX | BÉLIER | LION | VERSEAU | CAPRICORNE | LION | SCORPION | VIERGE | 4 GÉMEAUX |
| 16 MAI | GÉMEAUX | BÉLIER | LION | VERSEAU | CAPRICORNE | LION | SCORPION | VIERGE | 16 GÉMEAUX |
| 17 MAI | GÉMEAUX | BÉLIER | LION | VERSEAU | CAPRICORNE | LION | SCORPION | VIERGE | 29 GÉMEAUX |
| 18 MAI | GÉMEAUX | BÉLIER | LION | VERSEAU | CAPRICORNE | LION | SCORPION | VIERGE | 11 CANCER |
| 19 MAI | GÉMEAUX | BÉLIER | LION | VERSEAU | CAPRICORNE | LION | SCORPION | VIERGE | 23 CANCER |
| 20 MAI | GÉMEAUX | BÉLIER | LION | VERSEAU | CAPRICORNE | LION | SCORPION | VIERGE | 5 LION |
| 21 MAI | GÉMEAUX | BÉLIER | LION | VERSEAU | CAPRICORNE | LION | SCORPION | VIERGE | 17 LION |

LE SOLEIL ENTRE DANS LE SIGNE DU TAUREAU LE 20 AVRIL 1961 A 7 h 30
QUITTE LE SIGNE DU TAUREAU LE 21 MAI 1961 A 7 h 00
* LES CHIFFRES INDIQUENT LES DEGRÉS

# DÉCOUVREZ DANS QUEL SIGNE SE TROUVAIENT LES PLANÈTES À VOTRE NAISSANCE

| 1962 | MERCURE | VÉNUS | MARS | JUPITER | SATURNE | URANUS | NEPTUNE | PLUTON | LUNE* |
|---|---|---|---|---|---|---|---|---|---|
| 20 AVRIL | TAUREAU | TAUREAU | BÉLIER | POISSONS | VERSEAU | LION | SCORPION | VIERGE | 5 SCORPION |
| 21 AVRIL | TAUREAU | TAUREAU | BÉLIER | POISSONS | VERSEAU | LION | SCORPION | VIERGE | 17 SCORPION |
| 22 AVRIL | TAUREAU | TAUREAU | BÉLIER | POISSONS | VERSEAU | LION | SCORPION | VIERGE | 0 SAGITTAIRE |
| 23 AVRIL | TAUREAU | TAUREAU | BÉLIER | POISSONS | VERSEAU | LION | SCORPION | VIERGE | 13 SAGITTAIRE |
| 24 AVRIL | TAUREAU | TAUREAU | BÉLIER | POISSONS | VERSEAU | LION | SCORPION | VIERGE | 26 SAGITTAIRE |
| 25 AVRIL | TAUREAU | TAUREAU | BÉLIER | POISSONS | VERSEAU | LION | SCORPION | VIERGE | 9 CAPRICORNE |
| 26 AVRIL | TAUREAU | TAUREAU | BÉLIER | POISSONS | VERSEAU | LION | SCORPION | VIERGE | 22 CAPRICORNE |
| 27 AVRIL | TAUREAU | TAUREAU | BÉLIER | POISSONS | VERSEAU | LION | SCORPION | VIERGE | 6 VERSEAU |
| 28 AVRIL | TAUREAU | GÉMEAUX | BÉLIER | POISSONS | VERSEAU | LION | SCORPION | VIERGE | 20 VERSEAU |
| 29 AVRIL | TAUREAU | GÉMEAUX | BÉLIER | POISSONS | VERSEAU | LION | SCORPION | VIERGE | 4 POISSONS |
| 30 AVRIL | TAUREAU | GÉMEAUX | BÉLIER | POISSONS | VERSEAU | LION | SCORPION | VIERGE | 19 POISSONS |
| 1 MAI | TAUREAU | GÉMEAUX | BÉLIER | POISSONS | VERSEAU | LION | SCORPION | VIERGE | 3 BÉLIER |
| 2 MAI | TAUREAU | GÉMEAUX | BÉLIER | POISSONS | VERSEAU | LION | SCORPION | VIERGE | 18 BÉLIER |
| 3 MAI | GÉMEAUX | GÉMEAUX | BÉLIER | POISSONS | VERSEAU | LION | SCORPION | VIERGE | 3 TAUREAU |
| 4 MAI | GÉMEAUX | GÉMEAUX | BÉLIER | POISSONS | VERSEAU | LION | SCORPION | VIERGE | 18 TAUREAU |
| 5 MAI | GÉMEAUX | GÉMEAUX | BÉLIER | POISSONS | VERSEAU | LION | SCORPION | VIERGE | 2 GÉMEAUX |
| 6 MAI | GÉMEAUX | GÉMEAUX | BÉLIER | POISSONS | VERSEAU | LION | SCORPION | VIERGE | 16 GÉMEAUX |
| 7 MAI | GÉMEAUX | GÉMEAUX | BÉLIER | POISSONS | VERSEAU | LION | SCORPION | VIERGE | 29 GÉMEAUX |
| 8 MAI | GÉMEAUX | GÉMEAUX | BÉLIER | POISSONS | VERSEAU | LION | SCORPION | VIERGE | 13 CANCER |
| 9 MAI | GÉMEAUX | GÉMEAUX | BÉLIER | POISSONS | VERSEAU | LION | SCORPION | VIERGE | 25 CANCER |
| 10 MAI | GÉMEAUX | GÉMEAUX | BÉLIER | POISSONS | VERSEAU | LION | SCORPION | VIERGE | 8 LION |
| 11 MAI | GÉMEAUX | GÉMEAUX | BÉLIER | POISSONS | VERSEAU | LION | SCORPION | VIERGE | 20 LION |
| 12 MAI | GÉMEAUX | GÉMEAUX | BÉLIER | POISSONS | VERSEAU | LION | SCORPION | VIERGE | 2 VIERGE |
| 13 MAI | GÉMEAUX | GÉMEAUX | BÉLIER | POISSONS | VERSEAU | LION | SCORPION | VIERGE | 13 VIERGE |
| 14 MAI | GÉMEAUX | GÉMEAUX | BÉLIER | POISSONS | VERSEAU | LION | SCORPION | VIERGE | 25 VIERGE |
| 15 MAI | GÉMEAUX | GÉMEAUX | BÉLIER | POISSONS | VERSEAU | LION | SCORPION | VIERGE | 7 BALANCE |
| 16 MAI | GÉMEAUX | GÉMEAUX | BÉLIER | POISSONS | VERSEAU | LION | SCORPION | VIERGE | 19 BALANCE |
| 17 MAI | GÉMEAUX | GÉMEAUX | BÉLIER | POISSONS | VERSEAU | LION | SCORPION | VIERGE | 1 SCORPION |
| 18 MAI | GÉMEAUX | GÉMEAUX | BÉLIER | POISSONS | VERSEAU | LION | SCORPION | VIERGE | 14 SCORPION |
| 19 MAI | GÉMEAUX | GÉMEAUX | BÉLIER | POISSONS | VERSEAU | LION | SCORPION | VIERGE | 26 SCORPION |
| 20 MAI | GÉMEAUX | GÉMEAUX | BÉLIER | POISSONS | VERSEAU | LION | SCORPION | VIERGE | 9 SAGITTAIRE |
| 21 MAI | GÉMEAUX | GÉMEAUX | BÉLIER | POISSONS | VERSEAU | LION | SCORPION | VIERGE | 22 SAGITTAIRE |

LE SOLEIL ENTRE DANS LE SIGNE DU TAUREAU LE 20 AVRIL 1962 A 14 h 00
LE SOLEIL QUITTE LE SIGNE DU TAUREAU LE 21 MAI A 13 h 10
* LES CHIFFRES INDIQUENT LES DEGRÉS

| 1963 | MERCURE | VÉNUS | MARS | JUPITER | SATURNE | URANUS | NEPTUNE | PLUTON | LUNE* |
|---|---|---|---|---|---|---|---|---|---|
| 20 AVRIL | TAUREAU | POISSONS | LION | BÉLIER | VERSEAU | VIERGE | SCORPION | VIERGE | 12 POISSONS |
| 21 AVRIL | TAUREAU | POISSONS | LION | BÉLIER | VERSEAU | VIERGE | SCORPION | VIERGE | 27 POISSONS |
| 22 AVRIL | TAUREAU | POISSONS | LION | BÉLIER | VERSEAU | VIERGE | SCORPION | VIERGE | 12 BÉLIER |
| 23 AVRIL | TAUREAU | POISSONS | LION | BÉLIER | VERSEAU | VIERGE | SCORPION | VIERGE | 27 BÉLIER |
| 24 AVRIL | TAUREAU | BÉLIER | LION | BÉLIER | VERSEAU | VIERGE | SCORPION | VIERGE | 13 TAUREAU |
| 25 AVRIL | TAUREAU | BÉLIER | LION | BÉLIER | VERSEAU | VIERGE | SCORPION | VIERGE | 28 TAUREAU |
| 26 AVRIL | TAUREAU | BÉLIER | LION | BÉLIER | VERSEAU | VIERGE | SCORPION | VIERGE | 13 GÉMEAUX |
| 27 AVRIL | TAUREAU | BÉLIER | LION | BÉLIER | VERSEAU | VIERGE | SCORPION | VIERGE | 27 GÉMEAUX |
| 28 AVRIL | TAUREAU | BÉLIER | LION | BÉLIER | VERSEAU | VIERGE | SCORPION | VIERGE | 11 CANCER |
| 29 AVRIL | TAUREAU | BÉLIER | LION | BÉLIER | VERSEAU | VIERGE | SCORPION | VIERGE | 24 CANCER |
| 30 AVRIL | TAUREAU | BÉLIER | LION | BÉLIER | VERSEAU | VIERGE | SCORPION | VIERGE | 8 LION |
| 1 MAI | TAUREAU | BÉLIER | LION | BÉLIER | VERSEAU | VIERGE | SCORPION | VIERGE | 20 LION |
| 2 MAI | TAUREAU | BÉLIER | LION | BÉLIER | VERSEAU | VIERGE | SCORPION | VIERGE | 3 VIERGE |
| 3 MAI | GÉMEAUX | BÉLIER | LION | BÉLIER | VERSEAU | VIERGE | SCORPION | VIERGE | 15 VIERGE |
| 4 MAI | GÉMEAUX | BÉLIER | LION | BÉLIER | VERSEAU | VIERGE | SCORPION | VIERGE | 27 VIERGE |
| 5 MAI | GÉMEAUX | BÉLIER | LION | BÉLIER | VERSEAU | VIERGE | SCORPION | VIERGE | 9 BALANCE |
| 6 MAI | GÉMEAUX | BÉLIER | LION | BÉLIER | VERSEAU | VIERGE | SCORPION | VIERGE | 21 BALANCE |
| 7 MAI | GÉMEAUX | BÉLIER | LION | BÉLIER | VERSEAU | VIERGE | SCORPION | VIERGE | 3 SCORPION |
| 8 MAI | GÉMEAUX | BÉLIER | LION | BÉLIER | VERSEAU | VIERGE | SCORPION | VIERGE | 14 SCORPION |
| 9 MAI | GÉMEAUX | BÉLIER | LION | BÉLIER | VERSEAU | VIERGE | SCORPION | VIERGE | 26 SCORPION |
| 10 MAI | GÉMEAUX | BÉLIER | LION | BÉLIER | VERSEAU | VIERGE | SCORPION | VIERGE | 8 SAGITTAIRE |
| 11 MAI | TAUREAU | BÉLIER | LION | BÉLIER | VERSEAU | VIERGE | SCORPION | VIERGE | 20 SAGITTAIRE |
| 12 MAI | TAUREAU | BÉLIER | LION | BÉLIER | VERSEAU | VIERGE | SCORPION | VIERGE | 3 CAPRICORNE |
| 13 MAI | TAUREAU | BÉLIER | LION | BÉLIER | VERSEAU | VIERGE | SCORPION | VIERGE | 15 CAPRICORNE |
| 14 MAI | TAUREAU | BÉLIER | LION | BÉLIER | VERSEAU | VIERGE | SCORPION | VIERGE | 28 CAPRICORNE |
| 15 MAI | TAUREAU | BÉLIER | LION | BÉLIER | VERSEAU | VIERGE | SCORPION | VIERGE | 11 VERSEAU |
| 16 MAI | TAUREAU | BÉLIER | LION | BÉLIER | VERSEAU | VIERGE | SCORPION | VIERGE | 24 VERSEAU |
| 17 MAI | TAUREAU | BÉLIER | LION | BÉLIER | VERSEAU | VIERGE | SCORPION | VIERGE | 7 POISSONS |
| 18 MAI | TAUREAU | BÉLIER | LION | BÉLIER | VERSEAU | VIERGE | SCORPION | VIERGE | 21 POISSONS |
| 19 MAI | TAUREAU | TAUREAU | LION | BÉLIER | VERSEAU | VIERGE | SCORPION | VIERGE | 6 BÉLIER |
| 20 MAI | TAUREAU | TAUREAU | LION | BÉLIER | VERSEAU | VIERGE | SCORPION | VIERGE | 21 BÉLIER |
| 21 MAI | TAUREAU | TAUREAU | LION | BÉLIER | VERSEAU | VIERGE | SCORPION | VIERGE | 6 TAUREAU |

LE SOLEIL ENTRE DANS LE SIGNE DU TAUREAU LE 20 AVRIL 1963 A 19 h 30
LE SOLEIL QUITTE LE SIGNE DU TAUREAU LE 21 MAI A 19 h 00
* LES CHIFFRES INDIQUENT LES DEGRÉS

# DÉCOUVREZ DANS QUEL SIGNE SE TROUVAIENT LES PLANÈTES À VOTRE NAISSANCE

| **1964** | MERCURE | VÉNUS | MARS | JUPITER | SATURNE | URANUS | NEPTUNE | PLUTON | LUNE* |
|---|---|---|---|---|---|---|---|---|---|
| 20 AVRIL | TAUREAU | GÉMEAUX | BÉLIER | TAUREAU | POISSONS | VIERGE | SCORPION | VIERGE | 17 LION |
| 21 AVRIL | TAUREAU | GÉMEAUX | BÉLIER | TAUREAU | POISSONS | VIERGE | SCORPION | VIERGE | 0 VIERGE |
| 22 AVRIL | TAUREAU | GÉMEAUX | BÉLIER | TAUREAU | POISSONS | VIERGE | SCORPION | VIERGE | 13 VIERGE |
| 23 AVRIL | TAUREAU | GÉMEAUX | BÉLIER | TAUREAU | POISSONS | VIERGE | SCORPION | VIERGE | 26 VIERGE |
| 24 AVRIL | TAUREAU | GÉMEAUX | BÉLIER | TAUREAU | POISSONS | VIERGE | SCORPION | VIERGE | 9 BALANCE |
| 25 AVRIL | TAUREAU | GÉMEAUX | BÉLIER | TAUREAU | POISSONS | VIERGE | SCORPION | VIERGE | 21 BALANCE |
| 26 AVRIL | TAUREAU | GÉMEAUX | BÉLIER | TAUREAU | POISSONS | VIERGE | SCORPION | VIERGE | 3 SCORPION |
| 27 AVRIL | TAUREAU | GÉMEAUX | BÉLIER | TAUREAU | POISSONS | VIERGE | SCORPION | VIERGE | 15 SCORPION |
| 28 AVRIL | TAUREAU | GÉMEAUX | BÉLIER | TAUREAU | POISSONS | VIERGE | SCORPION | VIERGE | 27 SCORPION |
| 29 AVRIL | TAUREAU | GÉMEAUX | BÉLIER | TAUREAU | POISSONS | VIERGE | SCORPION | VIERGE | 9 SAGITTAIRE |
| 30 AVRIL | TAUREAU | GÉMEAUX | BÉLIER | TAUREAU | POISSONS | VIERGE | SCORPION | VIERGE | 21 SAGITTAIRE |
| 1 MAI | TAUREAU | GÉMEAUX | BÉLIER | TAUREAU | POISSONS | VIERGE | SCORPION | VIERGE | 3 CAPRICORNE |
| 2 MAI | TAUREAU | GÉMEAUX | BÉLIER | TAUREAU | POISSONS | VIERGE | SCORPION | VIERGE | 15 CAPRICORNE |
| 3 MAI | TAUREAU | GÉMEAUX | BÉLIER | TAUREAU | POISSONS | VIERGE | SCORPION | VIERGE | 27 CAPRICORNE |
| 4 MAI | TAUREAU | GÉMEAUX | BÉLIER | TAUREAU | POISSONS | VIERGE | SCORPION | VIERGE | 9 VERSEAU |
| 5 MAI | TAUREAU | GÉMEAUX | BÉLIER | TAUREAU | POISSONS | VIERGE | SCORPION | VIERGE | 21 VERSEAU |
| 6 MAI | TAUREAU | GÉMEAUX | BÉLIER | TAUREAU | POISSONS | VIERGE | SCORPION | VIERGE | 4 POISSONS |
| 7 MAI | TAUREAU | GÉMEAUX | BÉLIER | TAUREAU | POISSONS | VIERGE | SCORPION | VIERGE | 17 POISSONS |
| 8 MAI | TAUREAU | GÉMEAUX | TAUREAU | TAUREAU | POISSONS | VIERGE | SCORPION | VIERGE | 1 BÉLIER |
| 9 MAI | TAUREAU | CANCER | TAUREAU | TAUREAU | POISSONS | VIERGE | SCORPION | VIERGE | 16 BÉLIER |
| 10 MAI | TAUREAU | CANCER | TAUREAU | TAUREAU | POISSONS | VIERGE | SCORPION | VIERGE | 0 TAUREAU |
| 11 MAI | TAUREAU | CANCER | TAUREAU | TAUREAU | POISSONS | VIERGE | SCORPION | VIERGE | 15 TAUREAU |
| 12 MAI | TAUREAU | CANCER | TAUREAU | TAUREAU | POISSONS | VIERGE | SCORPION | VIERGE | 0 GÉMEAUX |
| 13 MAI | TAUREAU | CANCER | TAUREAU | TAUREAU | POISSONS | VIERGE | SCORPION | VIERGE | 15 GÉMEAUX |
| 14 MAI | TAUREAU | CANCER | TAUREAU | TAUREAU | POISSONS | VIERGE | SCORPION | VIERGE | 0 CANCER |
| 15 MAI | TAUREAU | CANCER | TAUREAU | TAUREAU | POISSONS | VIERGE | SCORPION | VIERGE | 15 CANCER |
| 16 MAI | TAUREAU | CANCER | TAUREAU | TAUREAU | POISSONS | VIERGE | SCORPION | VIERGE | 29 CANCER |
| 17 MAI | TAUREAU | CANCER | TAUREAU | TAUREAU | POISSONS | VIERGE | SCORPION | VIERGE | 13 LION |
| 18 MAI | TAUREAU | CANCER | TAUREAU | TAUREAU | POISSONS | VIERGE | SCORPION | VIERGE | 27 LION |
| 19 MAI | TAUREAU | CANCER | TAUREAU | TAUREAU | POISSONS | VIERGE | SCORPION | VIERGE | 10 VIERGE |
| 20 MAI | TAUREAU | CANCER | TAUREAU | TAUREAU | POISSONS | VIERGE | SCORPION | VIERGE | 23 VIERGE |
| 21 MAI | TAUREAU | CANCER | TAUREAU | TAUREAU | POISSONS | VIERGE | SCORPION | VIERGE | 6 BALANCE |

LE SOLEIL ENTRE DANS LE SIGNE DU TAUREAU LE 20 AVRIL 1964 A 2 h 00
QUITTE LE SIGNE DU LE 21 MAI A 1 h 30
* LES CHIFFRES INDIQUENT LES DEGRÉS

| **1965** | MERCURE | VÉNUS | MARS | JUPITER | SATURNE | URANUS | NEPTUNE | PLUTON | LUNE* |
|---|---|---|---|---|---|---|---|---|---|
| 20 AVRIL | BÉLIER | TAUREAU | VIERGE | TAUREAU | POISSONS | VIERGE | SCORPION | VIERGE | 23 SAGITTAIRE |
| 21 AVRIL | BÉLIER | TAUREAU | VIERGE | TAUREAU | POISSONS | VIERGE | SCORPION | VIERGE | 5 CAPRICORNE |
| 22 AVRIL | BÉLIER | TAUREAU | VIERGE | TAUREAU | POISSONS | VIERGE | SCORPION | VIERGE | 17 CAPRICORNE |
| 23 AVRIL | BÉLIER | TAUREAU | VIERGE | GÉMEAUX | POISSONS | VIERGE | SCORPION | VIERGE | 29 CAPRICORNE |
| 24 AVRIL | BÉLIER | TAUREAU | VIERGE | GÉMEAUX | POISSONS | VIERGE | SCORPION | VIERGE | 11 VERSEAU |
| 25 AVRIL | BÉLIER | TAUREAU | VIERGE | GÉMEAUX | POISSONS | VIERGE | SCORPION | VIERGE | 23 VERSEAU |
| 26 AVRIL | BÉLIER | TAUREAU | VIERGE | GÉMEAUX | POISSONS | VIERGE | SCORPION | VIERGE | 5 POISSONS |
| 27 AVRIL | BÉLIER | TAUREAU | VIERGE | GÉMEAUX | POISSONS | VIERGE | SCORPION | VIERGE | 17 POISSONS |
| 28 AVRIL | BÉLIER | TAUREAU | VIERGE | GÉMEAUX | POISSONS | VIERGE | SCORPION | VIERGE | 0 BÉLIER |
| 29 AVRIL | BÉLIER | TAUREAU | VIERGE | GÉMEAUX | POISSONS | VIERGE | SCORPION | VIERGE | 13 BÉLIER |
| 30 AVRIL | BÉLIER | TAUREAU | VIERGE | GÉMEAUX | POISSONS | VIERGE | SCORPION | VIERGE | 27 BÉLIER |
| 1 MAI | BÉLIER | TAUREAU | VIERGE | GÉMEAUX | POISSONS | VIERGE | SCORPION | VIERGE | 11 TAUREAU |
| 2 MAI | BÉLIER | TAUREAU | VIERGE | GÉMEAUX | POISSONS | VIERGE | SCORPION | VIERGE | 25 TAUREAU |
| 3 MAI | BÉLIER | TAUREAU | VIERGE | GÉMEAUX | POISSONS | VIERGE | SCORPION | VIERGE | 9 GÉMEAUX |
| 4 MAI | BÉLIER | TAUREAU | VIERGE | GÉMEAUX | POISSONS | VIERGE | SCORPION | VIERGE | 23 GÉMEAUX |
| 5 MAI | BÉLIER | TAUREAU | VIERGE | GÉMEAUX | POISSONS | VIERGE | SCORPION | VIERGE | 7 CANCER |
| 6 MAI | BÉLIER | TAUREAU | VIERGE | GÉMEAUX | POISSONS | VIERGE | SCORPION | VIERGE | 22 CANCER |
| 7 MAI | BÉLIER | TAUREAU | VIERGE | GÉMEAUX | POISSONS | VIERGE | SCORPION | VIERGE | 6 LION |
| 8 MAI | BÉLIER | TAUREAU | VIERGE | GÉMEAUX | POISSONS | VIERGE | SCORPION | VIERGE | 20 LION |
| 9 MAI | BÉLIER | TAUREAU | VIERGE | GÉMEAUX | POISSONS | VIERGE | SCORPION | VIERGE | 4 VIERGE |
| 10 MAI | BÉLIER | TAUREAU | VIERGE | GÉMEAUX | POISSONS | VIERGE | SCORPION | VIERGE | 18 VIERGE |
| 11 MAI | BÉLIER | TAUREAU | VIERGE | GÉMEAUX | POISSONS | VIERGE | SCORPION | VIERGE | 2 BALANCE |
| 12 MAI | BÉLIER | TAUREAU | VIERGE | GÉMEAUX | POISSONS | VIERGE | SCORPION | VIERGE | 15 BALANCE |
| 13 MAI | BÉLIER | GÉMEAUX | VIERGE | GÉMEAUX | POISSONS | VIERGE | SCORPION | VIERGE | 28 BALANCE |
| 14 MAI | BÉLIER | GÉMEAUX | VIERGE | GÉMEAUX | POISSONS | VIERGE | SCORPION | VIERGE | 11 SCORPION |
| 15 MAI | BÉLIER | GÉMEAUX | VIERGE | GÉMEAUX | POISSONS | VIERGE | SCORPION | VIERGE | 24 SCORPION |
| 16 MAI | TAUREAU | GÉMEAUX | VIERGE | GÉMEAUX | POISSONS | VIERGE | SCORPION | VIERGE | 7 SAGITTAIRE |
| 17 MAI | TAUREAU | GÉMEAUX | VIERGE | GÉMEAUX | POISSONS | VIERGE | SCORPION | VIERGE | 19 SAGITTAIRE |
| 18 MAI | TAUREAU | GÉMEAUX | VIERGE | GÉMEAUX | POISSONS | VIERGE | SCORPION | VIERGE | 1 CAPRICORNE |
| 19 MAI | TAUREAU | GÉMEAUX | VIERGE | GÉMEAUX | POISSONS | VIERGE | SCORPION | VIERGE | 13 CAPRICORNE |
| 20 MAI | TAUREAU | GÉMEAUX | VIERGE | GÉMEAUX | POISSONS | VIERGE | SCORPION | VIERGE | 25 CAPRICORNE |
| 21 MAI | TAUREAU | GÉMEAUX | VIERGE | GÉMEAUX | POISSONS | VIERGE | SCORPION | VIERGE | 7 VERSEAU |

LE SOLEIL ENTRE DANS LE SIGNE DU TAUREAU LE 20 AVRIL 1965 A 7 h 30
QUITTE LE SIGNE DU LE 21 MAI A 7 h 00
* LES CHIFFRES INDIQUENT LES DEGRÉS

# DÉCOUVREZ DANS QUEL SIGNE SE TROUVAIENT LES PLANÈTES À VOTRE NAISSANCE

| 1966 | MERCURE | VÉNUS | MARS | JUPITER | SATURNE | URANUS | NEPTUNE | PLUTON | LUNE* |
|---|---|---|---|---|---|---|---|---|---|
| 20 AVRIL | BÉLIER | POISSONS | TAUREAU | GÉMEAUX | POISSONS | VIERGE | SCORPION | VIERGE | 25 BÉLIER |
| 21 AVRIL | BÉLIER | POISSONS | TAUREAU | GÉMEAUX | POISSONS | VIERGE | SCORPION | VIERGE | 8 TAUREAU |
| 22 AVRIL | BÉLIER | POISSONS | TAUREAU | GÉMEAUX | POISSONS | VIERGE | SCORPION | VIERGE | 21 TAUREAU |
| 23 AVRIL | BÉLIER | POISSONS | TAUREAU | GÉMEAUX | POISSONS | VIERGE | SCORPION | VIERGE | 4 GÉMEAUX |
| 24 AVRIL | BÉLIER | POISSONS | TAUREAU | GÉMEAUX | POISSONS | VIERGE | SCORPION | VIERGE | 17 GÉMEAUX |
| 25 AVRIL | BÉLIER | POISSONS | TAUREAU | GÉMEAUX | POISSONS | VIERGE | SCORPION | VIERGE | 0 CANCER |
| 26 AVRIL | BÉLIER | POISSONS | TAUREAU | GÉMEAUX | POISSONS | VIERGE | SCORPION | VIERGE | 14 CANCER |
| 27 AVRIL | BÉLIER | POISSONS | TAUREAU | GÉMEAUX | POISSONS | VIERGE | SCORPION | VIERGE | 28 CANCER |
| 28 AVRIL | BÉLIER | POISSONS | TAUREAU | GÉMEAUX | POISSONS | VIERGE | SCORPION | VIERGE | 12 LION |
| 29 AVRIL | BÉLIER | POISSONS | TAUREAU | GÉMEAUX | POISSONS | VIERGE | SCORPION | VIERGE | 26 LION |
| 30 AVRIL | BÉLIER | POISSONS | TAUREAU | GÉMEAUX | POISSONS | VIERGE | SCORPION | VIERGE | 11 VIERGE |
| 1 MAI | BÉLIER | POISSONS | TAUREAU | GÉMEAUX | POISSONS | VIERGE | SCORPION | VIERGE | 25 VIERGE |
| 2 MAI | BÉLIER | POISSONS | TAUREAU | GÉMEAUX | POISSONS | VIERGE | SCORPION | VIERGE | 10 BALANCE |
| 3 MAI | BÉLIER | POISSONS | TAUREAU | GÉMEAUX | POISSONS | VIERGE | SCORPION | VIERGE | 24 BALANCE |
| 4 MAI | BÉLIER | POISSONS | TAUREAU | GÉMEAUX | POISSONS | VIERGE | SCORPION | VIERGE | 8 SCORPION |
| 5 MAI | BÉLIER | BÉLIER | TAUREAU | GÉMEAUX | POISSONS | VIERGE | SCORPION | VIERGE | 22 SCORPION |
| 6 MAI | BÉLIER | BÉLIER | TAUREAU | CANCER | POISSONS | VIERGE | SCORPION | VIERGE | 6 SAGITTAIRE |
| 7 MAI | BÉLIER | BÉLIER | TAUREAU | CANCER | POISSONS | VIERGE | SCORPION | VIERGE | 19 SAGITTAIRE |
| 8 MAI | BÉLIER | BÉLIER | TAUREAU | CANCER | POISSONS | VIERGE | SCORPION | VIERGE | 2 CAPRICORNE |
| 9 MAI | BÉLIER | BÉLIER | TAUREAU | CANCER | POISSONS | VIERGE | SCORPION | VIERGE | 15 CAPRICORNE |
| 10 MAI | TAUREAU | BÉLIER | TAUREAU | CANCER | POISSONS | VIERGE | SCORPION | VIERGE | 27 CAPRICORNE |
| 11 MAI | TAUREAU | BÉLIER | TAUREAU | CANCER | POISSONS | VIERGE | SCORPION | VIERGE | 9 VERSEAU |
| 12 MAI | TAUREAU | BÉLIER | TAUREAU | CANCER | POISSONS | VIERGE | SCORPION | VIERGE | 21 VERSEAU |
| 13 MAI | TAUREAU | BÉLIER | TAUREAU | CANCER | POISSONS | VIERGE | SCORPION | VIERGE | 3 POISSONS |
| 14 MAI | TAUREAU | BÉLIER | TAUREAU | CANCER | POISSONS | VIERGE | SCORPION | VIERGE | 15 POISSONS |
| 15 MAI | TAUREAU | BÉLIER | TAUREAU | CANCER | POISSONS | VIERGE | SCORPION | VIERGE | 27 POISSONS |
| 16 MAI | TAUREAU | BÉLIER | TAUREAU | CANCER | POISSONS | VIERGE | SCORPION | VIERGE | 9 BÉLIER |
| 17 MAI | TAUREAU | BÉLIER | TAUREAU | CANCER | POISSONS | VIERGE | SCORPION | VIERGE | 21 BÉLIER |
| 18 MAI | TAUREAU | BÉLIER | TAUREAU | CANCER | POISSONS | VIERGE | SCORPION | VIERGE | 4 TAUREAU |
| 19 MAI | TAUREAU | BÉLIER | TAUREAU | CANCER | POISSONS | VIERGE | SCORPION | VIERGE | 17 TAUREAU |
| 20 MAI | TAUREAU | BÉLIER | TAUREAU | CANCER | POISSONS | VIERGE | SCORPION | VIERGE | 0 GÉMEAUX |
| 21 MAI | TAUREAU | BÉLIER | TAUREAU | CANCER | POISSONS | VIERGE | SCORPION | VIERGE | 13 GÉMEAUX |

LE SOLEIL ENTRE DANS LE SIGNE DU TAUREAU LE 20 AVRIL 1966 A 13 h 00
LE SOLEIL QUITTE LE SIGNE DU TAUREAU LE 21 MAI A 12 h 30

* LES CHIFFRES INDIQUENT LES DEGRÉS

| 1967 | MERCURE | VÉNUS | MARS | JUPITER | SATURNE | URANUS | NEPTUNE | PLUTON | LUNE* |
|---|---|---|---|---|---|---|---|---|---|
| 20 AVRIL | BÉLIER | GÉMEAUX | BALANCE | CANCER | BÉLIER | VIERGE | SCORPION | VIERGE | 3 VIERGE |
| 21 AVRIL | BÉLIER | GÉMEAUX | BALANCE | CANCER | BÉLIER | VIERGE | SCORPION | VIERGE | 18 VIERGE |
| 22 AVRIL | BÉLIER | GÉMEAUX | BALANCE | CANCER | BÉLIER | VIERGE | SCORPION | VIERGE | 3 BALANCE |
| 23 AVRIL | BÉLIER | GÉMEAUX | BALANCE | CANCER | BÉLIER | VIERGE | SCORPION | VIERGE | 18 BALANCE |
| 24 AVRIL | BÉLIER | GÉMEAUX | BALANCE | CANCER | BÉLIER | VIERGE | SCORPION | VIERGE | 3 SCORPION |
| 25 AVRIL | BÉLIER | GÉMEAUX | BALANCE | CANCER | BÉLIER | VIERGE | SCORPION | VIERGE | 18 SCORPION |
| 26 AVRIL | BÉLIER | GÉMEAUX | BALANCE | CANCER | BÉLIER | VIERGE | SCORPION | VIERGE | 3 SAGITTAIRE |
| 27 AVRIL | BÉLIER | GÉMEAUX | BALANCE | CANCER | BÉLIER | VIERGE | SCORPION | VIERGE | 17 SAGITTAIRE |
| 28 AVRIL | BÉLIER | GÉMEAUX | BALANCE | CANCER | BÉLIER | VIERGE | SCORPION | VIERGE | 1 CAPRICORNE |
| 29 AVRIL | BÉLIER | GÉMEAUX | BALANCE | CANCER | BÉLIER | VIERGE | SCORPION | VIERGE | 15 CAPRICORNE |
| 30 AVRIL | BÉLIER | GÉMEAUX | BALANCE | CANCER | BÉLIER | VIERGE | SCORPION | VIERGE | 28 CAPRICORNE |
| 1 MAI | BÉLIER | GÉMEAUX | BALANCE | CANCER | BÉLIER | VIERGE | SCORPION | VIERGE | 11 VERSEAU |
| 2 MAI | TAUREAU | GÉMEAUX | BALANCE | CANCER | BÉLIER | VIERGE | SCORPION | VIERGE | 23 VERSEAU |
| 3 MAI | TAUREAU | GÉMEAUX | BALANCE | CANCER | BÉLIER | VIERGE | SCORPION | VIERGE | 5 POISSONS |
| 4 MAI | TAUREAU | GÉMEAUX | BALANCE | CANCER | BÉLIER | VIERGE | SCORPION | VIERGE | 17 POISSONS |
| 5 MAI | TAUREAU | GÉMEAUX | BALANCE | CANCER | BÉLIER | VIERGE | SCORPION | VIERGE | 29 POISSONS |
| 6 MAI | TAUREAU | GÉMEAUX | BALANCE | CANCER | BÉLIER | VIERGE | SCORPION | VIERGE | 11 BÉLIER |
| 7 MAI | TAUREAU | GÉMEAUX | BALANCE | CANCER | BÉLIER | VIERGE | SCORPION | VIERGE | 23 BÉLIER |
| 8 MAI | TAUREAU | GÉMEAUX | BALANCE | CANCER | BÉLIER | VIERGE | SCORPION | VIERGE | 5 TAUREAU |
| 9 MAI | TAUREAU | GÉMEAUX | BALANCE | CANCER | BÉLIER | VIERGE | SCORPION | VIERGE | 16 TAUREAU |
| 10 MAI | TAUREAU | CANCER | BALANCE | CANCER | BÉLIER | VIERGE | SCORPION | VIERGE | 29 TAUREAU |
| 11 MAI | TAUREAU | CANCER | BALANCE | CANCER | BÉLIER | VIERGE | SCORPION | VIERGE | 11 GÉMEAUX |
| 12 MAI | TAUREAU | CANCER | BALANCE | CANCER | BÉLIER | VIERGE | SCORPION | VIERGE | 23 GÉMEAUX |
| 13 MAI | TAUREAU | CANCER | BALANCE | CANCER | BÉLIER | VIERGE | SCORPION | VIERGE | 6 CANCER |
| 14 MAI | TAUREAU | CANCER | BALANCE | CANCER | BÉLIER | VIERGE | SCORPION | VIERGE | 19 CANCER |
| 15 MAI | TAUREAU | CANCER | BALANCE | CANCER | BÉLIER | VIERGE | SCORPION | VIERGE | 2 LION |
| 16 MAI | GÉMEAUX | CANCER | BALANCE | CANCER | BÉLIER | VIERGE | SCORPION | VIERGE | 15 LION |
| 17 MAI | GÉMEAUX | CANCER | BALANCE | CANCER | BÉLIER | VIERGE | SCORPION | VIERGE | 29 LION |
| 18 MAI | GÉMEAUX | CANCER | BALANCE | CANCER | BÉLIER | VIERGE | SCORPION | VIERGE | 13 VIERGE |
| 19 MAI | GÉMEAUX | CANCER | BALANCE | CANCER | BÉLIER | VIERGE | SCORPION | VIERGE | 28 VIERGE |
| 20 MAI | GÉMEAUX | CANCER | BALANCE | CANCER | BÉLIER | VIERGE | SCORPION | VIERGE | 12 BALANCE |
| 21 MAI | GÉMEAUX | CANCER | BALANCE | CANCER | BÉLIER | VIERGE | SCORPION | VIERGE | 27 BALANCE |

LE SOLEIL ENTRE DANS LE SIGNE DU TAUREAU LE 20 AVRIL 1967 A 19 h 00
LE SOLEIL QUITTE LE SIGNE DU TAUREAU LE 21 MAI A 18 h 20

* LES CHIFFRES INDIQUENT LES DEGRÉS

# DÉCOUVREZ DANS QUEL SIGNE SE TROUVAIENT LES PLANÈTES À VOTRE NAISSANCE

| 1968 | MERCURE | VÉNUS | MARS | JUPITER | SATURNE | URANUS | NEPTUNE | PLUTON | LUNE* |
|---|---|---|---|---|---|---|---|---|---|
| 20 AVRIL | BÉLIER | BÉLIER | TAUREAU | LION | BÉLIER | VIERGE | SCORPION | VIERGE | 9 VERSEAU |
| 21 AVRIL | BÉLIER | BÉLIER | TAUREAU | LION | BÉLIER | VIERGE | SCORPION | VIERGE | 22 VERSEAU |
| 22 AVRIL | BÉLIER | BÉLIER | TAUREAU | LION | BÉLIER | VIERGE | SCORPION | VIERGE | 5 POISSONS |
| 23 AVRIL | TAUREAU | BÉLIER | TAUREAU | LION | BÉLIER | VIERGE | SCORPION | VIERGE | 17 POISSONS |
| 24 AVRIL | TAUREAU | BÉLIER | TAUREAU | LION | BÉLIER | VIERGE | SCORPION | VIERGE | 29 POISSONS |
| 25 AVRIL | TAUREAU | BÉLIER | TAUREAU | LION | BÉLIER | VIERGE | SCORPION | VIERGE | 12 BÉLIER |
| 26 AVRIL | TAUREAU | BÉLIER | TAUREAU | LION | BÉLIER | VIERGE | SCORPION | VIERGE | 24 BÉLIER |
| 27 AVRIL | TAUREAU | BÉLIER | TAUREAU | LION | BÉLIER | VIERGE | SCORPION | VIERGE | 5 TAUREAU |
| 28 AVRIL | TAUREAU | BÉLIER | TAUREAU | LION | BÉLIER | VIERGE | SCORPION | VIERGE | 17 TAUREAU |
| 29 AVRIL | TAUREAU | BÉLIER | TAUREAU | LION | BÉLIER | VIERGE | SCORPION | VIERGE | 29 TAUREAU |
| 30 AVRIL | TAUREAU | BÉLIER | TAUREAU | LION | BÉLIER | VIERGE | SCORPION | VIERGE | 11 GÉMEAUX |
| 1 MAI | TAUREAU | BÉLIER | TAUREAU | LION | BÉLIER | VIERGE | SCORPION | VIERGE | 23 GÉMEAUX |
| 2 MAI | TAUREAU | BÉLIER | TAUREAU | LION | BÉLIER | VIERGE | SCORPION | VIERGE | 5 CANCER |
| 3 MAI | TAUREAU | TAUREAU | TAUREAU | LION | BÉLIER | VIERGE | SCORPION | VIERGE | 17 CANCER |
| 4 MAI | TAUREAU | TAUREAU | TAUREAU | LION | BÉLIER | VIERGE | SCORPION | VIERGE | 29 CANCER |
| 5 MAI | TAUREAU | TAUREAU | TAUREAU | LION | BÉLIER | VIERGE | SCORPION | VIERGE | 12 LION |
| 6 MAI | TAUREAU | TAUREAU | TAUREAU | LION | BÉLIER | VIERGE | SCORPION | VIERGE | 25 LION |
| 7 MAI | GÉMEAUX | TAUREAU | TAUREAU | LION | BÉLIER | VIERGE | SCORPION | VIERGE | 8 VIERGE |
| 8 MAI | GÉMEAUX | TAUREAU | TAUREAU | LION | BÉLIER | VIERGE | SCORPION | VIERGE | 22 VIERGE |
| 9 MAI | GÉMEAUX | TAUREAU | GÉMEAUX | LION | BÉLIER | VIERGE | SCORPION | VIERGE | 6 BALANCE |
| 10 MAI | GÉMEAUX | TAUREAU | GÉMEAUX | LION | BÉLIER | VIERGE | SCORPION | VIERGE | 21 BALANCE |
| 11 MAI | GÉMEAUX | TAUREAU | GÉMEAUX | LION | BÉLIER | VIERGE | SCORPION | VIERGE | 6 SCORPION |
| 12 MAI | GÉMEAUX | TAUREAU | GÉMEAUX | LION | BÉLIER | VIERGE | SCORPION | VIERGE | 21 SCORPION |
| 13 MAI | GÉMEAUX | TAUREAU | GÉMEAUX | LION | BÉLIER | VIERGE | SCORPION | VIERGE | 6 SAGITTAIRE |
| 14 MAI | GÉMEAUX | TAUREAU | GÉMEAUX | LION | BÉLIER | VIERGE | SCORPION | VIERGE | 21 SAGITTAIRE |
| 15 MAI | GÉMEAUX | TAUREAU | GÉMEAUX | LION | BÉLIER | VIERGE | SCORPION | VIERGE | 6 CAPRICORNE |
| 16 MAI | GÉMEAUX | TAUREAU | GÉMEAUX | LION | BÉLIER | VIERGE | SCORPION | VIERGE | 21 CAPRICORNE |
| 17 MAI | GÉMEAUX | TAUREAU | GÉMEAUX | LION | BÉLIER | VIERGE | SCORPION | VIERGE | 5 VERSEAU |
| 18 MAI | GÉMEAUX | TAUREAU | GÉMEAUX | LION | BÉLIER | VIERGE | SCORPION | VIERGE | 18 VERSEAU |
| 19 MAI | GÉMEAUX | TAUREAU | GÉMEAUX | LION | BÉLIER | VIERGE | SCORPION | VIERGE | 1 POISSONS |
| 20 MAI | GÉMEAUX | TAUREAU | GÉMEAUX | LION | BÉLIER | VIERGE | SCORPION | VIERGE | 14 POISSONS |
| 21 MAI | GÉMEAUX | TAUREAU | GÉMEAUX | LION | BÉLIER | VIERGE | SCORPION | VIERGE | 26 POISSONS |

LE SOLEIL ENTRE DANS LE SIGNE DU TAUREAU LE 20 AVRIL 1968 A 0 h 40
LE SOLEIL QUITTE LE SIGNE DU LE 21 MAI A 0 h 00

* LES CHIFFRES INDIQUENT LES DEGRÉS

| 1969 | MERCURE | VÉNUS | MARS | JUPITER | SATURNE | URANUS | NEPTUNE | PLUTON | LUNE* |
|---|---|---|---|---|---|---|---|---|---|
| 20 AVRIL | TAUREAU | BÉLIER | SAGITTAIRE | VIERGE | BÉLIER | BALANCE | SCORPION | VIERGE | 13 GÉMEAUX |
| 21 AVRIL | TAUREAU | BÉLIER | SAGITTAIRE | VIERGE | BÉLIER | BALANCE | SCORPION | VIERGE | 25 GÉMEAUX |
| 22 AVRIL | TAUREAU | BÉLIER | SAGITTAIRE | VIERGE | BÉLIER | BALANCE | SCORPION | VIERGE | 6 CANCER |
| 23 AVRIL | TAUREAU | BÉLIER | SAGITTAIRE | VIERGE | BÉLIER | BALANCE | SCORPION | VIERGE | 18 CANCER |
| 24 AVRIL | TAUREAU | BÉLIER | SAGITTAIRE | VIERGE | BÉLIER | BALANCE | SCORPION | VIERGE | 0 LION |
| 25 AVRIL | TAUREAU | BÉLIER | SAGITTAIRE | VIERGE | BÉLIER | BALANCE | SCORPION | VIERGE | 12 LION |
| 26 AVRIL | TAUREAU | BÉLIER | SAGITTAIRE | VIERGE | BÉLIER | BALANCE | SCORPION | VIERGE | 25 LION |
| 27 AVRIL | TAUREAU | BÉLIER | SAGITTAIRE | VIERGE | BÉLIER | BALANCE | SCORPION | VIERGE | 7 VIERGE |
| 28 AVRIL | TAUREAU | BÉLIER | SAGITTAIRE | VIERGE | BÉLIER | BALANCE | SCORPION | VIERGE | 20 VIERGE |
| 29 AVRIL | TAUREAU | BÉLIER | SAGITTAIRE | VIERGE | BÉLIER | BALANCE | SCORPION | VIERGE | 3 BALANCE |
| 30 AVRIL | TAUREAU | BÉLIER | SAGITTAIRE | VIERGE | TAUREAU | BALANCE | SCORPION | VIERGE | 17 BALANCE |
| 1 MAI | GÉMEAUX | BÉLIER | SAGITTAIRE | VIERGE | TAUREAU | BALANCE | SCORPION | VIERGE | 1 SCORPION |
| 2 MAI | GÉMEAUX | BÉLIER | SAGITTAIRE | VIERGE | TAUREAU | BALANCE | SCORPION | VIERGE | 15 SCORPION |
| 3 MAI | GÉMEAUX | BÉLIER | SAGITTAIRE | VIERGE | TAUREAU | BALANCE | SCORPION | VIERGE | 0 SAGITTAIRE |
| 4 MAI | GÉMEAUX | BÉLIER | SAGITTAIRE | VIERGE | TAUREAU | BALANCE | SCORPION | VIERGE | 15 SAGITTAIRE |
| 5 MAI | GÉMEAUX | BÉLIER | SAGITTAIRE | VIERGE | TAUREAU | BALANCE | SCORPION | VIERGE | 0 CAPRICORNE |
| 6 MAI | GÉMEAUX | BÉLIER | SAGITTAIRE | VIERGE | TAUREAU | BALANCE | SCORPION | VIERGE | 14 CAPRICORNE |
| 7 MAI | GÉMEAUX | BÉLIER | SAGITTAIRE | VIERGE | TAUREAU | BALANCE | SCORPION | VIERGE | 29 CAPRICORNE |
| 8 MAI | GÉMEAUX | BÉLIER | SAGITTAIRE | VIERGE | TAUREAU | BALANCE | SCORPION | VIERGE | 13 VERSEAU |
| 9 MAI | GÉMEAUX | BÉLIER | SAGITTAIRE | VIERGE | TAUREAU | BALANCE | SCORPION | VIERGE | 27 VERSEAU |
| 10 MAI | GÉMEAUX | BÉLIER | SAGITTAIRE | VIERGE | TAUREAU | BALANCE | SCORPION | VIERGE | 10 POISSONS |
| 11 MAI | GÉMEAUX | BÉLIER | SAGITTAIRE | VIERGE | TAUREAU | BALANCE | SCORPION | VIERGE | 24 POISSONS |
| 12 MAI | GÉMEAUX | BÉLIER | SAGITTAIRE | VIERGE | TAUREAU | BALANCE | SCORPION | VIERGE | 7 BÉLIER |
| 13 MAI | GÉMEAUX | BÉLIER | SAGITTAIRE | VIERGE | TAUREAU | BALANCE | SCORPION | VIERGE | 19 BÉLIER |
| 14 MAI | GÉMEAUX | BÉLIER | SAGITTAIRE | VIERGE | TAUREAU | BALANCE | SCORPION | VIERGE | 2 TAUREAU |
| 15 MAI | GÉMEAUX | BÉLIER | SAGITTAIRE | VIERGE | TAUREAU | BALANCE | SCORPION | VIERGE | 14 TAUREAU |
| 16 MAI | GÉMEAUX | BÉLIER | SAGITTAIRE | VIERGE | TAUREAU | BALANCE | SCORPION | VIERGE | 27 TAUREAU |
| 17 MAI | GÉMEAUX | BÉLIER | SAGITTAIRE | VIERGE | TAUREAU | BALANCE | SCORPION | VIERGE | 9 GÉMEAUX |
| 18 MAI | GÉMEAUX | BÉLIER | SAGITTAIRE | VIERGE | TAUREAU | BALANCE | SCORPION | VIERGE | 21 GÉMEAUX |
| 19 MAI | GÉMEAUX | BÉLIER | SAGITTAIRE | VIERGE | TAUREAU | BALANCE | SCORPION | VIERGE | 3 CANCER |
| 20 MAI | GÉMEAUX | BÉLIER | SAGITTAIRE | VIERGE | TAUREAU | BALANCE | SCORPION | VIERGE | 15 CANCER |
| 21 MAI | GÉMEAUX | BÉLIER | SAGITTAIRE | VIERGE | TAUREAU | VIERGE | SCORPION | VIERGE | 27 CANCER |

LE SOLEIL ENTRÉ DANS LE SIGNE DU TAUREAU LE 20 AVRIL 1969 A 6 h 20
LE SOLEIL QUITTE LE SIGNE DU LE 21 MAI A 5 h 40

* LES CHIFFRES INDIQUENT LES DEGRÉS

# DÉCOUVREZ DANS QUEL SIGNE SE TROUVAIENT LES PLANÈTES À VOTRE NAISSANCE

| 1970 | MERCURE | VÉNUS | MARS | JUPITER | SATURNE | URANUS | NEPTUNE | PLUTON | LUNE* |
|---|---|---|---|---|---|---|---|---|---|
| 20 AVRIL | TAUREAU | TAUREAU | GÉMEAUX | SCORPION | TAUREAU | BALANCE | SAGITTAIRE | VIERGE | 16 BALANCE |
| 21 AVRIL | TAUREAU | TAUREAU | GÉMEAUX | SCORPION | TAUREAU | BALANCE | SAGITTAIRE | VIERGE | 28 BALANCE |
| 22 AVRIL | TAUREAU | TAUREAU | GÉMEAUX | SCORPION | TAUREAU | BALANCE | SAGITTAIRE | VIERGE | 12 SCORPION |
| 23 AVRIL | TAUREAU | TAUREAU | GÉMEAUX | SCORPION | TAUREAU | BALANCE | SAGITTAIRE | VIERGE | 25 SCORPION |
| 24 AVRIL | TAUREAU | TAUREAU | GÉMEAUX | SCORPION | TAUREAU | BALANCE | SAGITTAIRE | VIERGE | 9 SAGITTAIRE |
| 25 AVRIL | TAUREAU | TAUREAU | GÉMEAUX | SCORPION | TAUREAU | BALANCE | SAGITTAIRE | VIERGE | 22 SAGITTAIRE |
| 26 AVRIL | TAUREAU | TAUREAU | GÉMEAUX | SCORPION | TAUREAU | BALANCE | SAGITTAIRE | VIERGE | 6 CAPRICORNE |
| 27 AVRIL | TAUREAU | TAUREAU | GÉMEAUX | SCORPION | TAUREAU | BALANCE | SAGITTAIRE | VIERGE | 20 CAPRICORNE |
| 28 AVRIL | TAUREAU | GÉMEAUX | GÉMEAUX | SCORPION | TAUREAU | BALANCE | SAGITTAIRE | VIERGE | 5 VERSEAU |
| 29 AVRIL | TAUREAU | GÉMEAUX | GÉMEAUX | SCORPION | TAUREAU | BALANCE | SAGITTAIRE | VIERGE | 19 VERSEAU |
| 30 AVRIL | TAUREAU | GÉMEAUX | GÉMEAUX | BALANCE | TAUREAU | BALANCE | SAGITTAIRE | VIERGE | 3 POISSONS |
| 1 MAI | TAUREAU | GÉMEAUX | GÉMEAUX | BALANCE | TAUREAU | BALANCE | SAGITTAIRE | VIERGE | 17 POISSONS |
| 2 MAI | TAUREAU | GÉMEAUX | GÉMEAUX | BALANCE | TAUREAU | BALANCE | SAGITTAIRE | VIERGE | 1 BÉLIER |
| 3 MAI | TAUREAU | GÉMEAUX | GÉMEAUX | BALANCE | TAUREAU | BALANCE | SCORPION | VIERGE | 15 BÉLIER |
| 4 MAI | TAUREAU | GÉMEAUX | GÉMEAUX | BALANCE | TAUREAU | BALANCE | SCORPION | VIERGE | 29 BÉLIER |
| 5 MAI | TAUREAU | GÉMEAUX | GÉMEAUX | BALANCE | TAUREAU | BALANCE | SCORPION | VIERGE | 13 TAUREAU |
| 6 MAI | TAUREAU | GÉMEAUX | GÉMEAUX | BALANCE | TAUREAU | BALANCE | SCORPION | VIERGE | 26 TAUREAU |
| 7 MAI | TAUREAU | GÉMEAUX | GÉMEAUX | BALANCE | TAUREAU | BALANCE | SCORPION | VIERGE | 9 GÉMEAUX |
| 8 MAI | TAUREAU | GÉMEAUX | GÉMEAUX | BALANCE | TAUREAU | BALANCE | SCORPION | VIERGE | 22 GÉMEAUX |
| 9 MAI | TAUREAU | GÉMEAUX | GÉMEAUX | BALANCE | TAUREAU | BALANCE | SCORPION | VIERGE | 5 CANCER |
| 10 MAI | TAUREAU | GÉMEAUX | GÉMEAUX | BALANCE | TAUREAU | BALANCE | SCORPION | VIERGE | 17 CANCER |
| 11 MAI | TAUREAU | GÉMEAUX | GÉMEAUX | BALANCE | TAUREAU | BALANCE | SCORPION | VIERGE | 29 CANCER |
| 12 MAI | TAUREAU | GÉMEAUX | GÉMEAUX | BALANCE | TAUREAU | BALANCE | SCORPION | VIERGE | 11 LION |
| 13 MAI | TAUREAU | GÉMEAUX | GÉMEAUX | BALANCE | TAUREAU | BALANCE | SCORPION | VIERGE | 23 LION |
| 14 MAI | TAUREAU | GÉMEAUX | GÉMEAUX | BALANCE | TAUREAU | BALANCE | SCORPION | VIERGE | 5 VIERGE |
| 15 MAI | TAUREAU | GÉMEAUX | GÉMEAUX | BALANCE | TAUREAU | BALANCE | SCORPION | VIERGE | 16 VIERGE |
| 16 MAI | TAUREAU | GÉMEAUX | GÉMEAUX | BALANCE | TAUREAU | BALANCE | SCORPION | VIERGE | 29 VIERGE |
| 17 MAI | TAUREAU | GÉMEAUX | GÉMEAUX | BALANCE | TAUREAU | BALANCE | SCORPION | VIERGE | 11 BALANCE |
| 18 MAI | TAUREAU | GÉMEAUX | GÉMEAUX | BALANCE | TAUREAU | BALANCE | SCORPION | VIERGE | 24 BALANCE |
| 19 MAI | TAUREAU | GÉMEAUX | GÉMEAUX | BALANCE | TAUREAU | BALANCE | SCORPION | VIERGE | 7 SCORPION |
| 20 MAI | TAUREAU | GÉMEAUX | GÉMEAUX | BALANCE | TAUREAU | BALANCE | SCORPION | VIERGE | 20 SCORPION |
| 21 MAI | TAUREAU | GÉMEAUX | GÉMEAUX | BALANCE | TAUREAU | BALANCE | SCORPION | VIERGE | 4 SAGITTAIRE |

LE SOLEIL ENTRE DANS LE SIGNE DU TAUREAU LE 20 AVRIL 1970 A 12 h 10
LE SOLEIL QUITTE LE SIGNE DU TAUREAU LE 21 MAI A 11 h 30

* LES CHIFFRES INDIQUENT LES DEGRÉS

| 1971 | MERCURE | VÉNUS | MARS | JUPITER | SATURNE | URANUS | NEPTUNE | PLUTON | LUNE* |
|---|---|---|---|---|---|---|---|---|---|
| 20 AVRIL | BÉLIER | POISSONS | CAPRICORNE | SAGITTAIRE | TAUREAU | BALANCE | SAGITTAIRE | VIERGE | 25 VERSEAU |
| 21 AVRIL | BÉLIER | POISSONS | CAPRICORNE | SAGITTAIRE | TAUREAU | BALANCE | SAGITTAIRE | VIERGE | 9 POISSONS |
| 22 AVRIL | BÉLIER | POISSONS | CAPRICORNE | SAGITTAIRE | TAUREAU | BALANCE | SAGITTAIRE | VIERGE | 24 POISSONS |
| 23 AVRIL | BÉLIER | POISSONS | CAPRICORNE | SAGITTAIRE | TAUREAU | BALANCE | SAGITTAIRE | VIERGE | 9 BÉLIER |
| 24 AVRIL | BÉLIER | BÉLIER | CAPRICORNE | SAGITTAIRE | TAUREAU | BALANCE | SAGITTAIRE | VIERGE | 24 BÉLIER |
| 25 AVRIL | BÉLIER | BÉLIER | CAPRICORNE | SAGITTAIRE | TAUREAU | BALANCE | SAGITTAIRE | VIERGE | 9 TAUREAU |
| 26 AVRIL | BÉLIER | BÉLIER | CAPRICORNE | SAGITTAIRE | TAUREAU | BALANCE | SAGITTAIRE | VIERGE | 24 TAUREAU |
| 27 AVRIL | BÉLIER | BÉLIER | CAPRICORNE | SAGITTAIRE | TAUREAU | BALANCE | SAGITTAIRE | VIERGE | 8 GÉMEAUX |
| 28 AVRIL | BÉLIER | BÉLIER | CAPRICORNE | SAGITTAIRE | TAUREAU | BALANCE | SAGITTAIRE | VIERGE | 22 GÉMEAUX |
| 29 AVRIL | BÉLIER | BÉLIER | CAPRICORNE | SAGITTAIRE | TAUREAU | BALANCE | SAGITTAIRE | VIERGE | 5 CANCER |
| 30 AVRIL | BÉLIER | BÉLIER | CAPRICORNE | SAGITTAIRE | TAUREAU | BALANCE | SAGITTAIRE | VIERGE | 18 CANCER |
| 1 MAI | BÉLIER | BÉLIER | CAPRICORNE | SAGITTAIRE | TAUREAU | BALANCE | SAGITTAIRE | VIERGE | 1 LION |
| 2 MAI | BÉLIER | BÉLIER | CAPRICORNE | SAGITTAIRE | TAUREAU | BALANCE | SAGITTAIRE | VIERGE | 13 LION |
| 3 MAI | BÉLIER | BÉLIER | CAPRICORNE | SAGITTAIRE | TAUREAU | BALANCE | SAGITTAIRE | VIERGE | 25 LION |
| 4 MAI | BÉLIER | BÉLIER | VERSEAU | SAGITTAIRE | TAUREAU | BALANCE | SAGITTAIRE | VIERGE | 7 VIERGE |
| 5 MAI | BÉLIER | BÉLIER | VERSEAU | SAGITTAIRE | TAUREAU | BALANCE | SAGITTAIRE | VIERGE | 19 VIERGE |
| 6 MAI | BÉLIER | BÉLIER | VERSEAU | SAGITTAIRE | TAUREAU | BALANCE | SAGITTAIRE | VIERGE | 1 BALANCE |
| 7 MAI | BÉLIER | BÉLIER | VERSEAU | SAGITTAIRE | TAUREAU | BALANCE | SAGITTAIRE | VIERGE | 13 BALANCE |
| 8 MAI | BÉLIER | BÉLIER | VERSEAU | SAGITTAIRE | TAUREAU | BALANCE | SAGITTAIRE | VIERGE | 25 BALANCE |
| 9 MAI | BÉLIER | BÉLIER | VERSEAU | SAGITTAIRE | TAUREAU | BALANCE | SAGITTAIRE | VIERGE | 7 SCORPION |
| 10 MAI | BÉLIER | BÉLIER | VERSEAU | SAGITTAIRE | TAUREAU | BALANCE | SAGITTAIRE | VIERGE | 19 SCORPION |
| 11 MAI | BÉLIER | BÉLIER | VERSEAU | SAGITTAIRE | TAUREAU | BALANCE | SAGITTAIRE | VIERGE | 2 SAGITTAIRE |
| 12 MAI | BÉLIER | BÉLIER | VERSEAU | SAGITTAIRE | TAUREAU | BALANCE | SAGITTAIRE | VIERGE | 14 SAGITTAIRE |
| 13 MAI | BÉLIER | BÉLIER | VERSEAU | SAGITTAIRE | TAUREAU | BALANCE | SAGITTAIRE | VIERGE | 27 SAGITTAIRE |
| 14 MAI | BÉLIER | BÉLIER | VERSEAU | SAGITTAIRE | TAUREAU | BALANCE | SAGITTAIRE | VIERGE | 11 CAPRICORNE |
| 15 MAI | BÉLIER | BÉLIER | VERSEAU | SAGITTAIRE | TAUREAU | BALANCE | SAGITTAIRE | VIERGE | 24 CAPRICORNE |
| 16 MAI | BÉLIER | BÉLIER | VERSEAU | SAGITTAIRE | TAUREAU | BALANCE | SAGITTAIRE | VIERGE | 7 VERSEAU |
| 17 MAI | TAUREAU | BÉLIER | VERSEAU | SAGITTAIRE | TAUREAU | BALANCE | SAGITTAIRE | VIERGE | 21 VERSEAU |
| 18 MAI | TAUREAU | BÉLIER | VERSEAU | SAGITTAIRE | TAUREAU | BALANCE | SAGITTAIRE | VIERGE | 5 POISSONS |
| 19 MAI | TAUREAU | TAUREAU | VERSEAU | SAGITTAIRE | TAUREAU | BALANCE | SAGITTAIRE | VIERGE | 19 POISSONS |
| 20 MAI | TAUREAU | TAUREAU | VERSEAU | SAGITTAIRE | TAUREAU | BALANCE | SAGITTAIRE | VIERGE | 4 BÉLIER |
| 21 MAI | TAUREAU | TAUREAU | VERSEAU | SAGITTAIRE | TAUREAU | BALANCE | SAGITTAIRE | VIERGE | 18 BÉLIER |

LE SOLEIL ENTRE DANS LE SIGNE DU TAUREAU LE 20 AVRIL 1971 A 18 h 00
LE SOLEIL QUITTE LE SIGNE DU TAUREAU LE 21 MAI A 17 h 10

* LES CHIFFRES INDIQUENT LES DEGRÉS

## DÉCOUVREZ DANS QUEL SIGNE SE TROUVAIENT LES PLANÈTES À VOTRE NAISSANCE

| 1972 | MERCURE | VÉNUS | MARS | JUPITER | SATURNE | URANUS | NEPTUNE | PLUTON | LUNE* |
|---|---|---|---|---|---|---|---|---|---|
| 19 AVRIL | BÉLIER | GÉMEAUX | GÉMEAUX | CAPRICORNE | GÉMEAUX | BALANCE | SAGITTAIRE | VIERGE | 16 CANCER |
| 20 AVRIL | BÉLIER | GÉMEAUX | GÉMEAUX | CAPRICORNE | GÉMEAUX | BALANCE | SAGITTAIRE | VIERGE | 0 LION |
| 21 AVRIL | BÉLIER | GÉMEAUX | GÉMEAUX | CAPRICORNE | GÉMEAUX | BALANCE | SAGITTAIRE | VIERGE | 13 LION |
| 22 AVRIL | BÉLIER | GÉMEAUX | GÉMEAUX | CAPRICORNE | GÉMEAUX | BALANCE | SAGITTAIRE | VIERGE | 25 LION |
| 23 AVRIL | BÉLIER | GÉMEAUX | GÉMEAUX | CAPRICORNE | GÉMEAUX | BALANCE | SAGITTAIRE | VIERGE | 8 VIERGE |
| 24 AVRIL | BÉLIER | GÉMEAUX | GÉMEAUX | CAPRICORNE | GÉMEAUX | BALANCE | SAGITTAIRE | VIERGE | 20 VIERGE |
| 25 AVRIL | BÉLIER | GÉMEAUX | GÉMEAUX | CAPRICORNE | GÉMEAUX | BALANCE | SAGITTAIRE | VIERGE | 2 BALANCE |
| 26 AVRIL | BÉLIER | GÉMEAUX | GÉMEAUX | CAPRICORNE | GÉMEAUX | BALANCE | SAGITTAIRE | VIERGE | 14 BALANCE |
| 27 AVRIL | BÉLIER | GÉMEAUX | GÉMEAUX | CAPRICORNE | GÉMEAUX | BALANCE | SAGITTAIRE | VIERGE | 26 BALANCE |
| 28 AVRIL | BÉLIER | GÉMEAUX | GÉMEAUX | CAPRICORNE | GÉMEAUX | BALANCE | SAGITTAIRE | VIERGE | 8 SCORPION |
| 29 AVRIL | BÉLIER | GÉMEAUX | GÉMEAUX | CAPRICORNE | GÉMEAUX | BALANCE | SAGITTAIRE | VIERGE | 19 SCORPION |
| 30 AVRIL | BÉLIER | GÉMEAUX | GÉMEAUX | CAPRICORNE | GÉMEAUX | BALANCE | SAGITTAIRE | VIERGE | 1 SAGITTAIRE |
| 1 MAI | BÉLIER | GÉMEAUX | GÉMEAUX | CAPRICORNE | GÉMEAUX | BALANCE | SAGITTAIRE | VIERGE | 13 SAGITTAIRE |
| 2 MAI | BÉLIER | GÉMEAUX | GÉMEAUX | CAPRICORNE | GÉMEAUX | BALANCE | SAGITTAIRE | VIERGE | 25 SAGITTAIRE |
| 3 MAI | BÉLIER | GÉMEAUX | GÉMEAUX | CAPRICORNE | GÉMEAUX | BALANCE | SAGITTAIRE | VIERGE | 8 CAPRICORNE |
| 4 MAI | BÉLIER | GÉMEAUX | GÉMEAUX | CAPRICORNE | GÉMEAUX | BALANCE | SAGITTAIRE | VIERGE | 20 CAPRICORNE |
| 5 MAI | BÉLIER | GÉMEAUX | GÉMEAUX | CAPRICORNE | GÉMEAUX | BALANCE | SAGITTAIRE | VIERGE | 3 VERSEAU |
| 6 MAI | BÉLIER | GÉMEAUX | GÉMEAUX | CAPRICORNE | GÉMEAUX | BALANCE | SAGITTAIRE | VIERGE | 15 VERSEAU |
| 7 MAI | BÉLIER | GÉMEAUX | GÉMEAUX | CAPRICORNE | GÉMEAUX | BALANCE | SAGITTAIRE | VIERGE | 29 VERSEAU |
| 8 MAI | BÉLIER | GÉMEAUX | GÉMEAUX | CAPRICORNE | GÉMEAUX | BALANCE | SAGITTAIRE | VIERGE | 13 POISSONS |
| 9 MAI | BÉLIER | GÉMEAUX | GÉMEAUX | CAPRICORNE | GÉMEAUX | BALANCE | SAGITTAIRE | VIERGE | 27 POISSONS |
| 10 MAI | BÉLIER | GÉMEAUX | GÉMEAUX | CAPRICORNE | GÉMEAUX | BALANCE | SAGITTAIRE | VIERGE | 12 BÉLIER |
| 11 MAI | BÉLIER | CANCER | GÉMEAUX | CAPRICORNE | GÉMEAUX | BALANCE | SAGITTAIRE | VIERGE | 27 BÉLIER |
| 12 MAI | BÉLIER | CANCER | GÉMEAUX | CAPRICORNE | GÉMEAUX | BALANCE | SAGITTAIRE | VIERGE | 12 TAUREAU |
| 13 MAI | TAUREAU | CANCER | CANCER | CAPRICORNE | GÉMEAUX | BALANCE | SAGITTAIRE | VIERGE | 27 TAUREAU |
| 14 MAI | TAUREAU | CANCER | CANCER | CAPRICORNE | GÉMEAUX | BALANCE | SAGITTAIRE | VIERGE | 12 GÉMEAUX |
| 15 MAI | TAUREAU | CANCER | CANCER | CAPRICORNE | GÉMEAUX | BALANCE | SAGITTAIRE | VIERGE | 27 GÉMEAUX |
| 16 MAI | TAUREAU | CANCER | CANCER | CAPRICORNE | GÉMEAUX | BALANCE | SAGITTAIRE | VIERGE | 11 CANCER |
| 17 MAI | TAUREAU | CANCER | CANCER | CAPRICORNE | GÉMEAUX | BALANCE | SAGITTAIRE | VIERGE | 25 CANCER |
| 18 MAI | TAUREAU | CANCER | CANCER | CAPRICORNE | GÉMEAUX | BALANCE | SAGITTAIRE | VIERGE | 9 LION |
| 19 MAI | TAUREAU | CANCER | CANCER | CAPRICORNE | GÉMEAUX | BALANCE | SAGITTAIRE | VIERGE | 22 LION |
| 20 MAI | TAUREAU | CANCER | CANCER | CAPRICORNE | GÉMEAUX | BALANCE | SAGITTAIRE | VIERGE | 4 VIERGE |

LE SOLEIL ENTRE DANS LE SIGNE DU TAUREAU LE 19 AVRIL 1972 A 23 h 40
LE SOLEIL QUITTE LE SIGNE DU TAUREAU LE 20 MAI A 23 h 00
* LES CHIFFRES INDIQUENT LES DEGRÉS

| 1973 | MERCURE | VÉNUS | MARS | JUPITER | SATURNE | URANUS | NEPTUNE | PLUTON | LUNE* |
|---|---|---|---|---|---|---|---|---|---|
| 20 AVRIL | BÉLIER | TAUREAU | VERSEAU | VERSEAU | GÉMEAUX | BALANCE | SAGITTAIRE | BALANCE | 3 SAGITTAIRE |
| 21 AVRIL | BÉLIER | TAUREAU | VERSEAU | VERSEAU | GÉMEAUX | BALANCE | SAGITTAIRE | BALANCE | 15 SAGITTAIRE |
| 22 AVRIL | BÉLIER | TAUREAU | VERSEAU | VERSEAU | GÉMEAUX | BALANCE | SAGITTAIRE | BALANCE | 26 SAGITTAIRE |
| 23 AVRIL | BÉLIER | TAUREAU | VERSEAU | VERSEAU | GÉMEAUX | BALANCE | SAGITTAIRE | BALANCE | 8 CAPRICORNE |
| 24 AVRIL | BÉLIER | TAUREAU | VERSEAU | VERSEAU | GÉMEAUX | BALANCE | SAGITTAIRE | BALANCE | 20 CAPRICORNE |
| 25 AVRIL | BÉLIER | TAUREAU | VERSEAU | VERSEAU | GÉMEAUX | BALANCE | SAGITTAIRE | BALANCE | 2 VERSEAU |
| 26 AVRIL | BÉLIER | TAUREAU | VERSEAU | VERSEAU | GÉMEAUX | BALANCE | SAGITTAIRE | BALANCE | 14 VERSEAU |
| 27 AVRIL | BÉLIER | TAUREAU | VERSEAU | VERSEAU | GÉMEAUX | BALANCE | SAGITTAIRE | BALANCE | 27 VERSEAU |
| 28 AVRIL | BÉLIER | TAUREAU | VERSEAU | VERSEAU | GÉMEAUX | BALANCE | SAGITTAIRE | BALANCE | 10 POISSONS |
| 29 AVRIL | BÉLIER | TAUREAU | VERSEAU | VERSEAU | GÉMEAUX | BALANCE | SAGITTAIRE | BALANCE | 23 POISSONS |
| 30 AVRIL | BÉLIER | TAUREAU | VERSEAU | VERSEAU | GÉMEAUX | BALANCE | SAGITTAIRE | BALANCE | 7 BÉLIER |
| 1 MAI | BÉLIER | TAUREAU | VERSEAU | VERSEAU | GÉMEAUX | BALANCE | SAGITTAIRE | BALANCE | 22 BÉLIER |
| 2 MAI | BÉLIER | TAUREAU | VERSEAU | VERSEAU | GÉMEAUX | BALANCE | SAGITTAIRE | BALANCE | 6 TAUREAU |
| 3 MAI | BÉLIER | TAUREAU | VERSEAU | VERSEAU | GÉMEAUX | BALANCE | SAGITTAIRE | BALANCE | 21 TAUREAU |
| 4 MAI | BÉLIER | TAUREAU | VERSEAU | VERSEAU | GÉMEAUX | BALANCE | SAGITTAIRE | BALANCE | 6 GÉMEAUX |
| 5 MAI | BÉLIER | TAUREAU | VERSEAU | VERSEAU | GÉMEAUX | BALANCE | SAGITTAIRE | BALANCE | 21 GÉMEAUX |
| 6 MAI | TAUREAU | TAUREAU | VERSEAU | VERSEAU | GÉMEAUX | BALANCE | SAGITTAIRE | BALANCE | 6 CANCER |
| 7 MAI | TAUREAU | TAUREAU | VERSEAU | VERSEAU | GÉMEAUX | BALANCE | SAGITTAIRE | BALANCE | 20 CANCER |
| 8 MAI | TAUREAU | TAUREAU | POISSONS | VERSEAU | GÉMEAUX | BALANCE | SAGITTAIRE | BALANCE | 5 LION |
| 9 MAI | TAUREAU | TAUREAU | POISSONS | VERSEAU | GÉMEAUX | BALANCE | SAGITTAIRE | BALANCE | 18 LION |
| 10 MAI | TAUREAU | TAUREAU | POISSONS | VERSEAU | GÉMEAUX | BALANCE | SAGITTAIRE | BALANCE | 2 VIERGE |
| 11 MAI | TAUREAU | TAUREAU | POISSONS | VERSEAU | GÉMEAUX | BALANCE | SAGITTAIRE | BALANCE | 15 VIERGE |
| 12 MAI | TAUREAU | GÉMEAUX | POISSONS | VERSEAU | GÉMEAUX | BALANCE | SAGITTAIRE | BALANCE | 28 VIERGE |
| 13 MAI | TAUREAU | GÉMEAUX | POISSONS | VERSEAU | GÉMEAUX | BALANCE | SAGITTAIRE | BALANCE | 10 BALANCE |
| 14 MAI | TAUREAU | GÉMEAUX | POISSONS | VERSEAU | GÉMEAUX | BALANCE | SAGITTAIRE | BALANCE | 23 BALANCE |
| 15 MAI | TAUREAU | GÉMEAUX | POISSONS | VERSEAU | GÉMEAUX | BALANCE | SAGITTAIRE | BALANCE | 5 SCORPION |
| 16 MAI | TAUREAU | GÉMEAUX | POISSONS | VERSEAU | GÉMEAUX | BALANCE | SAGITTAIRE | BALANCE | 17 SCORPION |
| 17 MAI | TAUREAU | GÉMEAUX | POISSONS | VERSEAU | GÉMEAUX | BALANCE | SAGITTAIRE | BALANCE | 29 SCORPION |
| 18 MAI | TAUREAU | GÉMEAUX | POISSONS | VERSEAU | GÉMEAUX | BALANCE | SAGITTAIRE | BALANCE | 11 SAGITTAIRE |
| 19 MAI | TAUREAU | GÉMEAUX | POISSONS | VERSEAU | GÉMEAUX | BALANCE | SAGITTAIRE | BALANCE | 23 SAGITTAIRE |
| 20 MAI | TAUREAU | GÉMEAUX | POISSONS | VERSEAU | GÉMEAUX | BALANCE | SAGITTAIRE | BALANCE | 5 CAPRICORNE |
| 21 MAI | GÉMEAUX | GÉMEAUX | POISSONS | VERSEAU | GÉMEAUX | BALANCE | SAGITTAIRE | BALANCE | 17 CAPRICORNE |

LE SOLEIL ENTRE DANS LE SIGNE DU TAUREAU LE 20 AVRIL 1973 A 5 h 30
LE SOLEIL QUITTE LE SIGNE DU TAUREAU LE 21 MAI A 5 h 00
* LES CHIFFRES INDIQUENT LES DEGRÉS

# DÉCOUVREZ DANS QUEL SIGNE SE TROUVAIENT LES PLANÈTES À VOTRE NAISSANCE

| 1974 | MERCURE | VÉNUS | MARS | JUPITER | SATURNE | URANUS | NEPTUNE | PLUTON | LUNE* |
|---|---|---|---|---|---|---|---|---|---|
| 20 AVRIL | BÉLIER | POISSONS | CANCER | POISSONS | CANCER | BALANCE | SAGITTAIRE | BALANCE | 6 BÉLIER |
| 21 AVRIL | BÉLIER | POISSONS | CANCER | POISSONS | CANCER | BALANCE | SAGITTAIRE | BALANCE | 19 BÉLIER |
| 22 AVRIL | BÉLIER | POISSONS | CANCER | POISSONS | CANCER | BALANCE | SAGITTAIRE | BALANCE | 3 TAUREAU |
| 23 AVRIL | BÉLIER | POISSONS | CANCER | POISSONS | CANCER | BALANCE | SAGITTAIRE | BALANCE | 16 TAUREAU |
| 24 AVRIL | BÉLIER | POISSONS | CANCER | POISSONS | CANCER | BALANCE | SAGITTAIRE | BALANCE | 0 GÉMEAUX |
| 25 AVRIL | BÉLIER | POISSONS | CANCER | POISSONS | CANCER | BALANCE | SAGITTAIRE | BALANCE | 14 GÉMEAUX |
| 26 AVRIL | BÉLIER | POISSONS | CANCER | POISSONS | CANCER | BALANCE | SAGITTAIRE | BALANCE | 28 GÉMEAUX |
| 27 AVRIL | BÉLIER | POISSONS | CANCER | POISSONS | CANCER | BALANCE | SAGITTAIRE | BALANCE | 12 CANCER |
| 28 AVRIL | TAUREAU | POISSONS | CANCER | POISSONS | CANCER | BALANCE | SAGITTAIRE | BALANCE | 27 CANCER |
| 29 AVRIL | TAUREAU | POISSONS | CANCER | POISSONS | CANCER | BALANCE | SAGITTAIRE | BALANCE | 11 LION |
| 30 AVRIL | TAUREAU | POISSONS | CANCER | POISSONS | CANCER | BALANCE | SAGITTAIRE | BALANCE | 25 LION |
| 1 MAI | TAUREAU | POISSONS | CANCER | POISSONS | CANCER | BALANCE | SAGITTAIRE | BALANCE | 9 VIERGE |
| 2 MAI | TAUREAU | POISSONS | CANCER | POISSONS | CANCER | BALANCE | SAGITTAIRE | BALANCE | 23 VIERGE |
| 3 MAI | TAUREAU | POISSONS | CANCER | POISSONS | CANCER | BALANCE | SAGITTAIRE | BALANCE | 7 BALANCE |
| 4 MAI | TAUREAU | POISSONS | CANCER | POISSONS | CANCER | BALANCE | SAGITTAIRE | BALANCE | 20 BALANCE |
| 5 MAI | TAUREAU | BÉLIER | CANCER | POISSONS | CANCER | BALANCE | SAGITTAIRE | BALANCE | 4 SCORPION |
| 6 MAI | TAUREAU | BÉLIER | CANCER | POISSONS | CANCER | BALANCE | SAGITTAIRE | BALANCE | 17 SCORPION |
| 7 MAI | TAUREAU | BÉLIER | CANCER | POISSONS | CANCER | BALANCE | SAGITTAIRE | BALANCE | 0 SAGITTAIRE |
| 8 MAI | TAUREAU | BÉLIER | CANCER | POISSONS | CANCER | BALANCE | SAGITTAIRE | BALANCE | 12 SAGITTAIRE |
| 9 MAI | TAUREAU | BÉLIER | CANCER | POISSONS | CANCER | BALANCE | SAGITTAIRE | BALANCE | 24 SAGITTAIRE |
| 10 MAI | TAUREAU | BÉLIER | CANCER | POISSONS | CANCER | BALANCE | SAGITTAIRE | BALANCE | 7 CAPRICORNE |
| 11 MAI | TAUREAU | BÉLIER | CANCER | POISSONS | CANCER | BALANCE | SAGITTAIRE | BALANCE | 19 CAPRICORNE |
| 12 MAI | GÉMEAUX | BÉLIER | CANCER | POISSONS | CANCER | BALANCE | SAGITTAIRE | BALANCE | 0 VERSEAU |
| 13 MAI | GÉMEAUX | BÉLIER | CANCER | POISSONS | CANCER | BALANCE | SAGITTAIRE | BALANCE | 12 VERSEAU |
| 14 MAI | GÉMEAUX | BÉLIER | CANCER | POISSONS | CANCER | BALANCE | SAGITTAIRE | BALANCE | 24 VERSEAU |
| 15 MAI | GÉMEAUX | BÉLIER | CANCER | POISSONS | CANCER | BALANCE | SAGITTAIRE | BALANCE | 6 POISSONS |
| 16 MAI | GÉMEAUX | BÉLIER | CANCER | POISSONS | CANCER | BALANCE | SAGITTAIRE | BALANCE | 18 POISSONS |
| 17 MAI | GÉMEAUX | BÉLIER | CANCER | POISSONS | CANCER | BALANCE | SAGITTAIRE | BALANCE | 1 BÉLIER |
| 18 MAI | GÉMEAUX | BÉLIER | CANCER | POISSONS | CANCER | BALANCE | SAGITTAIRE | BALANCE | 14 BÉLIER |
| 19 MAI | GÉMEAUX | BÉLIER | CANCER | POISSONS | CANCER | BALANCE | SAGITTAIRE | BALANCE | 27 BÉLIER |
| 20 MAI | GÉMEAUX | BÉLIER | CANCER | POISSONS | CANCER | BALANCE | SAGITTAIRE | BALANCE | 11 TAUREAU |
| 21 MAI | GÉMEAUX | BÉLIER | CANCER | POISSONS | CANCER | BALANCE | SAGITTAIRE | BALANCE | 25 TAUREAU |

LE SOLEIL ENTRE DANS LE SIGNE DU TAUREAU LE 20 AVRIL 1974 A 11 h 20
LE SOLEIL QUITTE LE SIGNE DU TAUREAU LE 21 MAI A 10 h 40

* LES CHIFFRES INDIQUENT LES DEGRÉS

| 1975 | MERCURE | VÉNUS | MARS | JUPITER | SATURNE | URANUS | NEPTUNE | PLUTON | LUNE* |
|---|---|---|---|---|---|---|---|---|---|
| 20 AVRIL | TAUREAU | GÉMEAUX | POISSONS | BÉLIER | CANCER | SCORPION | SAGITTAIRE | BALANCE | 17 LION |
| 21 AVRIL | TAUREAU | GÉMEAUX | POISSONS | BÉLIER | CANCER | SCORPION | SAGITTAIRE | BALANCE | 1 VIERGE |
| 22 AVRIL | TAUREAU | GÉMEAUX | POISSONS | BÉLIER | CANCER | SCORPION | SAGITTAIRE | BALANCE | 16 VIERGE |
| 23 AVRIL | TAUREAU | GÉMEAUX | POISSONS | BÉLIER | CANCER | SCORPION | SAGITTAIRE | BALANCE | 0 BALANCE |
| 24 AVRIL | TAUREAU | GÉMEAUX | POISSONS | BÉLIER | CANCER | SCORPION | SAGITTAIRE | BALANCE | 15 BALANCE |
| 25 AVRIL | TAUREAU | GÉMEAUX | POISSONS | BÉLIER | CANCER | SCORPION | SAGITTAIRE | BALANCE | 0 SCORPION |
| 26 AVRIL | TAUREAU | GÉMEAUX | POISSONS | BÉLIER | CANCER | SCORPION | SAGITTAIRE | BALANCE | 14 SCORPION |
| 27 AVRIL | TAUREAU | GÉMEAUX | POISSONS | BÉLIER | CANCER | SCORPION | SAGITTAIRE | BALANCE | 28 SCORPION |
| 28 AVRIL | TAUREAU | GÉMEAUX | POISSONS | BÉLIER | CANCER | SCORPION | SAGITTAIRE | BALANCE | 12 SAGITTAIRE |
| 29 AVRIL | TAUREAU | GÉMEAUX | POISSONS | BÉLIER | CANCER | SCORPION | SAGITTAIRE | BALANCE | 25 SAGITTAIRE |
| 30 AVRIL | TAUREAU | GÉMEAUX | POISSONS | BÉLIER | CANCER | SCORPION | SAGITTAIRE | BALANCE | 8 CAPRICORNE |
| 1 MAI | TAUREAU | GÉMEAUX | POISSONS | BÉLIER | CANCER | SCORPION | SAGITTAIRE | BALANCE | 21 CAPRICORNE |
| 2 MAI | TAUREAU | GÉMEAUX | POISSONS | BÉLIER | CANCER | BALANCE | SAGITTAIRE | BALANCE | 3 VERSEAU |
| 3 MAI | TAUREAU | GÉMEAUX | POISSONS | BÉLIER | CANCER | BALANCE | SAGITTAIRE | BALANCE | 15 VERSEAU |
| 4 MAI | GÉMEAUX | GÉMEAUX | POISSONS | BÉLIER | CANCER | BALANCE | SAGITTAIRE | BALANCE | 27 VERSEAU |
| 5 MAI | GÉMEAUX | GÉMEAUX | POISSONS | BÉLIER | CANCER | BALANCE | SAGITTAIRE | BALANCE | 9 POISSONS |
| 6 MAI | GÉMEAUX | GÉMEAUX | POISSONS | BÉLIER | CANCER | BALANCE | SAGITTAIRE | BALANCE | 21 POISSONS |
| 7 MAI | GÉMEAUX | GÉMEAUX | POISSONS | BÉLIER | CANCER | BALANCE | SAGITTAIRE | BALANCE | 3 BÉLIER |
| 8 MAI | GÉMEAUX | GÉMEAUX | POISSONS | BÉLIER | CANCER | BALANCE | SAGITTAIRE | BALANCE | 15 BÉLIER |
| 9 MAI | GÉMEAUX | GÉMEAUX | POISSONS | BÉLIER | CANCER | BALANCE | SAGITTAIRE | BALANCE | 27 BÉLIER |
| 10 MAI | GÉMEAUX | CANCER | POISSONS | BÉLIER | CANCER | BALANCE | SAGITTAIRE | BALANCE | 10 TAUREAU |
| 11 MAI | GÉMEAUX | CANCER | POISSONS | BÉLIER | CANCER | BALANCE | SAGITTAIRE | BALANCE | 22 TAUREAU |
| 12 MAI | GÉMEAUX | CANCER | POISSONS | BÉLIER | CANCER | BALANCE | SAGITTAIRE | BALANCE | 5 GÉMEAUX |
| 13 MAI | GÉMEAUX | CANCER | POISSONS | BÉLIER | CANCER | BALANCE | SAGITTAIRE | BALANCE | 18 GÉMEAUX |
| 14 MAI | GÉMEAUX | CANCER | POISSONS | BÉLIER | CANCER | BALANCE | SAGITTAIRE | BALANCE | 2 CANCER |
| 15 MAI | GÉMEAUX | CANCER | POISSONS | BÉLIER | CANCER | BALANCE | SAGITTAIRE | BALANCE | 15 CANCER |
| 16 MAI | GÉMEAUX | CANCER | POISSONS | BÉLIER | CANCER | BALANCE | SAGITTAIRE | BALANCE | 29 CANCER |
| 17 MAI | GÉMEAUX | CANCER | POISSONS | BÉLIER | CANCER | BALANCE | SAGITTAIRE | BALANCE | 13 LION |
| 18 MAI | GÉMEAUX | CANCER | POISSONS | BÉLIER | CANCER | BALANCE | SAGITTAIRE | BALANCE | 27 LION |
| 19 MAI | GÉMEAUX | CANCER | POISSONS | BÉLIER | CANCER | BALANCE | SAGITTAIRE | BALANCE | 12 VIERGE |
| 20 MAI | GÉMEAUX | CANCER | POISSONS | BÉLIER | CANCER | BALANCE | SAGITTAIRE | BALANCE | 26 VIERGE |
| 21 MAI | GÉMEAUX | CANCER | BÉLIER | BÉLIER | CANCER | BALANCE | SAGITTAIRE | BALANCE | 10 BALANCE |

LE SOLEIL ENTRE DANS LE SIGNE DU TAUREAU LE 20 AVRIL 1975 A 17 h 10
LE SOLEIL QUITTE LE SIGNE DU TAUREAU LE 21 MAI A 16 h 20

* LES CHIFFRES INDIQUENT LES DEGRÉS

# DÉCOUVREZ DANS QUEL SIGNE SE TROUVAIENT LES PLANÈTES À VOTRE NAISSANCE

| 1976 | MERCURE | VÉNUS | MARS | JUPITER | SATURNE | URANUS | NEPTUNE | PLUTON | LUNE* |
|---|---|---|---|---|---|---|---|---|---|
| 19 AVRIL | TAUREAU | BÉLIER | CANCER | TAUREAU | CANCER | SCORPION | SAGITTAIRE | BALANCE | 7 CAPRICORNE |
| 20 AVRIL | TAUREAU | BÉLIER | CANCER | TAUREAU | CANCER | SCORPION | SAGITTAIRE | BALANCE | 21 CAPRICORNE |
| 21 AVRIL | TAUREAU | BÉLIER | CANCER | TAUREAU | CANCER | SCORPION | SAGITTAIRE | BALANCE | 4 VERSEAU |
| 22 AVRIL | TAUREAU | BÉLIER | CANCER | TAUREAU | CANCER | SCORPION | SAGITTAIRE | BALANCE | 16 VERSEAU |
| 23 AVRIL | TAUREAU | BÉLIER | CANCER | TAUREAU | CANCER | SCORPION | SAGITTAIRE | BALANCE | 28 VERSEAU |
| 24 AVRIL | TAUREAU | BÉLIER | CANCER | TAUREAU | CANCER | SCORPION | SAGITTAIRE | BALANCE | 11 POISSONS |
| 25 AVRIL | TAUREAU | BÉLIER | CANCER | TAUREAU | CANCER | SCORPION | SAGITTAIRE | BALANCE | 22 POISSONS |
| 26 AVRIL | TAUREAU | BÉLIER | CANCER | TAUREAU | CANCER | SCORPION | SAGITTAIRE | BALANCE | 4 BÉLIER |
| 27 AVRIL | TAUREAU | BÉLIER | CANCER | TAUREAU | CANCER | SCORPION | SAGITTAIRE | BALANCE | 16 BÉLIER |
| 28 AVRIL | TAUREAU | BÉLIER | CANCER | TAUREAU | CANCER | SCORPION | SAGITTAIRE | BALANCE | 28 BÉLIER |
| 29 AVRIL | TAUREAU | BÉLIER | CANCER | TAUREAU | CANCER | SCORPION | SAGITTAIRE | BALANCE | 10 TAUREAU |
| 30 AVRIL | GÉMEAUX | BÉLIER | CANCER | TAUREAU | CANCER | SCORPION | SAGITTAIRE | BALANCE | 22 TAUREAU |
| 1 MAI | GÉMEAUX | BÉLIER | CANCER | TAUREAU | CANCER | SCORPION | SAGITTAIRE | BALANCE | 4 GÉMEAUX |
| 2 MAI | GÉMEAUX | BÉLIER | CANCER | TAUREAU | CANCER | SCORPION | SAGITTAIRE | BALANCE | 16 GÉMEAUX |
| 3 MAI | GÉMEAUX | TAUREAU | CANCER | TAUREAU | CANCER | SCORPION | SAGITTAIRE | BALANCE | 28 GÉMEAUX |
| 4 MAI | GÉMEAUX | TAUREAU | CANCER | TAUREAU | CANCER | SCORPION | SAGITTAIRE | BALANCE | 11 CANCER |
| 5 MAI | GÉMEAUX | TAUREAU | CANCER | TAUREAU | CANCER | SCORPION | SAGITTAIRE | BALANCE | 24 CANCER |
| 6 MAI | GÉMEAUX | TAUREAU | CANCER | TAUREAU | CANCER | SCORPION | SAGITTAIRE | BALANCE | 7 LION |
| 7 MAI | GÉMEAUX | TAUREAU | CANCER | TAUREAU | CANCER | SCORPION | SAGITTAIRE | BALANCE | 20 LION |
| 8 MAI | GÉMEAUX | TAUREAU | CANCER | TAUREAU | CANCER | SCORPION | SAGITTAIRE | BALANCE | 4 VIERGE |
| 9 MAI | GÉMEAUX | TAUREAU | CANCER | TAUREAU | CANCER | SCORPION | SAGITTAIRE | BALANCE | 18 VIERGE |
| 10 MAI | GÉMEAUX | TAUREAU | CANCER | TAUREAU | CANCER | SCORPION | SAGITTAIRE | BALANCE | 3 BALANCE |
| 11 MAI | GÉMEAUX | TAUREAU | CANCER | TAUREAU | CANCER | SCORPION | SAGITTAIRE | BALANCE | 18 BALANCE |
| 12 MAI | GÉMEAUX | TAUREAU | CANCER | TAUREAU | CANCER | SCORPION | SAGITTAIRE | BALANCE | 3 SCORPION |
| 13 MAI | GÉMEAUX | TAUREAU | CANCER | TAUREAU | CANCER | SCORPION | SAGITTAIRE | BALANCE | 18 SCORPION |
| 14 MAI | GÉMEAUX | TAUREAU | CANCER | TAUREAU | CANCER | SCORPION | SAGITTAIRE | BALANCE | 3 SAGITTAIRE |
| 15 MAI | GÉMEAUX | TAUREAU | CANCER | TAUREAU | CANCER | SCORPION | SAGITTAIRE | BALANCE | 17 SAGITTAIRE |
| 16 MAI | GÉMEAUX | TAUREAU | LION | TAUREAU | CANCER | SCORPION | SAGITTAIRE | BALANCE | 2 CAPRICORNE |
| 17 MAI | GÉMEAUX | TAUREAU | LION | TAUREAU | CANCER | SCORPION | SAGITTAIRE | BALANCE | 16 CAPRICORNE |
| 18 MAI | GÉMEAUX | TAUREAU | LION | TAUREAU | CANCER | SCORPION | SAGITTAIRE | BALANCE | 29 CAPRICORNE |
| 19 MAI | GÉMEAUX | TAUREAU | LION | TAUREAU | CANCER | SCORPION | SAGITTAIRE | BALANCE | 12 VERSEAU |
| 20 MAI | TAUREAU | TAUREAU | LION | TAUREAU | CANCER | SCORPION | SAGITTAIRE | BALANCE | 25 VERSEAU |

LE SOLEIL ENTRE DANS LE SIGNE DU TAUREAU LE 19 AVRIL 1976 A 23 h 10
QUITTE LE SIGNE DU LE 20 MAI A 22 h 10
* LES CHIFFRES INDIQUENT LES DEGRÉS

| 1977 | MERCURE | VÉNUS | MARS | JUPITER | SATURNE | URANUS | NEPTUNE | PLUTON | LUNE* |
|---|---|---|---|---|---|---|---|---|---|
| 20 AVRIL | TAUREAU | BÉLIER | POISSONS | GÉMEAUX | LION | SCORPION | SAGITTAIRE | BALANCE | 22 TAUREAU |
| 21 AVRIL | TAUREAU | BÉLIER | POISSONS | GÉMEAUX | LION | SCORPION | SAGITTAIRE | BALANCE | 4 GÉMEAUX |
| 22 AVRIL | TAUREAU | BÉLIER | POISSONS | GÉMEAUX | LION | SCORPION | SAGITTAIRE | BALANCE | 16 GÉMEAUX |
| 23 AVRIL | TAUREAU | BÉLIER | POISSONS | GÉMEAUX | LION | SCORPION | SAGITTAIRE | BALANCE | 28 GÉMEAUX |
| 24 AVRIL | TAUREAU | BÉLIER | POISSONS | GÉMEAUX | LION | SCORPION | SAGITTAIRE | BALANCE | 10 CANCER |
| 25 AVRIL | TAUREAU | BÉLIER | POISSONS | GÉMEAUX | LION | SCORPION | SAGITTAIRE | BALANCE | 22 CANCER |
| 26 AVRIL | TAUREAU | BÉLIER | POISSONS | GÉMEAUX | LION | SCORPION | SAGITTAIRE | BALANCE | 4 LION |
| 27 AVRIL | TAUREAU | BÉLIER | POISSONS | GÉMEAUX | LION | SCORPION | SAGITTAIRE | BALANCE | 17 LION |
| 28 AVRIL | TAUREAU | BÉLIER | BÉLIER | GÉMEAUX | LION | SCORPION | SAGITTAIRE | BALANCE | 0 VIERGE |
| 29 AVRIL | TAUREAU | BÉLIER | BÉLIER | GÉMEAUX | LION | SCORPION | SAGITTAIRE | BALANCE | 14 VIERGE |
| 30 AVRIL | TAUREAU | BÉLIER | BÉLIER | GÉMEAUX | LION | SCORPION | SAGITTAIRE | BALANCE | 28 VIERGE |
| 1 MAI | TAUREAU | BÉLIER | BÉLIER | GÉMEAUX | LION | SCORPION | SAGITTAIRE | BALANCE | 12 BALANCE |
| 2 MAI | TAUREAU | BÉLIER | BÉLIER | GÉMEAUX | LION | SCORPION | SAGITTAIRE | BALANCE | 27 BALANCE |
| 3 MAI | TAUREAU | BÉLIER | BÉLIER | GÉMEAUX | LION | SCORPION | SAGITTAIRE | BALANCE | 12 SCORPION |
| 4 MAI | TAUREAU | BÉLIER | BÉLIER | GÉMEAUX | LION | SCORPION | SAGITTAIRE | BALANCE | 27 SCORPION |
| 5 MAI | TAUREAU | BÉLIER | BÉLIER | GÉMEAUX | LION | SCORPION | SAGITTAIRE | BALANCE | 12 SAGITTAIRE |
| 6 MAI | TAUREAU | BÉLIER | BÉLIER | GÉMEAUX | LION | SCORPION | SAGITTAIRE | BALANCE | 27 SAGITTAIRE |
| 7 MAI | TAUREAU | BÉLIER | BÉLIER | GÉMEAUX | LION | SCORPION | SAGITTAIRE | BALANCE | 12 CAPRICORNE |
| 8 MAI | TAUREAU | BÉLIER | BÉLIER | GÉMEAUX | LION | SCORPION | SAGITTAIRE | BALANCE | 26 CAPRICORNE |
| 9 MAI | TAUREAU | BÉLIER | BÉLIER | GÉMEAUX | LION | SCORPION | SAGITTAIRE | BALANCE | 10 VERSEAU |
| 10 MAI | TAUREAU | BÉLIER | BÉLIER | GÉMEAUX | LION | SCORPION | SAGITTAIRE | BALANCE | 23 VERSEAU |
| 11 MAI | TAUREAU | BÉLIER | BÉLIER | GÉMEAUX | LION | SCORPION | SAGITTAIRE | BALANCE | 6 POISSONS |
| 12 MAI | TAUREAU | BÉLIER | BÉLIER | GÉMEAUX | LION | SCORPION | SAGITTAIRE | BALANCE | 19 POISSONS |
| 13 MAI | TAUREAU | BÉLIER | BÉLIER | GÉMEAUX | LION | SCORPION | SAGITTAIRE | BALANCE | 1 BÉLIER |
| 14 MAI | TAUREAU | BÉLIER | BÉLIER | GÉMEAUX | LION | SCORPION | SAGITTAIRE | BALANCE | 14 BÉLIER |
| 15 MAI | TAUREAU | BÉLIER | BÉLIER | GÉMEAUX | LION | SCORPION | SAGITTAIRE | BALANCE | 26 BÉLIER |
| 16 MAI | TAUREAU | BÉLIER | BÉLIER | GÉMEAUX | LION | SCORPION | SAGITTAIRE | BALANCE | 8 TAUREAU |
| 17 MAI | TAUREAU | BÉLIER | BÉLIER | GÉMEAUX | LION | SCORPION | SAGITTAIRE | BALANCE | 19 TAUREAU |
| 18 MAI | TAUREAU | BÉLIER | BÉLIER | GÉMEAUX | LION | SCORPION | SAGITTAIRE | BALANCE | 1 GÉMEAUX |
| 19 MAI | TAUREAU | BÉLIER | BÉLIER | GÉMEAUX | LION | SCORPION | SAGITTAIRE | BALANCE | 13 GÉMEAUX |
| 20 MAI | TAUREAU | BÉLIER | BÉLIER | GÉMEAUX | LION | SCORPION | SAGITTAIRE | BALANCE | 25 GÉMEAUX |
| 21 MAI | TAUREAU | BÉLIER | BÉLIER | GÉMEAUX | LION | SCORPION | SAGITTAIRE | BALANCE | 7 CANCER |

LE SOLEIL ENTRE DANS LE SIGNE DU TAUREAU LE 20 AVRIL 1977 A 4 h 40
QUITTE LE SIGNE DU LE 21 MAI A 4 h 10
* LES CHIFFRES INDIQUENT LES DEGRÉS

## DÉCOUVREZ DANS QUEL SIGNE SE TROUVAIENT LES PLANÈTES À VOTRE NAISSANCE

| 1978 | MERCURE | VÉNUS | MARS | JUPITER | SATURNE | URANUS | NEPTUNE | PLUTON | LUNE* |
|---|---|---|---|---|---|---|---|---|---|
| 20 AVRIL | BÉLIER | TAUREAU | LION | CANCER | LION | SCORPION | SAGITTAIRE | BALANCE | 26 VIERGE |
| 21 AVRIL | BÉLIER | TAUREAU | LION | CANCER | LION | SCORPION | SAGITTAIRE | BALANCE | 9 BALANCE |
| 22 AVRIL | BÉLIER | TAUREAU | LION | CANCER | LION | SCORPION | SAGITTAIRE | BALANCE | 23 BALANCE |
| 23 AVRIL | BÉLIER | TAUREAU | LION | CANCER | LION | SCORPION | SAGITTAIRE | BALANCE | 7 SCORPION |
| 24 AVRIL | BÉLIER | TAUREAU | LION | CANCER | LION | SCORPION | SAGITTAIRE | BALANCE | 21 SCORPION |
| 25 AVRIL | BÉLIER | TAUREAU | LION | CANCER | LION | SCORPION | SAGITTAIRE | BALANCE | 6 SAGITTAIRE |
| 26 AVRIL | BÉLIER | TAUREAU | LION | CANCER | LION | SCORPION | SAGITTAIRE | BALANCE | 20 SAGITTAIRE |
| 27 AVRIL | BÉLIER | GÉMEAUX | LION | CANCER | LION | SCORPION | SAGITTAIRE | BALANCE | 5 CAPRICORNE |
| 28 AVRIL | BÉLIER | GÉMEAUX | LION | CANCER | LION | SCORPION | SAGITTAIRE | BALANCE | 19 CAPRICORNE |
| 29 AVRIL | BÉLIER | GÉMEAUX | LION | CANCER | LION | SCORPION | SAGITTAIRE | BALANCE | 4 VERSEAU |
| 30 AVRIL | BÉLIER | GÉMEAUX | LION | CANCER | LION | SCORPION | SAGITTAIRE | BALANCE | 18 VERSEAU |
| 1 MAI | BÉLIER | GÉMEAUX | LION | CANCER | LION | SCORPION | SAGITTAIRE | BALANCE | 1 POISSONS |
| 2 MAI | BÉLIER | GÉMEAUX | LION | CANCER | LION | SCORPION | SAGITTAIRE | BALANCE | 15 POISSONS |
| 3 MAI | BÉLIER | GÉMEAUX | LION | CANCER | LION | SCORPION | SAGITTAIRE | BALANCE | 28 POISSONS |
| 4 MAI | BÉLIER | GÉMEAUX | LION | CANCER | LION | SCORPION | SAGITTAIRE | BALANCE | 11 BÉLIER |
| 5 MAI | BÉLIER | GÉMEAUX | LION | CANCER | LION | SCORPION | SAGITTAIRE | BALANCE | 24 BÉLIER |
| 6 MAI | BÉLIER | GÉMEAUX | LION | CANCER | LION | SCORPION | SAGITTAIRE | BALANCE | 7 TAUREAU |
| 7 MAI | BÉLIER | GÉMEAUX | LION | CANCER | LION | SCORPION | SAGITTAIRE | BALANCE | 20 TAUREAU |
| 8 MAI | BÉLIER | GÉMEAUX | LION | CANCER | LION | SCORPION | SAGITTAIRE | BALANCE | 2 GÉMEAUX |
| 9 MAI | BÉLIER | GÉMEAUX | LION | CANCER | LION | SCORPION | SAGITTAIRE | BALANCE | 14 GÉMEAUX |
| 10 MAI | BÉLIER | GÉMEAUX | LION | CANCER | LION | SCORPION | SAGITTAIRE | BALANCE | 26 GÉMEAUX |
| 11 MAI | BÉLIER | GÉMEAUX | LION | CANCER | LION | SCORPION | SAGITTAIRE | BALANCE | 8 CANCER |
| 12 MAI | BÉLIER | GÉMEAUX | LION | CANCER | LION | SCORPION | SAGITTAIRE | BALANCE | 20 CANCER |
| 13 MAI | BÉLIER | GÉMEAUX | LION | CANCER | LION | SCORPION | SAGITTAIRE | BALANCE | 2 LION |
| 14 MAI | BÉLIER | GÉMEAUX | LION | CANCER | LION | SCORPION | SAGITTAIRE | BALANCE | 14 LION |
| 15 MAI | BÉLIER | GÉMEAUX | LION | CANCER | LION | SCORPION | SAGITTAIRE | BALANCE | 26 LION |
| 16 MAI | TAUREAU | GÉMEAUX | LION | CANCER | LION | SCORPION | SAGITTAIRE | BALANCE | 8 VIERGE |
| 17 MAI | TAUREAU | GÉMEAUX | LION | CANCER | LION | SCORPION | SAGITTAIRE | BALANCE | 21 VIERGE |
| 18 MAI | TAUREAU | GÉMEAUX | LION | CANCER | LION | SCORPION | SAGITTAIRE | BALANCE | 4 BALANCE |
| 19 MAI | TAUREAU | GÉMEAUX | LION | CANCER | LION | SCORPION | SAGITTAIRE | BALANCE | 17 BALANCE |
| 20 MAI | TAUREAU | GÉMEAUX | LION | CANCER | LION | SCORPION | SAGITTAIRE | BALANCE | 1 SCORPION |
| 21 MAI | TAUREAU | GÉMEAUX | LION | CANCER | LION | SCORPION | SAGITTAIRE | BALANCE | 15 SCORPION |

LE SOLEIL ENTRE DANS LE SIGNE DU TAUREAU LE 20 AVRIL 1978 A 10 h 40
QUITTE LE SIGNE DU LE 21 MAI A 10 h 10
* LES CHIFFRES INDIQUENT LES DEGRÉS

| 1979 | MERCURE | VÉNUS | MARS | JUPITER | SATURNE | URANUS | NEPTUNE | PLUTON | LUNE* |
|---|---|---|---|---|---|---|---|---|---|
| 20 AVRIL | BÉLIER | POISSONS | BÉLIER | LION | VIERGE | SCORPION | SAGITTAIRE | BALANCE | 9 VERSEAU |
| 21 AVRIL | BÉLIER | POISSONS | BÉLIER | LION | VIERGE | SCORPION | SAGITTAIRE | BALANCE | 23 VERSEAU |
| 22 AVRIL | BÉLIER | POISSONS | BÉLIER | LION | VIERGE | SCORPION | SAGITTAIRE | BALANCE | 8 POISSONS |
| 23 AVRIL | BÉLIER | BÉLIER | BÉLIER | LION | VIERGE | SCORPION | SAGITTAIRE | BALANCE | 22 POISSONS |
| 24 AVRIL | BÉLIER | BÉLIER | BÉLIER | LION | VIERGE | SCORPION | SAGITTAIRE | BALANCE | 6 BÉLIER |
| 25 AVRIL | BÉLIER | BÉLIER | BÉLIER | LION | VIERGE | SCORPION | SAGITTAIRE | BALANCE | 21 BÉLIER |
| 26 AVRIL | BÉLIER | BÉLIER | BÉLIER | LION | VIERGE | SCORPION | SAGITTAIRE | BALANCE | 5 TAUREAU |
| 27 AVRIL | BÉLIER | BÉLIER | BÉLIER | LION | VIERGE | SCORPION | SAGITTAIRE | BALANCE | 18 TAUREAU |
| 28 AVRIL | BÉLIER | BÉLIER | BÉLIER | LION | VIERGE | SCORPION | SAGITTAIRE | BALANCE | 2 GÉMEAUX |
| 29 AVRIL | BÉLIER | BÉLIER | BÉLIER | LION | VIERGE | SCORPION | SAGITTAIRE | BALANCE | 15 GÉMEAUX |
| 30 AVRIL | BÉLIER | BÉLIER | BÉLIER | LION | VIERGE | SCORPION | SAGITTAIRE | BALANCE | 28 GÉMEAUX |
| 1 MAI | BÉLIER | BÉLIER | BÉLIER | LION | VIERGE | SCORPION | SAGITTAIRE | BALANCE | 10 CANCER |
| 2 MAI | BÉLIER | BÉLIER | BÉLIER | LION | VIERGE | SCORPION | SAGITTAIRE | BALANCE | 23 CANCER |
| 3 MAI | BÉLIER | BÉLIER | BÉLIER | LION | VIERGE | SCORPION | SAGITTAIRE | BALANCE | 5 LION |
| 4 MAI | BÉLIER | BÉLIER | BÉLIER | LION | VIERGE | SCORPION | SAGITTAIRE | BALANCE | 17 LION |
| 5 MAI | BÉLIER | BÉLIER | BÉLIER | LION | VIERGE | SCORPION | SAGITTAIRE | BALANCE | 28 LION |
| 6 MAI | BÉLIER | BÉLIER | BÉLIER | LION | VIERGE | SCORPION | SAGITTAIRE | BALANCE | 10 VIERGE |
| 7 MAI | BÉLIER | BÉLIER | BÉLIER | LION | VIERGE | SCORPION | SAGITTAIRE | BALANCE | 22 VIERGE |
| 8 MAI | BÉLIER | BÉLIER | BÉLIER | LION | VIERGE | SCORPION | SAGITTAIRE | BALANCE | 4 BALANCE |
| 9 MAI | BÉLIER | BÉLIER | BÉLIER | LION | VIERGE | SCORPION | SAGITTAIRE | BALANCE | 17 BALANCE |
| 10 MAI | BÉLIER | BÉLIER | BÉLIER | LION | VIERGE | SCORPION | SAGITTAIRE | BALANCE | 0 SCORPION |
| 11 MAI | TAUREAU | BÉLIER | BÉLIER | LION | VIERGE | SCORPION | SAGITTAIRE | BALANCE | 13 SCORPION |
| 12 MAI | TAUREAU | BÉLIER | BÉLIER | LION | VIERGE | SCORPION | SAGITTAIRE | BALANCE | 26 SCORPION |
| 13 MAI | TAUREAU | BÉLIER | BÉLIER | LION | VIERGE | SCORPION | SAGITTAIRE | BALANCE | 10 SAGITTAIRE |
| 14 MAI | TAUREAU | BÉLIER | BÉLIER | LION | VIERGE | SCORPION | SAGITTAIRE | BALANCE | 24 SAGITTAIRE |
| 15 MAI | TAUREAU | BÉLIER | BÉLIER | LION | VIERGE | SCORPION | SAGITTAIRE | BALANCE | 8 CAPRICORNE |
| 16 MAI | TAUREAU | BÉLIER | TAUREAU | LION | VIERGE | SCORPION | SAGITTAIRE | BALANCE | 22 CAPRICORNE |
| 17 MAI | TAUREAU | BÉLIER | TAUREAU | LION | VIERGE | SCORPION | SAGITTAIRE | BALANCE | 6 VERSEAU |
| 18 MAI | TAUREAU | TAUREAU | TAUREAU | LION | VIERGE | SCORPION | SAGITTAIRE | BALANCE | 20 VERSEAU |
| 19 MAI | TAUREAU | TAUREAU | TAUREAU | LION | VIERGE | SCORPION | SAGITTAIRE | BALANCE | 4 POISSONS |
| 20 MAI | TAUREAU | TAUREAU | TAUREAU | LION | VIERGE | SCORPION | SAGITTAIRE | BALANCE | 18 POISSONS |
| 21 MAI | TAUREAU | TAUREAU | TAUREAU | LION | VIERGE | SCORPION | SAGITTAIRE | BALANCE | 2 BÉLIER |

LE SOLEIL ENTRE DANS LE SIGNE DU TAUREAU LE 20 AVRIL 1979 A 16 h 30
QUITTE LE SIGNE DU LE 21 MAI A 15 h 50
* LES CHIFFRES INDIQUENT LES DEGRÉS

## DÉCOUVREZ DANS QUEL SIGNE SE TROUVAIENT LES PLANÈTES À VOTRE NAISSANCE

| 1980 | MERCURE | VÉNUS | MARS | JUPITER | SATURNE | URANUS | NEPTUNE | PLUTON | LUNE* |
|---|---|---|---|---|---|---|---|---|---|
| 19 AVRIL | BÉLIER | GÉMEAUX | LION | VIERGE | VIERGE | SCORPION | SAGITTAIRE | BALANCE | 28 GÉMEAUX |
| 20 AVRIL | BÉLIER | GÉMEAUX | LION | VIERGE | VIERGE | SCORPION | SAGITTAIRE | BALANCE | 11 CANCER |
| 21 AVRIL | BÉLIER | GÉMEAUX | LION | VIERGE | VIERGE | SCORPION | SAGITTAIRE | BALANCE | 24 CANCER |
| 22 AVRIL | BÉLIER | GÉMEAUX | LION | VIERGE | VIERGE | SCORPION | SAGITTAIRE | BALANCE | 6 LION |
| 23 AVRIL | BÉLIER | GÉMEAUX | LION | VIERGE | VIERGE | SCORPION | SAGITTAIRE | BALANCE | 19 LION |
| 24 AVRIL | BÉLIER | GÉMEAUX | LION | VIERGE | VIERGE | SCORPION | SAGITTAIRE | BALANCE | 1 VIERGE |
| 25 AVRIL | BÉLIER | GÉMEAUX | LION | VIERGE | VIERGE | SCORPION | SAGITTAIRE | BALANCE | 12 VIERGE |
| 26 AVRIL | BÉLIER | GÉMEAUX | LION | VIERGE | VIERGE | SCORPION | SAGITTAIRE | BALANCE | 24 VIERGE |
| 27 AVRIL | BÉLIER | GÉMEAUX | LION | VIERGE | VIERGE | SCORPION | SAGITTAIRE | BALANCE | 6 BALANCE |
| 28 AVRIL | BÉLIER | GÉMEAUX | LION | VIERGE | VIERGE | SCORPION | SAGITTAIRE | BALANCE | 18 BALANCE |
| 29 AVRIL | BÉLIER | GÉMEAUX | LION | VIERGE | VIERGE | SCORPION | SAGITTAIRE | BALANCE | 0 SCORPION |
| 30 AVRIL | BÉLIER | GÉMEAUX | LION | VIERGE | VIERGE | SCORPION | SAGITTAIRE | BALANCE | 12 SCORPION |
| 1 MAI | BÉLIER | GÉMEAUX | LION | VIERGE | VIERGE | SCORPION | SAGITTAIRE | BALANCE | 24 SCORPION |
| 2 MAI | TAUREAU | GÉMEAUX | LION | VIERGE | VIERGE | SCORPION | SAGITTAIRE | BALANCE | 7 SAGITTAIRE |
| 3 MAI | TAUREAU | GÉMEAUX | LION | VIERGE | VIERGE | SCORPION | SAGITTAIRE | BALANCE | 19 SAGITTAIRE |
| 4 MAI | TAUREAU | GÉMEAUX | VIERGE | VIERGE | VIERGE | SCORPION | SAGITTAIRE | BALANCE | 2 CAPRICORNE |
| 5 MAI | TAUREAU | GÉMEAUX | VIERGE | VIERGE | VIERGE | SCORPION | SAGITTAIRE | BALANCE | 15 CAPRICORNE |
| 6 MAI | TAUREAU | GÉMEAUX | VIERGE | VIERGE | VIERGE | SCORPION | SAGITTAIRE | BALANCE | 29 CAPRICORNE |
| 7 MAI | TAUREAU | GÉMEAUX | VIERGE | VIERGE | VIERGE | SCORPION | SAGITTAIRE | BALANCE | 12 VERSEAU |
| 8 MAI | TAUREAU | GÉMEAUX | VIERGE | VIERGE | VIERGE | SCORPION | SAGITTAIRE | BALANCE | 26 VERSEAU |
| 9 MAI | TAUREAU | GÉMEAUX | VIERGE | VIERGE | VIERGE | SCORPION | SAGITTAIRE | BALANCE | 10 POISSONS |
| 10 MAI | TAUREAU | GÉMEAUX | VIERGE | VIERGE | VIERGE | SCORPION | SAGITTAIRE | BALANCE | 24 POISSONS |
| 11 MAI | TAUREAU | GÉMEAUX | VIERGE | VIERGE | VIERGE | SCORPION | SAGITTAIRE | BALANCE | 9 BÉLIER |
| 12 MAI | TAUREAU | GÉMEAUX | VIERGE | VIERGE | VIERGE | SCORPION | SAGITTAIRE | BALANCE | 24 BÉLIER |
| 13 MAI | TAUREAU | CANCER | VIERGE | VIERGE | VIERGE | SCORPION | SAGITTAIRE | BALANCE | 9 TAUREAU |
| 14 MAI | TAUREAU | CANCER | VIERGE | VIERGE | VIERGE | SCORPION | SAGITTAIRE | BALANCE | 23 TAUREAU |
| 15 MAI | TAUREAU | CANCER | VIERGE | VIERGE | VIERGE | SCORPION | SAGITTAIRE | BALANCE | 8 GÉMEAUX |
| 16 MAI | TAUREAU | CANCER | VIERGE | VIERGE | VIERGE | SCORPION | SAGITTAIRE | BALANCE | 22 GÉMEAUX |
| 17 MAI | GÉMEAUX | CANCER | VIERGE | VIERGE | VIERGE | SCORPION | SAGITTAIRE | BALANCE | 6 CANCER |
| 18 MAI | GÉMEAUX | CANCER | VIERGE | VIERGE | VIERGE | SCORPION | SAGITTAIRE | BALANCE | 19 CANCER |
| 19 MAI | GÉMEAUX | CANCER | VIERGE | VIERGE | VIERGE | SCORPION | SAGITTAIRE | BALANCE | 2 LION |
| 20 MAI | GÉMEAUX | CANCER | VIERGE | VIERGE | VIERGE | SCORPION | SAGITTAIRE | BALANCE | 15 LION |

LE SOLEIL ENTRE DANS LE SIGNE DU TAUREAU LE 19 AVRIL 1980 A 22 h 10
QUITTE LE SIGNE DU LE 20 MAI A 21 h 30
* LES CHIFFRES INDIQUENT LES DEGRÉS

| 1981 | MERCURE | VÉNUS | MARS | JUPITER | SATURNE | URANUS | NEPTUNE | PLUTON | LUNE* |
|---|---|---|---|---|---|---|---|---|---|
| 20 AVRIL | BÉLIER | TAUREAU | BÉLIER | BALANCE | BALANCE | SCORPION | SAGITTAIRE | BALANCE | 13 SCORPION |
| 21 AVRIL | BÉLIER | TAUREAU | BÉLIER | BALANCE | BALANCE | SCORPION | SAGITTAIRE | BALANCE | 25 SCORPION |
| 22 AVRIL | BÉLIER | TAUREAU | BÉLIER | BALANCE | BALANCE | SCORPION | SAGITTAIRE | BALANCE | 6 SAGITTAIRE |
| 23 AVRIL | BÉLIER | TAUREAU | BÉLIER | BALANCE | BALANCE | SCORPION | SAGITTAIRE | BALANCE | 18 SAGITTAIRE |
| 24 AVRIL | TAUREAU | TAUREAU | BÉLIER | BALANCE | BALANCE | SCORPION | SAGITTAIRE | BALANCE | 0 CAPRICORNE |
| 25 AVRIL | TAUREAU | TAUREAU | TAUREAU | BALANCE | BALANCE | SCORPION | SAGITTAIRE | BALANCE | 13 CAPRICORNE |
| 26 AVRIL | TAUREAU | TAUREAU | TAUREAU | BALANCE | BALANCE | SCORPION | SAGITTAIRE | BALANCE | 25 CAPRICORNE |
| 27 AVRIL | TAUREAU | TAUREAU | TAUREAU | BALANCE | BALANCE | SCORPION | SAGITTAIRE | BALANCE | 8 VERSEAU |
| 28 AVRIL | TAUREAU | TAUREAU | TAUREAU | BALANCE | BALANCE | SCORPION | SAGITTAIRE | BALANCE | 21 VERSEAU |
| 29 AVRIL | TAUREAU | TAUREAU | TAUREAU | BALANCE | BALANCE | SCORPION | SAGITTAIRE | BALANCE | 4 POISSONS |
| 30 AVRIL | TAUREAU | TAUREAU | TAUREAU | BALANCE | BALANCE | SCORPION | SAGITTAIRE | BALANCE | 18 POISSONS |
| 1 MAI | TAUREAU | TAUREAU | TAUREAU | BALANCE | BALANCE | SCORPION | SAGITTAIRE | BALANCE | 3 BÉLIER |
| 2 MAI | TAUREAU | TAUREAU | TAUREAU | BALANCE | BALANCE | SCORPION | SAGITTAIRE | BALANCE | 18 BÉLIER |
| 3 MAI | TAUREAU | TAUREAU | TAUREAU | BALANCE | BALANCE | SCORPION | SAGITTAIRE | BALANCE | 3 TAUREAU |
| 4 MAI | TAUREAU | TAUREAU | TAUREAU | BALANCE | BALANCE | SCORPION | SAGITTAIRE | BALANCE | 18 TAUREAU |
| 5 MAI | TAUREAU | TAUREAU | TAUREAU | BALANCE | BALANCE | SCORPION | SAGITTAIRE | BALANCE | 3 GÉMEAUX |
| 6 MAI | TAUREAU | TAUREAU | TAUREAU | BALANCE | BALANCE | SCORPION | SAGITTAIRE | BALANCE | 18 GÉMEAUX |
| 7 MAI | TAUREAU | TAUREAU | TAUREAU | BALANCE | BALANCE | SCORPION | SAGITTAIRE | BALANCE | 3 CANCER |
| 8 MAI | GÉMEAUX | TAUREAU | TAUREAU | BALANCE | BALANCE | SCORPION | SAGITTAIRE | BALANCE | 17 CANCER |
| 9 MAI | GÉMEAUX | TAUREAU | TAUREAU | BALANCE | BALANCE | SCORPION | SAGITTAIRE | BALANCE | 1 LION |
| 10 MAI | GÉMEAUX | TAUREAU | TAUREAU | BALANCE | BALANCE | SCORPION | SAGITTAIRE | BALANCE | 14 LION |
| 11 MAI | GÉMEAUX | TAUREAU | TAUREAU | BALANCE | BALANCE | SCORPION | SAGITTAIRE | BALANCE | 27 LION |
| 12 MAI | GÉMEAUX | GÉMEAUX | TAUREAU | BALANCE | BALANCE | SCORPION | SAGITTAIRE | BALANCE | 10 VIERGE |
| 13 MAI | GÉMEAUX | GÉMEAUX | TAUREAU | BALANCE | BALANCE | SCORPION | SAGITTAIRE | BALANCE | 22 VIERGE |
| 14 MAI | GÉMEAUX | GÉMEAUX | TAUREAU | BALANCE | BALANCE | SCORPION | SAGITTAIRE | BALANCE | 4 BALANCE |
| 15 MAI | GÉMEAUX | GÉMEAUX | TAUREAU | BALANCE | BALANCE | SCORPION | SAGITTAIRE | BALANCE | 16 BALANCE |
| 16 MAI | GÉMEAUX | GÉMEAUX | TAUREAU | BALANCE | BALANCE | SCORPION | SAGITTAIRE | BALANCE | 28 BALANCE |
| 17 MAI | GÉMEAUX | GÉMEAUX | TAUREAU | BALANCE | BALANCE | SCORPION | SAGITTAIRE | BALANCE | 10 SCORPION |
| 18 MAI | GÉMEAUX | GÉMEAUX | TAUREAU | BALANCE | BALANCE | SCORPION | SAGITTAIRE | BALANCE | 22 SCORPION |
| 19 MAI | GÉMEAUX | GÉMEAUX | TAUREAU | BALANCE | BALANCE | SCORPION | SAGITTAIRE | BALANCE | 4 SAGITTAIRE |
| 20 MAI | GÉMEAUX | GÉMEAUX | TAUREAU | BALANCE | BALANCE | SCORPION | SAGITTAIRE | BALANCE | 15 SAGITTAIRE |
| 21 MAI | GÉMEAUX | GÉMEAUX | TAUREAU | BALANCE | BALANCE | SCORPION | SAGITTAIRE | BALANCE | 27 SAGITTAIRE |

LE SOLEIL ENTRE DANS LE SIGNE DU TAUREAU LE 20 AVRIL 1981 A 4 h 10
QUITTE LE SIGNE DU LE 21 MAI A 3 h 30
* LES CHIFFRES INDIQUENT LES DEGRÉS

## DÉCOUVREZ DANS QUEL SIGNE SE TROUVAIENT LES PLANÈTES À VOTRE NAISSANCE

| 1982 | MERCURE | VÉNUS | MARS | JUPITER | SATURNE | URANUS | NEPTUNE | PLUTON | LUNE* |
|---|---|---|---|---|---|---|---|---|---|
| 20 AVRIL | TAUREAU | POISSONS | BALANCE | SCORPION | BALANCE | SAGITTAIRE | SAGITTAIRE | BALANCE | 16 POISSONS |
| 21 AVRIL | TAUREAU | POISSONS | BALANCE | SCORPION | BALANCE | SAGITTAIRE | SAGITTAIRE | BALANCE | 29 POISSONS |
| 22 AVRIL | TAUREAU | POISSONS | BALANCE | SCORPION | BALANCE | SAGITTAIRE | SAGITTAIRE | BALANCE | 13 BÉLIER |
| 23 AVRIL | TAUREAU | POISSONS | BALANCE | SCORPION | BALANCE | SAGITTAIRE | SAGITTAIRE | BALANCE | 28 BÉLIER |
| 24 AVRIL | TAUREAU | POISSONS | BALANCE | SCORPION | BALANCE | SAGITTAIRE | SAGITTAIRE | BALANCE | 13 TAUREAU |
| 25 AVRIL | TAUREAU | POISSONS | BALANCE | SCORPION | BALANCE | SAGITTAIRE | SAGITTAIRE | BALANCE | 27 TAUREAU |
| 26 AVRIL | TAUREAU | POISSONS | BALANCE | SCORPION | BALANCE | SAGITTAIRE | SAGITTAIRE | BALANCE | 12 GÉMEAUX |
| 27 AVRIL | TAUREAU | POISSONS | BALANCE | SCORPION | BALANCE | SAGITTAIRE | SAGITTAIRE | BALANCE | 27 GÉMEAUX |
| 28 AVRIL | TAUREAU | POISSONS | BALANCE | SCORPION | BALANCE | SAGITTAIRE | SAGITTAIRE | BALANCE | 11 CANCER |
| 29 AVRIL | TAUREAU | POISSONS | BALANCE | SCORPION | BALANCE | SAGITTAIRE | SAGITTAIRE | BALANCE | 25 CANCER |
| 30 AVRIL | TAUREAU | POISSONS | BALANCE | SCORPION | BALANCE | SAGITTAIRE | SAGITTAIRE | BALANCE | 9 LION |
| 1 MAI | TAUREAU | POISSONS | BALANCE | SCORPION | BALANCE | SAGITTAIRE | SAGITTAIRE | BALANCE | 23 LION |
| 2 MAI | GÉMEAUX | POISSONS | BALANCE | SCORPION | BALANCE | SAGITTAIRE | SAGITTAIRE | BALANCE | 6 VIERGE |
| 3 MAI | GÉMEAUX | POISSONS | BALANCE | SCORPION | BALANCE | SAGITTAIRE | SAGITTAIRE | BALANCE | 20 VIERGE |
| 4 MAI | GÉMEAUX | POISSONS | BALANCE | SCORPION | BALANCE | SAGITTAIRE | SAGITTAIRE | BALANCE | 3 BALANCE |
| 5 MAI | GÉMEAUX | BÉLIER | BALANCE | SCORPION | BALANCE | SAGITTAIRE | SAGITTAIRE | BALANCE | 15 BALANCE |
| 6 MAI | GÉMEAUX | BÉLIER | BALANCE | SCORPION | BALANCE | SAGITTAIRE | SAGITTAIRE | BALANCE | 28 BALANCE |
| 7 MAI | GÉMEAUX | BÉLIER | BALANCE | SCORPION | BALANCE | SAGITTAIRE | SAGITTAIRE | BALANCE | 10 SCORPION |
| 8 MAI | GÉMEAUX | BÉLIER | BALANCE | SCORPION | BALANCE | SAGITTAIRE | SAGITTAIRE | BALANCE | 22 SCORPION |
| 9 MAI | GÉMEAUX | BÉLIER | BALANCE | SCORPION | BALANCE | SAGITTAIRE | SAGITTAIRE | BALANCE | 5 SAGITTAIRE |
| 10 MAI | GÉMEAUX | BÉLIER | BALANCE | SCORPION | BALANCE | SAGITTAIRE | SAGITTAIRE | BALANCE | 16 SAGITTAIRE |
| 11 MAI | GÉMEAUX | BÉLIER | BALANCE | SCORPION | BALANCE | SAGITTAIRE | SAGITTAIRE | BALANCE | 28 SAGITTAIRE |
| 12 MAI | GÉMEAUX | BÉLIER | BALANCE | SCORPION | BALANCE | SAGITTAIRE | SAGITTAIRE | BALANCE | 10 CAPRICORNE |
| 13 MAI | GÉMEAUX | BÉLIER | BALANCE | SCORPION | BALANCE | SAGITTAIRE | SAGITTAIRE | BALANCE | 22 CAPRICORNE |
| 14 MAI | GÉMEAUX | BÉLIER | BALANCE | SCORPION | BALANCE | SAGITTAIRE | SAGITTAIRE | BALANCE | 4 VERSEAU |
| 15 MAI | GÉMEAUX | BÉLIER | BALANCE | SCORPION | BALANCE | SAGITTAIRE | SAGITTAIRE | BALANCE | 16 VERSEAU |
| 16 MAI | GÉMEAUX | BÉLIER | BALANCE | SCORPION | BALANCE | SAGITTAIRE | SAGITTAIRE | BALANCE | 28 VERSEAU |
| 17 MAI | GÉMEAUX | BÉLIER | BALANCE | SCORPION | BALANCE | SAGITTAIRE | SAGITTAIRE | BALANCE | 11 POISSONS |
| 18 MAI | GÉMEAUX | BÉLIER | BALANCE | SCORPION | BALANCE | SAGITTAIRE | SAGITTAIRE | BALANCE | 24 POISSONS |
| 19 MAI | GÉMEAUX | BÉLIER | BALANCE | SCORPION | BALANCE | SAGITTAIRE | SAGITTAIRE | BALANCE | 8 BÉLIER |
| 20 MAI | GÉMEAUX | BÉLIER | BALANCE | SCORPION | BALANCE | SAGITTAIRE | SAGITTAIRE | BALANCE | 22 BÉLIER |
| 21 MAI | GÉMEAUX | BÉLIER | BALANCE | SCORPION | BALANCE | SAGITTAIRE | SAGITTAIRE | BALANCE | 6 TAUREAU |

LE SOLEIL ENTRE DANS LE SIGNE DU TAUREAU LE 20 AVRIL 1982 A 10 h 00
LE SOLEIL QUITTE LE SIGNE DU TAUREAU LE 21 MAI A 9 h 10
* LES CHIFFRES INDIQUENT LES DEGRÉS

| 1983 | MERCURE | VÉNUS | MARS | JUPITER | SATURNE | URANUS | NEPTUNE | PLUTON | LUNE* |
|---|---|---|---|---|---|---|---|---|---|
| 20 AVRIL | TAUREAU | GÉMEAUX | TAUREAU | SAGITTAIRE | SCORPION | SAGITTAIRE | SAGITTAIRE | BALANCE | 1 LION |
| 21 AVRIL | TAUREAU | GÉMEAUX | TAUREAU | SAGITTAIRE | SCORPION | SAGITTAIRE | SAGITTAIRE | BALANCE | 15 LION |
| 22 AVRIL | TAUREAU | GÉMEAUX | TAUREAU | SAGITTAIRE | SCORPION | SAGITTAIRE | SAGITTAIRE | BALANCE | 0 VIERGE |
| 23 AVRIL | TAUREAU | GÉMEAUX | TAUREAU | SAGITTAIRE | SCORPION | SAGITTAIRE | SAGITTAIRE | BALANCE | 14 VIERGE |
| 24 AVRIL | TAUREAU | GÉMEAUX | TAUREAU | SAGITTAIRE | SCORPION | SAGITTAIRE | SAGITTAIRE | BALANCE | 28 VIERGE |
| 25 AVRIL | TAUREAU | GÉMEAUX | TAUREAU | SAGITTAIRE | SCORPION | SAGITTAIRE | SAGITTAIRE | BALANCE | 12 BALANCE |
| 26 AVRIL | TAUREAU | GÉMEAUX | TAUREAU | SAGITTAIRE | SCORPION | SAGITTAIRE | SAGITTAIRE | BALANCE | 26 BALANCE |
| 27 AVRIL | TAUREAU | GÉMEAUX | TAUREAU | SAGITTAIRE | SCORPION | SAGITTAIRE | SAGITTAIRE | BALANCE | 9 SCORPION |
| 28 AVRIL | TAUREAU | GÉMEAUX | TAUREAU | SAGITTAIRE | SCORPION | SAGITTAIRE | SAGITTAIRE | BALANCE | 22 SCORPION |
| 29 AVRIL | TAUREAU | GÉMEAUX | TAUREAU | SAGITTAIRE | SCORPION | SAGITTAIRE | SAGITTAIRE | BALANCE | 5 SAGITTAIRE |
| 30 AVRIL | TAUREAU | GÉMEAUX | TAUREAU | SAGITTAIRE | SCORPION | SAGITTAIRE | SAGITTAIRE | BALANCE | 18 SAGITTAIRE |
| 1 MAI | TAUREAU | GÉMEAUX | TAUREAU | SAGITTAIRE | SCORPION | SAGITTAIRE | SAGITTAIRE | BALANCE | 0 CAPRICORNE |
| 2 MAI | TAUREAU | GÉMEAUX | TAUREAU | SAGITTAIRE | SCORPION | SAGITTAIRE | SAGITTAIRE | BALANCE | 12 CAPRICORNE |
| 3 MAI | TAUREAU | GÉMEAUX | TAUREAU | SAGITTAIRE | SCORPION | SAGITTAIRE | SAGITTAIRE | BALANCE | 24 CAPRICORNE |
| 4 MAI | TAUREAU | GÉMEAUX | TAUREAU | SAGITTAIRE | SCORPION | SAGITTAIRE | SAGITTAIRE | BALANCE | 6 VERSEAU |
| 5 MAI | TAUREAU | GÉMEAUX | TAUREAU | SAGITTAIRE | SCORPION | SAGITTAIRE | SAGITTAIRE | BALANCE | 18 VERSEAU |
| 6 MAI | TAUREAU | GÉMEAUX | TAUREAU | SAGITTAIRE | SCORPION | SAGITTAIRE | SAGITTAIRE | BALANCE | 0 POISSONS |
| 7 MAI | TAUREAU | GÉMEAUX | TAUREAU | SAGITTAIRE | BALANCE | SAGITTAIRE | SAGITTAIRE | BALANCE | 12 POISSONS |
| 8 MAI | TAUREAU | GÉMEAUX | TAUREAU | SAGITTAIRE | BALANCE | SAGITTAIRE | SAGITTAIRE | BALANCE | 24 POISSONS |
| 9 MAI | TAUREAU | CANCER | TAUREAU | SAGITTAIRE | BALANCE | SAGITTAIRE | SAGITTAIRE | BALANCE | 7 BÉLIER |
| 10 MAI | TAUREAU | CANCER | TAUREAU | SAGITTAIRE | BALANCE | SAGITTAIRE | SAGITTAIRE | BALANCE | 20 BÉLIER |
| 11 MAI | TAUREAU | CANCER | TAUREAU | SAGITTAIRE | BALANCE | SAGITTAIRE | SAGITTAIRE | BALANCE | 3 TAUREAU |
| 12 MAI | TAUREAU | CANCER | TAUREAU | SAGITTAIRE | BALANCE | SAGITTAIRE | SAGITTAIRE | BALANCE | 17 TAUREAU |
| 13 MAI | TAUREAU | CANCER | TAUREAU | SAGITTAIRE | BALANCE | SAGITTAIRE | SAGITTAIRE | BALANCE | 1 GÉMEAUX |
| 14 MAI | TAUREAU | CANCER | TAUREAU | SAGITTAIRE | BALANCE | SAGITTAIRE | SAGITTAIRE | BALANCE | 15 GÉMEAUX |
| 15 MAI | TAUREAU | CANCER | TAUREAU | SAGITTAIRE | BALANCE | SAGITTAIRE | SAGITTAIRE | BALANCE | 29 GÉMEAUX |
| 16 MAI | TAUREAU | CANCER | TAUREAU | SAGITTAIRE | BALANCE | SAGITTAIRE | SAGITTAIRE | BALANCE | 14 CANCER |
| 17 MAI | TAUREAU | CANCER | GÉMEAUX | SAGITTAIRE | BALANCE | SAGITTAIRE | SAGITTAIRE | BALANCE | 28 CANCER |
| 18 MAI | TAUREAU | CANCER | GÉMEAUX | SAGITTAIRE | BALANCE | SAGITTAIRE | SAGITTAIRE | BALANCE | 12 LION |
| 19 MAI | TAUREAU | CANCER | GÉMEAUX | SAGITTAIRE | BALANCE | SAGITTAIRE | SAGITTAIRE | BALANCE | 26 LION |
| 20 MAI | TAUREAU | CANCER | GÉMEAUX | SAGITTAIRE | BALANCE | SAGITTAIRE | SAGITTAIRE | BALANCE | 10 VIERGE |
| 21 MAI | TAUREAU | CANCER | GÉMEAUX | SAGITTAIRE | BALANCE | SAGITTAIRE | SAGITTAIRE | BALANCE | 24 VIERGE |

LE SOLEIL ENTRE DANS LE SIGNE DU TAUREAU LE 20 AVRIL 1983 A 15 h 40
LE SOLEIL QUITTE LE SIGNE DU TAUREAU LE 21 MAI A 15 h 20
* LES CHIFFRES INDIQUENT LES DEGRÉS

# DÉCOUVREZ DANS QUEL SIGNE SE TROUVAIENT LES PLANÈTES À VOTRE NAISSANCE

| 1984 | MERCURE | VÉNUS | MARS | JUPITER | SATURNE | URANUS | NEPTUNE | PLUTON | LUNE* |
|---|---|---|---|---|---|---|---|---|---|
| 19 AVRIL | TAUREAU | BÉLIER | SCORPION | CAPRICORNE | SCORPION | SAGITTAIRE | CAPRICORNE | SCORPION | 18 SAGITTAIRE |
| 20 AVRIL | TAUREAU | BÉLIER | SCORPION | CAPRICORNE | SCORPION | SAGITTAIRE | CAPRICORNE | SCORPION | 1 CAPRICORNE |
| 21 AVRIL | TAUREAU | BÉLIER | SCORPION | CAPRICORNE | SCORPION | SAGITTAIRE | CAPRICORNE | SCORPION | 14 CAPRICORNE |
| 22 AVRIL | TAUREAU | BÉLIER | SCORPION | CAPRICORNE | SCORPION | SAGITTAIRE | CAPRICORNE | SCORPION | 26 CAPRICORNE |
| 23 AVRIL | TAUREAU | BÉLIER | SCORPION | CAPRICORNE | SCORPION | SAGITTAIRE | CAPRICORNE | SCORPION | 9 VERSEAU |
| 24 AVRIL | TAUREAU | BÉLIER | SCORPION | CAPRICORNE | SCORPION | SAGITTAIRE | CAPRICORNE | SCORPION | 21 VERSEAU |
| 25 AVRIL | BÉLIER | BÉLIER | SCORPION | CAPRICORNE | SCORPION | SAGITTAIRE | CAPRICORNE | SCORPION | 2 POISSONS |
| 26 AVRIL | BÉLIER | BÉLIER | SCORPION | CAPRICORNE | SCORPION | SAGITTAIRE | CAPRICORNE | SCORPION | 14 POISSONS |
| 27 AVRIL | BÉLIER | BÉLIER | SCORPION | CAPRICORNE | SCORPION | SAGITTAIRE | CAPRICORNE | SCORPION | 26 POISSONS |
| 28 AVRIL | BÉLIER | BÉLIER | SCORPION | CAPRICORNE | SCORPION | SAGITTAIRE | CAPRICORNE | SCORPION | 8 BÉLIER |
| 29 AVRIL | BÉLIER | BÉLIER | SCORPION | CAPRICORNE | SCORPION | SAGITTAIRE | CAPRICORNE | SCORPION | 20 BÉLIER |
| 30 AVRIL | BÉLIER | BÉLIER | SCORPION | CAPRICORNE | SCORPION | SAGITTAIRE | CAPRICORNE | SCORPION | 2 TAUREAU |
| 1 MAI | BÉLIER | BÉLIER | SCORPION | CAPRICORNE | SCORPION | SAGITTAIRE | CAPRICORNE | SCORPION | 15 TAUREAU |
| 2 MAI | BÉLIER | TAUREAU | SCORPION | CAPRICORNE | SCORPION | SAGITTAIRE | CAPRICORNE | SCORPION | 28 TAUREAU |
| 3 MAI | BÉLIER | TAUREAU | SCORPION | CAPRICORNE | SCORPION | SAGITTAIRE | CAPRICORNE | SCORPION | 10 GÉMEAUX |
| 4 MAI | BÉLIER | TAUREAU | SCORPION | CAPRICORNE | SCORPION | SAGITTAIRE | CAPRICORNE | SCORPION | 23 GÉMEAUX |
| 5 MAI | BÉLIER | TAUREAU | SCORPION | CAPRICORNE | SCORPION | SAGITTAIRE | CAPRICORNE | SCORPION | 7 CANCER |
| 6 MAI | BÉLIER | TAUREAU | SCORPION | CAPRICORNE | SCORPION | SAGITTAIRE | CAPRICORNE | SCORPION | 20 CANCER |
| 7 MAI | BÉLIER | TAUREAU | SCORPION | CAPRICORNE | SCORPION | SAGITTAIRE | CAPRICORNE | SCORPION | 4 LION |
| 8 MAI | BÉLIER | TAUREAU | SCORPION | CAPRICORNE | SCORPION | SAGITTAIRE | CAPRICORNE | SCORPION | 18 LION |
| 9 MAI | BÉLIER | TAUREAU | SCORPION | CAPRICORNE | SCORPION | SAGITTAIRE | CAPRICORNE | SCORPION | 2 VIERGE |
| 10 MAI | BÉLIER | TAUREAU | SCORPION | CAPRICORNE | SCORPION | SAGITTAIRE | CAPRICORNE | SCORPION | 16 VIERGE |
| 11 MAI | BÉLIER | TAUREAU | SCORPION | CAPRICORNE | SCORPION | SAGITTAIRE | CAPRICORNE | SCORPION | 1 BALANCE |
| 12 MAI | BÉLIER | TAUREAU | SCORPION | CAPRICORNE | SCORPION | SAGITTAIRE | CAPRICORNE | SCORPION | 16 BALANCE |
| 13 MAI | BÉLIER | TAUREAU | SCORPION | CAPRICORNE | SCORPION | SAGITTAIRE | CAPRICORNE | SCORPION | 0 SCORPION |
| 14 MAI | BÉLIER | TAUREAU | SCORPION | CAPRICORNE | SCORPION | SAGITTAIRE | CAPRICORNE | SCORPION | 14 SCORPION |
| 15 MAI | BÉLIER | TAUREAU | SCORPION | CAPRICORNE | SCORPION | SAGITTAIRE | CAPRICORNE | SCORPION | 29 SCORPION |
| 16 MAI | TAUREAU | TAUREAU | SCORPION | CAPRICORNE | SCORPION | SAGITTAIRE | CAPRICORNE | SCORPION | 12 SAGITTAIRE |
| 17 MAI | TAUREAU | TAUREAU | SCORPION | CAPRICORNE | SCORPION | SAGITTAIRE | CAPRICORNE | SCORPION | 26 SAGITTAIRE |
| 18 MAI | TAUREAU | TAUREAU | SCORPION | CAPRICORNE | SCORPION | SAGITTAIRE | CAPRICORNE | BALANCE | 9 CAPRICORNE |
| 19 MAI | TAUREAU | TAUREAU | SCORPION | CAPRICORNE | SCORPION | SAGITTAIRE | CAPRICORNE | BALANCE | 22 CAPRICORNE |
| 20 MAI | TAUREAU | TAUREAU | SCORPION | CAPRICORNE | SCORPION | SAGITTAIRE | CAPRICORNE | BALANCE | 4 VERSEAU |

LE SOLEIL ENTRE DANS LE SIGNE DU TAUREAU LE 19 AVRIL 1984 A 21 h 30
LE SOLEIL QUITTE LE SIGNE DU TAUREAU LE 20 MAI A 21 h 10
\* LES CHIFFRES INDIQUENT LES DEGRÉS

| 1985 | MERCURE | VÉNUS | MARS | JUPITER | SATURNE | URANUS | NEPTUNE | PLUTON | LUNE* |
|---|---|---|---|---|---|---|---|---|---|
| 20 AVRIL | BÉLIER | BÉLIER | TAUREAU | VERSEAU | SCORPION | SAGITTAIRE | CAPRICORNE | SCORPION | 3 TAUREAU |
| 21 AVRIL | BÉLIER | BÉLIER | TAUREAU | VERSEAU | SCORPION | SAGITTAIRE | CAPRICORNE | SCORPION | 15 TAUREAU |
| 22 AVRIL | BÉLIER | BÉLIER | TAUREAU | VERSEAU | SCORPION | SAGITTAIRE | CAPRICORNE | SCORPION | 27 TAUREAU |
| 23 AVRIL | BÉLIER | BÉLIER | TAUREAU | VERSEAU | SCORPION | SAGITTAIRE | CAPRICORNE | SCORPION | 9 GÉMEAUX |
| 24 AVRIL | BÉLIER | BÉLIER | TAUREAU | VERSEAU | SCORPION | SAGITTAIRE | CAPRICORNE | SCORPION | 21 GÉMEAUX |
| 25 AVRIL | BÉLIER | BÉLIER | TAUREAU | VERSEAU | SCORPION | SAGITTAIRE | CAPRICORNE | SCORPION | 3 CANCER |
| 26 AVRIL | BÉLIER | BÉLIER | GÉMEAUX | VERSEAU | SCORPION | SAGITTAIRE | CAPRICORNE | SCORPION | 16 CANCER |
| 27 AVRIL | BÉLIER | BÉLIER | GÉMEAUX | VERSEAU | SCORPION | SAGITTAIRE | CAPRICORNE | SCORPION | 28 CANCER |
| 28 AVRIL | BÉLIER | BÉLIER | GÉMEAUX | VERSEAU | SCORPION | SAGITTAIRE | CAPRICORNE | SCORPION | 12 LION |
| 29 AVRIL | BÉLIER | BÉLIER | GÉMEAUX | VERSEAU | SCORPION | SAGITTAIRE | CAPRICORNE | SCORPION | 25 LION |
| 30 AVRIL | BÉLIER | BÉLIER | GÉMEAUX | VERSEAU | SCORPION | SAGITTAIRE | CAPRICORNE | SCORPION | 9 VIERGE |
| 1 MAI | BÉLIER | BÉLIER | GÉMEAUX | VERSEAU | SCORPION | SAGITTAIRE | CAPRICORNE | SCORPION | 24 VIERGE |
| 2 MAI | BÉLIER | BÉLIER | GÉMEAUX | VERSEAU | SCORPION | SAGITTAIRE | CAPRICORNE | SCORPION | 9 BALANCE |
| 3 MAI | BÉLIER | BÉLIER | GÉMEAUX | VERSEAU | SCORPION | SAGITTAIRE | CAPRICORNE | SCORPION | 24 BALANCE |
| 4 MAI | BÉLIER | BÉLIER | GÉMEAUX | VERSEAU | SCORPION | SAGITTAIRE | CAPRICORNE | SCORPION | 9 SCORPION |
| 5 MAI | BÉLIER | BÉLIER | GÉMEAUX | VERSEAU | SCORPION | SAGITTAIRE | CAPRICORNE | SCORPION | 24 SCORPION |
| 6 MAI | BÉLIER | BÉLIER | GÉMEAUX | VERSEAU | SCORPION | SAGITTAIRE | CAPRICORNE | SCORPION | 9 SAGITTAIRE |
| 7 MAI | BÉLIER | BÉLIER | GÉMEAUX | VERSEAU | SCORPION | SAGITTAIRE | CAPRICORNE | SCORPION | 24 SAGITTAIRE |
| 8 MAI | BÉLIER | BÉLIER | GÉMEAUX | VERSEAU | SCORPION | SAGITTAIRE | CAPRICORNE | SCORPION | 8 CAPRICORNE |
| 9 MAI | BÉLIER | BÉLIER | GÉMEAUX | VERSEAU | SCORPION | SAGITTAIRE | CAPRICORNE | SCORPION | 22 CAPRICORNE |
| 10 MAI | BÉLIER | BÉLIER | GÉMEAUX | VERSEAU | SCORPION | SAGITTAIRE | CAPRICORNE | SCORPION | 5 VERSEAU |
| 11 MAI | BÉLIER | BÉLIER | GÉMEAUX | VERSEAU | SCORPION | SAGITTAIRE | CAPRICORNE | SCORPION | 18 VERSEAU |
| 12 MAI | BÉLIER | BÉLIER | GÉMEAUX | VERSEAU | SCORPION | SAGITTAIRE | CAPRICORNE | SCORPION | 0 POISSONS |
| 13 MAI | BÉLIER | BÉLIER | GÉMEAUX | VERSEAU | SCORPION | SAGITTAIRE | CAPRICORNE | SCORPION | 12 POISSONS |
| 14 MAI | TAUREAU | BÉLIER | GÉMEAUX | VERSEAU | SCORPION | SAGITTAIRE | CAPRICORNE | SCORPION | 24 POISSONS |
| 15 MAI | TAUREAU | BÉLIER | GÉMEAUX | VERSEAU | SCORPION | SAGITTAIRE | CAPRICORNE | SCORPION | 6 BÉLIER |
| 16 MAI | TAUREAU | BÉLIER | GÉMEAUX | VERSEAU | SCORPION | SAGITTAIRE | CAPRICORNE | SCORPION | 18 BÉLIER |
| 17 MAI | TAUREAU | BÉLIER | GÉMEAUX | VERSEAU | SCORPION | SAGITTAIRE | CAPRICORNE | SCORPION | 0 TAUREAU |
| 18 MAI | TAUREAU | BÉLIER | GÉMEAUX | VERSEAU | SCORPION | SAGITTAIRE | CAPRICORNE | SCORPION | 12 TAUREAU |
| 19 MAI | TAUREAU | BÉLIER | GÉMEAUX | VERSEAU | SCORPION | SAGITTAIRE | CAPRICORNE | SCORPION | 24 TAUREAU |
| 20 MAI | TAUREAU | BÉLIER | GÉMEAUX | VERSEAU | SCORPION | SAGITTAIRE | CAPRICORNE | SCORPION | 6 GÉMEAUX |
| 21 MAI | TAUREAU | BÉLIER | GÉMEAUX | VERSEAU | SCORPION | SAGITTAIRE | CAPRICORNE | SCORPION | 18 GÉMEAUX |

LE SOLEIL ENTRE DANS LE SIGNE DU TAUREAU LE 20 AVRIL 1985 A 3 h 20
LE SOLEIL QUITTE LE SIGNE DU TAUREAU LE 21 MAI A 2 h 40
\* LES CHIFFRES INDIQUENT LES DEGRÉS

# DÉCOUVREZ DANS QUEL SIGNE SE TROUVAIENT LES PLANÈTES À VOTRE NAISSANCE

| 1986 | MERCURE | VÉNUS | MARS | JUPITER | SATURNE | URANUS | NEPTUNE | PLUTON | LUNE* |
|---|---|---|---|---|---|---|---|---|---|
| 20 AVRIL | BÉLIER | TAUREAU | CAPRICORNE | POISSONS | SAGITTAIRE | SAGITTAIRE | CAPRICORNE | SCORPION | 6 VIERGE |
| 21 AVRIL | BÉLIER | TAUREAU | CAPRICORNE | POISSONS | SAGITTAIRE | SAGITTAIRE | CAPRICORNE | SCORPION | 20 VIERGE |
| 22 AVRIL | BÉLIER | TAUREAU | CAPRICORNE | POISSONS | SAGITTAIRE | SAGITTAIRE | CAPRICORNE | SCORPION | 4 BALANCE |
| 23 AVRIL | BÉLIER | TAUREAU | CAPRICORNE | POISSONS | SAGITTAIRE | SAGITTAIRE | CAPRICORNE | SCORPION | 18 BALANCE |
| 24 AVRIL | BÉLIER | TAUREAU | CAPRICORNE | POISSONS | SAGITTAIRE | SAGITTAIRE | CAPRICORNE | SCORPION | 3 SCORPION |
| 25 AVRIL | BÉLIER | TAUREAU | CAPRICORNE | POISSONS | SAGITTAIRE | SAGITTAIRE | CAPRICORNE | SCORPION | 18 SCORPION |
| 26 AVRIL | BÉLIER | TAUREAU | CAPRICORNE | POISSONS | SAGITTAIRE | SAGITTAIRE | CAPRICORNE | SCORPION | 3 SAGITTAIRE |
| 27 AVRIL | BÉLIER | GÉMEAUX | CAPRICORNE | POISSONS | SAGITTAIRE | SAGITTAIRE | CAPRICORNE | SCORPION | 18 SAGITTAIRE |
| 28 AVRIL | BÉLIER | GÉMEAUX | CAPRICORNE | POISSONS | SAGITTAIRE | SAGITTAIRE | CAPRICORNE | SCORPION | 3 CAPRICORNE |
| 29 AVRIL | BÉLIER | GÉMEAUX | CAPRICORNE | POISSONS | SAGITTAIRE | SAGITTAIRE | CAPRICORNE | SCORPION | 17 CAPRICORNE |
| 30 AVRIL | BÉLIER | GÉMEAUX | CAPRICORNE | POISSONS | SAGITTAIRE | SAGITTAIRE | CAPRICORNE | SCORPION | 1 VERSEAU |
| 1 MAI | BÉLIER | GÉMEAUX | CAPRICORNE | POISSONS | SAGITTAIRE | SAGITTAIRE | CAPRICORNE | SCORPION | 15 VERSEAU |
| 2 MAI | BÉLIER | GÉMEAUX | CAPRICORNE | POISSONS | SAGITTAIRE | SAGITTAIRE | CAPRICORNE | SCORPION | 28 VERSEAU |
| 3 MAI | BÉLIER | GÉMEAUX | CAPRICORNE | POISSONS | SAGITTAIRE | SAGITTAIRE | CAPRICORNE | SCORPION | 11 POISSONS |
| 4 MAI | BÉLIER | GÉMEAUX | CAPRICORNE | POISSONS | SAGITTAIRE | SAGITTAIRE | CAPRICORNE | SCORPION | 24 POISSONS |
| 5 MAI | BÉLIER | GÉMEAUX | CAPRICORNE | POISSONS | SAGITTAIRE | SAGITTAIRE | CAPRICORNE | SCORPION | 6 BÉLIER |
| 6 MAI | BÉLIER | GÉMEAUX | CAPRICORNE | POISSONS | SAGITTAIRE | SAGITTAIRE | CAPRICORNE | SCORPION | 19 BÉLIER |
| 7 MAI | BÉLIER | GÉMEAUX | CAPRICORNE | POISSONS | SAGITTAIRE | SAGITTAIRE | CAPRICORNE | SCORPION | 1 TAUREAU |
| 8 MAI | TAUREAU | GÉMEAUX | CAPRICORNE | POISSONS | SAGITTAIRE | SAGITTAIRE | CAPRICORNE | SCORPION | 13 TAUREAU |
| 9 MAI | TAUREAU | GÉMEAUX | CAPRICORNE | POISSONS | SAGITTAIRE | SAGITTAIRE | CAPRICORNE | SCORPION | 25 TAUREAU |
| 10 MAI | TAUREAU | GÉMEAUX | CAPRICORNE | POISSONS | SAGITTAIRE | SAGITTAIRE | CAPRICORNE | SCORPION | 6 GÉMEAUX |
| 11 MAI | TAUREAU | GÉMEAUX | CAPRICORNE | POISSONS | SAGITTAIRE | SAGITTAIRE | CAPRICORNE | SCORPION | 18 GÉMEAUX |
| 12 MAI | TAUREAU | GÉMEAUX | CAPRICORNE | POISSONS | SAGITTAIRE | SAGITTAIRE | CAPRICORNE | SCORPION | 0 CANCER |
| 13 MAI | TAUREAU | GÉMEAUX | CAPRICORNE | POISSONS | SAGITTAIRE | SAGITTAIRE | CAPRICORNE | SCORPION | 12 CANCER |
| 14 MAI | TAUREAU | GÉMEAUX | CAPRICORNE | POISSONS | SAGITTAIRE | SAGITTAIRE | CAPRICORNE | SCORPION | 24 CANCER |
| 15 MAI | TAUREAU | GÉMEAUX | CAPRICORNE | POISSONS | SAGITTAIRE | SAGITTAIRE | CAPRICORNE | SCORPION | 6 LION |
| 16 MAI | TAUREAU | GÉMEAUX | CAPRICORNE | POISSONS | SAGITTAIRE | SAGITTAIRE | CAPRICORNE | SCORPION | 19 LION |
| 17 MAI | TAUREAU | GÉMEAUX | CAPRICORNE | POISSONS | SAGITTAIRE | SAGITTAIRE | CAPRICORNE | SCORPION | 1 VIERGE |
| 18 MAI | TAUREAU | GÉMEAUX | CAPRICORNE | POISSONS | SAGITTAIRE | SAGITTAIRE | CAPRICORNE | SCORPION | 15 VIERGE |
| 19 MAI | TAUREAU | GÉMEAUX | CAPRICORNE | POISSONS | SAGITTAIRE | SAGITTAIRE | CAPRICORNE | SCORPION | 28 VIERGE |
| 20 MAI | TAUREAU | GÉMEAUX | CAPRICORNE | POISSONS | SAGITTAIRE | SAGITTAIRE | CAPRICORNE | SCORPION | 12 BALANCE |
| 21 MAI | TAUREAU | GÉMEAUX | CAPRICORNE | POISSONS | SAGITTAIRE | SAGITTAIRE | CAPRICORNE | SCORPION | 27 BALANCE |

LE SOLEIL ENTRE DANS LE SIGNE DU TAUREAU LE 20 AVRIL 1986 A 9 h 00
QUITTE LE SIGNE DU LE 21 MAI A 8 h 20
* LES CHIFFRES INDIQUENT LES DEGRÉS

| 1987 | MERCURE | VÉNUS | MARS | JUPITER | SATURNE | URANUS | NEPTUNE | PLUTON | LUNE* |
|---|---|---|---|---|---|---|---|---|---|
| 20 AVRIL | BÉLIER | POISSONS | GÉMEAUX | BÉLIER | SAGITTAIRE | SAGITTAIRE | CAPRICORNE | SCORPION | 24 CAPRICORNE |
| 21 AVRIL | BÉLIER | POISSONS | GÉMEAUX | BÉLIER | SAGITTAIRE | SAGITTAIRE | CAPRICORNE | SCORPION | 8 VERSEAU |
| 22 AVRIL | BÉLIER | POISSONS | GÉMEAUX | BÉLIER | SAGITTAIRE | SAGITTAIRE | CAPRICORNE | SCORPION | 22 VERSEAU |
| 23 AVRIL | BÉLIER | BÉLIER | GÉMEAUX | BÉLIER | SAGITTAIRE | SAGITTAIRE | CAPRICORNE | SCORPION | 6 POISSONS |
| 24 AVRIL | BÉLIER | BÉLIER | GÉMEAUX | BÉLIER | SAGITTAIRE | SAGITTAIRE | CAPRICORNE | SCORPION | 20 POISSONS |
| 25 AVRIL | BÉLIER | BÉLIER | GÉMEAUX | BÉLIER | SAGITTAIRE | SAGITTAIRE | CAPRICORNE | SCORPION | 3 BÉLIER |
| 26 AVRIL | BÉLIER | BÉLIER | GÉMEAUX | BÉLIER | SAGITTAIRE | SAGITTAIRE | CAPRICORNE | SCORPION | 17 BÉLIER |
| 27 AVRIL | BÉLIER | BÉLIER | GÉMEAUX | BÉLIER | SAGITTAIRE | SAGITTAIRE | CAPRICORNE | SCORPION | 0 TAUREAU |
| 28 AVRIL | BÉLIER | BÉLIER | GÉMEAUX | BÉLIER | SAGITTAIRE | SAGITTAIRE | CAPRICORNE | SCORPION | 12 TAUREAU |
| 29 AVRIL | BÉLIER | BÉLIER | GÉMEAUX | BÉLIER | SAGITTAIRE | SAGITTAIRE | CAPRICORNE | SCORPION | 25 TAUREAU |
| 30 AVRIL | TAUREAU | BÉLIER | GÉMEAUX | BÉLIER | SAGITTAIRE | SAGITTAIRE | CAPRICORNE | SCORPION | 8 GÉMEAUX |
| 1 MAI | TAUREAU | BÉLIER | GÉMEAUX | BÉLIER | SAGITTAIRE | SAGITTAIRE | CAPRICORNE | SCORPION | 20 GÉMEAUX |
| 2 MAI | TAUREAU | BÉLIER | GÉMEAUX | BÉLIER | SAGITTAIRE | SAGITTAIRE | CAPRICORNE | SCORPION | 2 CANCER |
| 3 MAI | TAUREAU | BÉLIER | GÉMEAUX | BÉLIER | SAGITTAIRE | SAGITTAIRE | CAPRICORNE | SCORPION | 14 CANCER |
| 4 MAI | TAUREAU | BÉLIER | GÉMEAUX | BÉLIER | SAGITTAIRE | SAGITTAIRE | CAPRICORNE | SCORPION | 26 CANCER |
| 5 MAI | TAUREAU | BÉLIER | GÉMEAUX | BÉLIER | SAGITTAIRE | SAGITTAIRE | CAPRICORNE | SCORPION | 8 LION |
| 6 MAI | TAUREAU | BÉLIER | GÉMEAUX | BÉLIER | SAGITTAIRE | SAGITTAIRE | CAPRICORNE | SCORPION | 20 LION |
| 7 MAI | TAUREAU | BÉLIER | GÉMEAUX | BÉLIER | SAGITTAIRE | SAGITTAIRE | CAPRICORNE | SCORPION | 2 VIERGE |
| 8 MAI | TAUREAU | BÉLIER | GÉMEAUX | BÉLIER | SAGITTAIRE | SAGITTAIRE | CAPRICORNE | SCORPION | 14 VIERGE |
| 9 MAI | TAUREAU | BÉLIER | GÉMEAUX | BÉLIER | SAGITTAIRE | SAGITTAIRE | CAPRICORNE | SCORPION | 27 VIERGE |
| 10 MAI | TAUREAU | BÉLIER | GÉMEAUX | BÉLIER | SAGITTAIRE | SAGITTAIRE | CAPRICORNE | SCORPION | 10 BALANCE |
| 11 MAI | TAUREAU | BÉLIER | GÉMEAUX | BÉLIER | SAGITTAIRE | SAGITTAIRE | CAPRICORNE | SCORPION | 23 BALANCE |
| 12 MAI | TAUREAU | BÉLIER | GÉMEAUX | BÉLIER | SAGITTAIRE | SAGITTAIRE | CAPRICORNE | SCORPION | 7 SCORPION |
| 13 MAI | TAUREAU | BÉLIER | GÉMEAUX | BÉLIER | SAGITTAIRE | SAGITTAIRE | CAPRICORNE | SCORPION | 21 SCORPION |
| 14 MAI | GÉMEAUX | BÉLIER | GÉMEAUX | BÉLIER | SAGITTAIRE | SAGITTAIRE | CAPRICORNE | SCORPION | 6 SAGITTAIRE |
| 15 MAI | GÉMEAUX | BÉLIER | GÉMEAUX | BÉLIER | SAGITTAIRE | SAGITTAIRE | CAPRICORNE | SCORPION | 21 SAGITTAIRE |
| 16 MAI | GÉMEAUX | BÉLIER | GÉMEAUX | BÉLIER | SAGITTAIRE | SAGITTAIRE | CAPRICORNE | SCORPION | 5 CAPRICORNE |
| 17 MAI | GÉMEAUX | TAUREAU | GÉMEAUX | BÉLIER | SAGITTAIRE | SAGITTAIRE | CAPRICORNE | SCORPION | 20 CAPRICORNE |
| 18 MAI | GÉMEAUX | TAUREAU | GÉMEAUX | BÉLIER | SAGITTAIRE | SAGITTAIRE | CAPRICORNE | SCORPION | 5 VERSEAU |
| 19 MAI | GÉMEAUX | TAUREAU | GÉMEAUX | BÉLIER | SAGITTAIRE | SAGITTAIRE | CAPRICORNE | SCORPION | 19 VERSEAU |
| 20 MAI | GÉMEAUX | TAUREAU | GÉMEAUX | BÉLIER | SAGITTAIRE | SAGITTAIRE | CAPRICORNE | SCORPION | 3 POISSONS |
| 21 MAI | GÉMEAUX | TAUREAU | CANCER | BÉLIER | SAGITTAIRE | SAGITTAIRE | CAPRICORNE | SCORPION | 17 POISSONS |

LE SOLEIL ENTRE DANS LE SIGNE DU TAUREAU LE 20 AVRIL 1987 A 15 h 00
QUITTE LE SIGNE DU LE 21 MAI A 14 h 00
* LES CHIFFRES INDIQUENT LES DEGRÉS

# DÉCOUVREZ DANS QUEL SIGNE SE TROUVAIENT LES PLANÈTES À VOTRE NAISSANCE

| 1988 | MERCURE | VÉNUS | MARS | JUPITER | SATURNE | URANUS | NEPTUNE | PLUTON | LUNE* |
|---|---|---|---|---|---|---|---|---|---|
| 19 AVRIL | BÉLIER | GÉMEAUX | VERSEAU | TAUREAU | CAPRICORNE | CAPRICORNE | CAPRICORNE | SCORPION | 8 GÉMEAUX |
| 20 AVRIL | TAUREAU | GÉMEAUX | VERSEAU | TAUREAU | CAPRICORNE | CAPRICORNE | CAPRICORNE | SCORPION | 21 GÉMEAUX |
| 21 AVRIL | TAUREAU | GÉMEAUX | VERSEAU | TAUREAU | CAPRICORNE | CAPRICORNE | CAPRICORNE | SCORPION | 4 CANCER |
| 22 AVRIL | TAUREAU | GÉMEAUX | VERSEAU | TAUREAU | CAPRICORNE | CAPRICORNE | CAPRICORNE | SCORPION | 16 CANCER |
| 23 AVRIL | TAUREAU | GÉMEAUX | VERSEAU | TAUREAU | CAPRICORNE | CAPRICORNE | CAPRICORNE | SCORPION | 28 CANCER |
| 24 AVRIL | TAUREAU | GÉMEAUX | VERSEAU | TAUREAU | CAPRICORNE | CAPRICORNE | CAPRICORNE | SCORPION | 10 LION |
| 25 AVRIL | TAUREAU | GÉMEAUX | VERSEAU | TAUREAU | CAPRICORNE | CAPRICORNE | CAPRICORNE | SCORPION | 22 LION |
| 26 AVRIL | TAUREAU | GÉMEAUX | VERSEAU | TAUREAU | CAPRICORNE | CAPRICORNE | CAPRICORNE | SCORPION | 4 VIERGE |
| 27 AVRIL | TAUREAU | GÉMEAUX | VERSEAU | TAUREAU | CAPRICORNE | CAPRICORNE | CAPRICORNE | SCORPION | 16 VIERGE |
| 28 AVRIL | TAUREAU | GÉMEAUX | VERSEAU | TAUREAU | CAPRICORNE | CAPRICORNE | CAPRICORNE | SCORPION | 28 VIERGE |
| 29 AVRIL | TAUREAU | GÉMEAUX | VERSEAU | TAUREAU | CAPRICORNE | CAPRICORNE | CAPRICORNE | SCORPION | 10 BALANCE |
| 30 AVRIL | TAUREAU | GÉMEAUX | VERSEAU | TAUREAU | CAPRICORNE | CAPRICORNE | CAPRICORNE | SCORPION | 22 BALANCE |
| 1 MAI | TAUREAU | GÉMEAUX | VERSEAU | TAUREAU | CAPRICORNE | CAPRICORNE | CAPRICORNE | SCORPION | 5 SCORPION |
| 2 MAI | TAUREAU | GÉMEAUX | VERSEAU | TAUREAU | CAPRICORNE | CAPRICORNE | CAPRICORNE | SCORPION | 18 SCORPION |
| 3 MAI | TAUREAU | GÉMEAUX | VERSEAU | TAUREAU | CAPRICORNE | CAPRICORNE | CAPRICORNE | SCORPION | 1 SAGITTAIRE |
| 4 MAI | TAUREAU | GÉMEAUX | VERSEAU | TAUREAU | CAPRICORNE | CAPRICORNE | CAPRICORNE | SCORPION | 15 SAGITTAIRE |
| 5 MAI | GÉMEAUX | GÉMEAUX | VERSEAU | TAUREAU | CAPRICORNE | CAPRICORNE | CAPRICORNE | SCORPION | 29 SAGITTAIRE |
| 6 MAI | GÉMEAUX | GÉMEAUX | VERSEAU | TAUREAU | CAPRICORNE | CAPRICORNE | CAPRICORNE | SCORPION | 12 SCORPION |
| 7 MAI | GÉMEAUX | GÉMEAUX | VERSEAU | TAUREAU | CAPRICORNE | CAPRICORNE | CAPRICORNE | SCORPION | 26 SCORPION |
| 8 MAI | GÉMEAUX | GÉMEAUX | VERSEAU | TAUREAU | CAPRICORNE | CAPRICORNE | CAPRICORNE | SCORPION | 10 CAPRICORNE |
| 9 MAI | GÉMEAUX | GÉMEAUX | VERSEAU | TAUREAU | CAPRICORNE | CAPRICORNE | CAPRICORNE | SCORPION | 25 CAPRICORNE |
| 10 MAI | GÉMEAUX | GÉMEAUX | VERSEAU | TAUREAU | CAPRICORNE | CAPRICORNE | CAPRICORNE | SCORPION | 9 VERSEAU |
| 11 MAI | GÉMEAUX | GÉMEAUX | VERSEAU | TAUREAU | CAPRICORNE | CAPRICORNE | CAPRICORNE | SCORPION | 23 VERSEAU |
| 12 MAI | GÉMEAUX | GÉMEAUX | VERSEAU | TAUREAU | CAPRICORNE | CAPRICORNE | CAPRICORNE | SCORPION | 7 POISSONS |
| 13 MAI | GÉMEAUX | GÉMEAUX | VERSEAU | TAUREAU | CAPRICORNE | CAPRICORNE | CAPRICORNE | SCORPION | 21 POISSONS |
| 14 MAI | GÉMEAUX | GÉMEAUX | VERSEAU | TAUREAU | CAPRICORNE | CAPRICORNE | CAPRICORNE | SCORPION | 5 BÉLIER |
| 15 MAI | GÉMEAUX | GÉMEAUX | VERSEAU | TAUREAU | CAPRICORNE | CAPRICORNE | CAPRICORNE | SCORPION | 19 BÉLIER |
| 16 MAI | GÉMEAUX | GÉMEAUX | VERSEAU | TAUREAU | CAPRICORNE | CAPRICORNE | CAPRICORNE | SCORPION | 3 TAUREAU |
| 17 MAI | GÉMEAUX | GÉMEAUX | VERSEAU | TAUREAU | CAPRICORNE | CAPRICORNE | CAPRICORNE | SCORPION | 16 TAUREAU |
| 18 MAI | GÉMEAUX | CANCER | VERSEAU | TAUREAU | CAPRICORNE | CAPRICORNE | CAPRICORNE | SCORPION | 29 TAUREAU |
| 19 MAI | GÉMEAUX | CANCER | VERSEAU | TAUREAU | CAPRICORNE | CAPRICORNE | CAPRICORNE | SCORPION | 12 CANCER |
| 20 MAI | GÉMEAUX | CANCER | VERSEAU | TAUREAU | CAPRICORNE | CAPRICORNE | CAPRICORNE | SCORPION | 24 CANCER |

LE SOLEIL ENTRE DANS LE SIGNE DU TAUREAU LE 19 AVRIL 1988 A 20 h 30
QUITTE LE SIGNE DU LE 20 MAI A 19 h 50
* LES CHIFFRES INDIQUENT LES DEGRÉS

| 1989 | MERCURE | VÉNUS | MARS | JUPITER | SATURNE | URANUS | NEPTUNE | PLUTON | LUNE* |
|---|---|---|---|---|---|---|---|---|---|
| 20 AVRIL | TAUREAU | TAUREAU | GÉMEAUX | GÉMEAUX | CAPRICORNE | CAPRICORNE | CAPRICORNE | SCORPION | 23 BALANCE |
| 21 AVRIL | TAUREAU | TAUREAU | GÉMEAUX | GÉMEAUX | CAPRICORNE | CAPRICORNE | CAPRICORNE | SCORPION | 5 SCORPION |
| 22 AVRIL | TAUREAU | TAUREAU | GÉMEAUX | GÉMEAUX | CAPRICORNE | CAPRICORNE | CAPRICORNE | SCORPION | 17 SCORPION |
| 23 AVRIL | TAUREAU | TAUREAU | GÉMEAUX | GÉMEAUX | CAPRICORNE | CAPRICORNE | CAPRICORNE | SCORPION | 29 SCORPION |
| 24 AVRIL | TAUREAU | TAUREAU | GÉMEAUX | GÉMEAUX | CAPRICORNE | CAPRICORNE | CAPRICORNE | SCORPION | 12 SAGITTAIRE |
| 25 AVRIL | TAUREAU | TAUREAU | GÉMEAUX | GÉMEAUX | CAPRICORNE | CAPRICORNE | CAPRICORNE | SCORPION | 24 SAGITTAIRE |
| 26 AVRIL | TAUREAU | TAUREAU | GÉMEAUX | GÉMEAUX | CAPRICORNE | CAPRICORNE | CAPRICORNE | SCORPION | 7 CAPRICORNE |
| 27 AVRIL | TAUREAU | TAUREAU | GÉMEAUX | GÉMEAUX | CAPRICORNE | CAPRICORNE | CAPRICORNE | SCORPION | 20 CAPRICORNE |
| 28 AVRIL | TAUREAU | TAUREAU | GÉMEAUX | GÉMEAUX | CAPRICORNE | CAPRICORNE | CAPRICORNE | SCORPION | 3 VERSEAU |
| 29 AVRIL | TAUREAU | TAUREAU | CANCER | GÉMEAUX | CAPRICORNE | CAPRICORNE | CAPRICORNE | SCORPION | 17 VERSEAU |
| 30 AVRIL | GÉMEAUX | TAUREAU | CANCER | GÉMEAUX | CAPRICORNE | CAPRICORNE | CAPRICORNE | SCORPION | 1 POISSONS |
| 1 MAI | GÉMEAUX | TAUREAU | CANCER | GÉMEAUX | CAPRICORNE | CAPRICORNE | CAPRICORNE | SCORPION | 15 POISSONS |
| 2 MAI | GÉMEAUX | TAUREAU | CANCER | GÉMEAUX | CAPRICORNE | CAPRICORNE | CAPRICORNE | SCORPION | 0 BÉLIER |
| 3 MAI | GÉMEAUX | TAUREAU | CANCER | GÉMEAUX | CAPRICORNE | CAPRICORNE | CAPRICORNE | SCORPION | 15 BÉLIER |
| 4 MAI | GÉMEAUX | TAUREAU | CANCER | GÉMEAUX | CAPRICORNE | CAPRICORNE | CAPRICORNE | SCORPION | 0 TAUREAU |
| 5 MAI | GÉMEAUX | TAUREAU | CANCER | GÉMEAUX | CAPRICORNE | CAPRICORNE | CAPRICORNE | SCORPION | 15 TAUREAU |
| 6 MAI | GÉMEAUX | TAUREAU | CANCER | GÉMEAUX | CAPRICORNE | CAPRICORNE | CAPRICORNE | SCORPION | 0 GÉMEAUX |
| 7 MAI | GÉMEAUX | TAUREAU | CANCER | GÉMEAUX | CAPRICORNE | CAPRICORNE | CAPRICORNE | SCORPION | 14 GÉMEAUX |
| 8 MAI | GÉMEAUX | TAUREAU | CANCER | GÉMEAUX | CAPRICORNE | CAPRICORNE | CAPRICORNE | SCORPION | 28 GÉMEAUX |
| 9 MAI | GÉMEAUX | TAUREAU | CANCER | GÉMEAUX | CAPRICORNE | CAPRICORNE | CAPRICORNE | SCORPION | 12 CANCER |
| 10 MAI | GÉMEAUX | TAUREAU | CANCER | GÉMEAUX | CAPRICORNE | CAPRICORNE | CAPRICORNE | SCORPION | 25 CANCER |
| 11 MAI | GÉMEAUX | GÉMEAUX | CANCER | GÉMEAUX | CAPRICORNE | CAPRICORNE | CAPRICORNE | SCORPION | 8 LION |
| 12 MAI | GÉMEAUX | GÉMEAUX | CANCER | GÉMEAUX | CAPRICORNE | CAPRICORNE | CAPRICORNE | SCORPION | 20 LION |
| 13 MAI | GÉMEAUX | GÉMEAUX | CANCER | GÉMEAUX | CAPRICORNE | CAPRICORNE | CAPRICORNE | SCORPION | 2 VIERGE |
| 14 MAI | GÉMEAUX | GÉMEAUX | CANCER | GÉMEAUX | CAPRICORNE | CAPRICORNE | CAPRICORNE | SCORPION | 14 VIERGE |
| 15 MAI | GÉMEAUX | GÉMEAUX | CANCER | GÉMEAUX | CAPRICORNE | CAPRICORNE | CAPRICORNE | SCORPION | 26 VIERGE |
| 16 MAI | GÉMEAUX | GÉMEAUX | CANCER | GÉMEAUX | CAPRICORNE | CAPRICORNE | CAPRICORNE | SCORPION | 8 BALANCE |
| 17 MAI | GÉMEAUX | GÉMEAUX | CANCER | GÉMEAUX | CAPRICORNE | CAPRICORNE | CAPRICORNE | SCORPION | 20 BALANCE |
| 18 MAI | GÉMEAUX | GÉMEAUX | CANCER | GÉMEAUX | CAPRICORNE | CAPRICORNE | CAPRICORNE | SCORPION | 2 SCORPION |
| 19 MAI | GÉMEAUX | GÉMEAUX | CANCER | GÉMEAUX | CAPRICORNE | CAPRICORNE | CAPRICORNE | SCORPION | 14 SCORPION |
| 20 MAI | GÉMEAUX | GÉMEAUX | CANCER | GÉMEAUX | CAPRICORNE | CAPRICORNE | CAPRICORNE | SCORPION | 26 SCORPION |
| 21 MAI | GÉMEAUX | GÉMEAUX | CANCER | GÉMEAUX | CAPRICORNE | CAPRICORNE | CAPRICORNE | SCORPION | 9 SAGITTAIRE |

LE SOLEIL ENTRE DANS LE SIGNE DU TAUREAU LE 20 AVRIL 1989 A 2 h 30
QUITTE LE SIGNE DU LE 21 MAI A 1 h 50
* LES CHIFFRES INDIQUENT LES DEGRÉS

## DÉCOUVREZ DANS QUEL SIGNE SE TROUVAIENT LES PLANÈTES A VOTRE NAISSANCE

| 1990 | MERCURE | VENUS | MARS | JUPITER | SATURNE | URANUS | NEPTUNE | PLUTON | LUNE* |
|---|---|---|---|---|---|---|---|---|---|
| 20 AVRIL | TAUREAU | POISSONS | VERSEAU | CANCER | CAPRICORNE | CAPRICORNE | CAPRICORNE | SCORPION | 26 VERSEAU |
| 21 AVRIL | TAUREAU | POISSONS | POISSONS | CANCER | CAPRICORNE | CAPRICORNE | CAPRICORNE | SCORPION | 10 POISSONS |
| 22 AVRIL | TAUREAU | POISSONS | POISSONS | CANCER | CAPRICORNE | CAPRICORNE | CAPRICORNE | SCORPION | 24 POISSONS |
| 23 AVRIL | TAUREAU | POISSONS | POISSONS | CANCER | CAPRICORNE | CAPRICORNE | CAPRICORNE | SCORPION | 9 BELIER |
| 24 AVRIL | TAUREAU | POISSONS | POISSONS | CANCER | CAPRICORNE | CAPRICORNE | CAPRICORNE | SCORPION | 24 BELIER |
| 25 AVRIL | TAUREAU | POISSONS | POISSONS | CANCER | CAPRICORNE | CAPRICORNE | CAPRICORNE | SCORPION | 9 TAUREAU |
| 26 AVRIL | TAUREAU | POISSONS | POISSONS | CANCER | CAPRICORNE | CAPRICORNE | CAPRICORNE | SCORPION | 24 TAUREAU |
| 27 AVRIL | TAUREAU | POISSONS | POISSONS | CANCER | CAPRICORNE | CAPRICORNE | CAPRICORNE | SCORPION | 9 GEMEAUX |
| 28 AVRIL | TAUREAU | POISSONS | POISSONS | CANCER | CAPRICORNE | CAPRICORNE | CAPRICORNE | SCORPION | 24 GEMEAUX |
| 29 AVRIL | TAUREAU | POISSONS | POISSONS | CANCER | CAPRICORNE | CAPRICORNE | CAPRICORNE | SCORPION | 9 CANCER |
| 30 AVRIL | TAUREAU | POISSONS | POISSONS | CANCER | CAPRICORNE | CAPRICORNE | CAPRICORNE | SCORPION | 23 CANCER |
| 1 MAI | TAUREAU | POISSONS | POISSONS | CANCER | CAPRICORNE | CAPRICORNE | CAPRICORNE | SCORPION | 6 LION |
| 2 MAI | TAUREAU | POISSONS | POISSONS | CANCER | CAPRICORNE | CAPRICORNE | CAPRICORNE | SCORPION | 20 LION |
| 3 MAI | TAUREAU | POISSONS | POISSONS | CANCER | CAPRICORNE | CAPRICORNE | CAPRICORNE | SCORPION | 2 VIERGE |
| 4 MAI | TAUREAU | BELIER | POISSONS | CANCER | CAPRICORNE | CAPRICORNE | CAPRICORNE | SCORPION | 15 VIERGE |
| 5 MAI | TAUREAU | BELIER | POISSONS | CANCER | CAPRICORNE | CAPRICORNE | CAPRICORNE | SCORPION | 27 VIERGE |
| 6 MAI | TAUREAU | BELIER | POISSONS | CANCER | CAPRICORNE | CAPRICORNE | CAPRICORNE | SCORPION | 9 BALANCE |
| 7 MAI | TAUREAU | BELIER | POISSONS | CANCER | CAPRICORNE | CAPRICORNE | CAPRICORNE | SCORPION | 21 BALANCE |
| 8 MAI | TAUREAU | BELIER | POISSONS | CANCER | CAPRICORNE | CAPRICORNE | CAPRICORNE | SCORPION | 3 SCORPION |
| 9 MAI | TAUREAU | BELIER | POISSONS | CANCER | CAPRICORNE | CAPRICORNE | CAPRICORNE | SCORPION | 15 SCORPION |
| 10 MAI | TAUREAU | BELIER | POISSONS | CANCER | CAPRICORNE | CAPRICORNE | CAPRICORNE | SCORPION | 27 SCORPION |
| 11 MAI | TAUREAU | BELIER | POISSONS | CANCER | CAPRICORNE | CAPRICORNE | CAPRICORNE | SCORPION | 9 SAGITTAIRE |
| 12 MAI | TAUREAU | BELIER | POISSONS | CANCER | CAPRICORNE | CAPRICORNE | CAPRICORNE | SCORPION | 21 SAGITTAIRE |
| 13 MAI | TAUREAU | BELIER | POISSONS | CANCER | CAPRICORNE | CAPRICORNE | CAPRICORNE | SCORPION | 3 CAPRICORNE |
| 14 MAI | TAUREAU | BELIER | POISSONS | CANCER | CAPRICORNE | CAPRICORNE | CAPRICORNE | SCORPION | 15 CAPRICORNE |
| 15 MAI | TAUREAU | BELIER | POISSONS | CANCER | CAPRICORNE | CAPRICORNE | CAPRICORNE | SCORPION | 27 CAPRICORNE |
| 16 MAI | TAUREAU | BELIER | POISSONS | CANCER | CAPRICORNE | CAPRICORNE | CAPRICORNE | SCORPION | 10 VERSEAU |
| 17 MAI | TAUREAU | BELIER | POISSONS | CANCER | CAPRICORNE | CAPRICORNE | CAPRICORNE | SCORPION | 23 VERSEAU |
| 18 MAI | TAUREAU | BELIER | POISSONS | CANCER | CAPRICORNE | CAPRICORNE | CAPRICORNE | SCORPION | 6 POISSONS |
| 19 MAI | TAUREAU | BELIER | POISSONS | CANCER | CAPRICORNE | CAPRICORNE | CAPRICORNE | SCORPION | 19 POISSONS |
| 20 MAI | TAUREAU | BELIER | POISSONS | CANCER | CAPRICORNE | CAPRICORNE | CAPRICORNE | SCORPION | 3 BELIER |
| 21 MAI | TAUREAU | BELIER | POISSONS | CANCER | CAPRICORNE | CAPRICORNE | CAPRICORNE | SCORPION | 18 BELIER |

LE SOLEIL ENTRE DANS LE SIGNE DU TAUREAU LE 20 AVRIL 1990 A 8 h 25
QUITTE LE SIGNE DU LE 21 MAI A 7 h 35

* LES CHIFFRES INDIQUENT LES DEGRÉS

| 1991 | MERCURE | VENUS | MARS | JUPITER | SATURNE | URANUS | NEPTUNE | PLUTON | LUNE* |
|---|---|---|---|---|---|---|---|---|---|
| 20 AVRIL | BELIER | GEMEAUX | CANCER | LION | VERSEAU | CAPRICORNE | CAPRICORNE | SCORPION | 16 CANCER |
| 21 AVRIL | BELIER | GEMEAUX | CANCER | LION | VERSEAU | CAPRICORNE | CAPRICORNE | SCORPION | 0 LION |
| 22 AVRIL | BELIER | GEMEAUX | CANCER | LION | VERSEAU | CAPRICORNE | CAPRICORNE | SCORPION | 14 LION |
| 23 AVRIL | BELIER | GEMEAUX | CANCER | LION | VERSEAU | CAPRICORNE | CAPRICORNE | SCORPION | 28 LION |
| 24 AVRIL | BELIER | GEMEAUX | CANCER | LION | VERSEAU | CAPRICORNE | CAPRICORNE | SCORPION | 11 VIERGE |
| 25 AVRIL | BELIER | GEMEAUX | CANCER | LION | VERSEAU | CAPRICORNE | CAPRICORNE | SCORPION | 25 VIERGE |
| 26 AVRIL | BELIER | GEMEAUX | CANCER | LION | VERSEAU | CAPRICORNE | CAPRICORNE | SCORPION | 8 BALANCE |
| 27 AVRIL | BELIER | GEMEAUX | CANCER | LION | VERSEAU | CAPRICORNE | CAPRICORNE | SCORPION | 20 BALANCE |
| 28 AVRIL | BELIER | GEMEAUX | CANCER | LION | VERSEAU | CAPRICORNE | CAPRICORNE | SCORPION | 3 SCORPION |
| 29 AVRIL | BELIER | GEMEAUX | CANCER | LION | VERSEAU | CAPRICORNE | CAPRICORNE | SCORPION | 16 SCORPION |
| 30 AVRIL | BELIER | GEMEAUX | CANCER | LION | VERSEAU | CAPRICORNE | CAPRICORNE | SCORPION | 28 SCORPION |
| 1 MAI | BELIER | GEMEAUX | CANCER | LION | VERSEAU | CAPRICORNE | CAPRICORNE | SCORPION | 10 SAGITTAIRE |
| 2 MAI | BELIER | GEMEAUX | CANCER | LION | VERSEAU | CAPRICORNE | CAPRICORNE | SCORPION | 22 SAGITTAIRE |
| 3 MAI | BELIER | GEMEAUX | CANCER | LION | VERSEAU | CAPRICORNE | CAPRICORNE | SCORPION | 4 CAPRICORNE |
| 4 MAI | BELIER | GEMEAUX | CANCER | LION | VERSEAU | CAPRICORNE | CAPRICORNE | SCORPION | 16 CAPRICORNE |
| 5 MAI | BELIER | GEMEAUX | CANCER | LION | VERSEAU | CAPRICORNE | CAPRICORNE | SCORPION | 28 CAPRICORNE |
| 6 MAI | BELIER | GEMEAUX | CANCER | LION | VERSEAU | CAPRICORNE | CAPRICORNE | SCORPION | 9 VERSEAU |
| 7 MAI | BELIER | GEMEAUX | CANCER | LION | VERSEAU | CAPRICORNE | CAPRICORNE | SCORPION | 21 VERSEAU |
| 8 MAI | BELIER | GEMEAUX | CANCER | LION | VERSEAU | CAPRICORNE | CAPRICORNE | SCORPION | 4 POISSONS |
| 9 MAI | BELIER | CANCER | CANCER | LION | VERSEAU | CAPRICORNE | CAPRICORNE | SCORPION | 17 POISSONS |
| 10 MAI | BELIER | CANCER | CANCER | LION | VERSEAU | CAPRICORNE | CAPRICORNE | SCORPION | 0 BELIER |
| 11 MAI | BELIER | CANCER | CANCER | LION | VERSEAU | CAPRICORNE | CAPRICORNE | SCORPION | 14 BELIER |
| 12 MAI | BELIER | CANCER | CANCER | LION | VERSEAU | CAPRICORNE | CAPRICORNE | SCORPION | 28 BELIER |
| 13 MAI | BELIER | CANCER | CANCER | LION | VERSEAU | CAPRICORNE | CAPRICORNE | SCORPION | 13 TAUREAU |
| 14 MAI | BELIER | CANCER | CANCER | LION | VERSEAU | CAPRICORNE | CAPRICORNE | SCORPION | 28 TAUREAU |
| 15 MAI | BELIER | CANCER | CANCER | LION | VERSEAU | CAPRICORNE | CAPRICORNE | SCORPION | 12 GEMEAUX |
| 16 MAI | BELIER | CANCER | CANCER | LION | VERSEAU | CAPRICORNE | CAPRICORNE | SCORPION | 27 GEMEAUX |
| 17 MAI | TAUREAU | CANCER | CANCER | LION | VERSEAU | CAPRICORNE | CAPRICORNE | SCORPION | 12 CANCER |
| 18 MAI | TAUREAU | CANCER | CANCER | LION | VERSEAU | CAPRICORNE | CAPRICORNE | SCORPION | 27 CANCER |
| 19 MAI | TAUREAU | CANCER | CANCER | LION | VERSEAU | CAPRICORNE | CAPRICORNE | SCORPION | 11 LION |
| 20 MAI | TAUREAU | CANCER | CANCER | LION | VERSEAU | CAPRICORNE | CAPRICORNE | SCORPION | 25 LION |
| 21 MAI | TAUREAU | CANCER | CANCER | LION | VERSEAU | CAPRICORNE | CAPRICORNE | SCORPION | 8 VIERGE |

LE SOLEIL ENTRE DANS LE SIGNE DU TAUREAU LE 20 AVRIL 1991 A 14 h 05
QUITTE LE SIGNE DU LE 21 MAI A 13 h 15

* LES CHIFFRES INDIQUENT LES DEGRÉS

# DÉCOUVREZ DANS QUEL SIGNE SE TROUVAIENT LES PLANÈTES A VOTRE NAISSANCE

| 1992 | MERCURE | VENUS | MARS | JUPITER | SATURNE | URANUS | NEPTUNE | PLUTON | LUNE* |
|---|---|---|---|---|---|---|---|---|---|
| 19 AVRIL | BELIER | BELIER | POISSONS | VIERGE | VERSEAU | CAPRICORNE | CAPRICORNE | SCORPION | 29 SCORPION |
| 20 AVRIL | BELIER | BELIER | POISSONS | VIERGE | VERSEAU | CAPRICORNE | CAPRICORNE | SCORPION | 12 SAGITTAIRE |
| 21 AVRIL | BELIER | BELIER | POISSONS | VIERGE | VERSEAU | CAPRICORNE | CAPRICORNE | SCORPION | 24 SAGITTAIRE |
| 22 AVRIL | BELIER | BELIER | POISSONS | VIERGE | VERSEAU | CAPRICORNE | CAPRICORNE | SCORPION | 6 CAPRICORNE |
| 23 AVRIL | BELIER | BELIER | POISSONS | VIERGE | VERSEAU | CAPRICORNE | CAPRICORNE | SCORPION | 18 CAPRICORNE |
| 24 AVRIL | BELIER | BELIER | POISSONS | VIERGE | VERSEAU | CAPRICORNE | CAPRICORNE | SCORPION | 0 VERSEAU |
| 25 AVRIL | BELIER | BELIER | POISSONS | VIERGE | VERSEAU | CAPRICORNE | CAPRICORNE | SCORPION | 12 VERSEAU |
| 26 AVRIL | BELIER | BELIER | POISSONS | VIERGE | VERSEAU | CAPRICORNE | CAPRICORNE | SCORPION | 24 VERSEAU |
| 27 AVRIL | BELIER | BELIER | POISSONS | VIERGE | VERSEAU | CAPRICORNE | CAPRICORNE | SCORPION | 6 POISSONS |
| 28 AVRIL | BELIER | BELIER | POISSONS | VIERGE | VERSEAU | CAPRICORNE | CAPRICORNE | SCORPION | 18 POISSONS |
| 29 AVRIL | BELIER | BELIER | POISSONS | VIERGE | CAPRICORNE | CAPRICORNE | CAPRICORNE | SCORPION | 0 BELIER |
| 30 AVRIL | BELIER | BELIER | POISSONS | VIERGE | CAPRICORNE | CAPRICORNE | CAPRICORNE | SCORPION | 13 BELIER |
| 1 MAI | BELIER | BELIER | POISSONS | VIERGE | VERSEAU | CAPRICORNE | CAPRICORNE | SCORPION | 26 BELIER |
| 2 MAI | BELIER | TAUREAU | POISSONS | VIERGE | VERSEAU | CAPRICORNE | CAPRICORNE | SCORPION | 9 TAUREAU |
| 3 MAI | BELIER | TAUREAU | POISSONS | VIERGE | VERSEAU | CAPRICORNE | CAPRICORNE | SCORPION | 23 TAUREAU |
| 4 MAI | BELIER | TAUREAU | POISSONS | VIERGE | VERSEAU | CAPRICORNE | CAPRICORNE | SCORPION | 7 GEMEAUX |
| 5 MAI | BELIER | TAUREAU | POISSONS | VIERGE | VERSEAU | CAPRICORNE | CAPRICORNE | SCORPION | 20 GEMEAUX |
| 6 MAI | BELIER | TAUREAU | BELIER | VIERGE | VERSEAU | CAPRICORNE | CAPRICORNE | SCORPION | 5 CANCER |
| 7 MAI | BELIER | TAUREAU | BELIER | VIERGE | VERSEAU | CAPRICORNE | CAPRICORNE | SCORPION | 20 CANCER |
| 8 MAI | BELIER | TAUREAU | BELIER | VIERGE | VERSEAU. | CAPRICORNE | CAPRICORNE | SCORPION | 3 LION |
| 9 MAI | BELIER | TABLEAU | BELIER | VIERGE | VERSEAU | CAPRICORNE | CAPRICORNE | SCORPION | 16 LION |
| 10 MAI | BELIER | TAUREAU | BELIER | VIERGE | VERSEAU | CAPRICORNE | CAPRICORNE | SCORPION | 1 VIERGE |
| 11 MAI | TAUREAU | TAUREAU | BELIER | VIERGE | VERSEAU | CAPRICORNE | CAPRICORNE | SCORPION | 15 VIERGE |
| 12 MAI | TAUREAU | TAUREAU | BELIER | VIERGE | VERSEAU | CAPRICORNE | CAPRICORNE | SCORPION | 29 VIERGE |
| 13 MAI | TAUREAU | TAUREAU | BELIER | VIERGE | VERSEAU | CAPRICORNE | CAPRICORNE | SCORPION | 12 BALANCE |
| 14 MAI | TAUREAU | TAUREAU | BELIER | VIERGE | VERSEAU | CAPRICORNE | CAPRICORNE | SCORPION | 27 BALANCE |
| 15 MAI | TAUREAU | TAUREAU | BELIER | VIERGE | VERSEAU | CAPRICORNE | CAPRICORNE | SCORPION | 11 SCORPION |
| 16 MAI | TAUREAU | TAUREAU | BELIER | VIERGE | VERSEAU | CAPRICORNE | CAPRICORNE | SCORPION | 23 SCORPION |
| 17 MAI | TAUREAU | TAUREAU | BELIER | VIERGE | VERSEAU | CAPRICORNE | CAPRICORNE | SCORPION | 7 SAGITTAIRE |
| 18 MAI | TAUREAU | TAUREAU | BELIER | VIERGE | VERSEAU | CAPRICORNE | CAPRICORNE | SCORPION | 20 SAGITTAIRE |
| 19 MAI | TAUREAU | TAUREAU | BELIER | VIERGE | VERSEAU | CAPRICORNE | CAPRICORNE | SCORPION | 2 CAPRICORNE |
| 20 MAI | TAUREAU | TAUREAU | BELIER | VIERGE | VERSEAU | CAPRICORNE | CAPRICORNE | SCORPION | 14 CAPRICORNE |

LE SOLEIL ENTRE DANS LE SIGNE DU TAUREAU LE 19 AVRIL 1992 A 19 h 55 * LES CHIFFRES INDIQUENT LES DEGRÉS
QUITTE LE SIGNE DU LE 20 MAI A 19 h 10

| 1993 | MERCURE | VENUS | MARS | JUPITER | SATURNE | URANUS | NEPTUNE | PLUTON | LUNE* |
|---|---|---|---|---|---|---|---|---|---|
| 20 AVRIL | BELIER | BELIER | CANCER | BALANCE | VERSEAU | CAPRICORNE | CAPRICORNE | SCORPION | 14 BELIER |
| 21 AVRIL | BELIER | BELIER | CANCER | BALANCE | VERSEAU | CAPRICORNE | CAPRICORNE | SCORPION | 26 BELIER |
| 22 AVRIL | BELIER | BELIER | CANCER | BALANCE | VERSEAU | CAPRICORNE | CAPRICORNE | SCORPION | 8 TAUREAU |
| 23 AVRIL | BELIER | BELIER | CANCER | BALANCE | VERSEAU | CAPRICORNE | CAPRICORNE | SCORPION | 20 TAUREAU |
| 24 AVRIL | BELIER | BELIER | CANCER | BALANCE | VERSEAU | CAPRICORNE | CAPRICORNE | SCORPION | 3 GEMEAUX |
| 25 AVRIL | BELIER | BELIER | CANCER | BALANCE | VERSEAU | CAPRICORNE | CAPRICORNE | SCORPION | 16 GEMEAUX |
| 26 AVRIL | BELIER | BELIER | CANCER | BALANCE | VERSEAU | CAPRICORNE | CAPRICORNE | SCORPION | 29 GEMEAUX |
| 27 AVRIL | BELIER | BELIER | CANCER | BALANCE | VERSEAU | CAPRICORNE | CAPRICORNE | SCORPION | 12 CANCER |
| 28 AVRIL | BELIER | BELIER | LION | BALANCE | VERSEAU | CAPRICORNE | CAPRICORNE | SCORPION | 25 CANCER |
| 29 AVRIL | BELIER | BELIER | LION | BALANCE | VERSEAU | CAPRICORNE | CAPRICORNE | SCORPION | 9 LION |
| 30 AVRIL | BELIER | BELIER | LION | BALANCE | VERSEAU | CAPRICORNE | CAPRICORNE | SCORPION | 23 LION |
| 1 MAI | BELIER | BELIER | LION | BALANCE | VERSEAU | CAPRICORNE | CAPRICORNE | SCORPION | 7 VIERGE |
| 2 MAI | BELIER | BELIER | LION | BALANCE | VERSEAU | CAPRICORNE | CAPRICORNE | SCORPION | 22 VIERGE |
| 3 MAI | BELIER | BELIER | LION | BALANCE | VERSEAU | CAPRICORNE | CAPRICORNE | SCORPION | 7 BALANCE |
| 4 MAI | TAUREAU | BELIER | LION | BALANCE | VERSEAU | CAPRICORNE | CAPRICORNE | SCORPION | 21 BALANCE |
| 5 MAI | TAUREAU | BELIER | LION | BALANCE | VERSEAU | CAPRICORNE | CAPRICORNE | SCORPION | 6 SCORPION |
| 6 MAI | TAUREAU | BELIER | LION | BALANCE | VERSEAU | CAPRICORNE | CAPRICORNE | SCORPION | 20 SCORPION |
| 7 MAI | TAUREAU | BELIER | LION | BALANCE | VERSEAU | CAPRICORNE | CAPRICORNE | SCORPION | 5 SAGITTAIRE |
| 8 MAI | TAUREAU | BELIER | LION | BALANCE | VERSEAU | CAPRICORNE | CAPRICORNE | SCORPION | 19 SAGITTAIRE |
| 9 MAI | TAUREAU | BELIER | LION | BALANCE | VERSEAU | CAPRICORNE | CAPRICORNE | SCORPION | 2 CAPRICORNE |
| 10 MAI | TAUREAU | BELIER | LION | BALANCE | VERSEAU | CAPRICORNE | CAPRICORNE | SCORPION | 16 CAPRICORNE |
| 11 MAI | TAUREAU | BELIER | LION | BALANCE | VERSEAU | CAPRICORNE | CAPRICORNE | SCORPION | 28 CAPRICORNE |
| 12 MAI | TAUREAU | BELIER | LION | BALANCE | VERSEAU | CAPRICORNE | CAPRICORNE | SCORPION | 10 VERSEAU |
| 13 MAI | TAUREAU | BELIER | LION | BALANCE | VERSEAU | CAPRICORNE | CAPRICORNE | SCORPION | 22 VERSEAU |
| 14 MAI | TAUREAU | BELIER | LION | BALANCE | VERSEAU | CAPRICORNE | CAPRICORNE | SCORPION | 4 POISSONS |
| 15 MAI | TAUREAU | BELIER | LION | BALANCE | VERSEAU | CAPRICORNE | CAPRICORNE | SCORPION | 16 POISSONS |
| 16 MAI | TAUREAU | BELIER | LION | BALANCE | VERSEAU | CAPRICORNE | CAPRICORNE | SCORPION | 28 POISSONS |
| 17 MAI | TAUREAU | BELIER | LION | BALANCE | VERSEAU | CAPRICORNE | CAPRICORNE | SCORPION | 10 BELIER |
| 18 MAI | GEMEAUX | BELIER | LION | BALANCE | VERSEAU | CAPRICORNE | CAPRICORNE | SCORPION | 22 BELIER |
| 19 MAI | GEMEAUX | BELIER | LION | BALANCE | VERSEAU | CAPRICORNE | CAPRICORNE | SCORPION | 4 TAUREAU |
| 20 MAI | GEMEAUX | BELIER | LION | BALANCE | VERSEAU | CAPRICORNE | CAPRICORNE | SCORPION | 16 TAUREAU |
| 21 MAI | GEMEAUX | BELIER | LION | BALANCE | VERSEAU | CAPRICORNE | CAPRICORNE | SCORPION | 29 TAUREAU |

LE SOLEIL ENTRE DANS LE SIGNE DU TAUREAU LE 20 AVRIL 1993 A 1 h 45 * LES CHIFFRES INDIQUENT LES DEGRÉS
QUITTE LE SIGNE DU LE 21 MAI A 1 h 00

# DÉCOUVREZ DANS QUEL SIGNE SE TROUVAIENT LES PLANÈTES A VOTRE NAISSANCE

| 1994 | MERCURE | VENUS | MARS | JUPITER | SATURNE | URANUS | NEPTUNE | PLUTON | LUNE* |
|---|---|---|---|---|---|---|---|---|---|
| 20 AVRIL | BELIER | TAUREAU | BELIER | SCORPION | POISSONS | CAPRICORNE | CAPRICORNE | SCORPION | 17 LION |
| 21 AVRIL | BELIER | TAUREAU | BELIER | SCORPION | POISSONS | CAPRICORNE | CAPRICORNE | SCORPION | 1 VIERGE |
| 22 AVRIL | BELIER | TAUREAU | BELIER | SCORPION | POISSONS | CAPRICORNE | CAPRICORNE | SCORPION | 15 VIERGE |
| 23 AVRIL | BELIER | TAUREAU | BELIER | SCORPION | POISSONS | CAPRICORNE | CAPRICORNE | SCORPION | 0 BALANCE |
| 24 AVRIL | BELIER | TAUREAU | BELIER | SCORPION | POISSONS | CAPRICORNE | CAPRICORNE | SCORPION | 15 BALANCE |
| 25 AVRIL | BELIER | TAUREAU | BELIER | SCORPION | POISSONS | CAPRICORNE | CAPRICORNE | SCORPION | 0 SCORPION |
| 26 AVRIL | TAUREAU | TAUREAU | BELIER | SCORPION | POISSONS | CAPRICORNE | CAPRICORNE | SCORPION | 15 SCORPION |
| 27 AVRIL | TAUREAU | GEMEAUX | BELIER | SCORPION | POISSONS | CAPRICORNE | CAPRICORNE | SCORPION | 0 SAGITTAIRE |
| 28 AVRIL | TAUREAU | GEMEAUX | BELIER | SCORPION | POISSONS | CAPRICORNE | CAPRICORNE | SCORPION | 15 SAGITTAIRE |
| 29 AVRIL | TAUREAU | GEMEAUX | BELIER | SCORPION | POISSONS | CAPRICORNE | CAPRICORNE | SCORPION | 0 CAPRICORNE |
| 30 AVRIL | TAUREAU | GEMEAUX | BELIER | SCORPION | POISSONS | CAPRICORNE | CAPRICORNE | SCORPION | 14 CAPRICORNE |
| 1 MAI | TAUREAU | GEMEAUX | BELIER | SCORPION | POISSONS | CAPRICORNE | CAPRICORNE | SCORPION | 27 CAPRICORNE |
| 2 MAI | TAUREAU | GEMEAUX | BELIER | SCORPION | POISSONS | CAPRICORNE | CAPRICORNE | SCORPION | 11 VERSEAU |
| 3 MAI | TAUREAU | GEMEAUX | BELIER | SCORPION | POISSONS | CAPRICORNE | CAPRICORNE | SCORPION | 23 VERSEAU |
| 4 MAI | TAUREAU | GEMEAUX | BELIER | SCORPION | POISSONS | CAPRICORNE | CAPRICORNE | SCORPION | 6 POISSONS |
| 5 MAI | TAUREAU | GEMEAUX | BELIER | SCORPION | POISSONS | CAPRICORNE | CAPRICORNE | SCORPION | 18 POISSONS |
| 6 MAI | TAUREAU | GEMEAUX | BELIER | SCORPION | POISSONS | CAPRICORNE | CAPRICORNE | SCORPION | 0 BELIER |
| 7 MAI | TAUREAU | GEMEAUX | BELIER | SCORPION | POISSONS | CAPRICORNE | CAPRICORNE | SCORPION | 12 BELIER |
| 8 MAI | TAUREAU | GEMEAUX | BELIER | SCORPION | POISSONS | CAPRICORNE | CAPRICORNE | SCORPION | 24 BELIER |
| 9 MAI | TAUREAU | GEMEAUX | BELIER | SCORPION | POISSONS | CAPRICORNE | CAPRICORNE | SCORPION | 5 TAUREAU |
| 10 MAI | GEMEAUX | GEMEAUX | BELIER | SCORPION | POISSONS | CAPRICORNE | CAPRICORNE | SCORPION | 17 TAUREAU |
| 11 MAI | GEMEAUX | GEMEAUX | BELIER | SCORPION | POISSONS | CAPRICORNE | CAPRICORNE | SCORPION | 29 TAUREAU |
| 12 MAI | GEMEAUX | GEMEAUX | BELIER | SCORPION | POISSONS | CAPRICORNE | CAPRICORNE | SCORPION | 11 GEMEAUX |
| 13 MAI | GEMEAUX | GEMEAUX | BELIER | SCORPION | POISSONS | CAPRICORNE | CAPRICORNE | SCORPION | 23 GEMEAUX |
| 14 MAI | GEMEAUX | GEMEAUX | BELIER | SCORPION | POISSONS | CAPRICORNE | CAPRICORNE | SCORPION | 5 CANCER |
| 15 MAI | GEMEAUX | GEMEAUX | BELIER | SCORPION | POISSONS | CAPRICORNE | CAPRICORNE | SCORPION | 17 CANCER |
| 16 MAI | GEMEAUX | GEMEAUX | BELIER | SCORPION | POISSONS | CAPRICORNE | CAPRICORNE | SCORPION | 0 LION |
| 17 MAI | GEMEAUX | GEMEAUX | BELIER | SCORPION | POISSONS | CAPRICORNE | CAPRICORNE | SCORPION | 13 LION |
| 18 MAI | GEMEAUX | GEMEAUX | BELIER | SCORPION | POISSONS | CAPRICORNE | CAPRICORNE | SCORPION | 27 LION |
| 19 MAI | GEMEAUX | GEMEAUX | BELIER | SCORPION | POISSONS | CAPRICORNE | CAPRICORNE | SCORPION | 11 VIERGE |
| 20 MAI | GEMEAUX | GEMEAUX | BELIER | SCORPION | POISSONS | CAPRICORNE | CAPRICORNE | SCORPION | 25 VIERGE |
| 21 MAI | GEMEAUX | GEMEAUX | BELIER | SCORPION | POISSONS | CAPRICORNE | CAPRICORNE | SCORPION | 9 BALANCE |

LE SOLEIL ENTRE DANS LE SIGNE DU TAUREAU LE 20 AVRIL 1994 A 7 h 32
QUITTE LE SIGNE DU LE 21 MAI A 6 h 45
* LES CHIFFRES INDIQUENT LES DEGRÉS

| 1995 | MERCURE | VENUS | MARS | JUPITER | SATURNE | URANUS | NEPTUNE | PLUTON | LUNE* |
|---|---|---|---|---|---|---|---|---|---|
| 20 AVRIL | TAUREAU | POISSONS | LION | SAGITTAIRE | POISSONS | VERSEAU | CAPRICORNE | SAGITTAIRE | 8 CAPRICORNE |
| 21 AVRIL | TAUREAU | POISSONS | LION | SAGITTAIRE | POISSONS | VERSEAU | CAPRICORNE | SAGITTAIRE | 23 CAPRICORNE |
| 22 AVRIL | TAUREAU | BELIER | LION | SAGITTAIRE | POISSONS | VERSEAU | CAPRICORNE | SCORPION | 7 VERSEAU |
| 23 AVRIL | TAUREAU | BELIER | LION | SAGITTAIRE | POISSONS | VERSEAU | CAPRICORNE | SCORPION | 20 VERSEAU |
| 24 AVRIL | TAUREAU | BELIER | LION | SAGITTAIRE | POISSONS | VERSEAU | CAPRICORNE | SCORPION | 4 POISSONS |
| 25 AVRIL | TAUREAU | BELIER | LION | SAGITTAIRE | POISSONS | VERSEAU | CAPRICORNE | SCORPION | 17 POISSONS |
| 26 AVRIL | TAUREAU | BELIER | LION | SAGITTAIRE | POISSONS | VERSEAU | CAPRICORNE | SCORPION | 29 POISSONS |
| 27 AVRIL | TAUREAU | BELIER | LION | SAGITTAIRE | POISSONS | VERSEAU | CAPRICORNE | SCORPION | 12 BELIER |
| 28 AVRIL | TAUREAU | BELIER | LION | SAGITTAIRE | POISSONS | VERSEAU | CAPRICORNE | SCORPION | 24 BELIER |
| 29 AVRIL | TAUREAU | BELIER | LION | SAGITTAIRE | POISSONS | VERSEAU | CAPRICORNE | SCORPION | 6 TAUREAU |
| 30 AVRIL | TAUREAU | BELIER | LION | SAGITTAIRE | POISSONS | VERSEAU | CAPRICORNE | SCORPION | 18 TAUREAU |
| 1 MAI | TAUREAU | BELIER | LION | SAGITTAIRE | POISSONS | VERSEAU | CAPRICORNE | SCORPION | 0 GEMEAUX |
| 2 MAI | TAUREAU | BELIER | LION | SAGITTAIRE | POISSONS | VERSEAU | CAPRICORNE | SCORPION | 12 GEMEAUX |
| 3 MAI | GEMEAUX | BELIER | LION | SAGITTAIRE | POISSONS | VERSEAU | CAPRICORNE | SCORPION | 24 GEMEAUX |
| 4 MAI | GEMEAUX | BELIER | LION | SAGITTAIRE | POISSONS | VERSEAU | CAPRICORNE | SCORPION | 6 CANCER |
| 5 MAI | GEMEAUX | BELIER | LION | SAGITTAIRE | POISSONS | VERSEAU | CAPRICORNE | SCORPION | 18 CANCER |
| 6 MAI | GEMEAUX | BELIER | LION | SAGITTAIRE | POISSONS | VERSEAU | CAPRICORNE | SCORPION | 0 LION |
| 7 MAI | GEMEAUX | BELIER | LION | SAGITTAIRE | POISSONS | VERSEAU | CAPRICORNE | SCORPION | 12 LION |
| 8 MAI | GEMEAUX | BELIER | LION | SAGITTAIRE | POISSONS | VERSEAU | CAPRICORNE | SCORPION | 24 LION |
| 9 MAI | GEMEAUX | BELIER | LION | SAGITTAIRE | POISSONS | VERSEAU | CAPRICORNE | SCORPION | 6 VIERGE |
| 10 MAI | GEMEAUX | BELIER | LION | SAGITTAIRE | POISSONS | VERSEAU | CAPRICORNE | SCORPION | 21 VIERGE |
| 11 MAI | GEMEAUX | BELIER | LION | SAGITTAIRE | POISSONS | VERSEAU | CAPRICORNE | SCORPION | 4 BALANCE |
| 12 MAI | GEMEAUX | BELIER | LION | SAGITTAIRE | POISSONS | VERSEAU | CAPRICORNE | SCORPION | 18 BALANCE |
| 13 MAI | GEMEAUX | BELIER | LION | SAGITTAIRE | POISSONS | VERSEAU | CAPRICORNE | SCORPION | 5 SCORPION |
| 14 MAI | GEMEAUX | BELIER | LION | SAGITTAIRE | POISSONS | VERSEAU | CAPRICORNE | SCORPION | 18 SCORPION |
| 15 MAI | GEMEAUX | BELIER | LION | SAGITTAIRE | POISSONS | VERSEAU | CAPRICORNE | SCORPION | 3 SAGITTAIRE |
| 16 MAI | GEMEAUX | BELIER | LION | SAGITTAIRE | POISSONS | VERSEAU | CAPRICORNE | SCORPION | 18 SAGITTAIRE |
| 17 MAI | GEMEAUX | TAUREAU | LION | SAGITTAIRE | POISSONS | VERSEAU | CAPRICORNE | SCORPION | 4 CAPRICORNE |
| 18 MAI | GEMEAUX | TAUREAU | LION | SAGITTAIRE | POISSONS | VERSEAU | CAPRICORNE | SCORPION | 17 CAPRICORNE |
| 19 MAI | GEMEAUX | TAUREAU | LION | SAGITTAIRE | POISSONS | VERSEAU | CAPRICORNE | SCORPION | 2 VERSEAU |
| 20 MAI | GEMEAUX | TAUREAU | LION | SAGITTAIRE | POISSONS | VERSEAU | CAPRICORNE | SCORPION | 16 VERSEAU |
| 21 MAI | GEMEAUX | TAUREAU | LION | SAGITTAIRE | POISSONS | VERSEAU | CAPRICORNE | SCORPION | 0 POISSONS |

LE SOLEIL ENTRE DANS LE SIGNE DU TAUREAU LE 20 AVRIL 1995 A 13 h 18
QUITTE LE SIGNE DU LE 21 MAI A 12 h 30
* LES CHIFFRES INDIQUENT LES DEGRÉS

# DÉCOUVREZ DANS QUEL SIGNE SE TROUVAIENT LES PLANÈTES A VOTRE NAISSANCE

| 1996 | MERCURE | VENUS | MARS | JUPITER | SATURNE | URANUS | NEPTUNE | PLUTON | LUNE* |
|---|---|---|---|---|---|---|---|---|---|
| 19 AVRIL | TAUREAU | GEMEAUX | BELIER | CAPRICORNE | BELIER | VERSEAU | CAPRICORNE | SAGITTAIRE | 19 TAUREAU |
| 20 AVRIL | TAUREAU | GEMEAUX | BELIER | CAPRICORNE | BELIER | VERSEAU | CAPRICORNE | SAGITTAIRE | 1 GEMEAUX |
| 21 AVRIL | TAUREAU | GEMEAUX | BELIER | CAPRICORNE | BELIER | VERSEAU | CAPRICORNE | SAGITTAIRE | 13 GEMEAUX |
| 22 AVRIL | TAUREAU | GEMEAUX | BELIER | CAPRICORNE | BELIER | VERSEAU | CAPRICORNE | SAGITTAIRE | 26 GEMEAUX |
| 23 AVRIL | TAUREAU | GEMEAUX | BELIER | CAPRICORNE | BELIER | VERSEAU | CAPRICORNE | SAGITTAIRE | 8 CANCER |
| 24 AVRIL | TAUREAU | GEMEAUX | BELIER | CAPRICORNE | BELIER | VERSEAU | CAPRICORNE | SAGITTAIRE | 20 CANCER |
| 25 AVRIL | TAUREAU | GEMEAUX | BELIER | CAPRICORNE | BELIER | VERSEAU | CAPRICORNE | SAGITTAIRE | 1 LION |
| 26 AVRIL | TAUREAU | GEMEAUX | BELIER | CAPRICORNE | BELIER | VERSEAU | CAPRICORNE | SAGITTAIRE | 13 LION |
| 27 AVRIL | TAUREAU | GEMEAUX | BELIER | CAPRICORNE | BELIER | VERSEAU | CAPRICORNE | SAGITTAIRE | 25 LION |
| 28 AVRIL | TAUREAU | GEMEAUX | BELIER | CAPRICORNE | BELIER | VERSEAU | CAPRICORNE | SAGITTAIRE | 8 VIERGE |
| 29 AVRIL | TAUREAU | GEMEAUX | BELIER | CAPRICORNE | BELIER | VERSEAU | CAPRICORNE | SAGITTAIRE | 20 VIERGE |
| 30 AVRIL | TAUREAU | GEMEAUX | BELIER | CAPRICORNE | BELIER | VERSEAU | CAPRICORNE | SAGITTAIRE | 3 BALANCE |
| 1 MAI | TAUREAU | GEMEAUX | BELIER | CAPRICORNE | BELIER | VERSEAU | CAPRICORNE | SAGITTAIRE | 16 BALANCE |
| 2 MAI | TAUREAU | GEMEAUX | BELIER | CAPRICORNE | BELIER | VERSEAU | CAPRICORNE | SAGITTAIRE | 0 SCORPION |
| 3 MAI | TAUREAU | GEMEAUX | TAUREAU | CAPRICORNE | BELIER | VERSEAU | CAPRICORNE | SAGITTAIRE | 13 SCORPION |
| 4 MAI | TAUREAU | GEMEAUX | TAUREAU | CAPRICORNE | BELIER | VERSEAU | CAPRICORNE | SAGITTAIRE | 27 SCORPION |
| 5 MAI | TAUREAU | GEMEAUX | TAUREAU | CAPRICORNE | BELIER | VERSEAU | CAPRICORNE | SAGITTAIRE | 12 SAGITTAIRE |
| 6 MAI | TAUREAU | GEMEAUX | TAUREAU | CAPRICORNE | BELIER | VERSEAU | CAPRICORNE | SAGITTAIRE | 26 SAGITTAIRE |
| 7 MAI | TAUREAU | GEMEAUX | TAUREAU | CAPRICORNE | BELIER | VERSEAU | CAPRICORNE | SAGITTAIRE | 11 CAPRICORNE |
| 8 MAI | TAUREAU | GEMEAUX | TAUREAU | CAPRICORNE | BELIER | VERSEAU | CAPRICORNE | SAGITTAIRE | 25 CAPRICORNE |
| 9 MAI | TAUREAU | GEMEAUX | TAUREAU | CAPRICORNE | BELIER | VERSEAU | CAPRICORNE | SAGITTAIRE | 10 VERSEAU |
| 10 MAI | TAUREAU | GEMEAUX | TAUREAU | CAPRICORNE | BELIER | VERSEAU | CAPRICORNE | SAGITTAIRE | 24 VERSEAU |
| 11 MAI | TAUREAU | GEMEAUX | TAUREAU | CAPRICORNE | BELIER | VERSEAU | CAPRICORNE | SAGITTAIRE | 8 POISSONS |
| 12 MAI | TAUREAU | GEMEAUX | TAUREAU | CAPRICORNE | BELIER | VERSEAU | CAPRICORNE | SAGITTAIRE | 22 POISSONS |
| 13 MAI | TAUREAU | GEMEAUX | TAUREAU | CAPRICORNE | BELIER | VERSEAU | CAPRICORNE | SAGITTAIRE | 5 BELIER |
| 14 MAI | TAUREAU | GEMEAUX | TAUREAU | CAPRICORNE | BELIER | VERSEAU | CAPRICORNE | SAGITTAIRE | 20 BELIER |
| 15 MAI | TAUREAU | GEMEAUX | TAUREAU | CAPRICORNE | BELIER | VERSEAU | CAPRICORNE | SAGITTAIRE | 2 TAUREAU |
| 16 MAI | TAUREAU | GEMEAUX | TAUREAU | CAPRICORNE | BELIER | VERSEAU | CAPRICORNE | SAGITTAIRE | 14 TAUREAU |
| 17 MAI | TAUREAU | GEMEAUX | TAUREAU | CAPRICORNE | BELIER | VERSEAU | CAPRICORNE | SAGITTAIRE | 27 TAUREAU |
| 18 MAI | TAUREAU | GEMEAUX | TAUREAU | CAPRICORNE | BELIER | VERSEAU | CAPRICORNE | SAGITTAIRE | 8 GEMEAUX |
| 19 MAI | TAUREAU | GEMEAUX | TAUREAU | CAPRICORNE | BELIER | VERSEAU | CAPRICORNE | SAGITTAIRE | 22 GEMEAUX |
| 20 MAI | TAUREAU | GEMEAUX | TAUREAU | CAPRICORNE | BELIER | VERSEAU | CAPRICORNE | SAGITTAIRE | 4 CANCER |

LE SOLEIL ENTRE DANS LE SIGNE DU TAUREAU LE 19 AVRIL 1996 A 19 h 05
QUITTE LE SIGNE DU LE 20 MAI A 18 h 20

* LES CHIFFRES INDIQUENT LES DEGRÉS

| 1997 | MERCURE | VENUS | MARS | JUPITER | SATURNE | URANUS | NEPTUNE | PLUTON | LUNE* |
|---|---|---|---|---|---|---|---|---|---|
| 20 AVRIL | TAUREAU | TAUREAU | VIERGE | VERSEAU | BELIER | VERSEAU | CAPRICORNE | SAGITTAIRE | 4 BALANCE |
| 21 AVRIL | TAUREAU | TAUREAU | VIERGE | VERSEAU | BELIER | VERSEAU | CAPRICORNE | SAGITTAIRE | 16 BALANCE |
| 22 AVRIL | TAUREAU | TAUREAU | VIERGE | VERSEAU | BELIER | VERSEAU | CAPRICORNE | SAGITTAIRE | 28 BALANCE |
| 23 AVRIL | TAUREAU | TAUREAU | VIERGE | VERSEAU | BELIER | VERSEAU | CAPRICORNE | SAGITTAIRE | 11 SCORPION |
| 24 AVRIL | TAUREAU | TAUREAU | VIERGE | VERSEAU | BELIER | VERSEAU | CAPRICORNE | SAGITTAIRE | 24 SCORPION |
| 25 AVRIL | TAUREAU | TAUREAU | VIERGE | VERSEAU | BELIER | VERSEAU | CAPRICORNE | SAGITTAIRE | 7 SAGITTAIRE |
| 26 AVRIL | TAUREAU | TAUREAU | VIERGE | VERSEAU | BELIER | VERSEAU | CAPRICORNE | SAGITTAIRE | 20 SAGITTAIRE |
| 27 AVRIL | TAUREAU | TAUREAU | VIERGE | VERSEAU | BELIER | VERSEAU | CAPRICORNE | SAGITTAIRE | 4 CAPRICORNE |
| 28 AVRIL | TAUREAU | TAUREAU | VIERGE | VERSEAU | BELIER | VERSEAU | CAPRICORNE | SAGITTAIRE | 17 CAPRICORNE |
| 29 AVRIL | TAUREAU | TAUREAU | VIERGE | VERSEAU | BELIER | VERSEAU | CAPRICORNE | SAGITTAIRE | 1 VERSEAU |
| 30 AVRIL | TAUREAU | TAUREAU | VIERGE | VERSEAU | BELIER | VERSEAU | CAPRICORNE | SAGITTAIRE | 15 VERSEAU |
| 1 MAI | TAUREAU | TAUREAU | VIERGE | VERSEAU | BELIER | VERSEAU | CAPRICORNE | SAGITTAIRE | 0 POISSONS |
| 2 MAI | TAUREAU | TAUREAU | VIERGE | VERSEAU | BELIER | VERSEAU | CAPRICORNE | SAGITTAIRE | 14 POISSONS |
| 3 MAI | TAUREAU | TAUREAU | VIERGE | VERSEAU | BELIER | VERSEAU | CAPRICORNE | SAGITTAIRE | 28 POISSONS |
| 4 MAI | TAUREAU | TAUREAU | VIERGE | VERSEAU | BELIER | VERSEAU | CAPRICORNE | SAGITTAIRE | 13 BELIER |
| 5 MAI | BELIER | TAUREAU | VIERGE | VERSEAU | BELIER | VERSEAU | CAPRICORNE | SAGITTAIRE | 27 BELIER |
| 6 MAI | BELIER | TAUREAU | VIERGE | VERSEAU | BELIER | VERSEAU | CAPRICORNE | SAGITTAIRE | 11 TAUREAU |
| 7 MAI | BELIER | TAUREAU | VIERGE | VERSEAU | BELIER | VERSEAU | CAPRICORNE | SAGITTAIRE | 25 TAUREAU |
| 8 MAI | BELIER | TAUREAU | VIERGE | VERSEAU | BELIER | VERSEAU | CAPRICORNE | SAGITTAIRE | 9 GEMEAUX |
| 9 MAI | BELIER | TAUREAU | VIERGE | VERSEAU | BELIER | VERSEAU | CAPRICORNE | SAGITTAIRE | 22 GEMEAUX |
| 10 MAI | BELIER | TAUREAU | VIERGE | VERSEAU | BELIER | VERSEAU | CAPRICORNE | SAGITTAIRE | 5 CANCER |
| 11 MAI | BELIER | GEMEAUX | VIERGE | VERSEAU | BELIER | VERSEAU | CAPRICORNE | SAGITTAIRE | 18 CANCER |
| 12 MAI | BELIER | GEMEAUX | VIERGE | VERSEAU | BELIER | VERSEAU | CAPRICORNE | SAGITTAIRE | 0 LION |
| 13 MAI | TAUREAU | GEMEAUX | VIERGE | VERSEAU | BELIER | VERSEAU | CAPRICORNE | SAGITTAIRE | 12 LION |
| 14 MAI | TAUREAU | GEMEAUX | VIERGE | VERSEAU | BELIER | VERSEAU | CAPRICORNE | SAGITTAIRE | 24 LION |
| 15 MAI | TAUREAU | GEMEAUX | VIERGE | VERSEAU | BELIER | VERSEAU | CAPRICORNE | SAGITTAIRE | 6 VIERGE |
| 16 MAI | TAUREAU | GEMEAUX | VIERGE | VERSEAU | BELIER | VERSEAU | CAPRICORNE | SAGITTAIRE | 18 VIERGE |
| 17 MAI | TAUREAU | GEMEAUX | VIERGE | VERSEAU | BELIER | VERSEAU | CAPRICORNE | SAGITTAIRE | 0 BALANCE |
| 18 MAI | TAUREAU | GEMEAUX | VIERGE | VERSEAU | BELIER | VERSEAU | CAPRICORNE | SAGITTAIRE | 12 BALANCE |
| 19 MAI | TAUREAU | GEMEAUX | VIERGE | VERSEAU | BELIER | VERSEAU | CAPRICORNE | SAGITTAIRE | 24 BALANCE |
| 20 MAI | TAUREAU | GEMEAUX | VIERGE | VERSEAU | BELIER | VERSEAU | CAPRICORNE | SAGITTAIRE | 7 SCORPION |
| 21 MAI | TAUREAU | GEMEAUX | VIERGE | VERSEAU | BELIER | VERSEAU | CAPRICORNE | SAGITTAIRE | 20 SCORPION |

LE SOLEIL ENTRE DANS LE SIGNE DU TAUREAU LE 20 AVRIL 1997 A 1 h 00
QUITTE LE SIGNE DU LE 21 MAI A 0 h 15

* LES CHIFFRES INDIQUENT LES DEGRÉS

# DÉCOUVREZ DANS QUEL SIGNE SE TROUVAIENT LES PLANÈTES A VOTRE NAISSANCE

| 1998 | MERCURE | VENUS | MARS | JUPITER | SATURNE | URANUS | NEPTUNE | PLUTON | LUNE* |
|---|---|---|---|---|---|---|---|---|---|
| 20 AVRIL | BELIER | POISSONS | TAUREAU | POISSONS | BELIER | VERSEAU | VERSEAU | SAGITTAIRE | 9 VERSEAU |
| 21 AVRIL | BELIER | POISSONS | TAUREAU | POISSONS | BELIER | VERSEAU | VERSEAU | SAGITTAIRE | 23 VERSEAU |
| 22 AVRIL | BELIER | POISSONS | TAUREAU | POISSONS | BELIER | VERSEAU | VERSEAU | SAGITTAIRE | 7 POISSONS |
| 23 AVRIL | BELIER | POISSONS | TAUREAU | POISSONS | BELIER | VERSEAU | VERSEAU | SAGITTAIRE | 21 POISSONS |
| 24 AVRIL | BELIER | POISSONS | TAUREAU | POISSONS | BELIER | VERSEAU | VERSEAU | SAGITTAIRE | 5 BELIER |
| 25 AVRIL | BELIER | POISSONS | TAUREAU | POISSONS | BELIER | VERSEAU | VERSEAU | SAGITTAIRE | 21 BELIER |
| 26 AVRIL | BELIER | POISSONS | TAUREAU | POISSONS | BELIER | VERSEAU | VERSEAU | SAGITTAIRE | 6 TAUREAU |
| 27 AVRIL | BELIER | POISSONS | TAUREAU | POISSONS | BELIER | VERSEAU | VERSEAU | SAGITTAIRE | 21 TAUREAU |
| 28 AVRIL | BELIER | POISSONS | TAUREAU | POISSONS | BELIER | VERSEAU | VERSEAU | SAGITTAIRE | 6 GEMEAUX |
| 29 AVRIL | BELIER | POISSONS | TAUREAU | POISSONS | BELIER | VERSEAU | VERSEAU | SAGITTAIRE | 21 GEMEAUX |
| 30 AVRIL | BELIER | POISSONS | TAUREAU | POISSONS | BELIER | VERSEAU | VERSEAU | SAGITTAIRE | 5 CANCER |
| 1 MAI | BELIER | POISSONS | TAUREAU | POISSONS | BELIER | VERSEAU | VERSEAU | SAGITTAIRE | 18 CANCER |
| 2 MAI | BELIER | POISSONS | TAUREAU | POISSONS | BELIER | VERSEAU | VERSEAU | SAGITTAIRE | 1 LION |
| 3 MAI | BELIER | POISSONS | TAUREAU | POISSONS | BELIER | VERSEAU | VERSEAU | SAGITTAIRE | 14 LION |
| 4 MAI | BELIER | BELIER | TAUREAU | POISSONS | BELIER | VERSEAU | VERSEAU | SAGITTAIRE | 26 LION |
| 5 MAI | BELIER | BELIER | TAUREAU | POISSONS | BELIER | VERSEAU | VERSEAU | SAGITTAIRE | 8 VIERGE |
| 6 MAI | BELIER | BELIER | TAUREAU | POISSONS | BELIER | VERSEAU | VERSEAU | SAGITTAIRE | 20 VIERGE |
| 7 MAI | BELIER | BELIER | TAUREAU | POISSONS | BELIER | VERSEAU | VERSEAU | SAGITTAIRE | 2 BALANCE |
| 8 MAI | BELIER | BELIER | TAUREAU | POISSONS | BELIER | VERSEAU | VERSEAU | SAGITTAIRE | 14 BALANCE |
| 9 MAI | BELIER | BELIER | TAUREAU | POISSONS | BELIER | VERSEAU | VERSEAU | SAGITTAIRE | 25 BALANCE |
| 10 MAI | BELIER | BELIER | TAUREAU | POISSONS | BELIER | VERSEAU | VERSEAU | SAGITTAIRE | 7 SCORPION |
| 11 MAI | BELIER | BELIER | TAUREAU | POISSONS | BELIER | VERSEAU | VERSEAU | SAGITTAIRE | 19 SCORPION |
| 12 MAI | BELIER | BELIER | TAUREAU | POISSONS | BELIER | VERSEAU | VERSEAU | SAGITTAIRE | 2 SAGITTAIRE |
| 13 MAI | BELIER | BELIER | TAUREAU | POISSONS | BELIER | VERSEAU | VERSEAU | SAGITTAIRE | 14 SAGITTAIRE |
| 14 MAI | BELIER | BELIER | TAUREAU | POISSONS | BELIER | VERSEAU | VERSEAU | SAGITTAIRE | 26 SAGITTAIRE |
| 15 MAI | TAUREAU | BELIER | TAUREAU | POISSONS | BELIER | VERSEAU | VERSEAU | SAGITTAIRE | 10 CAPRICORNE |
| 16 MAI | TAUREAU | BELIER | TAUREAU | POISSONS | BELIER | VERSEAU | VERSEAU | SAGITTAIRE | 22 CAPRICORNE |
| 17 MAI | TAUREAU | BELIER | TAUREAU | POISSONS | BELIER | VERSEAU | VERSEAU | SAGITTAIRE | 5 VERSEAU |
| 18 MAI | TAUREAU | BELIER | TAUREAU | POISSONS | BELIER | VERSEAU | VERSEAU | SAGITTAIRE | 19 VERSEAU |
| 19 MAI | TAUREAU | BELIER | TAUREAU | POISSONS | BELIER | VERSEAU | VERSEAU | SAGITTAIRE | 2 POISSONS |
| 20 MAI | TAUREAU | BELIER | TAUREAU | POISSONS | BELIER | VERSEAU | VERSEAU | SAGITTAIRE | 16 POISSONS |
| 21 MAI | TAUREAU | BELIER | TAUREAU | POISSONS | BELIER | VERSEAU | VERSEAU | SAGITTAIRE | 0 BELIER |

LE SOLEIL ENTRE DANS LE SIGNE DU TAUREAU LE 20 AVRIL 1998 A 6 h 55
QUITTE LE SIGNE DU LE 21 MAI A 6 h 00

* LES CHIFFRES INDIQUENT LES DEGRÉS

| 1999 | MERCURE | VENUS | MARS | JUPITER | SATURNE | URANUS | NEPTUNE | PLUTON | LUNE* |
|---|---|---|---|---|---|---|---|---|---|
| 20 AVRIL | BELIER | GEMEAUX | SCORPION | BELIER | TAUREAU | VERSEAU | VERSEAU | SAGITTAIRE | 0 CANCER |
| 21 AVRIL | BELIER | GEMEAUX | SCORPION | BELIER | TAUREAU | VERSEAU | VERSEAU | SAGITTAIRE | 14 CANCER |
| 22 AVRIL | BELIER | GEMEAUX | SCORPION | BELIER | TAUREAU | VERSEAU | VERSEAU | SAGITTAIRE | 28 CANCER |
| 23 AVRIL | BELIER | GEMEAUX | SCORPION | BELIER | TAUREAU | VERSEAU | VERSEAU | SAGITTAIRE | 13 LION |
| 24 AVRIL | BELIER | GEMEAUX | SCORPION | BELIER | TAUREAU | VERSEAU | VERSEAU | SAGITTAIRE | 25 LION |
| 25 AVRIL | BELIER | GEMEAUX | SCORPION | BELIER | TAUREAU | VERSEAU | VERSEAU | SAGITTAIRE | 7 VIERGE |
| 26 AVRIL | BELIER | GEMEAUX | SCORPION | BELIER | TAUREAU | VERSEAU | VERSEAU | SAGITTAIRE | 20 VIERGE |
| 27 AVRIL | BELIER | GEMEAUX | SCORPION | BELIER | TAUREAU | VERSEAU | VERSEAU | SAGITTAIRE | 2 BALANCE |
| 28 AVRIL | BELIER | GEMEAUX | SCORPION | BELIER | TAUREAU | VERSEAU | VERSEAU | SAGITTAIRE | 14 BALANCE |
| 29 AVRIL | BELIER | GEMEAUX | SCORPION | BELIER | TAUREAU | VERSEAU | VERSEAU | SAGITTAIRE | 26 BALANCE |
| 30 AVRIL | BELIER | GEMEAUX | SCORPION | BELIER | TAUREAU | VERSEAU | VERSEAU | SAGITTAIRE | 8 SCORPION |
| 1 MAI | BELIER | GEMEAUX | SCORPION | BELIER | TAUREAU | VERSEAU | VERSEAU | SAGITTAIRE | 20 SCORPION |
| 2 MAI | BELIER | GEMEAUX | SCORPION | BELIER | TAUREAU | VERSEAU | VERSEAU | SAGITTAIRE | 2 SAGITTAIRE |
| 3 MAI | BELIER | GEMEAUX | SCORPION | BELIER | TAUREAU | VERSEAU | VERSEAU | SAGITTAIRE | 14 SAGITTAIRE |
| 4 MAI | BELIER | GEMEAUX | SCORPION | BELIER | TAUREAU | VERSEAU | VERSEAU | SAGITTAIRE | 26 SAGITTAIRE |
| 5 MAI | BELIER | GEMEAUX | SCORPION | BELIER | TAUREAU | VERSEAU | VERSEAU | SAGITTAIRE | 8 CAPRICORNE |
| 6 MAI | BELIER | GEMEAUX | BALANCE | BELIER | TAUREAU | VERSEAU | VERSEAU | SAGITTAIRE | 20 CAPRICORNE |
| 7 MAI | BELIER | GEMEAUX | BALANCE | BELIER | TAUREAU | VERSEAU | VERSEAU | SAGITTAIRE | 2 VERSEAU |
| 8 MAI | BELIER | GEMEAUX | BALANCE | BELIER | TAUREAU | VERSEAU | VERSEAU | SAGITTAIRE | 15 VERSEAU |
| 9 MAI | TAUREAU | CANCER | BALANCE | BELIER | TAUREAU | VERSEAU | VERSEAU | SAGITTAIRE | 28 VERSEAU |
| 10 MAI | TAUREAU | CANCER | BALANCE | BELIER | TAUREAU | VERSEAU | VERSEAU | SAGITTAIRE | 11 POISSONS |
| 11 MAI | TAUREAU | CANCER | BALANCE | BELIER | TAUREAU | VERSEAU | VERSEAU | SAGITTAIRE | 25 POISSONS |
| 12 MAI | TAUREAU | CANCER | BALANCE | BELIER | TAUREAU | VERSEAU | VERSEAU | SAGITTAIRE | 9 BELIER |
| 13 MAI | TAUREAU | CANCER | BALANCE | BELIER | TAUREAU | VERSEAU | VERSEAU | SAGITTAIRE | 23 BELIER |
| 14 MAI | TAUREAU | CANCER | BALANCE | BELIER | TAUREAU | VERSEAU | VERSEAU | SAGITTAIRE | 9 TAUREAU |
| 15 MAI | TAUREAU | CANCER | BALANCE | BELIER | TAUREAU | VERSEAU | VERSEAU | SAGITTAIRE | 23 TAUREAU |
| 16 MAI | TAUREAU | CANCER | BALANCE | BELIER | TAUREAU | VERSEAU | VERSEAU | SAGITTAIRE | 9 GEMEAUX |
| 17 MAI | TAUREAU | CANCER | BALANCE | BELIER | TAUREAU | VERSEAU | VERSEAU | SAGITTAIRE | 24 GEMEAUX |
| 18 MAI | TAUREAU | CANCER | BALANCE | BELIER | TAUREAU | VERSEAU | VERSEAU | SAGITTAIRE | 9 CANCER |
| 19 MAI | TAUREAU | CANCER | BALANCE | BELIER | TAUREAU | VERSEAU | VERSEAU | SAGITTAIRE | 23 CANCER |
| 20 MAI | TAUREAU | CANCER | BALANCE | BELIER | TAUREAU | VERSEAU | VERSEAU | SAGITTAIRE | 8 LION |
| 21 MAI | TAUREAU | CANCER | BALANCE | BELIER | TAUREAU | VERSEAU | VERSEAU | SAGITTAIRE | 21 LION |

LE SOLEIL ENTRE DANS LE SIGNE DU TAUREAU LE 20 AVRIL 1999 A 12 h 40
QUITTE LE SIGNE DU LE 21 MAI A 11 h 48

* LES CHIFFRES INDIQUENT LES DEGRÉS

# DÉCOUVREZ DANS QUEL SIGNE SE TROUVAIENT LES PLANÈTES A VOTRE NAISSANCE

| 2000 | MERCURE | VENUS | MARS | JUPITER | SATURNE | URANUS | NEPTUNE | PLUTON | LUNE* |
|---|---|---|---|---|---|---|---|---|---|
| 19 AVRIL | BELIER | BELIER | TAUREAU | TAUREAU | TAUREAU | VERSEAU | VERSEAU | SAGITTAIRE | 9 SCORPION |
| 20 AVRIL | BELIER | BELIER | TAUREAU | TAUREAU | TAUREAU | VERSEAU | VERSEAU | SAGITTAIRE | 21 SCORPION |
| 21 AVRIL | BELIER | BELIER | TAUREAU | TAUREAU | TAUREAU | VERSEAU | VERSEAU | SAGITTAIRE | 3 SAGITTAIRE |
| 22 AVRIL | BELIER | BELIER | TAUREAU | TAUREAU | TAUREAU | VERSEAU | VERSEAU | SAGITTAIRE | 15 SAGITTAIRE |
| 23 AVRIL | BELIER | BELIER | TAUREAU | TAUREAU | TAUREAU | VERSEAU | VERSEAU | SAGITTAIRE | 27 SAGITTAIRE |
| 24 AVRIL | BELIER | BELIER | TAUREAU | TAUREAU | TAUREAU | VERSEAU | VERSEAU | SAGITTAIRE | 9 CAPRICORNE |
| 25 AVRIL | BELIER | BELIER | TAUREAU | TAUREAU | TAUREAU | VERSEAU | VERSEAU | SAGITTAIRE | 21 CAPRICORNE |
| 26 AVRIL | BELIER | BELIER | TAUREAU | TAUREAU | TAUREAU | VERSEAU | VERSEAU | SAGITTAIRE | 3 VERSEAU |
| 27 AVRIL | BELIER | BELIER | TAUREAU | TAUREAU | TAUREAU | VERSEAU | VERSEAU | SAGITTAIRE | 15 VERSEAU |
| 28 AVRIL | BELIER | BELIER | TAUREAU | TAUREAU | TAUREAU | VERSEAU | VERSEAU | SAGITTAIRE | 27 VERSEAU |
| 29 AVRIL | BELIER | BELIER | TAUREAU | TAUREAU | TAUREAU | VERSEAU | VERSEAU | SAGITTAIRE | 10 POISSONS |
| 30 AVRIL | TAUREAU | BELIER | TAUREAU | TAUREAU | TAUREAU | VERSEAU | VERSEAU | SAGITTAIRE | 23 POISSONS |
| 1 MAI | TAUREAU | TAUREAU | TAUREAU | TAUREAU | TAUREAU | VERSEAU | VERSEAU | SAGITTAIRE | 6 BELIER |
| 2 MAI | TAUREAU | TAUREAU | TAUREAU | TAUREAU | TAUREAU | VERSEAU | VERSEAU | SAGITTAIRE | 20 BELIER |
| 3 MAI | TAUREAU | TAUREAU | TAUREAU | TAUREAU | TAUREAU | VERSEAU | VERSEAU | SAGITTAIRE | 4 TAUREAU |
| 4 MAI | TAUREAU | TAUREAU | GEMEAUX | TAUREAU | TAUREAU | VERSEAU | VERSEAU | SAGITTAIRE | 19 TAUREAU |
| 5 MAI | TAUREAU | TAUREAU | GEMEAUX | TAUREAU | TAUREAU | VERSEAU | VERSEAU | SAGITTAIRE | 3 GEMEAUX |
| 6 MAI | TAUREAU | TAUREAU | GEMEAUX | TAUREAU | TAUREAU | VERSEAU | VERSEAU | SAGITTAIRE | 18 GEMEAUX |
| 7 MAI | TAUREAU | TAUREAU | GEMEAUX | TAUREAU | TAUREAU | VERSEAU | VERSEAU | SAGITTAIRE | 3 CANCER |
| 8 MAI | TAUREAU | TAUREAU | GEMEAUX | TAUREAU | TAUREAU | VERSEAU | VERSEAU | SAGITTAIRE | 17 CANCER |
| 9 MAI | TAUREAU | TAUREAU | GEMEAUX | TAUREAU | TAUREAU | VERSEAU | VERSEAU | SAGITTAIRE | 1 LION |
| 10 MAI | TAUREAU | TAUREAU | GEMEAUX | TAUREAU | TAUREAU | VERSEAU | VERSEAU | SAGITTAIRE | 15 LION |
| 11 MAI | TAUREAU | TAUREAU | GEMEAUX | TAUREAU | TAUREAU | VERSEAU | VERSEAU | SAGITTAIRE | 0 VIERGE |
| 12 MAI | TAUREAU | TAUREAU | GEMEAUX | TAUREAU | TAUREAU | VERSEAU | VERSEAU | SAGITTAIRE | 13 VIERGE |
| 13 MAI | TAUREAU | TAUREAU | GEMEAUX | TAUREAU | TAUREAU | VERSEAU | VERSEAU | SAGITTAIRE | 27 VIERGE |
| 14 MAI | GEMEAUX | TAUREAU | GEMEAUX | TAUREAU | TAUREAU | VERSEAU | VERSEAU | SAGITTAIRE | 10 BALANCE |
| 15 MAI | GEMEAUX | TAUREAU | GEMEAUX | TAUREAU | TAUREAU | VERSEAU | VERSEAU | SAGITTAIRE | 22 BALANCE |
| 16 MAI | GEMEAUX | TAUREAU | GEMEAUX | TAUREAU | TAUREAU | VERSEAU | VERSEAU | SAGITTAIRE | 5 SCORPION |
| 17 MAI | GEMEAUX | TAUREAU | GEMEAUX | TAUREAU | TAUREAU | VERSEAU | VERSEAU | SAGITTAIRE | 17 SCORPION |
| 18 MAI | GEMEAUX | TAUREAU | GEMEAUX | TAUREAU | TAUREAU | VERSEAU | VERSEAU | SAGITTAIRE | 0 SAGITTAIRE |
| 19 MAI | GEMEAUX | TAUREAU | GEMEAUX | TAUREAU | TAUREAU | VERSEAU | VERSEAU | SAGITTAIRE | 12 SAGITTAIRE |
| 20 MAI | GEMEAUX | TAUREAU | GEMEAUX | TAUREAU | TAUREAU | VERSEAU | VERSEAU | SAGITTAIRE | 24 SAGITTAIRE |

LE SOLEIL ENTRE DANS LE SIGNE DU TAUREAU LE 19 AVRIL 2000 A 18 h 35 * LES CHIFFRES INDIQUENT LES DEGRÉS
QUITTE LE SIGNE DU LE 20 MAI A 17 h 45

# Comment utiliser vos heure et lieu de naissance pour déterminer le signe zodiacal de la Lune

Votre heure solaire de naissance (déjà calculée pour votre Ascendant)................. H
Rectification de cette heure d'après la carte de géographie mondiale
et en fonction de votre lieu de naissance (p. 8-9)...................................... H  *

*Par exemple, si vous êtes né(e) en Égypte, vous vous reportez à ce pays
sur la carte des pages 8 et 9 ; vous suivez le trait vertical vers le haut et vous lisez :*
**Retranchez 2 h.** *Vous inscrivez donc — 2 h, ci-contre.*

Soit l'heure de Greenwich correspondant à votre heure
solaire de naissance : (HG)............................................................. H  **

\* Si cette valeur est supérieure à votre heure solaire de naissance et que vous devez la retrancher, il vous suffit d'ajouter d'abord 24 heures à votre heure solaire de naissance :
4 h 30 — 6 h soit 4 h 30 + 24 h = 28 h 30 — 6 h = **22 h 30.**
\*\* Si ce total est supérieur à 24 heures, vous retranchez simplement 24 heures :
19 h + 7 h = 26 h — 24 h = **2 h.**

Par simple lecture du tableau ci-dessous vous trouvez alors le nombre de degrés zodiacaux à ajouter ou à retrancher du nombre indiqué par la Table pour obtenir le signe zodiacal final de la Lune à votre naissance.

| Si l'heure de Greenwich (HG) est comprise | | Voici l'opération que vous effectuez | |
|---|---|---|---|
| entre ▼ | et ▼ | ▼ | |
| 0 h | 1 h 30 | Vous retranchez | 6 degrés |
| 1 h 31 | 3 h 30 | Vous retranchez | 5 degrés |
| 3 h 31 | 5 h 30 | Vous retranchez | 4 degrés |
| 5 h 31 | 7 h 30 | Vous retranchez | 3 degrés |
| 7 h 31 | 9 h 30 | Vous retranchez | 2 degrés |
| 9 h 31 | 11 h 30 | Vous retranchez | 1 degré |
| 11 h 31 | 12 h 30 | Aucun changement | |
| 12 h 31 | 14 h 30 | Vous ajoutez | 1 degré |
| 14 h 31 | 16 h 30 | Vous ajoutez | 2 degrés |
| 16 h 31 | 18 h 30 | Vous ajoutez | 3 degrés |
| 18 h 31 | 20 h 30 | Vous ajoutez | 4 degrés |
| 20 h 31 | 22 h 30 | Vous ajoutez | 5 degrés |
| 22 h 31 | 0 h 00 | Vous ajoutez | 6 degrés |

Exemple : Lune à 27 degrés du Capricorne pour une naissance à Mexico à 15 heures solaires. L'heure Greenwich correspondante est égale à 15 h + 6 h 30 = 21 h 30 qui se situe entre 20 h 31 et 22 h 30, et l'on doit ajouter 5 degrés zodiacaux soit 27 degrés Capricorne + 5 = 32 et 32 = 30 + 2, soit Lune à 2 degrés du Verseau = Lune en Verseau.

*La villa d'Este, dans ce foisonnement d'arbres, de fleurs et d'eau, correspond au paysage idéal du Taureau qui impose son raffinement ordonné et harmonieux à la nature exubérante.*

*La Vénus du Taureau ressemble à cette femme, aux formes pleines et gracieuses, qui mélange le raffinement esthétique de sa mise à une attitude empreinte de calme et de paisible équilibre.*

# *Comment interpréter Vénus dans les Signes*

### Vénus en Taureau

L'astropsychologie applique à la vie amoureuse la constance du signe[1]. Harmonique, cette position favorise donc les longs attachements, les liens dont on ne se défait que dans de tragiques douleurs. Elle donne, sans doute, la patience, la bonne proportion de soumission et de domination nécessaire à l'entretien d'une heureuse relation affective.

Comme Mercure, mais à un bien moindre degré, Vénus stimule la force de combinaison ou d'intégration du signe. Ce qui, dans le contexte sensuel-sensoriel, s'exprime volontiers par le plaisir de la possession amoureuse sans cesse renouvelé, ou par quelque propension analogue à embrasser, tenir, faire sienne, en son corps, la chose que l'on aime.

La moindre dissonance suffit à changer ce terrain en jouisseur aux sens toujours disponibles pour le plaisir et son ivresse.

Vénus, dont la formule souligne le concrétisme du Taureau. Elle le rend pratique, combatif, absolu dans la défense de ses intérêts, la protection et l'extension de son territoire et ce d'autant plus que ses appétits sont exigeants et tenaces. C'est une Vénus qui ne s'accommode qu'en surface et très provisoirement des limitations à ses désirs de conquête et d'acquisition. Elle peut temporiser, user de feintes reculades, mais elle incline le Taureau à mettre à mal ses adversaires si elle se trouve sous le coup d'un affect, d'une émotion violente dont elle est coutumière.

On peut envisager des attachements à œillères, des fidélités qui tiennent du sacerdoce ou, au contraire, le donjuanisme vécu à l'emporte-pièce... Il reste que Vénus, en stimulant l'excitabilité du signe, n'enferme pas entièrement les comportements tauriens dans ses routines. Il y a du mou dans le harnais : une mobilité qui élargit les perspectives, met de la souplesse et du changement dans les choix, de l'invention dans les tactiques, plus de désir à vivre hors la monotonie.

En d'autres termes, Vénus exerce son influence dans le registre excitable du signe. Elle en abaisse partiellement (moyennement) les remous, favorisant un équilibre relatif qui se rompt dès que s'élève le désir et perce l'appétence.

### Vénus en Gémeaux

Le goût du flirt, de la comédie amoureuse est fréquent, celui du changement ne l'est pas moins. Ces deux tendances aboutissent à de nombreuses relations affectives, le flirt plus ou moins poussé surpassant la passion authentique. Au pire, ce serait l'image du papillon. Le choix est difficile, aussi ne le fait-on pas.

Pour ne pas se perdre dans tout cela, il faut éviter de provoquer des drames, conserver un certain sang-froid, une lucidité raisonnable sous une apparence d'amitié courtoise où chacun croit discerner un amour partagé. La sensualité n'est pas un élément dominant, bien qu'elle ne soit pas

---

1. « Vénus en Taureau » est le seul paragraphe de ce chapitre à avoir été écrit par Jean-Pierre Nicola. Les autres paragraphes ont été écrits par les auteurs respectifs des signes concernés.

exempte de raffinements. La vie sentimentale peut donc être assez compliquée, mais l'adresse permet d'éviter les crises trop périlleuses. Les déceptions, en général, ne durent pas, tant il est facile de trouver de nouveaux partenaires.

### Vénus en Cancer

La planète de l'amour et de l'art se trouve en affinité avec le signe d'Eau. Vénus en Cancer s'intériorise, gagne en pudeur et en réserve ce qu'elle perdait en extraversion, elle devient plus artiste, plus profonde et plus douce. Sa recherche de l'amour sensuel se transforme en quête de tendresse, de protection, de sécurité affective. C'est une Vénus mouvante mais fidèle, capricieuse mais sage. Sensualité « sensorielle ».

### Vénus en Lion

Vous savez jouer au maximum de l'efficacité des apparences, de l'impact affectif des paroles. Votre Moi en représentation s'affirme par le canal de l'émotion ainsi produite sur les autres. Vous vous efforcez de susciter la sympathie admirative par les moyens les plus extérieurs — d'aucuns diraient les plus superficiels —, tels que la beauté physique, le vêtement, la parure, le maintien, la qualité du langage et le respect de l'étiquette. Selon votre orientation générale, extravertie ou introvertie, vous viserez par ces biais à donner une impression de force, d'aisance souveraine, de liberté superbe, ou bien de noblesse, de générosité, d'élégance morale.

### Vénus en Vierge

Vénus s'adresse au cœur. La Vierge (associée en mythologie à Athéna, déesse de l'intelligence) n'écoute que la raison.

Cette problématique peut se vivre de différentes manières. Il est certain, en tout cas, que la position de Vénus dans ce signe donne souvent au sujet un comportement amoureux comparable à celui du Virginien. On retrouve le même refus de perdre la tête, de se laisser aller. La passion est tenue en bride, dissimulée sous un masque d'ironie, de scepticisme, de froideur. Les instincts amoureux ne sont pas nécessairement inhibés, mais leur expression est freinée, sans cesse contrôlée. Parfois, cependant, les sentiments sont tièdes, les effusions rares, les unions raisonnables...

### Vénus en Balance

La Tradition astrologique enseigne que Vénus a ses domiciles dans la Balance et dans le Taureau, ou, comme l'on dit encore, qu'elle exerce sa maîtrise sur ces deux signes. C'est une façon de souligner la grande complicité qui existe entre Vénus et ces signes, à travers lesquels la déesse de l'amour s'exprime le plus librement, le plus complètement et le plus heureusement.

Cependant, Vénus ne manifeste pas dans le Taureau les mêmes effets que dans la Balance. Les planètes sont comme la plupart d'entre nous : placées dans des milieux différents, elles se comportent différemment, sans rien perdre de leur nature intrinsèque. [...]

Venons-en maintenant aux effets qui accompagnent la présence de Vénus en Balance. Le comportement du sujet, fait de douceur, de délicatesse et de charme, lui attire sans effort la sympathie de son entourage et, dans le cas où il la sollicite, celle du public. Il faut dire qu'il la diffuse lui-même, et que rien n'attire mieux la sympathie que cette qualité elle-même. Gai, insouciant, optimiste, il jouit pleinement des plaisirs de l'existence qu'il sait apprécier à leur juste valeur. Mais il recherche surtout les plaisirs délicats. Son sens esthétique est suffisamment développé pour qu'il sache imposer à ses désirs des limites qui l'empêchent de tomber dans la vulgarité ou la débauche. Il est plus gourmet que gourmand.

C'est un esprit cultivé et raffiné qui s'intéresse à toutes les formes d'art, aux belles-lettres et à la philosophie. En d'autres temps, il se serait fait une réputation de « bel esprit ». Il se meut avec aisance et élégance. [...]

### Vénus en Scorpion

Vénus en Scorpion signifie souvent, pour le natif, l'exil ou la perte de la personne aimée, et cette séparation est intensément douloureuse puisque le Scorpion aime profondément et passionnément

(Marie-Antoinette). Sur le plan matrimonial : destruction de l'union assez fréquente, puis reconstruction d'un autre foyer, suivant le symbolisme de Pluton, qui est « mort en résurrection ». Dans un thème féminin, Vénus en Scorpion signe quelquefois la prostitution avec un enchaînement de situations marginales et dramatiques dont la native ne réussit pas à sortir. De façon générale, c'est une position de la planète qui apporte des passions violentes et dramatiques : une saison en enfer. Vénus en Scorpion accorde au natif un magnétisme sexuel intense, un grand charme et une séduction irrésistible.

### Vénus en Sagittaire

La conception artistique du Sagittaire s'incarne à merveille dans le jazz. Cette musique à chaud qui se joue en équipe, où l'on est entraîné par un rythme endiablé, où la dépense nerveuse est intense, où l'on n'a pas à déchiffrer une partition ou à se souvenir de bien respecter telle ou telle règle, où l'on danse de tout son corps, est la meilleure détente du signe.

Le Sagittaire aime le mouvement, il se plaît entre deux destinations. Il ne sait guère passer des vacances calmes et casanières.

### Vénus en Capricorne

Cette Vénus est possessive, obstinée, très rigoriste. Elle retire de la passion à la relation amoureuse — la raison, le scepticisme du signe interdisant les grands élans —, et lui attribue en compensation de la solidité, de l'endurance, de la ténacité : cette Vénus se contente de peu (à la limite, elle vit d'amour platonique), ou alors, mais c'est plus rare, elle multiplie les expériences « utilitaires ».

### Vénus en Verseau

Le Verseau est spontanément doué pour le bonheur parce qu'il fait crédit à la nature humaine, mais qu'il est sans illusions sur ses imperfections. Il refuse donc toute complaisance envers le chagrin. Pour les sujets évolués, point de lyrisme romantique : on analyse le mal d'amour et, pour le dompter, on fait appel à la raison ou à l'oubli.

Que ce soit dans le choix d'un objet ou dans les rapports humains, si vous êtes Verseau bon teint, une grande indifférence vous habite jusqu'à ce que quelque chose, ou quelqu'un, mobilise votre attention : vous réagissez alors par une attirance extrême ou une répulsion spontanée que vous essayez de modérer en compensant, par un compliment, la rigueur d'une attitude, et en éteignant provisoirement l'emballement d'un moment.

### Vénus en Poissons

Avec Vénus en Poissons, le partenaire est idéalisé ; l'amour est vécu comme un rêve. On peut reprendre ici l'expression de Gaston Bachelard dans *l'Eau et les Rêves* : « Le fait imaginé est plus important que le fait réel » ; exalté dans le signe des Poissons, l'amour prend une ampleur lyrique. L'affectivité est débordante. Toutes les motivations sensorielles et affectives se manifestent, en effet, sur un mode Poissons : c'est-à-dire sans mesure et sans caractère logique... Les amours sont sans frontières. Amours souvent impossibles, chimériques, utopiques, dans lesquelles on se jette à corps perdu. L'élu est mis sur un piédestal. Si le rêve s'effondre, le « château de sable » est emporté par la vague... Les chimères évanouies, il ne reste plus rien. Mais un nouveau rêve emportera tôt ou tard le Poissons vers un nouvel amour. L'être, alors, retrouve sa capacité d'émerveillement intacte, et s'embarque à nouveau pour Cythère... L'amour est bien, pour le Poissons, un véritable état de grâce...

### Vénus en Bélier

Les sentiments sont passionnés, l'esprit de conquête violent, l'impulsion sexuelle intarissable. L'amour est vécu comme un sentiment exclusif, intense, brûlant, mais souvent pas très durable. Grande générosité. « Vénus tout entière à sa proie attachée. » L'affectivité est importante, chaleureuse, un peu brusque. Nombreuses et brèves passions.

*Ce taureau ailé, à tête humaine, que l'on doit à l'art assyrien, montre la majesté robuste du signe, alliée à sa capacité de se dégager de la matière quand un grand dessein l'anime.*

# Généralités sur les aspects planétaires

Dans leur mouvement autour du Soleil, des planètes occupent des positions différentes les unes par rapport aux autres.

Les aspects planétaires correspondent à certaines de ces positions vues de la Terre, c'est-à-dire en fonction du signe zodiacal occupé par chaque planète.

Certains écarts entre deux planètes constituent des aspects harmoniques.

Dans ce cas, les énergies des deux planètes se combinent aisément et s'enrichissent mutuellement : il existe une heureuse possibilité de développement des facultés physiques et psychologiques correspondant à ces deux planètes.

D'autres écarts entre planètes constituent des aspects dissonants.

Dans ce cas, les énergies des deux planètes entrent en conflit et ne parviennent pas à s'associer positivement : il se produit un excès ou une carence des facultés planétaires correspondantes.

Vous trouverez dans les tableaux d'aspects ci-après la nature harmonique (H) ou dissonante (D) des aspects que formaient, à votre naissance, les différentes planètes entre elles.

Dans certains cas, les planètes ne forment aucun aspect, ce qui correspond aux zones vides des tableaux.

Si, par exemple, vous désirez connaître la nature de l'aspect éventuel que formait Jupiter en Cancer avec Mars en Poissons, vous utilisez le tableau « Si vous avez une planète dans le Cancer ».

Vous cherchez la ligne Mars dans ce tableau, et à la colonne Poissons vous lisez H, ce qui signifie que Jupiter et Mars ont entre eux un aspect harmonique.

Au cas où les deux planètes sont dans la même ligne, vous utilisez le tableau spécial dont l'emploi se passe de commentaire.

La recherche de la signification des aspects constitue une exploration nouvelle et enrichissante de votre personnalité.

Vous pouvez en retirer une connaissance très utile des forces qui, en vous, se complètent ou s'opposent, ce qui vous donne la possibilité de les exprimer encore mieux.

## QUALITÉ DES ASPECTS LORSQUE DEUX PLANÈTES SE TROUVENT DANS LE MÊME SIGNE ZODIACAL

| AUTRES PLANÈTES DANS LE MÊME SIGNE | SOLEIL | LUNE | MERCURE | VÉNUS | MARS | JUPITER | SATURNE | URANUS | NEPTUNE | PLUTON |
|---|---|---|---|---|---|---|---|---|---|---|
| SOLEIL   |   | H | H | H | D | H | D | D | H | D |
| LUNE     | H |   | H | H | D | H | D | D | H | D |
| MERCURE  | H | H |   | H | D | H | D | D | H | D |
| VÉNUS    | H | H | H |   | D | H | D | D | H | D |
| MARS     | D | D | D | D |   | D | D | D | D | D |
| JUPITER  | H | H | H | H | D |   | D | D | H | D |
| SATURNE  | D | D | D | D | D | D |   | D | D | D |
| URANUS   | D | D | D | D | D | D | D |   | D | D |
| NEPTUNE  | H | H | H | H | D | H | D | D |   | D |
| PLUTON   | D | D | D | D | D | D | D | D | D |   |

## SI VOUS AVEZ UNE PLANÈTE DANS LE BÉLIER

| Elle a les aspects suivants avec les autres Planètes dans les autres signes | BÉLIER | TAUREAU | GÉMEAUX | CANCER | LION | VIERGE | BALANCE | SCORPION | SAGITTAIRE | CAPRICORNE | VERSEAU | POISSONS |
|---|---|---|---|---|---|---|---|---|---|---|---|---|
| SOLEIL    | VOIR TABLEAU SPÉCIAL | | H | D | H | | D | | H | D | H | |
| LUNE      | VOIR TABLEAU SPÉCIAL | | H | D | H | | D | | H | D | H | |
| MERCURE   | VOIR TABLEAU SPÉCIAL | | H | D | H | | D | | H | D | H | |
| VÉNUS     | VOIR TABLEAU SPÉCIAL | | H | D | H | | D | | H | D | H | |
| MARS      | VOIR TABLEAU SPÉCIAL | | H | D | H | | D | | H | D | H | |
| JUPITER   | VOIR TABLEAU SPÉCIAL | | H | D | H | | D | | H | D | H | |
| SATURNE   | VOIR TABLEAU SPÉCIAL | | H | D | H | | D | | H | D | H | |
| URANUS    | VOIR TABLEAU SPÉCIAL | | H | D | H | | D | | H | D | H | |
| NEPTUNE   | VOIR TABLEAU SPÉCIAL | | H | D | H | | D | | H | D | H | |
| PLUTON    | VOIR TABLEAU SPÉCIAL | | H | D | H | | D | | H | D | H | |

## SI VOUS AVEZ UNE PLANÈTE DANS LE TAUREAU

| Elle a les aspects suivants avec les autres Planètes dans les autres signes | BÉLIER | TAUREAU | GÉMEAUX | CANCER | LION | VIERGE | BALANCE | SCORPION | SAGITTAIRE | CAPRICORNE | VERSEAU | POISSONS |
|---|---|---|---|---|---|---|---|---|---|---|---|---|
| SOLEIL    | | VOIR TABLEAU SPÉCIAL | | H | D | H | | D | | H | D | H |
| LUNE      | | VOIR TABLEAU SPÉCIAL | | H | D | H | | D | | H | D | H |
| MERCURE   | | VOIR TABLEAU SPÉCIAL | | H | D | H | | D | | H | D | H |
| VÉNUS     | | VOIR TABLEAU SPÉCIAL | | H | D | H | | D | | H | D | H |
| MARS      | | VOIR TABLEAU SPÉCIAL | | H | D | H | | D | | H | D | H |
| JUPITER   | | VOIR TABLEAU SPÉCIAL | | H | D | H | | D | | H | D | H |
| SATURNE   | | VOIR TABLEAU SPÉCIAL | | H | D | H | | D | | H | D | H |
| URANUS    | | VOIR TABLEAU SPÉCIAL | | H | D | H | | D | | H | D | H |
| NEPTUNE   | | VOIR TABLEAU SPÉCIAL | | H | D | H | | D | | H | D | H |
| PLUTON    | | VOIR TABLEAU SPÉCIAL | | H | D | H | | D | | H | D | H |

## SI VOUS AVEZ UNE PLANÈTE DANS LES GÉMEAUX

| Elle a les aspects suivants avec les autres Planètes dans les autres signes | BÉLIER | TAUREAU | GÉMEAUX | CANCER | LION | VIERGE | BALANCE | SCORPION | SAGITTAIRE | CAPRICORNE | VERSEAU | POISSONS |
|---|---|---|---|---|---|---|---|---|---|---|---|---|
| SOLEIL    | H | | VOIR TABLEAU SPÉCIAL | | H | D | H | | D | | H | D |
| LUNE      | H | | VOIR TABLEAU SPÉCIAL | | H | D | H | | D | | H | D |
| MERCURE   | H | | VOIR TABLEAU SPÉCIAL | | H | D | H | | D | | H | D |
| VÉNUS     | H | | VOIR TABLEAU SPÉCIAL | | H | D | H | | D | | H | D |
| MARS      | H | | VOIR TABLEAU SPÉCIAL | | H | D | H | | D | | H | D |
| JUPITER   | H | | VOIR TABLEAU SPÉCIAL | | H | D | H | | D | | H | D |
| SATURNE   | H | | VOIR TABLEAU SPÉCIAL | | H | D | H | | D | | H | D |
| URANUS    | H | | VOIR TABLEAU SPÉCIAL | | H | D | H | | D | | H | D |
| NEPTUNE   | H | | VOIR TABLEAU SPÉCIAL | | H | D | H | | D | | H | D |
| PLUTON    | H | | VOIR TABLEAU SPÉCIAL | | H | D | H | | D | | H | D |

*Généralités sur les aspects planétaires*

## SI VOUS AVEZ UNE PLANÈTE DANS LE CANCER

| Elle a les aspects suivants avec les autres Planètes dans les autres signes | BÉLIER | TAUREAU | GÉMEAUX | CANCER | LION | VIERGE | BALANCE | SCORPION | SAGITTAIRE | CAPRICORNE | VERSEAU | POISSONS |
|---|---|---|---|---|---|---|---|---|---|---|---|---|
| SOLEIL | D | H | | VOIR TABLEAU SPÉCIAL | | H | D | H | | D | | H |
| LUNE | D | H | | | | H | D | H | | D | | H |
| MERCURE | D | H | | | | H | D | H | | D | | H |
| VÉNUS | D | H | | | | H | D | H | | D | | H |
| MARS | D | H | | | | H | D | H | | D | | H |
| JUPITER | D | H | | | | H | D | H | | D | | H |
| SATURNE | D | H | | | | H | D | H | | D | | H |
| URANUS | D | H | | | | H | D | H | | D | | H |
| NEPTUNE | D | H | | | | H | D | H | | D | | H |
| PLUTON | D | H | | | | H | D | H | | D | | H |

## SI VOUS AVEZ UNE PLANÈTE DANS LE LION

| Elle a les aspects suivants avec les autres Planètes dans les autres signes | BÉLIER | TAUREAU | GÉMEAUX | CANCER | LION | VIERGE | BALANCE | SCORPION | SAGITTAIRE | CAPRICORNE | VERSEAU | POISSONS |
|---|---|---|---|---|---|---|---|---|---|---|---|---|
| SOLEIL | H | D | H | | VOIR TABLEAU SPÉCIAL | | H | D | H | | D | |
| LUNE | H | D | H | | | | H | D | H | | D | |
| MERCURE | H | D | H | | | | H | D | H | | D | |
| VÉNUS | H | D | H | | | | H | D | H | | D | |
| MARS | H | D | H | | | | H | D | H | | D | |
| JUPITER | H | D | H | | | | H | D | H | | D | |
| SATURNE | H | D | H | | | | H | D | H | | D | |
| URANUS | H | D | H | | | | H | D | H | | D | |
| NEPTUNE | H | D | H | | | | H | D | H | | D | |
| PLUTON | H | D | H | | | | H | D | H | | D | |

## SI VOUS AVEZ UNE PLANÈTE DANS LA VIERGE

| Elle a les aspects suivants avec les autres Planètes dans les autres signes | BÉLIER | TAUREAU | GÉMEAUX | CANCER | LION | VIERGE | BALANCE | SCORPION | SAGITTAIRE | CAPRICORNE | VERSEAU | POISSONS |
|---|---|---|---|---|---|---|---|---|---|---|---|---|
| SOLEIL | | H | D | H | | VOIR TABLEAU SPÉCIAL | | H | D | H | | D |
| LUNE | | H | D | H | | | | H | D | H | | D |
| MERCURE | | H | D | H | | | | H | D | H | | D |
| VÉNUS | | H | D | H | | | | H | D | H | | D |
| MARS | | H | D | H | | | | H | D | H | | D |
| JUPITER | | H | D | H | | | | H | D | H | | D |
| SATURNE | | H | D | H | | | | H | D | H | | D |
| URANUS | | H | D | H | | | | H | D | H | | D |
| NEPTUNE | | H | D | H | | | | H | D | H | | D |
| PLUTON | | H | D | H | | | | H | D | H | | D |

## SI VOUS AVEZ UNE PLANÈTE DANS LA BALANCE

| Elle a les aspects suivants avec les autres Planètes dans les autres signes | BÉLIER | TAUREAU | GÉMEAUX | CANCER | LION | VIERGE | BALANCE | SCORPION | SAGITTAIRE | CAPRICORNE | VERSEAU | POISSONS |
|---|---|---|---|---|---|---|---|---|---|---|---|---|
| SOLEIL | D | H | D | H | | | VOIR TABLEAU SPÉCIAL | | H | D | H | |
| LUNE | D | H | D | H | | | | | H | D | H | |
| MERCURE | D | H | D | H | | | | | H | D | H | |
| VÉNUS | D | H | D | H | | | | | H | D | H | |
| MARS | D | H | D | H | | | | | H | D | H | |
| JUPITER | D | H | D | H | | | | | H | D | H | |
| SATURNE | D | H | D | H | | | | | H | D | H | |
| URANUS | D | H | D | H | | | | | H | D | H | |
| NEPTUNE | D | H | D | H | | | | | H | D | H | |
| PLUTON | D | H | D | H | | | | | H | D | H | |

## SI VOUS AVEZ UNE PLANÈTE DANS LE SCORPION

| Elle a les aspects suivants avec les autres Planètes dans les autres signes | BÉLIER | TAUREAU | GÉMEAUX | CANCER | LION | VIERGE | BALANCE | SCORPION | SAGITTAIRE | CAPRICORNE | VERSEAU | POISSONS |
|---|---|---|---|---|---|---|---|---|---|---|---|---|
| SOLEIL | | D | | H | D | H | | VOIR TABLEAU SPÉCIAL | | H | D | H |
| LUNE | | D | | H | D | H | | | | H | D | H |
| MERCURE | | D | | H | D | H | | | | H | D | H |
| VÉNUS | | D | | H | D | H | | | | H | D | H |
| MARS | | D | | H | D | H | | | | H | D | H |
| JUPITER | | D | | H | D | H | | | | H | D | H |
| SATURNE | | D | | H | D | H | | | | H | D | H |
| URANUS | | D | | H | D | H | | | | H | D | H |
| NEPTUNE | | D | | H | D | H | | | | H | D | H |
| PLUTON | | D | | H | D | H | | | | H | D | H |

## SI VOUS AVEZ UNE PLANÈTE DANS LE SAGITTAIRE

| Elle a les aspects suivants avec les autres Planètes dans les autres signes | BÉLIER | TAUREAU | GÉMEAUX | CANCER | LION | VIERGE | BALANCE | SCORPION | SAGITTAIRE | CAPRICORNE | VERSEAU | POISSONS |
|---|---|---|---|---|---|---|---|---|---|---|---|---|
| SOLEIL | H | | D | | H | D | H | | VOIR TABLEAU SPÉCIAL | | H | D |
| LUNE | H | | D | | H | D | H | | | | H | D |
| MERCURE | H | | D | | H | D | H | | | | H | D |
| VÉNUS | H | | D | | H | D | H | | | | H | D |
| MARS | H | | D | | H | D | H | | | | H | D |
| JUPITER | H | | D | | H | D | H | | | | H | D |
| SATURNE | H | | D | | H | D | H | | | | H | D |
| URANUS | H | | D | | H | D | H | | | | H | D |
| NEPTUNE | H | | D | | H | D | H | | | | H | D |
| PLUTON | H | | D | | H | D | H | | | | H | D |

*Généralités sur les aspects planétaires*

## SI VOUS AVEZ UNE PLANÈTE DANS LE CAPRICORNE

| Elle a les aspects suivants avec les autres Planètes dans les autres signes | BÉLIER | TAUREAU | GÉMEAUX | CANCER | LION | VIERGE | BALANCE | SCORPION | SAGITTAIRE | CAPRICORNE | VERSEAU | POISSONS |
|---|---|---|---|---|---|---|---|---|---|---|---|---|
| SOLEIL | D | H | | D | H | D | H | | | VOIR TABLEAU SPÉCIAL | | H |
| LUNE | D | H | | D | H | D | H | | | | | H |
| MERCURE | D | H | | D | H | D | H | | | | | H |
| VÉNUS | D | H | | D | H | D | H | | | | | H |
| MARS | D | H | | D | H | D | H | | | | | H |
| JUPITER | D | H | | D | H | D | H | | | | | H |
| SATURNE | D | H | | D | H | D | H | | | | | H |
| URANUS | D | H | | D | H | D | H | | | | | H |
| NEPTUNE | D | H | | D | H | D | H | | | | | H |
| PLUTON | D | H | | D | H | D | H | | | | | H |

## SI VOUS AVEZ UNE PLANÈTE DANS LE VERSEAU

| Elle a les aspects suivants avec les autres Planètes dans les autres signes | BÉLIER | TAUREAU | GÉMEAUX | CANCER | LION | VIERGE | BALANCE | SCORPION | SAGITTAIRE | CAPRICORNE | VERSEAU | POISSONS |
|---|---|---|---|---|---|---|---|---|---|---|---|---|
| SOLEIL | H | D | H | | D | H | D | H | | | VOIR TABLEAU SPÉCIAL | |
| LUNE | H | D | H | | D | H | D | H | | | | |
| MERCURE | H | D | H | | D | H | D | H | | | | |
| VÉNUS | H | D | H | | D | H | D | H | | | | |
| MARS | H | D | H | | D | H | D | H | | | | |
| JUPITER | H | D | H | | D | H | D | H | | | | |
| SATURNE | H | D | H | | D | H | D | H | | | | |
| URANUS | H | D | H | | D | H | D | H | | | | |
| NEPTUNE | H | D | H | | D | H | D | H | | | | |
| PLUTON | H | D | H | | D | H | D | H | | | | |

## SI VOUS AVEZ UNE PLANÈTE DANS LES POISSONS

| Elle a les aspects suivants avec les autres Planètes dans les autres signes | BÉLIER | TAUREAU | GÉMEAUX | CANCER | LION | VIERGE | BALANCE | SCORPION | SAGITTAIRE | CAPRICORNE | VERSEAU | POISSONS |
|---|---|---|---|---|---|---|---|---|---|---|---|---|
| SOLEIL | | H | D | H | | D | H | D | H | | | VOIR TABLEAU SPÉCIAL |
| LUNE | | H | D | H | | D | H | D | H | | | |
| MERCURE | | H | D | H | | D | H | D | H | | | |
| VÉNUS | | H | D | H | | D | H | D | H | | | |
| MARS | | H | D | H | | D | H | D | H | | | |
| JUPITER | | H | D | H | | D | H | D | H | | | |
| SATURNE | | H | D | H | | D | H | D | H | | | |
| URANUS | | H | D | H | | D | H | D | H | | | |
| NEPTUNE | | H | D | H | | D | H | D | H | | | |
| PLUTON | | H | D | H | | D | H | D | H | | | |

*Cet autoportrait de Courbet, digne représentant du Taureau, illustre à la perfection son univers. Il se dégage de ce personnage assis à même la terre, son chien d'un côté, un livre de l'autre, quelque chose d'éminemment soigné, contrastant avec la simplicité de l'attitude.*

# *Comment interpréter les aspects de Vénus avec les autres Planètes*

Techniquement, il est difficile de trouver des différences angulaires donnant des aspects exacts, au degré précis prévu par la division du cercle en portions pures. Les astrologues introduisent alors des « orbes » ou marges d'action, de plus ou moins 2 degrés à 12 degrés, selon l'importance de l'aspect et des planètes en cause. Les axes du ciel (Ascendant, Descendant, Milieu-du-Ciel, Fond-du-Ciel), les planètes rapides, bénéficient des grandes marges surtout pour les principaux aspects : la conjonction et l'opposition.

Les aspects majeurs, de la conjonction au sextile, constituent un fond commun à toutes les écoles astrologiques. Il n'y a pas une souche aussi unanime quant aux marges d'influence. Pour ne pas faire d'un horoscope une véritable passoire, un ciel criblé de sens, l'école conditionaliste n'utilise pas les aspects mineurs et élargit les orbes des majeurs, ce qui fait qu'en dépit de ses larges marges de tolérance pour la conjonction et l'opposition, un ciel ainsi traité révélera plus souvent l'essentiel en sacrifiant les risques d'un trop-plein déroutant pour une synthèse d'influences.

Il est tentant de proposer à la postérité une explication des aspects, de leur nombre et qualité. Les essais ésotérisants s'en remettent aux nombres entiers et à leurs harmonies symbolistes. Les essais d'inspiration physico-mathématique conservent les nombres entiers en se référant au rôle de ces nombres dans les principes de l'harmonie musicale ou dans l'atomistique.

Pour comprendre la signification générale des aspects, on conçoit un escalier de plusieurs marches : les dissonances sont les « hauteurs » induisant des changements de plan ; brisant une continuité, posant un problème de rapport de force, de compétition pour la domination (axe infériorité-supériorité). Les harmoniques sont les paliers induisant les temps de consolidation, de trêve, de retour à la continuité et aux échanges non sélectifs.

## Vénus-Soleil

*Aspects harmoniques* (conjonction ne recevant pas d'aspect dissonant) : Classiquement, l'aspect Soleil-Vénus est jugé comme un indice de charme, de réussite par l'art et les vertus du cœur. Il marque les âmes nobles et ardentes à l'amour, capables, au nom de leur sentiment du Beau, d'actes généreux et exemplaires.

En langage moins traditionnel, Vénus concrétise les représentations données par le Soleil. Les notions simples et collectives que celui-ci inspire, telles que « bonheur », « réussite », « beauté », ne sont pas, à vos yeux, des idées abstraites, d'illusoires façons de penser. Elles peuvent se matérialiser en réalités palpables.

Pour vous, le bonheur existe parce que vous savez passer des mots aux choses qui les incarnent. Ou encore parce que vous avez de bonnes dispositions à changer en situations réelles ce qui, chez d'autres, reste au niveau des images.

C'est pourquoi, au lieu de vous appliquer à définir le bonheur, vous vous efforcez de le mettre à votre portée, de lui donner le visage des êtres et des choses liés à des perceptions agréables. Ce visage peut être aussi bien celui de l'être aimé que d'un appartement cossu ou d'une situation en or. La destinée peut d'ailleurs vous amener à passer d'une application à l'autre.

Vénus ne vous rend pas forcément exigeant, mais elle vous permet de retenir et d'exploiter parmi vos possibilités celles qui vous donnent les meilleures chances de réussite parce qu'elles se rapprochent au maximum de la notion sociale de la réussite. En somme, vous pouvez vous adapter aux idées reçues, vous modeler sur le personnage que l'on attend de vous et trouver ainsi le meilleur moyen d'être loué, admiré et approuvé.

Pareils mécanismes vous permettent de concrétiser les idées de vos maîtres, parents, éducateurs. Vous en illustrez les bons côtés, comme vous savez montrer la valeur utile des convenances et changer les grands principes en des comportements humains. C'est en quoi vos qualités morales sont aimables ; vous savez rendre supportables l'autorité ou la supériorité dont vous pourriez vous réclamer. Avec vous, les idées simples perdent de leur rigidité pour mieux entrer dans la vie. C'est une façon de rapprocher les dieux des réalités quotidiennes. Bien sûr, vous n'êtes pas l'incarnation d'une fée ou d'un super-héros, mais si c'était possible... Pourquoi pas ?

Dans la mesure où le Soleil représente l'auto-estimation que l'on tire de ses rapports sociaux, vous prenez très au sérieux l'image de marque que vous devez à votre vie de relation.

Elle est le point d'appui grâce auquel vous sentez votre personnalité et ses effets sur autrui. Il va sans dire que ce point d'appui est l'objet de soins attentifs que d'aucuns qualifieraient de « narcissiques ». En vérité, il s'agit d'une sorte d'échange de bons procédés entre votre image et le miroir que vous offre le monde.

*Aspect dissonant* (conjonction recevant un aspect majeur dissonant) : La dissonance Vénus-Soleil s'interprète généralement comme l'indice d'une vie amoureuse dissipée. Elle passe pour inciter à la suffisance et aux menus ou grands défauts qu'engendrent la paresse, l'abandon au naturel.

On peut parler d'une difficulté, voire d'une impossibilité à vivre selon les modèles transmis par l'éducation et ressentir par eux un véritable sentiment d'autosatisfaction.

Bien qu'il y ait sensibilisation aux principes inculqués, ceux-ci restent à la surface de votre vérité. Ils peuvent vous permettre d'avoir une bonne contenance, un certain sens du conformisme et des idées reçues. Ils ne sont pas assez convaincants pour devenir votre emblème, exprimer votre fond et vous porter jusqu'au bout de vos comportements.

Votre façon de vivre peut trahir l'insuffisance des lignes directrices grâce auxquelles d'aucuns organisent et construisent logiquement leur existence. Si Vénus l'emporte en force sur le Soleil, votre conduite peut témoigner d'un tempérament trop vivant pour se plier aux empreintes solaires de maîtrise, autorité, prestige conquis par adhésion aux convenances du groupe.

Vous préférez votre personnage narcissique à ceux qu'on vous propose et vous aimez mieux n'en faire qu'à votre tête plutôt que de vous torturer à suivre des exemples qui ne vous inspirent aucune dévotion particulière.

Plus insoumis que révolté, plus réfractaire qu'opposant, peut-être vous arrive-t-il de désarmer les reproches en démontrant qu'un exemple en vaut un autre, le vôtre pouvant servir d'étalon. Il entre probablement dans vos expériences diverses, si ce n'est dans vos dissipations, une quête d'unité qui vous échappe parce qu'elle se trouve associée à une idée de mutilation, d'appauvrissement du Moi.

Si le Soleil est au moins égal à Vénus en puissance, vous finirez par trouver cette unité. S'il est trop fort, vous risquez de vivre l'autre versant de la dissonance par des croyances naïves, une survalorisation du conformisme et des beaux et grands sentiments. Aveuglée par la façade et le côté jardin, votre sensibilité ne vous fera aimer que les héros factices et les exploits livresques. A l'inverse du dicton, il faut veiller ici à ne pas prendre le flacon pour l'ivresse.

## Vénus-Lune

*Aspect harmoniques* (conjonction, trigone, sextile) : L'affinité naturelle de Vénus avec la Lune justifie traditionnellement les belles perspectives que l'on déduit de cette configuration et les bons effets constatés à divers niveaux : dons esthétiques, réussite auprès de l'autre sexe, chance, épanouissement harmonieux des instincts.

Ces bienfaits découlent de votre heureuse adaptation à toute espèce de communauté réunie par des préoccupations, des fonctions ou des intérêts complémentaires. La famille a pu vous donner très tôt la faculté de composer avec le groupe, d'en atténuer les divergences et les griefs.

Moins porté que d'autres à ressentir les faits, leur représentativité vous suffit. L'image d'une participation étroite des membres d'une seule famille, ou celle d'un couple formant un seul univers, vous paraît de celles qui méritent force attentions et prévenances. Vous savez, à l'occasion, passer sur bien des choses pour ne pas détruire pareille image car vous savez, dans vos fibres, qu'il arrive aux images de commander aux faits, si ce n'est de les créer de toutes pièces.

Ces dispositions vous incitent à éloigner les pensées, les idées qui risquent d'appeler des événements déplaisants. Une certaine naïveté vous tient lieu d'hygiène mentale, et votre état d'esprit, en éliminant les représentations désagréables, vous empêche de voir les motifs de discorde.

Bien entendu, votre charme et vos chances de réussir, toute forme de vie intime s'en trouvent décuplés, sauf si votre partenaire relève d'un aspect trop différent du vôtre.

En résumé, il existe un heureux plan de coïncidence entre les instincts d'attachement propres à Vénus et le besoin d'homogénéité que représente la Lune. Cela, sauf contre-indication manifeste de votre ciel, devrait vous donner la possibilité de concilier plusieurs amours en un seul, riche du plaisir des sens, du cœur et de l'âme.

*Aspects dissonants* (opposition, carré, demi-carré) : Les fonctions attribuées par l'astrologie conditionnelle aux planètes en cause apparaissent ici avec une netteté particulière. L'interprétation exprime souvent l'idée d'amours inconciliables ou, encore, celle d'une attitude amoureuse non intégrée aux mœurs...

Nous savons que la Lune représente le Moi global et, plus largement, tout ensemble ayant une certaine unité (le groupe, la famille, la foule, etc.), ainsi que toute fonction physiologique, psychologique ou sociale assumant la cohérence. Dans le cas d'une dissonance, la fonction représentée par la planète figure comme une composante en contradiction avec le reste et, en un mot, mise « hors jeu » par le groupe, si ce n'est par toutes les autres tendances de votre Moi.

C'est en quoi, ici, vous risquez d'avoir connu des passions précoces contraires à l'esprit de famille ou mal acceptées par ceux qui gouvernaient votre vie. Si ces situations ont laissé une empreinte, à l'état adulte elles se convertiront en épousailles difficiles (non-acceptation de la famille ou de la belle-famille), en amours clandestines ou en caprices n'engageant nullement l'intégralité de votre être, préservant la cohésion de vos égoïsmes.

Votre conflit entre Vénus, qui veut s'intégrer, et les liens déjà noués qui lui résistent, peut se traduire par des amours incompatibles avec tout ce que vous avez désiré par vocation naturelle.

Un repliement sur le Moi global ou un problème d'unification des tendances peut rendre impossible non pas la réalisation d'un amour, mais toutes sortes d'aspirations et de préoccupations intimes plus exigeantes. Dans ce cas extrême, l'interprétation souligne l'incoordination, le dérèglement de l'humeur, la manière anarchique de vivre ses états d'âme discontinus.

## Vénus-Mercure

*Aspects harmoniques* (conjonction sextile) : Il existe ici d'heureux points communs que la nature harmonique de l'aspect ne peut que souligner. Ces planètes appartiennent à la même famille. Toutes deux représentent le niveau des mots, des images et des formes ; mais tandis que Mercure complexifie les signes pour reconstituer l'abstrait qu'il imagine, Vénus leur donne l'apparence capable de rendre aimables et plaisantes les idées ardues à saisir.

C'est dire que vous ne vous contentez pas de suivre quelque penchant à jouer sur tous les claviers de l'esprit, vous avez à cœur d'en faire un festival d'agréments, une symphonie assez discrète pour ne pas assommer vos auditeurs, mais leur apprendre à aimer la musique.

Vous n'êtes peut-être pas de ceux qui jouent Bach à l'accordéon ou qui expliquent les théories d'Einstein avec des trains électriques ; il est pourtant vrai que vous pouvez donner une chair et un attrait à votre science ou à votre poésie. Dans la gamme de vos possibles, il existe des talents d'interprète non négligeables. Si vous les exploitez (l'apport d'une planète réalisatrice, tel Jupiter ou Uranus, est à considérer), vous en tirerez les sympathies, les fêtes et les attachements nécessaires à votre notion du bonheur. Vous pouvez vous satisfaire d'avoir autour de vous un noyau de relations partageant vos plaisirs esthétiques, portées comme vous à vivre de galas, de couleurs et de douces lumières.

Vos dons d'expression, conjugués à Vénus, peuvent faire de vous un chantre de l'amour et de la sensualité. Plus que d'autres, vous devez apprécier les finesses du dialogue des cœurs, comprendre l'importance des mots pour séduire et dépeindre les soupirs des âmes éprises. Avec Vénus trop

*211*

forte dans votre ciel, il peut vous arriver de vous prendre à plusieurs pièges. C'est que Mercure vous inspire la diversité. Le jeu des compliments échangés par périphrases ou sous-entendus, toute la guerre en dentelle, ne vous déplaît pas, non plus ; du moins pour le loisir, en attendant de trouver celui ou celle qui saura gagner le monopole de vos transports.

*Aspects dissonants* (conjonction en dissonance avec une autre planète, demi-carré) : Tout comme pour l'aspect harmonique, vous devez avoir aussi quelque talent de vulgarisateur et d'adaptateur. Votre esprit subtil ne manque pas, non plus, de comprendre les trésors de l'art figuratif : celui, par exemple, que donne le spectacle de la rue. Mais vous êtes davantage exposé à rompre le contact entre les abstractions de votre pensée et le langage formel que vous savez adopter pour les rendre sensibles à l'entendement d'autrui.

Ce genre de problème peut vous inciter à des retournements inattendus. Tantôt, trop attaché à l'esprit, vous réprouvez ce qui nuit à sa pureté, et l'expression de votre pensée manquera de sel : tantôt, trop épris de la forme, vous ne vous soucierez plus de sa signification, et vous risquez ainsi d'être dupe d'un miroir aux alouettes. De même, il vous arrivera d'osciller d'un excès d'abstraction à une superficialité puérile.

Appliquée à Vénus, la diversité que porte Mercure menace de vous entraîner à des attachements multiples, plus formels que profonds. Dans vos déboires sentimentaux, vous aurez à comprendre le rôle néfaste de vos étourderies, et celui, non moins cuisant, d'un trop grand attrait pour les beautés sans âme.

Si Vénus domine, Mercure l'affectera de son goût du changement. Prenez garde d'aller d'une passion à l'autre sans vous décider à rompre les fils de la balançoire. Ou bien, à l'égard du même objet, passerez-vous sans cesse de l'élan de tendresse à un assaut de moquerie ?

Il vous arrivera de prendre l'amour comme un jeu, une mauvaise comédie, chacun tenant son rôle au détriment de l'autre si le duo n'est pas accordé. Ce jeu, vous risquez de le vivre par des situations complexes, sans drame mais trop riches en rebondissements pour permettre la construction d'un couple. Bien entendu, avec l'âge, vous trouverez vos remèdes. Sans doute exigeront-ils un effort de rigueur dans le choix de vos amis et de votre partenaire. Les mécomptes auront l'avantage de vous apprendre à distinguer le fond de la forme.

Si Mercure domine, vous adopterez la solution de vous réfugier dans une intellectualité pure à l'abri du vertige des sens. Cela favorisera sans doute quelque art de garder l'esprit libre au-dessus des remous passionnels qui seront devenus votre spectacle d'agrément.

## Vénus-Mars

*Aspects harmoniques* (conjonction, trigone, sextile) : La nature de l'aspect souligne les chances d'incarnations harmonieuses des notions d'amour, d'aisance et de plaisir qu'inspire Vénus.

Selon cette configuration et si Mars l'emporte en puissance, vous saurez poser en termes concrets, en problèmes et situations claires, tout ce qu'impliquent vos projets et le succès de vos désirs. Vous passerez, plus aisément que d'autres, de la pensée aux actes, en prenant correctement la mesure de l'obstacle qui vous sépare du but, en agissant au moment où l'action permet le succès.

Vous n'embarrassez pas vos intentions de fioritures inutiles, vous les situez dans le réel en tenant compte de ce qui les favorise ou les contrarie. Pareilles dispositions vous tiennent facilement à l'abri des déconvenues et des amours sans issue. Lorsque vous vous fixez un choix, il concerne généralement un partenaire accessible, et s'il existe une concurrence à évincer, vous aurez assez d'endurance et de battant pour gagner la partie.

Dans votre tactique de séducteur ou de séductrice, vous savez opportunément souffler le chaud et le froid, susciter assez de jalousie ou d'inquiétude amoureuse pour rester toujours désiré(e). Vous avez l'art de mettre dans un attachement tout ce qu'un couple doit normalement y trouver : l'union des cœurs, l'harmonie sexuelle, mais aussi une pointe d'amitié, des luttes communes et des intérêts partagés. Néanmoins, vous ne vous laissez prendre à aucun piège de la conjugalité établie. Un couple, à vos yeux, doit rester constamment en état d'heureuses fiançailles où chacun conserve assez d'autonomie et de personnalité pour tenir le partenaire en alerte.

Si Vénus l'emporte sur Mars, vous mettez moins d'énergie et de combativité à réaliser vos aspirations. Vous attendez que les choses se fassent d'elles-mêmes, mais vos désirs n'en seront que plus ardents et plus attentifs à saisir leur heure. De ce fait, vous courez davantage le risque de céder à des opportunités dont vous découvrirez ensuite qu'elles ne méritaient guère d'enthousiasme.

Vous serez ainsi beaucoup plus exposé à des amours changeantes, ou à des tribulations passionnelles qui vous apprendront, peut-être, à mieux connaître les dangers des représentations naïves de la vie à deux.

*Aspects dissonants* (opposition, carré, demi-carré) : Cet aspect contient de multiples possibilités. Il intensifie à coup sûr les relations amoureuses en leur donnant du piment.

Vous pouvez en connaître effets et méfaits par des situations conflictuelles, l'objet de vos désirs exigeant l'éviction d'un rival, des luttes et des efforts dignes des chevaliers de naguère. En supposant votre victoire assurée, l'empreinte de Mars vous portera à situer la guerre à l'intérieur du couple. Après vous être battu pour gagner la Belle, il faudra vous battre à nouveau pour vous en défaire.

Ce schéma illustre une dissociation possible entre Vénus qui gouverne la puissance des images et Mars qui gouverne la force du réel.

Pareille dissociation peut se vivre par un choix amoureux fort contraire à l'image qui l'a inspiré, l'être de rêve révélant à l'usage un être de cauchemar. C'est souvent par un dépit rageur face au réel qui dément l'image idéale qu'il peut vous arriver de changer à outrance la personnalité qui vous a déçue. Mais, comme votre partenaire n'a pas forcément varié d'un pouce depuis votre rencontre, rien ne lui paraîtra aussi immérité : le dialogue ne sera que de querelles.

Sur le thème du réel brisant le miroir aux images, on peut envisager les passades amoureuses, les emballements où après le plaisir on se découvre étranger au cœur. Si vous laissez ce divorce s'installer en votre être, il vous reste à courir d'aventures en aventures avec l'âme en feu d'un don Juan réfrigéré après chaque étreinte.

L'intrusion du réel peut prendre d'autres formes : celles des épreuves à traverser pour gagner un amour, des vindictes à assumer pour défendre qui l'on aime, et éventuellement des dangers physiques auxquels on s'expose dans les situations irrégulières. Vénus-Mars est la dissonance typique de l'amour que les amants conçoivent. Le réel constamment entre eux les sépare : c'est l'« autre », la distance d'une table, l'épaisseur d'un mur, la barrière de l'entourage, les tâches et devoirs du guerrier.

Pour ne pas vivre cet aspect par quelque passion discordante, d'autant plus attisée que l'objet n'est qu'une image de consistance épisodique, vous gagnerez à étendre votre dynamisme à la défense de quelque discipline dont la réalité vaut mieux que la réputation.

## Vénus-Jupiter

*Aspects harmoniques* (conjonction, trigone, sextile) : Autant Saturne contrarie la vocation de Vénus pour les plaisirs, autant Jupiter en stimule et multiplie les appétits. Il y a dans cette relation astrale une complémentarité qui peut produire un effet d'emballement : par Vénus, vous attendez beaucoup de la vie, vous avez le souci de concrétiser vos aspirations, par Jupiter la vie vous donne en permanence l'occasion de renouveler vos désirs, d'en formuler de plus vastes.

C'est une façon de confirmer l'affinité décelée par l'observation au sujet de ces deux planètes. Elle explique les mécanismes d'une chance souvent généreuse à votre égard. A l'inverse d'un Vénus-Saturne qui ne sait pas exactement préciser ses désirs, vous savez les enrober d'une chaleur expressive qui fait tomber les barrières.

Vous avez le sens de la forme et vous savez orner vos plans et vos idées de tant d'attraits, d'évidences agréables aux sens, que l'on oublie le fond de vos motivations. Cela peut vous valoir plus d'un talent dans l'art d'accommoder les sons, les images et les couleurs, en allant dans le goût général, en flattant, voire en grossissant les conformismes sociaux et culturels ou, plus simplement, en étant en résonance parfaite avec la morale de votre groupe.

Parallèlement, vous devez savoir éviter les sujets épineux ou en parler d'une façon telle que tout ce qui paraissait complexe, obscur, trouble, semblera couler d'une source claire. D'instinct, vous savez mettre en vedette les maîtres mots qui changent les citrouilles en carrosses, les banalités en facéties truculentes ou en fleurs de rhétorique.

Dans votre façon de vivre et de concevoir l'amour, le bonheur, le bien-être, il peut entrer beaucoup d'apparat et de cérémonial. Vous êtes porté à des goûts fastueux, enclin à ne rien vous refuser, à vous complaire dans des décors d'une esthétique théâtrale.

Les jeux du cœur et des sens excitent votre verve et votre imagination. A cet égard, si rien dans votre thème ne corrige les effets de cette part de votre ciel, vous pencherez aisément vers la

*Le Grand Livre du Taureau*

surabondance en considérant l'amour comme une source de plaisirs à l'abri des sciences morales et philosophiques. Il est vrai que Jupiter peut inscrire vos appétits dans un cadre légal ou vous donner les moyens de légitimer vos désirs.

*Aspects dissonants* (opposition, carré, demi-carré) : La nature dissonante de l'aspect, sans rompre l'affinité naturelle des planètes, menace d'excès et de désordres.

Ainsi, votre goût de l'apparat risque de mettre votre budget sous un péril constant, et vous pouvez ajouter aux dépenses inspirées par vos propres appétits les largesses répandues autour de vous, pas toujours à bon escient. Votre conception du bien-être, du bonheur, du plaisir, trouve dans la dissonance de Jupiter un terrain idéal d'amplification et d'exagération. En termes populaires, vous avez les yeux plus gros que le ventre et moins gros que le porte-monnaie.

L'interprétation psychologique de cet aspect souligne votre sensibilité aux questions d'argent... Sensibilité que vous aimeriez résoudre par la possession d'une fortune colossale autorisant la réalisation de projets plus coûteux les uns que les autres.

Par Jupiter, il vous manque quelque résistance aux sollicitations du milieu et vous risquez d'outrepasser gaiement les souhaits de la société de consommation. Il vous arrive de vous encombrer de choses inutiles, d'acheter pour vendre et de créer dans vos comptes des circuits affolants.

S'il n'y a pas, dans votre ciel, de dominante propre à la modération, vous ferez de votre destin une suite d'affaires gagnées ou perdues sur un coup de dé, un moment de chance ou de malchance.

Vous vous sentez particulièrement inapte aux situations médiocres et miséreuses, mais, si la fortune ne vous comble pas de ses dons, vous chercherez, par d'autres moyens à vivre quand même de château en château.

Ces besoins peuvent avoir l'avantage d'exciter vos talents, de vous donner le nerf et l'ingéniosité nécessaires à la réussite matérielle. Cependant, il importe que la configuration soit soutenue par des aspects de planètes réalisatrices (Mars, Uranus, par exemple).

Bien entendu, dans la ligne de cette interprétation, il faut prévoir des amours diverses aux liens plus charnels que romanesques.

Vous pouvez éprouver quelque difficulté à concilier d'impétueux désirs au monde des convenances, vous aimeriez pourtant vous réaliser sans contrainte et sans perdre l'admiration publique.

Prenez garde aux tentations d'une morale trop personnelle, vertement désacralisatrice ou réfractaire aux valeurs collectives, spirituelles, métaphysiques et autres.

## Vénus-Saturne

*Aspect harmonique* (conjonction, trigone, sextile) : Ces planètes ne présentent pas de grandes affinités entre elles et il existe ici un affrontement de tendances. Celles que gouverne Vénus concernent le passage de la conception à l'émotion, de la représentation au sentiment. Celles de Saturne concernent, au contraire, la non-adhésion aux perceptions premières et la transformation des émotions en états complexes détruisant l'unité du sentiment.

Ces données posées, leur conjonction ne saurait être confortable. Cependant, compte tenu de la qualité en principe harmonique de l'aspect, vous aurez le souci de trouver un dénominateur commun aux significations confrontées pour rendre les divergences supportables.

Au niveau de votre sens esthétique et de ce qu'il implique quant à la façon de se vêtir, se meubler, décider de son environnement, vous aurez tendance à choisir des couleurs et des formes qui, tout en reflétant votre intérêt pour l'art, montreront que vous ne tiendrez pas les émotions qu'il procure pour une fin en soi. Vos goûts, tout en étant raffinés, restent classiques et n'invitent pas à l'enthousiasme. Il peut vous arriver d'avoir des choix réfractaires à la vocation de l'art s'il ne fallait voir en lui qu'une exaltation des apparences.

Saturne demande d'aller au-delà du visible : tandis que vous appréciez par Vénus tel coucher de Soleil, vous ne pouvez vous empêcher de penser que les soleils s'éteignent et les hommes périssent. Ou bien, encore plus oublieux du soir, songerez-vous aux remous, souvenirs, perspectives intérieures dérivant loin du spectacle qui les a déclenchés.

Votre sensualité en s'approfondissant se sublime ou se détruit. Elle se sublime lorsqu'elle dégage l'architecture intime, l'ordre secret perçu d'un être ou d'un objet par une attention patiente, une longue présence à ses côtés. Elle se sublime encore, lorsque vos sens maîtrisés retiennent leur souffle pour capter les rumeurs souterraines. Tous ces bruissements que nous cachent de trop forts battements de cœur, vous savez les écouter en vous contenant.

Votre sensualité se détruit lorsque, en franchissant un pas de plus dans votre univers intérieur, vous coupez les amarres pour une aventure solitaire en des pays indescriptibles.

Si Saturne domine sur Vénus, cette tentation convie à l'ascèse, au célibat, à quelque amour dont la pureté empêche qu'on l'étreigne.

Si Saturne modère sa transcendance, vous aurez seulement besoin d'un amour serein et stable, permettant de suivre à deux, côte à côte, et hors des vains éclats de la passion, les chemins rocailleux de la vie.

*Aspects dissonants* (opposition, carré, demi-carré) : La nature dissonante de l'aspect souligne les incompatibilités des formules respectives, et on ne peut épuiser tous les problèmes qui risquent d'en découler, encore moins toutes les solutions possibles, celles-ci variant avec les autres données du thème, le niveau culturel, l'hérédité, le milieu de chacun.

Pour l'essentiel : lorsque Saturne domine sur Vénus, les notions qui procèdent du signal simple (bonheur, aisance, art de vire, plaisirs) sont atteintes dans leur fondement. Tout se passe comme si elles ne pouvaient trouver dans le réel un terrain assez sûr pour prendre forme et consistance. Le bonheur ? Oui, certes ! Mais où, en quel pays, comment et avec qui ?

Tandis que Vénus vous presse de trouver une chaumière et un cœur, Saturne vous dépêche mille embarras : le cœur est pris, ou bien la chaumière. Mais, il sera plus simple, ici, de vous reporter aux Muses intarissables sur les complications que cet aspect réserve : peines, chagrins, séparations, conflits moraux, situations sentimentales épineuses, plaisirs empêchés...

Vous ne vous laisserez pas impressionner par la noirceur du tableau, vous tenterez plutôt de remonter aux causes premières pour empêcher les événements fâcheux, et corriger tout ce qui dans votre sensibilité incline aux complications.

Bien souvent, il s'agit d'une méconnaissance de soi. Si vous voulez à la fois tenir et courir, avoir et être, étonnez-vous de connaître quelque frustration et de vous sentir toujours lésé ! Votre avidité est en cause. Elle est la conséquence de votre refus d'un choix entre les satisfactions terrestres que propose Vénus et celles moins conventionnelles que suggère Saturne.

Pour tout avoir, vous risquez de tout mélanger, de vous déposséder des unes et des autres ou de les rendre séparément indigestes. Ainsi, vous risquez de jeter des interdits sur vos plaisirs ou d'en faire une source de tracas philosophiques et moraux ; ainsi, les appétits sexuels menacent de perturber des ambitions spirituelles, d'en rendre les cheminements moins purs et moins aisés.

Évitez les choix extrêmes et successifs en refoulant tantôt Vénus, tantôt Saturne. La fuite des plaisirs ne vaut guère mieux que la peur des responsabilités et de tout engagement profond dans l'existence. Il vous reste, au moins, à pratiquer la voie du juste milieu.

## Vénus-Uranus

*Aspects harmoniques* (conjonction, trigone, sextile) : Il ne s'agit pas de planètes aux affinités évidentes, Uranus régnant sur la représentativité du Moi profond, et Vénus sur les émotions, la façon d'incarner et d'éprouver les notions de bonheur, d'amour, de bien-être. Mais la qualité de l'aspect qui les lie montre la possibilité d'échanges positifs entre les valeurs en cause.

Dans le cas où Vénus domine sur Uranus, il y a lieu de penser que votre sensibilité aux mots et images est particulièrement discriminatrice. S'il existe des représentations (idées, perceptions premières, ou symboles conventionnels) qui ne vous font ni chaud ni froid, il en est qui déclenchent des réactions explosives.

Pour entrer dans votre logique et en expliquer les rouages, vous distinguez les images qui relèvent exclusivement du conformisme de celles qui, au contraire, témoignent d'un monde souterrain en pleine effervescence. Ce schéma témoigne de plusieurs comportements.

Vous pouvez être intolérant à l'égard de notions qui n'ont provoqué en vous aucune participation affective et en lesquelles vous ne voulez, ou ne pouvez, voir qu'un verbiage, un effet de conventions insignifiantes.

En contrepartie, il vous arrive d'être virulent dans la défense de notions simples en lesquelles vous avez ressenti la puissance des racines invisibles.

Plus communément, vous avez des goûts tranchés, un sens esthétique limité à des choix précis, sans concessions pour le reste, rejeté en bloc dans la mystification ou la superficialité. A la vérité, votre attitude est symptomatique d'un effet Vénus-Uranus pour lequel il n'y a d'images dignes d'être répercutées en émotions que celles qui expriment les profondeurs de l'être, les forces sous-jacentes de la vie.

En retenant de Vénus sa signification courante, vos amours porteront l'empreinte uranienne des répulsions et des attirances extrêmes. Les premières trahissent un certain mépris du sentimentalisme. Vous ne vous sentez pas obligé d'aimer qui vous aime et votre lucidité devrait vous tenir en garde contre toute inclination faussement amoureuse procédant d'un banal concours de circonstances, d'une quelconque conjugaison d'intérêts conformistes. Les secondes vous prédisposent à des emballements déraisonnables pour lesquels vous perdez toute lucidité, vous attachant à forger, d'un indice fortuit, le signe d'un destin promis à un bonheur mythique.

Bien entendu, vous pouvez vous tromper et, selon l'ensemble de votre ciel, prendre la forme pour le fond, passer à côté d'un amour digne de votre idéal. Lorsque vous découvrez vos erreurs, vous n'hésitez pas à fermer la porte comme si rien ne s'était jamais passé.

*Aspects dissonants* (opposition, carré, demi-carré) : La dissonance oppose les valeurs spirituelles aux exigences des sens et du cœur. Ce peut être l'indice de liens éphémères, la marque d'un attrait pour des passions charnelles laissant à l'esprit peu concerné par les appétits du corps le droit au libertinage, et la faculté de reprendre une indépendance jamais vraiment cédée.

La contradiction peut être vécue douloureusement par un amour dont l'objet est une belle image, un ensemble d'attraits convenant à la vie pratique mais laissant les besoins spirituels sur leur faim. En d'autres termes, la difficulté peut être de satisfaire par un seul amour les pulsions sensuelles et celles d'une profondeur moins portée à la chair.

Selon les autres configurations, des solutions diverses peuvent être envisagées. Vous avez la possibilité de multiplier vos expériences en oscillant de l'amour à une sexualité sans amour, ou bien celle de mener de front plusieurs liens, en supposant qu'un certain nombre de partenaires bien choisis puisse former un univers satisfaisant à toutes vos tendances. Mais de telles solutions auront toujours l'inconvénient de vous rejeter dans les excès que vous trouverez dans les manuels d'astrologie et qui sont : instabilité, précarité, orages et parfois scandales, car ceux ou celles que vous entraînez dans vos problèmes ne comprenent pas forcément vos raisons, si intéressantes soient-elles.

Si Uranus l'emporte sur Vénus, vous répugnerez à faire de votre vie affective un harem. Il reste à vous diviser en deux personnages, l'un vénusien s'adaptant à ce que lui offre son partenaire et l'autre, uranien, se réservant un monde hors du couple, qui peut être celui des luttes sociales ou de la réalisation personnelle.

Si ce schéma dualiste se reflète dans votre psyché, il formera une cloison étanche entre les notions auxquelles vous croirez pour les avoir expérimentées, et la faculté (uranienne) d'en faire une synthèse, d'en tirer une conception, une règle de vie, un programme de conduite. Il peut y avoir ainsi coexistence de deux univers sans relations fécondes.

## Vénus-Neptune

*Aspects harmoniques* (conjonction, trigone, sextile) : Il existe ici une heureuse convergence des tendances. Vénus, dont la fonction est de situer dans le réel les images et les mots, rejoint Neptune qui situe dans le même plan les forces de l'inconscient. On peut parler de rencontre, d'échanges entre le formel et l'informel, le terrestre et le cosmique, le personnel et le collectif.

Votre sensibilité s'exalte facilement, toujours prompte à chevaucher des thèmes lyriques. Au témoignage de vos sens s'associe le langage de votre être profond. De cela, vous pouvez tirer une perception du monde à la fois sensuelle et mystique.

Si Vénus l'emporte sur Neptune, la sensualité aura la meilleure part. Avec Neptune, vous saurez l'enrober de mystère, et dans vos joies, dans vos plaisirs, dans vos façons de concrétiser les notions de bonheur, d'équilibre, de réussite, vous ajoutez la part de l'indicible : une place pour la présence invisible parmi les hommes.

Vous êtes capable de subtiles et énigmatiques délicatesses, propres à dégeler les insensibles, et leur révéler les richesses d'un geste, d'une attention qui vient à son heure. Si l'on parle de générosité, l'intuition qui la guide vous porte à restaurer en chacun ses pertes en optimisme. Votre charité s'emploie de préférence contre les démons (traumatismes, crises et vicissitudes) qui font perdre le goût d'exister et dévalorisent le sens religieux de la vie.

Vous pouvez être doué pour rappeler que la vie vaut quand même d'être vécue : étant elle-même un miracle, on doit tout en attendre. C'est une source d'espérances naïves sans lesquelles rien n'est supportable. Elles s'entretiennent d'amour au sens large, de plaisirs partagés, d'harmonies perçues dans l'ordre naturel du monde. Il faut toutefois vous défier d'un penchant à échouer dans une imagerie d'Épinal en exploitant des clichés faciles sur le bien et le mal, vous montrant trop résolu à ne rien admettre d'hostile à votre foi en l'harmonie des choses.

Si Neptune domine sur Vénus, ces tendances accentuées vous rendront encore plus perméable à une notion supérieure de l'amour, et si vous ne vous engagez pas dans une voie mystique, religieuse, artistique ou philanthropique, il vous reste à trouver un partenaire d'une personnalité assez riche pour combler l'universel. S'il n'a pas d'envergure, vous vous ennuierez passablement à ses côtés. Malgré votre aptitude à donner sans retour, il vous faudra des dérivatifs vers le rêve : l'art ou autres supports pour des âmes touchées par le goût du large.

*Aspects dissonants* (opposition, carré, demi-carré) : L'aspect dissonant sépare ce qui par nature devrait être réuni. Son premier effet peut être de perturber votre sensibilité au niveau de ses choix et de ses options : vous risquez de ne savoir qui vous aime et qui vous aimez.

En votre âme sensible tout se mêle et s'entremêle : vous parvenez mal à distinguer les torrents naturels de votre affectivité du petit ruisseau qui s'y jette à propos d'une rencontre, d'un regard, d'un moment dont tout à coup vous croirez qu'il contient le bout du monde. Il vous arrive d'aimer par bévue et de vous engager sans bagage dans une idylle mystico-romanesque en attendant de découvrir, un jour ou l'autre, tout ce qui est contraire à votre goût du merveilleux tel que vous le ressentez sans le définir. En le définissant, vous auriez quelque atout pour mettre de l'ordre dans vos sentiments. L'ordre, précisément, est contraire à la disponibilité que vous entendez conserver.

Les conflits, les problèmes et dilemmes de votre vie sentimentale ne font généralement qu'accentuer votre disposition à tout ramener à vos battements de cœur. Votre sensibilité houleuse passe facilement pour de l'égoïsme. En fait, vous êtes trop occupé à démêler vos orages pour vous rendre compte d'autre chose, et une vie émotionnelle haletante vous rejette sans cesse dans des remous qui ferment votre esprit à de sereines pensées.

Vous risquez de prendre vos émotions pour des certitudes, de confondre vos intuitions aux reflets d'émois passagers. Vous êtes exposé à vous attacher à des amours ou des affections illusoires en tenant pour certain que la fée des amours ou des affections illusoires finira par tout arranger. L'universel faisant cause commune avec le personnel, les murs et les obstacles tomberont comme un château de cartes.

Vous ne craignez pas de vivre les situations les plus confuses et les plus compliquées. Il vous paraît logique de croire que l'amour étant ce qu'il devrait être, la providence s'appliquera toujours à tout arranger (la providence, le temps ou les malices du hasard).

Et si les complications se résolvent, vous connaîtrez la tentation de lancer un autre défi à la magie de Vénus.

Il existe dans cet aspect d'autres variantes. L'essentiel est la confusion à craindre entre l'amour qui attache sensuellement et l'amour qui dépasse les sens.

Prenez conscience de la nature et de l'origine de vos conflits, votre vie sera moins perturbée. Efforcez-vous aussi de comprendre que l'important est d'avoir un cœur à aimer, le reste devrait, dit-on, passer au second rang.

## Vénus-Pluton

*Aspects harmoniques* (conjonction, trigone, sextile) : Les inclinations de Vénus ne sont guère compatibles avec les significations de Pluton. Cet aspect contient, plus que d'autres, une large gamme de possibilités et, pour préciser l'effet, il conviendra de considérer attentivement l'ensemble du thème.

La pluralité des manifestations découle de Pluton ouvert sur le multiple et l'inconnu. Ce que vous devez à Vénus — la faculté d'éprouver les mots et les images par la couleur, la forme et la force qui s'en dégagent —, Pluton vous empêche d'en faire un sensualisme superficiel. Votre sens esthétique ne se suffit pas du premier regard. Vous avez besoin de dépasser vos perceptions en les approfondissant et en les sublimant. C'est dire que vous pouvez tirer des informations de vos sens, non seulement des nuances imperceptibles à d'autres, mais aussi une deuxième, voire une troisième saveur.

Votre sensualité opère donc sur un registre psychique qui vous permet de revivre vos perceptions pour en extraire la meilleure part. L'agrément ou le désagrément d'une image stimule les fonctions irrationnelles de votre être. C'est pourquoi vos goûts peuvent paraître particuliers, chargés d'insolite, de surréalisme spontané ou d'anticonformisme. Ils figurent pami vos moyens de symboliser votre appréhension de l'inconnu. Et, selon le sens de ce terme dans votre univers, ils abonderont dans le baroque ou dans le sacré.

Si l'inconnu pour vous est synonyme de n'importe quoi, il transparaîtra dans la façon de vous vêtir, dans vos choix esthétiques (collections, ameublement, loisirs et plaisirs), un penchant à l'hétérodoxe et à l'exotique. Il y aura du pop art dans votre façon de voir et concevoir les agréments de la vie. Mais si, pour vous, l'inconnu recèle un ordre mystérieux, l'amour des lignes pures dominera votre goût.

Avec Vénus-Pluton vous attachez instinctivement beaucoup de prix au climat créé par les sons, les formes et les couleurs de votre environnement. Vous veillerez à ce que ce climat ne soit pas banal, et, surtout, à ce qu'il soit en résonance avec votre intuition de l'invisible.

Des schémas analogues s'appliquent aux significations de Vénus. Ainsi, l'amour peut être pour vous une expérience révélatrice de la véritable dimension de votre personnalité profonde. Vous y verrez la voie d'une initiation ou d'une magie, l'indice d'un destin qui vous dépasse, soit en raison du caractère irrésistible et fatal d'une rencontre, soit parce que les événements de votre vie amoureuse sortiront manifestement de l'ordinaire.

Pluton, libérateur des conformismes, peut vous incliner à aimer ceux que d'autres répudient, ou à connaître des passions qui remettent en cause les convictions acquises, si ce n'est toute une culture, une morale ou une éducation.

Bien qu'il y ait prédisposition à s'engager corps et âme dans une passion sublime, si votre besoin d'exceptionnalité reste sans écho, vous vivrez l'amour au pluriel, chaque expérience étant éprouvée comme le chapitre d'un livre qui, en plusieurs tomes, parle d'un seul cœur.

*Aspects dissonants* (opposition, carré, demi-carré) : Voilà un aspect que l'astropsychologie considère généralement d'un mauvais œil. Il marque de pénibles tiraillements, le cœur étant tour à tour sollicité par la tendresse et le refus de toute tendresse. Enfin, sur le plan des événements, il passe pour conduire à des amours tourmentées où une fatalité diabolique s'acharne à piétiner le bonheur à peine entrevu.

La dissonance fait effectivement ressortir l'incompatibilité des planètes en cause. Vénus s'attache : à la vie, à la forme, au concret. Pluton s'inquiète de l'au-delà de l'humain, et il est le lointain et l'informel.

Au niveau de votre sensibilité, cet aspect menace de vous valoir des périodes d'effondrement durant lesquelles vos conditions de vie vous paraîtront intolérables. Vos images mentales risquent de prendre par moments une densité écrasante pour vos nerfs.

De tous les sentiments, l'amour est celui qui donne aux images une exceptionnelle puissance. C'est pourquoi, dans la configuration en cause, il y a l'implication de passions fortes, mal vécues ou mal supportées. Bref, vous pouvez être de ceux qui ressentent cruellement l'intrusion de l'amour dans leur vie, même si vous êtes capable de passion exclusive. Votre intuition de l'absolu s'oppose à toute représentation concrète. Lorsque celle-ci se présente sous les traits d'un visage aimé, vous avez lieu d'éprouver les affres du doute. Mille angoisses témoignant de votre conflit entre le cœur qui veut vivre son rêve sur terre et une force obscure, messagère déjà d'un au-delà rebelle à toute incarnation.

Celle-ci, au regard critique du besoin d'absolu pourrait n'être qu'un leurre, un piège, un fruit empoisonné, source de malédiction ! Vos crises et dilemmes à l'occasion d'une attirance puissante résultent d'une opposition entre le désir réalisateur de Vénus et l'appel de Pluton qui porte à changer le réel en poussière d'atomes.

De tout cela — dans la mesure où d'autres configurations confirment ces tendances —, on déduit parfois une vie sentimentale douloureuse où le partenaire est ressenti comme un boulet, une aliénation, une écharde que l'on conteste sans pouvoir ou savoir l'arracher. Ou bien l'amour confronte à une personnalité que l'on ne parvient pas à assimiler, sauf par renoncement au plus cher de soi-même. Les corps peuvent se réunir, si chacun en son être reste étranger à l'autre, le couple n'est qu'une farce, un duel sans merci.

Vous aurez à prendre garde que de tels problèmes ne vous conduisent à des aventures stériles, à des tourmentes affectives parsemées de trahisons, de violences, s'achevant sur une note amère ou dérisoire.

*Comment interpréter les aspects de Vénus avec les autres Planètes*

Si Vénus domine dans votre ciel, le trop grand crédit que vous donnez à vos représentations mentales, aux notions conventionnelles de bonheur, d'amour, de couple, risque de vous masquer les abîmes du réel ; tel le Chaperon rouge, vous aurez des surprises en allant au bois. Les forces obscures de la vie, insatisfaites d'être méconnue, feront évoluer vos conceptions à coups de boutoir : de fulgurants éclairs risquent ainsi d'éclairer bien particulièrement votre ciel.

Mais si Pluton domine, vous serez tenté d'engager votre vie amoureuse dans les zones d'une sexualité refusant les échanges du cœur ou dans celles d'un érotisme friand de sensations originales, mêlant le plaisir des sens aux fugues de l'imaginaire.

Comme il en est de toute dissonance, celle-ci, enfin, peut être l'indice d'une évolution dont les difficultés promettent de déboucher sur un état supérieur. A la condition d'avoir vaincu traverses et dragons, votre cœur trouvera son château et ses trésors plus loin qu'en Espagne.

*Le Douanier-Rousseau, natif du signe, a su rendre, dans ce tableau naïf intitulé* la Noce, *l'allégresse paisible et enjouée d'une fête de printemps.*

# Comment interpréter les Planètes dans les Signes

Lorsqu'on interprète d'un ciel natal une seule ou deux de ses parties à l'exclusion des autres, il faut que ces éléments soient forts ou dominants, ce que des méthodes chiffrées de calcul des valorisations zodiacales et planétaires aident à préciser.

Avoir une planète dans un signe n'est significatif qu'au titre de configuration dominante harmonique, neutre ou dissonante, selon les aspects reçus. C'est pourquoi les auteurs de manuels citent souvent un exemple représentatif. Mais, comme les exemples sont inépuisables, il est aussi logique d'interpréter en appliquant les procédés associatifs de l'analogisme. Les formules neurologiques des signes et planètes conduisent, quant à elles, à des combinaisons théoriques rationnelles. Celles-ci étant innombrables, nous nous en tiendrons, de toute façon, aux effets généraux les plus probables, en suggérant par l'image ce qui mériterait de longs discours mais à l'usage des spécialistes de l'abstrait seulement.

## Les Planètes dans le Taureau

### √ Soleil en Taureau

L'astre du niveau fort d'excitation et, théoriquement, d'autorégulation de ce niveau, invite à l'expression des qualités les plus représentatives du signe, celles dont on se fait une image de marque, un fanion et une renommée.

C'est pourquoi l'astropsychologie applique généralement à la vie socioprofessionnelle et aux ambitions supérieures les caractères tauriens de persévérance, ténacité, ordre, logique et cohérence.

La relation harmonique entre le signe et l'astre souligne la force d'inhibition (résultante d'excitation concentrée) dans ses effets louables de conquête, investissement et colonisation de l'obstacle. Les Soleil en Taureau adaptés réussissent aussi, c'est bien connu, par leurs « grandes aptitudes de travail exploitant à fond des facultés parfois seulement moyennes, lentes à s'éveiller [1] ».

Ils doivent beaucoup à leur minutie maniaque, leur rigueur, et aux répétitions, rabâchages grâce auxquels ils parviennent, souvent après de durs labeurs, au nœud profond d'un problème, quitte parfois à en constater l'inexistence. Ils ont besoin de posséder leur sujet de A jusqu'à Z, et même de doubler l'alphabet, pour en parler sûrement. L'inhibition leur interdit la facilité. Elle les éloigne des voies précaires, les prévient contre les dangers des ascensions trop rapides et leur donne le goût d'une notoriété installée sur un pouvoir, une compétence réelle, un métier bien rodé. Elle se manifeste encore dans leur besoin de trouver ou d'apporter des bases intangibles à la discipline qu'ils épousent, ou bien de laisser de leur passage une empreinte inimitable. Une fois en haut du pavé, elle leur permet enfin de défendre et conserver jalousement l'autorité acquise. Les plus doués paraissent increvables.

D'où vient, qu'en dépit de ces atouts, des erreurs, maladresses et échecs puissent parfois abattre d'un coup une émergence taurienne qui laissait tant espérer ? Il faut éventuellement envisager les aspects au Soleil et notamment ceux qui réclament des héroïsmes difficiles à trouver. Mais le Soleil contient aussi un germe d'autonégation dont certains Tauriens ne se défient guère.

---

1. E. Brûlard, *Nouvelle Méthode d'astrologie pratique,* éditions des *Cahiers astrologiques,* 1946.

N'oublions pas que son action consiste à élever l'excitabilité dont la concentration produit l'effet d'inhibition. Les inductions du Soleil en Taureau sont donc « chaudes » : passions brutales, engouements aveugles, conduites exclusives préjudiciables aux réussites sans revers, ou qui provoquent invariablement les tollés des hypocrites et des faux libéraux. De plus, ces inductions aggravent les conflits internes du signe, les tensions qu'il doit à la répression de ses pulsions bouillonnantes. Une fois les obstacles vaincus par son travail de sape et de résistance compacte, son inhibition n'ayant plus d'objet à circonvenir devient vacante. L'équilibre se gâte, l'être se trouve dépassé par les énergies violentes qui n'ont plus de maître : il s'emballe à leur courir après. L'induction tombe, le masque avec.

*En d'autres termes :* Le Soleil en Taureau exerce son influence dans le registre d'excitation et de concentration.

Cette excitabilité, à son seuil de puissance, tend à briser les barrières de l'induction négative pour se libérer massivement (désinduction), ou bien elle crée des inductions « chaudes », sources d'obstination, d'aveuglement, de despotisme appelant l'opprobe démocratique de ceux qui veulent être dominés sans qu'on le leur dise.

## ✓ Lune en Taureau

Féminité, dans la mesure où la féminité est la mère de tous les sexes. Ces dispositions apportent à l'homme de précieuses satisfactions dans ses liens avec mère, sœurs, filles, amies, épouse, sauf si les interlocutrices en question sont agressives, névrotiques, ratiocinant avec tous les défauts des mâles dans leurs revendications socio-sexuelles.

Homme ou femme, la Lune en Taureau non dissonante aime la tranquillité et tient en haute estime tout ce qui participe à l'harmonie de sa santé physique et psychique : un décor paisible, un environnement doux, serein, lumineux, des gens heureux, des saisons régulières, des digestions sans problème.

On peut insister sur le besoin de sécurité. Il porte à une valorisation naïve des mythes, religions, croyances, accordant à la vie mille vertus positives dont celle de pouvoir résister aux atteintes et destructions du temps. Ce Taureau a horreur des agressions externe et interne. Il est inadapté à la maladie, aux restrictions et frustrations légères touchant ses appétits organiques, alimentaires, végétatifs, sexuels.

Les fonctions autoconservatrices très vigilantes conduisent à un égoïsme primaire et au sentiment illusoire d'avoir toujours assez de ressources en autonomie pour échapper aux malheurs des autres, passer au travers des vicissitudes du destin collectif, refuser de trinquer pour ceux qui ont bu.

*En d'autres termes :* La Lune, en rapport avec l'homogénéité, trouve en Taureau, centre de l'inhibition naturelle, des affinités majeures qui consolident ses immunisations contre les intrusions perturbatrices. La sensation et l'introversion privilégiées nourrissent une imagination puissante dans l'évocation des perceptions visuelles, tactiles, gustatives, excitant les centres du plaisir et de l'euphorie.

## ✓ Mercure en Taureau

L'effet du Taureau sur Mercure limite la disponibilité intellectuelle et sociale. Il n'y a pas d'affinité évidente entre l'astre de l'ouverture, des réponses réflexes aux sollicitations ambiantes et le signe du contrôle, de la première réaction de défense contre les incitations extérieures. L'astropsychologie insiste donc sur la spécialisation des facultés mentales plutôt que sur la diversité d'aptitudes.

Les dons d'observation, l'application travailleuse, la continuité des idées pallient les lenteurs de l'intelligence et ses réticences (non insurmontables) devant les abstractions. Cependant, l'esprit progresse fort loin si sa matière se prête à une saisie logique, méthodique et une démarche analytique raisonnée du concret à l'abstrait.

La curiosité serait plus vive et l'intelligence plus habile dans la détection des sources de plaisirs, profits et possessions. Le Taureau est à même d'assigner à la fonction prospective de Mercure une voie d'exploitation intensive, d'œuvre à bâtir sur une idée fondamentale, pas forcément originale, mais réaliste et ayant la valeur non négligeable d'un placement, voire d'une rente à vie.

L'effet Taureau peut être aussi de ne permettre l'approche des inconnues du monde objectif que par les filtres et lucarnes d'un unique système d'interprétation qui risque fort de se conforter dans ses œillères et préjugés.

L'ouverture de Mercure au multiple présente au moins quelque affinité avec le sens des combinaisons du Taureau, ce qui, au niveau « sensation », s'exprime par le goût du troc, des collections, spéculations, jeux, où l'intelligence suppute l'avenir d'un marché des objets existentiels.

*En d'autres termes :* Mercure, planète de relation du niveau fort d'excitation au niveau faible, peut abaisser l'excitabilité du Taureau et faciliter les concentrations et fixations « froides », n'entraînant pas de dépenses émotionnelles. Les tâches et constructions impersonnelles ou dépersonnalisantes sont, à cet égard, favorisées.

En contrepartie, la baisse menace de faire ressortir les fermetures et obstructions du signe.

Enfin, on peut concevoir Mercure comme l'éveilleur d'un lien entre la formule forte et la formule faible du signe. Conséquences : efforts de subtilité, affinement des conduites conservatrices, tendance à vivre les charges et potentiels de ce signe jusqu'à leur complet épuisement.

## Mars en Taureau

Mars régit les duos-duels de l'existence et le niveau d'excitabilité nécessaire aux compétitions vitales. L'astro-psychologie voit dans sa rencontre avec le Taureau un bon indice de vitalité, de robustesse physique, de courage moral. Configuration musclée, en somme.

Elle inspire des initiatives hardies et radicales, des entreprises aux audaces longuement mûries, engageant, lorsqu'elles s'affirment, toutes les forces dans un seul combat en se privant volontairement de toute échappatoire et possibilité de retraite.

Un aspect dissonant suffit à créer l'inavouable besoin d'être sans cesse acculé par d'apparentes circonstances à des travaux de Romain ; lourdes tâches brisant de leurs chaînes les velléités de diversion et de vie personnelle. Un mécanisme analogue conduit aux luttes sans merci, à une étrange vocation d'éveilleur de querelles, la puissance réfractaire du Taureau déterminant une attitude oppositionnelle systématique, un barrage mental générateur d'animosités, vindictes et longues rancunes aux rebondissements sans issue. On peut ainsi passer toute une vie à se battre le dos au mur contre le monde entier.

Ce Mars, une fois réchauffé, et par conséquent en induction, peut être féroce dans sa défense comme dans ses assauts. Il « met le paquet ».

Mars, dualiste, abaisse la force de composition du Taureau et rehausse son sens des contraires. C'est donc à un Taureau en perte de roublardise, de diplomatie et ronds de jambe, que nous avons affaire. Il excelle plutôt dans la gaffe pesante, et ne se trouve bien qu'en traçant des frontières de non-ingérence.

Cependant, dans un régime normal qui implique une configuration harmonique, l'inhibition taurienne canalise la fougue dans des activités ordonnées. Ce Mars dispose de qualités d'observation, d'aptitudes techniques et mécaniques liées à l'approche et l'investigation méthodique des objets du réel. Les durs, les lourds, les massifs et les bruts auront sa préférence.

*En d'autres termes :* Mars, planète du niveau de l'existence et de son autorégulation souligne le concrétisme du signe, ses orientations pragmatiques, ses atouts, moyens et fins, dans les combats pour assurer sa survivance. Il peut manquer de vertu simplificatrice et bloquer sa dynamique dans des confrontations à perdre haleine, des efforts qui produiront juste assez d'énergie pour être recommencés.

## Jupiter en Taureau

L'apport de Jupiter au Taureau ne peut être que chaud. L'astre et le signe se revigorent. Sur ce point, l'astro-psychologie souligne avec à propos l'afflux des besoins sexuels et sensuels, l'entrain et la santé de la tendance dionysiaque festoyante. Les réactions autocompensatrices (inhibition) défensives préviennent ce tempérament contre ses propres excès, mais rien ne peut être plus mutilant et contristant qu'un régime sans sel, sans rires, vignes, muses et flonflons.

Jupiter favorise l'extraversion du signe, les turbulences de l'excitation labile et les inductions fortes qui concentrent l'excitabilité en passions dévorantes, avidités diverses en amour, argent ou domination, selon le plan d'intérêt.

*Le Grand Livre du Taureau*

Sous l'empreinte jupitérienne, ces concentrations promettent d'avoir plus de réalisme opportuniste à l'égard des lois, mœurs, conventions ambiantes. Les pulsions s'allient mieux aux pressions du groupe et des modèles en cours.

Est-ce la nature bénéfique de Jupiter, sa composante d'excitabilité moyenne, ou son affinité avec le signe sous l'angle du bon mariage des contraires ? Toujours est-il que cette position astrale passe pour chanceuse matériellement et annonciatrice de succès sociaux, appréciables et appréciés, quoique tardifs.

La symbolique prévoit la réussite par les femmes, dans les affaires immobilières, l'alimentation, l'écologie, les arts plastiques ou musicaux.

Avec Jupiter, nous avons tout simplement un Mars qui ne s'enferre pas dans les utilités et place mieux ses forces pour donner plus d'efficacité à sa gestion. « Gestion. » C'est le mot qui lui va, en élargissant son sens pour y entendre, outre les capacités comptables, juridiques, administratives, la faculté de faire prospérer une idée en l'insérant dans le circuit de la consommation populaire ou universitaire.

Une ou deux dissonances sur ce beau Jupiter suffisent à éveiller la non-transcendance. Ce que l'on traduira par un schématisme abusif, un matérialisme choquant, un existentialisme de mécréant.

*En d'autres termes :* Jupiter établit ses affinités avec le Taureau au niveau du concret, du réel, de l'expérience vécue. Il en élève les ambitions et performances en présentant des dangers d'emballements, c'est-à-dire, comme pour le Soleil, des inductions aveugles et instables (colères explosives, engouements malheureux).

## Saturne en Taureau

La formule de Saturne, comme celle de Jupiter, prend sa source dans le vécu, mais elle s'écoule sur l'autre versant, celui de la transcendance, revers dialectique de la représentation. Il existe donc des effets similaires et des effets opposés.

Les premiers s'expriment dans le pragmatisme, le regard posé sur la vie sans préjuger ses mauvais coups ou ses heureux sortilèges, simplement en s'adaptant, en apprenant ficelles et recettes pour limiter les dégâts ou forcer les atouts. L'expérience se dégage des luttes, confrontations, compromissions, guerres et trêves quotidiennes. Le Jupitérien a des dispositions pour faire de son vécu l'assise, le cheval d'arçons de ses prouesses. En revanche, le Saturnien en tire craintes et reculs qui, dans les meilleurs cas, déplacent sa pensée vers les coulisses de l'exploit, là où les héros redeviennent des hommes et les hommes des êtres.

La réduction saturnienne en excitabilité peut donc déterminer un type d'équilibre raisonné, moins bonhomme que celui de Jupiter, tout de flegme, d'ajustements calculés et de qui-vive cachés.

Économie veut dire ici épargne avisée. L'être s'assure des voies qu'il peut pratiquer sans risque d'y rencontrer ce qu'il redoute : l'imprévu exigeant un débours de confiance. L'économie joue aussi bien dans sa conduite obstinée, sa suppression ou organisation des besoins.

Tout cela pour l'astro-psychologie concorde vers la stabilité, l'inhibition, la raison. Une sagesse uniforme, conseilleuse, moraliste, sermonneuse, couronne cette attitude que l'on estime, lorsque, fils prodigue, l'on a pour ses retours les prévoyances d'un père parcimonieux.

Une ou deux dissonances suffisent à aggraver l'économie jusqu'à la ladrerie. Une inquiétude obsessive incite à mille pingreries. L'épargne devient gouffre, la morale tyrannie. Ce Taureau saturnien supplicie son monde par ses interdits abrupts ou tortueux, ses maladies, mutismes, dégoûts, son déplaisir à vivre. Il peut aussi adopter le genre victime-bourreau, tout de plaintes, de soumissions, de rancunes mêlées, coupables et accablantes.

Comme pour Mercure, la baisse d'excitabilité rejoint le pôle faible du signe, et son aspect d'introversion. Ce caractère paresse dans ses inerties, inappétences, refus sommaires, indifférences et va-et-vient d'horloge d'une habitude à l'autre.

Mais la faiblesse peut éveiller la transcendance, l'imaginaire, le sabbat de la schizoïdie. Comme partout, Saturne en Taureau pourrait bien être poète, ou penseur, contemplatif ruminant l'insondable vertige du soi.

*En d'autres termes :* Saturne renforce éventuellement le signe dans sa conscience du réel, mais il abaisse aussi l'excitabilité, assure la distance, réduit la sensualité ou l'incite à des déviations fantasmatiques stimulantes.

*Comment interpréter les Planètes dans les Signes*

## Uranus en Taureau

Du fait de sa distance au Soleil et du temps de révolution qui en découle, Uranus parcourt les 30 degrés d'un signe en sept ans. Pour autant de degrés d'écliptique, Neptune demande quelque treize à quatorze ans et Pluton fixe sa moyenne autour de vingt, vingt et un ans. Ces durées conviennent à des tendances valables pour des générations plutôt que des individus. L'interprétation de la planète en signe en devient circonspecte et réduite. Mais, si la planète est particulièrement puissante dans le ciel de naissance, la rencontre planète-signe se comprend en signature d'un être représentatif de sa génération avec ses idées, goûts, erreurs et prédilections.

D'une formule inverse à celle de Mercure, Uranus va du complexe au simple, du faible au fortement excitable. Avec l'apport du Taureau, cohérent, compact, massif, le schéma uranien prend tournure d'un tout ou rien. Les paliers, approches ou reculs, par touches et retouches successives ne sont pas de saison. Cet Uranien est complètement *in* ou *out,* dedans ou dehors. Sa nature réductrice s'y prête, le Taureau lui fait litière.

Psychologiquement, n'attendez pas de lui beaucoup de diplomatie. Il n'est pas du genre perplexe, entre deux eaux, flottant. S'il est réfractaire, sa surdité et son opposition iront jusqu'aux extrêmes conséquences.

L'astro-psychologie insiste sur le caractère inflexiblement buté de cette position en rapport avec des passions, devoirs, ambitions qui tendent au maximum l'arc de la volonté, mobilisent le fond des ressources intellectuelles, affectives, au détriment de la disponibilité.

Le rétrécissement du champ d'intérêt au profit d'un choix intensif et exclusif rend expert dans son domaine de polarisation, mais avec un penchant à se laisser mener par sa marotte pour n'avoir de discours, de compréhension, de souci, que par elle et pour elle.

En cela, Uranus, plus que toute autre planète, est révélateur de la tendance paradoxale du Taureau. C'est-à-dire de ses interprétations tendancieuses, susceptibles et irascibles dans la perception des sous-entendus qui rendent imperméables aux évidences criantes.

Ces dispositions s'affirment plus nettement encore lorsque la logique et l'ambition s'appuient sur un système idéologique, une philosophie, une culture se présentant en doctrine solide flattant l'aspiration inconsciente à se sécuriser dans la possession d'un absolu.

Uranus en Taureau peut également marquer une sensualité qui, généralement bloquée ou sacrifiée aux occupations, à l'intelligence ou au devoir, connaît des délivrances explosives.

*En d'autres termes :* Uranus élève l'excitabilité du signe pour la canaliser dans des inductions rigides déterminant des comportements systématiques, une pensée doctrinaire.

Le pôle fort et simplificateur s'allie à la puissance réfractaire du signe et à ses dispositions organisatrices. La force de composition permet d'unir l'ambition de supériorité personnelle à un système social, conceptuel, moral, à caractère autoritaire.

## Neptune en Taureau

La formule de Neptune prend sa source dans la transcendance et s'incarne dans l'existence, niveau moyen d'excitabilité. Ce n'est pas un apport uranien. Au contraire. Les inductions sont tièdes : on s'engage, on se passionne mollement, selon la nature neptunienne, en conservant des à-côtés, ou bien pour des idées modérément sectaires, celles d'une église acceptant des chapelles. Ce Taureau, moins tranchant, adopte, au nom d'une fidélité toute de souplesse, des œillères et certitudes qui n'interdisent pas de lorgner sur les certitudes des autres. Ses convictions n'ont pas le grand pouvoir mobilisateur d'Uranus. Si la profondeur est la même, elle n'appelle pas la conscience à des systèmes obtus. L'efficacité opère sur le plan irrationnel de la vie affective et spirituelle, plutôt que sur le plan de la raison sociale.

Neptune en Taureau a des chances de vibrer aux chansons des bois et forêts, et autres présences, universelles, sensibles et indicibles. La cohésion du signe sera dans le désir d'union sensuelle, ce qui peut rendre la mystique difficile, sauf si elle est panthéiste, païenne, en prise sur le folklore. Autre chose, enfin, que l'ascèse et le dogme.

Neptune est rebelle aux œillères, et décourage la faculté d'obstruction du signe. Ce n'est plus le Taureau animal aux résistances farouches, mais le Taureau fleuve réunissant deux rives dont l'une pourrait être celle des premiers mythes liant l'âme à la Terre comme la plante à ses racines.

La zone obscure du signe, son intuition archaïque s'ouvre peut-être à d'immenses vérités

*Le Grand Livre du Taureau*

poético-cosmologiques, images ancestrales, souvenirs virtuels en nos cellules vivantes. Le visionnaire intérieur peut lire le passé dans ses propres entrailles.

La sensation intériorisée est flagrante. Elle rend peu descriptible ce caractère qui n'entend pas les mots et les idées, agit et réagit selon des baromètres organiques.

Un effet magistral peut être dans la mise en forme d'intuitions vagues, qui n'existaient que d'une manière possible et incertaine dans les roulottes de la pensée, sans biens ni liens, avec le reste de l'esprit.

L'astro-psychologie insistera sur les dangers d'obsessions à base de sensations déréglées que d'aucuns mettront sur le compte des envoûtements et d'autres sur celui des excès de boisson.

En négatif, le pôle dionysiaque du Taureau prendra avec Neptune des voies de perdition, la quête d'extase mystique, le besoin de participation cosmique, dégénérant en sensualité chaotique.

*En d'autres termes :* Neptune, en affinité avec le pôle faible du signe, renvoie aux archaïsmes riches ou pauvres de la fonction intuition. Mais il peut se maintenir au niveau moyen dans le registre de la sensation introvertie. Il élève en général le sens des combinaisons ou force de composition (mariage des contraires), s'exprimant ici en sentiment d'unité de la vie, charnelle et spirituelle.

## Pluton en Taureau

Pluton, de faible excitation, protège les secrets de la transcendance dont il est la planète de régulation. Son apport au Taureau risque d'être discret, de concerner uniquement le pôle d'inversion et d'inadaptation du signe.

La sous-excitabilité de Neptune et Pluton explique pourquoi les interprétations sont souvent négatives, destructrices. Comme si l'absolu ne pouvait être que néfaste au relatif humain. Comme si l'éveil des fonctions primordiales de la psyché ne pouvait se voir qu'aux dégâts et revers apparents.

Ainsi, Pluton en Taureau, dans l'optique analogiste, anéantira les engouements du signe. Son esprit possessif risque d'être douloureusement sonné par la perte d'êtres chers, la destruction de tout ce à quoi l'on tenait. Un destin sans égard s'acharne à frapper pour enseigner la vanité des ambitions temporelles et les dures lois de l'autopunition lorsque l'être brave la transcendance en l'oubliant (les buts de l'espèce, pour être remplis, utilisent d'abord les buts personnels et les rejettent ensuite).

Cela dit, Pluton peut apporter aux êtres réceptifs une intuition fondamentale dont ils feront le levier, l'induction-mère de leur existence laborieuse. Selon l'axe maître-esclave propre au signe, ils laisseront toute leur personnalité dans leur œuvre ou découverte. L'Objet invisible, le squelette qu'ils auront arraché à l'Inconnu continuera à se masquer dans leur nom...

Quant au caractère : Pluton en Taureau le rend ferme, énergique, aux colères féroces, aux vindictes souterraines impitoyables. C'est l'inertie d'inhibition qui parle, elle ne pardonne pas.

*En d'autres termes :* Pluton s'allie de préférence aux tendances marginales du signe qui, chez l'être riche, conduisent à des intuitions exceptionnelles sur les structures fondamentales des êtres, des choses et de leurs rapports. L'apport moins heureux peut être de fortifier les barricades d'une idée fixe pour exorciser la multiplicité de Pluton. Toute la logique d'une existence s'applique alors à réduire la diversité des référentiels du monde à une seule clé passe-partout.

# *Les Planètes dans les Gémeaux*

## Soleil en Gémeaux

L'astre de l'affirmation personnelle est bien partagé, dans ce signe double. Les aspirations sociales de l'être se trouvent souvent en contradiction avec ses aspirations privées. Fait des vies tiraillées entre deux désirs, deux volontés, deux talents, deux amours. Affaiblit l'expression de la personnalité mais augmente l'intelligence, la perception ludique des événements, et le goût des mots.

## Lune en Gémeaux

Le monde de l'inconscient est ici constamment agité par les fluctuations de l'environnement, le changement incessant des circonstances et des contacts, mais il ne s'agit là que d'une agitation de surface, celle de la brise qui fait naître des vaguelettes. Les racines de l'être ne semblent pas en être ébranlées. Extérieurement, l'humeur est vagabonde, elle varie selon les émotions du moment et ne peut être saisie. Elle s'est déjà transformée lorsque l'interlocuteur l'a saisie au vol. Pour mieux dire, c'est la Lune natale de Brigitte Bardot, astre cinématographique qui a suffisamment occupé la chronique pour que l'on sache de quoi il retourne. Un prompt emballement, vite tombé dans l'oubli, aussi vite remplacé par une passion non moins vive, et il ne s'agit pas seulement de l'affectivité, mais aussi de l'humeur, qui ne peut être que capricieuse et frissonnante. Sur le fond mercurien, en perpétuelle vibration, la Lune multiplie les variations de ses phases, même si sa face cachée reste obstinément ignorée.

## Mercure en Gémeaux

La souplesse d'esprit, le besoin de connaître, celui de transmettre le message dont on est porteur s'allient à une exceptionnelle facilité d'assimilation de toutes les données que l'esprit doit intégrer. A cela s'ajoute l'association des idées, tout aussi rapide, qui permet d'élaborer très vite des ensembles d'où sortira la résolution des problèmes posés. En revanche, si la compréhension ne s'effectue pas dans l'instant même, il est fréquent que l'on doive s'y atteler à nouveau au prix d'efforts inhabituels et fastidieux.

C'est un type d'intelligence raffinée et souvent brillante. Le sujet risque d'être un dilettante, qui perd pied lorsqu'on le pousse dans ses retranchements, mais s'en tire par une pirouette. Il déteste la spécialisation trop poussée et a besoin de reprendre des forces nerveuses par le changement, ce qui ne veut pas dire qu'il soit versatile. Il aime apprendre, mais aussi enseigner. Le don d'imitation est non seulement verbal, mais aussi gestuel, par un remarquable sens d'expression, par la mimique.

## Mars en Gémeaux

C'est un important facteur d'activité, pas seulement mentale, qui peut entraîner un certain esprit sportif, la sincérité dans l'action. Mais l'amour-propre réagit par la susceptibilité : les caprices, les colères sont difficilement dominés. Tout cela est un peu remuant, turbulent, avec des vagues d'agressivité inattendues, au moindre prétexte. Il faut dire que les réflexes musculaires sont rapides, le passage à l'acte ne traîne pas, tout au moins le passage à la parole qui vaut un acte.

Avec Mars dans son signe, le Géminien est plus sûr de lui et moins hésitant. De bonne foi, il promet plus qu'il ne peut tenir. Il s'efforce de convaincre avec passion. Dans les cas extrêmes, il aboutit au sadisme mental, à une certaine agitation.

## Jupiter en Gémeaux

Dans les Gémeaux, la bonhomie et l'équilibre accompagné d'autosatisfaction de Jupiter se heurtent à la nervosité un peu fébrile de ce signe. Un peu dérouté, Jupiter n'utilise pas ses atouts habituels avec autant d'efficacité. Droiture et loyauté, avec la mise en valeur des qualités intellectuelles. Barbault dit, avec humour, que l'autorité et la puissance de l'astre sont affectées comme celles d'un pontife dans un milieu d'adolescents irrespectueux, mais que cette position est heureuse dans l'ordre de la diplomatie et de l'habileté manœuvrière.

## Saturne en Gémeaux

On admettra qu'un astre aussi sec et peu enclin à une certaine joie de vivre comme à une animation turbulente ne se sentira guère à l'aise dans le signe jeune et perpétuellement en mouvement des Gémeaux. Cette fois-ci, c'est le vieux monsieur strict chez les joueurs de ping-pong. Sa logique excessive tue la fantaisie, et l'humour devient de l'humour noir. Certes, il peut y avoir un acquis pour le signe, dans la mesure où Saturne apporte circonspection, sens des responsabilités, ce dernier parfois excessif.

*Le Grand Livre du Taureau*

Mais il peut aussi, par réserve ou inhibition, éteindre le côté brillant des Gémeaux, le sens de la répartie devient esprit d'escalier, ou se fait trop lourd. C'est un Saturne qui veut se rajeunir, un Gémeaux qui veut être trop sage au risque d'étouffer sa spontanéité.

### Uranus en Gémeaux

Uranus, qui gouvernait le chaos, est considéré comme l'astre de l'individualisme le plus poussé, qui veut à tout prix se démarquer du milieu ambiant. Hyperrationnel, peu sentimental, maître du Verseau, il a quelques analogies avec Mercure, mais poussées à un niveau plus brutal ; il est systématique, intolérant, il tend à entraîner vers un avenir robotisé, froid, peu fait pour les faibles et les cœurs sensibles. Il crée l'imprévu, les destins en dents de scie, impose des techniques toujours nouvelles.

Il s'est trouvé dans les Gémeaux de 1942 à 1948, et l'on a pu constater l'accord entre le côté nerveux et remuant du signe, et l'effet électrisant de la planète, ainsi que le facteur commun que constitue le côté intellectuel et cérébral de leur nature. Uranus, très à son aise en Gémeaux, y agit comme s'il induisait un courant électrique susceptible de galvaniser les Gémeaux, de leur donner un sens plus aigu de leur Moi et d'atténuer leur tendance dispersive.

### Neptune en Gémeaux

Il semble y avoir plus de théorie que de constatations effectives dans ce que l'on peut en dire. Selon André Barbault, l'émotivité géminienne serait intensifiée et la sensibilité de l'astre en serait accrue, dans un échange courtois de bons procédés. D'autres astrologues affirment que l'intuition devient plus lucide, que l'action neptunienne devient plus créatrice, se cantonnant surtout dans l'immédiat, le quotidien. On y voit aussi des dons de clairvoyance, surtout dans les affaires, et les femmes seraient peu fidèles. Certains décèlent des tendances hystériques, des états d'âmes chaotiques.

### Pluton en Gémeaux

Selon Lisa Morpugo[1], Pluton a influencé le comportement d'une génération intellectuellement éveillée. Et il est vrai que l'on ne s'était jamais posé autant de questions qu'à cette période (1883-1914), à la fois fin d'un siècle et commencement d'un autre, tant il est vrai que Pluton, comme Janus, est à double face. Cette génération était lucidement critique envers les idéologies et les éthiques des époques antérieures. Mais elle a aussi été attirée par le culte de la personnalité. André Barbault a exprimé une opinion à peu près semblable en disant que Pluton en Gémeaux se mue généralement en sadisme mental, ou apporte une inquiétude intérieure qui fertilise la recherche spirituelle.

# *Les Planètes dans le Cancer*

### Soleil en Cancer

Donne des indications sur la personnalité extérieure du sujet : grande sensibilité, à l'écoute du non dit, du non visible. Beaucoup d'intuition : cette intuition se fait parfois devineresse, pressent des événements et des situations à venir. Les rêves prémonitoires sont fréquents chez le Cancer hyperréceptif. « Idéalisation du passé, attachement à la Tradition, qui sert de point d'appui contre l'insécurité du futur [...]. Manque d'initiative, défaut d'agressivité et d'esprit compétitif [...] compensés par la souplesse intuitive de l'intelligence. L'équilibre ainsi créé permet d'atteindre avec autant d'efficacité l'objectif recherché[1]. »

---

1. Lisa Morpurgo, *Introduction à la nouvelle astrologie,* Hachette Littérature, 1976.

## Lune en Cancer

Accentue toutes les tendances extérieures du signe en leur donnant quelquefois une exaltation excessive : douceur extrême, intense réceptivité qui peut aller jusqu'à la médiumnité. La voyance, la précognition, les phénomènes extra-sensoriels sont tout à fait courants avec la Lune dans ce signe. Elle donne également des dons artistiques réels que la timidité du Cancer ne sait pas toujours faire valoir. Besoin immense de tendresse, de protection. Forte sensualité réceptive.

## Mercure en Cancer

La planète de l'intelligence se teinte ici de finesse analytique, de sensitivité, d'irrationnel. L'intuition s'affine, se laisse diriger par une perception subjective des problèmes, et les résout grâce au « flair », au doigté, à l'instinct, beaucoup plus que par raisonnement. Mercure en Cancer fait des êtres qui écoutent plus qu'ils ne parlent, qui enregistrent et mémorisent les moindres faits et gestes pour s'en servir plus tard dans des circonstances appropriées. L'esprit, à la démarche lente et sûre, donne du poids aux synthèses. C'est un esprit qui allie des qualités inventives aux déductions logiques.

## Mars en Cancer

L'activité impatiente, brusque, agressive de Mars s'émousse en Cancer. L'action devient plus mesurée, plus flottante, plus fragile extérieurement. Mais elle se concentre grâce à la profondeur que lui donne le signe, elle acquiert une longue portée. Elle devient plus durable, plus obstinée, moins spectaculaire mais peut-être plus efficace, en s'exerçant sur des registres qui lui conviennent, soutenue par l'intuition que confère le signe : l'art, le commerce sont ses terrains d'élection. Le dynamisme, l'énergie vitale, n'apparaissent pas : il faut se rappeler que le Cancer n'est pas un signe de grande santé. En revanche, la sagesse, l'économie de moyens dans l'objectif à atteindre, l'instinct très puissant remplacent avantageusement une extériorisation chaleureuse de la personnalité.

## Jupiter en Cancer

Jupiter, qui aime tant son confort, ses aises, le luxe en toute chose, exalte la sensualité du Cancer, la matérialise. La philosophie d'un Jupiter en Cancer est dans la jouissance pure et le confort personnel. La réussite professionnelle se fait dans le respect de la tradition et des lois hiérarchiques, dans le culte de la famille et des ancêtres. Que de bienveillance, que de concessions, que de souplesse dans cet alliage ! Rien ne doit freiner ou entraver le désir qu'a le natif de jouir de la vie par tous ses pores. S'il gagne facilement de l'argent, il le dépense encore plus facilement, pour le plaisir de dépenser. Il a besoin d'abondance et de richesse, de beaux objets, de bijoux, de fourrures, de luxueuses voitures. Cet être est, en général, extrêmement séduisant.

## Saturne en Cancer

C'est la logique, le raisonnement, la rigueur froide et calculatrice de Saturne dans l'univers fantasque, imaginatif et sensuel du Cancer. Résultat : ou bien Saturne canalise la fantaisie du Cancer et lui donne du poids, de la mesure, de l'ambition et de la discipline, auquel cas le sujet perd beaucoup de caractéristiques lunaires (réactions imprévisibles, tempérament secret et changeant, parfois un peu versatile) ; ou bien Saturne broie le Cancer, et, à ce moment-là, il crée toutes sortes de frustrations dans les domaines régis par la Lune : la créativité est freinée, l'élan vital s'amenuise, l'affectivité n'est jamais comblée, la sensibilité reste à vif sans parvenir à s'épanouir dans une activité inventive et riche.

## Uranus en Cancer

Le goût d'Uranus pour les bouleversements, les changements radicaux, les décisions rapides et irrévocables se trouve singulièrement étouffé par le Cancer. En effet, le Cancer est le signe des petits changements, des petites modifications, mais pas des hautes tensions familières à Uranus.

*Le Grand Livre du Taureau*

D'où affaiblissement des valeurs proprement uraniennes dans ce signe : individualisme moyen, esprit de décision plus flou, activité créatrice moins volontaire et ambitieuse. La vitalité uranienne devient un peu aquatique : c'est la foudre dans l'eau. En revanche, le Cancer accentue la réceptivité d'Uranus, d'où une réelle générosité à l'égard d'autrui, la volonté d'emporter une certaine adhésion de son entourage.

### Neptune en Cancer

La planète double son inspiration intuitive dans le Cancer : elle devient très fortement sensible à toute vibration sensorielle. Elle capte les moindres ondes de son entourage et plonge dans les eaux sans fond de la sensation, du délire artistique (musical, visuel, auditif) avec un goût prononcé pour tout ce qui a trait à l'eau, à l'élément liquide.

### Pluton en Cancer

Les forces souterraines et créatives de Pluton prennent de la sensibilité et de la fragilité cancériennes. Elles deviennent moins ambitieuses sans perdre en invention, ni en profondeur. Mais le sujet risque de se sentir limité dans sa créativité par son respect des valeurs familiales, traditionnelles, parfois même conservatrices.

## *Les Planètes dans le Lion*

### Soleil en Lion

En vérité, dans votre cas, la fonction solaire, qui sensibilise aux modèles culturels en usage, vous a fait percevoir avec une acuité particulière tout ce qui, dans ces modèles, participe des fonctions de base du Lion. Vous avez retenu en priorité les leçons et les principes qui mettaient l'accent sur l'autonomie personnelle, la volonté de surpassement, l'extension de la puissance. Vos premiers héros, vous les avez choisis spontanément parmi ceux qui incarnaient le mieux ces facultés. Notez bien que cela ne veut pas forcément dire que vous suiviez ces exemples-là en permanence : les premières et fortes impressions qui ont marqué votre esprit peuvent subir bien des avatars. On peut cependant affirmer que tous ces grands dadas léoniens demeureront vos points de référence essentiels. Sujets de vos discours, thèmes de vos œuvres, mobiles de vos actes, objets de vos recherches, motifs de vos craintes ou cibles de vos sarcasmes, ils seront ici les fermes pivots de votre conscience lucide. Tout cela, d'ailleurs, va dans le même sens que votre prédilection pour les grandes idées, les forces qui orientent toute une existence dans une direction privilégiée.

### Lune en Lion

Les interprétations classiques insistent sur l'effervescence des instincts, leur générosité, leur noblesse et leur panache. On vous accorde en outre une imagination tournée vers le grandiose, le prestigieux, le magnifique, et la faveur publique vous est, paraît-il, acquise si vous abordez la carrière artistique. Parmi les travers qui vous sont le plus souvent reprochés, on note une certaine fatuité, un côté snob épris de luxe, un penchant pour les caprices voyants et la paresse dorée.

Quelques « Lune en Lion » assez connus : Louis XIV, Churchill, Trotski, Mao, Rocard, Rosa Luxemburg, Willy Brandt... Parmi les poètes, citons Verlaine, Jules Laforgue, Charles Cros et Schiller.

### Mercure en Lion

Vous pouvez, par exemple, connaître la sensation grisante de pouvoir venir à bout de toutes les énigmes, d'affronter comme en vous jouant les problèmes filandreux où s'entortillent les esprits moins alertes. Pour vous, les discours choc, les idées fortes et les images frappantes, pour peu qu'on les répande suffisamment, recèlent une efficacité redoutable, un pouvoir libérateur hors de pair. Nulle muraille ne s'avise de résister à un trompettiste assez constant et malicieux, tous les rescapés de Jéricho vous le diront.

## Mars en Lion

La force d'excitation débloquante joue ici sur le mode d'une confrontation directe et immédiate avec le monde environnant. Elle n'a rien d'un fantasme, d'une simple spéculation théorique ou d'une évocation évanescente. Elle acquiert une présence telle qu'il est impossible à autrui de l'ignorer ou de n'en point constater les effets percutants. Dans le combat quotidien pour la survie personnelle, vous refusez absolument toute entrave à vos initiatives. Vous ne vous préoccupez guère des implications philosophiques de vos actes ou de ce que l'on va penser de vous : l'essentiel est de vaincre l'obstacle par les moyens les plus rapides et les plus indiscutablement efficaces. Vous n'êtes pas une personne à vous décourager facilement. Non pas tellement par le fait d'une patience obstinée, mais surtout parce que vous savez surmonter vos fatigues, recharger à bloc vos batteries au moment où l'on vous croit épuisé.

## Jupiter en Lion

Voilà encore une rencontre qui a eu, de tout temps, fort bonne réputation. Comment d'ailleurs pourrait-il en être autrement ? Aux yeux de la Tradition, l'alliance du signe royal par excellence et de l'astre qualifié de Grand Bénéfique ne saurait enfanter qu'une avalanche de bienfaits : honneurs, célébrités, succès, triomphe et autorité indiscutée vous sont octroyés sans lésiner par les célestes cornes d'abondance.

Quant aux seuls inconvénients évoqués, ils découlent des risques de démesure et de surabondance. L'astro-psychologie descriptive, tout en étant moins catégorique sur les événements promis, ne dément pas la tonalité générale du tableau. L'astre et le signe se rejoignent par leur côté extraverti, optimiste, théâtral et ambitieux, le tout saupoudré de ce paternalisme pontifiant qui est, paraît-il, l'apanage enviable de la maturité bien assise.

## Saturne en Lion

Là, ce n'est pas tellement la fête. De toute manière, dès que Saturne est en cause, les astrologues traditionnels éteignent leur beau sourire commercial et vous prennent des airs gravement constipés. Comme, par-dessus le marché, ils considèrent le Lion comme le lieu d'exil de la planète — c'est-à-dire le signe avec lequel elle présente le moins d'affinités —, vous voyez d'ici le tableau engageant. Dans le meilleur des cas, ils évoquent une autorité froide, une implacable ambition, des buts politiques à long terme, le sens de l'organisation. La plupart du temps, il est surtout question de despotisme, d'avidité insatiable, d'orgueil égocentrique et misanthrope, de dureté, de cruauté, de lâcheté.

## Uranus en Lion

Le point commun fondamental entre Uranus et le Lion, c'est un processus de concentration, de réduction extrême à un pôle unique dans un but d'efficacité maximale. Imposer son point de vue aux autres, se sentir invulnérable, être sûr de son bon droit, ne pas concéder la moindre miette de son pouvoir et de son autorité. Uranus exacerbe ces tendances, les radicalise, les assortit d'un impact et d'un tranchant tels qu'elles ont bien peu de chances de passer inaperçues. Vous visez toujours les sommets, qu'il s'agisse de ceux du pouvoir, de l'intensité d'expression de votre personnalité, de l'acuité de votre conscience lucide ou de la rigueur concise de vos formulations. Vous dissipez le brouillard à coups d'éclairs soudains, vous localisez les lueurs éparses en faisceau aveuglant, vous rassemblez les forces les plus diluées en un seul invicible fer de lance. Vos irruptions sur le devant de la scène sont souvent plus provocantes que celles du Lion jupitérien. Vous ne prenez pas comme lui votre élan à partir de données familières, de réalités que chacun peut voir et palper. Vous vous appuyez sur vos pulsions les plus intimes, vos tendances les plus inaliénables.

## Neptune en Lion

Énigmatique et problématique alliage. Les affinités entre la planète et le signe sont nettement moins évidentes que dans le cas d'Uranus ou de Jupiter, et la coopération ne sera vraiment effective que si Neptune reçoit par ailleurs de forts aspects dynamisants. Dans le cas contraire, les fonctions dominantes du Lion sont passablement altérées. Les manuels traditionnels parlent d'exaltation lyrique, idéaliste, mystique ou romanesque, de sens esthétique noble et raffiné, avec forte propension aux illusions et déceptions sentimentales, dans l'hypothèse d'un Neptune très dissoné.

## Pluton en Lion

*A priori,* la cohabitation avec le Lion s'annonce plutôt malaisée. Le désir de surclasser les autres et le goût de la parade tonitruante, notamment, en prennent un sacré coup. Un Plutonien bon teint, vu de l'extérieur, a fort peu de chance de cadrer avec le portrait-robot du signe. Avec Pluton, on aurait cependant bien tort de se fier aux apparences, l'essentiel se passant au niveau de votre inaliénable for intérieur. En fait, Pluton, tout comme le Lion, refuse les limites. Il les refuse même de la façon la plus radicale qui soit. Le temps et l'espace n'ont pas de bornes, l'éternel et l'infini sont ses domaines. Il n'a de comptes à rendre à personne, il ne se soumet à aucune autorité humaine. Il engendre lui-même sa propre loi et sa propre vérité. C'est un réfractaire, un irréductible, un pur, un authentique. On pourrait croire que Pluton, éloigné de tout personnalisme, désintègre le narcissisme du Lion. En fait, il remplace un narcissisme superficiel par un narcissisme beaucoup plus profond : la contemplation inexprimable, intégrale et perpétuelle de vos rouages les plus secrets, de vos mobiles les plus intimes. Vous vous retrouvez seul avec vous-même pour assumer l'angoissante étendue des possibles qui vous habitent.

# *Les Planètes dans la Vierge*

## Soleil en Vierge

Dire que vous êtes natif de la Vierge signifie qu'à votre naissance le Soleil occupait ce signe. Dans ce cas, la planète ne fait donc que souligner les valeurs du signe. En Vierge, le Soleil est dit pérégrin, c'est-à-dire neutre, son domicile étant en Lion et son lieu d'exaltation en Bélier.

## Lune en Vierge

Les valeurs lunaires de sensibilité, d'émotivité, de réceptivité, sont brimées et ne trouvent guère de possibilité d'épanouissement. La Lune, symbole de l'inconscient (le Ça en terme psychanalytique), n'est certes pas à son aise dans un signe répressif, qui s'acharne à contrôler les pulsions instinctives. Il en résulte un risque de refoulement, surtout en cas de dissonances de la Lune (avec Saturne ou Uranus notamment).

La difficulté d'extériorisation entraîne un malaise, un sentiment diffus de culpabilité qui se traduit par une attitude déroutante, déconcertante, même pour les proches. Inquiet, souvent affligé d'un complexe d'infériorité, le sujet se livre à une introspection poussée, qui ne fait qu'aggraver ses problèmes.

## Mercure en Vierge

Mercure donne une insatiable curiosité, vierge de tout *a priori,* libre de toute entrave. Le monde est un passionnant champ d'investigation pour le Mercurien, qui engage un dialogue permanent avec son entourage. C'est un libre penseur, toujours prêt à jeter un regard neuf sur les êtres et les choses, d'autant plus qu'il a l'art de changer les angles de vue.

Mercure en Vierge souligne les qualités de mémoire et d'observation. Le sujet excelle dans les domaines où il faut fidèlement retranscrire une réalité plutôt que l'interpréter ou l'intellectualiser.

## Mars en Vierge

Pour qui se contente de voir en Mars la manifestation des instincts agressifs, la position de cette planète dans le signe de la Vierge présente plus d'inconvénients que d'avantages. La violence, l'agressivité étant rentrées, elles se retournent contre le sujet et aboutissent à une lente autodestruction. Ou bien, ces forces s'extériorisent par poussées brutales.

Concret, réaliste... voilà des termes qui s'accordent bien avec les caractéristiques de la Vierge. Cette configuration (surtout si Mars est harmonieusement aspecté) donne une grande puissance de travail (Jean-Louis Barrault, conjonction Soleil-Mars en Vierge). Le sujet est un perfectionniste qui « fignole » sa tâche dans les moindres détails.

La planète « dynamise » le signe, le pousse à l'action, décuple son efficacité en coupant court à ses hésitations.

Quant au signe, il modèle l'impulsivité conférée par la planète, évite certaines erreurs.

## Jupiter en Vierge

Les relations entre la planète et le signe sont assez complexes. Selon la Tradition, Jupiter est en exil en Vierge. La définition suivante permet de comprendre pourquoi : « Jupiter est une force de développement de l'être humain, par assimilation de ce qui lui vient du monde extérieur.[1] »

Au principe d'expansion, d'ampleur de Jupiter, s'oppose le principe de rétraction de la Vierge. La planète s'ouvre et s'intègre au monde. Le signe s'entoure d'une écorce imperméable aux suggestions extérieures. Cette antinomie, loin de faciliter l'osmose, provoque des « tiraillements » intérieurs éprouvants.

Le problème est particulièrement épineux si les facteurs d'affirmation du Moi sont très puissants dans le thème, si Jupiter est valorisé (conjonction Soleil-Jupiter, par exemple), ou si la Vierge occupe la Maison I (personnalité profonde). Car c'est toute la puissance vitale du sujet qui est contrainte, étouffée dans les limites strictes imposées par le signe. L'extraversion jupitérienne se heurte à l'introversion virginienne.

## Saturne en Vierge

Si elle reçoit la puissance intellectuelle et favorise la résolution des questions pratiques, cette position de Saturne est plutôt critique dans le domaine de la vie affective. La planète et le signe se renforcent dans leur tendance à l'inhibition et à l'introversion, entraînant une répression impitoyable des instincts.

Sous le coup de frein de Saturne, les risques de refoulement sont accentués. Par son attitude constamment « en retrait », le sujet se coupe des autres. Il méprise les relations sociales, trop superficielles à son gré. Le goût de la solitude devient facilement de la misanthropie. Il n'y a aucune fantaisie dans cette vie réglée, ordonnée, programmée à l'avance. Toutes les précautions sont prises contre un déferlement de l'imprévu dans l'existence.

## Uranus en Vierge

Comme Saturne, Uranus conduit le sujet à adopter une attitude de rigueur, de discipline, de dépouillement. La planète et le signe sont tous deux marqués par l'étroitesse du champ de conscience. L'Uranien tend à l'« unité de l'être ». Il se veut essentiellement lui-même, affranchi des idées en usage, des coutumes. La Vierge, de son côté, cherche à ne compter que sur soi. Aussi, le sujet risque-t-il, d'une façon ou d'une autre, de « faire le vide » autour de lui, d'autant plus qu'il a besoin, sur le plan professionnel notamment, de liberté et d'indépendance.

Uranus en Vierge peut aussi donner la solitude du créateur, souvent révolutionnaire et difficilement compris par son entourage. Cette configuration se retrouve dans les thèmes de Picasso, de Modigliani (Uranus puissant par sa conjonction à Mars, lui-même conjoint à l'Ascendant), de Coco Chanel (Uranus conjoint à Mercure opposé à la Lune, sextile à Jupiter).

---

1. Claire Santagostini, *Assimil astrologique*.

*Le Grand Livre du Taureau*

### Neptune en Vierge

Neptune, maître des Poissons, est en exil dans le signe opposé, la Vierge. Tout, en effet, oppose le signe et la planète. Neptune est caractérisé par l'extrême ampleur du champ de conscience, d'où une très forte intuition, une façon d'appréhender les choses et les situations sans passer par le canal de la logique, de la raison. Quel décalage avec la Vierge, dont les mécanismes de pensée s'appuient précisément sur ces deux facultés !

De ce perpétuel affrontement entre être et réalité, entre plasticité psychique et rigidité mentale, entre désordre et ordre, naît une sorte d'inadaptation permanente.

Neptune en Vierge risque de perturber la vie quotidienne, mais le sujet conserve néanmoins une dimension imaginative, une « inspiration » très favorable sur le plan artistique (Annie Girardot, Neptune conjoint à l'Ascendant en Vierge). Cette position peut aussi accentuer l'idéalisme et le dévouement à une cause humanitaire (Arlette Laguiller, Neptune conjoint à l'Ascendant en Vierge, opposé à la conjonction Soleil-Mercure en Poissons).

### Pluton en Vierge

Pluton a été découvert en 1930 seulement par les astronomes. C'est pourquoi les indications astrologiques sur cette planète diffèrent encore sensiblement. Il est prématuré de donner des indications détaillées sur l'influence de Pluton en Vierge. En revanche, il est intéressant de connaître le « climat général » qui a prévalu durant son transit dans le signe, de novembre 1956 à septembre 1971. C'est, par exemple, pendant cette période que s'est produite la révolte de la jeunesse contre les modèles reçus et les principes inculqués par les parents et les éducateurs, révolte ayant abouti, en France, aux événements de Mai 1968.

La maîtrise du Scorpion a été attribuée à Pluton. Sa position en Vierge donne donc, comme pour Mars, des tendances Scorpion au sujet.

## *Les Planètes dans la Balance*

### Soleil en Balance

Sens de l'harmonie. Adaptation spontanée de la personnalité à tous les milieux, tous les événements, tous les modes de vie. Goût profond pour les associations, les activités artistiques, les relations sociales. La beauté, sous toutes ses formes, préoccupe beaucoup le natif de la Balance. Sa séduction est extrême, sa douceur et sa tolérance en font un partenaire de choix. Sa réussite tient à son charme.

### Lune en Balance

La Lune, c'est avant tout le monde de l'âme. Elle représente donc la vie sensible, l'affectivité, l'imagination et toute une série de significations dérivées, telles que la femme, la mère, le foyer, la mémoire, etc. Il nous faut donc combiner toutes ces significations avec celles de la Balance.

Si la Balance ne donne pas nécessairement l'équilibre, elle en donne le goût, de sorte que le sujet ayant la Lune en Balance tend à réaliser l'équilibre et l'harmonie dans sa vie psychique. Toute injustice, qui n'est finalement rien d'autre qu'un déséquilibre, lui est insupportable et le blesse au plus profond de lui-même.

### Mercure en Balance

La pensée est juste et le jugement sûr. C'est une pensée qui pèse volontiers le pour et le contre car elle s'efforce d'être impartiale. Elle est tout en nuances et se veut conciliante. Loin de jeter de l'huile sur le feu, le sujet cherche à apaiser les esprits et à réconcilier les points de vue. Il est doué pour jouer les intermédiaires ou les arbitres.

Mercure et la Balance se rapportent à tout ce qui est lié à la communication, y compris les moyens de communication. Voilà pourquoi le sujet, toujours dans la Maison V, se lie volontiers à des artistes, que ce soient des gens du spectacle, des écrivains, des peintres ou des musiciens.

## Mars en Balance

Comme la justice est un des domaines de la Balance, le sujet est prêt à se battre pour que soit respecté le droit et que cessent les injustices. Il sera tenté de militer dans des organisations politiques ou non, qui luttent en faveur des victimes de toutes les formes d'oppression. Parmi les carrières juridiques qui s'offrent à lui, c'est évidemment celle d'avocat qui lui permettra le mieux de mettre sa fougue au service de la justice. Il défendra ses clients avec autant d'énergie que d'habileté (la Balance sait aussi être diplomate). Dans sa vie privée comme dans sa vie publique, il est prêt à se battre pour la vérité, souvent inséparable de la justice, et à donner équitablement à chacun ce qui lui revient.

## Jupiter en Balance

Le sujet rayonne la sympathie (Jupiter représente le principe de l'énergie centrifuge en expansion permanente). Il a donc des contacts faciles et heureux avec les autres, que ce soit dans son mariage, ses associations ou ses relations. Les qualités de la planète et du signe se renforcent mutuellement, et les conditions semblent réunies pour que le sujet trouve le bonheur, en particulier dans le mariage, car il a l'esprit large et il est tout prêt à faire des concessions au nom de l'harmonie. Non seulement il peut faire un mariage heureux, mais ce mariage peut être pour lui l'occasion de trouver le bonheur. Le bonheur, et parfois l'élévation sociale et un accroissement de fortune.

Ces bienfaits peuvent également venir à lui par le canal de ses relations personnelles, car c'est un être éminemment sociable qui recherche les contacts.

## Saturne en Balance

Saturne donne au sujet un sentiment à la fois profond et élevé de la justice, on pourrait presque dire un sens institutionnel de la justice.

Dans le domaine de l'art, l'influence de Saturne joue dans le sens d'un strict classicisme.

Dans le domaine du mariage, le sujet cherche un conjoint qui réponde au modèle qu'il porte plus ou moins consciemment en lui, celui d'un être sérieux et pondéré, mesuré et réfléchi, consciencieux et économe, chaste et réservé. Nous savons que la Balance donne à ses natifs davantage le sens et le goût de l'équilibre que l'équilibre lui-même. La présence dans la Balance de Saturne, qui est un facteur de stabilité, est de nature à conférer au sujet la pondération qui fait de lui un être équilibré.

## Uranus en Balance

Dans tous les domaines propres à la Balance, Uranus apporte ses bons et ses mauvais côtés : indépendance, originalité, progrès, invention, intuition, mais aussi impatience, irascibilité, violence et révolte.

Uranus, planète de l'intuition, dans le signe d'art qu'est la Balance, peut renforcer l'inspiration du sujet dans ce domaine. Soutenu par une vive imagination, il développe une expression artistique originale qui est bien souvent en avance sur les idées et les goûts de son temps.

La Balance est encore le signe des associations et du mariage. Dans ce dernier domaine, les idées modernes tendant à l'instauration de l'union libre s'accordent parfaitement avec le besoin d'indépendance et de liberté qui caractérise Uranus.

## Neptune en Balance

Le sujet qui a Neptune dans la Balance se fait de la justice une idée très élevée. Il est même près de croire à l'existence d'une justice immanente.

La sensibilité, la tendresse, la douceur neptuniennes transforment l'amour de la Balance en un sentiment idéal qui se porte naturellement sur le conjoint ou les partenaires, puisque la Balance est le signe des associations. Le mariage lui-même peut évoluer vers une union platonique qui trouvera sa finalité dans une recherche commune des valeurs spirituelles. Son art, raffiné, est marqué par le flou et la légèreté neptuniens qui lui donnent quelque chose d'irréel. La musique, le cinéma, la poésie sont des supports particulièrement bien adaptés à cette inspiration.

### Pluton en Balance

Il faut déplorer qu'aucune recherche systématique, portant sur des milliers de thèmes, n'ait été entreprise pour essayer de déterminer la nature bénéfique ou maléfique (ou neutre) de Pluton, ainsi que le signe qui pourrait être son domicile. Dans ces conditions, il nous paraît plus sage de renoncer à donner pour Pluton dans la Balance des significations qui seraient pour le moins incertaines.

## *Les Planètes dans le Scorpion*

### Soleil en Scorpion

Symboliquement, le Soleil règne sur le jour, le Scorpion sur la nuit. Dès lors, le Soleil dans le signe du Scorpion peut s'interpréter comme une grande lumière éclairant les ténèbres (du subconscient ou des Enfers). Mise en valeur de la face cachée de toute chose. Goût du secret. Tendances à l'angoisse ; passions tourmentées, violentes, destructrices. Intelligence pénétrante. Cette personnalité se démarque toujours de la collectivité par des comportements inhabituels.

### Lune en Scorpion

Mauvaise position pour cette planète, dont la tendresse ne peut pas s'exprimer. Sous cette configuration, les rapports humains sont difficiles pour le natif qui, tourmenté de conflits intérieurs, extériorise mal ses sentiments. Attitudes coupantes, propos caustiques, jalousies blessent l'entourage. Sa franchise trop brutale est mal comprise. Les procès sont fréquents, les échanges de paroles cinglantes amènent des inimitiés. Le natif est foncièrement maladroit dans ses rapports avec les autres ; même sous de bons aspects, sa courtoisie est... à éclipses. En nativité masculine, longues rancunes, et risques de mort de l'épouse (Gœbbels, par exemple, qui avait la Lune en Scorpion en Maison XII), de la mère ou de la sœur.

### Mercure en Scorpion

Bonne position pour l'astre, que l'on interprète d'après le symbolisme suivant : Mercure = intelligence, Scorpion = les Enfers, les choses cachées, le subconscient.

Est-ce que vous avez remarqué l'œil en vrille de certains Scorpion ? Œil d'aigle, œil en laser, qui vous perce à jour jusqu'au fond de l'âme, œil auquel rien n'échappe, et surtout pas vos désirs secrets... Mercure en Scorpion devine tout ! Dans ce signe, l'esprit a toutes les audaces. L'intuition est non seulement très fine dans ses relations avec autrui, mais encore elle porte le natif jusqu'à des vues cosmiques, des visions prophétiques ou mystiques. Doué pour la divination, perspicace, incisif, ne craignant ni Dieu ni Diable dans sa quête de la connaissance, le Mercurien du Scorpion s'aventure aux frontières des Enfers. Son intelligence est attirée par les interdits à violer : elle veut tout savoir, tout connaître, quoi qu'il en coûte. C'est Ève devant l'arbre défendu, qui lui ouvrait la connaissance du Bien et du Mal. Mercure en Scorpion est plus puissant encore lorsqu'il est en aspect harmonique avec Pluton. Il donne au sujet une grande discrétion, un grand discernement, une prudence qui lui évite de tomber dans bien des pièges.

### Mars en Scorpion

Excellente position pour la planète rouge : elle est ici en domicile. Mars : l'énergie ; le Scorpion : le feu des Enfers. L'énergie de Mars est beaucoup plus puissante en Scorpion, elle devient souterraine, implacablement efficace. Elle est capable de se contenir, de se maîtriser, de se canaliser en vue d'un objectif lointain et précis. Mars en Scorpion est extraordinairement opérationnel. Il réunit à la fois les qualités du Bélier et celles du Capricorne. Comme le premier, il peut être impulsif, rapide, mobilisé en quelques secondes, capable d'une attaque foudroyante ou d'une contre-attaque qui met définitivement l'ennemi K.O....

## Jupiter en Scorpion

Nature courageuse, puissante, très intuitive et inventive. Confiance en soi, aptitudes réalisatrices : Jupiter, pratique, organise les forces bouillonnantes du Scorpion. Dans la lutte pour la vie, le Jupitérien du Scorpion est bien armé. Il a de l'autorité, du bon sens, le sens stratégique aussi. Il ne lâche jamais son morceau. Parfois, ses entreprises semblent d'une audace insensée, marquées au coin d'un optimisme délirant. Eh bien, à la surprise générale, il ne se casse pas la figure, il réussit. Son fabuleux optimisme attire la chance. Tout seul, perdu au milieu des tempêtes de la vie, les yeux fixés sur sa bonne étoile, il ne voit qu'elle...

## Saturne en Scorpion

Voici ce que donne Saturne en Scorpion : persévérance et ténacité, discipline des instincts, sens stratégique, sagacité, ruse, prévoyance, dons d'inventions, aptitudes scientifiques.

Saturne est un frein qui oblige le natif à canaliser son énergie. Le Saturnien du Scorpion est un ambitieux, jaloux de son pouvoir et de son indépendance (Giscard d'Estaing, Jean-Jacques Servan-Schreiber, Mazarin). Il sait parfaitement se défendre et attaquer quand il le faut, en visant bien. Ce n'est pas quelqu'un de passif, mais d'énergique et d'actif, dont l'existence, pleine de luttes, progresse régulièrement grâce à des efforts persistants. Il surmonte avec courage des conditions de vie difficiles (le commandant Charcot), et la réussite peut venir assez tard (Adenauer et Mazarin avaient tous deux Saturne en Scorpion au Milieu-du-Ciel).

## Neptune en Scorpion

Affinités entre cette planète de rêve et d'imagination, et notre Scorpion naturellement attiré par l'étrange, le fantastique, le mystère.

Les Neptuniens du Scorpion sont médiums, clairvoyants, ils ont des dons occultes, s'intéressent aux problèmes de l'au-delà. Mystiques, artistes, sensibles, intelligents, ils devinent tout ce qu'on leur cache. Ils travaillent dans le secret, s'enfermant à double tour dans leur chambre ou leur bureau. Les forces invisibles se mettent au service de la création.

## Uranus en Scorpion

Que d'écrivains, de penseurs, de novateurs, sous cette configuration ! Les yeux fixés sur leur étoile, ce sont des gens qui avancent avec détermination en suivant une idée novatrice. Ils ont le sentiment de devoir lutter pour le progrès. Dans ce but généreux, la révolution ne leur fait pas peur : Uranus détruit l'ordre ancien pour permettre à Pluton de reconstruire le nouveau.

L'Uranien du Scorpion est souvent amené, dans son existence, à se révolter contre la pesanteur des institutions de son temps, contre la dureté des contraintes sociales qui pèsent sur ses contemporains.

## Pluton en Scorpion

La plus lointaine de nos grandes planètes transitera en Scorpion de 1984 à 1995 : on se demande ce qu'elle va apporter. En principe, elle est bien placée dans le signe dont elle est la maîtresse.

En astrologie mondiale, on pense que cette position plutonienne donnera naissance à une civilisation tout à fait nouvelle, totalement différente de celle que nous connaissons actuellement. Au prix de quels bouleversements ? Verrons-nous le triomphe de l'énergie atomique (l'ère du plutonium, ce n'est pas un hasard si cet élément tire son nom du dieu des Enfers...) ?

# Les Planètes dans le Sagittaire

## Soleil en Sagittaire

C'est la position qui, traditionnellement, fait que l'on se dit né sous le signe du Sagittaire. Exalte les tendances naturelles du signe : courage, esprit d'aventure, projets de grande envergure, intelligence, réussite professionnelle. Souvent, carrière brillante.

Le natif est porté à s'affirmer de manière éclatante dans le domaine qu'il a choisi, un peu à la manière du Lion ; mais il le fait avec plus d'expansion chaleureuse et de motivations humaines.

## Lune en Sagittaire

La Lune est épanouie dans ce signe. Elle confère de la spontanéité, une certaine bonhomie, bref, une relation cordiale et détendue avec l'entourage. Avec le Sagittaire, on n'a pas de mal à briser la glace. Certes, il attend de l'autre un certain respect, mais il n'hésite pas à parler sur un pied d'égalité, d'homme à homme.

C'est un signe d'amitié plus que d'amour et l'on aime retrouver les copains de naguère, rappeler les souvenirs, faire un petit flash-back qui permet de voir le chemin parcouru depuis.

## Mercure en Sagittaire

Celui qui craint d'être dépassé par les événements prend la peine de tout prévoir, de fixer dans les moindres détails le calendrier et l'ordre du jour. Le Sagittaire, lui, n'a pas besoin de se reposer sur un Mercure très actif et minutieux. Il se fie à ses dons d'improvisateur qui fait flèche de tout bois. Il compte sur sa chance pour achever ce qu'il n'a qu'esquissé. Il se méfie des plans dressés sur la comète et des pronostics toujours bafoués par la réalité.

## Mars en Sagittaire

Le Sagittaire n'aime guère le travail trop régulier et quotidien. Cette position planétaire, dans un thème, n'indique donc pas un employé modèle mais bien plutôt un représentant qui court sur les routes, quelqu'un qui doit prendre des initiatives, s'adapter à des situations imprévues, faire preuve d'esprit d'à-propos.

L'énergie est mobilisée dès lors que le jeu en vaut la chandelle, excitée par l'épreuve, par l'obstacle. A certains moments, on est prêt à se dépenser intensivement comme dans les charrettes des architectes. On peut aussi trouver là un stakhanoviste, avide de records.

## Jupiter en Sagittaire

C'est une position qui annonce une capacité certaine à organiser, à rassembler. Non pas tant à étudier une affaire dans tous ses détails qu'à faire se rencontrer des gens, à leur donner le sentiment d'un destin commun. C'est ainsi que se forment les sociétés humaines, autour de ces chefs qui, à partir d'une situation confuse et disparate, parviennent à instituer un ordre, à faire apparaître des horizons, à cimenter des réseaux encore fragiles.

Celui qui a cette indication dans son thème laissera souvent le souvenir de quelqu'un qui a modifié sensiblement le paysage social et humain, « là où son cheval est passé ».

## Saturne en Sagittaire

Si les entreprises sagittariennes font parfois long feu, elles ne durent que tant que leur instigateur brandit le flambeau. Dès que celui-ci disparaît, c'est la guerre entre les héritiers et l'on s'aperçoit bien vite que tout l'édifice ne reposait que sur le dynamisme d'un seul. Le Sagittaire va de l'avant et a du mal à choisir ses lieutenants et ses dauphins tant il agit par inspiration. C'est l'homme des grandes épopées que seule la mémoire d'un chroniqueur sauvera de l'oubli.

### Uranus en Sagittaire

Le Sagittaire, signe de Feu, n'est pas très favorable à Uranus qui s'épanouit dans le signes d'Air. C'est pourquoi le signe peut décevoir en ce qui concerne sa capacité à faire passer des réformes en profondeur. En effet, à force de se soucier de réunir autour de soi les courants les plus divers, on peut dire que le Sagittaire « gouverne au centre », qu'il est prisonnier de sa propre stratégie et tiraillé entre plusieurs tendances, quelle que soit sa volonté personnelle de changer le monde.

### Neptune en Sagittaire

Le Sagittaire a le sens de l'idéologie ! Il sait que pour entraîner le grand nombre, il convient de lancer un certain nombre de slogans, de proposer des modèles d'explication, à la façon dont on parle de la lutte des classes, par exemple. Cette position de Neptune est donc favorable, elle révèle quelqu'un qui saisit les vagues de fond, qui prophétise les grands bouleversements, mais qui ne sait pas toujours faire les choix qui s'imposent quand il est trop entraîné par la politique politicienne.

### Pluton en Sagittaire

Ce n'est pas une très bonne position pour Pluton. On n'aime guère la contestation et la satire lorsqu'on est en train de développer de grands principes et que l'on se prend plutôt au sérieux. On sait ce qu'on entend par « raison d'État », c'est-à-dire une sorte d'oukase sans réplique. Par ailleurs, l'homme politique doit souvent faire taire sa conscience et ses scrupules s'il désire rester à son poste. L'usure du pouvoir rend méfiant à l'égard des fervents de la vérité.

## *Les Planètes dans le Capricorne*

### Soleil en Capricorne

L'astre de l'expansion, du rayonnement de l'été brûlant, se trouve nécessairement refroidi par ce signe d'hiver, d'hibernation, de grand frimas. La personnalité est donc réservée, distante, froide et concentrée. N'oublions pas, en outre, que l'attente du printemps donne à ce signe un sens du temps particulièrement intense : si tout se fige sous la glace, c'est pour mieux éclore dès que la tiédeur revient.

Signe d'ambition, de volonté, de réussite, lente et sûre. Maladresse dans l'expression de l'affectivité.

### Lune en Capricorne

La planète des sentiments, de la vie intérieure, de la sensibilité et du climat affectif n'est pas non plus fort à son aise dans ce signe. Rend défiant à l'égard de toute manifestation amoureuse, peu expansif et aussi peu généreux. En revanche, donne une stabilité, une profondeur, une fidélité et une grande persévérance dans les attachements.

### Mercure en Capricorne

Attribue au sujet une intelligence pénétrante et profonde, lente et logique, inexorable, dans sa recherche et sa découverte de la vérité, en toute chose.

La pensée se dégage de l'affectivité pour juger froidement les situations et en tirer parti.

### Mars en Capricorne

Magnifique position de la planète dans un signe qui lui fait aller droit à l'essentiel, avec dépouillement, esprit de synthèse, profondeur et sens de l'analyse. Sur le plan de l'intelligence, c'est une des plus fortes et des plus belles configurations. Elle confère au sujet de la dureté, de l'ambition, de l'agressivité et beaucoup de calcul, en même temps qu'un sens politique aigu... Mais absence totale de subjectivité et de sensibilité en ce qui concerne les affaires, les négociations, les rapports avec autrui en général.

### Jupiter en Capricorne

Mêmes effets que le Soleil dans ce signe, légèrement atténués. Les valeurs protectrices, chaleureuses, bienfaitrices de Jupiter se sentent fort diminuées, amoindries par le signe concentré et réservé du Capricorne. La réussite professionnelle est pourtant certaine grâce à l'ambition tenace du signe.

### Saturne en Capricorne

Refus de l'artifice, du jeu, du maquillage. Une sorte de Capricorne au carré. Il peut dissimuler ses frustrations infinies derrière un ricanement sceptique ou l'attitude souveraine de l'ermite replié dans sa tour d'ivoire. Cet orgueilleux est d'abord un grand blessé de l'âme qui ne s'est jamais consolé des rejets qu'il a subis. C'est le vrai misanthrope, lucide sur le monde et sur lui-même, qui s'interdit tout mensonge et sanctionne tout manquement à la vérité.

### Uranus en Capricorne

Dur signe pour Uranus qui symbolise la force, la volonté, la résolution, ici et maintenant : en Capricorne, la résolution devient cruellement efficace, l'organisation méthodique des objectifs s'élabore avec une perfection presque maniaque. Goût pour toutes les techniques avancées, pour la politique et les sciences.

### Neptune en Capricorne

La planète de la sensibilité artistique, de la douceur, de la souplesse et de la mobilité psychique n'est pas spécialement confortée par le Capricorne qui lui interdit les vraies intuitions ou les soumet au crible d'une raison moralisatrice très refroidissante. La sensibilité et la rigueur de la pensée se trouvent en contradiction.

### Pluton en Capricorne

Pluton qui symbolise les forces obscures de création, la lenteur et la puissance dans les grands bouleversements, est admirablement servi par le signe ambitieux, sévère et patient du Capricorne. Cette position renforce l'ambition et lui donne une portée mondiale.

## *Les Planètes dans le Verseau*

### Soleil en Verseau

Besoin intense d'extériorisation. Chaleur humaine irrépressible, élan vers autrui, compréhension spontanée des êtres. Volonté et capacité de renouvellement incessant. Ce Soleil en Verseau signe une nature passionnée, extrêmement concentrée sur ses intérêts du moment ; simplement, ses intérêts changent, du tout au tout, au cours de sa vie.

### Lune en Verseau

Si vous avez la Lune en Verseau, elle vous permettra de cultiver des valeurs personnelles, de canaliser vos pulsions au profit d'un idéal et de décrire vos états d'âme avec les mots qui conviennent.

La Lune en Verseau, c'est aussi réagir quand le vent se lève, profiter du zéphyr, naviguer en douceur. C'est parfois s'oublier pour aider à transformer le monde, ou se créer soi-même quand on s'est perdu. C'est notre dépendance envers nos amis, notre besoin d'originalité ou notre soif de changement, c'est une mémoire qui oublie tout, sauf l'essentiel : ce qui est riche en potentialités nouvelles, ce qui est positif et utile, ce qui débloque les situations.

## Mercure en Verseau

Dans le cas où rien, dans le thème, ne vient contrecarrer la tendance, Mercure en Verseau signe une intelligence intuitive mais rigoureuse, à condition que le sujet soit motivé. Dans le cas contraire, il se laisse plutôt envahir passivement par les informations qu'il emmagasine et qui resteront latentes, en attendant de ressortir un jour sous forme créative.

En Verseau, Mercure est souvent distrait. Il n'établit le contact avec autrui que si l'ambiance est mobilisatrice, l'interlocuteur plaisant ou si la discussion porte sur ses convictions.

## Mars en Verseau

Ici, les faits l'emportent sur les idées, mais, comme nous sommes encore en Verseau, où les choix sont réfléchis afin de ne choquer personne, idées et faits vont donc se mêler adroitement.

Le pouvoir réalisateur du Verseau est plus dans la réaction que dans l'action, et la réalité des faits bruts pousse le sujet à agir en rénovant.

## Jupiter en Verseau

A condition que ces tendances soient convenablement mûries, vous pouvez vous faire apprécier par des sentiments humanitaires ou par de larges conceptions sociales. Il s'agit de « mettre la main à la pâte », de « relever vos manches » pour que le monde, le pays, votre groupe professionnel ou votre famille sortent de leur enlisement, de leurs difficultés ou de leurs routines. Vous comptez bien que l'on vous en saura gré et vous vous y employez utilement.

Comme vous préférez donner qu'accumuler, l'état de vos finances risque de souffrir de générosités au-dessus de vos moyens ou de l'oubli des contingences matérielles.

## Saturne en Verseau

Saturne en Verseau n'échappe pas à sa règle : il fait le point sur soi-même et les autres, prend conscience de la nécessité d'évoluer et de dégager des événements leur inconnu libérateur. Il cherche à communiquer pour atténuer le doute que l'isolement amplifie.

Saturne en Verseau pondère votre réactivité ou votre enthousiasme, vous fait prendre conscience que l'on s'use parfois à défendre des causes perdues d'avance et qu'il faut se méfier de l'illusoire, au profit d'une connaissance plus approfondie des choses.

## Uranus en Verseau

Avec les planètes précédentes, l'homme s'est intégré au monde extérieur et à la société de son temps ; les aptitudes à acquérir sont les mêmes pour tous. Avec Uranus, nous entrons dans l'analyse des valeurs qui sont propres à chaque individu. Indépendantes du milieu, elles font de lui un être unique.

Uranus en Verseau, s'il choisit la nouveauté en tout, sait la vulgariser, la transmettre avec le maximum d'efficacité et des mots simples, accessibles à tous ; mais il lui est parfois difficile de donner un exemple concret.

## Neptune en Verseau

Si vous êtes Neptunien, vous vous dégagez facilement des conditionnements sociaux pour tenter de vivre votre réalité intérieure. Vous êtes intuitif, généreux et crédule, parfois naïf. Vous projetez souvent vos impressions et présentez parfois des vérités que vous avez du mal à formuler. Si vous transformez la réalité, c'est qu'un fait brutal vous émeut et que vous désirez prendre des distances pour amortir le choc.

### Pluton en Verseau

Si l'on veut donner à Pluton une dimension humaine, on s'aperçoit qu'il est un signal difficilement intégrable car sa connaisance se heurte à ce que nous pouvons savoir de l'inconnu. C'est la force profonde de nos pulsions informulées, cette immensité refoulée parce qu'elle fait peur ou honte et qui ne nous laisse en paix que si l'on accepte de la vivre.

Ceux chez qui Pluton domine recherchent une authenticité qu'ils ne trouvent qu'en eux-mêmes, car elle est rebelle à toute assimilation par le milieu et difficilement communicable. Ils auraient besoin de plusieurs vies, mais, comme ils n'en ont qu'une, ils accumulent les expériences et leurs contradictions sont source de fécondité.

## *Les Planètes dans les Poissons*

### Soleil en Poissons

Ce Soleil va vous « identifier » totalement aux autres. Vous ne vous imposerez pas. Vous entrerez dans le jeu d'autrui : cette identification sera, selon votre évolution intérieure, bonne ou mauvaise. Dans ce signe « double » la gamme des « possibles » est infinie...

Vous adapter est, en général, chose facile. Vous offrirez aussi aux autres quelque chose de rare à notre époque : votre compréhension... Vous vous attirerez de nombreuses sympathies. Mais vos relations avec les gens ne seront pas suivies. Elles seront « fluides ». Vous échapperez à leur compréhension. Ils auront l'impression que vous leur « glissez » entre les doigts...

### Lune en Poissons

Si le Soleil est l'animus, partie volontaire, active, masculine qui est en chacun de nous, principe « yang », la Lune est le reflet de notre anima : partie réceptive, passive, féminine, « yin », en chacun de nous. C'est la face inconsciente de notre personnalité. Elle est le rêve, l'imaginaire, la sensibilité.

En fait, elle donne une sorte d'irréalité à cet être « lunaire » des Poissons. Il a du mal à s'intégrer dans la vie réelle. En effet, les qualités comme les défauts d'expansion et d'inflation envahissantes propres aux Poissons sont exacerbés. Le potentiel imaginatif est fabuleux, donnant une véritable vision fantasmagorique des choses.

### Mercure en Poissons

Cette planète est en exil dans les Poissons. Dans ce signe d'Eau, elle donne un fort potentiel de sensibilité intuitive. Elle représente, en effet, le filtre intellectuel à travers lequel vous vous exprimez, en tant que Poissons. Ce n'est pas seulement votre forme d'intelligence, mais la direction qu'elle va prendre. C'est votre faculté d'adaptation qu'elle définit, et vos relations avec l'entourage. Cette direction sera, dans le sens de Neptune, infinie. La perception des choses sera beaucoup plus intuitive, immédiate, que déductive. C'est une perception sans détails. Rien de précis, mais une vision globale, instantanée. La compréhension est « effective ». Elle n'est pas logique. Le climat émotionnel est ressenti intensément, immédiatement.

### Mars en Poissons

Dans le signe des Poissons, l'action diffuse se perd dans l'immensité des désirs qui restent inassouvis. Si cette action est souvent incapable de viser droit au but immédiat, l'énergie n'en est pas moins mordante. Mais elle demeure souvent intermittente.

Il faut toutefois se méfier de « l'eau qui dort ». L'on songe à ces tempêtes qui se lèvent sous les tropiques, dans cet océan que d'aucuns avaient nommé Pacifique ! La fureur de la vague peut être mortelle. La tempête est soudaine, elle n'en est que plus violente. L'action de Mars en Poissons est souvent illogique. On agit par à-coups. Elle manque, en tout cas, d'organisation. On fonce au moment où il ne le faut pas. Et l'on se fatigue inutilement.

## Jupiter en Poissons

Jupiter, planète féconde, planète d'expansion, indique dans un thème les qualités d'extraversion, d'extériorisation de la personne. L'expansion de ce signe des Poissons donne à Jupiter un grand amour de la vie et un magnétisme personnel qu'il utilise à bon escient. En effet, le Jupitérien des Poissons a une grande confiance dans son étoile. Sa chance peut d'ailleurs être insolente. Elle reste néanmoins fluctuante. Pourtant, au dernier moment, alors que tout paraît perdu, notre Jupitérien « refera surface ». Il s'en sort souvent « miraculeusement ». Un certain goût du faste, un côté un peu ostentatoire n'excluent nullement une générosité réelle.

## Saturne en Poissons

Bien vécue, cette planète représente l'influence « contractive » dans le ciel : elle affecte la capacité de l'individu à rassembler les choses pour les concentrer. Elle indique une autodiscipline. Elle est la conscience « morale » dans ce qu'elle a parfois de rigide. L'être se construit un système de défense. Mal vécue, nous avons, alors, l'isolement ; l'être s'enferme. Il perd ses qualités d'adaptation. Il ne sait plus se rendre aussi ouvert. Il ne cherche pas la sympathie. Il s'isole et se laisse gagner par le découragement. C'est le Saturnien « découragé », renfermé, qui refuse de s'adapter à la vie.

## Uranus en Poissons

Avec Uranus, l'être va dans une seule direction. Cette planète s'accorde mal avec la sensibilité et l'émotivité vibrante du Poissons. Le refus des contraintes donne dans ce ciel une certaine incapacité à dominer les problèmes de la vie quotidienne. Le Poissons uranien s'individualise. Il s'affirme avec originalité. Il va dans une direction et s'y tient. Contradiction profonde de l'être entre ce côté « ultra » et les perspectives neptuniennes. Uranus évolue mal dans le monde de la subtilité et des nuances, dans le monde de l'évasif, de l'imprécis, de l'indécis.

## Neptune en Poissons

Le Neptunien vit dans un monde sans frontière (le « citoyen du Monde » : Camille Flammarion). Antenne captatrice, Neptune ouvre aussi les portes à la perception de l'infini. Le monde inconscient, du mystère, prend le pas sur la logique cartésienne : c'est le monde de la clairvoyance et de la télépathie.

Avec Neptune s'ouvre tout un monde secret. Nous sommes aux portes de l'Invisible. Au niveau le plus simple, dans la vie de chaque jour, Neptune crée un « climat », une « atmosphère » : la vraie spiritualité, la sainteté, se cachent souvent dans la vie la plus simple.

## Pluton en Poissons

Le natif des Poissons est marqué par Pluton, planète d'angoisse qui peut empoisonner notre bonheur, qui dramatise notre vie, qui nous confronte à notre propre enfer, qui n'est ni malfaisant ni cruel, mais juste. Il va vivre cet aspect au niveau le plus morbide ou au contraire accéder, grâce à lui, aux plus belles sublimations. C'est Pluton qui marque le thème de Victor Hugo (conjonction Soleil-Vénus-Pluton en Poissons) de son empreinte. La puissance de son inspiration, la profondeur de sa sensibilité, la diversité des sujets qu'il traita : c'est, sans doute, à cette double valorisation neptunienne et plutonienne qu'il les doit.

*Le Grand Livre du Taureau*

# Les Planètes dans le Bélier

## Soleil en Bélier

Avoir le Soleil en Bélier, c'est « être du signe » du Bélier. C'est donc, rappelons-le, avoir une planète (la principale) sur dix dans le signe du Bélier. Quel que soit le nombre de planètes dans un ou plusieurs autres signes, le signe où se trouve le Soleil est toujours primordial. Le Soleil est en exaltation dans le Bélier, ce qui peut donner un excès : décision, enthousiasme, impulsion, entêtement, passion, esprit d'entreprise, violence, générosité. Les passions sont brèves et passagères. Les entreprises risquent de n'être pas suivies avec persévérance. Goût pour la conquête.

## Lune en Bélier

La Lune dans le signe de Mars est bien malmenée... Comme elle représente l'inconscient et la sensibilité, ceux-ci deviennent houleux et marqués par l'impulsivité. L'ardeur et la vivacité, une sensibilité brûlante, tiennent lieu de tendresse. C'est souvent aussi une composante de révolte, de non-conformisme. Élément de réceptivité et de féminité, cette Lune, placée dans ce signe viril, n'est pas en bonne position dans le thème d'une femme. Tendance au scandale, exhibitionnisme, indépendance, témérité, tempérament enflammé.

La Lune représentant l'idéal féminin dans le thème d'un homme, ce sera alors la recherche de l'amazone, la composante féminine étant virile.

## Mercure en Bélier

« L'exercice de la justice ne saurait être séparé de celui de la terreur » (Lénine). La planète Mercure représentant le mental, celui-ci se trouve ici sous la domination de Mars et Pluton : fougue, intuition foudroyante, certitude d'avoir raison. Les choses sont vécues dans l'instant, avec l'ivresse de la découverte. Cette position laisse peu de place au doute, à l'hésitation. L'intellect est très actif, avec une tendance à la polémique (Mars) et au sarcasme (Pluton).

La franchise est brutale, tranchante comme un scalpel. La diplomatie et la douceur ne sont pas l'apanage de Mercure en Bélier ! C'est la position des polémistes, des « fonceurs ». Le passage de la pensée à l'acte est immédiat, c'est un peu la conjonction Mercure-Mars, avec son don de persuasion, sa rapidité redoutable. Au négatif, cette position qui donne un ascendant sur autrui peut aussi entraîner les autres sur une fausse piste. Le Bélier conduit le troupeau, mais il ne sait pas toujours où ; un de ses côtés les plus dangereux étant l'aveuglement, le résultat peut être catastrophique. Mais peu lui importe, l'essentiel, pour lui, est de conduire.

## Mars en Bélier

Fougue, énergie, volonté constructive, entreprenante, dynamisante. Goût pour les épreuves de force, où le courage le plus fou trouve son expression. Activités intarissables : sport, course, dépense physique. Résistance à toute épreuve. Plus il y a d'obstacles à son désir, à son projet ou à sa volonté, plus le natif se sentira stimulé.

## Jupiter en Bélier

Le dieu de la foudre dans le signe du Feu primordial. Ce n'est pas un gage de modération, mais Jupiter canalise et rend efficace l'agressivité en dents de scie du Bélier. C'est donc un facteur de chance, de rayonnement, d'optimisme et de générosité. Le goût des plaisirs s'en trouve augmenté, ainsi que le contentement de soi. Cette combinaison comparable à Mars-Jupiter peut donner un tempérament quelque peu exhibitionniste, un excès de confiance en soi, une faconde envahissante et vaniteuse.

Mais le caractère est puissant et l'optimisme communicatif. La maturité coïncide avec l'affirmation de la personnalité, bien que la réussite soit souvent précoce. Exemples : Claudia Cardinale, Dali, Chopin, Gœring.

## Saturne en Bélier

La planète et le signe sont en contradiction totale : c'est le froid intense au sein du brasier. La force de caractère est grande et risque, avec l'âge, de dégénérer en dureté et en aigreur. La solitude est inévitable, avec une tendance à l'auto-analyse, aux aventures (Bélier) solitaires (Saturne). L'impression d'être incompris par les autres est particulièrement forte, et peut mener aux limites de la paranoïa. C'est une position difficile, douloureuse, qui aboutit en général à une solitude hautaine, à un durcissement.

Avec une telle position, les maux de tête, les névralgies, les accidents à la tête sont garantis. Les risques de congestion cérébrale sont accrus.

Exemples : Baudelaire, Goya, Staline, tous trois atteints gravement à la tête. Goya sourd et à demi fou, Baudelaire et Staline morts de congestion cérébrale.

## Uranus en Bélier

La foudre dans le signe de la foudre. L'impulsivité et la faculté de saisir la « bonne occasion » sont décuplées. Le dynamisme est trépidant, irrésistible, l'efficacité et la coordination des réflexes sont foudroyantes à condition que les aspects soient bons. Ce sont la hardiesse, la témérité et la révolte prométhéenne qui dominent. Elles aboutiront, ou bien finiront dans la catastrophe, suivant le reste du thème. Uranus était en Bélier au moment de la montée du fascisme et du national-socialisme : l'ascension fut foudroyante mais la chute ne le fut pas moins... Exemples : Tchaïkovski (le côté « électrisé » de sa musique), Nietzsche.

## Neptune en Bélier

Dans le signe de Mars, Neptune amplifie l'agressivité ou le rêve. Là encore, tout dépend des aspects, en particulier des positions respectives de ces deux planètes. Ou bien c'est Mars qui domine (l'action) ou bien c'est Neptune (l'idéal, le rêve). Les deux sont le plus souvent en conflit, mais il peut arriver qu'ils coïncident : on a alors une action révolutionnaire qui réalise le rêve (Lénine, conjonction Mars-Neptune). Mais le tsar qu'il renversa avait aussi Neptune en Bélier, non loin du Soleil ! C'est alors l'illusion, la chimère. Avec cette position, on peut aussi avoir une tendance au scandale ou au mysticisme (Cervantes).

## Pluton en Bélier

Le Bélier est le domicile diurne de Pluton. C'est une position extraordinaire, que les astrologues oublient généralement (Pluton ayant le don de se rendre invisible, comme le Diable). Pluton, en domicile chez son complice Mars, devient d'une agressivité démoniaque, trépidante, une sorte de piétinement sourd et implacable. Il apporte la subtilité et le sens de l'invincible à la force parfois brutale du Bélier, et la transforme en puissance irrésistible. C'est alors l'aspect vengeur, implacable, inhumain du Bélier, premier signe, qui apparaît.

Exemples : Baudelaire, Zola, Tchaïkovski, Anton Bruckner (chez ce dernier, la tornade ascensionnelle d'une musique marquée par Pluton en Bélier en Maison VIII est particulièrement impressionnante).

L'Empereur, lame IV du tarot, règne sur le concret, sur ce qui est corporisé. Il est un principe de fixité, de croissance et d'action : c'est pourquoi on l'attribue au Taureau.

# Comment interpréter les Planètes dans les Maisons

## Comment explorer certains aspects de votre destinée

Votre signe solaire, votre Ascendant, les planètes dans les signes ainsi que leurs aspects concernent essentiellement les dispositions de votre caractère.

Les planètes dans les Maisons exercent une action de fond sur les différents aspects de votre existence, c'est-à-dire sur votre destinée.

N'y voyez aucune fatalité extérieure.

En effet, ce sont les mêmes énergies planétaires qui, à travers le signes zodiacaux, agissent sur la qualité de votre personnalité et qui, à travers les Maisons, créent un potentiel favorable ou restrictif dans les divers domaines de votre vie.

Ainsi, l'événement est produit autant par votre propre comportement que par l'existence des choses et des êtres extérieurs à vous-même. Autrement dit, si nous avons jusqu'à présent donné les moyens d'étudier les bases de votre caractère, nous allons maintenant entrer dans une phase plus précise de votre personnalité, c'est-à-dire de votre comportement : la manière dont vous utilisez vos tendances de base.

Admettons, par exemple, que vous ayez le Soleil en Bélier : votre tendance fondamentale est d'agir, de vous extérioriser. Mais si votre Soleil se trouve en Maison XII, alors vous serez tenté d'agir en secret, dans une certaine solitude et avec beaucoup de noblesse, quitte à ce que vos intérêts personnels soient sacrifiés à votre aspiration morale.

A partir de votre Ascendant, douze Maisons se succèdent, chacune occupant une certaine portion du Zodiaque. La détermination de l'emplacement zodiacal précis de chaque Maison est liée à l'établissement de votre horoscope détaillé. Le treizième livre de cette collection, intitulé *Comment établir et interpréter votre horoscope ?,* par Robert Malzac, vous fournit toutes les informations nécessaires, sous présentation facilement accessible aux non-initiés. En particulier, cette méthode vous permet de savoir dans quelle Maison horoscopique se trouvait chaque planète lors de votre connaissance.

Vous pouvez alors chercher, dans les pages qui suivent, les textes qui concernent votre destinée personnelle.

## ACTION DU SOLEIL DANS LES DIFFÉRENTES MAISONS

| MAISON 1 | Puissance, vitalité, sens de sa propre valeur, loyauté, désir de briller, autorité, capacité de réussite. |
|---|---|
| MAISON 2 | Grandes ambitions financières, vie large, faste, aptitudes à la gestion bancaire, situation lucrative. |
| MAISON 3 | Bonne éducation, instruction solide, succès dans les études, réussite par les écrits et dans les voyages, bonne entente avec l'entourage. |
| MAISON 4 | Bonne hérédité paternelle, parents aisés, vie familiale heureuse, gains immobiliers, réussite tardive. |
| MAISON 5 | Succès sentimentaux, de qualité, dons pour l'enseignement, talent pour le théâtre, les divertissements publics. |
| MAISON 6 | Poste de responsabilité dans le travail, protection contre la maladie, amour des animaux. |
| MAISON 7 | Mariage fortuné, conjoint élevé, autoritaire, réussite par les contrats et associations, rivaux puissants mais loyaux. |
| MAISON 8 | Conjoint fortuné, gains par contrats, héritage important, intérêt pour l'occulte, dons pour l'assurance, forces à ménager. |
| MAISON 9 | Dons pour la philosophie, le droit, les études supérieures, attrait pour l'étranger, les grands voyages, l'import-export. |
| MAISON 10 | Situation de premier plan, réussite sociale remarquable, toutes vos énergies sont centrées sur l'éclat de votre statut social. |
| MAISON 11 | Nombreuses relations d'amitié, protections influentes, amis fidèles, sélectionnés, projets vastes, ambitieux. |
| MAISON 12 | Esprit de dévouement, d'abnégation, goût de la vie retirée, dons pour soigner les malades, protection contre les épreuves. |

## ACTION DE LA LUNE DANS LES DIFFÉRENTES MAISONS

| MAISON 1 | Nature sensible, émotive, romanesque, attachement à la mère, à la famille, popularité mais fluctuations, indécision. |
|---|---|
| MAISON 2 | Gains de sources diverses, travail en famille, gains par l'alimentation, dépenses pour le foyer, soutien pour les femmes. |
| MAISON 3 | Changements fréquents de milieu et d'entourage, nombreux déplacements en groupe, journalisme. |
| MAISON 4 | Fort attachement au foyer, forte influence de la mère, vie d'intérieur, changements de résidence, goût pour le passé. |
| MAISON 5 | Plaisirs variés, goût des réunions joyeuses, désir de plaire, relations amoureuses éphémères, nombreux enfants. |
| MAISON 6 | Santé délicate, mauvaise hérédité maternelle, troubles gastriques, chance dans service public, popularité au travail. |
| MAISON 7 | Nombreux contacts sociaux, nombreuses occasions d'association, d'union, mais une certaine instabilité de part et d'autre. |
| MAISON 8 | Rêves fréquents, impressionnabilité, occultisme déconseillé, dons et cadeaux, goût du mystère. |
| MAISON 9 | Idéal de sociabilité, de solidarité, idées changeantes, voyages importants, popularité à l'étranger. |
| MAISON 10 | Succès dans le contact avec la foule, surtout auprès des femmes, souplesse sociale, variété d'occupations. |
| MAISON 11 | Nombreuses relations d'amitié, réunions, sorties un peu superficielles, projet trop changeants. |
| MAISON 12 | Nostalgie, goût de la solitude, du calme, dons psychiques, les femmes sont peu favorables, surveillez l'estomac. |

## ACTION DE MERCURE DANS LES DIFFÉRENTES MAISONS

| | |
|---|---|
| MAISON 1 | Intelligence, vivacité, adresse, don pour la parole et l'écriture, goût de l'étude, mobilité, échanges. |
| MAISON 2 | L'intelligence et l'habileté sont au service du désir de gains, talent d'intermédiaire, revenus variés. |
| MAISON 3 | Réussite dans les études, assimilation rapide, talent de polémiste, don pour la publicité, déplacements fréquents. |
| MAISON 4 | Hérédité intellectuelle, changements de domicile, achat et vente d'immeubles, lucidité mentale tardive. |
| MAISON 5 | Attirance pour les personnes jeunes et intelligentes, amours cérébralisés, jeux éducatifs, cyclisme, enseignement. |
| MAISON 6 | Activités de secrétariat, d'écritures, de classement, d'analyse, d'assistance ; bronches à surveiller. |
| MAISON 7 | Intelligence appréciée par les autres, contrats pour des travaux littéraires, scientifiques, mariage avec partenaire plus jeune. |
| MAISON 8 | Intérêt pour les problèmes psychiques, aptitude au contrôle, aux écrits relatifs aux assurances, successions, partages. |
| MAISON 9 | Capacité de haute érudition, clarté d'esprit, don de conférencier, professorat, droit, relations avec l'étranger. |
| MAISON 10 | Réussite sociale par occupations commerciales, littéraires ou scientifiques, travail en association, travaux multiples. |
| MAISON 11 | Amitiés intellectuelles, correspondance amicale, projets ingénieux mais persévérance insuffisante. |
| MAISON 12 | Dons pour les recherches de laboratoire, pour l'étude des choses cachées, discrétion, méfiance. |

## ACTION DE VÉNUS DANS LES DIFFÉRENTES MAISONS

| | |
|---|---|
| MAISON 1 | Charme, gentillesse, gaieté, sociabilité, désir de plaire, vie heureuse, protection contre la violence. |
| MAISON 2 | Gains aisés par un travail agréable, commerce de luxe, mode, femmes favorables, dépenses pour le confort. |
| MAISON 3 | Dons pour la poésie, la musique, l'art, excellentes relations avec l'entourage, lectures romantiques, voyages plaisants. |
| MAISON 4 | Vie familiale heureuse, amour de la famille, intérieur confortable, amour au foyer, chance dans les placements immobiliers. |
| MAISON 5 | Succès sentimentaux, goût des spectacles, succès dans l'enseignement d'un art, enfants affectueux, chance au jeu. |
| MAISON 6 | Santé équilibrée, sensibilité de la gorge et des reins, éviter le surmenage, collaborateurs dévoués, travail facile. |
| MAISON 7 | Mariage heureux, vie en société élégante et gaie, contrats fructueux sans conflits, pas d'ennemis. |
| MAISON 8 | Dons, cadeaux artistiques, héritage profitable, conjoint fortuné, sommeil reposant. |
| MAISON 9 | Culte de la paix, philosophie souriante, esthétisme, chance à l'étranger, voyages réussis, union à l'étranger. |
| MAISON 10 | Succès social par sympathie, par les femmes, carrière artistique, ou commerce de luxe. |
| MAISON 11 | Amitiés féminines, amis artistes, projets amoureux. |
| MAISON 12 | Dévouement envers les malades, mélancolie, désir de recueillement et de sacrifice. |

## ACTION DE MARS DANS LES DIFFÉRENTES MAISONS

| | |
|---|---|
| MAISON 1 | Nature énergique, impulsive, forte capacité d'action, courage, robustesse, virilité, goût de la lutte. |
| MAISON 2 | L'action, l'esprit d'entreprise sont au service du désir de gain, fortes rentrées, fortes dépenses, l'audace paie. |
| MAISON 3 | Don pour mettre les idées en pratique, pensée rapide, talent oratoire, goût pour la vitesse, voyages hâtifs. |
| MAISON 4 | Hérédité active, père homme d'action, vigueur maintenue longtemps, accroissement du patrimoine immobilier. |
| MAISON 5 | Ardeur, passion en amour, désir sexuel précoce, goût des sports violents, besoin de conquête. |
| MAISON 6 | Travail dans la mécanique, dans l'armée, la police, zèle au travail, tendance aux maladies aiguës mais récupération rapide. |
| MAISON 7 | Mariage précoce, partenaire énergique, succès par l'activité des associés, conflits, rivalités, procès. |
| MAISON 8 | Grande puissance sexuelle, puissance psychique, dispute en cas d'héritage, actions héroïques. |
| MAISON 9 | Opinions catégoriques, passionnées, propagandisme, valorisation de la force, études d'ingénieur, safaris, succès à l'étranger. |
| MAISON 10 | Carrière active, d'industriel, de militaire, de chirurgien, maniement d'outils de fer, goût de vaincre les obstacles, victoires. |
| MAISON 11 | Plans audacieux mais impatience, amis sportifs. |
| MAISON 12 | Activité secrète ou s'exerçant dans des lieux calmes, éventuellement dangereuse, ennemis secrets, danger par virus. |

## ACTION DE JUPITER DANS LES DIFFÉRENTES MAISONS

| | |
|---|---|
| MAISON 1 | Caractère jovial, bienveillant, bon sens, dynamisme, constitution imposante, confiance en soi, embonpoint. |
| MAISON 2 | Avantages financiers importants, crédit large, goût du faste, sens financier, commerce de gros. |
| MAISON 3 | Réussite d'études, largeur de vues, aptitudes de juriste, sens commercial, talent littéraire, bon voisinage. |
| MAISON 4 | Origines aisées, parents notables, chance dans le développement du patrimoine foncier, fin de vie heureuse. |
| MAISON 5 | Chance pure aux jeux de hasard, bons placements financiers, pédagogie, sport, distractions saines. |
| MAISON 6 | Protection contre la maladie, travail lucratif, efficacité professionnelle, amour des chevaux. |
| MAISON 7 | Mariage heureux, conjoint de niveau social supérieur, relations mondaines, contrats importants, accords amiables. |
| MAISON 8 | Protection contre une mort violente, fortune par conjoint, gratifications, intéressements, sérénité. |
| MAISON 9 | Principes religieux, tolérance, études supérieures, magistrature, chance à l'étranger, voyages fructueux. |
| MAISON 10 | Brillante réussite sociale, profession libérale, banque, finance, bonne réputation, position solide. |
| MAISON 11 | Excellentes relations amicales, appuis financiers et moraux aux projets de grande envergure. |
| MAISON 12 | Générosité, philanthropie, mysticisme, goût pour la vie religieuse, protection contre les ennemis. |

## ACTION DE SATURNE DANS LES DIFFÉRENTES MAISONS

| | |
|---|---|
| MAISON 1 | Nature sérieuse, pondérée, ordre, méthode, lenteur, froideur, économie, sens des responsabilités. |
| MAISON 2 | Gains réguliers mais limités, dépenses contrôlées, sens des questions immobilières et foncières. |
| MAISON 3 | Sens de la précision, logique, besoin d'isolement pour étudier, voyages préparés, contacts sérieux. |
| MAISON 4 | Père austère, éducation stricte, attachement aux traditions, dons pour l'agriculture, les mines. |
| MAISON 5 | Goûts des délassements calmes, des jeux d'échecs, attirance vers des personnes plus âgées. |
| MAISON 6 | Tendance aux refroidissements, aux rhumatismes, emplois subalternes, travaux précis et fatigants. |
| MAISON 7 | Mariage tardif avec partenaire plus âgé, sérieux, stable, mais peu expansif, vie sociale réduite, sélective. |
| MAISON 8 | Héritage immobilier, accroissement du capital par l'économie du conjoint. |
| MAISON 9 | Opinions conservatrices, morales, austères, idéal rigoureux, intolérance, goût pour les mathématiques. |
| MAISON 10 | Réussite lente par ambition persévérante, talent d'administrateur, sens politique, prestige sans popularité. |
| MAISON 11 | Projets tenaces, systématiques, à long terme, amis âgés, sérieux, fidèles. |
| MAISON 12 | Limitations volontaires ou non de votre liberté, travaux secrets, tâches fastidieuses, obscures. |

## ACTION D'URANUS DANS LES DIFFÉRENTES MAISONS

| | |
|---|---|
| MAISON 1 | Indépendance, originalité, goût du progrès, solidarité, comportement imprévisible, intuition, coopération. |
| MAISON 2 | Gains par profession indépendante, par inventions, chances et tuiles brusques, irrégularité financière. |
| MAISON 3 | Études sélectives, expériences personnelles, modernisme, risque d'accidents en déplacements. |
| MAISON 4 | Milieu familial original, bohème, mobilier ultra-moderne, foyer très libre, risque de séparation. |
| MAISON 5 | Liaisons soudaines, coups de foudre, excentricité, joueur, goût des performances mécaniques, du risque. |
| MAISON 6 | Nervosité, difficulté à se détendre, travail autonome, de spécialiste, attitude peu disciplinée. |
| MAISON 7 | Mariage brusque, union libre, partenaire indépendant, relations intellectuelles, instabilité des contrats. |
| MAISON 8 | Aptitudes de psychologue, forte intuition pour pénétrer les secrets, gains par les associés. |
| MAISON 9 | Idéal de progrès, de fraternité, idées révolutionnaires, talent pour les techniques avancées. |
| MAISON 10 | Dons pour le lancement de nouveautés techniques, succès par réforme, carrière indépendante, changeante. |
| MAISON 11 | Projets ingénieux, réalisables dans des conditions subites, amis francs, intelligents. |
| MAISON 12 | Possibilité d'adhérer à une secte, dévouement à une communauté. |

## ACTION DE NEPTUNE DANS LES DIFFÉRENTES MAISONS

| | |
|---|---|
| MAISON 1 | Grande sensibilité, tendances spirituelles, idéalistes, moments d'inspiration, de génie, isolement |
| MAISON 2 | Gains importants par publicité, spéculations commerciales, combinaisons exceptionnelles |
| MAISON 3 | Assimilation extraordinaire, imagination vive, don pour la publicité, voyages imaginaires |
| MAISON 4 | Piété familiale, foyer recueilli, intime, sérénité, béatitude. |
| MAISON 5 | Relations idéalistes, platoniques, exaltation sentimentale, désir d'évasion, talent spéculatif |
| MAISON 6 | Maladies psychiques, intoxication nerveuse, occupation désintéressée au service des souffrants |
| MAISON 7 | Partenaire exerçant une forte emprise psychique, relations compliquées, contrats illusoires |
| MAISON 8 | Héritages compliqués. |
| MAISON 9 | Tendances mystiques, dévotion, dons pour l'étude des problèmes métaphysiques, génie mais utopie. |
| MAISON 10 | Talent pour les vastes combinaisons liées aux trusts, succès par la mer, la psychologie succès par les masses. |
| MAISON 11 | Projets idéalistes mais utopiques, amis évolués, spiritualistes. |
| MAISON 12 | Attrait pour le mystérieux, l'occulte, médiumnité, dévouement secret. |

## ACTION DE PLUTON DANS LES DIFFÉRENTES MAISONS

| | |
|---|---|
| MAISON 1 | Grande puissance passionnelle, force sexualité, attitude de justicier, capacité de pénétrer les secrets. |
| MAISON 2 | Gains secrets, héritages favorisés. |
| MAISON 3 | Intelligence des choses cachées, destructrice, déplacements entourés de secret. |
| MAISON 4 | Danger de destruction du foyer. Capacité de reconstruire celui-ci. |
| MAISON 5 | Relations sentimentales passionnées, liaison cachée, forte créativité, conflit avec les enfants. |
| MAISON 6 | Maladie possible des organes génitaux. Talent de réorganisation dans le travail. |
| MAISON 7 | Conjoint passionné, risque de rupture des associations, ennemis cachés. |
| MAISON 8 | Magnétisme, forte sexualité. |
| MAISON 9 | Bouleversements des opinions et des idéaux, espionnage à l'étranger. |
| MAISON 10 | Sens des affaires, capacité de profiter des bouleversements pour réussir, aptitude à transformer. |
| MAISON 11 | Projets en constante évolution, amis occultes. |
| MAISON 12 | Ennemis cachés, épreuve concernant la sexualité. |

# *Comment interpréter Vénus dans les Maisons*

### Vénus en Maison I

L'image de marque est dans le charme, l'application portée à tempérer les êtres et les tendances promptes à s'échauffer. L'agrément de Vénus est dans la détente qu'elle crée, lorsqu'elle se trouve, bien sûr, en ses bons jours, ses jours de paix. C'est par une attitude active, des choix bien précis, que cette signature planétaire construit son cadre de vie et un système d'habitudes désarmant les guerriers, les ambitieux, les autoritaires. Vénus, c'est la faiblesse ou l'affaiblissement du Soleil. Ce tempérament doit donc développer les qualités et les astuces qui font perdre à chacun le goût de jouer au héros exceptionnel, à l'homme du jour ou de demain. C'est pourquoi il peut être souple, avenant, courtois, complaisant, d'oreille ouverte, le whisky à la main, le fauteuil-édredon à deux pas de vos fesses. Tout pour oublier son hypertension, son « Moi-je solennel » et se glisser dans les duos qui ne sont pas encore des confrontations.

Conformément à sa fonction, Vénus en Maison I aimera apporter de bonnes nouvelles, distribuer autour d'elle grâces et privilèges sans poser au seigneur-maître, mais le plus naturellement du monde. Elle tissera ses liens de cœur dans un réseau d'amitiés aux remous et palpitations fréquents. Sa conscience d'elle-même ne circule bien qu'au travers des hauts et bas de ses attachements, dans les balancements de l'affectivité, de l'espoir au dépit, entre pardons et fâcheries suivant la carte des embrouillaminis de la vie sentimentale. Signature éventuellement savoureuse pour la cuisine du cœur et du corps : sauces liantes. N'oublions pas le premier volet de l'essentiel : Vénus doit détendre, décrisper, désacraliser le Soleil. Dans les filets de sa séduction, les privilèges de sa relation, il y a le premier oubli de soi et la défaite du narcissisme. Les pièges, artifices, les maniérismes de cette signature ont l'excuse d'avoir des fauves difficiles à dompter. On peut parler de personnalité vénusienne harmonieuse si sa fréquentation se révèle délassante au point d'en oublier tâches, devoirs, ambitions personnelles, et peut se ressentir comme un coq en pâte dans une peau sans titre ni gloire.

Le deuxième volet de l'essentiel concerne la relation de Vénus avec le niveau de l'existence dont Mars est le régulateur. Ce caractère accommodant a ses rognes, et ses duos ont fâcheuse tendance à évoluer vers l'épreuve de force, transformation fréquente du sentiment amoureux, et qui survient inévitablement en changeant l'image en réalité. Ainsi, l'intimité peut dévoiler un être plus irritable qu'il n'y paraît, entretenant des épines sous ses roses, générateur de bisbilles par ses jalousies et antipathies. Il risque, de même, d'avoir l'art de la provocation, de se révéler, en tout cas, sans merci dans l'art de protéger ses aises et ses intérêts matériels.

### Vénus en Maison II

Insouciance ou confiance à l'égard des questions d'argent. En ce Secteur, Vénus croit à la chance et s'entend peut-être à l'attirer par ses dispositions généreuses, son souci de montrer que l'argent n'est pas son maître et que le natif est assuré d'en être suffisamment pourvu par les soins de la providence, par ses propres talents et facilités. La détente l'incite ainsi à désacraliser le pouvoir de l'argent, le traiter en valet de ses désirs, petits et grands, louables ou non. Ce n'est donc pas une position astrale propice à une économie financière bien suivie. Le budget « détente » menace d'être lourd et afficher une grande liberté du porte-monnaie n'encourage pas à l'épargne.

En tant que déclencheur du niveau de l'existence, Vénus reste cependant sur terre et sensible à ce titre aux réalités concrètes que symbolise l'argent. L'instinct de possession contrôlera ou limitera ses libéralités, d'autant qu'avec l'âge il lui faut un matelas de sécurité et un train de vie digne de sa sensualité sélective attachée aux objets du confort. Elle doit se garder d'être trop souvent en situation de convoitise. Une dissonance suffit à la rendre dépensière, incapable de résister à cette manière de vaincre les objets en les achetant en nombre et surnombre.

Symbolique : vie financière plutôt heureuse, coups de chance possibles. Attention à un attrait excessif pour les jeux.

*Le Grand Livre du Taureau*

## Vénus en Maison III

Vénus incite à établir des rapports sociaux agréables avec son entourage immédiat, l'univers des frères, cousins, parents, alliés et gens de voisinage. Ses bonnes façons dissipent les griefs, rapprochent les caractères. Elle a les concessions utiles à d'harmonieux rapports humains et se trouve assurée de bénéficier de soutiens spontanés, si l'astre n'est pas dissonant. En ce cas, il faut dire que le caractère multiple de la Maison III menace de la paniquer, de lui valoir des émois traumatisants que la symbolique situe dans les voyages, et à cause d'eux, des incidents et mauvaises rencontres qu'ils entraînent.

En ce cas, il peut y avoir un besoin névrotique de constituer des liens abusifs avec l'un ou l'autre des personnages membres de la communauté quotidienne : frère, sœur, cousine ou cousin. L'alliance exorcise en principe la peur du renouvellement imprévisible du milieu immédiat. Mais son caractère exclusif risque d'accroître les animosités, les rivalités de clans et petits groupes où l'on ne souffre pas les ententes sur le dos des copains.

Vénus accorderait ici de judicieux comportements pratiques pour aider, secourir, jouer les bons offices, régler les menus détails de la vie de relation entre confrères, alliés, voisins et proches parents.

Pour la symbolique, le Secteur se prête à nouer et à dénouer ses amours dans les voyages, fréquentations de clubs et cercles, ou choisir ses partenaires parmi celles et ceux qui peuplent la vie sociale la moins formalisée.

## Vénus en Maison IV

Vénus en Maison IV a des atouts, si elle n'est pas dissonante, pour se constituer un climat familial à l'abri de la tyrannie patriarcale ou matrimoniale. L'image du foyer rêvé, ou effectivement réalisé, peut être celle où les différentes sensibilités en communauté s'accordent à se faire des politesses sans hypocrisie et laissent librement s'écouler leur humeur, sans agresser celle des autres, en évitant le père-despote pour le plus grand plaisir de tous. Si ce foyer n'est pas réalisable, l'être se réfugie dans une habitation tranquille faisant de son havre privé la source de ses délassements par le choix du décor, la qualité de l'environnement, la sûreté des défenses contre les rumeurs publiques. Il y mettra son luxe, son sens de l'intégration, en rendant l'accueil agréable, confortable, chaleureux, mais pas écrasant quel qu'en soit le faste. C'est une Vénus « bien chez soi ». Sauf si elle est dissonante. Auquel cas, le Soleil en dépression donne le sentiment d'une absence d'autorité réelle, et sensibilise le cœur aux moindres accrocs entre parents, enfants, parents et enfants.

Vénus harmonique s'active pour sa famille et son foyer, les stimulant de ses désirs, de ses projets autant que de ses instincts possessifs. La dualité qu'elle porte se déclenche violemment dans la dissonance : son « home » et ses familiers deviennent des éléments provocateurs d'émois irritants, colères, déplaisirs, inquiétudes et imprécations.

La symbolique précise que cette position est propice au vieil âge et que l'on vivra une retraite heureuse, entouré des siens en restant fort dispos pour l'amour conjugal.

## Vénus en Maison V

Vénus en Maison V ne rechigne pas à abandonner toute espèce d'autorité et de supériorité dans les bras d'un amour fort qui lui fera perdre beaucoup de sa quiétude morale, mais lui vaudra le sentiment de vivre selon sa vocation profonde, créatrice de liens, d'attachements présents. C'est une Vénus qui se donne et s'adonne aux objets en lesquels elle se perd et s'incarne : l'enfant, l'amante ou l'amant pour le plus fréquent, mais aussi n'importe quelle substance propre à devenir sa descendance par la forme que l'amour façonnera. A propos de ce Secteur, l'analogisme a justement associé créer et éduquer, créer et aimer. Vénus harmonique y conjugue le tout : l'art d'aimer, celui d'élever des enfants comme on produit une œuvre on ne peut plus vivante. Sa pédagogie créatrice sera précisément d'humaniser les modèles trop rigides, rogner les ailes des anges, rendre finalement l'héroïsme accessible en lui ôtant beaucoup de ses exigences. Ce sont des amours dont le bonheur, pareil à la magicienne Circé, invite à oublier les voyages homériques, les ambitions de roi quitte à se nourrir d'illusions. La Vénus dissonante abuse de sa fonction de détente. Ses créations ne sont que fantaisies, caprices, jeux de nigauds, futilités ruineuses. Les enfants sont, quant à eux, élevés dans la mollesse et les fausses sécurités, comme s'il fallait les empêcher d'acquérir du caractère.

Vénus se saigne à blanc pour ce et ceux qu'elle aime. Son vécu affectif est intense. Il appelle des actes, des engagements, des grands et des petits cadeaux. C'est en quoi la symbolique voit dans cette position astrale de sûres promesses de descendance heureuse, de gains par les spéculations et les loteries. Sans parler des profits tirés des dons naturels que l'on a su exploiter.

La Vénus très dissonante sur un terrain peu enclin aux solutions sublimes s'acharnera à ruiner moralement et physiquement les cœurs assez mal inspirés pour l'avoir rencontrée. « Séductrice et abandonneuse », sa fonction dépressive, par le schéma de séduction-éjection, s'appliquera de préférence aux têtes trop bien faites, petits ou grands maîtres dominateurs en leur sphère, apparemment à l'aise dans un archétype de père pénétré de son exceptionnalité.

## Vénus en Maison VI

Vénus en Maison VI convient aux interprétations symboliques qui lui accordent mille compassions, tendresses et sollicitudes pour les êtres les moins héroïques de la création et les moins conformes à l'image du père tout-puissant, en affinité avec le Soleil. C'est dire que le cœur penche vers les malades, les impotents, les inférieurs et déclassés, y compris les bêtes, animaux, domestiques ou autres, réclamant d'aimables charités. Avec une Vénus maléfique, la Tradition allait jusqu'à dire que les fougues concupiscentes ne se consumeraient effectivement qu'en troussant ses servantes (ou domestiques), les personnes de rang inférieur ou vouées aux basses utilités excitant la sexualité possessive.

La Maison VI étant également celle où l'on est un objet, sans pouvoir ni prestance en raison de la multiplicité de nos faiblesses, Vénus précise que les pertes, préjudices, maladies et vicissitudes tendent à provenir des abus génésiques, du goût immodéré des plaisirs du lit ou de la table, ainsi que des rétentions d'eau, carence des reins, paresse du système circulatoire (stases veineuses), fragilité de la gorge et de la thyroïde, somatisations de l'émotivité déréglée par les chagrins d'amour, les vexations non digérées, les pulsions sexuelles refoulées.

Vénus concerne ici le travail, les activités sans gloire nécessaires aux besoins alimentaires et les asservissements qui s'ensuivent. Vénus ne se complaît guère dans cet univers trop obscur. Un effet bénéfique peut être d'en adoucir la grisaille en favorisant les métiers non dépourvus d'agréments. Il suffit bien, déjà, d'en exercer un qui plaise et de trouver dans son milieu professionnel des supérieurs patients et compréhensifs, des subordonnés loyaux et diligents. Ce que promet Vénus harmonieuse selon la symbolique. Sinon, la vie professionnelle pâtit des intrigues, concussions, népotismes, chouchoutages qui s'y nouent au détriment de ses droits à la promotion et à l'avancement. Risque d'un sentiment d'injustice, d'une sensibilisation douloureuse aux privilèges dont on est écarté.

## Vénus en Maison VII

Vénus en Maison VII entend échapper aux contrats, alliances, associations qui, par le formalisme d'un langage officiel, lui imposeraient le respect rigide des alinéas. Sa ligne de conduite, plus sinueuse que les écrits, l'incite à circonvenir toute définition autoritaire des rapports humains et, notamment, des devoirs et obligations que l'on consacre devant notaire à l'occasion d'un mariage, d'un traité de guerre ou de paix, d'un contrat de travail. Harmonique, Vénus mettra donc de la souplesse, de la compréhension indulgente dans ses actes et engagements officiels. Ceux et celles qui bénéficieront de ses heureuses dispositions sont théoriquement assurés d'avoir des contrats en or, de gagner leurs procès malgré leurs torts et erreurs de procédure, d'avoir souvent la main heureuse dans leurs signatures inconsidérées et de pouvoir se soustraire, contre toute attente, à leurs promesses écrites.

Une telle Vénus peut avoir le flair de choisir un(e) partenaire souple sur le chapitre des devoirs officiels si les intimes sont bien tenus. Un marché tacite peut être conclu entre les lignes de l'accord légal. L'entente passe par-dessous l'engagement conclu.

Sous le régime de la dissonance, Vénus jette son dévolu sur un être qu'elle dévitalisera de son autorité et de l'image forte qui l'avait initialement séduite. Ne craignons pas le pire : cette Vénus penche vers les despotes paternalistes ou maternisants pour mieux les déchoir et les ridiculiser en leur faisant des enfants dans le dos, au propre ou au figuré. Mais la manœuvre est en partie

*Le Grand Livre du Taureau*

autofrustrante : Vénus se prive ainsi de valeurs tutélaires. Elle s'aigrit, se corrompt, se déboussole dans des successions d'unions et liaisons décevantes.

Vénus bénéfique se dévoue corps et âme au bien-être du couple qui lui convient. Elle s'identifie pleinement à son partenaire, ressent ses succès, joies et blessures. La dissonance accélère l'évolution vers les querelles sous le signe de la mauvaise foi et du dépit d'avoir perdu l'exclusivité d'une belle image dans les traverses de la vie à deux.

Pour la symbolique : Vénus bien disposée augure d'un mariage d'amour honorable et fécond. Succès dans les procès. Peu d'ennemis sérieux. Mal disposée : cocuages variés, mésalliances, argent dilapidé en procédures perdues d'avance. Associations déconseillées...

## Vénus en Maison VIII

Vénus harmonique en Maison VIII peut se concevoir comme une disposition vraie à accepter les désagrégations de l'existence, les détériorations de notre unité corporelle, psychologique, mentale. Ce peut être l'indice d'une attitude sereine devant la mort organique définitive et ces morts successives, par tranches, que l'âge nous impose à l'occasion de crises ravageuses et de deuils amenuisant le groupe natal (signification de la Maison IV).

Parfois, interprétations naïves de cette position de Vénus, accordant « faveurs et fortune » par la mort, les deuils devenant sources d'héritages, les accidents sources de pension à vie. La mort, ici, peut avoir la faux complaisante en s'occupant d'abord des ennemis, en supprimant, sans qu'on l'ait souhaité, les obstacles et personnages encombrants sur la voie d'un désir.

Vénus en Maison VIII ne croit guère en son pouvoir sur la mort et ne se forge pas d'idée héroïque quant à son immortalité. Sainte trouille lui épargne de braver la roulette russe et de se mettre en première ligne partout où le risque d'y laisser sa peau augmente avec la proximité du danger. Au niveau concret, c'est donc une Vénus qui s'attache à mener loin sa monture, effectue les placements, assurances et versements prévoyants pour les jours où il sera utile d'avoir des réserves de santé et d'argent.

Les gestes d'amour passent par les testaments, legs, assurances souscrites aux chers aimés de son vivant. Bref, Vénus harmonique ne se départit pas d'une conduite de séduction pratique à l'égard des questions les plus pénibles.

L'analogisme associe mort et sexe, en référence à la « petite mort » de l'acte sexuel. La Maison VIII détruit les intégrations innées mais elle en apporte d'autres, concrètes. Ainsi comprise, la sexualité prend le sens, non pas d'une possession d'objet sexuel, mais de l'intégration d'un corps par un autre. Pour Vénus harmonique, il y a une double intégration, un vice et versa qui tient de la greffe miraculeuse, du mystère des mutations réussies. Pour Vénus dissonante, l'échec sexuel est viol, spoliation, marché de dupes. A partir de quoi elle négocie âprement ses greffes qui se limiteront aux chairs sans souder une autre âme.

## Vénus en Maison IX

Vénus en Maison IX ne s'en laisse pas conter par les maîtres à penser et les grandes idées. Elle est plutôt narquoise, gentiment sceptique, ou tendrement patiente envers les systèmes abstraits, les modèles qui s'efforcent de poser et d'en imposer. Les tensions de l'esprit, ses survols sans oxygène l'épuisent. Ses besoins ne sont pas de garder de l'altitude mais plutôt d'atterrir. Elle s'y applique en montrant à ses tuteurs en quoi et comment leurs principes théoriques empoisonnent les gens sitôt que l'on passe aux expériences concrètes. Tout cela, l'analogisme le traduit en insistant sur la faible aptitude de Vénus aux études abstraites. On lui concède la faculté d'assimiler rapidement, de paraître comprendre mieux qu'elle n'a compris, et de savoir divulguer, propager, rendre sensible ce qui prétend à trop d'esprit.

Vénus harmonique met de l'agrément, de l'image et du plaisir dans la connaissance. Grâce à elle, le savoir sentencieux, coincé et professoral, descend de sa chaire et s'apprend en dansant. Elle sait aussi se remettre en cause sans défaillir et trouve par les vaisseaux de sa culture ou de son imagination les moyens de voyager au-delà du personnage artificiel que l'on peut faire d'elle.

Vénus maléfique en ce Secteur oppose ses paillardises sacrilèges aux effigies du savoir, de la sagesse et de la foi religieuse. Elle se damne sans vergogne dans les croyances superstitieuses, se repaît de sornettes, prend de perfides plaisirs à trahir les conseils de ses guides en les amenant parfois à être parjures.

Vénus harmonique est promise à connaître par les voyages, l'expatriement, la rencontre d'autres mœurs, les exaltations de l'amour, l'aventure d'un renouvellement de sa vie.

La dissonance confirme périls et traverses déduits par l'analogisme : voyages contraires à l'équilibre, passions chimériques, amour que l'on perd en s'éloignant, brisé par les distances, incompatibilités morales et divergences de destinée. C'est l'amour de Pénélope...

## Vénus en Maison X

Vénus n'est pas en affinité idéale avec un Secteur dévolu à l'autorité des insignes du pouvoir et de ses symboles. En fait, Vénus en Maison X n'incite pas à de grandes ambitions, et si l'on sait lire dans les arrière-pensées des commentateurs de cette position céleste, il apparaît qu'elle redoute la puissance manifeste qui commande et qui tranche. Sa fonction étant de détendre, d'atténuer les coups de ceux qui s'estiment en droit d'arbitrer le monde, il est évident que dans un rôle de chef il ne lui reste qu'à se contester elle-même. Et, en effet, Vénus en Maison X s'élève et conquiert l'estime générale dans les rôles, postes, vocations où il convient de plaire, concilier, servir d'intercesseur, de tampon, de remède ou de calmant. Bref, circonvenir les abus de rigueur et de formalisme, assouplir l'application des lois et, même, faire oublier par des activités de fête les divers impératifs dominateurs de toute entreprise, privée ou d'État.

La symbolique lui attribue plus de chance que d'arrivisme. On la porte au pinacle sans qu'elle s'y mette d'elle-même. Les circonstances, les sympathies, la portent. Mais on lui refuse les carrières et responsabilités où il faut de la poigne, de l'idée fixe, l'assurance d'être l'émanation d'un dieu auquel personne ne résiste. Ainsi, pour Vénus harmonique, gloire, notoriété, succès, doivent venir simplement et accidentellement ; inutile de courir après, il suffit d'exercer son métier en Vénus décontractée.

Sous le règne de Vénus maléfique, le sucre devient poison, et même en mettant des fleurs sur une guillotine, le couperet n'en reste pas moins mortel. Cette Vénus, sous prétexte d'aider, de secourir, de défendre la veuve et l'orphelin, menace de rançonner le monde et de n'être qu'un vide-goussets plus ou moins à l'abri des lois. Que de crimes, légaux et autres, que d'escroqueries au nom de la charité et d'un humanisme mendigot ! Donnez pour les pauvres, donnez pour les chiens et les chats, pour les grévistes, les cancéreux, les paralysés, et donnez pour moi. On peut avoir pignon sur rue et faire la manche en tirant ses subsides de l'exploitation de la sensiblerie ou des beaux sentiments. Il y a aussi l'exploitation des plaisirs, ivresses et vertiges pour le cœur et les sens. De ce côté-là, l'éventail est large.

Bien entendu, une position planétaire, maléfique ou non, ne suffit pas à tirer un pronostic extrême. Une dissonance, faut-il le redire, suscite surtout un problème difficile que l'être résout selon ses moyens, mais aussi selon les tentations que son milieu d'évolution lui offre.

Vénus harmonique défend les intérêts de sa corporation et s'entend à rendre sa position professionnelle prospère matériellement. Elle comprend les échanges, le donnant-donnant, s'intéresse aux bénéfices plus qu'aux œuvres philanthropiques. La symbolique accuse d'ailleurs Vénus dissonante de basse vénalité. Toujours selon l'analogisme, Vénus particulièrement mal disposée en Maison X prévient de scandale et de situation mise à mal par la paresse, le goût du jeu et des femmes, les passions malheureuses, les concussions et prévarications.

## Vénus en Maison XI

Vénus en Maison XI harmonique attire l'amitié des grands et puissants. Probablement parce qu'elle ne se soucie pas d'avoir le pouvoir en titre et ne présente pas le danger d'une concurrence. En amitié, sa vertu s'attache effectivement à détendre, créer le climat de confiance qui convie à l'abandon. L'ami, s'il est roi, oublie sa couronne, et ses haillons s'il est manant. En un premier temps, la dimension sociale, le personnage taillé cousu main par le qu'en-dira-t-on n'entrent pas dans ses affections. Cette Vénus ne supporte pas que l'on garde, dans une relation amicale, les problèmes, les prérogatives de son métier et les airs de son rang. On doit simplement retrouver le plaisir d'être ensemble en entretenant l'attachement de propos décousus ou de goûts partagés autour d'une bonne table. Chacun doit retourner à l'âge où le cœur distingue le familier de l'étranger sans prétendre jouer au fils unique et exceptionnel. Celles et ceux qui n'entendent pas les choses ainsi font de l'autorité, roulent les mécaniques et prétendent avoir des passe-droits, user de l'amitié pour mieux exercer leur égocentrisme dominateur, finissent par être éjectés, à la manière vénusienne, en musique, avec tambours et trompettes. Avec ces inclinations, l'on conçoit que Vénus harmonique peut être recherchée, connaître de vrais liens d'amitié, mais qu'il y a beaucoup de vidages et de vidanges dans l'air.

Vénus dissonante menace d'être encore plus exigeante sur le chapitre des courtoisies que l'on se doit dans les amitiés étrangères aux compétitions sociales. Son qui-vive s'enflamme vite de soupçons. Elle détruit sans prévenir les liens qu'elle avait apparemment tendrement forgés, se montre volage, désinvolte, vacharde envers celles et ceux qui ont cru la tenir sous autorité ou se sont proposés par leurs conseils et semonces en modèles de père tyranneau.

Vénus harmonique prête main-forte et assistance aux amis dignes de son giron. Elle est concrètement solidaire de leurs erreurs, et, au besoin, en assume matériellement les conséquences.

Vénus maléfique attire l'ingratitude, les abus de confiance et les désillusions. Elle se saigne pour des bougres et bougresses, se porte au secours des plus félons et s'expose, à force de rancœurs, à devenir elle-même méprisante envers les vraies amitiés.

La symbolique prévoit, pour cette position, la transformation de l'amitié en amour, heureux ou malheureux selon les autres conjonctures.

## Vénus en Maison XII

La Maison XII, second cap de désintégration après la huitième Maison, n'a pas bonne presse. Maison de l'enfer : celui des prisons, hôpitaux et autres lieux de détresse. Que peut y faire Vénus ? Harmonique, elle peut inciter à mieux comprendre que d'autres les peines, malheurs, déchéances des êtres qui ont perdu toute image de marque et toute cohérence personnelle dans leurs luttes pour survivre. On peut parler de compassion spécialisée à détecter et soulager les mal aimés, exclus et parias du paradis des hommes. L'attachement s'exprime alors par un sentiment de solidarité décidant des vocations charitables. Mais, pour son usage, le bénéfice de cette position peut être aussi de savoir se prémunir contre les pires afflictions ou d'en être protégé par des comportements qui laissent la porte ouverte à une bonne fin de ses douleurs morales. C'est plutôt en ce sens que la symbolique juge ici de Vénus en lui accordant la vertu d'un fétiche éloignant toutes les pestes.

L'intégration compensatrice serait ici l'extrême ouverture du cœur, sa libération des instincts possessifs pour une disponibilité qui, désormais, rendra l'être invincible devant les assauts de boue, de calomnie, d'intoxication. La Maison XII désigne ainsi la force ou la fonction qui permet théoriquement d'échapper à la destruction spirituelle, la désagrégation de la personnalité profonde.

Vénus dissonante en Maison XII montre donc par quels travers ou quelles atteintes extérieures survient la tentation d'anéantissement et de défaite de l'esprit. Pour les travers, l'astro-psychologie recense les débauches et perversités maintes fois évoquées. Quant aux atteintes, il y a l'invisible cohorte des pollutions microbiologiques, atmosphériques, sociales, économiques, culturelles. De quoi se gangrener jusqu'à la moelle profonde.

Côté visible, ce hasard que les croyants appellent Karma trouve toujours le moyen de frapper au point le plus vulnérable d'un être pour faire basculer son centre de gravité et le tuer deux fois, dans sa chair et dans son squelette. Pour Vénus, dans le genre super-affliction prenant l'allure d'une vindicte céleste, la symbolique propose impuissance, trahison, exil, disgrâce, cécité, enfers du péché ou rédemptions que l'on nous fait porter.

Vénus harmonique s'active à éviter les lieux, habitudes, fréquentations générateurs d'épreuves, de dépendances aliénantes. Moins harmonique, elle creuse sa tombe et court à sa perte par mille pratiques dont le bilan est généralement une destructuration de la personnalité.

Liberté ou aliénation : dialectique de la Maison XII.

*Delacroix, natif du Taureau, montre dans cet autoportrait un visage à l'expression volontaire, un peu ironique, capable d'entêtement. Il se dégage de ces traits quelque chose d'indéracinable : c'est la signature taurienne.*

*Cette nature morte de Braque — autre peintre du signe — se passe presque de commentaires tellement elle exprime l'éclatement bienheureux des formes, la jouissance de l'instant.*

# Comment interpréter les Signes dans les Maisons

Les astrologues modernes ne croient pas du tout à l'influence des signes du zodiaque sur les Maisons... Pour eux, il ne s'agit plus d'astrologie mais d'astromancie, c'est-à-dire d'une pratique divinatoire quelconque, comparable à la lecture de l'avenir dans le marc de café ou dans un jeu de cartes. En effet, un signe zodiacal n'a vraiment d'existence que lorsqu'une planète l'occupe... Sinon, c'est une case vide. Et, pour les Maisons, il en va de même : elles n'ont de réalité qu'à partir du moment où un astre s'y trouve. Juger d'un signe dans une Maison revient, selon les astrologues modernes, à mettre du vide dans du vide... Cela dit, il n'est pas interdit de jouer en faisant preuve d'imagination. Si vous connaissez parfaitement les significations du Taureau et celles des Maisons, rien ne vous empêche de combiner ce que vous savez du Taureau à ce que représente chaque Maison. Peut-être obtiendrez-vous la synthèse qui suit.

## Le Taureau dans les Maisons

### Taureau en Maison I

Indice de constitution forte et de vitalité. Tempérament sensuel, d'humeur assez variable sous un flegme apparent. Poli, avenant de premier abord, s'irrite lorsqu'on touche à son confort. A le goût de la stabilité et apprécie les êtres qui participent à la construction méthodique de sa destinée en lui épargnant les vaines histoires. Ses atouts sont dans l'endurance, la résistance physique et morale, un certain courage face à une adversité qui s'acharne souvent après lui. Le caractère se forge d'ailleurs dans les luttes de fond, appelant une grande concentration des forces plutôt que des actions spectaculaires. Les démarrages sont lents, l'ascension laborieuse et les chances réelles ne s'affirment vraiment qu'au terme d'années de travail. En dépit des soutiens et sympathies, Taureau en Maison I ne doit compter que sur lui. Ce qu'il fait, après avoir constaté que sa chance et son charme opèrent beaucoup moins que son opiniâtreté.

Ses dangers sont dans les conduites systématiques, les obstinations aveugles, la difficulté à revenir sur une décision, reconsidérer un jugement, renoncer à un projet ou en reporter la réalisation. Il tend à s'attirer de puissantes inimitiés par ses lourdes maladresses et la trop grande assurance que lui donne le succès. Il est lourd et pesant dans son autorité. Il préfère le marchandage à la diplomatie.

La seconde partie de la vie, après la maturité, passe pour plus paisible, moins parsemée d'embûches. Il jouit d'affections fidèles et d'estime raisonnée. Mais ceux qui le redoutent n'attendent qu'une erreur de sa part pour l'abattre. S'il a le don d'unifier, ce don peut être celui de faire l'unanimité contre lui.

Longévité possible, si la bonne table, les habitudes de paresse, n'infléchissent pas sa lancée.

### Taureau en Maison II

Position moyennement confortable pour les gains. Là encore, le travail rapporte mieux que les coups heureux du hasard. Il faut se donner un programme, le plus souvent d'épargne, pour disposer d'un fond solide de sécurité. Selon la symbolique, des réserves substantielles sont nécessaires à l'équilibre psychique.

Le Taureau en Maison II doit donc aviser tôt pour avoir des revenus réguliers. Le fonctionnariat est indiqué, mais il y a aussi, pour les à-côtés, les placements dans la pierre, le terrain, les biens fonciers.

*Le Grand Livre du Taureau*

Budget serré. Pas de débours légers, des sous jetés à droite et à gauche sans y penser. Politique réfractaire à la société de consommation. On sait résister aux grandes surfaces, avoir ses adresses, ses ficelles et recettes pour économiser. Le petit jardin potager, des amis ou des parents dans l'agriculture sont bienvenus pour contribuer à l'allégement des dépenses alimentaires.

Les cagnottes et tirelires cachées font à la longue un petit magot. La retraite est assurée. Au chaud.

L'idéal financier pour un Taureau de la Maison II est de n'être ni prêteur ni emprunteur.

## Taureau en Maison III

Puisque la Maison III gouverne les frères, sœurs, cousins, cousines, il faut qu'il y ait au moins un ou une Taureau dans ce petit monde, et ce ne doit pas être bien difficile. L'analogisme précise que le Taureau en Maison III pourra ainsi nourrir des relations privilégiées avec un membre de son entourage privé. Le rapport sera encore plus intense s'il s'agit, en outre, d'un membre de sexe opposé.

En dehors de ces conditions, le Taureau en Maison III n'est pas très fraternisant. Aîné, cadet, quel que soit l'ordre d'arrivée, les autres le dérangent. Il risque ainsi d'avoir des réactions d'un égoïsme surprenant à l'égard de ses proches. C'est que, dans son esprit, il ne comprend pas la nécessité d'accepter des inconnus qui lui tombent du ciel par la loterie de l'hérédité et les alliances de la phratrie. C'est un aîné déplorable, se défilant très vite devant ses responsabilités, mais il peut faire un cadet un tantinet profiteur, habile à obtenir soutiens, protections et avantages des plus grands en échange de menus services.

Toujours selon les significations générales de la Maison III, le Taureau, ici, rend casanier, peu enclin aux voyages s'ils ne font pas partie du plan de vacances, ou s'ils ne conduisent pas dans un coin retiré, une auberge avec feu de cheminée. Le Taureau en Maison III n'aime pas les déplacements inutiles, imprévus et inconfortables. En bonne logique symbolique, il adoptera une voiture puissante, massive, sans être hors de prix, de consommation raisonnable et de long usage.

## Taureau en Maison IV

On mérite d'avoir des parents fermiers, ce qui en fouillant vers les aïeux n'est tout de même pas introuvable. Nous avons tous des racines en terre, des grands-parents dans les herbages ou les prés. Le Taureau en Maison IV s'en flatte et si, par bonheur, il est né à la campagne ou s'il y a passé son enfance, sa santé physique et morale en restera à jamais imprégnée. Dans les moments difficiles de sa vie, il saura respirer l'air pur d'un souvenir revigorant, se remettre en mémoire tel vieux dicton de son pays ou telle parole ferme et sage de son père. Il faudrait naître avec le Taureau en Maison IV pour ne pas perdre les pédales dans les périodes les plus sombres.

En revanche, cette position du Taureau passe pour créer des zizanies familiales irrémédiables si les dissonances planétaires s'en mêlent. Les héritages ne se laissent pas partager sans diviser la communauté et provoquer de longues vindictes au sein du clan.

Le mieux, avec le Taureau en Maison IV, est de faire comme tout le monde : accéder à la propriété par de longues traites et s'aménager un intérieur édénique. Pour se distinguer de tout le monde, le Taureau en Maison IV devra cultiver des fleurs et des légumes dans sa résidence principale ou secondaire, élever des lapins, des poules, avoir un gros chien de garde du Taureau, des enfants qui partent à l'école en chantant, une épouse rubiconde ou un mari en joie dans les casseroles.

## Taureau en Maison V

En Maison des amours, plaisirs, enfants de la chair ou de l'esprit, le Taureau est en bonne place. Dans son action bénéfique, s'il accorde une vive sensualité il donne également l'antidote : une fidélité de cœur qui répugne au libertinage assure la constance des liens en dépit des tentations.

Le Taureau en Maison V est promis à des amours sereines. Sans doute, comme ce douzième d'humanité qu'il représente ici aspirera-t-il à un bonheur idyllique, mais d'un romantisme n'excluant pas les avantages pratiques. Le partenaire éventuel, postulant au mariage ou à l'union libre, doit présenter des garanties, avoir des perspectives réjouissantes : situation stable, santé florissante, des biens à l'ombre ou au soleil et surtout pas d'interminables crédits, des pensions à payer pour les enfants de précédents ménages. Le Taureau en Maison V traite un peu les rapports humains comme on traite une affaire, en marchandant, en soupesant les avantages et les inconvénients, en se renseignant sur le service après-vente. Ce marchandage ne concerne pas forcément des valeurs matérielles. Il peut être question des opinions, des goûts, des habitudes que l'on met en commun lorsqu'on aménage le temps d'une liaison ou de longues fiançailles.

Dans ces tractations préliminaires de la vie amoureuse, le Taureau en Maison V est généralement conciliant, surtout s'il est en période de manque affectif. Il faut toutefois se défier des craintes, déplaisirs, appréhensions qu'il dissimule. Les légers reculs du moment, tout d'arrière-pensées, prendront régulièrement du poids si le partenaire n'a pas l'idée de vider les abcès du couple en provoquant sans en abuser des mises au point en tête-à-tête.

Le Taureau en Maison V est jouisseur en s'en tenant à des plaisirs simples, naturels et sains, selon l'expression écologique. C'est dire qu'il n'ira pas s'enfermer dans une salle de cinéma s'il y a du soleil dehors, qu'il saura tourner le bouton de téloche si le programme l'ennuie. Il s'accrochera farouchement au petit écran si l'émission le passionne, les invités pourront dîner sans lui et repartir sur la pointe des pieds. Bref, lorsqu'il prend des aises, et comme il estime n'en prendre que modérément, il n'entend pas être dérangé dans sa délectation.

Le Taureau en Maison V devrait témoigner de dispositions artistiques, se complaire, au moins, dans l'exercice familier du dessin chez soi et de la petite musique pour flûtiau, harmonica et mirliton.

La Tradition classe le Taureau parmi les signes stériles. Cette position — mais heureusement il y en a d'autres — ne convient pas à une descendance nombreuse. Un seul enfant seulement. A ne pas tyranniser par une affection possessive, lourdement protectrice.

## Taureau en Maison VI

Dans cette Maison en rapport avec la santé, le travail et les petits animaux, l'effet Taureau ne peut être que bénéfique. Il dispense une santé de fer, un physique robuste tout à fait adapté, bien entendu, aux emplois que favorise le signe dans la manutention, le débardage, et autres travaux exigeant du muscle, du coffre, de la stature. Certes, il existe aussi, dans la série des vocations tauriennes, des compétences administratives qui ne demandent qu'assez d'énergie pour tenir un porte-plume, mais alors la résistance et la vitalité s'amalgament en une combativité longue et souterraine décourageant la multitude des concurrents, traçant sinueusement sa route au travers des intrigues, des stages et des concours, pour devenir cadre, cadre supérieur, sous-directeur, directeur, puis secrétaire d'État. Tout est permis au Taureau en Maison VI qui sait attendre, mais il doit avoir l'œil sur l'âge de la retraite, afin de ne pas être pris de court, et de vitesse.

Selon la symbolique, le Taureau en Maison VI s'attache aux animaux domestiques de bon rapport, pas chers à nourrir, n'exigeant pas, non plus, de frais d'entretien et d'effusions sentimentales. Puisqu'à cet égard, l'humanité est sensiblement divisée entre ceux qui aiment les chiens et ceux qui aiment les chats, disons qu'il est plus chien que chat, mais qu'il choisira dans l'espèce canine les variétés utiles : chasseurs, gardiens, reproducteurs, braconneurs.

Enfin, côté santé, n'oublions pas qu'en dépit d'une dominante faste les étoiles violentes du signe prédisposent à des agressions brutales, sous forme d'attaques, d'accidents avec des buffles, des machines agricoles, des gros camions, des locomotives, mais pas des OVNI. Le Taureau est trop sceptique pour leur rentrer dedans. Il ne peut pas avoir d'accident avec des êtres ou des engins qui n'existent pas. C'est pourquoi, lorsqu'il conduit de nuit en Écosse, les fantômes s'écartent.

## Taureau en Maison VII

A cette Maison consacrée au mariage, aux unions, contrats et associations, le Taureau apporte ses perspectives de stabilité. Il faut en déduire que le mariage d'amour est proscrit, la passion n'étant pas, ici-bas, ce qu'il y a de plus durable et encore moins de confortable. Cependant, s'il est vrai que le cœur a ses raisons, le Taureau en Maison VII écoutera à la fois son cœur et ses raisons. C'est dire qu'il ne choisira pas n'importe qui, n'importe quand, n'importe comment. Une fois son dévolu jeté, une stratégie de conduite au mariage, dont le ou la partenaire ne sera pas forcément conscient, se déclenchera automatiquement. L'étau se resserrera insensiblement autour de la victime, en quelques mois ou quelques ans. Lorsqu'on est l'objet de ce siège, on peut toujours se dire, si l'on a l'espoir d'en échapper, que le Taureau adore patienter. Il suffit de lui donner en pâture des arguments spécieux mais d'ordre concret du type : pas d'argent, pas de bedeau.

Cela dit, si le Taureau en Maison VII réalise mariage en dépit des traverses et de la mauvaise volonté de la belle-famille, le couple a des chances d'être indissoluble comme une bonne vieille union d'autrefois. L'entente se soude avec le temps, par un lent ajustement des corps, des âmes et des sous. Si le couple, de surcroît, a des enfants, s'il opte pour la communauté réduite aux acquêts, les liens, inextricables, créeront un sentiment d'interdépendance qui résistera aux querelles et infidélités éventuelles.

Ces indications friseront la certitude dans la mesure où le Taureau en Maison VII choisit pour conjoint(e) une signature peu ou prou mâtinée de ce signe et de Vénus.

Les associations sont rares. Profondes et durables lorsqu'elles surviennent. Et, de même qu'un mariage tourne en association, l'association, avec le temps, tourne en mariage puis, à nouveau et plus longtemps après, en association.

Avec Taureau en Maison VII, les étoiles violentes, toujours elles, risquent d'entraîner des procédures âpres, des ennemis rageurs, impitoyables, exécrables, comme le sont les vrais ennemis, et ce Taureau tient à l'authenticité de ses ennemis.

## Taureau en Maison VIII

Le Taureau bien disposé, ne recevant pas d'afflictions planétaires, se doit d'apporter, ici, des terres et biens fonciers par dons, legs ou héritages. Mais si réjouissantes que soient ces perspectives, mieux vaudra travailler, les lenteurs tauriennes ne réservant qu'au vieil âge les félicités matérielles.

Les divorces, les associations, peuvent être sources de pensions ou de rapports substantiels. Et, compte tenu de l'affinité de la Maison avec les gains tombés du ciel, l'on gagne à risquer sa chance dans les tombolas de kermesses, fêtes foraines, où il y a des lopins de terre, des bestiaux, des voitures, des machines et gros appareils ménagers à gagner. Le Taureau en Maison VIII peut, tout simplement, être doué pour réaliser de bonnes affaires dans les ventes aux enchères des administrations.

Puisque cette Maison concerne aussi le sexe, la santé physique et morale du signe laisse présager des qualités d'endurance et d'application dont les partenaires se trouveront bien jusqu'à un âge avancé. Il faut toutefois mettre en garde contre des propensions égoïstes qui porteraient à ne plus se soucier d'un(e) partenaire trop long(ue) à s'échauffer. La sexualité taurienne est théoriquement forte en fougues et voluptés, faible dans la finesse et la variété. Les ambiances champêtres, forestières et printanières stimuleront son ardeur génésique mais, à cet égard, il serait désolant d'oublier la réglementation en cours sur la décence à observer dans les bois et sous-bois, voire dans les champs de maïs.

La mort promise au Taureau en Maison VIII serait plutôt tardive, douce et naturelle, s'il n'y avait ces sacrées étoiles fixes. Les dissonances sur le signe en accentuent les menaces de fin violente par attaque, chute, affaiblissement de terrain, enlisement, cholestérol. La gorge étant sensibilisée, attention à l'asphyxie et aux mauvaises potions que l'on risque d'avaler.

## Taureau en Maison IX

La symbolique, ici, lève les bras au ciel ! Cette Maison du rêve, des voyages, de la haute spiritualité ne saurait s'harmoniser à un signe réaliste, casanier, libertin. Cependant, l'application travailleuse peut s'exprimer au niveau supérieur des recherches et œuvres savantes exigeant une documentation massive, des aptitudes de compilateur et un cerveau champion en logico-mathématique. Évidemment, l'ensemble du ciel doit se prêter à cette interprétation favorable. Sinon, en fait de savant, l'on aura plutôt un réfractaire, endurci dans le matérialisme et la réduction des belles envolées de l'âme à des motivations élémentaires. Au mieux, un esthète glanant dans la philosophie des fruits que l'on rumine en attendant la mort. Dans le genre, il y a aussi ceux qui aiment les livres pour le cuir, le papier, le caractère, beaucoup plus que pour leur contenu.

Le Taureau en Maison IX n'apprécie pas les voyages, surtout par les eaux ou les airs. Lors de l'alunissage des astronautes américains, on pouvait compter un Lion (Neil Armstrong), un Verseau et un Scorpion. Le Taureau était resté à terre, à Cap Canaveral. Mais, si les affaires, la vocation, un grand amour ou un changement de religion l'exigent, le Taureau en Maison IX ne craindra pas l'expatriation. Les voyages, l'un dans l'autre, doivent être associés à des tournants décisifs.

Les rêveries et songes du Taureau en Maison IX tourneront autour de ses préoccupations quotidiennes, et il n'attachera, ordinairement, que peu d'intérêt aux fantaisies de son inconscient. Lors des crises vitales et des périodes de bouleversement, il peut être, en revanche, sujet à des songes avertisseurs. Et ses anges gardiens, connaissant l'animal, s'exprimeront par des images précises plutôt que par des allégories sibyllines. Le Taureau n'est pas « voyant », mais lorsqu'il voit, il voit clairement. N'omettons pas de dire qu'il existe en lui un fond de religiosité primitive. Ce qui, dans les grandes circonstances, peut lui permettre d'appréhender intuitivement les premiers symboles de l'humanité, mais aussi l'inciter à des pratiques superstitieuses.

## Taureau en Maison X

Ce n'est pas une position facilitant une ascension sociale rapide et facile. Le choix du métier risque déjà de se faire dans les hésitations et embarras. Ou bien la carrière choisie est l'une de celles qui demandent de faire longtemps antichambre avant d'avoir droit au chapitre. D'autres parasitages sur l'ambition peuvent provenir de confrères, rivaux ou supérieurs obstruant l'horizon du succès par des actions spectaculaires qui éclipsent les aptitudes plus solides mais moins évidentes du Taureau. Pour sortir de l'ombre, il faut tôt ou tard frapper fort. Le Taureau bénéfique saura choisir son heure et l'on découvrira soudainement ses indispensables mérites après les avoir longuement exploités dans des rôles subalternes. Le Taureau maléficié tente sa sortie à contre-courant, au moment où sa maladresse va réconcilier sur son dos tous ceux qu'il pensait renverser.

Le juste milieu se traduira par une progression sans surprise, avec un rythme qui permettra de consolider les étapes, de constituer un solide réseau d'influences et de relations, utilisables le moment venu d'abattre ses atouts. Les étoiles violentes, toujours elles, montreront quand même leurs effets en apportant au Taureau en Maison X des charges pesantes, des responsabilités à la mesure d'Atlas portant le monde sur ses épaules. Peu conciliant, encore moins diplomate, ce Taureau aggrave généralement son cas en prétendant venir à bout de tout et de tous avec sa tête de cochon bravant dieux et diable.

Le Taureau en Maison X peut avoir des prédilections pour diverses carrières, dans les arts, les techniques et les administrations. Au vrai, la symbolique offre un champ très large et, comme je l'ai dit au chapitre des potentialités professionnelles, peu importe le métier si l'on s'y comporte en Taureau.

## Taureau en Maison XI

Le Taureau bénéfique en Secteur XI dispense à ses amis et amies ses qualités d'indulgence, de serviabilité raisonnée, de bonhomie compréhensive. Puisque l'on est de son clan, par un choix délibéré, il préfère se montrer sous un jour patient et réserver ses colères à ses ennemis. Une fois sa confiance accordée, il préfère endurer quelques bavures plutôt que de revenir sur son sentiment. C'est par ce trait, d'ailleurs, que le Taureau dissonant en Maison XI encourt divers abus de confiance, s'expose à de lourds mécomptes par l'aveuglement de ses choix. Dissonant, ce Taureau exerce sur ses relations amicales une emprise dominatrice qui appelle la trahison par légitime défense. Et, ce Taureau-là n'étant pas capable d'analyser objectivement ses responsabilités, les déceptions le renforcent dans une humeur de grogne et de tyran incompris.

La Maison XI concernant les projets, il coule de source que le Taureau de bon ton influençant ce domaine permet de fignoler ses plans, d'en préparer le succès avec amour, sagesse, réalisme et prévoyance. Peut-être est-ce un trésor du ciel que de savoir aussi choisir ses conseillers et de ne jamais manquer d'appuis compétents ? Sous l'angle psychologique, un don semblable guidera le Taureau de la maison XI pour consulter ses protecteurs et les mettre à contribution au moment opportun sans demander l'impossible.

Évidemment, c'est tout à fait à l'inverse qu'agit le Taureau dissonant, doué d'un flair de fâcheux et d'un sans-gêne renversant.

## Taureau en Maison XII

Les étoiles et le signe s'accordent pour accroître la rage des ennemis cachés. Si le Taureau agit favorablement, il ajoutera, en guise de consolation, la vitalité et le moral nécessaires à l'affrontement d'adversaires sournois, traîtres, ne reculant devant aucune basse manœuvre pour le succès de forfaitures qu'ils mettront au compte de leur élévation d'esprit.

Il faut préciser, avec les traditionalistes, que le Taureau en maison XII a de sérieuses dispositions pour exciter de puissantes inimitiés. Son manque de diplomatie, sa volonté réfractaire aux bluffs, rodomontades, esbroufes et verbiages, finissent souvent par l'opposer aux sots pontifiants qui ne supportent guère d'être démasqués. Et puis, il irrite par son réalisme rebelle aux effets des phraseurs. Sa distance instinctive à l'égard des « mots pour les mots » menace de lui valoir très tôt l'antipathie des maîtres à parler. Dieu merci, s'il a le don de s'attirer des rivaux sans scrupule, usant de toute leur influence pour le détruire, il dispose également d'une défense étalée dans le temps, paisiblement efficace !

En revanche, un Taureau maléficié en Maison XII risque de briser ses nerfs et son équilibre dans les guerres sans merci qu'on lui aura livrées et qu'il aura inconsidérément provoquées.

La symbolique prévient encore de maladies résultant de la boisson et du tabac, comme presque toutes les maladies s'il en faut croire la médecine. Enfin, si les étoiles violentes s'en donnent à cœur joie, il y a menace de goitre, d'embuscade, d'attaque, de guet-apens, d'apoplexie, de strangulation, d'oreillons et de diphtérie. Le mieux est d'y laisser toute la tête, ce que la Tradition prévoyait aussi !

# *Les Gémeaux dans les Maisons*

## Gémeaux en Maison I

Nature cérébrale et intellectuelle très réussie. Curiosité, désir de plaire par la parole. Tendances artistiques avec un goût et un jugement esthétiques très sûrs, mais difficultés à réaliser des projets, des œuvres d'art, par manque de concentration et de persévérance.

## Gémeaux en Maison II

La Maison des gains est occupée ici par l'insouciance désinvolte des Gémeaux : gains faciles, provenant de différentes activités, mais jamais très élevés. Souvent, le sujet a deux métiers, deux sources de revenus. La seconde partie de la vie peut être plus fructueuse.

## Gémeaux en Maison III

Les Gémeaux dans la Maison des écrits, de l'apprentissage, donnent de l'aisance et du brio dans les études, beaucoup de talent pour les langues étrangères, les traductions, tout ce qui concerne la communication par écrit. Ici, la réalisation des projets se fait plus intense.

## Gémeaux en Maison IV

La famille, le foyer du sujet sont centrés autour d'intérêts mercuriens : jeux qui font intervenir la cérébralité, intellectualité très développée, lecture, mots croisés, etc. Il est aussi tenté d'enseigner aux enfants, et fait souvent un pédagogue brillant ; surtout auprès de l'extrême jeunesse.

## Gémeaux en Maison V

Les divertissements sont incessants, divers, et touchent à tous les domaines. Le sujet ayant les Gémeaux (signe double), en Maison V (le Secteur des distractions) est parfaitement ludique, réceptif à tous les jeux, disponible pour toutes les « parties » possibles... Difficile de l'amener à travailler autrement que dans ce qui touche au jeu.

## Gémeaux en Maison VI

La désinvolture du signe facilite les obligations quotidiennes, qui sont prises avec légèreté, agilité, opportunisme. Les rapports avec les subalternes sont teintés de duplicité amusée, de complicité un peu défiante, d'intelligence sympathisante mais distante.

### Gémeaux en Maison VII

La vie affective, les associations et les mariages, tout ce qui a trait à l'autre est « doublé » : possibilité d'avoir plusieurs partenaires soit en amour, soit dans la carrière professionnelle ; les rapports entretenus avec les « alliés » sont imprégnés de la légèreté mercurienne, vive et dispersée.

### Gémeaux en Maison VIII

L'intellectualité géminienne se branche sur la mort et ses dérivés : intérêt pour l'occultisme, le mystère de l'au-delà, ou bien le passé, l'archéologie. La curiosité sur ce qui se rapporte à la mort est très cérébrale et non mystique. Il peut y avoir plusieurs héritages dans la vie du sujet.

### Gémeaux en Maison IX

Inspiration de caractère mystique, quête d'une certaine spiritualité, recherche d'objectifs supérieurs, avec préoccupations morales ou philosophiques. Grande envergure cérébrale. Les voyages jouent un rôle décisif dans la vie du sujet, mais ils peuvent être imaginaires.

### Gémeaux en Maison X

La carrière est marquée, dans la première partie de la vie du sujet, par une certaine instabilité. Elle est soumise à des variations de directions dues à la versatilité du signe. Réussite pourtant certaine dans les occupations intellectuelles, l'enseignement, le journalisme, l'édition, ainsi que dans les professions qui exigent de petits voyages fréquents. Il y a souvent deux périodes très différentes dans la vie professionnelle du sujet (trente-cinq à quarante ans semblent être l'âge charnière).

### Gémeaux en Maison XI

Beaucoup d'amis de type Gémeaux, c'est-à-dire intellectuels, avec un goût prononcé pour les jeux de l'esprit et du hasard ; recherche de relations amicales du type fraternel (jumeau) avec lesquelles le sujet entre en complicité peut-être un peu trop familière.

### Gémeaux en Maison XII

Ennemis rusés, intelligents, pleins de duplicité et d'habileté. Mais les Gémeaux n'étant pas persévérants, les médisances resteront superficielles, les épreuves passagères et les difficultés toujours moins graves que ce que le sujet craignait.

## *Le Cancer dans les Maisons*

### Cancer en Maison I

« Cette maison est un point de départ [...] mais aussi d'arrivée. Elle peut représenter un retour éternel de phénomènes fondamentaux à répétition » (Lisa Morpurgo). Elle indique traditionnellement le lieu où s'expriment les composantes de la personnalité — et non du caractère — avec leurs possibilités d'évolution.
En Maison I, le Cancer donne une tendance à l'introspection, à la fragilité psychologique, avec inquiétudes, peur d'autrui, curiosité pour l'irrationnel, l'inconnu, l'occulte.

### Cancer en Maison II

En Maison II, le Cancer donne un comportement de refus total ou partiel à l'égard des biens matériels. La carapace du crabe le protège, ici, de la dépendance « économique », de la recherche du confort, du « standing », etc. En revanche, il peut donner de l'imagination dans ce domaine, si bien qu'on verra des intérieurs ou des objets marqués par la fantaisie lunaire.

### Cancer en Maison III

En Maison III, le Cancer n'établit pas facilement de relations avec son entourage proche : frères et sœurs, camarades d'école, de lycée ou de faculté, et, plus tard, voisins de palier ! Provoque un blocage sur tout rapport facile et superficiel, sur les relations légères ou mondaines. Les informations par radio ou télévision sont honnies : on leur préfère la presse écrite.

### Cancer en Maison IV

Le Cancer est ici dans ce qu'il est convenu d'appeler sa Maison. Celle de la famille, des enfants, du foyer, des bases à la fois parentales et filiales du sujet. C'est le lieu de sa personnalité intime, privée, et du lien très fort qui l'attache à ses origines. C'est une bonne Maison pour le signe, il s'y sent à l'aise, en sécurité, protégé du monde extérieur. Le sujet éprouve un goût profond pour la vie et les réunions de famille, sans étrangers.

### Cancer en Maison V

La Maison V étant la Maison des plaisirs, des distractions, du trop-plein de vie, elle limite en Cancer — qui n'est pas, rappelons-le, un signe de santé ni même de grande résistance physique — à des joies simples : mots croisés après le travail, ou jeux de sociétés paisibles, ou petits travaux d'artisanat. La distraction sociale, les sorties du soir sont considérées la plupart du temps, en Cancer, comme superflues, voire ennuyeuses. En revanche, le sujet privilégiera la distraction personnelle, qui fait intervenir l'imagination.

### Cancer en Maison VI

C'est la Maison du quotidien, des petits travaux journaliers, des choses et des êtres qui dépendent du natif : la maison (pour la ranger, par exemple), le bureau, le lieu de travail (pour les affaires courantes, le classement, le fonctionnel et le routinier). On mesure, dans cette Maison, la capacité du natif à recommencer tous les jours les mêmes petites corvées, à s'occuper régulièrement des mêmes petites tâches. En Cancer, signe de fantaisie, de petits changements permanents (à l'inverse du Verseau qui bouleverse tout), cette maison VI est mal servie. Aucune discipline dans la hiérarchie des problèmes à régler, aucune méthode.

### Cancer en Maison VII

La Maison VII représentant tout ce qui concerne les alliances et les associations, elle acquiert, en Cancer, des caractéristiques lunaires : sous-estimation de sa valeur propre, surestimation de la valeur des autres. Besoin d'être protégé, choyé, conforté, un peu comme un enfant, dans le mariage. Apporte, dans une association, un élément de création très fort, d'imagination et de renouvellement, mais participe de loin, sans vraiment se sentir impliqué (même s'il prend toujours ses responsabilités). Fondamentalement solitaire, intériorisé.

### Cancer en Maison VIII

La Maison VIII étant celle de la mort (physique ou psychologique) et de la résurrection, elle a des affinités avec le Cancer : d'abord parce que le Cancer représente la fécondité, l'enfantement, donc la vie après la mort, ensuite parce que c'est un signe fort du point de vue de l'imagination créatrice.

D'où possibilité, pour la Maison VIII en Cancer, de recréer ou de reconstituer ce qui est mort. Au premier degré : le sujet fait revivre en imagination un parent mort. Au second degré : il utilise, il recompose sa souffrance en créant.

Donne au sujet la possibilité de surmonter tout ce qui peut l'anéantir.

### Cancer en Maison IX

C'est la Maison de la quête : spirituelle, philosophique ou géographique. Les limites cancériennes éclatent, le signe se laisse attirer par les grands espaces que suggère la Maison, les interrogations métaphysiques, métapsychiques, archéologiques ou ethnologiques.

Mais la femme Cancer, inhibée, fragile, qui doit toujours transporter sa coquille avec elle, peut freiner, surtout à partir de quarante-cinq ans, les grands voyages que propose ce Secteur, le neuf, le nouveau, l'inconnu. Alors, les explorations se font en imagination, et l'invention cancérienne remplace son défaut d'énergie.

### Cancer en Maison X

Cette Maison, à laquelle est attribuée la vocation d'un individu, son expression professionnelle dans ce qu'elle peut avoir de rayonnant, de remarquable, de volontaire, cette Maison, disais-je, n'est pas particulièrement à son aise en Cancer. Il existe une contradiction fondamentale entre la réserve timide et maladroite du signe et l'assurance, la confiance dynamique, l'autorité qu'appelle le Secteur X.

En réalité, la contradiction est neutralisée si le sujet se réalise dans une profession nettement cancérienne où la création, l'invention, l'inattendu, l'étrange, le nouveau ont la meilleure part. Il faut éviter les carrières administratives, et, d'une manière générale, toutes celles qui excluent l'interprétation subjective, les initiatives personnelles, les décisions individuelles et autonomes.

### Cancer en Maison XI

Lisa Morpurgo attribue à cette Maison une force toute particulière : « Elle est, en un certain sens, la section d'or du thème zodiacal. Elle indique la possibilité de parvenir à un examen objectif de soi-même et des circonstances, de s'adapter à ces dernières et au caractère d'autrui, en jugeant avec objectivité, mais aussi indulgence, les besoins, les faiblesses, et les qualités des autres. [...] La Maison XI est celle de la tolérance, des idées larges, d'une volonté accommodante et compréhensive.

En Cancer, les idées larges s'évadent dans l'imaginaire — souvent aux dépens du réel —, l'amitié acquiert malgré tout quelque chose de passionnel, d'exclusif, d'enveloppant, mais le sujet s'adapte particulièrement bien au milieu social dans lequel il a choisi d'évoluer après une dure sélection intérieure.

### Cancer en Maison XII

On l'appelle la Maison du destin, de la fatalité. Je préfère dire que c'est la Maison des événements sur lesquels la volonté humaine ne peut agir : « les grandes épreuves de la vie », comme le dit encore Lisa Morpurgo. C'est le lieu où le natif s'isole, prend de la distance pour se préparer à la mort. Le Cancer, en ce Secteur, donne la faculté de s'abstraire totalement du réel, l'imaginaire empiète alors complètement sur la vie et, si une planète lourde comme Saturne ne vient pas peser sur ce Secteur, il donne une créativité inépuisable, un besoin de nier la fin des choses par une prolifération magique d'œuvres d'art, une production ininterrompue dans la solitude et l'isolement.

## *Le Lion dans les Maisons*

### Lion en Maison I

Cette maison a trait au sujet dans ce qu'il y a de plus représentatif et de plus évident. Elle concerne votre extériorité physique et la conscience que vous acquérez peu à peu de vous-même. Une Maison I fortement chargée signale un natif préoccupé avant tout de sa personne et faisant de celle-ci son principal centre d'intérêt : on voit tout de suite ce que ça peut donner dans le cas du Lion. Je crois bon, par ailleurs, de vous rappeler que la pointe de la Maison I s'appelle

*Le Grand Livre du Taureau*

l'Ascendant. Toute planète située à proximité de l'Ascendant a de fortes chances d'être l'une des dominantes de votre thème.

### Lion en Maison II

Cette Maison est censée renseigner sur votre attitude face à l'argent, sur vos aléas financiers, sur la nature de vos gains. Pour juger sainement de la question, l'astrologue peut bien se contenter de considérer vos planètes dominantes, ainsi que les aspects lunaires, jupitériens et vénusiens. Si, conformément à la Tradition, l'argent occupe une place prépondérante dans votre existence, cherchez plutôt de ce côté-là et regardez aussi où se trouve votre Ascendant : il est peut-être dans le signe thésauriseur et engrangeur du Cancer. Une Maison II en Lion est souvent un indice de fortune et de réussite financière, quoique certains auteurs vous jugent suprêmement désintéressé et attiré par des métiers plus honorifiques que lucratifs. Pour ce qui est de la source des gains, on mentionne habituellement l'enseignement, le spectacle et les commerces de luxe.

### Lion en Maison III

Les attributions classiques de cette maison sont multiples : rapports avec frères et sœurs, cousins et voisins, petits déplacements, correspondance, publications littéraires, intelligence pratique, enseignement primaire. Les compilateurs classiques parlent de prix littéraires, de frères haut placés, de déplacements profitables, se cantonnant aux réunions mondaines et aux spectacles. Si vous avez vraiment la bougeotte et si vous êtes pris d'une frénésie de communication et d'énergie, voyez plutôt la force de votre Mercure, de votre Mars et de votre Lune. Quant à votre Ascendant, il pourrait se situer dans les derniers degrés des Gémeaux et cela expliquerait aussi bien des choses.

### Lion en Maison IV

En analogie avec sa position au Fond-du-Ciel, la Tradition associe à cette Maison tout ce qui constitue la souche, les bases, les racines profondes. Elle concerne donc l'atavisme, l'hérédité, le terroir, le domicile, la famille. Pour faire bonne mesure, on y ajoute aussi la fin des choses, les trésors cachés, la sépulture et l'héritage de propriétés. Du Lion en maison IV, nos élucubrateurs à chapeau étoilé s'accordent à déduire une prestigieuse galerie d'ancêtres ou tout au moins des parents haut placés. Ce qui ne laisse pas de rendre perplexe si l'on songe que les frères et sœurs d'une même famille ont très rarement la Maison IV dans le même signe.

### Lion en Maison V

Cette Maison concerne vos amours, votre progéniture, vos œuvres, vos amusements et vos spéculations. Dans la logique de l'astrologie traditionnelle, avec l'appoint du Lion, vos amours ne sauraient être qu'ardentes et dignes, votre progéniture remarquable, vos œuvres brillantes, vos amusements fastueux et vos spéculations fructueuses. Si ce n'est pas tout à fait le cas, plutôt que de vous adresser à un bureau des réclamations, qui d'ailleurs n'existe pas, cherchez l'explication du côté de vos planètes et signes dominants, tenez compte de la position et des aspects de la Lune, de Vénus, de Neptune et de Jupiter. A mon humble avis, vous auriez mieux fait de commencer par là, les déductions sont nettement plus sûres.

### Lion en Maison VI

Cette Maison met l'accent sur vos problèmes de santé, sur votre travail dans son côté terre à terre et astreignant, sur vos relations avec les subordonnés, les petites gens, les oncles et les tantes, les animaux domestiques. Quant aux oncles, tantes et menues bestioles, le Lion se sent à leur égard un peu amoindri.

### Lion en Maison VII

Logiquement, le Lion en Maison VII devrait donc vous conduire, plus que jamais, à percevoir le conjoint, le partenaire, l'adversaire ou l'associé d'après votre propre image. Selon votre dominante planétaire, vous êtes incité à modeler de force vos vis-à-vis à ladite image, ou bien vous vous contentez de vivre vos aspirations léoniennes par délégation, par le biais d'un complémentaire en qui vous avez décelé de prometteuses potentialités.

### Lion en Maison VIII

Si l'on en croit la Tradition, avec une Maison VIII fortement occupée, votre existence, d'une façon ou d'une autre, sera marquée par la mort et par ses conséquences. Les deuils, les testaments, les héritages sont censés prendre une importance toute particulière. Ou alors, vous vous contentez de brasser des idées morbides et suicidaires et de mettre la mort au centre de toutes vos théories. Moins macabrement, cette Maison est également en rapport avec l'argent du conjoint et des associés. L'astro-psychologie, d'une façon plus générale, en fait la Maison des crises, des transformations, des régénérations et de la sexualité. On devine ce que peut donner, dans l'optique du traditionaliste, le Lion en maison VIII : la mort par accident cardiaque, le grandiose héritage, les honneurs posthumes et autres joyeusetés.

### Lion en Maison IX

Pour la Tradition, c'est la Maison des grands élans vers le lointain et vers le spirituel : elle concerne aussi bien les longs voyages et les rapports avec l'étranger que l'intelligence spéculative, la religion, la philosophie, l'enseignement supérieur. L'interférence avec le Lion est censée apporter générosité et noblesse de pensée, hautes fonctions universitaires, diplomatiques ou ecclésiastiques, attrait pour les longs périples honorifiques et représentatifs. Cela peut se vérifier surtout, à mon humble avis, en cas de dominance plutôt harmonique de Mars, Jupiter, Saturne et Neptune. Mars met l'accent sur le goût de l'action, de l'entreprise et de l'aventure. Jupiter insiste sur le côté officiel et pontifiant. Saturne favorise la réflexion, la méditation et le détachement, tandis que Neptune sensibilise à l'inconnu, au collectif, à l'universel et à toute autre transcendance qu'il vous plaît d'imaginer.

### Lion en Maison X

Cette Maison importante, qui valorise les planètes s'y trouvant, concerne la façon dont vous vivez votre carrière, votre engagement socioprofessionnel dans ce qu'il y a de plus officiel et de plus formel. Pour les astrologues qui interprètent un thème en y cherchant des événements, elle renseigne sur les chances de succès, la célébrité éventuelle, les honneurs, le pouvoir que vous pouvez acquérir, et naturellement sur les éventualités contraires : les risques d'échec, de déshonneur, de chute. Comme on s'en doute, pour les manuels classiques, la présence du Lion dans ce Secteur est éminemment prometteuse : autorité, vedettariat, brillante ascension, réussite magistrale dans les domaines de l'art, de l'éducation, de la politique, de la mode, de la joaillerie, du théâtre, et j'en oublie certainement.

### Lion en Maison XI

Cette sympathique Maison a trait aux amitiés, aux espérances et aux projets. Selon l'interprétation la plus traditionnelle, le Lion dans ce secteur devrait vous valoir des amis brillants, fidèles, enthousiastes et quelque peu dominateurs, des relations puissantes et des protections en haut lieu. Vos projets, enfin, ne sauraient qu'être empreints de grandeur, de noblesse ou d'outrecuidance. En fait, pour que votre vie amicale soit euphorique, détendue et sans problème, il suffit bien d'une dominance harmonique des planètes Jupiter, Vénus, Mercure et Lune.

### Lion en Maison XII

Comme le chanterait Brassens, dans les thèmes sans prétention, elle n'a pas bonne réputation, cette fichue Maison XII... On lui attribue en effet les épreuves majeures et les grands chagrins. Maladies chroniques, hospitalisations, exils, emprisonnements sont de son triste ressort. Elle passe pour prédisposer à une existence marquée par le secret, les choses cachées, la vie occulte.

Les ennemis sournois et les complots y élisent également domicile, en bonne compagnie avec les vices et les tendances au suicide. Pauvre Lion, prisonnier à perpétuité des barreaux de ses inhibitions. A ce propos, remarquons tout de même que le Lion en Maison XII correspond presque immanquablement à un Ascendant Vierge, ce qui peut expliquer bien des choses. Examinez les grandes dissonances de votre thème, en particulier celles de Neptune, Saturne et Pluton.

# *La Vierge dans les Maisons*

### Vierge en Maison I

La pointe de la Maison I étant délimitée par l'Ascendant, le sujet a donc l'Ascendant en Vierge, ce qui lui confère les principaux traits de caractère du natif de la Vierge.

D'autre part, si l'Ascendant se trouve dans les derniers degrés d'un signe, la Maison I repose presque totalement sur le signe suivant. Dans ce cas, l'influence de ce signe prend une importance accrue, dont il faut tenir compte dans l'interprétation.

### Vierge en Maison II

Cette position indique une attitude parcimonieuse vis-à-vis des biens matériels. Une certaine avarice est probable, mais elle est limitée aux petites choses. Toutefois, le sujet n'ayant pas de besoins très importants, il doit réussir à s'accommoder d'une existence un peu chiche. La prudence naturelle du signe interdit les spéculations hasardeuses ou les risques excessifs. Le sujet gère son budget avec sagesse.

### Vierge en Maison III

La timidité inhérente au signe freine quelque peu les contacts avec le milieu social. Le sujet demeure sur la défensive, et met un certain temps avant de se sentir détendu, en confiance avec de nouvelles connaissances. S'il ne fait pas un usage immodéré du téléphone, il se livre plus facilement par écrit. Sa correspondance sera soigneuse, méthodique et dans l'ensemble assez fournie.

Le sujet est plutôt sédentaire, il renonce souvent aux possibilités de petits voyages.

En revanche, l'intelligence pratique est très développée. Les réalisations à court terme sont favorisées, les occasions sont exploitées habilement. Goût pour les études et grande curiosité intellectuelle.

### Vierge en Maison IV

Le sujet se plaît dans un cercle familial étroit. Peu attiré par les mondanités, il ne se sent bien qu'en petit comité. Sédentaire, il aime ses habitudes et peut se montrer tatillon, au risque d'incommoder les membres de sa famille.

Le foyer est surtout considéré sous l'angle le plus utilitaire. Le sujet aimera vivre dans un décor simple, avec un mobilier solide et fonctionnel. Il fera passer au second plan les critères d'ordre esthétique.

Les rapports avec les parents ne sont pas très chaleureux. Ils sont plutôt fondés sur le respect et la déférence. Cependant, du fait d'un grand attachement aux traditions, les vertus « travail-famille-patrie » sont exaltées.

### Vierge en Maison V

Le besoin de sécurité affective est important, toutefois le sujet ne fait sans doute pas passer sa vie sentimentale au premier plan (à moins, bien sûr, que des planètes d'affectivité ou de sensualité n'occupent ce Secteur).

La pudeur freine la sensualité. Le sujet n'apprécie pas les aventures sans lendemain. Il préfère une liaison stable, durable, mais pas trop envahissante. Il ne sait pas vraiment se détendre ou se distraire, encore moins perdre du temps. Quoi qu'il en soit, le sujet préfère les plaisirs calmes (lectures, jeux de cartes) aux loisirs de groupe ou aux sports exigeant une grande dépense physique.

L'amour pour les enfants ne se traduit pas par des démonstrations débordantes, mais plutôt par un soin très attentif porté à leur hygiène, à la propreté de leurs vêtements.

### Vierge en Maison VI

Il existe de grandes affinités entre le Secteur et le signe. Le sujet est très consciencieux, très méticuleux dans son travail. Il accomplit à la perfection les tâches de routine. Ses principales qualités : l'ordre, la méthode, le sens de l'organisation.

En revanche, il risque de manquer d'envergure et de se contenter de postes subalternes sans réel rapport avec ses capacités. Il a facilement une mentalité de « rond-de-cuir ». Les rapports avec les collaborateurs sont généralement satisfaisants. Le sujet sait se montrer serviable et dévoué.

Les tendances hypocondriaques du signe sont renforcées dans ce Secteur qui concerne également la santé. Les servitudes de la vie quotidienne sont bien acceptées, et les corvées domestiques accomplies avec diligence et efficacité.

### Vierge en Maison VII

D'une façon générale, les rapports avec les autres sont fondés sur la sélectivité. Le sujet ne se lance pas à l'aveuglette dans le mariage ou dans toute autre forme d'association. Il n'apprécie pas à proprement parler la solitude, mais la choisira plutôt que de consentir à une union mal assortie.

Une autre tendance du signe (qui devra être renforcée par d'autres configurations du thème) inclinera au contraire le sujet à faire un mariage de raison ou d'intérêt, surtout si, à force de tergiverser, il a raté les « bonnes occasions ».

Le sujet peut choisir l'union libre (à condition qu'il n'y ait pas d'enfant). Mais s'il décide d'être uni à son partenaire par les liens du mariage, il s'opposera alors farouchement à un éventuel divorce.

Les occasions peuvent être assez fructueuses, encore que le sujet risque d'avoir des « comptes à rendre ». Il s'efforcera de choisir ses associés sur la base d'affinités électives.

### Vierge en Maison VIII

L'idée de la mort n'est pas une source d'angoisse insoutenable dans la mesure où le sujet accepte, au départ, son caractère inéluctable et implacable. Mais sa prévoyance et son réalisme l'incitent à prendre des dispositions d'ordre purement pratique et à s'assurer que sa famille ne manquera de rien après sa disparition.

Le sujet peut faire preuve d'exigences tatillonnes en ce qui concerne les problèmes d'héritages. S'il se sent (à tort ou à raison) floué, il peut révéler certaines tendances mesquines.

L'attitude vis-à-vis de la sexualité est assez ambiguë. Le sujet, dans son exigence de pureté, s'accommode mal d'avoir des besoins sexuels importants. D'où des risques de complexes, d'inhibitions, débouchant sur des frustrations.

### Vierge en Maison IX

La prudence restrictive du signe freine l'invitation au voyage ; cependant, la curiosité intellectuelle du sujet peut avoir raison de ses hésitations. Mais il a besoin d'organiser méthodiquement ses longs déplacements. Il ne laisse jamais rien au hasard. Ce n'est pas lui qui partira « le nez au vent », à l'aventure.

La prédominance de la fonction pensée chez la Vierge met toutefois l'accent sur le développement des connaissances. Le sujet est très soucieux d'élargir constamment son horizon intellectuel. Il a de grandes aptitudes pour les études, d'autant qu'il a un goût marqué pour les diplômes. L'acquisition des connaissances se fait « dans les règles ». Le sujet, très attentif et appliqué, aime s'entourer de professeurs susceptibles de le conseiller utilement. Quel que soit le domaine concerné, il aime prendre des leçons et se révèle un élève assidu.

Le sujet peut également, dans certains cas, se dévouer totalement à une cause qu'il estime juste, voire se sacrifier au nom d'un idéal.

### Vierge en Maison X

La Maison X exprime les tendances à la lutte pour la réussite sociale, et le degré d'ambition. Or, le signe de la Vierge pécherait plutôt par excès de modestie. Loin de rechercher les honneurs, il s'en méfie. A tout prendre, il préfère servir que commander, et choisit la coulisse, abandonnant volontiers le devant de la scène aux ambitieux.

Le sujet peut avoir tendance à se sous-estimer, et l'essor de sa carrière risque de s'en ressentir. Néanmoins, dans les limites qu'il s'impose, il tient à réussir, et sa conscience professionnelle, son sens de l'organisation sont ses plus précieux atouts.

La conquête d'une position sociale élevée peut, en revanche, devenir un objectif majeur en cas d'angularité (au Milieu-du-Ciel, notamment, d'une planète représentative : Soleil, Jupiter ou Uranus). Dans ce cas, le professionnalisme et la compétence, caractéristiques du signe, deviendront des facteurs déterminants de réussite, en particulier dans les carrières administratives et publiques.

### Vierge en Maison XI

Le sujet choisit ses amis en fonction d'affinités électives. Il en a très peu, mais ceux-là sont triés sur le volet. Il cherche surtout à s'entourer d'êtres intelligents ou très cultivés. Comme il fait rarement les premiers pas, ce sont les autres qui doivent venir à lui, mais une fois qu'il a accordé son amitié, c'est généralement pour la vie. Cependant, il peut arriver qu'une amitié de plusieurs années soit rompue brusquement du fait de la sévérité morale excessive du sujet. Celui-ci ne supporte pas d'être déçu.

Cette personne fuit les mondanités, préférant les ambiances intimes, tranquilles. Par extension, elle se refuse à cultiver les « relations utiles » et choisit, délibérément, de ne pas exploiter certaines occasions.

### Vierge en Maison XII

Les grandes épreuves de la vie sont généralement acceptées avec fatalisme. Elles peuvent aussi être l'occasion, pour le sujet, de révéler sa grandeur d'âme ou son abnégation.

Cependant, les risques de renoncement *a priori* ne sont pas exclus, d'autant plus que la lucidité se double de pessimisme. C'est la déchéance physique ou intellectuelle que le sujet aura le plus de mal à assumer.

Il arrive que le détachement des objets matériels soit plus difficile à réaliser que le détachement moral de soi-même.

## *La Balance dans les Maisons*

### Balance en Maison I

L'Ascendant en Balance est l'un des plus chanceux du Zodiaque : douceur, diplomatie, charme, dons artistiques, volonté accorte et cependant tenace mènent irrésistiblement le natif à la réussite de ce qu'il entreprend.

### Balance en Maison II

Les dépenses ont un caractère vénusien. Ce sont celles qui sont liées, entre autres, aux réceptions que l'on donne, ou aux sorties faites avec des amis. D'autre part, la création d'un cadre de vie agréable et raffiné peut entraîner d'importantes dépenses susceptibles de déséquilibrer un budget.

L'équilibre est justement un mot clé de la Balance, mais c'est un équilibre bien souvent instable, et la situation financière risque d'être fluctuante. Cependant, malgré les hauts et les bas, on peut penser qu'en raison de la protection de Vénus la situation ne sera jamais désespérée.

## Balance en Maison III

La Maison III concerne généralement l'intelligence concrète du sujet, ses dispositions et ses moyens d'expression, le langage et les écrits. Autrement dit, tout ce qui lui permet d'entrer en contact avec l'entourage.

Comme la Balance est un signe d'Air, l'intelligence sera mobile, souple, prompte, fantaisiste, sensible à la beauté, mais trop soumise aux influences changeantes venues de l'extérieur. Le sujet cherche à plaire et à faire partager ses opinions à son entourage. Le badinage est un mode d'expression qui le séduit et dont il use facilement.

## Balance en Maison IV

Si rien ne vient modifier profondément les dispositions naturelles de la Balance, le sujet grandira dans un foyer harmonieux. Il est possible qu'on y cultive un art de vivre raffiné, de sorte que l'enfant baignera dans un climat favorable à l'éclosion de dispositions artistiques.

Il est fort probable que le sujet créera son propre foyer à l'image de celui de ses parents. La Balance, qui est un signe de fête, peut lui donner le goût des réceptions, et sa maison sera largement ouverte aux amis.

## Balance en Maison V

La nature de la Balance semble particulièrement bien accordée à celle de la Maison V, de sorte que le signe renforce les manifestations propres à ce Secteur. Ce qui revient à dire que le sujet est naturellement porté vers les distractions et l'art. Une femme sera peut-être encore plus sensible qu'un homme aux effets de cette configuration. Elle se montrera enjouée et coquette, raffinée et élégante, et sa distinction naturelle la gardera de toute vulgarité. Les effets d'une Balance et d'une Maison V affligées mettent en jeu l'instabilité du signe.

## Balance en Maison VI

Le travail ne devrait pas être trop pénible : il peut s'exercer dans un cadre agréable et élégant, par exemple une parfumerie, un magasin de fleurs, une galerie de peinture. Parfois, les préoccupations artistiques ou juridiques sont liées au travail. Le sujet entretient de bons rapports avec ceux qui travaillent sous ses ordres. Il comprend leurs difficultés et s'efforce de faciliter leur tâche. En retour, il jouit de leur confiance et de leur attachement. C'est ainsi que se nouent parfois des idylles entre patrons et employées qui, dans certains cas, aboutissent au mariage.

## Balance en Maison VII

Malgré la fougue que lui vaut un Ascendant Bélier, le sujet s'efforce d'avoir des relations harmonieuses avec autrui et il est ouvert à toutes les formes d'associations. La première, c'est évidemment le mariage. Il ne conçoit pas d'autre forme d'union et, dans sa vie, les relations conjugales tiennent une place importante. Il est même prêt à faire des concessions pour parvenir à l'équilibre intérieur qu'il attend du mariage.

Son besoin d'harmonie dans ses relations extérieures lui fait rechercher les associations et les collaborations. Il en retire le sentiment d'une insertion réussie dans la société dont il se veut un membre à part entière.

## Balance en Maison VIII

La présence de la Balance en Maison VIII permet d'espérer que le caractère vénusien du signe favorisera une mort naturelle et douce.

La Balance faisant intervenir l'idée de mariage, on peut penser à un veuvage précoce et, éventuellement, à un héritage provenant du conjoint, du fait d'une donation entre époux. Mais des héritages venant des associés sont possibles.

Enfin, dans sa vie sexuelle, le sujet devrait faire preuve de mesure et de délicatesse, tout en s'efforçant de communier avec son partenaire car, pour lui, il n'est de vrai plaisir que partagé.

### Balance en Maison IX

La présence de la Balance dans la Maison IX implique la possibilité d'un mariage dans un pays étranger où le sujet peut être amené à faire sa vie. Ou bien c'est le conjoint qui vient de l'étranger et qui a été connu à l'occasion d'un voyage lointain.

Ces voyages à l'étranger peuvent être de simples voyages d'agrément qui procurent de grandes satisfactions au sujet tout en enrichissant ses connaissances. A moins qu'ils n'aient été entrepris pour signer des contrats à l'étranger (éventuellement avec des éditeurs).

### Balance en Maixon X

Les qualités vénusiennes que la Balance apporte dans la Maison X sont de nature à favoriser la carrière du sujet en aplanissant son chemin. La sensibilité qu'il manifeste dans l'exercice de sa profession, son charme qui agit sur les gens avec lesquels son travail le met en contact, les relations que sa nature sociale le pousse à nouer avec ses collègues et ses chefs sont autant d'atouts qui facilitent son évolution sociale. D'autant plus qu'ils se combinent de façon très heureuse avec la chance dispensée par Vénus.

Le mariage, une association peuvent influer sur la carrière : ils sont parfois l'occasion pour le sujet d'élargir le champ de ses activités ou même de changer de profession.

### Balance en Maison XI

La Balance est aussi favorable en Maison XI qu'elle l'est en Maison V. En effet, comment ce signe, qui est éminemment sociable, ne créerait-il pas les meilleures conditions pour permettre au sujet de se faire des amis ? D'autre part, l'on sait que les contrats sont du ressort de la Balance. Enfin, la gentillesse, la délicatesse et le charme de ce signe contribuent efficacement à resserrer les liens d'amitié existants.

La Balance donne également une indication sur l'origine des amis. Ils pourraient venir d'un milieu où l'on cultive les arts, à moins qu'ils ne soient eux-mêmes artistes.

### Balance en Maison XII

La Maison XII n'est pas une Maison de joie (comme la Maison V). Les seules joies qu'elle dispense sont les joies spirituelles. Mais nous venons de voir qu'on ne peut les atteindre qu'après avoir parcouru son « chemin de croix ». Il ne faut donc pas attendre de cette Maison beaucoup de bienfaits dans la vie ordinaire. Cependant, la présence de la Balance dans ce Secteur peut atténuer les chocs du destin. Même ici, Vénus, la déesse compatissante, ne renonce pas à étendre sur les humains son manteau protecteur. Aussi les ennemis cachés seront-ils moins virulents.

## *Le Scorpion dans les Maisons*

### Scorpion en Maison I

Le Scorpion en Maison I est à l'Ascendant. Même s'il est vide de planètes, il marque profondément le natif.

Le Scorpion en première Maison donne une bien plus grande énergie au natif : il étoffe sa personnalité de cette âpreté, de cette persévérance, de cette volonté de puissance qu'ont les gens du signe. Le sujet lutte contre le groupe pour s'imposer. Actif, entreprenant, il tend à diriger les siens au point de devenir parfois tyrannique. Il profite des révolutions, des situations conflictuelles — qu'il sait, d'ailleurs, provoquer — pour en sortir vainqueur. Passionné mais très lucide, l'Ascendant Scorpion donne du réalisme, du courage... et le pardon difficile.

### Scorpion en Maison II

Dans ce Secteur concernant les biens du natif et son aptitude à acquérir (ou à perdre), le

Scorpion n'est pas trop mal placé. Son réalisme et son activité persévérante lui assurent souvent un bon job, assez stable, parfois même assez brillant. Réussite dans les professions de Mars et d'Uranus (militaires, ingénieurs, hommes politiques, inventeurs, aviateurs, techniciens dans les secteurs de pointe).

Le Scorpion n'est pas avare : il dépense soit de façon impulsive, soit avec une arrière-pensée. Il est souvent généreux.

## Scorpion en Maison III

Cette Maison renseigne l'astrologue sur l'intelligence du natif, sur ses capacités à établir des relations de cause à effet, sur son agilité d'esprit. Également dans cette Maison, les relations avec tout ce qui est proche : entourage, frères et sœurs, petits voyages...

Le Scorpion, dévoré de curiosité et malin comme un singe, n'est pas mal situé dans cette Maison. Curiosité scientifique, vocation de chercheur (chimie, biologie, parapsychologie...), aptitudes à la littérature, au journalisme, à l'enseignement, on peut trouver tout cela dans un Scorpion en Maison III.

## Scorpion en Maison IV

Ici, est logé tout ce qui concerne le foyer du natif : sa famille d'origine, son père, sa mère, les biens de sa famille ascendante ; la famille dans laquelle il vit, son patrimoine ; et, enfin, sa vieillesse.

Le Scorpion, dans cette Maison, donne une ambiance assez dure où le natif est contraint de refouler ses instincts. Ce n'est pas une position très favorable pour le foyer. A moins de très bons aspects, on peut craindre des divergences familiales très vives, toutes espèces de ruptures violentes, un divorce... Le foyer est malheureux ou négligé. Le natif peut être orphelin de père ou de mère, ou éprouver un deuil à son foyer. Les valeurs du Scorpion sont trop différentes de celles symbolisées par la Maison IV : notre animal n'est pas, en principe, très doué pour l'intimité bourgeoise. Le Scorpion en Maison IV n'est pas favorable aux biens immobiliers et au patrimoine familial qui souffre de l'ambiance tendue du foyer.

## Scorpion en Maison V

Drôle de panier où la Tradition jette pêle-mêle les enfants, les amours (non légalisées), les spéculations boursières ou financières, les loisirs, les désirs, les réalisations, les publications, les jeux... Cela surprend notre logique rationaliste du XXᵉ siècle, mais on constate tous les jours que la Tradition a ses raisons... et que cela marche très bien !

Le Scorpion, lui, ne marche pas très bien dans cette Maison, trop légère pour lui. Ses enfants, s'ils sont brillants, sont parfois difficiles de caractère ou de santé fragile. En thème féminin, les mauvais aspects prédisposent aux grossesses et accouchements pénibles. La sexualité du Scorpion est puissante : passions intenses et jamais « platoniques ». Les impulsions sexuelles, violentes et incontrôlables, amènent des ruptures brusques après lesquelles l'amour peut se changer en haine.

## Scorpion en Maison VI

La Maison VI n'est pas un palais, c'est plutôt une usine ou un hôpital... Le Scorpion, là-dedans, travaille bravement, le pauvre, à des travaux assez durs ; mais il finit par s'en sortir, surtout dans ses domaines préférés : médecine, chirurgie, pharmacie, psychiatrie, police, recherche scientifique... Cette situation astrale donne des subordonnés difficiles à commander et, pour le sujet, une peine infinie à s'élever jusqu'aux tout premiers postes. La santé n'est pas très brillante.

## Scorpion en Maison VII

Le Scorpion en Maison VII décrit un conjoint difficile, pas forcément du signe solaire du Scorpion, mais marqué par Mars, Pluton et Uranus. Ni souple, ni accommodant, jaloux et agressif. Beaucoup de discussions et de bagarres en perspective. Cependant, le mariage tient grâce

*Le Grand Livre du Taureau*

à un attrait physique réciproque. Les conjoints ont des relations physiques fréquentes. Le partenaire indiqué par le Scorpion en Maison VII est très attaché à ses enfants. Finalement, le mariage est plus solide qu'on ne le croit, et le conjoint, fidèle et dévoué. Le couple se dissout plutôt par la mort de l'un des partenaires que par un divorce.

## Scorpion en Maison VIII

Sur la carte du ciel, chaque Maison correspond à un signe : ainsi, la Maison I correspond au Bélier. C'est le lieu où le Soleil se lève, le commencement du jour, qui correspond par analogie avec le commencement de l'année sous le Bélier. La Maison II correspond au Taureau, la Maison III au Gémeaux, etc. Ainsi de suite jusqu'à la Maison VIII, qui correspond analogiquement au Scorpion.

Dans cette Maison est localisé tout ce qui touche à la mort du natif et, aussi, tout ce qui se rattache à la mort des autres, lorsqu'elle le concerne : héritages, par exemple. Par analogie avec le Scorpion, cette Maison renseigne aussi sur la sexualité du natif (selon certains auteurs).

## Scorpion en Maison IX

Tout ce qui est lointain. La Maison IX se comprend mieux par référence au Sagittaire, cet homme de désir, ce chevalier errant, qui a toujours envie d'être ailleurs, plus haut, plus loin, plus brillant...

Le Scorpion n'est pas si mal hébergé dans cette Maison qui oriente son esprit vers les sciences de la vie et de la mort : biologie, physique, thanatologie, occultisme et même astrologie ! Le Scorpion en Maison IX aime la recherche scientifique et s'y applique souvent avec passion. Mais, ce qu'il adore par-dessus tout, ce sont les théories farfelues sur « la vie après la mort ». Cela peut le rendre mystique, rêveur, philosophe... Les voyages, dans cette maison et pour lui, sont à hauts risques, mais il aime cela, justement.

## Scorpion en Maison X

Le Milieu-du-Ciel est un « angle » important du thème, et toute planète, tout signe qui s'y trouve, prend un relief particulier. On regarde le Milieu-du-Ciel en levant les yeux ; c'est le zénith, le point le plus haut où monte le Soleil dans sa course quotidienne : il indique les possibilités de réussite sociale et professionnelle du natif. En opposition à la Maison IV — celle du père —, le Milieu-du-Ciel est aussi, accessoirement, la Maison de la mère du natif.

Les gens célèbres, ceux qui ont brillamment réussi dans leur entreprise, ont presque toujours un Milieu-du-Ciel soit habité par un amas de planètes, soit occupé par une seule planète dignifiée et très aspectée ; ou encore, un signe, mis en valeur par le reste du thème, attire l'attention sur ce Milieu-du-Ciel.

## Scorpion en Maison XI

Espace, liberté, égalité, fraternité... C'est le sens de la Maison XI, qui correspond analogiquement au signe du Verseau. Celui-ci est donc le signe de l'amitié, des mass média, des idées généreuses, plus ou moins révolutionnaires. Amitiés et désirs, projets et publicité, tout ce qui circule sur les ondes entre dans cette Maison.

Le Scorpion apporte une coloration particulière à la Maison XI. Certains auteurs lui octroient peu de popularité mais cela dépend des planètes qui s'y trouvent hébergées, des aspects reçus, etc.

## Scorpion en Maison XII

Le sujet est particulièrement vulnérable aux maladies du signe (voies génito-urinaires, maladies vénériennes), lesquelles entraînent ici, plus qu'en aucune autre Maison, des hospitalisations et des opérations (avec Mars mal aspecté). Risque de mort à l'hôpital, ou dans un endroit isolé et confiné. Les maladies chroniques sont, ici, particulièrement pesantes.

Pourtant, avec un bon thème et pas de mauvais aspect, cette position est très favorable à une brillante réussite professionnelle dans le domaine médical (chirurgie, biologie) ou paramédical (psychiatrie, psychologie).

# Le Sagittaire dans les Maisons

### Sagittaire en Maison I

C'est la force d'expansion, de démonstration solaire, de magnanimité, qui s'épanouit dans toute sa splendeur. L'individu est chaleureux, extériorisé, combatif et entreprenant. Il aime, sauf si des aspects contraires dans le thème viennent contrarier sa nature, entreprendre, se battre et gagner. Beaucoup de luminosité, de réussite et d'atouts « chance » dans cette combinaison.

### Sagittaire en Maison II

C'est au domaine des biens et de l'argent que touche le Sagittaire : il facilite les gains, les spéculations financières, il donne des aptitudes extrêmement appréciables dans le domaine de la gestion de patrimoine ou d'entreprises. L'argent est facile, aisément gagné, ou bien il existait de toute éternité. Possibilité, également, d'héritages.

### Sagittaire en Maison III

Il donne à la Maison de l'échange, de la communication, des petits voyages, des frères et sœurs, une richesse très particulière : le sujet est enclin à donner généreusement, tant du point de vue moral que du point de vue financier, à son entourage proche. Il cherche même souvent à devenir le Pygmalion des personnes qu'il aime, au risque de s'oublier lui-même. Configuration très bonne.

### Sagittaire en Maison IV

Nous voici dans la Maison de la famille, du foyer, de l'ascendance et de la descendance du sujet. Peu d'affinités entre le signe et ce Secteur. Tiraillements entre le désir sagittarien de voyager de par le monde, d'occuper de son ambition de grands espaces, et la nécessité cancérienne (la Maison IV symbolise le Cancer) de s'enfermer, de se protéger dans un espace clos.

### Sagittaire en Maison V

Donne trop d'attirance pour les distractions, les fêtes, les changements, les jeux, la chasse. C'est un organisateur-né de festivités, de grands jeux, de réceptions. Toutes les manifestations qui rassemblent les êtres humains pour les divertir ont la faveur de ce sujet. Chance et réussite en ce qui concerne les activités de ce Secteur.

### Sagittaire en Maison VI

La Maison VI est celle des subordonnés, des petites tâches quotidiennes, des êtres et des choses qui dépendent du sujet dans ses activités journalières. Le Sagittaire ne s'y sent pas spécialement à son aise car c'est un signe d'espace, de grandeur, de mouvement, d'initiatives nouvelles, et le quotidien l'ennuie. Voilà une position qui lui donne de l'impatience dans la vie de tous les jours bien qu'elle rende ses relations très faciles et chaleureuses avec ses employés ou ses subordonnés, ainsi qu'avec ses animaux domestiques.

### Sagittaire en Maison VII

Le Sagittaire, signe légaliste et respectueux des lois établies, dans une Maison liée aux contrats, aux associations, aux alliances et au mariage, donne au sujet le goût d'officialiser toute association, de la rendre légale et de la faire reconnaître. L'expansion, la chaleur, la générosité du signe se trouvent en harmonie très heureuse avec les signifiants de la Maison : époux (ou épouse), associés, collaborateurs, etc.

### Sagittaire en Maison VIII

Ce qui touche à la mort, aux héritages, est mal ressenti par un signe qui met au premier plan la vitalité, l'activité et l'efficacité en tout domaine. Pour le Sagittaire, la mort n'existe pas, et si le sujet s'y trouve confronté (mort des parents, du conjoint), il peut en être profondément perturbé.

### Sagittaire en Maison IX

Ce Secteur est en accord parfait avec le signe. Les voyages, spirituels aussi bien que réels, marquent très fort cette combinaison. Largeur de vues, courage, sagesse, aspirations morales, religieuses ou philosophiques très élevées. Déploiement d'énergie et de volonté dans l'amélioration de la personnalité.

### Sagittaire en Maison X

Brillante position. Recherche des honneurs, de la popularité, de distinctions dans tous les domaines. Le désir de réussite sociale est très fort et peut dominer l'ensemble du caractère. Cette configuration fait souvent des personnalités remarquables et remarquées.

### Sagittaire en Maison XI

Ce Sagittaire dans la maison de l'amitié, de la sagesse, du recueillement, du sens politique à long terme donne beaucoup de sérénité chaleureuse, de bienveillance calme au sujet. Les amitiés sont fortes et durables, protégées et protectrices. Le temps joue un rôle important dans cet aspect, tant du point de vue social et professionnel que du point de vue privé.

### Sagittaire en Maison XII

Rétraction du signe ouvert et expansif du Sagittaire dans une Maison d'isolement et de solitude. Peut faire faire beaucoup de voyages solitaires et provoquer de longues éclipses dans les amitiés. Comme c'est aussi la Maison de la transcendance, le signe permet de surmonter par son énergie la solitude, et de la transformer en atout.

## *Le Capricorne dans les Maisons*

### Capricorne en Maison I

Durcit la personnalité dans ses rapports avec les autres, donne une ambition forte, des possibilités de travail et de concentration exceptionnelles, de l'entêtement et une force de caractère qui confine à l'ascétisme.

### Capricorne en Maison II

L'attitude du sujet envers les biens matériels, l'argent et son « territoire » est à la fois accapareuse et méfiante. Il ferme ses clôtures. Ce qui est à lui ne peut, en aucun cas, être prêté. C'est un épargnant-né. Souvent, des difficultés se présentent à lui dès qu'il cherche à faire fructifier ses acquis.

### Capricorne en Maison III

Les contacts faciles et superficiels sont totalement rejetés. Grande exigence sur la qualité des relations. Rigueur morale, sévérité de jugement, réserve et laconisme dans tout ce qui concerne les rapports avec l'entourage proche, les frères, les sœurs, les cousins.

## Capricorne en Maison IV

Les rapports du sujet avec sa famille sont froids, distants, réservés. Le détachement d'avec le foyer se fait très jeune, parfois dans l'enfance. Le caractère économe, austère et répressif du Capricorne donne à sa Maison les mêmes caractéristiques : un peu monacales.

## Capricorne en Maison V

Les plaisirs sont dirigés vers une recherche méticuleuse dans un domaine choisi : la concentration de l'énergie vers un but austère pousse le sujet à l'érudition, aux durs travaux intellectuels réalisés dans les temps de loisir ; peu de complaisance à l'égard des « distractions » : le sujet fait du labeur son vrai plaisir.

## Capricorne en Maison VI

Rapports durs et utilitaristes avec les subordonnés, les collaborateurs, les employés. Pas la moindre tendresse pour les animaux, les plantes, tout ce qui dépend du sujet. Comportement très égal, discipliné, dans le travail quotidien. La répression saturnienne apparaît dès que s'immisce à l'intérieur de tâches régulières la moindre fantaisie.

## Capricorne en Maison VII

Les associations, les contrats, le mariage sont suspects : traités avec froideur, rationalisme, distance, calcul. De ce fait, grande est la difficulté du natif à s'engager. S'il s'y décide, c'est tard dans la vie. A ce moment-là, il reste fidèle à la parole donnée (et dûment signée), quoi qu'il lui en coûte.

## Capricorne en Maison VIII

La mort et la sexualité qui s'y rattachent sont traitées sur un mode cynique et glacé, dans une observation méticuleuse, précise, des phénomènes physiques, chimiques et biologiques. Froideur, dureté, hygiène dans tout ce qui se rapporte à ces sujets.

## Capricorne en Maison IX

Les voyages ont toujours un but pratique et servent généralement l'ambition sociale et professionnelle du sujet. Lorsqu'ils revêtent un caractère gratuit, par exemple lors des vacances, ils sont malgré tout accomplis sous le signe du *devoir* : il *faut* voir tel musée ou tel vestige, il *faut* entrer dans tel restaurant, etc.

## Capricorne en Maison X

Très bonne combinaison : ambition tenace et réussite obtenue par persévérance, concentration, travail personnel de longue haleine. Le Capricorne, dans ce Secteur, donne une très belle carrière quoique tardive. Mais elle n'en a que plus de poids, de valeur et de pérennité.

## Capricorne en Maison XI

La Maison de l'amitié est certes très gelée par le Capricorne qui n'a rien d'expansif ni de démonstratif dans ses attachements. Sait-on même s'ils existent ? En réalité, l'amitié est rare dans ce signe (rarement donnée, rarement reçue), mais, lorsqu'elle a pris racine dans l'individu, elle a les qualités capricorniennes de stabilité profonde, de présence durable, même si elle semble froide et plus que discrète. C'est quelqu'un sur qui l'on peut toujours compter.

## Capricorne en Maison XII

Dans la Maison des épreuves et des grands obstacles, le Capricorne se trouve en pays connu : il

*Le Grand Livre du Taureau*

les a, de toute éternité, prévus et « assumés ». Son détachement naturel, le frein systématique qu'il a mis à ses impulsions lui donnent, face à l'adversité de l'existence, beaucoup de philosophie, de sang-froid et de maîtrise.

# *Le Verseau dans les Maisons*

## Verseau en Maison I

Dynamisme créateur, magnétisme, volonté d'innover, d'inventer, de précéder en toute chose. Intelligence exceptionnelle dans toutes les relations personnelles du sujet. Créations et destructions aussi rapides les unes que les autres. Immense faculté de recommencement.

## Verseau en Maison II

Rapports très difficiles avec l'argent : ou bien on le dilapide, ou l'on s'en passe complètement. Les biens matériels sont méprisés, parfois totalement rejetés. Ce n'est pas une très bonne position pour garder l'argent, le faire fructifier ou réussir des placements. Les spéculations financières sont soumises à de rudes « revers de fortune », à des hasards, chanceux ou pas, suivant la capacité du sujet à dominer les événements.

## Verseau en Maison III

Changements touchant la famille proche, les sœurs et les frères : rapports houleux, pleins de rebondissements heureux ou moins heureux, petits voyages imprévus : changements intervenant aussi par l'écriture, la communication (orale ou écrite) et la littérature, d'une manière générale.

## Verseau en Maison IV

Le père du sujet a pu marquer profondément, par son intelligence et ses remises en question permanentes, son caractère profond. Sa vie familiale est soumise au climat Verseau, renouvelée, changeante, novatrice et parfois aussi destructrice. Bouleversements liés à la famille et à ses significateurs, par analogie : la mère patrie, les confréries, les groupes politiques ou sociaux.

## Verseau en Maison V

Très bons rapports du signe avec le Secteur. La Maison de la création, des enfants, des distractions, des jeux, des inventions est en affinité idéale avec le Verseau qui élargit les visées des domaines que concerne la Maison V, les rend dynamiques et agissants. Les plaisirs sont liés à la complicité et à l'amitié.

## Verseau en Maison VI

Le Verseau est ici astreint à de petites tâches sans envergure et sans invention, ce qui le met très mal à l'aise. Il se crée quantité d'obligations inutiles pour ne pas avoir à faire face à celles qui existent. Il bâcle tout ce qui est quotidien et banal, l'expédie en un rien de temps, aux dépens, parfois, de la bonne administration de ses affaires.

## Verseau en Maison VII

La fantaisie, l'originalité, l'invention règnent ici, dans le domaine de l'association, des contrats et des mariages. Donne, dans ce Secteur, un grand sens de la « rénovation », pas seulement par changement de partenaires ou d'associés mais aussi dans une même relation : le sujet sait apporter du nouveau, créer une communication dynamique, un langage neuf, de nouveaux désirs et amener de nouvelles réalisations.

### Verseau en Maison VIII

Ce qui a trait à la mort, à l'arrêt de toute chose est parfaitement dépassé par ce signe. Le Verseau voit des siècles à l'avance et ne se préoccupe guère de la fin humaine et corporelle. Celle-ci ne le touche pas profondément. Il peut donc avoir, à son endroit, une attitude détachée, voire indifférente, mais c'est qu'il se préoccupe davantage de la mort de l'âme, de l'esprit, et de l'humanité en général que de celle d'un individu, même très aimé.

### Verseau en Maison IX

Le besoin de renouvellement, de progression et d'invention se manifeste dans les voyages, spirituels ou géographiques. Le sujet s'enrichit par l'exploration, la découverte de nouveaux espaces, la quête de nouveaux objectifs. Il aime les destinations lointaines et difficiles qui lui permettent d'exercer son insatiable curiosité. Grande affinité entre le signe et le Secteur.

### Verseau en Maison X

La recherche de l'invention et du nouveau prend une motivation sociale et professionnelle. C'est de créer pour *faire carrière* que le sujet a besoin. Le goût du Verseau pour l'humanité le prédispose à agir dans ses activités professionnelles comme un mage, un messager, une sorte de prophète à vaste ambition, mais sans que l'intérêt financier ou matériel y soit mêlé. Souvent, cette position donne de la renommée sans aucun avantage matériel.

### Verseau en Maison XI

L'accord est parfait entre le signe et la Maison qu'il occupe. Sagesse, sérénité, créativité paisible, stabilité dans l'innovation et le renouvellement psychique. Les qualités s'appliquent tout particulièrement aux amitiés : le sujet a d'ailleurs tendance à transformer tout sentiment en amitié, par horreur des excès passionnels. Grandes satisfactions dans les affections durables et fidèles.

### Verseau en Maison XII

Le Verseau, adaptable, prend les épreuves, les revers et les secousses graves de la Maison XII dans le bon sens : sans affolement, sans passion, sans paroxysme. Sagesse, distance, souplesse psychique amènent le sujet à se conformer aux événements plutôt qu'à tenter de les orienter. Cette attitude le rend finalement peu vulnérable aux grandes difficultés qui se présentent.

## Les Poissons dans les Maisons

### Poissons en Maison I

L'Ascendant Poissons fait des êtres très séduisants, vaporeux, insaisissables, fluctuants et artistes. Le sujet reçoit et enregistre toutes les atmosphères, s'y adapte avec bonheur, se coule dans autrui comme dans une eau douce. Sa générosité risque d'être trop grande pour ses forces. Don de soi qui confine, parfois, à l'abnégation.

### Poissons en Maison II

Le grenier sera plutôt spirituel. Il y aura une certaine indifférence aux problèmes matériels si le thème va dans ce sens. S'il y a besoin de possession, le désir d'avoir et d'acquérir sera vague. On voudra beaucoup, mais on ne saura pas comment s'organiser pour y parvenir. La vie matérielle sera généralement instable. Le hasard jouera un rôle important. Avec Neptune en Maison II, dans un thème Poissons, il y a un certain manque de bon sens. On peut « faire fortune » et tout perdre

*Le Grand Livre du Taureau*

sur un simple « coups de dés ». Là aussi, on ne sait pas comment s'y prendre. On change souvent de route, et d'idées. Si Jupiter marque le thème, ou s'il est en Poissons en Secteur II, la réussite sera spectaculaire (Claude François). Elle n'en restera pas moins extrêmement fragile.

### Poissons en Maison III

Les rapports avec les proches sont intuitifs, confus ; vécus sur le mode Poissons, hypersensibles et douloureux. La générosité du sujet à l'égard de ses frères, sœurs ou parents proches confine au dévouement un peu masochiste. Les voyages, les petits déplacements sont empreints de flou, d'événements inattendus et singuliers.

### Poissons en Maison IV

Dans ce Secteur de nos racines et de nos origines, des liens familiaux, les Poissons donnent un sens patriotique profond. Il y a là une sorte d'amour « romantique » pour la patrie. La cellule familiale est un refuge. On s'y sent protégé, à l'abri des difficultés du monde extérieur. C'est une bonne configuration, confortable et douce.

### Poissons en Maison V

La sensualité est souvent trouble. Le signe fécond des Poissons donne des appétits intenses mais imprécis. La Maison des divertissements, des créations, des loisirs est teintée de l'hyperréceptivité neptunienne. Aventures sans suite. Sens artistique très développé.

### Poissons en Maison VI

Il y a là dans la vie un manque total de sens pratique. On manque de méthode dans son travail. D'où de nombreuses complications. Les problèmes domestiques limitent l'existence. On a tendance à se « noyer » pour un rien. En analogie avec le signe de la Vierge, cette Maison peut donner des problèmes intestinaux, des problèmes d'assimilation, des problèmes nerveux ou respiratoires.

### Poissons en Maison VII

Elle nous met en relation avec les autres (affrontement ou complémentarité). La sociabilité sera très grande, mais les échanges agréables n'aboutiront pas toujours à des résultats concrets. Les associations, les unions se feront sur un mode « intuitif ». Les affinités seront très fortes : irraisonnées, illogiques. On se bercera parfois d'illusions sur les autres... D'où les confusions, les erreurs de jugement, les déboires, les déceptions venant des autres (ou de l'autre), ce Secteur étant, en effet, le Secteur du conjoint. Il entraînera, au niveau des associations comme des unions, une vie assez « mouvante ». Il y aura, souvent, plusieurs unions.

### Poissons en Maison VIII

Le changement résultera d'une situation douloureuse. A la suite d'une crise, on « s'évadera » ailleurs. Ce pourra être une fuite hors du milieu d'origine ou hors du pays natal.

Avec cet aspect, on s'intéressera aux problèmes occultes, au spiritisme, à l'au-delà.

Avec Neptune, les expériences psychiques seront intenses. On côtoiera les mondes occultes. On s'intéressera aux vies antérieures. La voyance n'est pas exclue (Edgard Cayce, le célèbre voyant).

Avec Jupiter, les héritages pourront changer la vie, ou permettre un redémarrage.

### Poissons en Maison IX

Dans ce Secteur, le Signe des Poissons donnera l'amour des grands voyages. On ira souvent au-delà des mers. La vie spirituelle sera intense. Parfois, il y aura des dons de perception « extra-sensorielle », notamment avec Neptune. Les brumes neptuniennes pourront donner le goût des spéculations philosophiques un peu « nébuleuses ». L'idéalisme, néanmoins, ne sera jamais absent...

A noter : aussi bien pour l'une ou l'autre de ces Maisons, l'étude des religions, voire une vie religieuse intense, relèvent de cet axe III-IX Poissons. En Maison IX, l'attirance sera très grande pour des religions « exotiques » : orientalisme, par exemple, mais aussi hindouisme, bouddhisme, zen, etc.

### Poissons en Maison X

C'est le Secteur de l'affirmation sociale. C'est l'envol dans la vie active.

Il est vécu, chez les Poissons, sur un mode étrange. Les aspirations sont élevées mais embrouillées. Les occupations souvent mystérieuses. La vie manque généralement d'organisation...

Neptune en Maison X peut vouer la vie à des changements mystérieux. La réussite peut être spectaculaire. Elle restera toujours hasardeuse, elle sera rarement durable. On s'orientera vers une recherche spirituelle à un moment donné de son existence. Les vocations médicales, paramédicales sont fréquentes. Sens du mystère et sens du mysticisme très amplifiés, qui se concrétisent au niveau de l'existence.

### Poissons en Maison XI

Les projets sont abondants. Mais les espérances confuses... Les aspirations élevées peuvent rester « vagues ». On est souvent insatisfait.

Les amis disparaissent et reparaissent sans crier gare. La susceptibilité du sujet y est pour quelque chose. Les objectifs ne sont pas poursuivis avec acharnement. Le sujet a des idées brillantes, mais il a besoin de quelqu'un de proche et d'amical pour les réaliser.

### Poissons en Maison XII

Les grandes épreuves de la vie sont surmontées avec courage. La vie peut être axée sur des investigations plus ou moins secrètes. Les rapports avec le monde occulte sont fréquents, les dons de voyance également. On s'intéresse à la psychologie, mais aussi à la parapsychologie. En général, on mènera une vie assez retirée.

La vie pourra être mêlée à des affaires mystérieuses. Avec les Poissons en Maison XII, ou Neptune en Maison XII, on a souvent des contacts avec les polices parallèles. Cette configuration semble signer une activité « secrète ». Des agents secrets ont cet aspect dans leur thème.

## *Le Bélier dans les Maisons*

### Bélier en Maison I

A l'Ascendant, le Bélier confère au sujet la plupart des caractéristiques du Soleil en Bélier.

### Bélier en Maison II

Les rapports aux acquis sont soumis à l'impulsivité du signe, avec de brusques besoins d'argent suivis de périodes ascétiques. Comportement « panier percé », dépenses inconsidérées, tendance à dilapider.

### Bélier en Maison III

L'humeur changeante et impulsive du signe s'applique au domaine de la communication. Recherche de l'amitié sur un mode viril, besoin d'affirmer son autorité dans un environnement inconditionnel et soumis. Les groupements, associations et amicales sont appréciés.

### Bélier en Maison IV

Dans ses relations avec la famille, le signe du Bélier impose toutes ses caractéristiques : rapports passionnels, ruptures et réconciliations impulsives, car il y a un certain respect des traditions.

### Bélier en Maison V

C'est dans les loisirs, les jeux, les distractions, que la nature irréfléchie du signe s'épanche. Liaisons inconsidérées, dépenses et dettes de jeu, incapacité à « suivre » ses actes qui sont soumis à l'impulsion ludique du signe. L'amour pour les enfants est généreux quoique légèrement irresponsable.

### Bélier en Maison VI

Difficultés en perspective dans le travail quotidien. Le sujet a des comportements abrupts avec ses collègues, un manque de souplesse et de diplomatie dans l'organisation de son travail, des hauts et des bas dans son activité.

### Bélier en Maison VII

Coups de tête permanents dans les associations et le mariage, notamment. On se décide trop vite et l'on rompt aussi brutalement. On passe de phases d'enthousiasme à des phases d'abattement dans la façon de percevoir les associés... ou les conjoints.

### Bélier en Maison VIII

« Risques de perte de patrimoine sur des coups de tête ou des malversations. » Les héritages sont soumis aux actes impulsifs du Bélier. La mort et la sexualité sont vécues avec une intrépidité téméraire voire provocatrice. L'affrontement plein de dérision cynique du danger de mort est suivi de périodes de repli, de négation totale du phénomène. Attitude violente face à la sexualité.

### Bélier en Maison IX

Départs inpromptus vers de longues destinations, voyages irréfléchis et non préparés. Le Bélier, dont la dynamique est superficielle, enlève à cette Maison ses propriétés : la philosophie, la réflexion, la méditation.

### Bélier en Maison X

La volonté de réussir, de s'affirmer dans le domaine social n'est pas suffisamment persévérante pour permettre de longues carrières. C'est souvent des coups d'éclat que réussit le sujet, de brillantes grimpées vers la gloire suivies d'éclipses du fait que l'activité n'est pas soutenue.

### Bélier en Maison XI

Les relations amicales du sujet sont brouillées par le mode passionnel de l'affectivité Bélier. Il s'agit tantôt de manifester son enthousiasme, sa confiance optimiste en un « ami » inconnu la veille, tantôt de le fuir pour quelque obscure déception.

### Bélier en Maison XII

Les maladies, épreuves, grands tournants du destin sont abordés avec la vitalité un peu inconsciente du signe qui vit intensément les drames mais les oublie très vite. Tendance à jouer avec le feu, à provoquer l'aggravation d'une maladie par simple provocation. Une grande foi en ses propres forces mêlées à des crises d'abattement.

*Chapitre VI*

# D'autres influences à découvrir

*Dali, peintre à l'imagination morbide et torturée, inscrit quand même dans le corps de ses funèbres personnages quantités de tiroirs à demi ouverts comme s'ils étaient des meubles humains, avides d'être remplis.*

# Les Images Degrés

Une tradition, dont je suis incapable de préciser l'origine, assigne à chacun des 360 degrés du zodiaque une image clé contenant un ou plusieurs symboles. Les praticiens de cette symbolique ne tiennent compte que des images désignées par les degrés des facteurs rapides du ciel de naissance. A savoir : Lune, Mercure, Vénus, Soleil, Mars. Sans oublier le degré Ascendant, celui du Milieu-du-Ciel, du Descendant et du Fond-du-Ciel. Ces images favoriseraient des voyances et intuitions sur le caractère et la destinée. Elles n'ont et ne peuvent avoir aucun fondement astronomique. Ce à quoi leurs utilisateurs répliquent que l'astrologie n'a pas besoin d'être astronomique et que les symboles en question sont l'héritage de visionnaires supérieurs dont on ne discute pas les révélations.

Comme il existe plusieurs visionnaires, il existe plusieurs versions. Les deux suivantes sont les plus répandues, au moins en France. La première version est extraite de *l'Homme rouge des Tuileries*[1], la seconde serait due à l'astrologie hindoue[2]. Pour chaque degré du Taureau, ces deux versions sont notées en chiffres romains I et II, avec de brefs commentaires en italique qui ne seront que suggestions.

**1er degré :** I. « Un athlète terrassant un taureau par les cornes. » II. « Femme d'allure avenante, bien habillée, debout devant une épée, la pointe en bas. Sa tête est embrasée par le soleil de midi, elle regarde vers le nord. »
*I. Caractère lutteur et dominateur, assurant son succès par la maîtrise et la sublimation intellectuelle de ses instincts. II. Illumination intellectuelle. Idéalisme au service d'une cause unique et universelle. Énergie polarisée.*

**1er à 2e degré :** I. « Une femme se suspendant à la queue d'un cheval. » II. « Homme couché à terre dans les derniers moments de sa vie. Le soleil décline au milieu des nuages. »
*I. Dépendance dangereuse. Soumission dont on tirera plus de plaies que de profits. II. Degré de mélancolie, d'isolement, d'imagination pessimiste. Déficience des instincts vitaux.*

**2e à 3e degré :** I. « Une vieille femme à demi voilée. » II. « Une femme ramasse des raisins dont elle remplit beaucoup de paniers. »
*I et II. Connaissances occultes assurant sagesse et prospérité. Caractère secret et prévoyant, aux conspirations fécondes.*

**3e à 4e degré :** I. « Une femme tenant de la main droite un fouet. » II. « Un brandon brûle sous la patte d'un lion qui s'en fâche. »
*I et II. Passions impulsives et malheureuses. Caractère provocateur et querelleur. Vie affective orageuse liée à l'empreinte d'une mère punitive.*

---

1. P. Christian, *l'Homme rouge des Tuileries*, éd. Dorbon aîné.
2. Hadès, *Manuel complet d'Astrologie scientifique et traditionnelle*, éd. Niclaus, N. Bussière.

*Le Grand Livre du Taureau*

**4ᵉ à 5ᵉ degré :** I. « Un bœuf accroupi près de sa crèche. » II. « Homme de mine bienfaisante, debout et coupant du bois près d'une villa. Autour de lui, des potagers, des fruits, une brebis qui broute. »
*I et II. Caractère bucolique, attaché à ses aises, assurant ses succès par son attachement aux traditions et sa foi naïve. Fidélité.*

**5ᵉ à 6ᵉ degré :** I. « Un homme à trois têtes étendant la main droite. » II. « Homme dans la fleur de l'âge, debout sous un dais, tenant un rouleau de papier à la main droite ; sur sa tête une couronne de lauriers. »
*I et II. Degré d'intelligence, de créativité intellectuelle. Aptitudes diverses dont on sait tirer parti. Sens de synthèse. Notoriété conquise par le savoir.*

**6ᵉ et 7ᵉ degré :** I. « Une belle femme debout. » II. « Jolie vache paissant dans un parc à l'ombre de deux arbres. »
*I et II. Sensibilité et sensualité. Goûts artistiques et amours relativement sereines en dépit d'un penchant à la frivolité.*

**7ᵉ à 8ᵉ degré :** I. « Une femme triste, assise sur un tas de pierres. » II. « Vieil homme pauvrement vêtu, debout au bord d'une rivière où il pêche des morceaux de bois et de paille avec un râteau. »
*I et II. Degré d'imprévoyance et de futilité. Dénuement et tristesse consécutifs aux erreurs de jugement, initiatives et choix absurdes. Au mieux : esprit facétieux et d'humour grinçant.*

**8ᵉ à 9ᵉ degré :** I. « Un homme chassant devant lui des brebis et des chèvres. » II. « Homme gros marchant parmi des pigeons qui s'attroupent à ses pieds. »
*I. Caractère énergique, orgueilleux, méprisant les idées communes et les engouements populaires dont il tire cependant ses profits. Ou bien : degré d'instabilité affective, de divorces successifs. II. Degré de paternalisme dominateur incitant à l'exploitation éhontée des faiblesses humaines. Inflation psychique. Mandarinat. Complaisance dans les rôles faciles et pontifiants.*

**9ᵉ et 10ᵉ degré :** I. « Un chien jouant entre deux femmes. » II. « Un bœuf, à terre, dort au soleil. Sur son dos deux oiseaux. »
*I. Nature plaisante mais servile, primesautière et tributaire de ses sens. Sexualité complexe, érotisme stimulé par les situations triangulaires. II. Bonhommie, paresse, confiance. Chance et profits liés à la simplicité du caractère. Héritages avantageux attirant des pique-assiette dont on saura se défendre.*

**10ᵉ à 11ᵉ degré :** I. « Un corbeau perché. » II. « Homme couronné assis sur un trône, tenant un sceptre, des signes de richesse dispersés autour de lui. »
*I. Caractère patient, avisé, indépendant, d'esprit fort et madré. Ou bien : élévation dans la hiérarchie religieuse. II. Degré de réussite, de pouvoir ou de mégalomanie.*

**11ᵉ à 12ᵉ degré :** I. « Deux femmes, les mains entrelacées. » II. « Fleur orange clair sur laquelle deux papillons, dont les ailes battent, se reposent. »
*I et II. Caractère doux et paisible, promis à des amours poétiques. Degré d'accord et d'harmonie affective. Aptitudes artistiques possibles.*

**12ᵉ à 13ᵉ degré :** I. « Deux femmes qui se battent. » II. « Deux chiens qui courent ; l'un tenant un os, l'autre le poursuivant. »
*I et II. Nature vindicative, âprement intéressée, gaspillant ses énergies en querelles de boutiquiers. Unions brisées ou perturbées par les conflits inter-familiaux.*

**13ᵉ à 14ᵉ degré :** I. « Un homme tenant un bâton par le travers. » II. « Table sur laquelle se trouvent un angle droit et un plan. »
*I. Degré de non-violence librement consentie. II. Degré de rigueur, de travail et de raison. Aptitudes possibles pour la mathématique, les arts graphiques, les sciences appliquées.*

*Les Images Degrés*

**14ᵉ à 15ᵉ degré :** I. « Sept ibis volant à tire d'aile. » II. « Homme vénérable, assis dans une lumière incertaine, plusieurs livres devant, des instruments scientifiques autour de lui. »
*I. Imagination, sens de l'occulte et du lointain. Idéalisme. Grandes aspirations morales. II. Degré de passion studieuse portant à la recherche jusqu'à un âge avancé. Vie privée et affective sacrifiée à une impérieuse vocation.*

**15ᵉ à 16ᵉ degré :** I. « Une femme tenant une rose d'or et une rose d'argent, qu'elle incline l'une vers l'autre. » II. « Deux vaches blanches dans la brousse ; derrière elles, un tigre prêt à bondir sur elles. »
*I. Esprit de synthèse. Aisance possible dans les sciences alchimiques. Sensibilité raffinée. Degré de connaissance initiatique. II. Naïveté. Pacifisme aveugle ou, au contraire, degré de ruse et fourberie, d'agressivité incorrigible.*

**16 à 17ᵉ degré :** I. « Un taureau attaché à un arbre par le milieu du corps. » II. « Homme nageant dans la rivière, contre le courant, sans faire de progrès. »
*I et II. Degré d'embarras, de forces employées contre un destin contraire. Carrière semée d'embûches.*

**17ᵉ à 18ᵉ degré :** I. « Deux taureaux qui se battent à coups de tête. » II. « Deux taureaux qui se battent. »
*I et II. Caractère impétueux, violent et lutteur. Destin voué à un combat, mais il faudra se défier autant de ses divisions que de l'hostilité de ses coreligionnaires. Degré de confrontation, de duel.*

**18ᵉ à 19ᵉ degré :** I. « Une femme transvasant de l'eau d'une urne dans l'autre. » II. « Femme légèrement vêtue, couchée dans un champ et entourée de fleurs couleur de violette. »
*I et II. Degré d'activités futiles, mais aussi d'esprit réceptif, ouvert à une douce philosophie de l'existence, à un sentiment d'unité des êtres et des choses. Raffinement, subtilité en amour.*

**19ᵉ à 20ᵉ degré :** I. « Deux chiens qui se mordent. » II. « Corneille ou corbeau, debout sur un pot à eau. »
*I. Degré de chicanes. Efforts gaspillés en querelles de bas étage. Conflits, déchirements intérieurs. Ambition entraînant de multiples rognes et grognes. II. Esprit philosophique contemplatif. Aptitudes aux sciences divinatoires.*

**20ᵉ à 21ᵉ degré :** I. « Un ours regardant derrière lui et montrant les dents. » II. « Hibou perché sur un arbre ; dans les branches un serpent est lové. »
*I. Caractère asocial, exposé par son agressivité à vivre en peine avec ses contemporains. II. Degré de mystère et d'élévation dans les confréries occultes, les sectes ou les services secrets.*

**21ᵉ à 22ᵉ degré :** I. « Trois hommes qui se tiennent par la main. » II. « Un champ d'herbe épaisse, un arbre qu'assiège un essaim d'abeilles. »
*I et II. Degré de solidarité. Esprit collectiviste ou porté à l'étude des sciences sociales. Possibilité d'œuvres fécondes assurant une notoriété de fondateur ou de chef d'école.*

**22ᵉ à 23ᵉ degré :** I. « Un homme tombant sur le dos. » II. « Roi assis sur un trône ; derrière lui, debout, une forme voilée de noir. »
*I et II. Degré de fatalité. Position compromise par des conspirations souterraines. Caractère qui risque de provoquer sa propre perte par ses angoisses et son pessimisme.*

**23ᵉ à 24ᵉ degré :** I. « Un homme courbé, s'appuyant sur un roseau qui plie. » II. « Lit asséché d'une rivière où des corneilles se nourrissent. »
*I. Souplesse excessive. On paiera sur le tard le manque de rigueur et de principes fermes dans la direction de sa vie. II. Degré de découverte. Cérébralité particulièrement abstraite et spécialisée.*

**24ᵉ à 25ᵉ degré :** I. « Un homme debout, appuyé sur un bâton. » II. « Lion rampant, debout sur un terrain élevé. »

*I. Caractère loyal, assuré, maîtrisant bien les raisons et méthodes qui feront sa force. II. Orgueil dont on risque d'être victime et qu'il faudra payer par la solitude.*

**25ᵉ à 26ᵉ degré :** I. « Un homme debout, la main tendue. » II. « Femme tenant un enfant par la main. »
*I et II. Degré de protection. Caractère chevaleresque. Aptitudes sociales ou politiques au service de son prochain.*

**26ᵉ à 27ᵉ degré :** I. « Un champ couvert de gerbes de blé. » II. « Alchimiste au travail dans son laboratoire ; il y a beaucoup d'or sur sa table. »
*I. et II. Degré de savoir et de fortune. Caractère industrieux, perspicace, sachant tirer le maximum de ses intuitions.*

**27ᵉ à 28ᵉ degré :** I. « Une femme tirant un cheval par la bride. » II. « Homme grimpant après un poteau placé sur une élévation. »
*I. Volonté, ambition, desservies par l'incompréhension générale ou par ses propres carences physiques et insuffisances matérielles. II. Degré d'utopie. Inclination dangereuse à perdre ses forces dans de présomptueuses entreprises.*

**28ᵉ à 29ᵉ degré :** I. « Une femme traînant un bouc par les cornes. » II. « Homme puissant, un fouet dans la main droite, poussant devant lui deux esclaves enchaînés. »
*I et II. Degré de domination. Volonté despotique s'exerçant en dépit du bon sens et des bonnes mœurs.*

**29ᵉ à 30ᵉ degré :** I. « Une maison d'une riche architecture. » II. « Homme brun, richement vêtu, entouré de serviteurs et de courtisans, qui se repose sur un divan. »
*I et II. Degré de prodigalité, stupre et dilapidation. Caractère négligent et dont les heureux hasards de fortune ne feront qu'aggraver la paresse.*

*Ce dessin de Picasso évoque un univers épicurien qu'apprécient les natifs du Taureau, même s'ils ne font qu'y rêver.*

*Les Égyptiens avaient imaginé un dieu mouton à tête de taureau. Celui-ci, datant de l'époque ptolémaïque, exprime déjà cette force stable que l'on rattache à la personnalité des natifs du signe.*

# Les Étoiles Fixes

Comme nous le verrons pour la Lune noire, les étoiles fixes ne font pas l'unanimité chez les astrologues quant à leur influence et l'utilité de leur intervention.

La ligne de partage des eaux passe toujours par le choix pour ou contre le monde matériel. La physique peut conduire à une métaphysique, à un au-delà du physique. Mais la métaphysique *a priori* conduit souvent à une attitude contre la physique. Ainsi, l'astrologue métaphysicien ne se soucie pas de l'éloignement des étoiles. La plus proche, Proxima du Centaure, peut bien être à quatre années-lumière ou deux cent cinquante fois la distance de la Terre au Soleil, ce n'est pas un handicap qui la condamnera à se distinguer de Pluton évoluant, au maximum, à cinquante unités astronomiques du Soleil. L'univers psychique abolit les distances.

Le physicien, lui, peut se demander pourquoi et comment les planètes agissent, quels critères décident de la nature de leurs influences, de leur intensité et de leur sélectivité. Mais, lorsqu'on est pénétré de l'indiscutable réalité de la présence des cycles planétaires (théorie des âges) dans les étapes du développement humain, on ne voit pas comment les étoiles, dont les durées n'ont plus rien de commun avec les temps humains, peuvent agir.

Cependant, en physicien ouvert à l'inconnu, je peux supposer que les étoiles, en entrant dans la dimension au-delà de Pluton, concernent une « super-transcendance » aux manifestations sporadiques, insolites. Les premiers astrologues en jugeaient ainsi : les étoiles, dans un ciel de naissance, renseignent (en ne retenant que les étoiles de 1re, 2e et 3e grandeur) sur les *chances* d'événements hors série. Elles désigneraient les potentialités d'un être à connaître l'étrange, l'inattendu, le plus souvent maléfique, en marge de ce que l'on peut déduire des positions astrales et zodiacales.

Je n'affirme pas, ici, une conviction en l'action des étoiles. Je dis que les attributions « exceptionnelles » données par les premiers astrologues sont intuitivement en accord avec la logique d'un système de compréhension qui a fait ses preuves pour les planètes, les Maisons, l'interprétation des planètes en signes. Cet accord autorise une présomption favorable sans légitimer un enthousiasme benêt, encore moins une pratique un peu légère.

Paradoxe ou contradiction, tout en repoussant les critères physiques, l'analogisme se soucie d'introduire quelque différence entre la puissance d'une étoile et celle d'une planète. Pour qu'une étoile soit à considérer, on exige au moins d'elle une relation très étroite avec un facteur important du ciel : Ascendant, Descendant, Milieu-du-Ciel, Fond-du-Ciel, et planètes rapides (Lune, Mercure, Vénus, Soleil, Mars). L'aspect doit être fort de préférence (conjonction uniquement, pour une majorité d'auteurs), en admettant une marge de plus ou moins 2 degrés seulement, pas davantage.

A noter que la dénomination d'étoiles « fixes » est impropre. Dans l'univers, les étoiles sont animées de mouvements propres aux vitesses variables. Le mouvement spatial d'une étoile, composé d'une vitesse propre (changement de position sur le globe céleste) et d'une vitesse radiale (vitesse d'approche ou d'éloignement prise dans la direction du rayon visuel), finit au cours des

*Le Grand Livre du Taureau*

siècles par déformer l'image de configurations qui nous sont familières. La Grande Ourse, dans cent mille ans, ne ressemblera plus du tout à un « chariot »[1].

Enfin, du fait de la précession des équinoxes, quelle que soit l'image de la constellation, celle-ci change de signe. Les étoiles Poissons occupent le signe Bélier, les étoiles assignées au patronage du Bélier lors du baptême des signes se trouvent maintenant dans le signe du Taureau, le zodiaque des signes ayant reculé par rapport aux constellations. Tout cela avec les décalages résultant de la division systématique des signes en 30 degrés comparés à des constellations d'étendues arbitraires et inégales.

Une étoile ne se trouve pas forcément sur l'écliptique. Outre la longitude zodiacale, on situe sa position par sa hauteur par rapport à l'équateur céleste, c'est-à-dire sa déclinaison. Je vous épargnerai les indications d'ascension droite, de couleur, de spectre. Les amateurs s'en délecteront en consultant les ouvrages spécialisés.

Pour le signe du Taureau, l'astrologie traditionnelle a retenu les « étoiles fixes » suivantes[2] :

*Scheratan*
Longitude : 2°59' du Taureau
Déclinaison : + 20°27'
Grandeur : 2,7

Étoile de nature Mars-Saturne. Violente, on risque d'en subir les sévices dans son corps et ses biens par blessures, faillite, incendie, tremblement de terre. L'insolite, ici, passe par le feu, la foudre, la déflagration. Pourquoi ne pas envisager aussi une élévation soudaine par des exploits guerriers, sportifs et héroïques suivis de défaite dramatique ? Tout cela reste dans la ligne de Mars-Saturne.

*Alpha du Triangle*
Longitude : 5°51' du Taureau
Déclinaison : + 29°13'
Grandeur : 3,4

Étoile de nature mercurienne. Il est de bonne logique analogique de lui attribuer finesse, intelligence, éloquence précoce, brio de séducteur, mais aussi ruse, fourberie et complaisance pour l'intrigue politique. Un être dont on déplore l'amoralité en applaudissant son esprit.

*Hamal*
Longitude : 6°41' du Taureau
Déclinaison : + 23°07'
Grandeur : 2

De nature Mars-Saturne ou Mercure-Saturne, ce qui ne vaut guère mieux pour la tranquillité de la destinée promise à des effets violents, blessures et meurtrissures par conflits, duels, batailles et empoignades. Il faut prendre garde, en temps troubles, aux guets-apens de ses ennemis et bandits de grand chemin. Se défier de sa propre humeur assassine dans les querelles de voisinage ou d'automobilistes excités.

*Chédir*
Longitude : 6°50' du Taureau
Déclinaison : + 56°09'
Grandeur : 2,5

De nature Saturne-Vénus, cette étoile paraît dangereuse pour la fidélité. On est volage mais ombrageux et despote envers son partenaire. Le cœur est sujet à outrages publics, scandales, déconfitures dont on se remet mal. Ce qui n'empêche pas d'éventuelles dispositions savantes et artistiques.

---

1. Ce qui n'a pas d'importance puisqu'elle ne ressemble pas à une grande ourse !
2. *Astrologie : « les Étoiles fixes »*, Éditions Traditionnelles, 1971.

*Almach*
Longitude : 13°15' du Taureau
Déclinaison : 41°59'
Grandeur : 2,1

De nature vénusienne, cette étoile promet, selon un grand classique (Ptolémée) : honneur, élévation et aptitudes artistiques. Faveurs, dignités conquises par le charme irrésistible d'un talent adoucissant les mœurs. Une chance insolente dans les spéculations n'aurait rien de surprenant, mais peut-on se fier à une étoile même si elle n'est pas filante ?

*Menkab*
Longitude : 13°20' du Taureau
Déclinaison : + 3°48'
Grandeur : 2,7

De nature saturnienne selon Ptolémée, on lui attribue maladies, disgrâce, incompréhension universelle, dangers par les bêtes, les engins et automobiles. Caractère aigre, mécontent (à juste raison) de sa naissance et de son destin infortuné. Il lui reste à se forger une cuirasse de grande philosophie et à pourfendre en ses écrits les dieux malins qui le persécutent.

*Capulus*
Longitude : 24°13' du Taureau
Déclinaison : + 56°50'
Grandeur : ?

De nature Mars-Saturne selon Ptolémée. N'annonce pas, non plus, des félicités. On craint, ici, la cécité ou pour le moins la vue basse. Un voile devant soi, de quoi maudire pareille nébuleuse en poursuivant une vie errante, lourde d'inimitiés occultes.

*Algol*
Longitude : 25°12' du Taureau
Déclinaison : + 40°40'
Grandeur : 2

De nature Jupiter-Saturne selon Ptolémée, Algol *alias* « la Tête de Méduse », le monstre, le diable ou Lilith, figure parmi les terribles vedettes des cieux. C'est la plus mauvaise étoile, assure un auteur classique (Robson). Le langage traditionnel ne tarit pas d'images saisissantes. A l'entendre, Algol engendre « malheurs, violence, décapitation, pendaison, électrocution et haine populaire ». Encore une étoile assassine qui « attaque la vie et l'honneur en faisant périr les sujets judiciairement ». Selon un autre auteur également catastrophiste, Algol menace de confiscation de biens et saisie par la Justice.
Cette lumière funeste, qui paraît fort liée aux abus et cruautés du pouvoir, accorderait fortune et puissance sur les hommes si elle se trouve bien disposée avec Jupiter. Dans les autres cas, mieux vaut régler ses impôts et éviter les grands de la Terre !
Il va de soi que, dans une interprétation moderne à tendance psychologique, l'astrologue se contentera d'aborder les problèmes possibles créés par la violence des pulsions et les penchants tyranniques.

*Les Pléiades*
Longitude : 29°08' du Taureau
Déclinaison : + 23°55'
Grandeur : 2,8

De nature Lune-Mars selon Ptolémée. Ce petit groupe d'étoiles porte des noms ravissants : la Poule et ses Poussins, la Poule céleste, la Grappe de raisin.
Une fois de plus, la transcendance qui tombe des étoiles a la main lourde pour le pauvre genre humain. De cette Poule et ses Poussins, il faut craindre, au dire de la Tradition et de ses interprètes, la fièvre et la vérole. Les malheurs pleuvent : par les eaux (noyade) justement, et par l'excès de vin, ou bien, avec Saturne, par chute, ruine d'édifice.

Ces calamités n'excluent pas les honneurs, la grandeur et la notabilité, mais en tant que cadeaux empoisonnés, sources diverses d'afflictions.

Quant aux mœurs, ces Poussins sont paillards, buveurs, noceurs, libertins et effiminés au point de porter perruque en ayant honte d'être hommes. Bref, ce sont des Poussins lubriques, débauchés et bohèmes.

Comme pour Algol, l'on gagne à transposer en langage moderne, psychologique et modéré, ces interprétations excessives. On peut se suffire de retenir l'amour excessif de la bonne chère, une libido tumultueuse entraînant maux et conflits par les femmes et compagnons de débauche, une vie licencieuse... peut-être une grande vie d'artiste !

*Dans son tableau,* la Vierge et l'Enfant, *Léonard de Vinci offre une échappée sur un paysage heureux et calme, où tout se trouve en harmonie avec la saison : c'est le pays idéal du Taureau.*

*Dans cette toile somptueuse de Delacroix, natif du signe, la lutte entre le cheval blanc et l'homme sombre symbolise assez bien les forces ténébreuses de la Lune Noire contrastant avec les planètes actives d'un thème.*

# La Lune Noire

Dans le couple Terre-Lune, la Lune tourne autour de la Terre en suivant une orbite elliptique. On sait, depuis Képler, que toutes les orbites sont ainsi : elliptiques. Et l'on sait qu'une ellipse comporte deux centres, ou foyers plus exactement, le centre se définissant plutôt par l'intersection du petit axe et du grand axe d'une ellipse. Dans un cercle, ces axes sont égaux, il n'y a qu'un foyer et il est au centre.

Autre découverte de Képler : les foyers sont bien, comme dans toute ellipse, à égale distance du centre donné par l'intersection des axes mais l'un est vide et l'autre est occupé par l'astre autour duquel gravite planète ou satellite. La Terre occupe donc un foyer de l'ellipse formée par l'orbite lunaire.

Dans le plan de cette orbite, les deux foyers s'alignent sur le grand axe, qui se déplace dans l'espace à raison de quelque 40 degrés par an.

Dans sa définition rigoureuse, la Lune Noire est le second foyer de l'orbite vraie de la Lune. Et il faut savoir que la longitude écliptique de ce second foyer est la même que l'apogée de l'orbite vraie, celle-ci n'étant pas tout à fait conforme à l'image pure d'une ellipse du fait des variations de l'excentricité [1].

Quels que soient les calculs, précis ou approchés, pour déterminer la longitude de la Lune Noire, il s'agit d'un point vide et non d'un corps matériel ; cela explique son nom de Lune « Noire », et les résistances des astrologues à son égard, surtout de ceux, comme moi, qui (pour les raisons tauriennes explicitées dans cet ouvrage) ne peuvent mettre le plein et le vide dans le même panier, et traiter d'un foyer sans parler de tous les autres (chaque orbite planétaire a un second foyer) en leur donnant une systématique cohérente.

La symbolique de la Lune Noire a été développée par divers auteurs d'école métaphysique : Jean Carteret, Hadès, Louis Millat, Don Néroman, Michel Mériel, Jacqueline Aimé, Joëlle de Gravelaine, Régine Ruet.

Symbolique complexe qui, pour être mieux comprise, nécessite l'intervention de « Priape », point opposé à l'apogée, ou périgée vrai de l'orbite lunaire (plus proche distance relative à la Terre).

Pour s'en tenir à l'essentiel, la Lune Noire se représente au moins par trois divinités mythiques : Lilith, Hécate, Diane (Licorne). Muses du refus, de l'occulte, de la glace qui brûle, de l'intransigeance, de la lucidité et de la conscience portée à son suprême sommet. La Lune Noire, c'est encore le sexe fou, l'imaginaire en liberté, la castration, la mort du père, la présence de l'absence... Bref, une dimension très moderne qui manquait effectivement à la Tradition.

D'aucuns se contentent d'intensifier les significations concernant l'occulte, le karma, l'infernal et les diableries qu'inspire le sexe dans ses pulsions animales. Compte tenu de ces propensions générales, il coule de source les quelques données suivantes.

## Lune Noire en Taureau

Souligne la puissance d'attraction sexuelle en y mêlant une lucidité qui risque de conduire à une utilisation tendancieuse, sadique et dominatrice du partenaire. La femme Lilith jouera de ses charmes pour tenir les hommes sous son envoûtante férule. Elle se délectera de leur soumission esclave en leur proposant des dégradations sensuelles agréables mais néanmoins infâmes. Elle ne pourra que rire de leurs sentiments dérisoires et se rendra brutalement inaccessible afin qu'ils se perdent dans les tourments qu'ils méritent. La femme Licorne mobilisera toute sa libido torrentielle pour la sublimer en une création (artistique ou littéraire) pure et dure, aux vérités cinglantes et altières qui laisseront les hommes pantois et eunuques devant cette âme cristalline, d'un cristal inconnu. Mais, en ce signe, la Lune Noire dissonante menace de détruire le désir génésique, le désir tout court ou la fécondité. Qu'importe, un caractère trempé s'en remet et montre qu'aux servitudes de l'instinct il vaut mieux préférer l'indépendance de la cérébralité.

En naissance masculine, la Lune Noire incitera à des périodes d'exaspération sexuelle provoquant des expériences tous azimuts, un peu anarchiques. L'animal en sortira fourbu, blasé, finalement prêt à concevoir qu'en définitive le sexe n'est pas tout, et que ses feux consument le corps afin que de meilleurs effluves s'en échappent. En attendant, il risque de perdre santé, situation, confort moral et intellectuel, dans des amours perverses ou sodomites.

La Lune Noire mal aspectée gouvernant aussi l'angoisse, en Taureau le mal de vivre se fixera à la gorge (serrée), la bouche et la langue sèche.

## Les aspects Lune Noire-Vénus

En raison de l'affinité de Vénus avec le signe, les aspects Lune Noire-Vénus doivent sensiblement produire la même chose, si l'on admet l'action de cette Lune particulière annihilant les significations de l'astre, du signe, de la Maison qu'elle touche ou, au contraire, les portant à un degré de paroxysme qui en rendra les tendances en cause, bonnes ou mauvaises, sublimes et aiguës.

*Effets en principe harmoniques* (aspects de conjonction, trigone, sextile) : Besoins sexuels majeurs et fréquents. Libre de toute morale en amour, mais la licence apparente n'exclut pas une haute exigence quant à la qualité de liens privilégiés. Ceux-ci doivent impliquer une confiance mutuelle absolue sans vaines démonstrations verbales, se montrer dignes d'une communication-communion intense et silencieuse, abrogeant les distances en âge, lieux, positions sociales.

*Effets en principe dissonants* (aspects d'opposition, de carré, demi-carré) : Besoins sexuels alternant de la frénésie au dégoût, avec impuissance ou frigidité. Inaptitude à établir un rapport affectif vrai par fixation à un auto-érotisme qui, d'ailleurs, ne se révèle pas plus satisfaisant que le reste. Sadisme castrateur (au sens psychologique) sous-jacent et s'affirmant brutalement après de brèves soumissions. La lucidité, trop vive, finit par démythifier les magies de l'amour, et, pour assourdir cette conscience dévastatrice, l'être cherche vainement à s'étourdir d'aventures médiocres, vulgaires, voire insanes. La sexualité inapaisée tend à devenir diffuse, à infester les idées, croyances, pensées qui deviennent d'inavouables combats contre un partenaire sexuel sans nom, désiré et châtié par rejet et punition de ce désir confus.

La complexité, la multiplicité et l'excitabilité faible s'attribuent aux planètes de « signaux faibles et ambigus », du fait de leur éloignement au Soleil et de la faible intensité de leur propre champ d'attraction. Le très lointain Pluton, avec une dimension et une force de pesanteur comparables à celles de notre sœur la Lune, a hérité, précisément à cause de ces critères, de la formule la plus complexe. Il va de soi qu'un point immatériel, comme un foyer vide, donne la même formule que celle de Pluton. Les interprétations ci-dessus peuvent donc s'appliquer également aux aspects Vénus-Pluton. L'expérience montre, d'ailleurs, que tout ce que l'on prête à la Lune Noire risque de ne pas être étranger à Pluton.

---

1. Max Duval, « la Lune Noire », *l'Astrologue,* n° 39, 3ᵉ trimestre 1977.

**Origine des illustrations**

Anderson / Giraudon : 21, 192 — Apesteguy / Gamma : 60 — Artault / Gamma : 122 — Bulloz : 10, 16, 19, 20, 24, 27, 28, 202, 214, 254, 288, 293, 294 — Bureau / Gamma : 59 — Capa / Magnum : 40, 115 — Cartier-Bresson / Magnum : 66, 142 — Jean-Loup Charmet : 30, 128, 130, 136, 137, 141 — Denize / Interpress : 118 — Depardon / Magnum : 51 — Gamma : 36, 44, 139 — Geiger / Rapho : 148 — Gerretsen / Gamma : 56 — Giraudon : 26, 196, 282 — Halsman / Magnum : 74 — Interpress : 48, 55, 63, 70, 119, 120, 124, 125, 135, 146 — Éd. Julliard : 143 — Laforêt / Gamma : 140 — Lauros / Giraudon : 253 — Lochon / Gamma : 131 — Montès / Gamma : 52 — Moreau / Gamma : 138 — Moutin / Gamma : 123 — Peccoux / Gamma : 145 — Peress / Magnum : 79 — Roger-Viollet : 121, 287 — Schachmes / Parimage : 35 — Von Matt / Rapho : 191 — Weiss / Rapho : 32 — Yan / Rapho : 22 — Zalewski / Rapho : 43.
© ADAGP : 282.
© SPADEM : 128, 287.

**Couverture : Alain Meylan**
**Iconographie : Betty Jais**
**Maquette : Didier Carpentier**

Cet ouvrage
a été reproduit
et achevé d'imprimer
en Avril 1990
par l'Imprimerie Hérissey
Évreux (Eure)
pour le compte
des Éditions Sand
6, rue du Mail, Paris 2ᵉ
ISBN 2-7107-0249-5
N° d'éditeur : 913
N° d'imprimeur : 51090
Dépôt légal : Octobre 198